Die sozialversicherungsrechtliche Stellung Strafgefangener

Europäische Hochschulschriften Recht

European University Studies in Law

Publications Universitaires Européennes de Droit

Band/Volume **6129**

Meike Warncke

Die sozialversicherungsrechtliche Stellung Strafgefangener

PETER LANG

Bibliografische Information der Deutschen Nationalbibliothek
Die Deutsche Nationalbibliothek verzeichnet diese Publikation in der Deutschen Nationalbibliografie; detaillierte bibliografische Daten sind im Internet über http://dnb.d-nb.de abrufbar.

Zugl.: Kassel, Univ., Diss., Fachbereich Humanwissenschaften, 2019
Datum der Disputation: 29.05.2019

D 34
ISSN 0531-7312
ISBN 978-3-631-80207-6 (Print)
E-ISBN 978-3-631-80707-1 (E-PDF)
E-ISBN 978-3-631-80708-8 (EPUB)
E-ISBN 978-3-631-80709-5 (MOBI)
DOI 10.3726/b16346

Diese Publikation wurde begutachtet.

www.peterlang.com

Meinen Eltern

Vorwort

Die vorliegende Arbeit wurde im Herbst 2018 vom Fachbereich Humanwissenschaften (Institut für Sozialwesen) der Universität Kassel als Dissertation angenommen. Die mündliche Prüfung fand am 29. Mai 2019 statt. Literatur und Rechtsprechung konnten bis zum Juli 2019 berücksichtigt werden.

Für die Betreuung der Arbeit bedanke ich mich herzlich bei meiner Doktormutter, Frau Jun.-Prof. Dr. Minou Banafsche. Die Erstellung des Zweitgutachtens hat Herr Prof. Dr. Felix Welti übernommen. Auch ihm danke ich sehr für seine Unterstützung.

Ebenfalls gilt mein Dank allen Kolleginnen und Kollegen, die mir mit wertvollen Hinweisen während der Erstellung der Arbeit zur Seite gestanden und einen kritischen Blick in die Arbeit geworfen haben.

Frau Sonja Allkofer danke ich für das Lektorat und eine konstruktive Zusammenarbeit während der Endphase.

Meinen Eltern, Cornelia und Reiner Warncke, widme ich dieses Buch. Ohne ihr Vertrauen, ihre Geduld, ihre Förderung und ihre immerwährenden Ermutigungen wäre mir dieser berufliche Weg nicht möglich gewesen. Dafür danke ich ihnen von ganzem Herzen.

Pinneberg, im Juli 2019 Meike Warncke

Inhalt

Abkürzungsverzeichnis

a.A.	andere Auffassung
ABl.	Amtsblatt
Abs.	Absatz
AEMR	Allgemeine Erklärung der Menschenrechte
AE-StVollzG	Alternativentwurf eines Vollzugsgesetzes
AEUV	Vertrag über die Arbeitsweise der Europäischen Union
a.F.	alte Fassung
AFG	Arbeitsförderungsgesetz
AgA	Agentur für Arbeit
AK-StVollzG	Alternativkommentar zum Strafvollzugsgesetz
Alt.	Alternative
AN	Amtliche Nachrichten (des Reichsversicherungsamtes)
ARFG	Gesetz zur Reform der Arbeitsförderung (Arbeitsförderungs-Reformgesetz)
ArbGG	Arbeitsgerichtsgesetz
Arg.	Argument
Art.	Artikel
ASMK	Konferenz der Ministerinnen und Minister, Senatorinnen und Senatoren für Arbeit und Soziales der Länder
AuR	Arbeit und Recht (Zeitschrift)
AV	Allgemeine Verfügung
AVAVG	Gesetz über Arbeitsvermittlung und Arbeitslosenversicherung
AVG	Angestelltenversicherungsgesetz
AVO	Ausführungsverordnung
AWStG	Gesetz zur Stärkung der beruflichen Weiterbildung und des Versicherungsschutzes in der Arbeitslosenversicherung
Az.	Aktenzeichen
B	Beitragssatz
BA	Bundesagentur für Arbeit
BAG	Bundesarbeitsgericht
BAGE	Sammlung der Entscheidungen des Bundesarbeitsgerichtes

BAG-S	Bundesarbeitsgemeinschaft für Straffälligenhilfe e.V.
BArbBl.	Bundesarbeitsblatt
BayStVollzG	Gesetz über den Vollzug der Freiheitsstrafe und der Jugendstrafe (Bayerisches Strafvollzugsgesetz)
BayStVollzVergV	Verordnung über die Vergütungsstufen des Arbeitsentgelts und der Ausbildungsbeihilfe nach dem Bayerischen Strafvollzugsgesetz
BbgJVollzG	Gesetz über den Vollzug der Freiheitsstrafe, der Jugendstrafe und der Untersuchungshaft im Land Brandenburg (Brandenburgisches Justizvollzugsgesetz)
BBGrdl	Beitragsbemessungsgrundlage
BBiG	Berufsbildungsgesetz
BeamtVG	Beamtenversorgungsgesetz
BeckRS	Beck online Rechtsprechung
BewHi	Bewährungshilfe (Fachzeitschrift zur Förderung der Bewährungs-, Gerichts- und Straffälligenhilfe)
BG	Berufsgenossenschaft
BGB	Bürgerliches Gesetzbuch
BGBl. I, II	Bundesgesetzblatt Teil I, Teil II
BGH	Bundesgerichtshof
BGHSt	Entscheidungen des Bundesgerichtshofes in Strafsachen
BGHZ	Entscheidungen des Bundesgerichtshofs in Zivilsachen
BHO	Bundeshaushaltsordnung
BMAS	Bundesministerium für Arbeit und Soziales
BRD	Bundesrepublik Deutschland
BR-Drs.	Drucksache des Bundesrates
BremStVollzG	Bremisches Strafvollzugsgesetz
BSG	Bundessozialgericht
BSGE	Entscheidungssammlung des BSG
bspw.	beispielsweise
BT-Drs.	Drucksache des Deutschen Bundestages
BVerfG	Bundesverfassungsgericht
BVerfGE	Sammlung der Entscheidungen des BVerfG
BVerfGG	Gesetz über das Bundesverfassungsgericht
BVerfGK	Sammlung der Kammerbeschlüsse des BVerfG
BVerwG	Bundesverwaltungsgericht

BVerwGE	Entscheidungen des Bundesverwaltungsgerichts
BVG	Gesetz über die Versorgung der Opfer des Krieges (Bundesversorgungsgesetz)
BWJVollzGB	Gesetz über den Justizvollzug in Baden-Württemberg (Justizvollzugsgesetzbuch Baden-Württemberg)
bzw.	beziehungsweise
ca.	circa
CCC	Constitutio Criminalis Carolina
CDU	Christlich Demokratische Union Deutschlands
CESCR	Committee on Economic, Social and Cultural Rights
CSU	Christlich-Soziale Union
d.	des
DDR	Deutsche Demokratische Republik
ders.	derselbe
d. h.	das heißt
DM	Deutsche Mark
DRiZ	Deutsche Richterzeitung
DStR	Deutsches Steuerrecht (Zeitschrift)
DSVollz	Dienst- und Sicherheitsvorschriften für den Strafvollzug
DVollzO	Dienst- und Vollzugsordnung
EAO	Anordnung des Verwaltungsrats der Bundesanstalt für Arbeit zur Pflicht des Arbeitslosen, Vorschlägen des Arbeitsamtes zur beruflichen Eingliederung zeit- und ortsnah Folge leisten zu können (Erreichbarkeits-Anordnung)
ebd.	ebenda
ECSR	European Committee of Social Rights
EG	Europäische Gemeinschaft
EGGVG	Einführungsgesetz zum Gerichtsverfassungsgesetz
EGMR	Europäischer Gerichtshof für Menschenrechte
EM-Rente	Rente wegen Erwerbsminderung
EMRK	Europäische Konvention zum Schutze der Menschenrechte
endg.	endgültig
ESC	Europäische Sozialcharta
EStG	Einkommensteuergesetz
EU	Europäische Union
EuGH	Europäischer Gerichtshof

EuM	Entscheidungen und Mitteilungen (Reichsversicherungsamt)
EUV	Vertrag über die Europäische Union
EWG	Europäische Wirtschaftsgemeinschaft
f.	folgende
FDP	Freie Demokratische Partei
ff.	fortfolgende
FMK	Konferenz der Finanzministerinnen und Finanzminister der Länder
FRG	Fremdrentengesetz
FS	Forum Strafvollzug (Zeitschrift für Strafvollzug und Straffälligenhilfe)
GBl.	Gesetzblatt
GefBeitrVO	Gefangenen-Beitragsverordnung
GG	Grundgesetz für die Bundesrepublik DeutschlandGKV Gesetzliche Krankenversicherung
ggf.	gegebenenfalls
GRCh	Charta der Grundrechte der Europäischen Union
GRG	Gesetz zur Strukturreform im Gesundheitswesen
GRV	Gesetzliche Rentenversicherung
GSG	Gesetz zur Sicherung und Strukturverbesserung der gesetzlichen Krankenversicherung (Gesundheitsstrukturgesetz)
GUFG	Gesetz, betreffend die Unfallfürsorge für Gefangene
GUV	Gesetzliche Unfallversicherung
GVBl.	Gesetz- und Verordnungsblatt
HHG	Gesetz über Hilfsmaßnahmen für Personen, die aus politischen Gründen außerhalb der Bundesrepublik Deutschland in Gewahrsam genommen wurden (Häftlingshilfegesetz)
h.L.	herrschende Lehre
h.M.	herrschende Meinung
HmbStVollzG	Gesetz über den Vollzug der Freiheitsstrafe (Hamburgisches Strafvollzugsgesetz)
HmbStVollzVergO	Verordnung über die Vergütung von Arbeit und Bildung nach § 43 des Hamburgischen Strafvollzugsgesetzes und § 43 des Hamburgischen Jugendstrafvollzugsgesetzes (Hamburgische Strafvollzugsvergütungsordnung)
Hrsg.	Herausgeber
Hs.	Halbsatz

HStVollzG	Hessisches Strafvollzugsgesetz
HStVollzVergVO	Hessische Strafvollzugsvergütungsverordnung
IAO	Internationale Arbeitsorganisation
ICCPR	International Covenant on Civil and Political Rights
ICESCR	International Covenant on Economic, Social and Cultural Rights
i.d.F.	in der Fassung
ILO	International Labour Organisation
IPbpR	Internationaler Pakt über bürgerliche und politische Rechte
IPwskR	Internationalen Pakt über wirtschaftliche, soziale und kulturelle Rechte
i. R.	im Rahmen
i.S.d.	im Sinne der/des
i.V.m.	in Verbindung mit
JA	Juristische Arbeitsblätter (Zeitschrift)
Jg.	Jahrgang
JR	Juristische Rundschau (Zeitschrift)
JuMiKo	Konferenz der Justizministerinnen und Justizminister
Juris	Juristisches Informationssystem für die Bundesrepublik Deutschland
JuS	Juristische Schulung (Zeitschrift)
JURA	Juristische Ausbildung (Zeitschrift)
JVA	Justizvollzugsanstalt
JVollzGB LSA	Justizvollzugsgesetzbuch Sachsen-Anhalt
JZ	Juristenzeitung (Zeitschrift)
KE-StVollzG	Kommissionsentwurf für ein Strafvollgesetz
KG	Kammergericht
KJ	Kritische Justiz (Zeitschrift)
KOM	Kommission
KSVG	Gesetz über die Sozialversicherung der selbstständigen Künstler und Publizisten
KVdR	Krankenversicherung der Rentner
LAG	Landesarbeitsgericht
LandesR	Landesrecht
LG	Landgericht
LHO	Landeshaushaltsordnung

LJVollzG RP	Landesjustizvollzugsgesetz (Landesjustizvollzugsgesetz Rheinland-Pfalz)
LPK	Lehr- und Praxiskommentar
Ls.	Leitsatz
LSG	Landessozialgericht
LStVollzG SH	Gesetz über den Vollzug der Freiheitsstrafe in Schleswig-Holstein (Landesstrafvollzugsgesetz Schleswig-Holstein)
LT-Drs.	Drucksache Landtag
LVergVollzVO	Landesverordnung über die Vergütungsstufen in Justizvollzug und Sicherungsverwahrung
MedR	Medizinrecht (Zeitschrift)
ME-StVollzG	Musterentwurf zum Landesstrafvollzugsgesetz
MiLoG	Gesetz zur Regelung eines allgemeinen Mindestlohns (Mindestlohngesetz)
Mio.	Millionen
m.N.	mit Nachweisen
MuSchG	Gesetz zum Schutz von Müttern bei der Arbeit, in der Ausbildung und im Studium
m.w.N.	mit weiteren Nachweisen
m.W.v.	mit Wirkung vom
Nds.	Niedersachsen
NDV	Nachrichtendienst des Deutschen Vereins für öffentliche und private Fürsorge e.V. (Zeitschrift)
n.F.	neue Fassung
NJVollzG	Niedersächsische Justizvollzugsgesetz
NJW	Neue juristische Wochenschrift
No.	number
Nr.	Nummer
NRWStVollzG	Gesetz zur Regelung des Vollzuges der Freiheitstrafe in Nordrhein-Westfalen (Strafvollzugsgesetz Nordrhein-Westfalen)
NSchG	Niedersächsisches Schulgesetz
NStZ	Neue Zeitschrift für Strafrecht
NVwZ	Neue Zeitschrift für Verwaltungsrecht
NZA	Neue Zeitschrift für Arbeitsrecht
NZS	Neue Zeitschrift für Sozialrecht
OLG	Oberlandesgericht

PDS	Partei des Demokratischen Sozialismus
PflegeVG	Gesetz zur sozialen Absicherung des Risikos der Pflegebedürftigkeit (Pflege-Versicherungsgesetz)
PK	Praxiskommentar
PKV	Private Krankenversicherung
PSG	Pflegestärkungsgesetz
RdA	Recht der Arbeit (Zeitschrift)
resp.	respektive
Rspr.	Rechtsprechung
RE-StVollzG	Regierungsentwurf für ein Strafvollzugsgesetz
RGBl.	Reichsgesetzblatt
RKG	Reichsknappschaftsgesetz
Rn.	Randnummer
RRG	Rentenreformgesetz
RStGB	Strafgesetzbuch für das Deutsche Reich
RVA	Reichsversicherungsamt
RV-BZV	Rentenversicherung-Beitragszahlungsverordnung
RVO	Reichsversicherungsordnung
RVOrgG	Gesetz zur Organisationsreform in der gesetzlichen Rentenversicherung
S.	Seite
s. a.	siehe auch
SächsStVollzG	Gesetz über den Vollzug der Freiheitsstrafe und des Strafarrests im Freistaat Sachsen (Sächsisches Strafvollzugsgesetz)
SDSRV	Schriftenreihe des Deutschen Sozialrechtsverbandes
SG	Sozialgericht
SGb	Die Sozialgerichtsbarkeit (Zeitschrift)
SGB	Sozialgesetzbuch
SGB I	Sozialgesetzbuch Erstes Buch (I) – Allgemeiner Teil
SGB II	Sozialgesetzbuch Zweites Buch (II) – Grundsicherung für Arbeitsuchende
SGB III	Sozialgesetzbuch Drittes Buch (III) – Arbeitsförderung
SGB IV	Viertes Buch Sozialgesetzbuch – Gemeinsame Vorschriften für die Sozialversicherung
SGB V	Sozialgesetzbuch Fünftes Buch (V) – Gesetzliche Krankenversicherung

SGB VI	Sozialgesetzbuch Sechstes Buch (VI) – Gesetzliche Rentenversicherung
SGB VII	Siebtes Buch Sozialgesetzbuch – Gesetzliche Unfallversicherung
SGB VIII	Sozialgesetzbuch Achtes Buch (VIII) – Kinder- und Jugendhilfe
SGB IX	Sozialgesetzbuch Neuntes Buch – Rehabilitation und Teilhabe von Menschen mit Behinderungen
SGB X	Zehntes Buch Sozialgesetzbuch – Sozialverwaltungsverfahren und Sozialdatenschutz
SGB XI	Sozialgesetzbuch Elftes Buch (XI) – Soziale Pflegeversicherung
SGB XII	Sozialgesetzbuch Zwölftes Buch (XII) – Sozialhilfe
SLStVollzG	Gesetz über den Vollzug der Freiheitsstrafe im Saarland (Saarländisches Strafvollzugsgesetz)
sog.	sogenannt
SozR	Sozialrecht
SozSich	Soziale Sicherheit (Zeitschrift)
SPD	Sozialdemokratische Partei Deutschlands
SPV	Soziale Pflegeversicherung
SRH	Sozialrechtshandbuch
StGB	Strafgesetzbuch
StPO	Strafprozessordnung
StraFo	Strafverteidiger Forum (Zeitschrift)
StrEG	Gesetz über die Entschädigung für Strafverfolgungsmaßnahmen
st. Rspr.	ständige Rechtsprechung
StV	Strafverteidiger (Zeitschrift)
StVG-DDR	Gesetz über den Vollzug der Strafen mit Freiheitsentzug
StVollzFG	Entwurf eines ersten Gesetzes zur Fortentwicklung des Strafvollzuges – Erstes Strafvollzugs-Fortentwicklungsgesetz (1. StVollzFG)
StVollzG	Gesetz über den Vollzug der Freiheitsstrafe und der freiheitsentziehenden Maßregeln der Besserung und Sicherung
StVollzGÄndG	Gesetz zur Änderung des Strafvollzugsgesetzes
StVollzG Bln	Gesetz über den Vollzug der Freiheitsstrafe in Berlin (Berliner Strafvollzugsgesetz)

StVollzG M-V	Gesetz über den Vollzug der Freiheitsstrafe in Mecklenburg-Vorpommern (Strafvollzugsgesetz Mecklenburg-Vorpommern)
StVollzVergO	Verordnung über die Vergütungsstufen des Arbeitsentgelts und der Ausbildungsbeihilfe nach dem Strafvollzugsgesetz – Strafvollzugsvergütungsverordnung
SVWG	Gesetz über den Vollzug der Strafen mit Freiheitsentzug und über die Wiedereingliederung Strafentlassener in das gesellschaftliche Leben
T	Tag
ThürJVollzGB	Thüringer Justizvollzugsgesetzbuch
TOP	Tagesordnungspunkt
u. a./ u.a.	unter anderem/ und andere
UAbs.	Unterabsatz
UDHR	Universal Declaration of Human Rights
UVEG	Unfallversicherungs-Einordnungsgesetz
UVG	Unfallversicherungsgesetz
UVNG	Gesetz zur Neuregelung des Rechts der gesetzlichen Unfallversicherung (Unfallversicherungs-Neuregelungsgesetz)
VerfGH	Verfassungsgerichtshof
VerlG	Gesetz über das Verlagsrecht (Verlagsgesetz)
Vgl.	Vergleiche
VGO	Vollzugsgeschäftsordnung
v. H.	von Hundert
VN	Vereinte Nationen
VSSR	Vierteljahresschrift für Sozialrecht
VV	Verwaltungsvorschrift
VV-BHO	Verwaltungsvorschriften zur BHO
VVG	Versicherungsvertragsgesetz
VVStVollzG	Verwaltungsvorschriften zum Strafvollzugsgesetz
VwGO	Verwaltungsgerichtsordnung
VwVfG	Verwaltungsverfahrensgesetz
WGSVG	Gesetz zur Regelung der Wiedergutmachung nationalsozialistischen Unrechts in der Sozialversicherung
WRV	Verfassung des Deutschen Reichs (Weimarer Reichsverfassung)
WSG	Wettbewerbsstärkungsgesetz

WVK	Wiener Übereinkommen über das Recht der Verträge
WzS	Wege zur Sozialversicherung (Zeitschrift für die Sozialversicherungs-Praxis)
z. B.	zum Beispiel
ZESAR	Zeitschrift für europäisches Sozial- und Arbeitsrecht
ZfStrVo	Zeitschrift für Strafvollzug und Straffälligenhilfe
Ziff.	Ziffer
ZRP	Zeitschrift für Rechtspolitik
ZStrW	Zeitschrift für die gesamte Strafrechtswissenschaft
ZTR	Zeitschrift für Tarif-, Arbeits- und Sozialrecht des öffentlichen Dienstes

Einleitung

> „Mit der Einbeziehung der arbeitenden Gefangenen in die Rentenversicherung will der Entwurf diesem Personenkreis nur das gewähren, was für alle anderen Arbeitnehmer längst selbstverständlicher Bestandteil der Altersvorsorge ist. Finanzielle Erwägungen dürfen in unserem sozialen Rechtsstaat nicht dazu führen, daß verbüßte Freiheitsstrafen lebenslange soziale Benachteiligungen für den Betroffenen und seine Familie nach sich ziehen."[1]

Im Vollzug der Freiheitsstrafe arbeitende Strafgefangene[2] werden bis heute nicht vollständig in den Bereichen der Sozialversicherung berücksichtigt. Geklärt ist bisher lediglich die sozialversicherungsrechtliche Stellung Strafgefangener in der gesetzlichen Unfallversicherung und in der gesetzlichen Arbeitslosenversicherung. Darüber hinaus ist eine Berücksichtigung Strafgefangener in der Sozialversicherung nicht gewachsen.[3] So gehören Strafgefangene in der gesetzlichen Rentenversicherung, der gesetzlichen Krankenversicherung und der sozialen Pflegeversicherung nicht zum kraft Gesetzes versicherten Personenkreis.

Für eine Berücksichtigung Gefangener in den Sozialversicherungsbereichen ist der Erlass eines besonderen Bundesgesetzes (vgl. § 198 Abs. 3, § 190 Nr. 1 bis 10 und 13 bis 18, §§ 191 bis 193 StVollzG) erforderlich.[4] Ohne das Bundesgesetz bleibt Strafgefangenen der Zugang in die Sozialversicherung verwehrt. Auch die Beschäftigung Strafgefangener während des Vollzuges ändert nichts daran, da die überwiegenden Arbeiten im Strafvollzug keine Beschäftigungen im sozialversicherungsrechtlichen Sinn darstellen. Hier gilt es jedoch zwischen den unterschiedlichen Beschäftigungsmöglichkeiten während der Haft zu differenzieren. Weil allein die Arbeiten im Strafvollzug in aller Regel nicht zu einer Versicherung kraft Gesetzes in der gesetzlichen Rentenversicherung und in der gesetzlichen

---

1 Gegenäußerung der Bundesregierung zu der Stellungnahme des Bundesrates zum Gesetzentwurf der Bundesregierung vom 08.11.1979 „Entwurf eines Ersten Gesetzes zur Fortentwicklung des Strafvollzuges" – Erstes Strafvollzugs-Fortentwicklungsgesetz (1. StVollzFG) –, BT-Drs. 8/3335, Anlage 3, S. 10.

2 Die im Plural angegebenen Substantive „Strafgefangene" und „Gefangene" beziehen sich sowohl auf weibliche als auch auf männliche Strafgefangene. Wird ausschließlich die männliche Form verwendet, ist dies der leichteren Lesbarkeit geschuldet und nicht als eine Benachteiligung des weiblichen Geschlechtes zu verstehen.

3 *Feest*, Bilanz der Strafvollzugsgesetzgebung, FS 2016, 12 (12); *Feest/Lesting/Lindemann*, in: Feest/Lesting/Lindemann (Hrsg.), AK-StVollzG, Teil I, Einleitung, Rn. 25.

4 Vgl. nur *Laubenthal*, Strafvollzug, Rn. 479.

Krankenversicherung sowie in der sozialen Pflegeversicherung führen, bleibt es den Gefangenen daher meist selbst überlassen, ob und wie sie sich während der Haft sozialversicherungsrechtlich absichern. Auch heute noch ist es demnach für arbeitende Strafgefangene alles andere als selbstverständlich, dass eine Beschäftigung während des Strafvollzuges wie bei Arbeitnehmern in Freiheit zu einer Absicherung kraft Gesetzes in der Sozialversicherung führt.

Auf politischer Ebene wird die Einbeziehung von Gefangenen in die Zweige der Sozialversicherung einschließlich der Arbeitslosenversicherung immer wieder diskutiert.[5] Auch wenn die Sozialversicherung einschließlich der Arbeitslosenversicherung gemäß Art. 74 Abs. 1 Nr. 12 GG in der Zuständigkeit des Bundes liegt, werden die Beiträge zur Sozialversicherung für im Strafvollzug arbeitende Gefangene von dem für die Vollzugsanstalt zuständigen Bundesland getragen, da das Strafvollzugsrecht in der ausschließlichen Gesetzgebungszuständigkeit der Länder liegt.[6] Demzufolge bildet das Problem der Finanzierbarkeit von sozialversicherungsrechtlichen Absicherungen Strafgefangener durch die Länderhaushalte seit jeher das Hauptargument gegen eine Berücksichtigung Strafgefangener in der Sozialversicherung.[7] Derzeit wird auf Landesebene erneut darüber diskutiert, ob

5 Vgl. z. B. BT-Drs. 17/13103 vom 17.04.2013, abgelehnt mit Beschluss vom 06.06.2013, BT-Drs. 17/13806; s. a. BT-Drs. 18/2606 vom 24.09.2014, abgelehnt mit Beschlussempfehlung vom 09.10.2014, BT-Drs. 18/2784; vgl. zuletzt auch die Kleine Anfrage von BÜNDNIS 90/DIE GRÜNEN zum Thema „Strafgefangene und ihre fehlende Einbeziehung in die Rentenversicherung" vom 15.03.2018, BT-Drs. 19/1229, sowie die Kleine Anfrage von BÜNDNIS 90/DIE GRÜNEN zur „Einbeziehung von Strafgefangenen und Sicherungsverwahrten in die gesetzliche Rentenversicherung" vom 19.02.2019, BT-Drs. 19/7887.

6 Siehe hierzu § 347 Nr. 3 SGB III; ferner *Laubenthal*, Strafvollzug, Rn. 482; *Ullmann*, Länderstrafvollzugsgesetze im Vergleich, S. 3 (mit ausführlicher Darstellung des Meinungsstandes zur Übertragung der Gesetzgebungskompetenz des Strafvollzuges auf die Länder).

7 Vgl. Stellungnahme des Bundesrates in BT-Drs. 8/3335, Anlage 2, S. 9; siehe ebenfalls Stellungnahme des Bundesrates in BT-Drs. 9/566, Anlage 2, S. 9; der Deutsche Caritasverband erwartete ausgehend von einer Beschäftigungsquote von 55 % bis 60 % Kosten zwischen ca. 170 und 186 Mio. € für die Länder für eine Einbeziehung Strafgefangener in die gesetzliche Rentenversicherung bei einer Beitragsbemessungsgrundlage von 90 von Hundert der Bezugsgröße nach § 18 SGB IV, vgl. Deutscher Caritasverband e.V. und Katholische Bundes-Arbeitsgemeinschaft Straffälligenhilfe, Positionspapier zur Renten- und Arbeitslosenversicherung Strafgefangener, in: BAG-S Informationsdienst Straffälligenhilfe 2015, 5 (6); beachte auch die Antwort der Bundesregierung auf die Kleine Anfrage BÜNDNIS 90/DIE GRÜNEN zum Thema „Strafgefangene und ihre fehlende Einbeziehung in die Rentenversicherung vom 15.03.2018, BT-Drs. 19/1229, S. 5, wonach eine verlässliche Berechnung der Kosten, die bei Einbeziehung aller zur Arbeit verpflichteten Strafgefangenen in die gesetzliche Rentenversicherung entstehen würden, in Ermangelung der hierzu erforderlichen Daten zu den zur Arbeit verpflichteten Strafgefangenen bzw. der entsprechenden Beitragsbemessungsbasis nicht erfolgen könne. Zur durchschnittlichen

eine Berücksichtigung Strafgefangener in der gesetzlichen Rentenversicherung zu empfehlen ist und wie sich eine solche umsetzen lässt.[8] So wurde der Strafvollzugsausschuss der Länder mit Beschluss (TOP II.13 zur Einbeziehung von Strafgefangenen und Sicherungsverwahrten in die gesetzliche Rentenversicherung)[9] der Konferenz der Justizministerinnen und Justizminister (JuMiKo) bereits im Jahr 2015 gebeten, eine Einbeziehung Strafgefangener in die gesetzliche Rentenversicherung zu prüfen und der Konferenz Bericht zu erstatten. Die Ergebnisse des Berichtes des Strafvollzugsausschusses wurden mit erneutem Beschluss (TOP II.27)[10] auf der Frühjahrskonferenz der JuMiKo am 01./02.06.2016 als Grundlage für eine weitere Überprüfung und Bewertung durch die Finanzministerkonferenz (FMK) und die Arbeits- und Sozialministerkonferenz (ASMK) verwendet. Der nicht öffentliche Bericht der ASMK-Arbeitsgruppe „Einbeziehung von Strafgefangenen und Sicherungsverwahrten in die gesetzliche Rentenversicherung" vom 14.07.2017 wurde auf der 94. Tagung der ASMK Ende 2017 in Potsdam zur Kenntnis

---

Beschäftigungsquote von Strafgefangenen führt das Bundesministerium der Justiz und für Verbraucherschutz (BMJV) eine Statistik, sodass im Jahr 2016 die durchschnittliche Beschäftigungsquote von Strafgefangenen in Deutschland bei 61,65 % lag, abgebildet: in BT-Drs. 19/1229, S. 2.

8 Siehe hierzu im Überblick, *Singe*, Arbeitende Gefangene in die Rentenversicherung einbeziehen!, in: Soziale Sicherheit 2018, 88 (88); *ders.*, Keine Rente für Gefangene – zu einem 40 Jahre alten sozialpolitischen Skandal, Grundrechtereport 2017, 155 (156 f.). Ebenfalls wird sich innerhalb der Länderparlamente mit der Frage der sozialen Sicherung von Gefangenen befasst, siehe hierzu die Kleine Anfrage zur Sozialversicherungspflicht Gefangener, Nds. Landtag Drs. 17/3806 vom 01.07.2015 sowie die Antwort der Landesregierung Niedersachsen vom 11.08.2015, Nds. Landtag Drs. 17/4087; *Grühn*, in: Feest/Lesting/Lindemann (Hrsg.), AK-StVollzG, Teil V, Rn. 1. Siehe des Weiteren zur rechtspolitischen Diskussion: Empfehlungen des Deutschen Vereins zur Einbeziehung von Strafgefangenen in die gesetzliche Rentenversicherung (DV 7/16), verabschiedet am 15.06.2016 vom Präsidium des Deutschen Vereins, https://www.deutscher-verein.de/de/uploads/empfehlungen-stellungnahmen/2016/dv-7-16-rentenversicherung.pdf, letzter Zugriff am 21.08.2018.

9 Beschluss der Ministerinnen und Minister TOP II.13 zur Einbeziehung von Strafgefangenen und Sicherungsverwahrten in die gesetzliche Rentenversicherung vom 17./18.06.2015, http://www.jum.baden-wuerttemberg.de/pb/site/jum2/get/documents/jum1/JuM/Justizministerium%20NEU/JuMiKo/Beschl%C3%BCsse/2015%20Fr%C3%BChjahr/TOP%20II.13%20-%20Einbeziehung%20von%20Strafgefangenen%20und%20Sicherungsverwahrten%20in%20die%20gesetzliche%20Rentenversicherung%20%28oA%29.pdf, zuletzt abgerufen am 29.07.2018.

10 Beschluss der Ministerinnen und Minister TOP II.27 zur Einbeziehung von Strafgefangenen und Sicherungsverwahrten in die gesetzliche Rentenversicherung vom 01./02.06.2016, https://mdjev.brandenburg.de/media_fast/bb1.a.3663.de/top_ii.27_-_einbeziehung_von_strafgefangenen_und_sv_in_die_ges._rv.pdf, letzter Zugriff am 29.07.2018.

genommen.[11] Es wurde außerdem einstimmig unter TOP 5.19 beschlossen, dass die Ministerinnen und Minister, Senatorinnen und Senatoren für Arbeit und Soziales der Länder den Bericht der JuMiKo zur Verfügung stellen und dieser empfehlen, die in dem Bericht dargestellten Ergebnisse bei der weiteren Meinungsbildung hinsichtlich der Einbeziehung von Strafgefangenen und Sicherungsverwahrten in die gesetzliche Rentenversicherung zu berücksichtigen und insbesondere die Finanzierungswege bei der jeweiligen Favorisierung einer Lösungsmöglichkeit zu beachten.[12] Auf ihrer 89. Frühjahrskonferenz am 06./07.06.2018 in Thüringen haben die Justizministerinnen und Justizminister nun beschlossen (TOP II.26)[13], dass sie eine Einbeziehung Gefangener und Sicherungsverwahrter in die gesetzliche Rentenversicherung grundsätzlich für sinnvoll erachten. Aufgrund dessen bitten sie die Bundesministerin der Justiz und für Verbraucherschutz, sich beim Bundesminister für Arbeit und Soziales für eine entsprechende Änderung des SGB VI einzusetzen, die im Hinblick auf die zu erwartenden Einsparungen für den Bundeshaushalt bei der Grundsicherung im Alter keine zusätzliche Belastung der Länderhaushalte verursacht.[14] Gegen diese für die Länderhaushalte kostenneutrale Änderung des SGB VI hat sich gleichzeitig allerdings die ASMK mit Beschluss TOP 5.14 am 05./06.12.2018 ausgesprochen, „wenn dies mangels Beitragsleistungen zu Lasten der Versichertengemeinschaft gehen würde“.[15]

11 Vgl. Externes Ergebnisprotokoll der 94. Konferenz der Minister und Ministerinnen, Senatoren und Senatorinnen für Arbeit und Soziales der Länder (ASMK) am 06./07.12.2017 in Potsdam, S. 42, abzurufen unter: https://asmkintern.rlp.de/fileadmin/asmkintern/Beschluesse/Protokoll_94._ASMK_2017/Protokoll_extern_der_94._ASMK.pdf, letzter Zugriff am 29.07.2018.

12 Siehe Externes Ergebnisprotokoll der 94. Konferenz der Minister und Ministerinnen, Senatoren und Senatorinnen für Arbeit und Soziales der Länder (ASMK) am 06./07.12.2017 in Potsdam, S. 42, abzurufen unter: https://asmkintern.rlp.de/fileadmin/asmkintern/Beschluesse/Protokoll_94._ASMK_2017/Protokoll_extern_der_94._ASMK.pdf, letzter Zugriff am 29.07.2018.

13 Beschluss der Justizministerinnen und Justizminister TOP II.26 zur Einbeziehung der Strafgefangenen und Sicherungsverwahrten in die gesetzliche Rentenversicherung vom 06./07.06.2018, http://www.jm.nrw.de/JM/jumiko/beschluesse/2018/Fruehjahrskonferenz_2018/II-26-BE---Einbeziehung-der-Strafgefangenen-und-Sicherungsverwahrten-in-die-gesetzliche-Rentenversicherung.pdf, zuletzt abgerufen am 29.07.2018.

14 Beschluss der Ministerinnen und Minister TOP II.26 zur Einbeziehung der Strafgefangenen und Sicherungsverwahrten in die gesetzliche Rentenversicherung vom 06./07.06.2018, http://www.jm.nrw.de/JM/jumiko/beschluesse/2018/Fruehjahrskonferenz_2018/II-26-BE---Einbeziehung-der-Strafgefangenen-und-Sicherungsverwahrten-in-die-gesetzliche-Rentenversicherung.pdf, zuletzt abgerufen am 29.07.2018.

15 Vgl. Externes Ergebnisprotokoll der 95. Konferenz der Minister und Ministerinnen, Senatoren und Senatorinnen für Arbeit und Soziales der Länder (ASMK) am 05./06.12.2018 in Münster, S. 27, abzurufen unter: https://asmkintern.rlp.de/fileadmin/

Die Weichen für eine Berücksichtigung Gefangener, zumindest in der gesetzlichen Rentenversicherung, sind damit im Ergebnis gestellt.[16] Dagegen steht eine Einbeziehung Strafgefangener in der gesetzlichen Krankenversicherung offensichtlich nicht mehr zur (politischen) Debatte. Die Dringlichkeit für weiterführende Reformforderungen in diesem Bereich scheint entfallen zu sein.[17] Ungeklärt bleibt außerdem die Frage nach der Beitragstragung für eine Berücksichtigung Strafgefangener in der gesetzlichen Rentenversicherung. So komme – in Übereinstimmung mit der ASMK – auch nach Ansicht der Bundesregierung eine Kostentragung durch die Versichertengemeinschaft oder den Bund nicht in Betracht, da der Strafvollzug Sache der Länder sei und die Länder für Strafgefangene die Beiträge für die Rentenversicherung tragen müssen.[18] Ebenfalls könne sich aus dem Umstand, dass der Bund seit dem Jahr 2014 den Ländern die Nettoausgaben in der Grundsicherung im Alter und bei Erwerbsminderung erstatte, jedenfalls kein Grund dafür ergeben, dass der Bund nun auch für die Altersvorsorge der arbeitenden Strafgefangenen und Sicherungsverwahrten ganz oder teilweise aufzukommen habe.[19] Es hängt somit von der Bereitschaft der Bundesländer ab, die bei einer Einbeziehung von Strafgefangenen und Sicherungsverwahrten in die gesetzliche Rentenversicherung anfallenden Beiträge zu tragen, ob die Bundesregierung Schritte zur Einführung einer Rentenversicherungspflicht für Strafgefangene und Sicherungsverwahrte vorsehen wird.[20] Wie sich die Bundesländer diesbezüglich entscheiden werden, bleibt abzuwarten.[21]

---

asmkintern/Beschluesse/Beschluesse_95_ASMK_Extern/Externes_Ergebnisprotokoll_ASMK_2018.pdf; siehe ebenfalls BT-Drs. 19/7887 vom 19.02.2019, S. 1 f.

16 Vgl. *Pollähne*, Nach JuMiKo Beschluss der Länder: Die Rente ist sicher – bald auch für Gefangene?, Gastbeitrag vom 20.06.2018, veröffentlicht in: Legal Tribune Online (LTO), https://www.lto.de/recht/hintergruende/h/rente-ansprueche-strafgefangene-haft-arbeit-sozialversicherung-jumiko/, zuletzt abgerufen am 27.07.2018.

17 *Feest*, Bilanz der Strafvollzugsgesetzgebung, FS 2016, 12 (12); *Lesting*, in: Feest/Lesting/Lindemann (Hrsg.), AK-StVollzG, Teil II, § 62 LandesR, Rn. 2 ff.

18 Vgl. BT-Drs. 19/8234 vom 07.03.2019, S. 2.

19 Siehe Antwort der Bundesregierung vom 07.03.2019, BT-Drs. 19/8234, S. 2, zur Kleinen Anfrage von BÜNDNIS 90/DIE GRÜNEN zur „Einbeziehung von Strafgefangenen und Sicherungsverwahrten in die gesetzliche Rentenversicherung" vom 19.02.2019, BT-Drs. 19/7887; vgl. hierzu § 46a SGB XII.

20 Antwort der Bundesregierung vom 07.03.2019, BT-Drs. 19/8234, S. 3, zur Kleinen Anfrage von BÜNDNIS 90/DIE GRÜNEN zur „Einbeziehung von Strafgefangenen und Sicherungsverwahrten in die gesetzliche Rentenversicherung" vom 19.02.2019, BT-Drs. 19/7887.

21 Beschlüsse von Landesregierungen, die Kosten bei einer Einbeziehung der Strafgefangenen und Sicherungsverwahrten in die gesetzliche Rentenversicherung selbst zu finanzieren, liegen jedenfalls nach Kenntnisstand der Bunderegierung noch nicht vor, siehe BT-Drs. 19/8234, S. 3.

A. Zielsetzung und thematische Einordnung

I. Zielsetzung

Gegenstand der Arbeit ist eine rechtsdogmatische Untersuchung der Stellung von Strafgefangenen im Sozialversicherungsrecht. Ziel der Arbeit ist demzufolge, die sozialversicherungsrechtliche Stellung Strafgefangener de lege lata mit den sich daraus resultierenden Rechtsfolgen herauszuarbeiten und einer rechtlichen Prüfung zu unterziehen. Ausgehend von den möglichen Beschäftigungsformen im Strafvollzug ist folglich festzustellen, in welchen Fällen Strafgefangene nach dem geltenden Recht zum Kreis der versicherten Personen in den jeweiligen Sozialversicherungsbereichen einzuordnen sind, in welchen Fällen Gefangene aus diesen ausgegrenzt werden und welche sozialversicherungsrechtlichen Rechtsfolgen sich daraus ableiten lassen. Dabei ist der geltende sozialversicherungsrechtliche Status von Gefangenen während der Haftzeit für jeden einzelnen Bereich der Sozialversicherung unter Berücksichtigung von Besonderheiten, die sich innerhalb dieser ergeben können, zu untersuchen. De lege ferenda werden die erlangten Erkenntnisse abschließend rechts- und sozialpolitisch bewertet.

Mit dem sozialversicherungsrechtlichen Status Strafgefangener haben sich wenige Arbeiten ausführlich beschäftigt, zuletzt zu Zeiten der Föderalismusreform.[22] Weitere Arbeiten haben das Thema aufgegriffen, allerdings am Rande behandelt.[23] Eine aktuelle Bestandsaufnahme zur sozialversicherungsrechtlichen Stellung Strafgefangener nach dem geltenden Sozialversicherungsrecht bietet sich somit an. Die Relevanz des Themas zeigt sich an den anhaltenden politischen Debatten um eine Einbindung Gefangener in die Zweige der Sozialversicherung.

II. Thematische Einordnung

Thematisch wird sich mit dem Recht der Sozialversicherung beschäftigt, in das es Strafgefangene einzuordnen gilt. Aufgabe des Sozialrechts ist, die grundlegenden Wertvorstellungen des Grundgesetzes über die Würde des Menschen in Art. 1 Abs. 1 GG und über den sozialen Rechtsstaat nach Art. 20 Abs. 1 GG und Art. 28 Abs. 1 GG in die Rechtswirklichkeit umzusetzen.[24] Dadurch sollen soziale Bedürftigkeit und Not abgewendet, soziale Gerechtigkeit und soziale Sicherheit

---

22 Siehe hierzu die Arbeiten von *Schirmer*, Soziale Sicherung von Strafgefangenen (veröffentlicht im Jahr 2008), und *Steiner*, Der Strafgefangene im System der gesetzlichen Sozialversicherung (veröffentlicht im Jahr 2006).

23 Siehe *Dahmen*, Die Verpflichtung zur Arbeit im Strafvollzug; *Hillebrand*, Organisation und Ausgestaltung der Gefangenenarbeit in Deutschland; *Kirschke*, Medizinische Versorgung im Strafvollzug.

24 *Erlenkämper*, in: Erlenkämper/Fichte (Hrsg.), Sozialrecht, I. Einführung, Rn. 4; s. a. zum Zweck des Sozialrechts, *Becker*, S. 52, in: Ruland/Becker/Axer (Hrsg.), Sozialrechtshandbuch SRH, S. 52, Rn. 1 f.

verwirklicht und die hierzu erforderlichen Sozialleistungen inklusive sozialer und erzieherischer Hilfen bereitgestellt werden (vgl. § 1 Abs. 1 SGB I).[25] Der Erfüllung dieser Aufgaben dienen soziale Rechte (vgl. § 2 SGB I) und die Sozialversicherung, zu der jeder im Rahmen des Sozialgesetzbuches Zugang hat (§ 4 Abs. 1 SGB I). Die Sozialversicherung ist dem Bereich der Vorsorge zuzuordnen.[26] Sie kann als eine staatlich organisierte, nach den Grundsätzen der Selbstverwaltung aufgebaute öffentlich-rechtliche, vorwiegend auf Zwang beruhende Versicherung großer Teile der arbeitenden Bevölkerung für den jeweiligen Versicherungsfall (z. B. Krankheit, Erwerbsminderung, Tod, Arbeitslosigkeit) bezeichnet werden.[27] Zu den grundlegenden Charakteristiken der Sozialversicherung gehört somit, dass es sich um ein

---

25 Vgl. *Erlenkämper*, in: Erlenkämper/Fichte (Hrsg.), Sozialrecht, I. Einführung, Rn. 4.

26 Das Recht der sozialen Sicherheit basierte zunächst auf den drei Grundpfeilern einer klassischen Teilung in drei Bereiche: der Sozialversicherung, der Versorgung, inklusive dem Entschädigungsrecht, und der Fürsorge, vgl. hierzu *Steinmeyer*, Die deutsche Sozialversicherung im Überblick, S. 15 f., in: Mülheims/Hummel/Peters-Lange/Toepler/Schuhmann (Hrsg.), Handbuch Sozialversicherungswissenschaft; *Fuchs/Preis*, Sozialversicherungsrecht, § 5 Die Stellung des Sozialversicherungsrechts im Sozialrecht, S. 36 f.; *Kessler*, in: Krahmer/Trenk-Hinterberger (Hrsg.), LPK Sozialgesetzbuch I, § 4 SGB I, Rn. 5; vgl. auch BSGE 6, 213 (217 f.), wonach die Materien der Sozialversicherung, der Versorgung und der öffentlichen Fürsorge unter dem Sammelbegriff der „Sozialen Sicherheit" zusammengefasst werden. Zum Verständnis und zur Abgrenzung der Begriffe „Soziale Sicherheit" und „Sozialversicherung", siehe *Wannagat*, Lehrbuch des Sozialversicherungsrechts, I. Band, S. 33 f., dessen Definition sich hier angeschlossen werden soll, nämlich insofern, als der Sammelbegriff „Soziale Sicherheit" als die Zusammenfassung von Sozialversicherung, Versorgung und Fürsorge verwendet werden soll; vgl. ebenfalls zum Wesen der Sozialversicherung BSGE 6, 213 (217 f.); BVerfGE 11, 105 (111 f.). Da der Begriff der Versorgung heute vielfach ausgedehnt werden müsste, um alle dem Sozialrecht zuzuordnenden Bereiche erfassen zu können, wird die klassische Dreiteilung durch eine neuere Systematisierung nach Zacher (vgl. zu den Grundtypen des Sozialrechts *Zacher*, Abhandlungen zum Sozialrecht, S. 257 ff.) überlagert, nach dem eine Untergliederung in vier Teilbereiche vorzunehmen ist: die Vorsorge, die Entschädigung, die Förderung und die Hilfe, die sich nach Leistungsgrund, Institutionen, Leistungsinhalt und Träger unterscheiden, siehe *Eichenhofer*, Sozialrecht, Rn. 12.

27 *Wannagat*, Lehrbuch des Sozialversicherungsrechts, I. Band, S. 25. Das Wesen einer Versicherung besteht darin, dass der Versicherer bei Eintritt des Versicherungsfalles (Verwirklichung des Risikos) bestimmte Leistungen erbringt, die das Äquivalent für vom Versicherungsnehmer gezahlte Beiträge/Prämien darstellen, sodass die Verpflichtung des Versicherers gegenüber dem Versicherungsnehmer aus einem kraft Gesetzes entstandenen oder freiwillig eingegangen Versicherungsverhältnis resultiert, vgl. auch *Schneil*, in: Gagel, SGB II/SGB III Grundsicherung und Arbeitsförderung Kommentar, SGB III, § 24, Rn. 1 sowie zum Inhalt des Begriffes „Sozialversicherung" vgl. *Hase*, Versicherungsprinzip und sozialer Ausgleich; weiterhin *Rolfs*, Das Versicherungsprinzip im Sozialversicherungsrecht; s. a. *Bieback*, Begriff und verfassungsrechtliche Legitimation von „Sozialversicherung", VSSR 2003, 1 ff.

öffentlich-rechtlich organisiertes Vorsorgesystem handelt, das auf Versicherungszwang beruht, dem sozialen Ausgleich dient und das größtenteils durch Beiträge finanziert wird, die einkommens- und nicht risikoabhängig erhoben werden.[28] Weiterhin ist die Sozialversicherung keine Einheitsversicherung, sondern sowohl in materiell-rechtlicher als auch in organisatorischer Hinsicht stark gegliedert und in unterschiedliche Versicherungszweige aufgeteilt.[29] In § 4 Abs. 2 SGB I werden für vier Zweige der Sozialversicherung Rechte formuliert, die dem Kreis der versicherten Personen in der Sozialversicherung zustehen, wobei als klassische Zweige der Sozialversicherung die gesetzliche Krankenversicherung, die soziale Pflegeversicherung, die gesetzliche Unfallversicherung und die gesetzliche Rentenversicherung einschließlich der Alterssicherung der Landwirte benannt werden (vgl. § 1 Abs. 1 Satz 1 SGB IV).[30] Obwohl die Arbeitslosenversicherung nach §§ 3 Abs. 2, 19 SGB I zum Arbeitsförderungsrecht gehört, ist sie ebenfalls Teil der Sozialversicherung (vgl. Art. 74 Abs. 1 Nr. 12 GG)[31]; die Arbeitslosenversicherung wird in das System der Sozialversicherung eingebunden, da ihre Versicherungspflicht in gleicher Art und Weise strukturiert ist wie die Versicherungspflicht in den anderen Säulen der Sozialversicherung und weil Teile des SGB IV ebenfalls unmittelbar für die Arbeitslosenversicherung Geltung haben (siehe § 1 Abs. 1 Satz 2 und 3 SGB IV).[32] Außerdem wird der Beitrag im Recht der Arbeitsförderung nach § 28d SGB IV zum Teil des (Gesamt-)Sozialversicherungsbeitrages gezählt.[33]

Zugang zur Sozialversicherung soll nach § 4 Abs. 1 SGB I jeder im Rahmen des Sozialgesetzbuches erhalten. Welche Personen zum versicherten Personenkreis in der Sozialversicherung gehören, wird in § 2 SGB IV geregelt, wonach die

---

28 *Mrozynski*, SGB I Kommentar, § 4 SGB I, Rn. 3b; s. a. *Muckel/Ogorek*, Sozialrecht, § 7 Allgemeines, Rn. 7. Zur Abgrenzung der Sozialversicherung von der privaten Versicherung, vgl. *Wannagat*, Lehrbuch des Sozialversicherungsrechts, I. Band, S. 25 ff. Zum sozialen Ausgleich s. a. BVerfGE 11, 105 (117).

29 *Wannagat*, Lehrbuch des Sozialversicherungsrechts, I. Band, S. 35. Zur historischen Entwicklung des Sozialversicherungsrechts in Deutschland, siehe *Peters*, Die Geschichte der sozialen Versicherung; *Wannagat*, Lehrbuch des Sozialversicherungsrechts, I. Band, S. 40 ff.

30 Vgl. *Hänlein*, in: Knickrehm/Kreikebohm/Waltermann (Hrsg.), Kommentar zum Sozialrecht, SGB I, § 4, Rn. 29.

31 *Waltermann*, Sozialrecht, § 7, Rn. 111; *Muckel/Ogorek*, Sozialrecht, § 7 Allgemeines, Rn. 2; s. a. BVerfGE 11, 105 (111 f.), wonach die Formulierung des Art. 74 Abs. 1 Nr. 12 GG den Begriff „Sozialversicherung“ als verfassungsrechtlichen Gattungsbegriff verstehe, der alles umfasse, was sich der Sache nach als Sozialversicherung darstelle, sodass die Arbeitslosenversicherung nicht als außerhalb der Sozialversicherung zu betrachten sei, sondern in sie eingeschlossen.

32 Vgl. *Muckel/Ogorek*, Sozialrecht, § 7 Allgemeines, Rn. 2.

33 *Muckel/Ogorek*, Sozialrecht, § 7 Allgemeines, Rn. 2; ähnlich auch *Zieglmeier*, in: Körner/Leitherer/Mutschler/Rolfs (Hrsg.), Kasseler Kommentar Sozialversicherungsrecht, SGB IV, § 1, Rn. 4a.

Sozialversicherung Personen umfasst, die kraft Gesetzes oder Satzung (Versicherungspflicht) oder aufgrund freiwilligen Beitritts oder freiwilliger Fortsetzung der Versicherung (Versicherungsberechtigung) versichert sind (§ 2 Abs. 1 SGB IV). § 2 Abs. 1 SGB IV bestimmt damit den personellen Geltungsbereich der öffentlichrechtlichen Sozialversicherung und stellt klar, dass in ihr Personen aufgrund von Versicherungspflicht (Pflichtversicherungsverhältnis) oder Versicherungsberechtigung versichert werden können.[34] Nach Maßgabe der besonderen Vorschriften für die einzelnen Versicherungszweige sind dabei Personen, die gegen Arbeitsentgelt oder in einer Berufsausbildung beschäftigt sind, in allen Zweigen der Sozialversicherung versichert (§ 2 Abs. 2 Nr. 1 SGB IV). Der Wortlaut von § 2 Abs. 2 1. Hs. SGB IV macht deutlich, dass es sich um keine abschließende Regelung handeln soll, sondern Besonderheiten in den einzelnen Sozialversicherungszweigen zu berücksichtigen sind.[35] Der Versicherungspflicht unterliegen alle Zweige der Sozialversicherung. Im Hinblick auf weiter hinzukommende Versichertengruppen, die ebenfalls einen Versicherungsschutz genießen können, wie z. B. freiwillig Versicherte, existieren keine einheitlichen Regelungen in den Versicherungszweigen.[36]

Sind Arbeitnehmer nun wegen Antrittes einer Haftstrafe nicht mehr in der Lage, dem Arbeitgeber ihre Arbeitskraft zur Verfügung zu stellen, kann dies dazu führen, dass Beschäftigungsverhältnisse bereits mit dem Tag vor Beginn einer Haftstrafe in sozialversicherungsrechtlicher Hinsicht enden.[37] Gleichwohl muss

---

34 Vgl. *Marschner*,in: Kreikebohm (Hrsg.), SGB IV Kommentar, § 2, Rn. 1 f.

35 *Wagner*, in: Rolfs/Giesen/Kreikebohm/Udsching (Hrsg.), BeckOK Sozialrecht, SGB IV, § 2, Rn. 2.

36 *Steinmeyer*, Die deutsche Sozialversicherung im Überblick, S. 18, in: Mülheims/Hummel/Peters-Lange/Toepler/Schuhmann (Hrsg.), Handbuch Sozialversicherungswissenschaft; siehe ebenfalls *Keck*, Die Rolle der Sozialversicherung in Deutschland, S. 6 f., in: Mülheims/Hummel/Peters-Lange/Toepler/Schuhmann (Hrsg.), Handbuch Sozialversicherungswissenschaft. Anders als in der gesetzlichen Kranken-, Unfall- und Rentenversicherung gab es in der Arbeitslosenversicherung seit dem 01.07.1942 keine freiwillige Versicherung mehr; erst mit dem am 01.02.2006 durch das Dritte Gesetz für moderne Dienstleistungen am Arbeitsmarkt in Kraft getretenen § 28a SGB III wurde die Möglichkeit der freiwilligen Versicherung wieder für drei Personengruppen eröffnet, *Schneil*, in: Gagel, SGB II/SGB III Grundsicherung und Arbeitsförderung Kommentar, SGB III, § 28a, Rn. 1; s. a. *Timme*, in: Hauck/Noftz (Hrsg.), SGB III, K § 28a, Rn. 2.

37 *Marburger*, Sozialversicherung und Freiheitsentzug, in: SozArb 1973, 66 (66). Zum Ende des Beschäftigungsverhältnisses: Das Beschäftigungsverhältnis eines Arbeitnehmers endet mit Antritt der Haft zum einen mangels fehlenden Direktionsrechts des Arbeitgebers, wenn nicht zuvor schon eine Kündigung ausgesprochen oder ein Aufhebungsvertrag vereinbart wurde. Zum anderen kann der Gefangene mit seiner Dienstbereitschaft dem Arbeitgeber nicht mehr zur Verfügung stehen und die Arbeit nicht mehr ausführen. Außerdem erhält der Gefangene in aller Regel kein Entgelt mehr; vgl. hierzu *Ulmer*, in: Rolfs/Giesen/Kreikebohm/Udsching (Hrsg.), BeckOK Sozialrecht, SGB III, § 26, Rn. 2; *Brand*, in: Brand (Hrsg.), Sozialgesetzbuch

auch nicht jede Versicherung in einem Sozialversicherungszweig durch Antritt der Haft abschließend beendet sein; vielmehr bestehen rechtliche Möglichkeiten, neben einer Einbeziehung kraft Gesetzes, den Sozialversicherungsschutz für Gefangene und ihre Familienmitglieder aufrechtzuerhalten, was insbesondere im Hinblick auf eine Mitgliedschaft in der gesetzlichen Rentenversicherung und den Aufbau und Erhalt von rentenrechtlichen Zeiten von Bedeutung ist.[38] Ob Strafgefangene während des Vollzuges der Freiheitsstrafe in den Kreis der versicherten Personen in den Zweigen der Sozialversicherung einbezogen sind oder ob ein Versichertenstatus neu begründet werden muss, hängt auch entscheidend davon ab, in welcher Form Gefangene vor ihrer Inhaftierung sozialversichert gewesen sind und ob während des Vollzuges eine Arbeit ausgeübt wird.[39] Die Verschiedenartigkeit der Tätigkeitsformen im Strafvollzug ist dabei zu berücksichtigen und erschwert eine einheitliche Beurteilung hierüber.[40] Weiterhin sind Besonderheiten im Hinblick auf die versicherten Personenkreise in den jeweiligen Sozialversicherungszweigen zu beachten.[41] Die Vielzahl der zu beachtenden Faktoren bei der Feststellung des sozialversicherungsrechtlichen Status Strafgefangener führt dazu, dass unterschiedliche Fallkonstellationen möglich sind.

B. Gang der Untersuchung

Die Arbeit ist in sechs Kapitel strukturiert. In dem *ersten Kapitel* wird es um die sozialversicherungsrechtliche Stellung Strafgefangener in der Geschichte des

---

Arbeitsförderung SGB III Kommentar, § 26, Rn. 17. Eine andere Beurteilung kann sich ergeben, wenn der Gefangene das gleiche Beschäftigungsverhältnis weiterhin im echten Freigang ausführt oder für die Zeit der Haft von dem Beschäftigungsverhältnis freigestellt wird. Zur Freistellung siehe *Baier*, in: Krauskopf, Soziale Krankenversicherung Pflegeversicherung Kommentar, SGB IV, § 7, Rn. 32 ff. Das Beschäftigungsverhältnis kann somit im Fall der Freistellung von der Arbeitsleistung fortbestehen, wenn die Voraussetzungen von § 7 Abs. 1a SGB IV erfüllt sind. Außerdem führen nicht zur Beendigung des Beschäftigungsverhältnisses der Annahmeverzug durch den Arbeitgeber sowie eine Freistellung des Arbeitnehmers im Konkurs oder wenn der Arbeitnehmer einvernehmlich und unwiderruflich bis zum Ende des Arbeitsverhältnisses von der Arbeit freigestellt wurde bei fortlaufender Zahlung des Arbeitsentgeltes, vgl. *Peters*, in: Körner/Leitherer/Mutschler/Rolfs (Hrsg.), Kasseler Kommentar Sozialversicherungsrecht, SGB V, § 190, Rn. 8, unter Verweis auf BSG, Urteil vom 24.09.2008, B 12 KR 22/07 R, SozR 4 – 2400 § 7 Nr. 9 (zum Beschäftigungsverhältnis bei Freistellung von der Arbeit).

38 *Marburger*, Sozialversicherung und Freiheitsentzug, in: SozArb 1973, 66 (67).

39 Siehe hierzu auch *Wunder/Diehm*, Die soziale (Nicht-)Sicherung von Strafgefangenen, in: Soziale Sicherheit 2009, 74 (74).

40 So schon *Schorn*, Sozialversicherung im Strafvollzug, in: NZS 1995, 444 (444).

41 Besonderheiten können sich z. B. im Hinblick auf die Möglichkeit der Versicherungsberechtigung ergeben, siehe z. B. § 28a SGB III.

Strafvollzugsrechts gehen. Neben Überlegungen zu später kodifizierten Vorschriften zur sozialversicherungsrechtlichen Absicherung Gefangener wird sich besonders auf den Aspekt Arbeit fokussiert. Die Beschäftigung Strafgefangener nimmt in sämtlichen Entwicklungsphasen des Strafvollzugsrechts eine tragende Rolle für die Gefangenen ein, ist aber auch ausschlaggebendes Bindeglied zwischen dem Strafvollzug und einem eventuellen Sozialversicherungsschutz für Strafgefangene während der Haft.[42]

Rechtliche Rahmenbedingungen für einen Zugang Strafgefangener in die Sozialversicherungsbereiche werden im *zweiten Kapitel* herausgearbeitet. Im Kontext eines übergeordneten rechtlichen Rahmens wird überprüft, welche Vorgaben sich aus dem nationalen Verfassungsrecht und aus dem europäischen Verfassungsrecht sowie aus dem Völkerrecht im Hinblick auf eine Berücksichtigung Strafgefangener in die Sozialversicherung ergeben. Innerhalb einer Untersuchung von Vorgaben im einfachen Recht werden allgemeine Bedingungen im geltenden Sozialversicherungsrecht für einen Zugang in die Sozialversicherungsbereiche geklärt, wobei der Fokus auf dem sozialversicherungsrechtlichen Beschäftigungsbegriff sowie auf der strafvollzugsrechtlichen Beschäftigung liegt.

Das *dritte Kapitel* widmet sich der sozialversicherungsrechtlichen Stellung Strafgefangener im geltenden Sozialversicherungsrecht in den einzelnen Sozialversicherungsbereichen. Der Sozialversicherungsschutz Gefangener in der gesetzlichen Unfallversicherung und in der gesetzlichen Arbeitslosenversicherung wird zu Beginn aufgezeigt, da Strafgefangene in diesen beiden Bereichen der Sozialversicherung bereits seit einiger Zeit Berücksichtigung finden. Eine Bestandsaufnahme zur sozialversicherungsrechtlichen Stellung Strafgefangener in der gesetzlichen Krankenversicherung, der sozialen Pflegeversicherung und der gesetzlichen Rentenversicherung schließt sich an. Überprüft wird zunächst der sozialversicherungsrechtliche Status Strafgefangener in der gesetzlichen Krankenversicherung und in der sozialen Pflegeversicherung. Dabei wird untersucht, in welchen Fällen Strafgefangene der Gesundheitsfürsorge der Landesstrafvollzugsgesetze unterfallen und in welchen Fällen ihnen eine Mitgliedschaft in der gesetzlichen Krankenversicherung erhalten bleibt. Außerdem wird geklärt, was dies für die Möglichkeit eines Anspruches auf Leistungen aus der gesetzlichen Krankenversicherung bedeutet. Gleiches gilt für eine Berücksichtigung Gefangener in der sozialen Pflegeversicherung. Die Gruppe der Familienangehörigen von Strafgefangenen ist ebenfalls zu beachten. Abschließend ist die gesetzliche Rentenversicherung in den Blick zu nehmen und auch hier einzuordnen, in welchen Fällen Strafgefangene in der gesetzlichen Rentenversicherung Berücksichtigung finden. Welche sozialversicherungsrechtlichen Rechtsfolgen sich aufgrund des Vollzuges der Freiheitsstrafe ergeben, wird sodann im *vierten Kapitel* herausgearbeitet und verfassungsrechtlich bewertet.

---

42 *Steiner*, Der Strafgefangene im System der gesetzlichen Sozialversicherung, S. 31.

Im *fünften Kapitel* erfolgen de lege ferenda rechts- und sozialpolitische Erwägungen, warum eine Einbindung Strafgefangener in alle Bereiche der Sozialversicherung sinnvoll sein kann. Die Arbeit schließt mit einer *Schlussbetrachtung (Kapitel sechs).* Im Rahmen dieser werden die in der Arbeit erlangten Erkenntnisse in Leitaussagen zusammengefasst.

Kapitel 1: Sozialversicherungsrechtliche Stellung Strafgefangener in der Geschichte des Strafvollzugsrechts

Bereits in der römischen Kaiserzeit kam der Freiheitsentzug als Willkürmaßnahme vor, auch wenn für diese Epoche ein Verbot der Freiheitsstrafe überliefert wird.[43] So existierten in der Antike für die Durchführung eines Freiheitsentzuges verschiedene Einrichtungen, die als Ursprünge des Gefängnisses betrachtet werden können.[44] Eine Typisierung der Freiheitsstrafe kann jedoch erst im frühen Mittelalter mit Einführung der Klosterhaft im Rahmen der Kirchenstrafe in Ansätzen festgestellt werden, indem besondere Gefängnisse für den Vollzug der kirchlichen Strafhaft eingerichtet wurden und Gefangene mancherorts zur Arbeit verpflichtet waren.[45] Begründet wurde die Klosterhaft mit der Besserung der Inhaftierten durch die Haft und das damit verbundene reuevolle Bußetun.[46] Der Beginn einer gesetzlichen manifestierten Sanktionierung durch Freiheitsentzug liegt demzufolge im kanonischen Recht.[47] Allerdings dominierten Leibes- und Lebensstrafen weiterhin im weltlichen Recht, innerhalb dessen die Freiheitsstrafe lediglich als Substitut zur Todesstrafe ausgesprochen, als Ersatzfreiheitsstrafe bei Zahlungsunfähigkeit verstanden oder in Form der Verbannung praktiziert wurde.[48] Nur in seltenen Fällen wurde sie als Hauptstrafe verhängt.[49] Bis zum Ende des Mittelalters diente der Freiheitsentzug daher vorwiegend der Verwahrung von Gefangenen für das Strafverfahren und der Exekution von Leibes- oder Lebensstrafen.[50] Kam es zu einer Freiheitsstrafe, erfolgte diese in Stadttürmen, Lochgefängnissen oder Rathauskellern, wodurch sich, aufgrund des peinigenden Charakters der Strafe, der

---

43 *Solbach/Hofmann*, Einführung in das Strafvollzugsrecht, S. 31; *Laubenthal*, Strafvollzug, Rn. 86. Der römische Jurist Ulpian stellte hierzu fest „...carcer enim ad continendos homines non ad puniendos haberi debet, Ulpian Digesta 48, 19, 8, 9, zitiert nach *Laubenthal*, Strafvollzug, Rn. 86.

44 Siehe *Solbach/Hofmann*, Einführung in das Strafvollzugsrecht, S. 32.

45 *Krause*, Geschichte des Strafvollzugs, S. 16 f.

46 *Krause*, Geschichte des Strafvollzugs, S. 17.

47 *Solbach/Hofmann*, Einführung in das Strafvollzugsrecht, S. 32.

48 Ebd.; *Walter*, Strafvollzug, Rn. 5.

49 Mit Verweis auf einige Beispiele *Solbach/Hofmann*, Einführung in das Strafvollzugsrecht, S. 32 f.; *Krause*, Geschichte des Strafvollzugs, S. 17 f.

50 *Laubenthal*, Strafvollzug, Rn. 86; vgl. auch *Solbach/Hofmann*, Einführung in das Strafvollzugsrecht, S. 31 f.

Begriff der peinlichen Strafe etablierte und die Wirkung dieser Freiheitsstrafe mit einer Leibesstrafe gleichgesetzt werden konnte.[51] Mit der Peinlichen Halsgerichtsordnung Kaiser Karls V. (Constitutio Criminalis Carolina – CCC) von 1532 wurden zwar Straf- und Strafprozessrecht erstmalig vereinheitlicht, der Freiheitsstrafe aber wiederum eine untergeordnete Rolle zugeteilt, da das Verbot der Freiheitsstrafe aus dem römischen Recht fortwirkte.[52] Die Freiheitsstrafe fand sich in der Carolina lediglich als angeordnete Strafe beim ersten Diebstahl in Art. 157 CCC.[53] Außerdem war die Möglichkeit der Freiheitsstrafe als das „ewige Gefängnis" in den Art. 10 und 101 CCC vorgesehen, wonach der Freiheitsentzug wiederum mit der Todesstrafe gleichstellt wurde.[54]

Als Neuerung im deutschen Strafvollzug im 16. und anfänglichen 17. Jahrhundert war die öffentliche Zwangsarbeitsstrafe (opus publicum)[55] zu betrachten, die bereits vor 1600 in süddeutschen Städten wie Ulm, Straßburg, Nürnberg und Colmar eingeführt wurde, ab dem 17. Jahrhundert auch in Hamburg, Danzig und Württemberg Eingang fand und sodann auch als reguläre Strafe in Gesetzen und Verordnungen festgeschrieben wurde.[56] Erstmalig aus Hamburg nachgewiesen wurde außerdem ein regulierter Vollzug, innerhalb dessen zunächst Bettler, später auch strafgerichtlich Verurteilte in beaufsichtigten Räumlichkeiten in Stadttürmen über Nacht untergebracht wurden.[57] Die Finanzierung für Unterhalt, Ausstattung und ärztliche Fürsorge der Gefangenen wurde von der Stadtkämmerei getragen.[58] Bis zum Ende des 17. Jahrhunderts breitete sich die Verhängung öffentlicher Zwangsarbeitsstrafen weiter aus, wurde aber wieder abgeschafft und durch eine anderweitige Sanktionsform, das Zuchthaus, ersetzt.[59] Mit Einrichtung der ersten Zucht- und Spinnhäuser in der zweiten Hälfte des 16. Jahrhunderts wandelte sich das Verständnis von Freiheitsentzug, was sich vor allem im bisherigen

51 *Solbach/Hofmann*, Einführung in das Strafvollzugsrecht, S. 33; *Krause*, Geschichte des Strafvollzugs, S. 18.

52 *Solbach/Hofmann*, Einführung in das Strafvollzugsrecht, S. 33; *Krause*, Geschichte des Strafvollzugs, S. 21.

53 *Laubenthal*, Strafvollzug, Rn. 90.

54 *Krause*, Geschichte des Strafvollzugs, S. 21.

55 Der Begriff „Öffentliche Zwangsarbeitsstrafe" bezeichnet sog. „gemeine Arbeiten", d. h. Ausbesserungen von Stadtgräben und Reinigungen von Gassen, bei denen die Täter an Karren angekettet wurden und die Bewegungsfreiheit stark eingeschränkt war (dadurch etablierte sich auch der später synonym verwendete Begriff der „Karrenstrafe"); vgl. *Krause*, Geschichte des Strafvollzugs, S. 24 f.

56 *Krause*, Geschichte des Strafvollzugs, S. 22 ff.

57 *Krause*, Geschichte des Strafvollzugs, S. 24 f.

58 *Krause*, Geschichte des Strafvollzugs, S. 25.

59 *Krause*, Geschichte des Strafvollzugs, S. 29. Zur Entwicklung der Spinn- und Zuchthäuser, siehe *Quanter*, Deutsches Zuchthaus- und Gefängniswesen. Von den Ältesten Zeiten bis in die Gegenwart, S. 115 ff.

Verständnis von Strafe niederschlug.[60] Stand bisher noch der Vergeltungscharakter als Strafzweck im Vordergrund, wurde mit Errichtung des Zuchthauses die Besserung und Wiedereingliederung der Gefangenen angestrebt.[61] Zu den bekanntesten Zuchthäusern zählten Schloss Bridewell in London (um 1555) sowie das Amsterdamer Zuchthaus (1595).[62] Der wesentliche Unterschied zwischen den Häusern bestand in der Nähe zur Strafrechtpflege.[63] Wurden in Bridewell, als Institution der Armenpflege, zunächst nur Bettler, Landstreicher und Prostituierte zur Verrichtung zwangsweiser Arbeit untergebracht, nahm das Amsterdamer Zuchthaus auch verurteilte Straftäter auf und hielt diese zur Arbeit an.[64] Die ersten Zuchthausgründungen in Deutschland entstanden nach dem Amsterdamer Vorbild im 17. Jahrhundert in Bremen (1608) und Lübeck (1613), deren Ausgestaltungen und Organisationen Zuchthausordnungen regelten.[65] Im Hinblick auf die dort zu unterbringenden Personenkreise ließ sich in Deutschland ebenfalls eine heterogene Zielausrichtung der Zuchthäuser feststellen.[66] Mit dem Dreißigjährigen Krieg (1618–1648) verschlechterten sich die Bedingungen in den Zuchthäusern.[67] Unter Einfluss des Merkantilismus des 18. Jahrhunderts wurde der Besserungsgedanke in den Hintergrund gedrängt und die Ausnutzung der Gefangenen in den Vordergrund gestellt.[68] Zuchthäuser wurden infolgedessen an Private verpachtet, mit dem Ziel, eine Erhöhung von staatlichen Einnahmen zu erreichen und das Beamtentum sowie Streitkräfte zu finanzieren.[69] Neben den Zuchthäusern existierte weiterhin der Freiheitsentzug in Gefängnissen, Kerkern und Verliesen, wobei am Vergeltungscharakter der Strafe festgehalten wurde und der Freiheitsentzug, wegen der dort herrschenden desolaten Zustände, mit einer Leibesstrafe gleichzusetzen war.[70] Erste Reformversuche des Strafvollzugswesens erfolgten im 18. Jahrhundert aufgrund des Einflusses durch die vorkantische Aufklärungsphilosophie[71],

---

60 *Solbach/Hofmann*, Einführung in das Strafvollzugsrecht, S. 33; *Krause*, Geschichte des Strafvollzugs, S. 30.

61 *Solbach/Hofmann*, Einführung in das Strafvollzugsrecht, S. 33.

62 *Neubacher*, in: Laubenthal/Nestler/Neubacher/Verrel (Hrsg.), Strafvollzugsgesetze, zu A, Rn. 2; ausführlich: *Krause*, Geschichte des Strafvollzugs, S. 30 ff.

63 *Krause*, Geschichte des Strafvollzugs, S. 34.

64 *Krause*, Geschichte des Strafvollzugs, S. 30, 34.

65 *Solbach/Hofmann*, Einführung in das Strafvollzugsrecht, S. 34; vgl. auch *Krause*, Geschichte des Strafvollzugs, S. 38 ff.

66 *Solbach/Hofmann*, Einführung in das Strafvollzugsrecht, S. 34.

67 Ebd.

68 *Solbach/Hofmann*, Einführung in das Strafvollzugsrecht, S. 34; *Neubacher*, in: Laubenthal/Nestler/Neubacher/Verrel (Hrsg.), Strafvollzugsgesetze, zu A, Rn. 2.

69 Ebd.

70 Laubenthal, Strafvollzug, Rn. 94.

71 Zu den Reformern zählten u. a. Charles-Louis de Secondat, Baron de La Brède de Montesquieu mit seinem Werk „De l'esprit des lois"/Vom Geist der Gesetze, erschienen 1748, und Cesare Beccaria mit seiner Arbeit „Dei delitti e delle pene", erschienen

die sich für maßvolle Strafen einsetzte und die endgültige Zurückdrängung von Folter, Leibes- und Lebensstrafen forderte sowie den desolaten Zuständen in den Zuchthäusern und Gefängnissen entgegenwirken wollte.[72] Nach dem Vorbild des Engländers John Howard, der sich in der zweiten Hälfe des 18. Jahrhunderts als ehemaliger Kriegsgefangener für eine Verbesserung der Zustände in den Gefängnissen einsetzte, wurde in Deutschland der evangelische Anstaltspfarrer Heinrich Wagnitz gegen Ende des 18. Jahrhunderts/zum beginnenden 19. Jahrhundert tätig und setzte sich für eine Besserung der Delinquenten durch nützliche Arbeit sowie für eine bessere Ausbildung des Anstaltspersonales und den Ausbau einer Entlassenenfürsorge ein.[73]

Erste Überlegungen für eine reichseinheitliche Strafvollzugsgesetzgebung entstanden im 19. Jahrhundert, in etwa zur Zeit der Verabschiedung des Strafgesetzbuches im Reichstag des Norddeutschen Bundes.[74] Damit ist die Forderung nach einem Strafvollzugsgesetz beinahe ebenso alt wie das Strafgesetzbuch selbst.[75] Die Rechtsentwicklung von Strafrecht und Strafvollzugsrecht kann somit als nebeneinander verlaufend betrachtet werden.[76] Innerhalb dessen stellt die Freiheitsstrafe im Sinne des Strafgesetzbuches ein weiteres verbindendes Element zwischen Strafrecht und Strafvollzugsrecht dar.[77] Eine begriffliche Abgrenzung von Freiheitsstrafe und Strafvollzug ist dem Gesetz und der Literatur zu entnehmen. Demnach handelt es sich seit der Strafrechtsreform von 1969/1970 im Strafrecht um eine einheitliche Freiheitsstrafe[78], die in Anstalten der Landesjustizverwaltung

---

1764, abgebildet in: *Laubenthal*, Strafvollzug, Rn. 100; *Foucault*, Überwachen und Strafen, S. 95.

72 Siehe *Foucault*, Überwachen und Strafen, S. 93 ff.; *Laubenthal*, Strafvollzug, Rn. 98.

73 Vgl. zu *Wagnitz*, Historische Nachrichten und Bemerkungen über die merkwürdigsten Zuchthäuser in Deutschland, die kurzen Darstellungen, in: *Laubenthal*, Strafvollzug, Rn. 100; s. a. *Solbach/Hofmann*, Einführung in das Strafvollzugsrecht, S. 35; vgl. auch *Eisenhardt*, Strafvollzug, S. 38 ff; mit umfassenden Erläuterungen zur Arbeit von Wagnitz, vgl. ferner *Wilde*, Armut und Strafe, S. 137 ff.

74 Siehe *Schubert*, Entwürfe zu einem Strafvollzugsgesetz (1927-1932) und zu einem Einführungsgesetz zum Allgemeinen Deutschen Strafgesetzbuch und zum Strafvollzugsgesetz (1929-1930), Band 5, S. VII.

75 Vgl. *Jahn*, Vorwort zum Entwurf eines Gesetzes über den Vollzug der Freiheitsstrafen und der freiheitsentziehenden Maßregeln der Besserung und Sicherung – Strafvollzugsgesetz – (Kommissionsentwurf), herausgegeben vom Bundesministerium der Justiz Februar 1971, S. III; *Müller-Dietz*, Strafvollzugsgesetzgebung und Strafvollzugsreform, S. 1, 17; *Hiete*, Probleme des Strafvollzugs und der Strafvollzugsgesetzgebung, in: ZStrW 68, 1956, 213 ff. (220).

76 Vgl. *Stäcker*, Die Franz von Liszt-Schule und ihre Auswirkungen auf die deutsche Strafrechtsentwicklung, S. 44, wonach auch von Liszt den Zusammenhang zwischen Strafrechtspflege und Strafvollzug betont.

77 Siehe *Solbach/Hofmann*, Einführung in das Strafvollzugsrecht, S. 31.

78 Vgl. hierzu § 12 Strafgesetzbuch (StGB).

(Justizvollzugsanstalt) zu vollziehen ist (§ 139 StVollzG)[79]; von unterschiedlichen Formen des Freiheitsentzuges, in die noch das „Strafgesetzbuch für das Deutsche Reich" (RStGB)[80] vom 01.01.1872 unterteilte, wurde abgesehen.[81] Das Strafvollzugsrecht umfasst hingegen alle Rechtsnormen, die auf die Vollziehung von freiheitsentziehenden Kriminalsanktionen gerichtet sind.[82]

A. Berücksichtigung Strafgefangener in der Sozialversicherung im 19./20. Jahrhundert

Auch die Sozialversicherung wurde im 19. Jahrhundert auf ihren Weg gebracht.[83] Am 17.11.1881 wurde die Sozialversicherung (sog. Arbeiterversicherung) in Deutschland durch Verkündung der kaiserlichen Botschaft[84] Kaiser Wilhelms I. inauguriert.[85] Durch einen obligatorischen Versicherungsschutz gegen Unfall, Krankheit, Alter und Invalidität sollte die soziale Lage der Arbeiterschaft zukünftig verbessert und den Arbeitern Rechtsansprüche auf Leistungen aus der Versicherung gewährt werden.[86]

Am 15.06.1883 erging zunächst das „Gesetz, betreffend die Krankenversicherung der Arbeiter"[87]. Dem folgte das „Unfallversicherungsgesetz"[88] vom 06.07.1884 sowie am 22.06.1889 das „Gesetz, betreffend die Invaliditäts- und Altersversicherung"[89]. Mit Verabschiedung der „Reichsversicherungsordnung" (RVO)[90] am 19.07.1911 wurden die Arbeiterkrankenversicherung, das Unfallversicherungsrecht und die Invaliditäts- und Altersversicherung fortan als „Reichsversicherung" in der RVO gebündelt (§ 1 RVO a.F.).[91] Im Mittelpunkt einer möglichen Einbindung

---

79 Wortgleich übernommen in § 3 Abs. 1 BWJVollzGB I, Art. 165 BayStVollzG, § 98 Abs. 1 HmbStVollzG, § 70 Abs. 1 HStVollzG, § 170 Abs. 1 NJVollzG, § 93 Abs. 1 NRWStVollzG, § 1 Abs. 1 JVollzGB LSA, § 1 LStVollzG SH, § 1 StVollzG Bln.

80 RGBl 1871, S. 127 ff.

81 Vgl. hierzu die Entwicklung von § 1 RStGB, abgebildet in: *Fuchs*, StGB Strafgesetzbuch für das Deutsche Reich vom 15. Mai 1871. Historisch-synoptische Edition 1871-2009, S. 37–42; *Walter*, Strafvollzug, Rn. 19.

82 *Laubenthal*, Strafvollzug, Rn. 9.

83 Vgl. hierzu *Peters*, Die Geschichte der sozialen Versicherung, S. 49 ff.

84 Erste Kaiserliche Botschaft, in: Verhandlungen des Reichstags, V. Legislaturperiode, Erste Session, 1881/82, Band 1, S. 1 ff.; siehe hierzu auch *Peters*, Die Geschichte der sozialen Versicherung, S. 50 ff. Nach Peters handele es sich bei der Kaiserlichen Botschaft um die „Magna Charta" der Sozialversicherung, weil die Botschaft Richtlinien darlege für den Aufbau der Arbeiterversicherung, vgl. *ders.*, S. 50.

85 *Peters*, Die Geschichte der sozialen Versicherung, S. 50 ff., 75.

86 *Eichenhofer*, Sozialrecht, Rn. 35; *Peters*, Die Geschichte der sozialen Versicherung, S. 50.

87 RGBl. 1883, S. 73 ff.

88 RGBl. 1884, S. 69 ff.

89 RGBl. 1889, S. 97 ff.

90 RGBl. 1911, S. 509 ff.

91 *Peters*, Die Geschichte der sozialen Versicherung, S. 75.

in diese Versicherungszweige stand die Zugehörigkeit zum versicherten Personenkreis aufgrund einer Beschäftigung gegen Entgelt.[92] Die Versicherungspflicht in der Sozialversicherung bezog sich dabei seit Einführung der Sozialversicherung auf Arbeiternehmer in Freiheit[93], sodass beschäftigte Strafgefangene, Insassen von Arbeitshäusern und Besserungsanstalten wegen eines fehlenden freien wirtschaftlichen Austausches von Arbeit und Lohn im Rahmen ihrer Beschäftigungen und wegen Ausführung der Beschäftigung durch unmittelbaren obrigkeitlichen Zwang keine Berücksichtigung im Personenkreis der freien Beschäftigten nach den Vorschriften der RVO fanden.[94]

92 Gemäß § 2 RVO a.F. galten die besonderen Vorschriften der §§ 165 ff. RVO a.F. für die Krankenversicherung, die §§ 537 ff. RVO a.F. für die Unfallversicherung sowie die §§ 1226 ff. RVO a.F. für die Invaliden- und Hinterbliebenenversicherung, siehe *Hanow*, Kommentar zur Reichsversicherungsordnung, Erster Band, Gemeinsame Vorschriften, S. 36. Für den Fall der Krankheit wurden nach § 165 Abs. 1 Nr. 1 RVO a.F. kraft Gesetzes Arbeiter, Gehilfen, Lehrlinge und Dienstboten versichert, wenn sie gegen Entgelt (§ 160 RVO) beschäftigt waren, § 165 Abs. 2 RVO a.F. Zum Verständnis von Beschäftigung s. a. *Hoffmann*, in: Hanow/Hoffmann, Kommentar zur Reichsversicherungsordnung, Zweiter Band, Krankenversicherung, S. 31 ff. Einer Versicherung in der Unfallversicherung unterlagen Personen, die in den von § 537 RVO aufgezählten Industriezweigen (Fabriken/Betriebe) tätig wurden, vgl. *Moesle/Rabeling*, in: Hanow/Moesle/Rabeling, Kommentar zur Reichsversicherungsordnung, Dritter Band, Unfallversicherung, S. 12 f. Gegen Unfälle in Betrieben oder bei Tätigkeiten, die nach den §§ 537 ff. RVO a.F. der Versicherung unterlagen, waren versichert Arbeiter, Gehilfen, Gesellen, Lehrlinge, wenn sie in diesen Betrieben oder dieser Tätigkeiten beschäftigt waren, § 544 Satz 1 Nr. 1 RVO a.F. Auch in der Invaliden- und Hinterbliebenenversicherung war Voraussetzung für eine Versicherung, dass die von § 1226 Satz 1 RVO a.F. benannten Personen gegen Entgelt (§ 160 RVO a.F.) beschäftigt waren, § 1226 Satz 2 RVO a.F.

93 Vgl. hierzu 1. Anleitung betreffend den Kreis der nach dem Invaliditäts- und Alterssicherungsgesetz versicherten Personen vom 31.10.1890, Nr. XI, AN 1891, 4; Revisionsentscheidung vom 31.05.1893, AN 111 Nr. 263, zitiert nach: BSGE 27, 197 (198); *Kreil*, Anleitung des Reichsversicherungsamts über den Kreis der nach der Reichsversicherungsordnung gegen Invalidität und gegen Krankheit versicherten Personen, Band 3, S. 83; BSGE 18, 251 (251 f.).

94 So schon *Kreil*, Anleitung des Reichsversicherungsamts über den Kreis der nach der Reichsversicherungsordnung gegen Invalidität und gegen Krankheit versicherten Personen, Band 3, S. 83; s. a. BSGE 3, 30 ff. zur Sozialversicherungspflicht von „Meistersöhnen", wonach wesentliches Merkmal für das Bestehen eines versicherungspflichtigen Beschäftigungsverhältnisses die Leistung abhängiger Arbeit ist, BSGE 3, 30 (35).

I. Bundesratsgrundsätze von 1897

Im Jahr 1806 und zum Ende des Heiligen Römischen Reiches Deutscher Nation verlagerte sich die Verantwortung für die Strafrechtspflege auf die Territorien.[95] Aufgrund des Bedarfes an Reformen, vor allem im Hinblick auf eine Abschaffung der weiterhin bestehenden Carolina, entschieden sich die meisten deutschen Partikularstaaten für den Erlass eigener Strafgesetzbücher nebst Bestimmungen über das System strafrechtlicher Sanktionen.[96] Bayern[97] erließ bereits im Jahr 1813 ein eigenes Strafgesetzbuch. Diesem Beispiel folgten weitere Teilstaaten, u. a. Sachsen (1838)[98] und Hannover (1840)[99] sowie Hessen (1841)[100], Nassau[101] und Baden (1851)[102], allerdings mit wesentlichen Unterschieden bezüglich der Ausgestaltung der einzelnen strafrechtlichen Bestimmungen.[103] Die Freiheitsstrafe wurde in den Fokus der Sanktionsformen gestellt und als Regelstrafe etabliert.[104] Gesetzliche Regelungen zum Vollzug der Strafe waren kaum vorhanden, sodass die Ausgestaltung und Organisation des Strafvollzuges weiterhin durch Anstaltsordnungen erfolgte und in den Händen der jeweiligen Anstaltsleitung lag.[105] Das damalige Großherzogtum Baden war federführend bei der Entwicklung um ein eigenständiges Strafvollzugsgesetz und erließ im Jahr 1845 ein „Gesetz, den Strafvollzug im

---

95 *Krause*, Geschichte des Strafvollzugs, S. 72.
96 Ebd.
97 Strafgesetzbuch für das Königreich Bayern von 1813 in: Neue Gesetz- und Verordnungssammlung für das Königreich Bayern mit Einschluß der Reichsgesetzgebung, 1. Band, S. 412; beachte für eine ausführliche Darstellung zum 200-jährigen Jubiläum des Bayerischen Strafgesetzbuches: *Koch/Kubiciel/Löhnig/Pawlik*, Feuerbachs Bayerisches Strafgesetzbuch.
98 Königlich sächsisches Kriminalgesetzbuch von 1838, in: Gesetz- und Verordnungsblatt für das Königreich Sachsen, 1838, S. 376, 381.
99 Patent, die Einführung eines allgemeinen Criminal-Gesetzbuches für das Königreich Hannover betreffend von 1840, abgebildet in: *Stenglein*, Sammlung der deutschen Strafgesetzbücher, Abschnitt VI, S. 9 ff.
100 Gesetz, die Einführung des Strafgesetzbuches im Großherzogthum Hessen betreffend von 1841, abgebildet in: *Stenglein*, Sammlung der deutschen Strafgesetzbücher, Abschnitt VII, S. 5 ff.
101 Gesetz, die Einführung des neuen Strafgesetzbuches betreffend von 1949, abgebildet in: *Stenglein*, Sammlung der deutschen Strafgesetzbücher, Abschnitt IX, S. 5 ff.
102 Gesetz, die Einführung des Strafgesetzbuches, des neuen Strafverfahrens und der Schwurgerichte betreffend für das Großherzogtum Baden nebst dem Einführungs-Edikt zum Strafgesetzbuch von 1851, abgebildet in: *Stenglein*, Sammlung der deutschen Strafgesetzbücher, Abschnitt VIII, S. 9 ff.
103 Vgl. *Eisenhardt*, Strafvollzug, S. 54 f.
104 *Neubacher*, in: Laubenthal/Nestler/Neubacher/Verrel (Hrsg.), Strafvollzugsgesetze, zu A, Rn. 1.
105 *Krause*, Geschichte des Strafvollzugs, S. 74.

neuen Männerzuchthause zu Bruchsal betreffend“[106].[107] Weitere parlamentarische Bestrebungen folgten in Schleswig und Holstein (1854)[108] sowie in Bayern (1861)[109], wobei Regelungen zum Vollzug lediglich auf Teilbereiche beschränkt wurden, wie z. B. auf Bestimmungen zur Art der Ausgestaltung des Freiheitsentzuges.[110] Mit Erbauung der Musteranstalt „Pentonville“ Mitte des 19. Jahrhunderts in England und der erstmaligen Einführung eines Vollzuges in drei Stufen (strenge Einzelhaft mit harter Arbeit, bei guter Führung Gemeinschaftshaft mit Beschäftigung und Klassenaufstieg sowie bei Aufstieg in die erste Klasse vorzeitige Entlassung nach Verbüßung von drei Viertel der Strafe) imitierte Deutschland mit Bau der ersten Zellengefängnisse in Bruchsal (1848) und Berlin-Moabit (1849) Pentonville in Ansätzen und entschied sich dazu, einen einstufigen Vollzug – die strenge Einzelhaft – einzuführen.[111]

Das Streben nach Rechtseinheit und Rechtsgleichheit auf dem Gebiet des Strafvollzuges veranlasste den Norddeutschen Bund (ab 1867), dem nun die Gesetzgebungskompetenz für das Strafrecht oblag, Überlegungen zum Erlass eines Bundesgesetzes zur Regelung des Strafvollzuges vorzunehmen.[112] Bemühungen um ein solches Gesetz stießen mit der Argumentation von finanziellen Überbelastungen der Bundesländer auf Widerstand.[113] Mit Inkrafttreten des „Strafgesetzbuch für das Deutsche Reich“ (RStGB)[114] am 01.01.1872 wurden zwar einige wenige Regelungen zur Ausgestaltung des Vollzuges in dieses aufgenommen, wie z. B. die Regelungen zur Arbeitspflicht für Zuchthaus- und Gefängnisinsassen (vgl. § 15

106 Strafgesetzbuch und Gesetz, den Strafvollzug im neuen Männerzuchthause zu Bruchsal betreffend, abgebildet in: Die neue Strafgesetzgebung und Gerichtsverfassung des Großherzogthums Baden, 1845, S. 1 ff. und 327 ff.

107 *Müller-Dietz*, Strafvollzugsgesetzgebung und Strafvollzugsreform, S. 4.

108 Im Jahr 1854 wurde in Schleswig und Holstein ein Gesetzentwurf über die Einführung der Einzelhaft eingebracht, siehe hierzu *Müller-Dietz*, Strafvollzugsgesetzgebung und Strafvollzugsreform, S. 4.

109 1861 erließ Bayern ein Gesetz über den Vollzug der Freiheitsstrafen durch Einzelhaft, Ges.Bl. 1861/62, S. 273, in: Neue Gesetz- und Verordnungssammlung für das Königreich Bayern mit Einschluß der Reichsgesetzgebung, 5. Band 1856 bis 1862, S. 389.

110 *Müller-Dietz*, Strafvollzugsgesetzgebung und Strafvollzugsreform, S. 4.

111 *Krause*, Geschichte des Strafvollzugs, S. 74 ff.; *Laubenthal*, Strafvollzug, Rn. 103; vgl. auch *Eisenhardt*, Strafvollzug, S. 48 ff.

112 *Müller-Dietz*, Strafvollzugsgesetzgebung und Strafvollzugsreform, S. 5 f.; *Krause*, Geschichte des Strafvollzugs, S. 79.

113 *Müller-Dietz*, Strafvollzugsgesetzgebung und Strafvollzugsreform, S. 5.

114 Strafgesetzbuch für das Deutsche Reich: Gemäß dem einzigen Paragraphen des „Gesetz[es], betreffend die Redaktion des Strafgesetzbuchs für den Norddeutschen Bund als Strafgesetzbuch für das Deutsche Reich“ vom 15.05.1871 erhielt das Strafgesetzbuch für den norddeutschen Bund vom 31.05.1870 unter der Bezeichnung als „Strafgesetzbuch für das Deutsche Reich“ vom 01.01.1872 die in den Seiten 128 ff. angeführte Fassung, siehe RGBl 1871, S. 127.

RStGB)[115], hinsichtlich weiterführender Bestimmungen zum Strafvollzug verblieb es bei bereits bestehenden landesrechtlichen Strafvollzugsordnungen als Verwaltungsvorschriften.[116] Forderungen nach einem eigenständigen und einheitlichen Gesetz zum Strafvollzug brachen allerdings nicht ab. Vor allem Praxisakteure setzten sich für eine Reformierung des Strafvollzuges ein und forderten vom Gesetzgeber eine einheitliche Regelung des Strafvollzuges mit dem Vorwurf, dass zwar eine einheitliche Regelung für das Strafrecht existiere, Strafinhalte aber immer noch als im Verwaltungswege kodifiziertes Gewohnheitsrecht zu deuten seien, aufgrund mangelnder Regelungen zum Strafvollzug.[117] Weitere parlamentarische Bestrebungen um einen Gesetzentwurf – wie der von der Reichsregierung dem Bundesrat vorgelegte „Entwurf eines Gesetzes über die Vollstreckung von Freiheitsstrafen"[118] vom 19.03.1879 – scheiterten in den darauffolgenden Jahren ebenfalls vor allem an der finanziellen Frage sowie an ablehnenden Haltungen gegenüber einer geplanten Einführung einer Bundesaufsichtsbehörde für die Vollzugsverwaltung.[119]

Mit voranschreitender Angleichung der Verhältnisse in den Vollzugsanstalten konnte am 28.10.1897 jedoch eine erste einheitliche Ländervereinbarung geschaffen werden mit den „Grundsätzen, welche bei dem Vollzuge gerichtlich erkannter Freiheitsstrafen bis zu weiterer gemeinsamer Regelung zur Anwendung kommen" (Bundesratsgrundsätze)[120]. Gegenüber dem partiell fortschrittlichen Entwurf von

---

115 Gemäß § 15 Satz 1 RStGB waren zur Zuchthausstrafe Verurteilte in der Strafanstalt zu den eingeführten Arbeiten anzuhalten.

116 *Laubenthal*, Strafvollzug, Rn. 111 f.; *Walter*, Strafvollzug, Rn. 12, *Schattke*, Die Geschichte der Progression im Strafvollzug und der damit zusammenhängenden Vollzugsziele in Deutschland, S. 103.

117 *Müller-Dietz*, Strafvollzugsgesetzgebung und Strafvollzugsreform, S. 13 f.

118 Abgebildet in: *Schubert*, Entwürfe zu einem Strafvollzugsgesetz (1927-1932) und zu einem Einführungsgesetz zum Allgemeinen Deutschen Strafgesetzbuch und zum Strafvollzugsgesetz (1929-1930), Band 5, S. 105 ff. Der Entwurf umfasste 44 Normen. Der Beschäftigung von Gefangenen wurde bereits in dem Entwurf von 1879 ein eigenständiger Teil in den §§ 22 ff. gewidmet (eingeordnet unter Teil V. „Ordnung in den Strafanstalten"). Beschäftigung unterlag der Zuweisung (§ 23 Entwurf 1879), wobei stets auf die Gesundheit des Sträflings zu achten war (§§ 22 Satz 1, 23 Entwurf 1879). Die Erträge aus der Arbeit flossen zur Staatskasse (§ 25 Satz 1 Entwurf 1879). Der Sträfling erhielt allerdings für jedes an einem Tag vollendete Arbeitsmaß sowie für Mehrarbeit eine Arbeitsbelohnung (§ 25 Satz 2 Entwurf 1879). Arbeitszeit wurde differenziert nach Sommer (11 Stunden) und Winter (9 Stunden) (§ 24 Entwurf 1879) im Entwurf aufgenommen.

119 *Müller-Dietz*, Strafvollzugsgesetzgebung und Strafvollzugsreform, S. 7; *Krause*, Geschichte des Strafvollzugs, S. 81; *Walter*, Strafvollzug, Rn. 12.

120 Zentralblatt für das Deutsche Reich, 25. Jahrgang 1897, S. 308 ff.; auch abgebildet in: *Schubert*, Entwürfe zu einem Strafvollzugsgesetz (1927-1932) und zu einem Einführungsgesetz zum Allgemeinen Deutschen Strafgesetzbuch und zum Strafvollzugsgesetz (1929-1930), Band 5, S. 109 ff.

1879 stellten die Bundesratsgrundsätze allerdings einen Rückschritt dar.[121] Weiterhin hatten die Grundsätze mit wenigen Regelungen zur Ausgestaltung des Strafvollzuges und einer Wirkung der Bundesratsgrundsätze als Verwaltungsvorschrift kaum Bedeutung für den Vollzug.[122] Dennoch nahmen die zum Ende des 19. Jahrhunderts entwickelten Entwürfe zu einem Reichsgesetz über den Vollzug der gerichtlich anerkannten Freiheitsstrafen in der unmittelbaren Vorkriegszeit innerhalb der rechtspolitischen Diskussion eine bedeutende Rolle ein.[123] Inhaltlich wurde nun auch die Beschäftigung Strafgefangener ausdrücklich geregelt. Demnach wurde gemäß § 17 Satz 1 Bundesratsgrundsätze den Gefängnissträflingen sowie den Gefangenen, die geschärfte Haftstrafen verbüßten, in der Regel Arbeit zugewiesen. Außerdem wurde ausnahmsweise Gefängnissträflingen unter der Prämisse, dass sie im Besitz bürgerlicher Ehrenrechte waren und eine Zuchthausstrafe noch nicht verbüßt hatten, durch Genehmigung der Aufsichtsbehörde gestattet, sich unter Aufsicht selbst zu beschäftigen (§ 17 Satz 2 und 5 Bundesratsgrundsätze). Dabei wurde bei der Zuweisung von Arbeit Rücksicht auf den Gesundheitszustand, die Fähigkeiten und das künftige Fortkommen für die Gefangenen genommen sowie bei Gefängnissträflingen auch auf den Bildungsgrad und die Berufsverhältnisse (§ 18 Satz 1 Bundesratsgrundsätze). Eine Entlohnung der Gefangenenarbeit wurde teilweise vorgesehen, sodass der Ertrag der verrichteten Arbeit zwar in die Staatskasse floss (vgl. § 21 Satz 1 Bundesratsgrundsätze), eine Arbeitsbelohnung für arbeitende Gefangene aus dem Ertrag allerdings nicht ausgeschlossen wurde (§ 21 Satz 2 Bundesratsgrundsätze). Weiterhin wurde die Gesundheit der Strafgefangenen stärker in den Blick genommen.[124]

---

121 *Schubert*, Entwürfe zu einem Strafvollzugsgesetz (1927-1932) und zu einem Einführungsgesetz zum Allgemeinen Deutschen Strafgesetzbuch und zum Strafvollzugsgesetz (1929-1930), Band 5, S. VIII. Der Normenkatalog der Bundesratsgrundsätze war mit nur 40 Vorschriften schlanker gefasst. Beschäftigung wurde weniger mit dem Gesundheitszustand von Strafgefangenen verbunden. Die regelmäßige Arbeitszeit wurde generell auf zwölf Stunden am Tag für Zuchthaussträflinge erhöht (§ 20 Bundesratsgrundsätze). Eine Arbeitsbelohnung war zwar nicht ausgeschlossen, aber ein Anspruch darauf nicht vorgesehen (§ 21 Satz 2 Bundesratsgrundsätze).

122 Siehe hierzu auch *Laubenthal*, Strafvollzug, Rn. 113; *Walter*, Strafvollzug, Rn. 12.

123 Vgl. *Schubert*, Entwürfe zu einem Strafvollzugsgesetz (1927-1932) und zu einem Einführungsgesetz zum Allgemeinen Deutschen Strafgesetzbuch und zum Strafvollzugsgesetz (1929-1930), Band 5, S. VIII, nach dem v. a. die Gedanken Freudenthals bahnbrechend für die Verrechtlichung des Strafvollzuges waren, siehe hierzu *Freudenthal*, Die staatsrechtliche Stellung des Gefangenen.

124 Vgl. §§ 5, 23, 27 und 31 der Bundesratsgrundsätze, in: Zentralblatt für das Deutsche Reich, 25. Jahrgang 1897, S. 308 ff.

II. Sozialversicherungsschutz in der Unfallversicherung ab 1900

Mit dem am 06.07.1884 eingeführten Unfallversicherungsgesetz[125] wurde die unzureichende Haftpflicht des Arbeitgebers abgelöst und Berufsgenossenschaften eingeführt, gegen die Arbeitnehmer bei Arbeitsunfällen öffentlich-rechtliche Entschädigungsansprüche geltend machen konnten.[126] Frühzeitig wurde der Personenkreis in der gesetzlichen Unfallversicherung auch auf Strafgefangene ausgeweitet, sodass diese bereits am 30.06.1900 mit dem „Gesetz, betreffend die Unfallfürsorge für Gefangene" (GUFG)[127] in die Unfallversicherung einbezogen wurden.[128] Gefangenen war somit gemäß § 1 Satz 1 GUFG – wenn sie einen Unfall bei einer Tätigkeit erlitten, bei deren Ausübung Arbeitnehmer in Freiheit nach den Reichsgesetzen unfallversichert waren – für die Folgen des Unfalles eine Entschädigung zu leisten. Die Entschädigungspflicht trat ein bei Körperverletzungen oder Tötung (§ 2 Satz 1 GUFG). Neben der Entschädigung in Form von freier ärztlicher Behandlung, Arznei und sonstigen Heilmitteln umfasste die Entschädigung für die Dauer der Erwerbsunfähigkeit für die Zeit nach der Haftentlassung des Verletzten die Gewährleistung einer Rente, wobei zwischen voller und geminderter Erwerbsunfähigkeit differenziert wurde (§ 3 Satz 1 und 2 GUFG). Ein Anspruch auf Verletztengeld war im GUFG noch nicht vorgesehen. Eine Vollrente betrug 300 Mark (§ 3 Satz 3 GUFG). Ersatzweise konnte gemäß § 5 Satz 1 GUFG anstelle der in § 3 GUFG aufgelisteten Leistungen auch eine freie Kur und Verpflegung in einer Heilanstalt gewährt werden. Ebenfalls wurde im Falle der Tötung einer Person eine Hinterbliebenenrente unter den Voraussetzungen der §§ 4 ff. GUFG für die Witwe und jedes Kind des Verstorbenen gewährt. Eine jährliche Hinterbliebenenrente durfte nicht 90 Mark übersteigen (§ 4 Satz 1 GUFG). Entschädigungsverpflichtete war nach § 7 GUFG der Bundesstaat, in dessen Gebiet die Anstalt lag, in dem der Unfall eingetreten war oder in dessen Gebiet die zwangsweise Beschäftigung stattgefunden hatte. Von Amtswegen war die Entschädigung entweder sofort zu gewähren, wie im Falle der Tötung, oder unmittelbar vor der Entlassung aus der Haft festzustellen (§ 10 Satz 1 GUFG). Dabei erfolgte die Festsetzung der Entschädigung durch

125 RGBl. 1884, S. 69 ff.

126 *Hardes*, Die Unfallversicherung der Gefangenen, in: ZfStrVo 1984, 6 (6). Der Gesetzgeber hatte sich 1884 für eine sozialrechtliche Lösung entschieden und die zuvor bestehende privatrechtliche Gefährdungshaftung für die Arbeitgeber für Arbeitsunfälle aufgehoben und Berufsgenossenschaften (BG) eingeführt. Die Unfallversicherung setzt somit das Prinzip der Haftungsersetzung durch Versicherungsschutz um, vgl. *Eichenhofer*, Sozialrecht, Rn. 390 ff.

127 RGBl. 1900, S. 536 ff.

128 Zunächst beschränkte der Gesetzgeber die Unfallversicherung auf Industriegruppen, die insbesondere mit großen Unfallgefahren konfrontiert waren, um dann nach und nach die Versicherung auch auf andere Berufszweige und Gruppen auszudehnen, vgl. *Schraeder/Strich*, Die deutsche Unfallversicherung, Einführung, S. XII.

die Ausführungsbehörde[129] gemäß § 11 Satz 1 GUFG. Solange der Berechtigte allerdings eine für die Dauer von einem Monat übersteigende Freiheitsstrafe verbüßte oder solange er in einem Arbeitshaus oder einer Besserungsanstalt untergebracht war, ruhte der Bezug der Verletztenrente (§ 15 Nr. 1 Satz 1 GUFG); eine Auszahlung der Rente erfolgte in diesen Fällen erst nach der Entlassung aus der Haft (§ 3 Satz 1 GUFG).

III. Reichsratsgrundsätze von 1923

Der weitestgehend gesetzlose Zustand zum Strafvollzug wurde von der Diskussion nach dem Zweck der Strafe sowie einer vorzunehmenden Einordnung der rechtsstaatlichen Stellung der Gefangenen begleitet.[130] Neuorientierungen zum Strafvollzug wurden hierdurch erst nach dem Ersten Weltkrieg und dem Zusammenbruch des Kaiserreiches 1918 möglich.[131] Mit Beginn der Weimarer Zeit 1919 und den Bestrebungen des Reichsjustizministers Gustav Radbruch um eine Strafrechtsreform vereinbarten die Landesregierungen den Bundesratsgrundsätzen analog die „Grundsätze für den Vollzug von Freiheitsstrafe" (Reichsratsgrundsätze)[132] vom 07.06.1923.[133] Der Katalog der Reichsratsgrundsätze umfasste mit 233 Vorschriften wesentlich detailliertere und konkretere Regelungen zum Strafvollzug und hob sich hierdurch von den Bundesratsgrundsätzen ab.[134] Weiterhin fand im Rahmen der Behandlung von Gefangenen der Erziehungs- und Besserungsgedanke in den Reichsratsgrundsätzen, zumindest in angedeuteter Form, Eingang (§ 48 Reichsratsgrundsätze).[135] Zur Durchführung sollten die Grundsätze bis zum 01.07.1924 von allen Landesregierungen gebracht werden gemäß § 233 Abs. 2 der Reichsratsgrundsätze, sodass, wenn auch leicht verzögert, bis

---

129 Vgl. § 8 GUFG: [Bei] Ausführung dieses Gesetzes hat der Entschädigungsverpflichtete (§ 7 GUFG) Ausführungsbehörden einzusetzen. Die Ausführungsbehörden sind, soweit nicht durch Landesgesetz oder durch Vereinbarung (§ 7 GUFG) andere Bestimmungen getroffen werden, von der Landes-Zentralbehörde zu bezeichnen.

130 *Laubenthal*, Strafvollzug, Rn. 114 f.

131 *Walter*, Strafvollzug, Rn. 13.

132 RGBl. II 1923, S. 263 ff; ebenfalls abgebildet in: *Schubert*, Entwürfe zu einem Strafvollzugsgesetz (1927-1932) und zu einem Einführungsgesetz zum Allgemeinen Deutschen Strafgesetzbuch und zum Strafvollzugsgesetz (1929-1930), Band 5, S. 113 ff.

133 *Müller-Dietz*, Strafvollzugsgesetzgebung und Strafvollzugsreform, S. 16.

134 *Krause*, Geschichte des Strafvollzugs, S. 83.

135 *Müller-Dietz*, Strafvollzugsgesetzgebung und Strafvollzugsreform, S. 16. Gemäß § 48 Reichsratsgrundsätze sollten Strafgefangene – soweit es erforderlich war – an Ordnung und Arbeit gewöhnt werden und sittlich so gefestigt, dass sie nicht wieder rückfällig werden.

1926 in allen Ländern Dienst- und Vollzugsordnungen auf Basis der Grundsätze erlassen wurden.[136]

Dem Aspekt Arbeit widmete sich der Vierte Abschnitt (Teil III) „Behandlung der Gefangenen" der Reichsratsgrundsätze. Arbeit wurde nunmehr als Grundlage eines geordneten Strafvollzuges verstanden, zu der alle Strafgefangenen anzuhalten und zu verpflichten waren (§ 62 Satz 1 und 2 Reichsratsgrundsätze). Auch Gefangenen, die nicht zur Arbeit verpflichtet waren, war auf ihren Antrag hin Arbeit zuzuweisen (§ 62 Satz 3 Reichsratsgrundsätze). Beschäftigungsverhältnisse im Privatgewerbe außerhalb der Haft waren nicht ausgeschlossen (§ 65 Reichsratsgrundsätze), wobei Arbeit in Freiheit nicht unterboten werden sollte und die Löhne der Gefangenenarbeiter denen der Arbeiter in Freiheit anzunähern waren (§ 66 Satz 1 und 2, § 76 Reichsratsgrundsätze). Eine Arbeitsbelohnung wurde den Gefangenen aus dem Ertrag der Arbeit gutgeschrieben gemäß § 79 Satz 1 Reichsratsgrundsätze. Ein Rechtsanspruch auf Auszahlung der Arbeitsbelohnung bestand nicht (§ 79 Satz 2 Reichsratsgrundsätze). Eine Gutschrift von der Belohnung erfolgte für einen Teil als Hausgeld für den Gefangenen und für einen weiteren Teil als Rücklage für die Zeit nach der Haft (§ 80 Satz 1 Reichsratsgrundsätze).

Unter dem Titel „Gesundheitsfürsorge, Geburten und Sterbefälle" wurden konkrete inhaltliche Bestimmungen zur Gesundheitsfürsorge der Gefangenen in den §§ 86 ff. im Vierten Abschnitt (Teil IV) Reichsratsgrundsätze angeführt. Dabei unterstanden die Strafanstalten den allgemeinen Vorschriften über gesundheitspolizeiliche Überwachung (§ 86 Reichsratsgrundsätze). Regelungen zur Fürsorge für Gefangene nach ihrer Entlassung wurden in den §§ 225 ff. Reichsratsgrundsätze als Elften Abschnitt kodifiziert. Für die Zeit nach der Haftentlassung sollte somit bereits während des Strafvollzuges darauf Bedacht genommen werden, dass Gefangenen eine passende Unterkunft und Arbeit gesichert wurde (§ 225 Satz 1 Reichsratsgrundsätze). Umgesetzt werden sollte dies durch Ermittlung der Lebensumstände, Kontakt zu Angehörigen und der Einbindung von Arbeitsnachweisämtern[137] (vgl. § 225 Reichsratsgrundsätze). Außerdem war mit den Vereinigungen und Einrichtungen, die sich der Fürsorge für entlassene Gefangene widmeten, ständig Kontakt zu halten und ihre Tätigkeit zu fördern; insbesondere Gefangene, die eine längere Strafe verbüßten oder infolge der Strafverbüßung ihre Arbeitsstelle verloren hatten, waren während des Strafvollzuges sowie bei der Entlassung

---

136 *Schubert*, Entwürfe zu einem Strafvollzugsgesetz (1927-1932) und zu einem Einführungsgesetz zum Allgemeinen Deutschen Strafgesetzbuch und zum Strafvollzugsgesetz (1929-1930), Band 5, S. IX.

137 Arbeitsnachweisamt: Kommunale Stellen zur Arbeitsvermittlung, die später in die Reichsanstalt für Arbeitsvermittlung und Arbeitslosenversicherung als Träger der öffentlichen Arbeitsvermittlung und Arbeitslosenversicherung (§ 1 Abs. 1 des Gesetz[es] über Arbeitslosenvermittlung und Arbeitslosenversicherung – AVAVG) integriert werden, vgl. hierzu *Eichenhofer*, Sozialrecht, Rn. 452.

auf diese Vereinigungen und Einrichtungen sowie auf öffentliche Arbeitsnachweise hinzuweisen (§ 226 Reichsratsgrundsätze).

Im auf den Reichsratsgrundsätzen folgenden „Entwurf eines Strafvollzugsgesetzes“[138] sollte die bereits in Art. 7 Ziff. 3 Weimarer Reichsverfassung (WRV)[139] angeführte konkurrierende Gesetzgebung, wonach das Reich die Gesetzgebung über das gerichtliche Verfahren einschließlich des Strafvollzuges sowie die Amtshilfe zwischen Behörden hatte, aufgegriffen und die Charakterisierung von Strafe als erzieherische Maßnahme vertieft werden.[140] Dieser Entwurf wurde dem Reichsrat am 13.01.1927 zur Beratung zugeleitet und nach Billigung des Rates mit einer aktualisierten Begründung am 09.09.1927 an den Reichstag vermittelt, wo der Entwurf nach Verabschiedung des Strafgesetzbuchentwurfes behandelt werden sollte.[141] Aufgrund der zeitlichen Verknüpfung des Entwurfes mit der gleichzeitig verlaufenden Strafrechtsreform sowie aufgrund der Reichstagsauflösung von 1930 war eine abschließende Beratung und Verabschiedung von diesem nicht mehr möglich, sodass der Entwurf scheiterte.[142]

IV. Einführung einer Belehrungspflicht über die freiwillige Weiterversicherung für Strafgefangene in der Sozialversicherung

Die Strafanstalten fast aller deutschen Staaten wurden bereits zum anfänglichen 20. Jahrhundert durch Verfügungen[143] angewiesen, Strafgefangene alsbald nach ihrer Einlieferung in die Anstalt über den Stand ihres Sozialversicherungsverhältnisses zu befragen und sie darauf hinzuweisen, dass die Möglichkeit einer

---

138 Entwurf eines Strafvollzugsgesetzes vom 09.09.1927, abgedruckt in: *Schubert*, Entwürfe zu einem Strafvollzugsgesetz (1927-1932) und zu einem Einführungsgesetz zum Allgemeinen Deutschen Strafgesetzbuch und zum Strafvollzugsgesetz (1929-1930), Band 5, S. 130 ff.

139 Weimarer Reichsverfassung: Die Verfassung des Deutschen Reichs (Weimarer Reichsverfassung) vom 11.08.1919, veröffentlicht in: RGBl. 1919, S. 1383 ff.

140 *Laubenthal*, Strafvollzug, Rn. 119.

141 *Schubert*, Entwürfe zu einem Strafvollzugsgesetz (1927-1932) und zu einem Einführungsgesetz zum Allgemeinen Deutschen Strafgesetzbuch und zum Strafvollzugsgesetz (1929-1930), Band 5, S. XIV.

142 *Müller-Dietz*, Strafvollzugsgesetzgebung und Strafvollzugsreform, S. 18.

143 Verfügung des badischen Ministeriums des Innern vom 29.04.1902, Nr. 16558, und des badischen Ministeriums der Justiz, des Kultus und Unterrichts vom 11.11.1908, Nr. 37269, die Invalidenversicherung der Gefangenen betreffend, zitiert nach: *Schirmer*, Soziale Sicherung von Strafgefangenen, S. 30; Allgemeine Verfügung des preußischen Justizministers vom 30.01.1908 betreffend die Invalidenversicherung von Gefangenen, abgedruckt in: Justiz-Ministerial-Blatt für die preußische Gesetzgebung und Rechtspflege, 70 Jg., 1908, zitiert nach *Schirmer*, Soziale Sicherung von Strafgefangenen, S. 29.

freiwilligen Weiterversicherung in der Invaliden- und Hinterbliebenenversicherung (vgl. zur Versicherungsberechtigung in der Invaliden- und Hinterbliebenenversicherung §§ 1243 f. RVO a.F.) auch während der Haft besteht und eine Weiterversicherung für sie von Vorteil ist.[144] Dafür war in Baden[145] grundsätzlich das Einverständnis der Strafgefangenen für eine Weiterversicherung in der Invalidenversicherung erforderlich; nur ausnahmsweise war diese obsolet und konnte auch aufgrund einer Verpflichtung vom Direktor der Anstalt erfolgen, wenn es von diesem „zum besseren Fortkommen der Sträflinge für sachdienlich erachtet" wurde.[146] In Preußen[147], Bayern[148] und Hessen[149] wurde hingegen entschieden, Gefangene auch ohne ihre Einwilligung weiter zu versichern.[150] Württemberg[151] und Sachsen[152] machten eine Weiterversicherung ebenfalls vom Einverständnis der Strafgefangenen abhängig.[153] Für Gefangene, die eine lebenslange Freiheitsstrafe verbüßten, erwerbsunfähig oder vor Haftantritt nicht zum Kreis der freiwillig oder pflichtversicherten Personen zählten, fanden die Bestimmungen zur

---

144 *Schirmer*, Soziale Sicherung von Strafgefangenen, S. 29. Gemäß § 1244 RVO konnte, wer aus einem versicherungspflichtigen Verhältnis ausschied, die Versicherung freiwillig fortsetzen oder später nach § 1283 RVO erneuern (Weiterversicherung). Ein freiwilliger Eintritt in die Versicherung (Selbstversicherung) war nach § 1243 RVO möglich bis zum vollendeten 40. Lebensjahr, vgl. zu den Voraussetzungen näher *Hanow/Lehmann*, Kommentar zur Reichsversicherungsordnung, Vierter Band, Die Invaliden- und Hinterbliebenenversicherung, S. 71 ff.

145 Verfügung des badischen Ministeriums des Innern vom 29.04.1902, Nr. 16558, und des badischen Ministeriums der Justiz, des Kultus und Unterrichts vom 11.11.1908, Nr. 37269, die Invalidenversicherung der Gefangenen betreffend, Ziff. 1 und 2, zitiert nach: *Schirmer*, Soziale Sicherung von Strafgefangenen, S. 30.

146 *Schirmer*, Soziale Sicherung von Strafgefangenen, S. 30.

147 Nr. 3 Satz 2 AV des preußischen Justizministers vom 30.01.1908 betreffend die Invalidenversicherung von Gefangenen, abgedruckt im: Justiz-Ministerial-Blatt für die preußische Gesetzgebung und Rechtspflege, 70 Jg., 1908, zitiert nach: *Schirmer*, Soziale Sicherung von Strafgefangenen, S. 29.

148 Nr. 3 Satz 3 der Verfügung des bayrischen Ministeriums der Justiz vom 29.4.1912, Nr. 15685, in: *Höchtl*, Die Invaliden- und Hinterbliebenen-Weiterversicherung Strafgefangener, S. 4, zitiert nach: *Schirmer*, Soziale Sicherung von Strafgefangenen, S. 30.

149 *Höchtl*, Die Invaliden- und Hinterbliebenen-Weiterversicherung Strafgefangener, S. 4, zitiert nach: *Schirmer*, Soziale Sicherung von Strafgefangenen, S. 29 f.

150 *Schirmer*, Soziale Sicherung von Strafgefangenen, S. 29.

151 Vgl. § 13 I. Satz 5 der Verfügung des württembergischen Justizministers vom 28.02.1914 betreffend den Vollzug der RVO vom 19.07.1911, abgedruckt im Amtsblatt des Königlich Württembergischen Justizministeriums, Jg. 1914, Nr. 3 Satz 23 und 27, zitiert nach: *Schirmer*, Soziale Sicherung von Strafgefangenen, S. 29 f.

152 *Höchtl*, Die Invaliden- und Hinterbliebenen-Weiterversicherung Strafgefangener, S. 4, zitiert nach *Schirmer*, Soziale Sicherung von Strafgefangenen, S. 29 f.

153 *Schirmer*, Soziale Sicherung von Strafgefangenen, S. 29 f.

Weiterversicherung keine Anwendung.[154] Hinsichtlich der zur Zahlung von Versicherungsbeiträgen erforderlichen Geldbeträge waren sich die Länder weitestgehend einig, dass hierzu das von Gefangenen eingebrachte Geld aufgewendet werden sollte, sofern in die Verwendung von Strafgefangenen eingewilligt wurde, oder, wenn keine Mittel zur Verfügung standen und wenn Strafgefangene die Verwendung verweigerten, eine Bezahlung der Beiträge aus dem gutgeschriebenen Arbeitslohn erfolgen sollte.[155] Weitere Möglichkeiten bestanden in der Aufwendung der Mittel durch die Armenkassen der Strafanstalten oder durch Belastungen der Anstaltskassen zulasten eines anderen Etats.[156]

Auch mit Erlass der Reichsratsgrundsätze im Jahr 1923 wurden die unterschiedlichen Bestimmungen in den Ländern zur Weiterversicherung von Strafgefangenen in der Invaliden- und Hinterbliebenenversicherung – in den nach § 233 Abs. 2 Reichsratsgrundsätze zu erlassenden Verordnungen – als einfache Verwaltungsvorschriften in den Ländern beibehalten.[157] Reichseinheitlich wurde gemäß § 227 Reichsratsgrundsätze ausdrücklich festgehalten, Gefangenen nahezulegen, ihre bei Aufnahme der Haft angesammelten Anwartschaften auf Invaliden- und Hinterbliebenenversicherung (vgl. zur Weiterversicherung § 1244 RVO a.F.) oder auf Arbeitslosenversicherung durch Erfüllung der gesetzlichen Voraussetzungen zu erhalten und fällige Beiträge gegebenenfalls aus dem gutgeschriebenen Hausgeld, Rücklagen oder, mit Zustimmung des Gefangenen, aus seinen sonstigen Mittel zu tilgen.

---

154 *Schirmer*, Soziale Sicherung von Strafgefangenen, S. 31, unter Nennung von Bayern. In Bayern erhielten auch zur lebenslangen Haft verurteilte Straftäter ausnahmsweise die Möglichkeit einer Weiterversicherung, wenn sie die hierzu erforderlichen Mittel aus eigenen Ressourcen bestreiten konnten.

155 *Schirmer*, Soziale Sicherung von Strafgefangenen, S. 30.

156 Vgl. ebd. Bei Aufnahme oder Fortsetzung der Versicherung war die öffentliche Urkunde (sog. Quittungskarte) als maßgeblicher Nachweis für die Entrichtung der Beiträge zur Invalidenversicherung – durch Einkleben von Beitragsmarken – unter Zuhilfenahme der Vermittlung durch die Behörde vom letzten Beschäftigungsort oder der Heimatbehörde einzuholen. Die Strafgefangenen erhielten Beitragsmarken in der bisher versicherten Lohnklasse, wenn sie für die Beiträge eigene Mittel aufwendet haben. Andernfalls wurden von den Anstalten nur so viele Beiträge für die niedrigste Lohnklasse entrichtet, wie es zur Aufrechterhaltung der Anwartschaft aus der Versicherung notwendig war, vgl. ebenfalls *Schirmer*, Soziale Sicherung von Strafgefangenen, S. 30 f.

157 *Schirmer*, Soziale Sicherung von Strafgefangenen, S. 31. Preußen und Bayern hielten weiterhin an einer Weiterversicherung ohne Zustimmung der Gefangenen fest, wohingegen Sachsen und Württemberg für eine Weiterversicherung nur Empfehlungen aussprachen. Eine Weiterversicherung in der Angestelltenversicherung und der knappschaftlichen Pensionsversicherung wurde in allen Ländern von der Entscheidung der Strafgefangenen abhängig gemacht, siehe ebenfalls *Schirmer*, Soziale Sicherung von Strafgefangenen, S. 32.

Die Möglichkeit einer freiwilligen Weiterversicherung in der Rentenversicherung der Arbeiter wurde gemäß § 1244 RVO a.F. eröffnet, indem die Versicherung entweder freiwillig fortgesetzt oder später, unter den in § 1283 RVO a.F. genannten Voraussetzungen, erneuert wurde (Weiterversicherung). Strafgefangene konnten somit nach § 1283 RVO a.F. ihre Anwartschaft wiederaufleben lassen, wenn der Versicherte das Versicherungsverhältnis erneuerte, freiwillige Beitragsleistungen zahlte und eine Wartezeit von 200 Betragswochen zurücklegte.

Eine gesetzliche Versicherung für den Fall von Arbeitslosigkeit wurde erstmalig im Jahr 1927 mit dem „Gesetz über Arbeitsvermittlung und Arbeitslosenversicherung" (AVAVG)[158] vom 16.07.1927 eingeführt.[159] Die im Dritten Abschnitt des AVAVG geregelte Arbeitslosenversicherung umfasste nach § 69 AVAVG den Kreis der versicherten Personen, wonach für den Fall von Arbeitslosigkeit zu dem Kreis der Versicherten gehörte, wer aufgrund der RVO oder des Reichsknappschaftsgesetz[es] (RKG)[160] für den Fall von Krankheit pflichtversichert war (§ 69 Satz 1 Nr. 1 AVAVG) oder wer aufgrund des Angestelltenversicherungsgesetz[es] (AVG)[161] pflichtversichert war und der Pflicht zur Krankenversicherung nur deshalb nicht unterlag, weil er die Verdienstgrenze der Krankenversicherung unterschritten[162] hatte (§ 69 Satz 1 Nr. 2 AVAVG). Gemäß § 165 RVO a.F., § 1226 Abs. 1 Nr. 1 RVO a.F., § 1 Abs. 1 AVG, § 1 Abs. 1 i.V.m. §§ 11, 19 RKG fielen in den versicherungspflichtigen Personenkreis in der Krankenversicherung und in der Invaliden- und Hinterbliebenenversicherung Arbeiter und Angestellte sowie Personen, die die Voraussetzungen für den Bezug von Rente für Arbeiter oder Angestellte erfüllten und gegen Entgelt beschäftigt waren. Eine Legaldefinition für den Begriff des Entgeltes fand sich in § 160 Abs. 1 RVO a.F., wonach das Gehalt oder der Lohn zum Entgelt gehörten sowie Gewinnanteile, Sach- und andere Bezüge, die der Versicherte vom Arbeitgeber oder einem Dritten erhielt. Nach § 82 AVAVG erlosch das Versicherungsverhältnis Versicherungspflichtiger in der Arbeitslosenversicherung mit dem Ausscheiden aus der versicherungspflichtigen Beschäftigung, wenn dem Arbeitgeber die Verfügungsgewalt über die Arbeitskraft des Arbeitnehmers nicht

---

158 RGBl. I 1927, S. 187 ff.

159 Stellenvermittlung wurde bereits seit 1889 als konzessionspflichtiges Gewerbe betrieben. Um ein Gleichgewicht hierzu zu schaffen, entstanden kommunale öffentliche Arbeitsnachweise. 1922 wurde sodann flächendeckend eine kommunale Arbeitsvermittlung eingeführt. In der Arbeitslosenversicherung wurden die kommunalen Arbeitsnachweise in die Arbeitsämter eingegliedert, siehe hierzu *Eichenhofer*, Sozialrecht, Rn. 452.

160 RGBl. I 1923, S. 431 ff.

161 RGBl. I, 1924, S. 563 ff.

162 Beachte hierzu § 165 Abs. 1 Nr. 2 RVO, wonach Angestellte in der gesetzlichen Krankenversicherung versichert wurden, wenn ihr regelmäßiger Jahresarbeitsverdienst nicht höher als 14 400 Deutsche Mark war.

mehr zustand.[163] Grundsätzlich war die Arbeitslosenversicherung somit eine kraft Gesetzes vom Willen des Versicherten unabhängige Zwangsversicherung, auf die eine unterlassene Beitragszahlung keinen Einfluss hatte; Beitragsleistungen ohne Versicherungs- und Beitragspflicht führten umgekehrt auch nicht zu einer Versicherung in dieser.[164] § 86 AVAVG machte von diesem Grundsatz eine Ausnahme und eröffnete die Möglichkeit einer freiwilligen Weiterversicherung zur Arbeitslosenversicherung.[165] Demnach kam eine freiwillige Versicherung als Weiterversicherung von Angestellten nach Überschreiten der Gehaltsgrenze (im Jahr 1927 noch 6000 Mark) infrage und setzte eine Anzeige bei der zuständigen Krankenkasse binnen drei Wochen nach dem Wegfall der Versicherungspflicht voraus (§ 86 AVAVG).[166] Erlosch das Versicherungsverhältnis versicherungspflichtiger Strafgefangener in der Arbeitslosenversicherung mit Haftantritt, konnten Gefangene mit Einführung des AVAVG somit unter den Voraussetzungen des § 86 AVAVG in der Arbeitslosenversicherung freiwillig weiter versichert werden. Durch § 16 der 2. Lohnabzugsverordnung vom 24.04.1942 wurde § 86 AVAVG allerdings aufgehoben, sodass eine freiwillige Versicherung in der Arbeitslosenversicherung fortan nicht mehr möglich war.[167]

V. Zusammenfassung

Ende des 19. Jahrhunderts wurde die Sozialversicherung eingeführt. Zügig nach Inkraftsetzung einer gesetzlichen Unfallversicherung im Jahr 1884 wurde der hiervon umfasste versicherte Personenkreis auch auf Strafgefangene erweitert und das „Gesetz, betreffend die Unfallfürsorge für Gefangene“ (GUFG) im Jahr 1900 in Kraft gesetzt. Im Hinblick auf eine Einbindung Strafgefangener in die gesetzliche Krankenversicherung sowie in die Invaliditäts- und Alterssicherung blieb diesem Personenkreis ein Zugang in die Sozialversicherung verwehrt, da diese Versicherungszweige nur auf Arbeiter in Freiheit ausgerichtet waren und Strafgefangene, wenn sie beschäftigt wurden, Arbeiten nicht frei ausführten, sondern aufgrund von obrigkeitlichen Zwang. Jedoch enthielten bereits zum Anfang des 20. Jahrhunderts

---

163 *Fischer*, Kommentar zu dem Gesetz vom 16. Juli 1927 über Arbeitsvermittlung und Arbeitslosenversicherung, § 82 AVAVG, Nr. 4.

164 *Timme*, in: Hauck/Noftz (Hrsg.), SGB III, K § 28a, Rn. 2.

165 Vgl. *Timme*, in: Hauck/Noftz (Hrsg.), SGB III, K § 28a, Rn. 2;
vor Einführung des AVAVG 1927 wurde die Erwerbslosenfürsorge durch das Arbeitsnachweisgesetz vom 22.07.1922 (RGBl. I 1922, S. 657 ff.) und die Verordnung über Erwerbslosenfürsorge geregelt, siehe hierzu auch *Böhm/Eichelsbacher*, Arbeitsnachweisgesetz und Verordnung über Erwerbslosenfürsorge mit Einleitung, kurzen Erläuterungen, den Ausführungsbestimmungen des Reiches und der Länder, Mustersatzungen und Sachregister.

166 *Düttmann* (Hrsg.), Das Reichsgesetz über Arbeitsvermittlung und Arbeitslosenversicherung, S. 10.

167 Siehe *Timme*, in: Hauck/Noftz (Hrsg.), SGB III, K § 28a, Rn. 2.

zahlreiche Länderverfügungen Belehrungspflichten, wonach Strafgefangenen eine Weiterversicherung in der Sozialversicherung nahezulegen war. Kodifiziert wurde dies reichseinheitlich in den Reichsratsgrundsätzen von 1923, wonach bei Aufnahme in die Haft darauf hinzuweisen war, dass angesammelte Anwartschaften auf Invaliden- und Hinterbliebenenversicherung oder auf Arbeitslosenversicherung durch Erfüllung der gesetzlichen Voraussetzungen möglichst erhalten und fällige Beiträge getilgt werden sollten.

B. Modifikation von sozialversicherungsrechtlichen Vorschriften für Gefangene ab 1933

Mit der „Verordnung über den Vollzug von Freiheitsstrafen und von Maßregeln der Sicherung und Besserung, die mit Freiheitsentzug verbunden sind"[168] vom 14.05.1934 und der am 22.07.1940 erlassenen Allgemeinverfügung des Reichsministers der Justiz über die „Vereinheitlichung der Dienst- und Vollzugsvorschriften für den Strafvollzug im Bereich der Reichsjustizverwaltung" (Strafvollzugsordnung)[169] wurden die Reichsratsgrundsätze von 1923 abgelöst und den nationalsozialistischen Vorstellungen angepasst.[170] Bisherige Reformbestrebungen zur Vereinheitlichung des Strafvollzuges wurden im Nationalsozialismus nicht weiter verfolgt.[171] Im Bereich der Unfallfürsorge für Strafgefangene wurden Vorschriften modifiziert.

I. Ausbau der Unfallversicherung

Die „Verordnung über die Unfallfürsorge für Gefangene"[172] vom 30.11.1935 bestimmte zum Vollzug des „Gesetz[es], betreffend die Unfallfürsorge für Gefangene" vom 30.06.1900 für den Bereich der Justizverwaltung, dass für Gefangene, die während des Vollzuges einen Unfall erlitten, künftig die Generalstaatsanwälte bei den Oberlandesgerichten die Ausführungsbehörden der Unfallfürsorge waren.[173] Mit der „Ausführungsverordnung" (AVO)[174] des Reichsjustizministers vom 03.01.1936 zur Unfallfürsorge für Gefangene und der „Rundverfügung zur Höhe der Unfallentschädigung für Gefangene"[175] vom 24.10.1939 wurde der

168 RGBl. I 1934, S. 383 ff.
169 Nr. 21 der „Amtlichen Sonderveröffentlichungen der Deutschen Justiz", zitiert nach: *Müller-Dietz*, Strafvollzugsgesetzgebung und Strafvollzugsreform, S. 22.
170 *Schirmer*, Soziale Sicherung von Strafgefangenen, S. 32 f.
171 *Laubenthal*, Strafvollzug, Rn. 121; ausführlich mit einem Forschungsbericht zum Strafvollzug im Dritten Reich, *Müller-Dietz*, Recht und Nationalsozialismus, S. 101 ff.
172 RGBl. I. 1935, S. 1407.
173 RGBl. I. 1935, S. 1407 (1407).
174 Siehe Deutsche Justiz 1936, S. 61 ff.
175 Haushaltsrechtliche Bestimmungen für die Justizverwaltung, Sonderbestimmungen für die Strafvollzugsverwaltung (HRZ. Vollz.), Vollz. Nr. 243, zitiert nach: *Schirmer*, Soziale Sicherung von Strafgefangenen, S. 25.

Unfallversicherungsschutz für Strafgefangene ausgebaut.[176] Gemäß § 11 Ziff. 3 AVO erweiterte sich für Gefangene der Entschädigungsanspruch aus der Unfallfürsorge für Arbeitsunfälle nun auch auf Berufskrankheiten. Des Weiteren war der Generalstaatsanwalt ermächtigt, den Gefangenen zu den aufgrund des GUFG geleisteten Renten Zuschläge zu gewähren (§ 11 Ziff. 1 AVO) oder rückwirkende Unterstützung zu leisten, wenn der Unfall bei einer Beschäftigung eingetreten war, bei der nach dem GUFG noch kein Anspruch auf Unfallfürsorge bestand (§ 11 Ziff. 2 AVO). Der Zuschlag und die Renten oder Unterstützungsleistungen durften zusammen allerdings nicht den Betrag übersteigen, den der Verletzte oder seine Hinterbliebenen erhielten, wenn der Unfall einem Arbeiter zustieß, der den Ortslohn nach § 149 RVO a.F.[177] bezog; über eine höhere Billigkeitsentschädigung bedurfte es der Zustimmung des Reichsjustizministers (§ 13 Satz 2 AVO). Des Weiteren durften laufende Unterstützungen und Zuschläge zur Rente auf Widerruf[178] und jeweils für die Dauer von höchstens drei Jahren gewährt werden (§ 14 Satz 1 AVO).

II. Allgemeine Verfügung zur Sozialversicherung der Gefangenen von 1938

Mit Wirkung ab dem 01.04.1938 wurde außerdem eine Allgemeine Verfügung „Sozialversicherung (Invalidenversicherung, Angestelltenversicherung und Knappschaftsversicherung) der Gefangenen“[179] erlassen, nachdem zuvor das „Gesetz über

176 *Schirmer*, Soziale Sicherung von Strafgefangenen, S. 24 f.

177 Gemäß § 149 RVO galt als Ortslohn das ortsübliche Tagesentgelt gewöhnlicher Tagearbeiter. Das Oberversicherungsamt setzte den Ortslohn fest und machte ihn öffentlich bekannt. Vorher wurden die Vorstände der beteiligten Versicherungsanstalten gehört, siehe hierzu *Manes/Mentzel/Schulz*, Die Reichsversicherungsordnung. Handausgabe mit gemeinverständlichen Erläuterungen, § 149 RVO, S. 264 f.

178 Die Bestimmungen zur Widerruflichkeit von Billigkeitsentschädigungen wurden mit Urteil des Bundegerichtshofes (BGH) vom 26.09.1957 (BGHZ 25, 231 ff.) für wirkungslos erklärt. Ein Rechtsanspruch auf ausreichende Unfallfürsorge der Gefangenen war zu beachten und vom Generalstaatsanwalt sicherzustellen, vgl. BGHZ 25, 231 (234 f.). Bereits bei der Kommissionsberatung des Gesetzentwurfes wurden Bedenken hinsichtlich der Festsetzung des Höchstbetrages für Renten auf 300 Mark nach dem GUFG ausgesprochen (vgl. Stenographische Berichte des Reichstages, 10. Legislaturperiode I. Session 1898/1900 7. Anlageband, Kommissionsbericht, S. 5321). Die Billigkeitszuschläge wurden somit eingeführt, um diesen nicht als ausreichend erachteten Höchstbetrag auszugleichen. Von der Ermächtigung, Billigkeitszuschläge zu gewähren, sollte der Generalstaatsanwalt vollen Gebrauch machen und alle Leistungen gewähren, die nach der RVO zulässig waren, denn auch das Prinzip der Sozialstaatlichkeit aus Art. 20 Abs. 1 GG erfordert, dass zur objektiven Verpflichtung des Staates die ausreichende Fürsorge seiner Gefangenen gehört, siehe BGHZ 25, 231 (234 f.).

179 Vgl. Deutsche Justiz 1938, S. 543 ff.

den Ausbau der Rentenversicherung“ (Ausbaugesetz)[180] vom 21.12.1937 für wesentliche Änderungen und Anpassungen in der Invaliden-, Angestellten- und knappschaftlichen Pensionsversicherung gesorgt hatte.[181] Die Allgemeine Verfügung sollte die Voraussetzungen für eine mögliche Weiterversicherung der Strafgefangenen in der gesetzlichen Rentenversicherung fortan reichseinheitlich regeln.[182] Gemäß Nr. 1 Satz 1 und 2 der Allgemeinen Verfügung zur Sozialversicherung der Gefangenen (im weiteren Verlauf als AV abgekürzt) war bei allen Gefangenen, die voraussichtlich mindestens sechs Monate in einer Vollzugsanstalt verbrachten, zum Haftantritt eine Überprüfung vorzunehmen, ob sie nach ihrem Beruf zu den versicherungspflichtigen Personen in der Rentenversicherung der Arbeiter, der Angestelltenversicherung oder dem Reichsknappschaftsgesetz gehörten. Wie bisher auch in den Reichsratsgrundsätzen vorgesehen, waren Gefangene über die Möglichkeit und Vorteile einer freiwilligen Weiterversicherung in der Rentenversicherung nach § 1244 RVO a.F., § 21 AVG, § 31 RKG zu belehren sowie darüber aufzuklären, dass eine Erhaltung bestehender Anwartschaften oder Halbdeckungen nach §§ 1264, 1265 RVO a.F., § 32 AVG, § 44 RKG durch Nachentrichtung rückständiger Beiträge möglich war (Nr. 2 Satz 1 AV).[183] Gegen den Willen der Gefangenen war eine Weiterversicherung nach Nr. 2 Satz 2 AV generell nicht mehr möglich. Gefangene konnten nun von einer „Selbstversicherung“ (§ 1243 RVO a.F., § 21 AVG, § 31 RKG) Gebrauch machen gemäß Nr. 2 Satz 4 AV. Für eine freiwillige Weiterversicherung war zu beachten, dass diese nach § 1244 RVO a.F., §§ 21, 22 AVG, § 31 RKG in Betracht kam, wenn Gefangene bereits mindestens 26 Wochenbeiträge wegen einer Versicherungspflicht entrichtet hatten (Nr. 7a AV). Die erforderlichen Geldbeträge konnten aus dem Eigengeld Strafgefangener genommen werden oder von der Arbeitsbelohnung (Hausgeld oder Rücklage), im Notfall aber auch durch Angehörige bereitgestellt (Nr. 10 AV). Staatliche Mittel durften für die

180 RGBl. I 1937, S. 1393 ff.

181 Deutsche Justiz 1938, S. 543. Das „Gesetz über den Ausbau der Rentenversicherung“ (veröffentlicht in RGBl. I 1937, S. 1393 ff.) sollte zu einer Anpassung der Reichsversicherung hinsichtlich der Gegebenheiten der Wehrmacht und des Reichsarbeiterdienstes sowie – für den unter schwerer Berufsgefahr arbeitenden Bergmann – zu einer erheblichen Erleichterung von Beitragsleistungen und zur Erhöhung einer Rente führen, vgl. RGBl. I 1937, S. 1393 (1393).

182 *Schirmer*, Soziale Sicherung von Strafgefangenen, S. 32.

183 Auszuklammern waren hiervon u. a. zu lebenslanger Haft verurteilte Gefangene, Sicherungsverwahrte und ältere sowie gesundheitlich angeschlagene Strafgefangene, bei denen mit großer Wahrscheinlichkeit anzunehmen war, dass sie die Wartezeit in Freiheit nicht erreichen und freiwillige Beiträge darum zwecklos ausgeben werden. Diesen Strafgefangenen sollte nach Nr. 3 AV von einer Weiterversicherung abgeraten werden.

Deckung der Versicherungsbeiträge nach pflichtgemäßem Ermessen des Anstaltsvorstandes in Anspruch genommen werden (Nr. 10 Satz 6 AV).[184]

C. Entwicklungen im Strafvollzugsrecht ab 1945 und Reformen in der Sozialgesetzgebung

Das während des Nationalsozialismus herrschende Konzept der Abschreckung und Unschädlichmachung fand erst mit Zusammenbruch des Dritten Reiches 1945 ein Ende.[185] Für die Forderungen nach einer gesetzlichen Regelung zum Strafvollzug waren in den Jahren nach 1945 weiterhin die Postulate nach Rechtseinheit und Rechtsgleichheit sowie nach Rechtsstaatlichkeit maßgeblich.[186] Die Kontrollratsdirektive Nr. 19 vom 12.11.1945 über „Grundsätze für die Verwaltung der deutschen Zuchthäuser und Gefängnisse"[187] war die erste Rechtsquelle nach 1945, der als Richtlinie allgemeine Verbindlichkeit zuteil wurde und deren Inhalt sich auf Grundlage des Erziehungs- und Besserungsgedankens auf allgemeine Grundsätze über die Ausgestaltung des Vollzuges erstreckte.[188] Von 1947 bis 1949 wurden in den Ländern Baden-Württemberg, Bayern, Berlin, Bremen und Hessen zusätzlich zur Kontrollratsdirektive eigene besondere Strafvollzugsordnungen erlassen; in den übrigen Ländern fand die Strafvollzugsordnung von 1940 in einer überarbeiteten Fassung weiterhin Anwendung.[189] Aufgrund der vorrangig vorzunehmenden Erneuerung des materiellen Strafrechts gegenüber den Regelungen des Strafvollzuges sowie wegen einer Verstetigung der „Lehre vom besonderen Gewaltverhältnis"[190], nach der Eingriffe in die Rechte des Gefangenen ohne eine gesetzliche

184 Eine Gewährung der Mittel sollte weiterhin nur erfolgen, „wenn anders spätere Rentenansprüche des einer solchen Hilfe würdigen Gefangenen verloren zu gehen drohen" gemäß Nr. 10 Satz 7 AV.

185 *Walter*, Strafvollzug, Rn. 14 f. Während des Nationalsozialismus wurde das Ziel des Freiheitsentzuges so ausgestaltet, dass Gefangene ihr begangenes Unrecht sühnen sollten und der Freiheitsentzug ein empfindliches Übel darstellt sowie nachhaltig abschreckt. Weiterhin waren die Gefangenen an Arbeit und Pflichterfüllung zu gewöhnen, zu Zucht und Ordnung anzuhalten und sittlich zu festigen, vgl. alles § 48 der Verordnung vom 14.05.1934.

186 *Müller-Dietz*, Strafvollzugsgesetzgebung und Strafvollzugsreform, S. 14 und 24.

187 Amtsblatt des Kontrollrats in Deutschland Nr. 2, S. 46, zitiert nach: BT-Drs. 7/918, S. 39.

188 *Müller-Dietz*, Strafvollzugsgesetzgebung und Strafvollzugsreform, S. 23.

189 Ebd.

190 Bei besonderen Gewaltverhältnissen handelt es sich um Sonderstatusverhältnisse, gekennzeichnet durch eine verschärfte Abhängigkeit des Betroffenen vom Staat, siehe *Ronellenfitsch*, Das besondere Gewaltverhältnis als verwaltungsrechtliches Institut, S. 33, in: Merten (Hrsg.), Das besondere Gewaltverhältnis. Vgl. außerdem umfassend zur historischen Entwicklung des besonderen Gewaltverhältnisses, *Wenninger*, Geschichte der Lehre vom besonderen Gewaltverhältnis; *Loschelder*,

Ermächtigungsgrundlage legitimiert waren, kam es in den Fünfziger- und frühen Sechzigerjahren zu keinen weiteren Reformbestrebungen für eine Rechtsvereinheitlichung des Strafvollzugswesens.[191]

I. Bundeseinheitlicher Strafvollzug mit der Dienst- und Vollzugsordnung

Um den Gerichten eine einheitliche Rechtsgrundlage für ihre Rechtsprechungen zur Verfügung zu stellen, um den Anstaltszweck und das besondere Gewaltverhältnis legitimieren zu können und um einer Auseinanderentwicklung der schon bestehenden unterschiedlichen Rechtslagen in den Bundesländern entgegenzuwirken, vereinbarten die Justizminister und Justizsenatoren der Bundesländer am 01.12.1961 eine „Dienst- und Vollzugsordnung" (DVollzO)[192] für den Regelungsbereich des Strafvollzuges, die am 01.07.1962 in Kraft trat.[193] Unabhängig von ihrem umstrittenen Rechtsnormcharakter[194] wurde sie als maßgebliche Rechtsgrundlage

---

Vom besonderen Gewaltverhältnis zur öffentlich-rechtlichen Sonderbindung: Zur Institutionalisierung der engeren Staat/Bürger-Beziehungen.

191 *Laubenthal*, Strafvollzug, Rn. 124. Auch konnte eine fehlende Einigkeit bezüglich der sachlichen Zuständigkeit von Straf- und Verwaltungsgerichten für Streitigkeiten im Bereich des Strafvollzuges, z. B. im Hinblick auf die Rechtsstellung der Gefangenen oder der Ausgestaltung des Vollzuges, mit Erlass des § 179 VwGO, als Ausführungsbestimmungen zu Art. 19 Abs. 4 GG, geklärt werden und der Rechtsweg zu den Oberlandesgerichten eröffnet, vgl. ebd.; s. a. *Wingenfeld,* Die Verrechtlichung des Strafvollzugs in ihren Auswirkungen auf die judikative Entscheidungspraxis, S. 69. Durch § 179 VwGO (Änderungsvorschrift) wurden die §§ 23-30 EGGVG über die Anfechtung von Justizverwaltungsakten und deren Zuweisung zum Rechtsweg zu den ordentlichen Gerichten in das EGGVG eingeführt. Mit dem Justizmitteilungsgesetz vom 18.06.1997 (BGBl. I, S. 1430) wurden die §§ 23 ff. EGGVG in einem neu eingeführten 3. Abschnitt zusammengefasst, vgl. *Wolff,* in: Posser/Wolff (Hrsg.), VwGO Kommentar, § 179 VwGO, Rn. 1.

192 Abgebildet in: *Egner*, StvzG-Strafvollzugsgesetze, S. 163 ff.

193 *Krause*, Geschichte des Strafvollzugs, S. 92; *Laubenthal*, Strafvollzug, Rn. 125; *Wingenfeld*, Die Verrechtlichung des Strafvollzugs in ihren Auswirkungen auf die judikative Entscheidungspraxis, S. 67.

194 Eine Ansicht spricht der DVollzO – zugunsten Strafgefangener – den Charakter eines Rechtssatzes zu, aufgrund eines bestehenden Grundrechtsschutzes für Strafgefangene, der lediglich durch das Sonderstatusverhältnis eine Begrenzung erfahre, vgl. *Würtenberger*, Reform des Strafvollzugs im sozialen Rechtsstaat, in: JZ 1967, 233 (236). Eine andere Ansicht versteht die DVollzO als Verwaltungsanordnung, der nur in Verbindung des im StGB angedrohten Strafübels Rechtsverbindlichkeit zukomme, vgl. u. a. *Depenbrock*, Zur rechtlichen Bedeutung der neuen Dienst- und Vollzugsordnungen im Strafvollzug, in: NJW 1963, 89 (91). Nach Ansicht des BVerfG handele es sich bei der DVollzO um eine Vereinbarung der Justizminister der Länder, mit dem Charakter einer Verwaltungsordnung, siehe hierzu BVerfGE 33, 1 (12).

eines bundesdeutschen sowie eines bundeseinheitlichen Strafvollzuges betrachtet, die die Strafvollzugsordnungen der Länder ablöste und nach h.M. in Form einer Verwaltungsordnung an deren Stelle trat.[195] Neben einer zweckpluralistischen Ausrichtung des Vollzugszieles (vgl. Nr. 57 Abs. 1 DVollzO)[196] – sowohl auf Abschreckung, Vergeltung und Sicherheit als auch auf Resozialisierung der Gefangenen gerichtet – enthielt die DVollzO ebenfalls Regelungen zur Vollzugsorganisation, zur Rechtsstellung der Gefangenen, zur personellen Ausstattung der Anstalten und zu den Berufspflichten der Bediensteten.[197] Die Gesundheitsfürsorge für Inhaftierte wurde in den Nr. 106 ff. DVollzO geregelt. Gemäß Nr. 113 Abs. 1 DVollzO unterstanden die Strafanstalten, wie bereits in den Reichsratsgrundsätzen normiert, den allgemeinen Vorschriften über gesundheitspolizeiliche Überwachung. Allerdings wurde in Nr. 113 Abs. 2 DVollzO ein zusätzliches Prüfrecht hauptamtlicher Ärzte der Vollzugsverwaltung vorgesehen, Einrichtungen der Anstalten in gesundheitlicher Hinsicht in bestimmten Zeitabständen zu kontrollieren. Des Weiteren enthielt die DVollzO Vorschriften zur Verlegung von körperlich oder geistig erkrankten Gefangenen (Nr. 119 und 120 DVollzO) in ein Anstaltskrankenhaus oder eine öffentliche Krankenanstalt. Regelungen zur Gesundheit der Gefangenen, wie Vorschriften zur zahnärztlichen Versorgung und Verfahrensgrundsätze für die Zeiten vor und nach der Entbindung einer Gefangenen, wurden im Vergleich zu den zuvor gültigen Reichsratsgrundsätzen ausgeweitet (Nr. 122 und Nr. 123 DVollzO).

1. Arbeit als gleichbleibende Grundlage eines geordneten Vollzuges

Arbeit in der Haft bildete die Grundlage eines geordneten und wirksamen Strafvollzuges (Nr. 80 Abs. 1 DVollzO). Ob Arbeit für die Gefangenen verpflichtend (Nr. 80 Abs. 2 DVollzO) war, bestimmte sich nach der Form der Haft.[198] Wurde Gefangenen

---

195 *Laubenthal*, Strafvollzug, Rn. 126; *Müller-Dietz*, Strafvollzugsgesetzgebung und Strafvollzugsreform, S. 28 ff.; s. a. BVerfGE 33, 1 (12).

196 Gemäß Nr. 57 Abs. 1 DVollzO (Zweck und Ziel des Strafvollzuges) sollte der Vollzug der Freiheitsstrafe dazu dienen, die Allgemeinheit zu schützen, den Gefangenen zu der Einsicht zu verhelfen, dass er für begangenes Unrecht einsteht, und ihn wieder in die Gemeinschaft einzugliedern. Weiterhin sollte der Vollzug den Willen und die Fähigkeit des Gefangenen wecken und stärken, künftig ein gesetzmäßiges und geordnetes Leben zu führen. Zur Erreichung dieser Ziele sollte der Vollzug auf die Persönlichkeit des Gefangenen abgestellt werden, sollte dessen schädlichen Neigungen entgegenwirken und günstige Ansatzpunkte ausnützen nach Nr. 57 Abs. 2 DVollzO).

197 *Laubenthal*, Strafvollzug, Rn. 125; *Miller*, Der auf (Re-)Sozialisierung ausgerichtete Strafvollzug im Lichte der Verfassung, S. 36.

198 Verpflichtet zur Arbeit waren Zuchthausgefangene (Nr. 210 1. Hs. DVollzO), Gefängnisgefangene (Nr. 214 Abs. 1 DVollzO), Gefangene in verschärfter Haft (Nr. 227 DVollzO), Sicherungsverwahrte (Nr. 247 DVollzO) und Untergebrachte (Nr. 253 1. Hs. DVollzO), wobei alle Gruppen auch für Arbeiten außerhalb der Haft in Anspruch genommen werden konnten, solange diese von Arbeitnehmern in

Arbeit zugewiesen, geschah dies unter Berücksichtigung des Geschlechtes, möglichst auch des Berufes, der Kenntnisse, Körperkraft und Fertigkeiten sowie des Gesundheitszustandes, Lebensalters, der Dauer der Strafe, des Verhaltens im Vollzug und des Fortkommens der Gefangenen nach der Haft (Nr. 85 Abs. 1 DVollzO). Der Ertrag der Arbeit floss in die Staatskasse (Nr. 93 DVollzO). Leistete der Gefangene, was von ihm gefordert wurde, erhielt dieser eine Arbeitsbelohnung (Nr. 96 Abs. 1 und 4 Satz 1 DVollzO). Abgestuft wurde die Arbeitsbelohnung nach Umfang und Güte der Leistungen, nach Schwere und Schwierigkeit der Arbeit sowie nach Fleiß und Sorgfalt (Nr. 96 Abs. 2 DVollzO). Zusätzlich zur Arbeitsbelohnung sah die DVollzO die Gewährung einer Leistungsbelohnung vor, wenn die Arbeitsleistung des Gefangenen besondere Anerkennung verdiente (Nr. 96 Abs. 4 Satz 1 DVollzO). Ein Rechtsanspruch auf Arbeits- und Leistungsbelohnung bestand nach der DVollzO nicht (Nr. 96 Abs. 5 DVollzO).

2. *Aufrechterhaltung der Sozialversicherung im Strafvollzug*

Unter dem Achten Titel „Fürsorge durch soziale Hilfe" wurde in Nr. 132 DVollzO die Aufrechterhaltung der Sozialversicherung geregelt. Gemäß Nr. 132 Abs. 1 Satz 1 und 2 DVollzO waren Gefangene weiterhin über die Möglichkeit und die Vorteile einer freiwilligen Weiterversicherung in der Rentenversicherung der Arbeiter, der Rentenversicherung für Angestellte und der knappschaftlichen Rentenversicherung zu belehren und ihnen nahezulegen, von einer freiwilligen Weiterversicherung in diesen Gebrauch zu machen, wenn diese für sie zweckmäßig waren. Sollte für Gefangene eine Berechtigung zur Weiterversicherung in der gesetzlichen Rentenversicherung bestehen, waren sie weiterhin auf die Möglichkeit einer Höherversicherung hinzuweisen (Nr. 132 Abs. 1 Satz 3 DVOllzO). Außerdem waren Gefangene auf die Möglichkeit einer freiwilligen Weiterversicherung in der gesetzlichen Krankenversicherung aufmerksam zu machen (Nr. 132 Satz 1 DVollzO).[199] Die Versetzung in eine niedere Stufe oder Klasse war möglich und

---

Freiheit getrennt gehalten werden (Nr. 210 2. Hs., Nr. 214 Abs. 2, Nr. 227, Nr. 247 2. Hs., Nr. 253 2. Hs. DVollzO). Nicht zur Arbeit verpflichtet waren Haftgefangene, deren Freiheitsentzug in einfacher Haft (z. B. wegen Übertretungen nach § 1 Abs. 3 StGB) bestand, wobei eine Teilnahme an Arbeit nach Maßgabe der Regelungen in Nr. 80 ff. DVollzO (vgl. hierzu Nr. 222 DVollzO) möglich war. Ferner waren Zivilhaftgefangene (Nr. 264 Abs. 1 DVollzO) nicht zur Arbeit verpflichtet.

199 Zur freiwilligen Weiterversicherung im Anschluss an eine Pflichtversicherung, siehe § 313 RVO a.F. Nach § 313 RVO a.F. konnte ein Mitglied, das aufgrund der Reichsversicherung oder bei einer knappschaftlichen Krankenkasse in den vorangegangenen zwölf Monaten mindestens 26 Wochen oder unmittelbar vorher sechs Wochen versichert war und aus einer versicherungspflichtigen Beschäftigung ausschied, in seiner Kasse oder Lohnstufe Mitglied bleiben, solange es sich regelmäßig im Inland aufhielt und nicht wegen eines Wechsels der Krankenkasse nach § 312 RVO a.F. ausgeschieden war. § 313 RVO a.F. bezog sich nur auf versicherungspflichtige Mitglieder und nicht auf Personen, die von der Versicherungspflicht befreit

konnte bei Beginn oder während der Dauer der Weiterversicherung vom Mitglied entsprechend den Einkommensverhältnissen beantragt werden (§ 313a Satz 1 RVO a.F.). Die Mitgliedschaft des Versicherungsberechtigten erlosch, wenn zwei Mal in Folge Beiträge am Zahltag nicht entrichtet wurden und seit dem ersten Tag der Nichtzahlung eine Frist von vier Wochen verstrichen war (§ 314 Satz 1 RVO a.F.). Eine Tilgung der Beiträge für die Renten- und Krankenversicherung sollte aus der Arbeitsbelohnung erfolgen, sollten eigene Mittel des Gefangenen hierfür nicht ausreichen (Nr. 132 Abs. 2 DVollzO).

Die Regelungen zur Belehrungspflicht über die Möglichkeit einer freiwilligen Weiterversicherung in der Sozialversicherung nach der DVollzO wichen von der Bestimmung hierzu in den Reichsratsgrundsätzen und der Allgemeinen Verfügung „Sozialversicherung (Invalidenversicherung, Angestelltenversicherung und Knappschaftsversicherung) der Gefangenen" kaum ab. Allen Regelungen war gleich, dass die Aufrechterhaltung von versicherungsrechtlichen Anwartschaften auch während der Zeit des Strafvollzuges fokussiert werden sollte. Dabei ergaben sich divergente Regelungen hinsichtlich der benannten Versicherungszweige. Ging es in der Bestimmung nach den Reichsratsgrundsätzen noch um eine Belehrung über die Weiterversicherung in der Invaliden- und Hinterbliebenenversicherung sowie in der Arbeitslosenversicherung, wurde sich nach Wegfall der Option einer Weiterversicherung in der Arbeitslosenversicherung in der AV zur Sozialversicherung Gefangener ausschließlich auf die Weiterversicherung in der gesetzlichen Rentenversicherung bezogen. Die Vorschrift zur Aufrechterhaltung der Sozialversicherung in der DVollzO verwies nunmehr auf eine freiwillige Weiterversicherung in der gesetzlichen Krankenversicherung sowie in der gesetzlichen Rentenversicherung.

---

waren. Weiterhin war der Grund des Ausscheidens gleichgültig (mit Ausnahme von § 312 RVO a.F.), sodass hierzu auch die Erwerbslosigkeit gezählt werden konnte, z. B. wenn das Mitglied in eine Strafanstalt kam. Ansprüche nach § 214 RVO a.F. (Anspruch auf Versicherungsleistungen bei Erfüllung der Anwartschaft und wenn der Versicherungsfall während der Erwerbslosigkeit sowie binnen drei Wochen nach den Ausscheiden eintritt) blieben bestehen, vgl. *Olshausen*, Reichsversicherungsordnung. Krankenversicherung, § 313 RVO a.F., S. 269; *Krohn/Zschimmer/Knoll/Sauerborn*, Handkommentar zur Reichsversicherungsordnung, § 176 RVO a.F. (Versicherungsberechtigung), S. 105, wonach die §§ 176 und 177 RVO a.F. lediglich den freiwilligen Beitritt bisher Unversicherter zur Krankenversicherung behandelten, die freiwillige Weiterversicherung im Anschluss an eine Pflichtversicherung allerdings in § 313 RVO a.F. geregelt war.

II. Gleichstellung von Strafgefangenen mit Arbeitnehmern in Freiheit nach dem Gesetz zur Neuregelung des Rechts der gesetzlichen Unfallversicherung von 1963

Durch Reformen im Bereich des Sozialversicherungsrechts in den Sechzigerjahren wurde auch die soziale Sicherung Strafgefangener ausgebaut. Mit Art. 4 § 16 Abs. 2 Nr. 1 und 2 des „Gesetz[es] zur Neuregelung des Rechts der gesetzlichen Unfallversicherung“ (Unfallversicherungs-Neuregelungsgesetz – UVNG)[200] vom 30.04.1963, in Kraft seit dem 01.07.1963, wurden das „Gesetz, betreffend die Unfallfürsorge für Gefangene“ von 1900 und die „Verordnung über die Unfallfürsorge für Gefangene“ von 1935 außer Kraft gesetzt sowie das Dritte Buch der RVO geändert und neugefasst.[201] Somit wurde auch der Unfallversicherung für Gefangene eine modernisierte Grundlage gegeben.[202] Gemäß § 540 RVO a.F. waren Strafgefangene fortan gegen Arbeitsunfälle und Berufskrankheiten versichert, wenn sie während einer angeordneten Freiheitsentziehung wie ein nach § 539 Abs. 1 RVO a.F. Versicherter tätig wurden. Mit der Einführung von § 540 RVO a.F. wurde einer Empfehlung des Zweiten Kongresses der Vereinten Nationen über Verbrechensverhütung und Behandlung Straffälliger vom 08. bis 20.08.1960[203] entsprochen, den Unfallschutz der Strafgefangenen so vollständig wie möglich den für die Arbeiter in Freiheit geltenden Bedingungen anzugleichen, sodass mit Einführung des § 540 RVO a.F. erstmals im Unfallversicherungsschutz eine Gleichstellung von Strafgefangenen mit Arbeitnehmern in Freiheit erfolgte.[204] Strafgefangene, die im Rahmen einer gerichtlich angeordneten Freiheitsentziehung oder in Erfüllung gerichtlicher Arbeitsauflagen Tätigkeiten verrichteten, war demnach der gleiche Unfallschutz wie Arbeitnehmern in Freiheit einzuräumen. Die Leistungen der Unfallversicherungsfürsorge umfassten für Strafgefangene nach Eintritt des Arbeitsunfalles neben dem Verletztengeld, der Verletztenrente und der Rente für Hinterbliebene (vgl. § 547 RVO a.F. i.d.F. UVNG) auch Heilbehandlungen gemäß § 566 Abs. 1 RVO a.F. i.d.F. UVNG sowie Berufshilfe nach § 569, § 566 Abs. 1, §§ 567 f. RVO a.F. i.d.F. UVNG. Das Verletztengeld berechnete sich bei einem Arbeitsunfall während der

200 BGBl. I 1963, S. 241 ff.

201 Hardes, Die Unfallversicherung der Gefangenen, in: ZfStrVo 1984, 6 (6).

202 Ebd.

203 Entschließungen und Empfehlungen des Zeiten Kongresses der Vereinten Nationen, abgedruckt in: ZfStrVo 1961, S. 12, zitiert nach: *Schirmer*, Soziale Sicherung von Strafgefangenen, S. 26.

204 Amtliche Begründung zum Entwurf eines „Gesetz[es] zur Neuregelung des Rechts der gesetzlichen Unfallversicherung“ (Unfallversicherungs-Neuregelungsgesetz – UVNG –), BT-Drs. IV/120, S. 52; *Schirmer*, Soziale Sicherung von Strafgefangenen, S. 26; s. a. BGH, Urteil vom 09.11.1982, VI ZR 87/81, juris, Rn. 13. Die Bundesrepublik Deutschland schloss sich dieser Empfehlung durch Umsetzung des § 540 RVO a.F. an, obwohl Deutschland zu diesem Zeitpunkt kein Mitglied der Vereinten Nationen war, vgl. *Schirmer*, Soziale Sicherung von Strafgefangenen, S. 26.

Haft nach der regelmäßigen[205] Arbeitsbelohnung (§ 566 Abs. 2 RVO a.F. i.d.F. UVNG). Nach Haftentlassung wurde für die Berechnung des Verletztengeldes der 360. Teil des Jahresarbeitsverdienstes zugrunde gelegt (§ 566 Abs. 2 Satz 2 i.V.m. § 561 Abs. 3 RVO a.F. i.d.F. UVNG). Ausgezahlt wurde das Verletztengeld an die Anstaltsleitung, die dieses bis zur Entlassung des Gefangenen verwahrte.[206] Gemäß § 580 RVO a.F. i.d.F. UVNG erhielt der Gefangene eine Verletztenrente mit dem Tag des Wegfalles der Arbeitsunfähigkeit im Sinne der Krankenversicherung oder mit Beginn der durch den Arbeitsunfall verursachten Erwerbsunfähigkeit im Sinne der Rentenversicherung, wenn die zu entschädigende Minderung der Erwerbsfähigkeit über die 13. Woche hinaus bestand (§ 580 Abs. 1 RVO a.F. i.d.F. UVNG). Die Verletztenrente konnte weiterhin als Vollrente oder Teilrente bezogen werden (§ 581 RVO a.F. i.d.F. UVNG). Für die Auszahlung der Verletztenrente galt im Hinblick auf Gefangene, die eine Haftstrafe über einen Monat hinaus verbüßten, dass ihre Rente bei bestehenden Unterhaltsverpflichtungen direkt an die Unterhaltsberechtigten ausgezahlt wurde (§ 588 RVO a.F. i.d.F. UVNG).[207]

III. Reformarbeiten an einem einheitlichen StVollzG in den Siebzigerjahren

Angetrieben von Gefängnisskandalen und einer verstärkten Strafvollzugswissenschaft wurden Mitte der Sechzigerjahre erneut Diskussionen um eine Reform des Strafvollzugswesens geführt.[208] Im Mittelpunkt der Debatte standen weiterhin die Bemühungen um die Schaffung einer verbindlichen Rechtseinheit und Rechtsgleichheit sowie Rechtsstaatlichkeit in den Bundesländern hinsichtlich des Strafvollzugsrechts, aber auch die perspektivische Ausweitung des Strafvollzugsrechts nach sozialstaatlichen Grundsätzen.[209] Mit weitgehendem Abschluss der Reformarbeiten am Strafgesetzbuch (StGB) wurde im Jahr 1967 eine Strafvollzugskommission durch das Bundesjustizministerium einberufen, die bis 1971 einen

205 Für die Berechnung war das Entgelt im letzten Lohnabrechnungszeitraum Ausgangspunkt. Hatte der Gefangene erst innerhalb des letzten abgerechneten Lohnabrechnungszeitraumes die Arbeit im Betrieb aufgenommen, war grundsätzlich das Entgelt des kürzeren Zeitraumes anzusetzen, vgl. (auch mit ausführlichen Beispielen zur Berechnung des Verletztengeldes) Hardes, Die Unfallversicherung der Gefangenen, in: ZfStrVo 1984, 6 (8).

206 *Schirmer*, Soziale Sicherung von Strafgefangenen, S. 26 f.

207 Nach dem früheren § 15 GUFG ruhte der Bezug von Verletztenrente, wenn der Gefangene eine Haftstrafe über einen Monat hinaus verbüßte, vgl. hierzu die Ausführungen in dieser Arbeit auf S. 18 f.

208 *Krause*, Geschichte des Strafvollzugs, S. 94; Walter, Strafvollzug, Rn. 17.

209 *Wingenfeld*, Die Verrechtlichung des Strafvollzugs in ihren Auswirkungen auf die judikative Entscheidungspraxis, S. 70; vgl. hierzu auch BVerfGE 35, 202 (235 f.).

„Kommissionsentwurf“ für ein Strafvollgesetz (KE-StVollzG)[210] vorlegte, der Basis für den im Jahr 1973 folgenden Regierungsentwurf (RE-StVollzG)[211] sein sollte.[212]

1. *Kommissionsentwurf für ein Strafvollzugsgesetz von 1971*

Bereits im Jahr 1969 wurden Grundsätze zur „Einbeziehung der Gefangenen in die Sozial- und Arbeitslosenversicherung“ sowie Grundsätze zur „Verwendung des Arbeitsentgeltes und die Vollstreckungskosten“ auf der 9. Arbeitstagung der vom Bundesjustizministerium einberufenen Strafvollzugskommission erarbeitet, wonach Strafgefangene in alle Sozialversicherungszweige einbezogen werden sollten und ihnen ein angemessenes Arbeitsentgelt gewährt werden sollte, um sie und ihre Angehörigen vor sozialer Not zu schützen und ihnen eine gesellschaftliche Wiedereingliederung zu erleichtern.[213] Im Februar 1971 wurde vom Bundesministerium der Justiz sodann der „Entwurf eines Gesetzes über den Vollzug der Freiheitsstrafen und der freiheitsentziehenden Maßregeln der Besserung und Sicherung“ – Strafvollzugsgesetz – auf der 13. Arbeitstagung der Strafvollzugskommission vom 04. bis 08.01.1971 in Berlin beschlossen und herausgegeben (Kommissionsentwurf)[214].

In der im Februar 1971 vorgelegten Fassung wurde die Wiedereingliederung der Inhaftierten in die Gesellschaft in den Vordergrund des Vollzuges als Behandlungsziel gerückt, denn die Gefangenen sollten im Vollzug der Freiheitsstrafe nunmehr fähig werden, ein Leben in sozialer Verantwortung und ohne Straftaten zu führen (§ 3 KE-StVollzG). Im Rahmen des Strafvollzuges sollten somit die Behandlung der Gefangenen und ihre Resozialisierung fokussiert werden. Dem Bereich der Arbeit in der Haft widmete sich der Fünfte Titel (Arbeit der Gefangenen) im Zweiten Abschnitt (Vollzug der Freiheitsstrafe) in den §§ 39 ff. KE-StVollzG. Arbeit diente demnach dem Behandlungsziel und sollte im Rahmen des Vollzugsplanes die Fähigkeiten des Gefangenen fördern oder erhalten und nach der Entlassung

---

210 Kommissionsentwurf: Entwurf eines Gesetzes über den Vollzug der Freiheitsstrafe und der freiheitsentziehenden Maßregeln der Besserung und Sicherung – Strafvollzugsgesetz (StVollzG), herausgegeben vom Bundesministerium der Justiz, Februar 1971.

211 BT-Drs. 7/918.

212 BT-Drs. 7/918, S. 40; *Krause*, Geschichte des Strafvollzugs, S. 94; *Wingenfeld*, Die Verrechtlichung des Strafvollzugs in ihren Auswirkungen auf die judikative Entscheidungspraxis, S. 70 f.

213 *Schirmer*, Soziale Sicherung von Strafgefangenen, S. 36; vgl. außerdem Tagungsberichte der Strafvollzugskommission, Band IX, S. 123 ff., 126 ff., ebenfalls zitiert nach: *Schirmer*, Soziale Sicherung von Strafgefangenen, S. 36.

214 Kommissionsentwurf: Entwurf eines Gesetzes über den Vollzug der Freiheitsstrafe und der freiheitsentziehenden Maßregeln der Besserung und Sicherung – Strafvollzugsgesetz (StVollzG), herausgegeben vom Bundesministerium der Justiz, Februar 1971.

für eine Sicherung des Lebensunterhaltes sorgen (§ 39 Abs. 1 KE-StVollzG). Weiterhin war Arbeit zuzuweisen und für alle arbeitsfähigen Gefangenen verpflichtend (§ 39 Abs. 2, § 40 Abs. 1 KE-StVollzG). Freie Arbeitsverhältnisse außerhalb des Strafvollzuges sowie die Selbstbeschäftigung waren ebenfalls möglich (§ 41 Abs. 2 KE-StVollzG). Neu war, dass erstmalig im KE-StVollzG vorgesehen war, dass Gefangene für zugewiesene Arbeiten ein leistungsangemessenes Arbeitsentgelt erhalten sollten sowie eine angemessene Ausbildungsbeihilfe im Fall einer Berufsausbildung oder für zur Umschulung Beschäftigte (§ 42 Abs. 1 und 3 KE-StVollzG), wobei das Entgelt drei Viertel des Durchschnitts des nach §§ 149 bis 152 RVO a.F. für die Ortsklasse I festgesetzten Ortslohnes nicht unterschreiten durfte (§ 42 Abs. 2 KE-StVollzG). Über einen Teil des Entgeltes durften die Gefangenen als Hausgeld verfügen (§ 44 Abs. 1 KE-StVollzG). Bestanden gesetzliche Unterhaltspflichten, konnten Gefangene beantragen, dass aus ihrem Arbeitsentgelt oder ihrer Ausbildungsbeihilfe Unterhalt an Dritte geleistet wurde (§ 45 Abs. 1 KE-StVollzG). Die zwei Jahre zuvor erarbeiteten Grundsätze zur „Einbeziehung der Gefangenen in die Sozial- und Arbeitslosenversicherung" fanden hingegen keinen Eingang in den vorgelegten Entwurf vom Februar 1971. An der Informationspflicht über die Option einer Weiterversicherung des Gefangenen in der Sozialversicherung wurde allerdings festgehalten, sodass im Neunten Titel „Soziale Hilfe" des Zweiten Abschnitts nach § 66 Abs. 2 KE-StVollzG (Hilfe bei der Aufnahme) Gefangene über die Aufrechterhaltung der Sozialversicherung zu beraten waren.

2. Einflussnahme durch die Rechtsprechung des BVerfG vom 14.03.1972

Parallel laufend zu den Reformarbeiten an einem Strafvollzugsgesetz hatte das BVerfG[215] im Jahr 1972 darüber zu entscheiden, ob die Anhaltung eines Briefes von einem Strafgefangenen mit beleidigendem Inhalt gegenüber der Anstaltsleitung in die Grundrechte des Gefangenen eingreift.[216] Als Rechtsgrundlage für das Anhalten von Schreiben diente die DVollzG (Nr. 153 Abs. 1 DVollzO) vom 01.12.1961.[217] Der hierzu gefasste Beschluss des BVerfG vom 14.03.1972[218] hatte wesentlichen Einfluss auf das weitere Gesetzgebungsverfahren für ein Strafvollzugsgesetz, indem es die Lehre vom besonderen Gewaltverhältnis[219] verwarf und den Gesetzgeber mit zeitlicher Frist aufforderte, für Strafgefangene eine „gesetzliche Stütze" zu schaffen, also ein Strafvollzugsgesetz „mit fest umrissenen Eingriffstatbeständen".

215 BVerfGE vom 14.03.1972, 2 BvR 41/71, BVerfGE 33, 1 ff.
216 BVerfGE 33, 1 ff.
217 BVerfGE 33, 1 (2 ff.).
218 BVerfGE 33, 1 ff.
219 Bei besonderen Gewaltverhältnissen handelt es sich um Sonderstatusverhältnisse, gekennzeichnet durch eine verschärfte Abhängigkeit des Betroffenen vom Staat, siehe *Ronellenfitsch*, Das besondere Gewaltverhältnis als verwaltungsrechtliches Institut, S. 33, in: Merten (Hrsg.), Das besondere Gewaltverhältnis.

Hierzu führte das BVerfG aus, dass eine bisher vorgenommene Relativierung der Grundrechte von Gefangenen nur aufgrund einer traditionellen Ausgestaltung des Strafvollzuges als ein „besonderes Gewaltverhältnis" möglich gewesen sei.[220] Jedoch sei das Grundgesetz (GG)[221] eine wertgebundene Ordnung, die den Schutz von Freiheit und Menschenwürde als den obersten Zweck allen Rechts erkenne und das der in der Gemeinschaft stehenden und ihr vielfältig verpflichtenden Persönlichkeit als das grundlegende Menschenbild verstehe.[222] Auch widerspreche es der sich aus Art. 1 Abs. 3 GG umfassend ergebenden Bindung der staatlichen Gewalt, wenn Grundrechte im Strafvollzug beliebig oder nach Ermessen eingeschränkt werden können.[223] Vielmehr komme eine Einschränkung der Grundrechte nur dann in Betracht, wenn diese zur Erreichung eines von der Wertordnung des Grundgesetzes gedeckten gemeinschaftsbezogenen Zweckes unerlässlich sei sowie in den hierfür verfassungsrechtlich vorgesehenen Formen geschehe.[224] Dementsprechend sei eine Einschränkung der Grundrechte von Strafgefangenen nur durch oder aufgrund eines Gesetzes möglich.[225] Das Grundrechtsverständnis habe sich insoweit gewandelt, als dass eine objektiv-rechtliche Funktion der Grundrechte als objektive Wertordnung zu beachten sei, sodass die Lehre vom besonderen Gewaltverhältnis „als eigene implizite Grundrechtsschranke" nicht mehr hingenommen werde könne und der Gesetzgeber unter Setzung einer Frist Abhilfe zu schaffen habe.[226] Als sachgerechter Anknüpfungspunkt sei das Ende der laufenden Legislaturperiode, Herbst 1973, zu datieren.[227] Das Gesetzgebungsverfahren für den Erlass eines Strafvollzugsgesetzes wurde durch die Rechtsprechung des BVerfG erheblich beschleunigt.[228]

3. *Gesetzentwurf der Bundesregierung von 1973*

Im Gesetzentwurf der Bundesregierung – Regierungsentwurf (RE)[229] – zum Strafvollzugsgesetz vom 23.07.1973 wurde die Einbeziehung der Strafgefangenen in alle Zweige der Sozialversicherung erneut vorgesehen und nun auch in den Entwurf integriert.[230] Mit Einführung der Vorschriften zur „Sozial- und

220 BVerfGE, 33, 1 (10).
221 Grundgesetz: Grundgesetz für die Bundesrepublik Deutschland, veröffentlicht im BGBl. I 1949, S. 1 ff. am 23.05.1949.
222 BVerfGE, 33, 1 (9 ff.); s. a. BVerfGE 12, 45 (51); BVerfGE 28, 175 (189).
223 BVerfGE, 33, 1 (11).
224 Ebd.
225 BVerfGE, 33, 1 (9, 11).
226 BVerfGE 33, 1 (12 f.).
227 BVerfGE 33, 1 (13); eine Verlängerung dieser Frist – bis spätestens zum 01.01.1977 – wurde durch Rechtsprechung des BVerfG (BVerfGE 40, 276 (284)) konstatiert.
228 *Laubenthal*, Strafvollzug, Rn. 129.
229 BT-Drs. 7/918.
230 BT-Drs. 7/918, S. 104 f.

Arbeitslosenversicherung“ im Sechsten Titel des Fünften Abschnitts (Schlussvorschriften) des RE (angeführt in § 174 bis § 177 RE-StVollzG) sollten konkrete Modifikationen der Reichsversicherungsordnung erfolgen, da diese zur Einbindung der Gefangenen in die gesetzliche Krankenversicherung und in die gesetzliche Rentenversicherung der Arbeiter erforderlich waren.[231] Gemäß § 174 Nr. 1 RE-StVollzG erfolgte eine Begriffsbestimmung für Gefangene[232], die in die Reichsversicherungsordnung, das Angestelltenversicherungsgesetz und das Arbeitsförderungsgesetz einzuführen war.[233] Mit § 174 Nr. 2 RE-StVollzG sollte in § 165c Abs. 1 RVO der Grundsatz verwirklicht werden, dass Gefangene, die Arbeitsentgelt, Ausbildungsbeihilfe oder Ausfallentschädigung nach den §§ 40 bis 42 RE-StVollzG erhielten, in der gesetzlichen Krankenversicherung pflichtversichert waren.[234] Weiterhin sollten Gefangene in die gesetzliche Rentenversicherung der Arbeiter (§ 174 Nr. 10 RE-StVollzG) einbezogen werden, unter Ausnahme einer Versicherungspflicht in der knappschaftlichen Rentenversicherung, auch wenn Strafgefangene zuletzt in dieser versichert waren.[235] Ebenfalls sollte eine Einbeziehung in die Arbeitslosenversicherung (§ 176 RE-StVollzG) sichergestellt werden.[236] Außerdem war über die Aufrechterhaltung der Sozialversicherung (§ 65 Abs. 2 RE-StVollzG) zu belehren. Arbeit (geregelt im Fünften Titel des Zweiten Abschnitts zum „Vollzug der Freiheitsstrafe“, §§ 37 ff. RE-StVollzG) sollte den Gefangenen ferner verpflichtend zugewiesen werden und wurde als wesentlicher Bestandteil für eine Resozialisierung der Strafgefangenen im Sinne des Behandlungszieles nach § 2 RE-StVollzG (§ 37 Abs. 1 und 2, § 38 Satz 1 RE-StVollzG) gewertet, wie es auch bereits der KE vorgesehen hatte. Freie Beschäftigungsverhältnisse und die Selbstbeschäftigung Gefangener sollten fortan in einem § 39 RE-StVollzG normiert werden. Dem KE-StVollzG in Teilen analog, hatte der Gefangene nun einen Rechtsanspruch auf ein Arbeitsentgelt, das auf Grundlage des Ortslohnes zu bemessen war und je nach Leistung und Art der Arbeit abgestuft werden konnte (§ 40 Abs. 1 RE-StVollzG).

Der RE-StVollzG orientierte sich inhaltlich somit am KE-StVollzG. Für kostenintensive Teilbereiche des Strafvollzuges, zu denen auch die Vorschriften zur Sozial- und Arbeitslosenversicherung gehörten, wurde die Inkraftsetzung dieser Regelungen, und damit verbunden auch die Bestimmungen zur Arbeit, nunmehr von dem Inkrafttreten eines besonderen Bundesgesetzes abhängig gemacht nach

231 BT-Drs. 7/918, S. 104.

232 Demnach wurden nicht nur erwachsene und jugendliche Strafgefangene, sondern auch Untersuchungsgefangene und Personen, die zum Vollzug einer freiheitsentziehenden Maßregel der Besserung und Sicherung untergebracht waren, vom Begriff des „Gefangenen“ erfasst, BT-Drs. 7/918, S. 104.

233 BT-Drs. 7/918, S. 104.

234 Ebd.

235 BT-Drs. 7/918, S. 105.

236 Ebd.

§ 180 Abs. 2 RE-StVollzG.[237] Grund hierfür war die Verteilung der Gesetzgebungskompetenz zwischen dem Bund und den Ländern für den Strafvollzug. Gemäß Art. 74 Abs. 1 Nr. 1 GG a.F. erstreckte sich die konkurrierende Gesetzgebung des Bundes auf den Strafvollzug. In diesem Bereich hatte der Bund das Gesetzgebungsrecht, soweit ein Bedürfnis nach einer bundesgesetzlichen Regelung bestand (Art. 72 Abs. 2 a.F.).[238] Gleichwohl oblag die Verwaltungshoheit den Ländern, sodass diese das Strafvollzugsgesetz als eigene Angelegenheit auszuführen hatten (Art. 30 i.V.m. Art. 83 GG) und auch zuständig für eine Bereitstellung der Finanzmittel zur sozialen Sicherung der Strafgefangenen waren.[239] Die Abhängigkeit von der Inkraftsetzung eines besonderen Bundesgesetzes für eine Einbeziehung der Strafgefangenen in die Bereiche der Sozialversicherung diente dazu, den Ländern einen zeitlichen Aufschub für die Umsetzung zu gewähren.[240] Somit sollten die in §§ 174 ff. RE-StVollzG vorgesehenen Änderungen der RVO in den jeweiligen Ländern personell und finanziell umgesetzt und sichergestellt werden können. Eine zeitliche Befristung zur Inkraftsetzung des besonderen Bundesgesetzes war in § 180 Abs. 2 RE-StVollzG nicht vorgesehen, aufgrund schwieriger und nicht abschätzbarer Finanzlagen in den Ländern.[241] Bspw. wurde der in § 40 RE-StVollzG vorgesehene Rechtsanspruch auf ein Arbeitsentgelt, bemessen auf Grundlage des Ortslohnes nach § 40 Abs. 1 Satz 2 RE-StVollzG, mit Mehrausgaben von 173 Millionen DM jährlich für die Länder kalkuliert.[242] Die Einbeziehung von Strafgefangenen in die Sozial- und Arbeitslosenversicherung ließ eine weitere Erhöhung der laufenden Kosten erwarten.[243] Eine aufschiebende Regelung für die Einbeziehung der Gefangenen in die Zweige der Sozialversicherung wurde somit erstmalig in dem RE postuliert.[244]

4. *Alternativentwurf von 1974*

Weil es sich hierbei um eine der wichtigsten Reformforderungen handelte, wurde auch im ein Jahr später von deutschen und schweizerischen Wissenschaftlern erarbeiteten „Alternativentwurf eines Vollzugsgesetzes“ (AE-StVollzG)[245] zum

---

237 BT-Drs. 7/918, S. 33 ff.; *Müller-Dietz*, Das Strafvollzugsgesetz, in: NJW 1976, 913 (914, 917).

238 Vgl. *Jünemann*, Gesetzgebungskompetenz für den Strafvollzug im föderalen System der Bundesrepublik Deutschland, S. 30.

239 *Schirmer*, Soziale Sicherung von Strafgefangenen, S. 37.

240 Vgl. BT-Drs. 7/918, S. 106; ferner später formuliert in BT-Drs. 7/3998, S. 53.

241 BT-Drs. 7/918, S. 106; vgl. auch später in BT-Drs. 7/3998, S. 53.

242 BT-Drs. 7/918, S. 106.

243 Ebd.

244 *Wingenfeld*, Die Verrechtlichung des Strafvollzugs in ihren Auswirkungen auf die judikative Entscheidungspraxis, S. 71.

245 Alternativentwurf eines Vollzugsgesetzes: Alternativ-Entwurf eines Strafvollzugsgesetzes vorgelegt von einem Arbeitskreis deutscher und schweizerischer

RE die Einbeziehung aller Insassen in die gesetzliche Kranken-, Unfall-, Renten- und Arbeitslosenversicherung angestrebt.[246] Vorgesehen war eine vollständige Einbeziehung der Strafgefangenen in die Sozial- und Arbeitslosenversicherung in den §§ 174 AE-StVollzG, § 41 Abs. 1 AE-StVollzG.[247] Neben der Einführung einer Begriffsbestimmung für „Insassen im Vollzug“ in einem neuen § 163a RVO sollte die RVO nach § 174 AE-StVollzG dahingehend erweitert werden, dass auch Insassen als entgeltlich Beschäftigte in der Krankenversicherung und in der Rentenversicherung galten, wenn sie Arbeitsentgelt, Ausbildungsbeihilfe oder Ausfallentschädigung gemäß §§ 40, 44, 46 und 47 AE-StVollzG erhielten (§ 174 Nr. 2 und 10 AE-StVollzG).[248] Gemäß § 49 Abs. 4 Satz 1 AE-StVollzG war den Insassen außerdem dabei zu helfen, ihre Rechte wahrzunehmen und Lohn-, Versicherungs- und Rentenansprüche aufrechtzuerhalten. Arbeit war für die Insassen nach § 38 AE-StVollzG weiterhin verpflichtend vorgesehen, freie Beschäftigungsverhältnisse außerhalb der Haft und die Selbstbeschäftigung Gefangener waren möglich (§ 39 AE-StVollzG). Die für die geleistete Arbeit gezahlte Entlohnung sollte dem jeweils geltenden Lohn- oder Gehaltstarif entsprechen (§ 40 Abs. 1 und 2 1. Hs. AE-StVollzG). Des Weiteren sah der AE-StVollzG eine annähernde Gleichstellung mit Arbeitnehmern in Freiheit hinsichtlich Arbeitsplatz, Arbeitszeit und Lohn vor (§§ 40, 41 AE-StVollzG).[249] Dem Bruttolohn sollten Lohnsteuer und Pflichtbeiträge in allen Zweigen der Sozialversicherung abgezogen werden (§ 41 Abs. 1 AE-StVollzG). Das für die jeweilige Vollzugsanstalt zuständige Land war Arbeitgeber für alle Insassen, die von der Vollzugsbehörde beschäftigt wurden (§ 174 Nr. 1 AE-StVollzG). Bei Beschäftigungsverhältnissen zwischen Gefangenen und Privatunternehmen war das Privatunternehmen Arbeitgeber (§ 174 Nr. 1 AE-StVollzG). Die Resozialisierung der Gefangenen stand weiterhin im Mittelpunkt des Vollzugszieles (§ 2 Abs. 1 AE-StVollzG). Inkrafttreten sollte das StVollzG bereits am 01.01.1974 (§ 180 Abs. 1 AE-StVollzG), wobei die Inkraftsetzung der Vorschriften zur Sozial- und Arbeitslosenversicherung ebenfalls von einem besonderen Bundesgesetz abhängen sollte, das nach § 180 Abs. 2 AE-StVollzG spätestens bis zum 01.01.1975 in Kraft zu treten hatte.

Strafrechtslehrer, April 1973; außerdem abgebildet in: *Pécic*, Alternativentwurf eines Vollzugsgesetzes vom 01.09.1973 (Neufassung vom 08.08.1974).

246 Alternativ-Entwurf eines Strafvollzugsgesetzes vorgelegt von einem Arbeitskreis deutscher und schweizerischer Strafrechtslehrer, 1973, Erläuterung zum § 86 AE-StVollzG, S. 151.

247 S. a. Wingenfeld, Die Verrechtlichung des Strafvollzugs in ihren Auswirkungen auf die judikative Entscheidungspraxis, S. 71.

248 Gleiches galt auch für das Angestelltenversicherungsgesetz, vgl. § 175 AE-StVollzG.

249 So auch schon gemäß § 87 Abs. 1 AE-StVollzG, wonach noch eine tarifgemäße Stundenentlohnung für die arbeitenden Insassen vorgesehen wurde, womit eine Gleichstellung mit Arbeitnehmern in Freiheit erreicht werden sollte. In der neuen Fassung wurde von einem ausdrücklichen Stundenlohn abgesehen.

Eine nachhaltige Beeinflussung der weiteren Gestaltung des StVollzG konnte mit dem AE-StVollzG nicht erreicht werden, da die getätigten Vorschläge vor allem mit dem Argument der nicht politischen Realisierbarkeit insbesondere in finanzieller Hinsicht abgetan wurden, sodass weiterhin der RE-StVollzG als Basis für weitere parlamentarische Beratungen diente.[250]

5. *Zusammenfassung*

Vorschriften zur Sozial- und Arbeitslosenversicherung enthielten alle drei Entwürfe für ein Strafvollzugsgesetz. Im KE-StVollzG von 1971 verblieb es zunächst bei der Informationspflicht über die Aufrechterhaltung der Sozialversicherung. In dem darauffolgenden RE-StVollzG im Jahr 1973 sowie dem AE-StVollzG aus dem Jahr 1974 wurden außerdem Vorschriften zur Einbeziehung Strafgefangener in die gesetzliche Kranken-, Renten- und Arbeitslosenversicherung berücksichtigt. Das Inkrafttreten dieser Regelungen wurde im RE-StVollzG von dem Erlass eines besonderen Bundesgesetzes abhängig gemacht. Eine zeitliche Frist für ein solches Gesetz wurde jedoch nicht vorgesehen, aufgrund von schwer zu kalkulierenden Finanzlagen in den Ländern. Ebenfalls wurde im AE-StVollzG eine vollständige Einbindung Gefangener in die Sozialversicherungszweige von dem Inkrafttreten eines besonderen Bundesgesetzes abhängig gemacht. Im AE-StVollzG wurde hierzu allerdings eine Frist von einem Jahr nach Inkrafttreten des StVollzG festgelegt.

IV. Das Bundesstrafvollzugsgesetz von 1976

Mit Überweisung des Entwurfes eines Strafvollzugsgesetzes (RE-StVollzG)[251] vom Bundestag an den Sonderausschuss für die Strafrechtsreform sowie an den Ausschuss für Arbeit und Sozialordnung am 19.10.1973 erging am 29.08.1975 der Bericht und Antrag des Sonderausschusses[252] zu dem eingebrachten Entwurf mit einigen wesentlichen Änderungen, auch für die geplante Einbindung der Gefangenen in die Sozial- und Arbeitslosenversicherung.[253] Es wurde nicht mehr von dem Erlass eines besonderen Bundesgesetzes abhängig gemacht, ob Gefangene vollständig

---

250 Vgl. *Wingenfeld*, Die Verrechtlichung des Strafvollzugs in ihren Auswirkungen auf die judikative Entscheidungspraxis, S. 71; *Müller-Dietz*, Das Strafvollzugsgesetz, in: NJW 1976, 913 (917); *Schirmer*, Soziale Sicherung von Strafgefangenen, S. 37; *Laubenthal*, Strafvollzug, Rn. 130.

251 BT-Drs. 7/918.

252 Bericht und Antrag des Sonderausschusses für die Strafrechtsreform zu dem von der Bundesregierung eingebrachten Entwurf eines Gesetzes über den Vollzug der Freiheitsstrafe und der freiheitsentziehenden Maßregeln der Besserung und Sicherung – Strafvollzugsgesetz (StVollzG) – Drucksache 7/918 –, BT-Drs. 7/3998 vom 29.08.1975.

253 BT-Drs. 7/3998, S. 3.

in die Sozial- und Arbeitslosenversicherung einzubeziehen waren. Anstatt dessen wurde der Entwurf um die Konzeption einer stufenweisen Eingliederung erweitert – diese gab zeitlich konkretisierte Fristen für die jeweiligen Umsetzungen vor (erweitert in § 180 Abs. 2 StVollzG).[254] Regelungen zur Arbeit, wie z. B. die Arbeitszuweisung (§ 37 StVollzG), und Regelungen zur Einbeziehung Gefangener in die Krankenversicherung sollten bereits ab dem 01.01.1980 in Kraft treten (§ 180 Abs. 2 StVollzG). Eine Einbeziehung in die gesetzliche Rentenversicherung war ab dem 01.01.1986 vorgesehen (vgl. § 180 Abs. 2 StVollzG). Ein Arbeitsentgelt für zugewiesene Arbeit hingegen sollten Gefangene bereits mit geplanter Inkraftsetzung des StVollzG am 01.01.1977 gemäß § 42 StVollzG erhalten.[255] Hinsichtlich der Bemessung des Arbeitsentgeltes sollte nunmehr nach § 42 Abs. 1 Satz 2 StVollzG der in § 182 StVollzG bestimmte Satz[256] des durchschnittlichen Arbeitsentgeltes aller Versicherten der Rentenversicherung der Arbeiter und Angestellten ohne Auszubildende des vorvergangenen Kalenderjahres zugrunde gelegt werden (Eckvergütung). Eine Einbindung in die Arbeitslosenversicherung sollte ebenfalls bereits ab dem 01.01.1977 erfolgen.[257] Die Konzeption eines zeitlich konkretisierten Stufenplanes für eine Berücksichtigung Strafgefangener in den Zweigen der Sozialversicherung sollte der problematischen Finanzsituation der Länder entgegenkommen, aber auch eine definitive Reform sicherstellen, die durch eine zeitlich unbestimmte Regelung möglicherweise gefährdet gewesen wäre.[258] Des Weiteren wurde im Rahmen der Regelungen zur Sozialen Hilfe in § 65 Abs. 2 StVollzG (Hilfe bei der Aufnahme) die Belehrungspflicht zur Aufrechterhaltung einer Sozialversicherung beibehalten. Hierzu zählten z. B. „Fragen der Krankenversicherung, der Sozialversicherung, des Arbeitslosengeldes, der Arbeitslosenhilfe und der Sozialhilfe für den Gefangenen und/oder seine Familie" (§ 67 Satz 1 StVollzG).[259] In § 67 Satz 2 StVollzG wurde außerdem ausdrücklich darauf hingewiesen, dass sich die Beratung nach Satz 1 auch auf die Benennung der für Sozialleistungen zuständigen Stellen zu erstrecken hat, da viele Entlassene zumindest für eine Übergangszeit auf Sozialleistungen angewiesen sind.[260]

Zu dem von der Bundesregierung[261] eingebrachten „Entwurf eines Gesetzes über den Vollzug der Freiheitsstrafe und der freiheitsentziehenden Maßregeln der Besserung und Sicherung (Strafvollzugsgesetz – StVollzG)" erging außerdem am

254 BT-Drs. 7/3998, S. 3 und 53.

255 BT-Drs. 7/3998, S. 3.

256 Nach § 182 Nr. 1 StVollzG in erster Stufe 5 % für den Zeitraum vom 01.01.1977 bis 31.12.1979; ab dem 01.01.1980 10 % gemäß § 180 Nr. 2 StVollzG sowie ab dem 01.01.1986 unter Zugrundelegung von 40 % des durchschnittlichen Arbeitsentgeltes aller Versicherten der Rentenversicherung nach § 182 Nr. 3 StVollzG.

257 BT-Drs. 7/3998, S. 3.

258 *Schirmer*, Soziale Sicherung von Strafgefangenen, S. 38.

259 BT-Drs. 7/3998, S. 30.

260 Ebd.

261 Vgl. BT-Drs. 7/918 und 7/3998.

23.10.1975 der Bericht des Haushaltsausschusses[262]. Neben den Kosten für eine Einführung des Arbeitsentgeltes wurden konkrete Zahlen für eine Einbeziehung der Strafgefangenen in die Arbeitslosenversicherung, Krankenversicherung und Rentenversicherung vorgelegt. Mit 14 Millionen DM jährlich ab 1977 für die Einbeziehung in die Arbeitslosenversicherung, 37 Millionen DM jährlich ab 1980 für eine Einbindung in die Krankenversicherung sowie 120 Millionen DM jährlich ab 1986 für die Einführung der Gefangenen in die Rentenversicherung bestätigte der Bericht des Haushaltsausschusses die bisher nicht durch Kalkulation verifizierbare Vermutung, dass der Gesetzentwurf zu erheblichen Kosten für die Länderhaushalte führen würde.[263]

Am 06.11.1975 wurde das „Gesetz über den Vollzug der Freiheitsstrafe und der freiheitsentziehenden Maßregeln der Besserung und Sicherung" (Strafvollzugsgesetz – StVollzG)[264] sodann vom Deutschen Bundestag beschlossen. Unter Berücksichtigung der finanziellen Mehrbelastung der Länderhaushalte für einen unabsehbaren Zeitraum konnte sich der Vorschlag des Sonderausschusses wegen eines Einspruches des Bundesrates nicht behaupten.[265] Nach Anrufung des Vermittlungsausschusses durch den Bundesrat erging am 02.12.1975 der Beschluss des Bundesrates[266]. Demnach sollte das StVollzG weiterhin am 01.01.1977 in Kraft treten nach § 198 Abs. 1 StVollzG, soweit § 198 Abs. 2 und 3 StVollzG nichts anderes bestimmen. In § 198 Abs. 2 StVollzG war ein stufenweises Inkrafttreten nach Jahren (in 2 Stufen: 1980 und 1986), z. B. für einige Vorschriften zur Arbeit wie der Arbeitszuweisung (§ 37 StVollzG), vorgesehen. Eine Einbeziehung der Gefangenen in die Sozial- und Arbeitslosenversicherung (angeführt in den §§ 190 bis 195 StVollzG) wurde erneut von dem Inkrafttreten eines besonderen Bundegesetzes (§ 198 Abs. 3 StVollzG) ohne die Setzung einer zeitlichen Frist abhängig gemacht, wie bereits ähnlich in § 180 Abs. 2 des RE-StVollzG normiert.[267] Hinsichtlich der Höhe des Arbeitsentgeltes für zugewiesene Arbeit sah der Beschluss des Bundesrates außerdem eine gleichbleibende Bemessung der Vergütung unter Zugrundelegung von fünf vom Hundert des durchschnittlichen Arbeitsentgeltes aller Versicherten der

---

262 Vgl. Bericht des Haushaltsausschusses (8. Ausschuß) gemäß § 96 der Geschäftsordnung zu dem von der Bundesregierung eingebrachten Entwurf eines Gesetzes über den Vollzug der Freiheitsstrafe und der freiheitsentziehenden Maßregeln der Besserung und Sicherung – Strafvollzugsgesetz (StVollG) – Drucksachen 7/918, 7/3998 –, BT-Drs. 7/4208 vom 23.10.1975.

263 BT-Drs. 7/4208, S. 1.

264 BT-Drs. 7/918, 7/3998.

265 Siehe *Schirmer*, Soziale Sicherung von Strafgefangenen, S. 38; BT-Drs. 7/4378, S. 3.

266 Unterrichtung durch den Bundesrat, Gesetz über den Vollzug der Freiheitsstrafe und der freiheitsentziehenden Maßregeln der Besserung und Sicherung – Strafvollzugsgesetz (StVollzG) – Drucksachen 7/918, 7/4208, 7/3998 –, hier: Anrufung des Vermittlungsausschusses durch den Bundesrat, BT-Drs. 7/4378 vom 02.12.1975.

267 BT-Drs. 7/4378, S. 2; s. a. *Schirmer*, Soziale Sicherung von Strafgefangenen, S. 38 f.; ferner *Müller-Dietz*, Das Strafvollzugsgesetz, in: NJW 1976, 913 (917).

Rentenversicherung der Arbeiter und Angestellten ohne Auszubildende des vorvergangenen Kalenderjahres gemäß § 200 StVollzG vor. Eine stufenweise Erhöhung des Arbeitsentgeltes war nicht mehr vorgesehen. Am 04.02.1976 beschloss der Vermittlungsausschuss[268], über die Änderungen des StVollzG im Bundestag abzustimmen. Änderungen betrafen ebenfalls die Einführung des § 198 StVollzG und das damit verbundene gestaffelte Inkrafttreten für einige Vorschriften (§ 198 Abs. 2 StVollzG) sowie die Abhängigkeit der Einbindung von Strafgefangenen in die Sozialversicherung (fortan geregelt in §§ 190 bis 193 StVollzG) von dem Inkrafttreten eines besonderen Bundesgesetzes nach § 198 Abs. 3 StVollzG, aber auch weitere Modifikationen, die sich z. B. auf das Arbeitsentgelt Strafgefangener bezogen (§ 200 StVollzG).[269] Nach Zustimmung des Bundesrates am 20.02.1976[270] beschloss der Bundestag am 16.03.1976 das „Gesetz über den Vollzug der Freiheitsstrafe und der freiheitsentziehenden Maßregeln der Besserung und Sicherung“ (Strafvollzugsgesetz – StVollzG)[271] und kam schlussendlich auch der Forderung des BVerfG[272] aus dem Jahr 1972 nach. Am 01.01.1977 trat das StVollzG – unter Ausnahmen[273] – in Kraft (§ 198 Abs. 1 StVollzG). Die Ausführung des StVollzG oblag weiterhin den Bundesländern als eigene Angelegenheit, die als verwaltungsinterne Entscheidungshilfen bundeseinheitliche Regelungen erließen, wie „Verwaltungsvorschriften zum Strafvollzugsgesetz“ (VVStVollzG), „Dienst- und Sicherheitsvorschriften für den Strafvollzug“ (DSVollz) sowie eine „Vollzugsgeschäftsordnung“ (VGO).[274]

---

268 Antrag des Ausschusses nach Artikel 77 des Grundgesetzes (Vermittlungsausschuß) zu dem Gesetz über den Vollzug der Freiheitsstrafe und der freiheitsentziehenden Maßregeln der Besserung und Sicherung – Strafvollzugsgesetz (StVollzG) – Drucksachen 7/918, 7/3998, 7/4378 –, BT-Drs. 7/4662 vom 04.02.1976.

269 BT-Drs. 7/4662, S. 2 f. Abweichend vom Beschluss des Bundesrates befanden sich die Vorschriften zur Sozialversicherung nun in den §§ 190 bis 193 StVollzG. Gemäß § 198 Abs. 3 StVollzG wurde dieser Bereich auch ausdrücklich mit dem Wort „Sozialversicherung“ betitelt und nicht mehr mit Sozial- und Arbeitslosenversicherung, was auf die Zusammenführung der Sozialgesetze ab 1975 (Einführung Sozialgesetzbuch (SGB) – Allgemeiner Teil – BGBl. I 1975, S. 3015 ff.), unter Ablösung der RVO, zurückgeht. Hinsichtlich der Regelung zum Arbeitsentgelt sah der Antrag des Vermittlungsausschusses einen § 200 Abs. 2 StVollzG vor, wonach über eine Erhöhung des in § 200 Abs. 1 StVollzG angeführten Arbeitsentgeltes bis zum 31.12.1980 zu befinden war.

270 BR-Drs. 121/76.

271 BGBl. I 1976, S. 581 ff.

272 BVerfGE 33, 1 (13); BVerfGE 40, 276 (284).

273 *Müller-Dietz*, Das Strafvollzugsgesetz, in: NJW 1976, 913 (913). Beachte die in § 198 Abs. 2 und 3 StVollzG angeführten Aufschubtatbestände. Dementsprechend wurde bereits seit Inkrafttreten des StVollzG von einem „Torso“ gesprochen, den das StVollzG bildet, vgl. ebenfalls *Müller-Dietz*, Das Strafvollzugsgesetz, in: NJW 1976, 913 (917); s. a. *Laubenthal*, Strafvollzug, Rn. 22.

274 Siehe *Jehle*, in: Schwind/Böhm/Jehle/Laubenthal (Hrsg.), Strafvollzugsgesetz – Bund und Länder Kommentar, vor § 1, Rn. 7.

1. *Inhaltliche Ausgestaltung*

Mit dem StVollzG wurden die bisherigen Verwaltungsvorschriften in den Ländern zum Strafvollzug erstmalig durch eine bundeseinheitliche, gesetzliche Regelung ersetzt.[275] Inhaltlich wurden im StVollzG die Rechte und Pflichten der Gefangenen und Untergebrachten sowie die Leistungspflichten und Eingriffsbefugnisse der Vollzugsbehörden geregelt, aber auch rechtliche Grundlagen für die Errichtung und Ausstattung der Vollzugseinrichtungen festgeschrieben.[276] Nach dem StVollzG wurde die Rechtsstellung Strafgefangener vom Rechtsstaatsprinzip und vom Sozialstaatsprinzip bestimmt.[277] Demnach verlangt das Rechtsstaatsprinzip eindeutige gesetzliche Regelungen für Rechtsbeschränkungen innerhalb des Freiheitsentzuges.[278] Das Sozialstaatsprinzip erfordert, dass dem Gefangenen durch den Vollzug eine gesellschaftliche Reintegration ermöglicht und der Strafgefangene auf ein Leben in sozialer Verantwortung vorbereitet wird, sodass Mittelpunkt des Vollzuges die im § 2 Satz 1 StVollzG normierte Aufgabe der Resozialisierung des Gefangenen durch Behandlungsvollzug war (Vollzugsziel).[279]

Das StVollzG gliederte sich in fünf Abschnitte. Regelungen zur Arbeit fanden sich vor allem im Zweiten Abschnitt in den §§ 2 bis 122 StVollzG[280] („Vollzug der Freiheitsstrafe"). Zu den Kernstücken der Vollzugsreform gehörte neben einer weitgehenden Angleichung der Arbeitsbedingungen im Vollzug an die Modalitäten in der freien Wirtschaft auch die vollständige Einbeziehung der Strafgefangenen in die Sozialversicherung.[281] Zu beachten waren hierbei vor allem die Regelungen zum Inkrafttreten des StVollzG und die Übergangsbestimmungen im Fünften Abschnitt („Schlußvorschriften") in den §§ 198 ff. StVollzG. Das StVollzG sah demnach neben der allgemeinen terminlichen Inkraftsetzung des StVollzG am 01.01.1977 noch drei weitere Termine, im Sinne eines Stufenplanes, für das Inkrafttreten einiger Vorschriften vor: den 01.01.1980 (§ 198 Abs. 2 Nr. 1 StVollzG), den 01.01.1982 (§ 198 Abs. 2 Nr. 2 StVollzG) sowie den 01.01.1986 (§ 198 Abs. 2 Nr. 3 StVollzG).[282] Außerdem wurde in § 198 Abs. 3 StVollzG das Inkrafttreten von weiteren Regelungen, wozu auch die Vorschriften zur Einbeziehung der Strafgefangenen in die Sozialversicherung (§ 198 Abs. 3, §§ 190 bis 193 StVollzG) gehörten,

275 *Müller-Dietz*, Das Strafvollzugsgesetz, in: NJW 1976, 913 (917).
276 Vgl. *Müller-Dietz*, Das Strafvollzugsgesetz, in: NJW 1976, 913 (913).
277 Siehe *Wingenfeld*, Die Verrechtlichung des Strafvollzugs in ihren Auswirkungen auf die judikative Entscheidungspraxis, S. 72.
278 Ebd.
279 Ebd.
280 Beachte: §§ 2-128 StVollzG n.F.
281 *Müller-Dietz*, Das Strafvollzugsgesetz, in: NJW 1976, 913 (917).
282 *Müller-Dietz*, Das Strafvollzugsgesetz, in: NJW 1976, 913 (915). § 198 Abs. 2 und 3 StVollzG n.F. wurden aufgehoben.

von dem Inkrafttreten eines besonderen Bundesgesetzes abhängig gemacht, ohne zeitliche Vorgabe für das Inkrafttreten des Gesetzes. Die Übergangsregelungen in §§ 199 ff. StVollzG bestimmten die Rechtslage in den jeweiligen Übergangszeiträumen.

a. Arbeit und Arbeitsentgelt

Im Fünften Titel des Zweiten Abschnittes im StVollzG (§§ 37 ff. StVollzG) wurden „Arbeit, Ausbildung und Weiterbildung" geregelt. Mit Inkrafttreten des StVollzG am 01.01.1977 erlangten zunächst nur die Regelungen über die Arbeitspflicht der Gefangenen (§ 41 Abs. 1 StVollzG), die Ausbildungsbeihilfe (§ 44 StVollzG), den Unterricht (§ 38 StVollzG) und die Selbstbeschäftigung (§ 39 Abs. 2 StVollzG) Geltungskraft.[283] Weitere Regelungen zur Arbeit, wie die der Zuweisung von Arbeit nach § 37 StVollzG, des freien Beschäftigungsverhältnisses (§ 39 Abs. 1 StVollzG), der Zustimmungsbedürftigkeit bei weiterbildenden Maßnahmen (§ 41 Abs. 2 StVollzG) oder der Freistellung von Arbeit (§ 42 StVollzG), waren mit einem Aufschub versehen und sollten gemäß § 198 Abs. 2 StVollzG am 01.01.1980 in Kraft gesetzt werden. Eine Inkraftsetzung der Regelung des § 41 Abs. 3 StVollzG für die Zustimmungsbedürftigkeit bei Beschäftigung in Unternehmerbetrieben wurde erst für den 01.01.1982 vorgesehen.[284]

Hinsichtlich der Pflicht des Gefangenen zur Arbeit in § 41 Abs. 1 Satz 1 StVollzG blieb es beim Rechtszustand, wie er im Grunde spätestens seit den Reichsratsgrundsätzen bestand.[285] Dementsprechend waren Gefangene verpflichtet, eine ihnen zugewiesene Arbeit auszuüben. Allerdings war nach § 37 StVollzG in die Zuweisung von Arbeit zu unterscheiden, die zum einen den körperlichen Fähigkeiten des Gefangenen angemessen war oder zum anderen arbeitstherapeutischer oder sonstiger Beschäftigungen diente.[286] Außerdem wurde in § 41 Abs. 1 Satz 3 StVollzG eine Ausnahmeregelung eingeführt, sodass Gefangene, die über 65 Jahre alt sowie werdende und stillende Mütter waren – soweit gesetzliche Beschäftigungsverbote bestanden – von einer Arbeitspflicht auszunehmen waren.

Überdies gewährte das StVollzG einen Rechtsanspruch auf Arbeitsentgelt nach § 43 Abs. 1 StVollzG ab Inkrafttreten des StVollzG. Die Höhe des Arbeitsentgeltes richtete sich nach dem in § 200 StVollzG bestimmten Satz des durchschnittlichen Arbeitsentgeltes aller Versicherten in der Rentenversicherung (gemäß § 200 Abs. 1 StVollzG[287] fünf vom Hundert) und orientierte sich nicht mehr am Ortslohn.[288] Eine

---

283 Vgl. *Müller-Dietz*, Das Strafvollzugsgesetz, in: NJW 1976, 913 (917).

284 S. a. § 198 Abs. 4 StVollzG n.F., wonach über das Inkrafttreten von § 41 Abs. 3 StVollzG bis zum 31.12.1983 zu entscheiden war.

285 *Müller-Dietz*, Das Strafvollzugsgesetz, in: NJW 1976, 913 (918).

286 Vgl. ebd.

287 Gemäß § 200 StVollzG n.F. waren für die Bemessung des Arbeitsentgeltes neun vom Hundert der Bezugsgröße nach § 18 SGB IV zugrunde zu legen.

288 Als Bemessungsgrundlage war nicht mehr der Ortslohn zugrunde zu legen, wie es noch der Regierungsentwurf vorgesehen hatte, sondern das durchschnittliche

Stufung des Arbeitsentgeltes konnte nach Leistung des Gefangenen und Art der Arbeit erfolgen (§ 43 Abs. 2 Satz 1 StVollzG[289]). Ein Mindestlohn war nach § 43 Abs. 2 Satz 2 StVollzG[290] vorgesehen, wonach 75 vom Hundert der Eckvergütung zu gewährleisten war und eine Unterschreitung lediglich in den Fällen möglich, in denen die Arbeitsleistungen des Gefangenen den Mindestanforderungen offensichtlich nicht genügte.[291] Nach einjähriger Tätigkeit konnten Gefangene 18 Werktage unter Weiterzahlung der zuletzt gezahlten Bezüge von der Arbeit freigestellt werden gemäß § 42 Abs. 1 und 3, § 199 Abs. 1 Nr. 1 StVollzG[292].

b. Vorschriften zur Sozialversicherung

Die Vorschläge des Sonderausschusses zur Beratungspflicht Gefangener in Bezug auf die Aufrechterhaltung der Sozialversicherung bei Aufnahme in den Vollzug wurden in § 72 Abs. 2 StVollzG unverändert übernommen. Gleiches galt hinsichtlich der Beratung von Gefangenen zur Vorbereitung der Entlassung in Bezug auf die Regelung von sozialen Angelegenheiten nach § 74 Satz 1 und 2 StVollzG. Im Hinblick auf eine Einbeziehung Strafgefangener in die Zweige der Sozialversicherung partizipierten die Strafgefangenen auch weiterhin an Leistungen der gesetzlichen Unfallversicherung nach § 190 Nr. 11 StVollzG, § 566 Abs. 2 Satz 1 und 2 RVO a.F.[293] Für die übrigen Sozialversicherungszweige gestaltete sich eine Berücksichtigung Strafgefangener unterschiedlich.

aa. Erforderlichkeit eines besonderen Bundesgesetzes

Eine Einbindung in die Zweige der gesetzlichen Kranken- und Rentenversicherung unterlag dem Inkrafttreten eines besonderen Bundesgesetzes gemäß § 198 Abs. 3, § 190 Nr. 1 bis 10 und 13 bis 18, §§ 191 bis 193 StVollzG. Wie bereits ab dem RE-StVollzG vorgesehen, sollte die RVO zunächst um eine Begriffsdefinition des Gefangenen mit einem § 163a RVO a.F. erweitert werden (§ 190 Nr. 1 StVollzG). Des

---

Arbeitsentgelt aller Versicherter der Rentenversicherung der Arbeiter und Angestellten ohne Auszubildende des vorvergangenen Kalenderjahres. Hierbei handelte es sich um eine entsprechende Regelung wie sie auch im Gesetz über die Sozialversicherung Behinderter vorgesehen war (vgl. Art. 1 § 4 des Gesetzes über die Sozialversicherung Behinderter vom 07.05.1975, BGBl. I 1975, 1061 ff.). Die Änderung lässt sich damit begründen, dass der Ortslohn als Bezugsgröße künftig ganz entfallen sollte und an seine Stelle die hier vorgesehene Bemessungsgrundlage treten sollte, vgl. § 19 des Entwurfs eines Sozialgesetzbuchs – gemeinsame Vorschriften für die Sozialversicherung – BR-Drs. 300/75, BT-Drs. 7/3998, S. 22.

289 Vgl. § 43 Abs. 3 Satz 1 StVollzG n.F.

290 Siehe § 43 Abs. 3 Satz 2 StVollzG n.F.

291 BT-Drs. 7/3998, S. 22.

292 Gemäß § 198 Abs. 2 Nr. 1 StVollzG ist die Vorschrift zur Freistellung von der Arbeitspflicht am 01.01.1980 in Kraft getreten.

293 *Müller-Dietz*, Das Strafvollzugsgesetz, in: NJW 1976, 913 (918).

Weiteren waren die in der gesetzlichen Kranken- und Rentenversicherung angeführten versicherungspflichtigen Personenkreise um die Personen der Gefangenen zu erweitern, wenn Gefangene Arbeitsentgelt, Ausbildungsbeihilfe oder Ausfallentschädigung nach den §§ 43, 45 und 176 f. StVollzG erhielten und demnach als entgeltlich Beschäftigte anzusehen waren (§ 190 Nr. 2 und 13 StVollzG, §§ 165c, 1227 Abs. 3 RVO a.F.). Das für die jeweilige Vollzugsanstalt zuständige Land war Arbeitgeber für die entgeltlich beschäftigten Gefangenen (§ 190 Nr. 1 StVollzG, § 163a Satz 2 RVO a.F.).

Die Gesundheitsfürsorge für Strafgefangene oblag der Institution. Dabei sollten die Leistungen der Gesundheitsfürsorge im Vollzug an die Leistungen der gesetzlichen Krankenversicherung angeglichen werden, auf die versicherte Arbeitnehmer in Freiheit einen Anspruch hätten, soweit die Besonderheiten des Vollzuges keine andere Regelung erforderten.[294] Für die Zeit der Haft sollte ein bestehender Anspruch auf Leistungen der gesetzlichen Krankenversicherung somit zum Ruhen kommen (§ 190 Nr. 5 StVollzG). Die §§ 56 bis 66 StVollzG (Gesundheitsfürsorge) und die §§ 76 bis 78 StVollzG (Vorschriften zur Mutterschaftshilfe) enthielten konkretisierte Vorschriften zur Gesundheitsfürsorge. Weiterhin regelte das StVollzG zwei Sonderfälle eines Anspruches auf ärztliche Versorgung außerhalb der Haft, nämlich für den Fall der Krankenpflege im Urlaub (§ 60 StVollzG) und der Verlegung im Falle von Krankheit des Gefangenen (§ 65 StVollzG). Sollte der Gefangene demnach während eines Urlaubes oder Ausgangs erkranken, hatte dieser lediglich einen Anspruch auf ärztliche Behandlung und Pflege in der für ihn zuständigen Vollzugsanstalt gemäß § 60 StVollzG, sodass der Strafgefangene umgehend in die Justizvollzugsanstalt zurückkehren musste. Für den Fall, dass die Krankheit eines Gefangenen in der Vollzugsanstalt oder dem Anstaltskrankenhaus nicht erkannt oder behandelt werden konnte, waren Gefangene jedoch rechtzeitig in ein Krankenhaus außerhalb des Vollzuges zu verlegen (§ 65 Abs. 2 Satz 1 StVollzG).

Bezüglich der Beiträge, die die Vollzugsbehörde zur Krankenversicherung und Rentenversicherung sowie zur Bundesanstalt für Arbeit zu entrichten hatte, konnte weiterhin vom Arbeitsentgelt, von der Ausbildungsbeihilfe oder der Ausfallentschädigung des Strafgefangenen ein Beitrag einbehalten werden, der dem Anteil des Gefangenen am Beitrag entsprechen würde, den er entrichten müsste, wenn er diese Bezüge als nicht inhaftierter Arbeitnehmer erhielte nach § 195 StVollzG.

bb. Einbindung in die Arbeitslosenversicherung

Eine Berücksichtigung Gefangener in der Arbeitslosenversicherung war durch eine explizite Aufnahme der Gefangenen als beitragspflichtige Arbeitnehmer in das „Arbeitsförderungsgesetz" (AFG)[295] vom 25.06.1969 vorgesehen, § 194 Nr. 5 StVollzG, § 168 Abs. 3a AFG. Das AFG löste das AVAVG ab. In der Arbeitslosenversicherung

294 BT-Drs. 7/3998, S. 25.
295 BGBl. I 1969, S. 582 ff.

waren gemäß § 168 Abs. 1 Satz 1 1. Hs. AFG Personen beitragspflichtig, die als Arbeiter oder Angestellte gegen Entgelt oder zu ihrer Berufsausbildung beschäftigt waren (Arbeitnehmer). Die Einführung einer Beitragspflicht für Gefangene war zunächst nicht im AFG vorgesehen.[296] Mit Einführung des § 194 StVollzG durch Inkrafttreten des StVollzG am 01.01.1977 wurden Gefangene fortan in die Arbeitslosenversicherung integriert.[297] Nunmehr zählten Gefangene zu dem Kreis der beitragspflichtigen Personen in der Arbeitslosenversicherung, wenn diese Arbeitsentgelt, Ausbildungsbeihilfe oder Ausfallentschädigung erhielten oder Ausbildungsbeihilfe nur wegen des Vorranges der Berufsausbildungsbeihilfe nach § 40 AFG nicht erhielten, soweit sie nicht nach anderen gesetzlichen Vorschriften beitragspflichtig oder nach § 169c Nr. 1, 2 oder 3 AFG beitragsfrei waren (§ 168 Abs. 3a Satz 1 AFG). Mit einer Einbeziehung Gefangener in die Arbeitslosenversicherung sollte gewährleistet werden, dass die Erfüllung einer Anwartschaftszeit nicht gefährdet wurde und ein Anspruch auf Arbeitslosengeld begründet werden konnte, dadurch dass der Arbeitslose auch als Gefangener beitragspflichtig oder wegen Vollendung des 63. Lebensjahres beitragsfrei war.[298] Das Arbeitslosengeld sollte dabei nach dem Betrag bemessen werden, der der Beitragsberechnung zugrunde gelegt worden ist, was den Regelungen des § 165c Abs. 3 und § 1255 Abs. 6a RVO a.F. entsprach.[299] Außerdem sollte die Vorschrift gewährleisten, dass entlassene Gefangene im Fall der Arbeitslosigkeit baldmöglichst das ihnen zustehende Arbeitslosengeld erhielten.[300] Arbeitslose Freigänger konnten jedoch bei Erfüllung aller hierzu erforderlichen Voraussetzungen bereits während des Vollzuges einen Auszahlungsanspruch haben.[301] Arbeitgeber blieb auch hier das für die Vollzugsanstalt zuständige Land (§ 194 Nr. 5 StVollzG). Beiträge für die Arbeitslosenversicherung der Strafgefangenen wurden nach § 168 Abs. 3a AFG vom für die Vollzugsanstalt zuständigen Land getragen, § 194 Nr. 7 StVollzG, § 171 Abs. 3 AFG.

2. Erweiterung des Geltungsbereiches auf die neuen Bundesländer ab 1990

In der Deutschen Demokratischen Republik (DDR) wurden erstmals in dem „Gesetz über den Vollzug der Strafen mit Freiheitsentzug und über die Wiedereingliederung Strafentlassener in das gesellschaftliche Leben“ (SVWG)[302] vom

296 Vgl. zur Arbeitslosenversicherung von Gefangenen, *Hardes*, Die Arbeitslosenversicherung für Gefangene unter Berücksichtigung der in der Vergangenheit erfolgten Änderungen des Arbeitsförderungsgesetzes (AFG), in: ZfStrVo 1986, S. 286 f.

297 Vgl. *Schöch*, in: Kaiser/Schöch, § 7, Rn. 138.

298 BT-Drs. 7/918, S. 105.

299 BT-Drs. 7/918, S. 106.

300 Ebd.

301 Siehe *Schöch*, in: Kaiser/Schöch, § 7, Rn. 138; s. a. *Hardes*, Die Arbeitslosenversicherung für Gefangene unter Berücksichtigung der in der Vergangenheit erfolgten Änderungen des Arbeitsförderungsgesetzes (AFG), in: ZfStrVo 1986, 286 (286).

302 GBl. DDR I 1968, S. 109 ff.

12.01.1968 zahlreiche Einzelbestimmungen, in Form von Durchführungsbestimmungen und Verordnungen, zusammengefasst.[303] Im Mittelpunkt des Regelwerkes stand die Erziehung der Gefangenen durch Heranziehung zu gesellschaftlich nützlicher Arbeit (§ 4 Abs. 1 Satz 1, §§ 26 und 27 SVWG), zu der die Gefangenen verpflichtet waren (§ 4 Abs. 2 SVWG).[304] Gesetzlich wurden Strafgefangenen außerdem ein Arbeits- und Gesundheitsschutz garantiert.[305] Gemäß § 4 Abs. 4 Satz 2 SVWG erhielten sie regelmäßige sanitäre und eine den sozialversicherungsrechtlichen Bestimmungen entsprechende medizinische Betreuung sowie Sachleistungen. Weiterhin wurden aus Unfällen während eines Arbeitseinsatzes herrührende Gesundheitsschäden nach der Entlassung den versicherungsrechtlichen Bestimmungen analog behandelt (§ 4 Abs. 4 Satz 3 SVWG). Ab dem Jahr 1977 gliederten sich die Regelungen zum Strafvollzug in der DDR in zwei Regelwerke: das „Gesetz über den Vollzug der Strafen mit Freiheitsentzug" (StVG-DDR)[306] vom 07.04.1977 sowie das „Gesetz über die Wiedereingliederung der aus dem Strafvollzug entlassenen Bürger in das gesellschaftliche Leben" (Wiedereingliederungsgesetz)[307] vom selben Tag.[308] Als Leitgedanke sah das StVG-DDR weiterhin die Erziehung des Gefangenen durch gesellschaftlich nützliche Arbeit vor (§ 6 Abs. 1 StVG-DDR), worunter auch die Verwirklichung eines Rechts des Gefangenen auf Arbeit verstanden werden sollte.[309] Die Dauer des Arbeitseinsatzes im Strafvollzug sollte außerdem der Zeit einer versicherungspflichtigen Tätigkeit gleichgestellt werden (§ 6 Abs. 3 StVG).[310] Ansprüchen aus Arbeitsunfällen und nun auch aus Berufskrankheiten wurde mit § 38 StVG-DDR eine eigenständige Norm gewidmet, die

303 Vgl. *Schmidt*, Zur Frage der Zwangsarbeit im Strafvollzug der DDR: Die „Pflicht zur Arbeit" im Arbeiter- und Bauernstaat, S. 173; *Laubenthal*, Strafvollzug, Rn. 134. Ausführlich zur Entwicklung des Strafvollzuges in der DDR, beachte *Essig*, Die Entwicklung des Strafvollzuges in den neuen Bundesländern, S. 13 ff.

304 *Schmidt*, Zur Frage der Zwangsarbeit im Strafvollzug der DDR: Die „Pflicht zur Arbeit" im Arbeiter- und Bauernstaat, S. 173. In § 4 Abs. 2 SVWG wurde ausdrücklich die Verpflichtung von allen arbeitsfähigen Strafgefangenen zur Arbeit festgehalten. Eine Vergütung erfolgte nach dem Leistungsprinzip sowie differenziert nach Vollzugsarten, vgl. ebd.

305 *Schmidt*, Zur Frage der Zwangsarbeit im Strafvollzug der DDR: Die „Pflicht zur Arbeit" im Arbeiter- und Bauernstaat, S. 173.

306 GBl. DDR I 1977, S. 109 ff.

307 Gesetz über die Wiedereingliederung der aus dem Strafvollzug entlassenen Bürger in das gesellschaftliche Leben vom 07.04.1977, GBl. DDR I 1977, S. 98 ff.

308 GBl. DDR I 1977, S. 98 ff.; *Laubenthal*, Strafvollzug, Rn. 134.

309 *Schmidt*, Zur Frage der Zwangsarbeit im Strafvollzug der DDR: Die „Pflicht zur Arbeit" im Arbeiter- und Bauernstaat, S. 175.

310 *Schmidt*, Zur Frage der Zwangsarbeit im Strafvollzug der DDR: Die „Pflicht zur Arbeit" im Arbeiter- und Bauernstaat, S. 175; s. a. LSG Thüringen, Beschluss vom 25.02.2002, L 1 U 592/01, zum Unfallversicherungsschutz im Jahr 1962 von DDR-Häftlingen.

darauf ausgerichtet war, für Ansprüche, die während der Haft in Bezug auf Unfälle oder Berufskrankheiten entstanden, nach Entlassung aus dem Vollzug nach den zu diesem Zeitpunkt geltenden Rechtsvorschriften zu verfahren.

Im Rahmen der Rechtsangleichung zwischen der DDR und der Bundesrepublik Deutschland (BRD) erweiterte sich der Geltungsbereich des Strafvollzugsrechts mit Beitritt der DDR zur BRD am 03.10.1990 auf die fünf neuen Bundesländer Brandenburg, Mecklenburg-Vorpommern, Sachsen, Sachsen-Anhalt und Thüringen gemäß Art. 8 des Vertrages zwischen der Bundesrepublik Deutschland und der Deutschen Demokratischen Republik über die Herstellung der Einheit Deutschlands (Einigungsvertrag)[311], sodass nach § 202 StVollzG nun auch das StVollzG in den neuen Bundesländern Anwendung fand.[312] Zeiten des Arbeitseinsatzes für ehemals in der DDR Inhaftierte, die als versicherungspflichtige Zeiten galten, wurden gemäß Art. 2 „Gesetz zur Herstellung der Rechtseinheit in der gesetzlichen Renten- und Unfallversicherung“ (Rentenüberleitungsgesetz – RÜG)[313] für Rentenzugänge bis 1996 in der BRD wirksam anerkannt; danach entfielen sie ersatzlos.[314]

3. *Fortentwicklung des Strafvollzugsgesetzes zur sozialen Sicherung Gefangener*

Aufgrund der Nichtinkraftsetzung des in § 198 Abs. 3 StVollzG vorgesehenen Bundesgesetzes zur vollständigen Berücksichtigung Strafgefangener in den Sozialversicherungsbereichen blieben Strafgefangene in den Folgejahren nach Inkrafttreten des StVollzG aus der gesetzlichen Krankenversicherung und aus der gesetzlichen Rentenversicherung ausgeschlossen. Bereits in den ersten Jahren nach Erlass des StVollzG folgten Bemühungen zur Fortentwicklung des StVollzG mit dem Ziel, die Regelungen zur sozialen Absicherung der Gefangenen und deren Familien den Vorschriften zur sozialen Sicherheit von Arbeitnehmern in Freiheit anzunähern.[315] Der „Entwurf eines ersten Gesetzes zur Fortentwicklung des Strafvollzuges – Erstes Strafvollzugs-Fortentwicklungsgesetz“ (1. StVollzFG)[316] – vom 08.11.1979 fokussierte erneut eine stufenweise Einbeziehung der Gefangenen in die gesetzliche Krankenversicherung ab dem 01.01.1981 (Art. 5 Nr. 1 StVollzFG) und in die gesetzliche Rentenversicherung ab dem 01.01.1986 (Art. 5 Nr. 2 StVollzFG) sowie eine Erhöhung des Arbeitsentgeltes auf zehn vom Hundert der Eckvergütung (Art. 1

---

311 BGBl. II 1990, S. 885 (889).

312 *Laubenthal*, Strafvollzug, Rn. 14; *Miller*, Der auf (Re-)Sozialisierung ausgerichtete Strafvollzug im Lichte der Verfassung, S. 37.

313 BGBl. I 1991, S. 1606 ff.

314 Vgl. BT-Drs. 17/13103, S. 5; ferner beachte zur Feststellung von in der DDR verbüßten Haftzeiten als Pflichtbeitragszeiten nach dem SGB VI LSG Sachsen, Urteil vom 28.02.2017, L 5 KN 752/14, juris; BSG, Urteil vom 24.07.1980, 5 RJ 50/79, juris.

315 BT-Drs. 8/3335, S. 6.

316 BT-Drs. 8/3335.

Nr. 6 StVollzFG). Da der Entwurf aufgrund von Diskontinuität in der 8. Wahlperiode nicht erledigt werden konnte, folgten weitere Bemühungen in der 9. Wahlperiode.[317] Auch diese Bestrebungen scheiterten, nun aber am Widerstand des Bundesrates, der sich auf die finanziellen Belastungen der Länder berief.[318] Wegen der angespannten Situation der Länderhaushalte sah die Bundesregierung in der 10. Wahlperiode davon ab, einen weiteren Entwurf einzubringen.[319] Die darauffolgenden „Entwürfe eines Gesetzes zur Änderung des Strafvollzugsgesetzes" setzten sich nicht weiter mit dem Thema der Einbeziehung von Gefangenen in die Sozialversicherung auseinander.[320] Eine kleine Anfrage der Fraktion DIE LINKE. vom 24.11.2008[321] sowie eingebrachte Petitionen[322] zur Einbeziehung von Strafgefangenen in die Rentenversicherung konnten eine vollständige Einbindung Gefangener in die Sozialversicherungsbereiche nicht vorantreiben. Weiterhin scheiterten Anträge der Fraktion DIE LINKE. auf eine Wiedereingliederung Gefangener in die Renten-, Kranken- und Pflegeversicherung aus den Jahren 2013 und 2014, jeweils mit ablehnenden Beschlüssen, die sich erneut auf die finanziellen Belastungen der Länderhaushalte bezogen.[323]

V. Inkrafttreten der Landesstrafvollzugsgesetze

Mit eigenen Anstaltssystemen, eigenen Beamtenausbildungen und unterschiedlichen – die bundeseinheitlichen Regelungen ergänzenden – Vorschriften handelt es

317 BT-Drs. 9/566, S. 9. Mit Beschluss erfolgte eine Überweisung an den Rechtsausschuss, den Ausschuss für Arbeit und Soziales sowie den Haushaltsausschuss, vgl. Plenarprotokoll 9/46, Deutscher Bundestag, Stenographischer Bericht, 46. Sitzung vom 25. Juni 1981, S. 2683.

318 Stellungnahme des Bundesrates in BT-Drs. 9/566, Anlage 2, S. 9.

319 Vgl. *Grühn*, in: Feest/Lesting/Lindemann (Hrsg.), AK-StVollzG, Teil V, Rn. 1.

320 Siehe BT-Drs. 11/3694 vom 08.12.1988. Der Entwurf bezweckte u. a. eine maßvolle Erhöhung des Arbeitsentgeltes für Gefangenenarbeit im Rahmen der Möglichkeiten der öffentlichen Haushalte, vgl. BT-Drs. 11/3694, S. 1; siehe ferner den Gesetzentwurf vom 29.11.1995, BT-Drs. 13/3129.

321 BT-Drs. 16/11077; zur Antwort der Bundesregierung, vgl. BT-Drs. 16/11362.

322 Vgl. Komitee für Grundrechte und Demokratie, Petition zur Einbeziehung von Strafgefangenen in die Rentenversicherung vom Mai 2011, abzurufen unter: http://www.grundrechtekomitee.de/sites/default/files/PetitionRentenversicherung..pdf, letzter Zugriff am 21.08.2018.

323 Siehe BT-Drs. 17/13103 vom 17.04.2013, abgelehnt mit Beschluss vom 06.06.2013, vgl. BT-Drs. 17/13806; BT-Drs. 18/2606 vom 24.09.2014, abgelehnt mit Beschlussempfehlung vom 09.10.2014, BT-Drs. 18/2784; vgl. zuletzt auch die Kleine Anfrage BÜNDNIS 90/DIE GRÜNEN zum Thema „Strafgefangene und ihre fehlende Einbeziehung in die Rentenversicherung vom 15.03.2018, BT-Drs. 19/1229 sowie die Kleine Anfrage von BÜNDNIS 90/DIE GRÜNEN zur „Einbeziehung von Strafgefangenen und Sicherungsverwahrten in die gesetzliche Rentenversicherung" vom 19.02.2019, BT-Drs. 19/7887.

sich beim Strafvollzug seit jeher um eine Ländersache.[324] Gleichwohl wurde eine Übertragung der Gesetzgebungszuständigkeit für den Strafvollzug auf die Bundesländer einige Jahre später im Bund-Länder-Streit skeptisch betrachtet und mit einer auf die Bewährtheit des nun seit 1977 in Kraft gesetzten Bundesstrafvollzugsgesetzes, einer möglichen „Zersplitterung“ der Vollzugslandschaften sowie einem „Wettbewerb der Schäbigkeiten“ ausgerichteten Argumentation diskutiert.[325] Grundlegende Ziele der Föderalismusreform waren, eine Modernisierung der bundesstaatlichen Ordnung zu schaffen sowie die Europatauglichkeit des Grundgesetzes zu verbessern.[326] Durch das „Gesetz zur Änderung des Grundgesetzes“ (Föderalismusgesetz)[327] vom 28.08.2006 wurde auch die Gesetzgebungszuständigkeit für den Strafvollzug geändert und der Kompetenz der Landesgesetzgebung zugeordnet.[328] Mit Streichung des Strafvollzuges aus dem Katalog des Art. 74 Abs. 1 GG zur konkurrierenden Gesetzgebung ist das Strafvollzugsrecht in die ausschließliche Zuständigkeit der Länder übergegangen nach Art. 70 Abs. 1 GG.[329] Seitdem sind die Länder befugt, eigene Landesstrafvollzugsgesetze zu erlassen.[330] Das Bundesgesetz gilt als partikulares Bundesrecht gemäß Art. 125a Abs. 1 GG[331] in einigen Regelungsbereichen fort.[332] Demzufolge liegen nach Art. 74 Abs. 1 Nr. 1 GG die Vorschriften zu der Gerichtsverfassung und dem gerichtlichen Verfahren (ohne das Recht der Untersuchungshaft) sowie weitere vereinzelte Regelungen, die den Vorschriften der Landesstrafvollzugsgesetze zu entnehmen sind, in der Kompetenz des Bundes.[333] Manche Bundesländer wie Nordrhein-Westfalen oder Thüringen haben zudem die Zuständigkeit für bestimmte Regelungsbereiche ausdrücklich

324 *Böhm*, Strafvollzug, Rn. 71.

325 Vgl. *Neubacher*, in: Laubenthal/Nestler/Neubacher/Verrel (Hrsg.), Strafvollzugsgesetze, zu A, Rn. 13; *Arloth/Krä*, StVollzG, Einleitung, Rn. 6.

326 BT-Drs. 16/813, S. 7 f.; *Jünemann*, Gesetzgebungskompetenz für den Strafvollzug im föderalen System der Bundesrepublik Deutschland, S. 73.

327 BGBl. I 2006, S. 2034 ff.

328 *Laubenthal*, Strafvollzug, Rn. 133.

329 Vgl. hierzu *Oeter*, in: Starck (Hrsg.), Föderalismusreform 2006, S. 33; *Ullmann*, Länderstrafvollzugsgesetze im Vergleich, S. 3 (mit ausführlicher Darstellung des Meinungsstandes zur Übertragung der Gesetzgebungskompetenz des Strafvollzuges auf die Länder); *Miller*, Der auf (Re-)Sozialisierung ausgerichtete Strafvollzug im Lichte der Verfassung, S. 37 f.

330 Vgl. *Jehle*, in: Schwind/Böhm/Jehle/Laubenthal (Hrsg.), Strafvollzugsgesetz – Bund und Länder Kommentar, vor § 1, Rn. 8.

331 Rechtsfolge aus Art. 125a Abs. 1 GG ist die Fortgeltung bundesrechtlicher Normen, verbunden mit einer verfassungsrechtlichen Ersetzungsbefugnis des Landesgesetzgebers, vgl. *Kyrill-A. Schwarz*, in: Starck (Hrsg.), Föderalismusreform 2006, S. 58 f.

332 Siehe *Jünemann*, Gesetzgebungskompetenz für den Strafvollzug im föderalen System der Bundesrepublik Deutschland, S. 86 f.; *Laubenthal*, Strafvollzug, Rn. 133.

333 Vgl. *Neubacher*, in: Laubenthal/Nestler/Neubacher/Verrel (Hrsg.), Strafvollzugsgesetze, zu A, Rn. 12. Beachte z. B. in Baden-Württemberg § 93, § 106 Abs. 3 BWJVollzGB III; siehe weiterhin Art. 208 BayStVollzG, § 128 BremStVollzG, § 130

beim Bundesgesetzgeber belassen.[334] Die Regelungen des Sozialversicherungsrechts hingegen gehören zu den Sachgebieten der konkurrierenden Gesetzgebung (Art. 74 Abs. 1 Nr. 12 GG). Da der Bund hier abschließend von seiner Gesetzgebungskompetenz Gebrauch gemacht hat, sind die Bundesländer in diesem Bereich gesperrt (Art. 72 Abs. 1 GG), sodass das Sozialversicherungsrecht einschließlich der Arbeitslosenversicherung im Kompetenzbereich des Bundes verbleibt.[335]

Von ihrer Gesetzgebungskompetenz im Bereich des Erwachsenenstrafvollzuges haben mittlerweile alle Bundesländer eine Dekade nach der Föderalismusreform Gebrauch gemacht und eigene Landesstrafvollzugsgesetze verabschiedet und in Kraft gesetzt.[336] Die ersten Landesstrafvollzugsgesetze haben in den Jahren 2007 bis 2010 Bayern (BayStVollzG)[337], Niedersachsen

---

HmbStVollzG, § 83 HStVollzG, § 121 NRWStVollzG, § 118 SLStVollzG, § 120 SächsStVollzG, § 142 ThürJVollzGB, § 166 JVollzGB LSA, § 117 StVollzG Bln.

334 Vgl. hierzu § 121 NRWStVollzG und § 142 ThürJVollzGB; *Neubacher*, in: Laubenthal/Nestler/Neubacher/Verrel (Hrsg.), Strafvollzugsgesetze, zu A, Rn. 12.

335 Siehe *Schäferskübber/Bließen*, Aktuelles aus der Arbeitslosenversicherung der Gefangenen, in: NZS 2017, 327 (328); s. a. OLG Hamburg, Beschluss vom 04.09.2015, 3 Ws 74/15 Vollz, in: NZS 2015, 951 zur Frage der Einbeziehung von Sicherungsverwahrten in die gesetzliche Rentenversicherung bei Verpflichtung zur Beschäftigung nach dem HmbSVVollz. Nach Ansicht des OLG Hamburg könne das HmbSVVollzG keine die Rentenversicherungspflicht begründende Norm enthalten, da der Bund – und nicht die Länder – die Gesetzgebungskompetenz habe; OLG Koblenz, Beschluss vom 19.03.2014, 2 Ws 17/14, juris, Rn. 10 zur Gesetzgebungskompetenz des Landesgesetzgebers; zur zeitlichen („solange") und inhaltlichen („soweit") Sperrwirkung in Art. 72 Abs. 1 GG siehe *Schnapauff*, in: Hömig/Wolff (Hrsg.), Grundgesetz für die Bundesrepublik Deutschland Handkommentar, Art. 72, Rn. 2. Zur Sperrwirkung für die Länder: Voraussetzung ist, dass der Bund von einer ihm verliehenen konkurrierenden Gesetzgebungskompetenz wirksam Gebrauch gemacht hat, wobei das Gebrauch machen wirksam ist, wenn auch die Voraussetzungen des Art. 72 Abs. 2 GG vorliegen und kein Verstoß gegen sonstiges Verfassungsrecht. Als Rechtsfolge daraus kann neues Landesrecht nicht entstehen und erlassene Landesgesetze sind unzulässig und nichtig (BVerfGE 138, 261, Rn. 50); vgl. *Pieroth*, in: Jarass/Pieroth (Hrsg.), Grundgesetz für die Bundesrepublik Deutschland Kommentar, Art. 72, Rn. 11 f.

336 *Laubenthal*, Strafvollzug, Rn. 26; vgl. auch *Cassone*, Das neue HStVollzG, in: FS 2011, 33 ff.; *Kinzig*, Das Justizvollzugsgesetzbuch Baden-Württemberg: Aufbau und Neuerungen – Ein Vergleich mit dem Strafvollzugsgesetz, in: FS 2011, 317 ff.; *Köhne*, Fünf Landesstrafvollzugsgesetze – ein „Wettbewerb der besten Praxis"?, in: JR 2012, 14 ff.; *Köhne*, Noch zwei neue Landesstrafvollzugsgesetz, in: JR 2016, 676 ff.; *Kunze*, Hessische Vollzugsgesetze – Bewährtes und Neues, in: FS 2016, 30 f.; *Arndt*, Strafvollzugsgesetz Mecklenburg-Vorpommern, in: FS 2016, 32; *Bunge*, Landesstrafvollzugsgesetz des Landes Schleswig-Holstein, in FS 2016, 348 ff.

337 Gesetz über den Vollzug der Freiheitsstrafe und der Jugendstrafe (Bayerisches Strafvollzugsgesetz- BayStVollzG) vom 10.12.2007 (GVBl. S. 866).

(NJVollzG)[338], Hamburg (HmbStVollzG)[339], Baden-Württemberg (BWJVollzGB)[340] und Hessen (HStVollzG)[341] erlassen. Zehn weitere Bundesländer, unter Ausnahme von Nordrhein-Westfalen, haben außerdem gemeinsam einen Musterentwurf zum Landesstrafvollzugsgesetz (ME-StVollzG)[342] erarbeitet, der eine Orientierungshilfe für die Ausarbeitung eigener Landesstrafvollzugsgesetze darstellt.[343] An den Musterentwurf angelehnt haben im Jahr 2013 die Landtage in Brandenburg (BbgJVollzG)[344], im Saarland (SLStVollzG)[345], in Mecklenburg-Vorpommern (StVollzG M-V)[346], Rheinland-Pfalz (LJVollzG RP)[347] und Sachsen (SächsStVollzG)[348] eigene Landesstrafvollzugsgesetze in Kraft gesetzt.[349] Von 2014 bis 2016 folgte auch

338 Niedersächsische Justizvollzugsgesetz (NJVollzG) vom 14.12.2007 (Nds. GVBl. S. 720); Neubekanntmachung am 08.04.2014 (Nds. GVBl. S. 106).

339 Gesetz über den Vollzug der Freiheitsstrafe (Hamburgisches Strafvollzugsgesetz- HmbStVollzG) vom 14.07.2009 (HmbGVBl. S. 257).

340 Gesetz über den Justizvollzug in Baden-Württemberg (Justizvollzugsgesetzbuch Baden-Württemberg- BWJVollzGB) vom 10.11.2009 (GBl. S. 545).

341 Hessisches Strafvollzugsgesetz (HStVollzG) vom 28.06.2010 (GVBl. I S. 185); Verlängerung der Gültigkeit in § 84 Satz 2 HStVollzG bis zum Jahr 2020 durch Änderung vom 30.11.2015 (GVBl. S. 498 (501)).

342 Musterentwurf zum Landesstrafvollzugsgesetz vom 23.08.2011, vorgelegt durch eine Arbeitsgruppe aus Vertretern der Justizverwaltungen in Berlin, Brandenburg, Bremen, Mecklenburg-Vorpommern, Rheinland-Pfalz, Saarland, Sachsen, Sachsen-Anhalt, Schleswig-Holstein und Thüringen; abzurufen unter: http://www.google.de/url?sa=t&rct=j&q=&esrc=s&source=web&cd=1&ved=0ahUKEwjJo4eYq-rTAhXFVywKHQmqAEoQFggpMAA&url=http%3A%2F%2Fwww.regierung-mv.de%2Fserviceassistent%2Fdownload%3Fid%3D43753&usg=AFQjCNFn5DrGq004PZE-1q31WiSPJD4xdg&cad=rja, letzter Zugriff am 21.08.2018; vgl. außerdem für einen Überblick zum Inhalt des ME *Drenkhahn*, Was bringt der Musterentwurf zum Landesstrafvollzugsgesetz, in: FS 2011, 266 (266).

343 Vgl. *Neubacher*, in: Laubenthal/Nestler/Neubacher/Verrel (Hrsg.), Strafvollzugsgesetze, zu A, Rn. 17; *Laubenthal*, Strafvollzug, Rn. 133.

344 Gesetz über den Vollzug der Freiheitsstrafe, der Jugendstrafe und der Untersuchungshaft im Land Brandenburg (Brandenburgisches Justizvollzugsgesetz- BbgJVollzG) vom 24.04.2013 (GVBl. I Nr. 14).

345 Gesetz über den Vollzug der Freiheitsstrafe im Saarland (Saarländisches Strafvollzugsgesetz- SLStVollzG) vom 24.04.2013 (ABl. I, S. 116).

346 Gesetz über den Vollzug der Freiheitsstrafe in Mecklenburg-Vorpommern (Strafvollzugsgesetz Mecklenburg-Vorpommern- StVollzG M-V) vom 07.05.2013 (GVBl.. M-V, S. 322).

347 Landesjustizvollzugsgesetz (Landesjustizvollzugsgesetz Rheinland-Pfalz- LJVollzG RP) vom 08.05.2013 (GVBl., S. 79).

348 Gesetz über den Vollzug der Freiheitsstrafe und des Strafarrests im Freistaat Sachsen (Sächsisches Strafvollzugsgesetz- SächsStVollzG) vom 16.05.2013 (SächsGVBl., S. 250).

349 Vgl. *Neubacher*, in: Laubenthal/Nestler/Neubacher/Verrel (Hrsg.), Strafvollzugsgesetze, Zu A, Rn. 17.

der Erlass der Landesstrafvollzugsgesetze in den Bundesländern Thüringen (ThürJVollzGB)[350], Bremen (BremStVollzG)[351], Nordrhein-Westfalen (NRWStVollzG)[352], Sachsen-Anhalt (JVollzGB LSA)[353], Berlin (StVollzG Bln)[354] und Schleswig-Holstein (LStVollzG SH)[355]. Mit Blick auf Regelungsbereiche und Norminhalte sind innerhalb der Landesstrafvollzugsgesetze Übereinstimmungen festzustellen, gleichwohl kontrastieren die Gesetze in einigen Bereichen.[356] Als verwaltungsinterne Entscheidungshilfen existieren in den Bundesländern zusätzlich zu den

---

350 Thüringer Justizvollzugsgesetzbuch (ThürJVollzGB) vom 27.02.2014 (GVBl., S. 13).

351 Bremisches Strafvollzugsgesetz (BremStVollzG) vom 25.11.2014 (Brem. GBl., S. 639).

352 Gesetz zur Regelung des Vollzuges der Freiheitstrafe in Nordrhein-Westfalen (Strafvollzugsgesetz Nordrhein-Westfalen- NRWStVollzG) vom 13.01.2015 (GVBl. NRW., S. 76).

353 Justizvollzugsgesetzbuch Sachsen-Anhalt (JVollzGB LSA) vom 18.12.2015 (GVBl. LSA, S. 666).

354 Gesetz über den Vollzug der Freiheitsstrafe in Berlin (Berliner Strafvollzugsgesetz-StVollzG Bln) vom 04.04.2016 (GVBl., S. 152).

355 Gesetz über den Vollzug der Freiheitsstrafe in Schleswig-Holstein (Landesstrafvollzugsgesetz Schleswig-Holstein- LStVollzG SH) vom 21.07.2016 (GVBl. Schl.-H., S. 618).

356 Vgl. *Laubenthal*, Strafvollzug, Rn. 29; s. a. *Paster*, Darstellung der Reformbestrebungen und der Umsetzung ins Landesrecht, in: FS 2016, 17 (19); vgl. auch *Kinzig*, Das Justizvollzugsgesetzbuch Baden-Württemberg: Aufbau und Neuerungen – Ein Vergleich mit dem Strafvollzugsgesetz, in: FS 2011, 317 ff.; *Cassone*, Das neue HStVollzG, in FS 2011, 33 ff.; ferner *Dressel*, Das Hamburger Strafvollzugsgesetz. Chance oder Risiko.
Zur unterschiedlichen Benennung der Zielbestimmungen, vgl. § 1 BWJVollzGB III, Art. 2 Satz 2 BayStVollzG (Behandlungsauftrag), § 2 Satz 1 BbgJVollzG, § 2 Satz 1 BremStVollzG, § 2 Satz 1 HmbStVollzG, § 2 Satz 1 HStVollzG a.F. (Eingliederungsauftrag), § 2 Satz 1 StVollzG M-V, § 5 Satz 1 NJVollzG, § 1 NRWStVollzG, § 2 Satz 1 LJVollzG RP, § 2 Satz 1 SLStVollzG, § 2 Satz 1 SächsStVollzG, § 2 Satz 1 ThürJVollzGB, § 2 Abs. 1 Satz 1 JVollzGB LSA, § 2 LStVollzG SH, § 2 Satz 1 StVollzG Bln.
Siehe zur Vollzugsaufgabe: Art. 2 Satz 1 BayStVollzG, § 2 Satz 2 BbgJVollzG, § 2 Satz 2 HmbStVollzG (vgl. auch § 2 Satz 3 HmbStVollzG, zur Gleichstellung zwischen Ziel und Aufgabe), § 2 Satz 3 HStVollzG a.F., § 2 Satz 2 StVollzG M-V, § 5 Satz 2 NJVollzG (unter Gleichstellung mit dem Vollzugsziel), § 6 NRWStVollzG (Sicherheit), § 2 Satz 2 LJVollzG RP, § 2 Satz 2 SLStVollzG, § 2 Satz 2 SächsStVollzG (mit Ausführungen in § 2 Satz 3 SächsStVollzG), § 2 Satz 2 ThürJVollzGB, § 2 Abs. 1 Satz 2 JVollzGB LSA, § 5 LStVollzG SH (Sicherheit- mit Erläuterungen), § 2 Satz 2 StVollzG Bln; im BWJVollzGB III ist ausschließlich das Vollzugsziel kodifiziert.
Zur Aufgabe der Arbeitspflicht, beachte in Anlehnung an § 22 Musterentwurf zum Landesstrafvollzugsgesetz § 30 Abs. 1 BgbJVollzG, § 29 Abs. 1 LJVollzG RP, § 22 Satz 2 SLStVollzG und § 22 Abs. 1 SächsStVollzG; zur Beratungspflicht hinsichtlich der Aufrechterhaltung der Sozialversicherung während der Haft, siehe Art. 77 Abs. 2 BayStVollzG, § 6 Abs. 2 Nr. 1, 2. Hs. HmbStVollzG, § 69 Abs. 1 Satz 2 NJVollzG, § 41 Abs. 2 Satz 1 BWJVollzGB III, § 4 Abs. 4 NRWStVollzG, § 11 Abs. 3 JVollzG LSA.

Landesstrafvollzugsgesetzen ergänzende Verwaltungsvorschriften als Konkretisierungshilfe für unbestimmte Rechtsbegriffe oder als Ermessensrichtlinie.[357]

D. Zusammenfassung

Bereits im Jahr 1900 fanden Strafgefangene in der neu eingeführten gesetzlichen Unfallversicherung mit dem „Gesetz betreffend die Unfallfürsorge für Gefangene" in der Sozialversicherung Berücksichtigung, wodurch dieser Personenkreis im Hinblick auf Unfälle bei Arbeiten während der Haft geschützt werden sollte und Gefangene „in ihrem Interesse genauso behandelt werden wie die sonstigen von der gesetzlichen UV erfaßten Personen"[358]. Eine erstmalig tatsächliche Gleichstellung beschäftigter Strafgefangener mit Arbeitnehmern in Freiheit im Bereich der gesetzlichen Unfallversicherung wurde einige Jahre später mit dem „Gesetz zur Neuregelung des Rechts der gesetzlichen Unfallversicherung" von 1963 vorgenommen. Bezüglich einer Einbeziehung Strafgefangener in die gesetzliche Krankenversicherung, die gesetzliche Rentenversicherung sowie die gesetzliche Arbeitslosenversicherung blieb es lange Zeit bei einer Beratungspflicht der Justizvollzugsanstalt gegenüber den Strafgefangenen, damit die Versicherung in diesen Sozialversicherungszweigen bei Aufnahme in den Strafvollzug aufrechterhalten werden konnte.

Eine bundeseinheitliche Regelung zum Strafvollzug und greifbare Überlegungen sowie Entwürfe zur rechtlichen Umsetzung einer vollständigen Einbeziehung Gefangener in das System der Sozialversicherung erfolgten erst in den 1970er-Jahren, wie z. B. die Aufnahme der Gefangenen als entgeltlich Beschäftigte in die RVO nach dem AE-StVollzG. Problematisiert wurde – innerhalb der parlamentarischen Diskussionen um die Schaffung eines Strafvollzugsgesetzes und der darin enthaltenen Regelungen zur Einbeziehung Gefangener in die Sozialversicherung – vor allem die Form der Umsetzung – etwa durch ein konkretes Bundesgesetz oder als zeitlich ausgestalteter Stufenplan – sowie die sich hieraus ergebende Debatte über die Finanzierung des Vorhabens mit Blick auf die finanziellen Mehrbelastungen der Haushalte der Bundesländer. Fast eine halbe Dekade wurden unterschiedliche Entwürfe eingebracht, die zwar alle eine vollständige Einbindung der Gefangenen in die Sozialversicherung von dem Erlass eines besonderen Bundesgesetzes abhängig machen wollten, allerdings unter divergenten Prämissen. So wurde sich in dem RE-StVollzG für eine Lösung ohne zeitliche Befristung entschieden, nach der die Bundesländer, ohne zeitlichen Druck, eine vollständige Einbeziehung in die Sozialversicherung vorbereiten konnten. Im AE-StVollzG entschieden sich die herausgebenden Wissenschaftlerinnen und Wissenschaftler hingegen für die Setzung eines zeitlichen Rahmens in Form eines Stufenplanes, um eine Berücksichtigung Gefangener in die Sozialversicherung zu beschleunigen und die Durchsetzung

357 *Laubenthal*, Strafvollzug, Rn. 42 f.
358 BSGE 27, 197 (199).

einer Reform zu gewährleisten. Entschieden wurde sich aber zum Inkrafttreten des StVollzG für eine zeitlich unbefristete Lösung, in deren Rahmen sich der Gesetzgeber zum Erlass eines besonderen Bundesgesetzes selbst verpflichtet hatte, um den Ländern einen größeren zeitlichen Aufschub zur Bereitstellung der finanziellen und personellen Mittel, die eine vollständige Einbeziehung der Gefangenen in die Sozialversicherung erfordert, zu gewähren.

Einige Jahre nach Inkrafttreten des Strafvollzugsgesetzes sind Strafgefangene in den Kreis der kraft Gesetzes versicherten Personen in der gesetzlichen Arbeitslosenversicherung aufgenommen. Seiner Selbstverpflichtung, eine Berücksichtigung Strafgefangener in der gesetzlichen Krankenversicherung und in der gesetzlichen Rentenversicherung durch Bundesgesetz umzusetzen, ist der Gesetzgeber nicht nachgekommen, auch wenn es in den letzten Jahrzehnten einige politische Bestrebungen gab, den Gesetzgeber zum Handeln aufzufordern.[359] So ist das Thema der Einbindung Strafgefangener in die Sozialversicherungszweige in der rechts- und sozialpolitischen Diskussion bis heute nicht abgebrochen. Im Rahmen der Konferenz der Justizministerinnen und Justizminister (JuMiKo) der Bundesländer wurde in den letzten Jahren erneut die Einbindung Strafgefangener und Sicherungsverwahrter in die gesetzliche Rentenversicherung überprüft.[360] Auf ihrer 89. Frühjahrskonferenz am 06./07.06.2018 in Thüringen haben die Justizministerinnen und Justizminister hierzu beschlossen (TOP II.26)[361], dass sie eine Einbeziehung

359 Vgl. nur *Singe*, Arbeitende Gefangene in die Rentenversicherung einbeziehen!, in: Soziale Sicherheit 2018, 88 (88). Siehe BT-Drs. 8/3335 vom 08.11.1979; BT-Drs. 17/13103 vom 17.04.2013, abgelehnt mit Beschluss vom 06.06.2013, BT-Drs. 17/13806; BT-Drs. 18/2606 vom 24.09.2014, abgelehnt mit Beschlussempfehlung vom 09.10.2014, BT-Drs. 18/2784; siehe zuletzt BT-Drs. 19/1229 vom 15.03.2018.

360 Vgl. Beschluss der Ministerinnen und Minister TOP II.13 zur Einbeziehung von Strafgefangenen und
Sicherungsverwahrten in die gesetzliche Rentenversicherung vom 17./18.06.2015, http://www.jum.baden-wuerttemberg.de/pb/site/jum2/get/documents/jum1/JuM/Justizministerium%20NEU/JuMiKo/Beschl%C3%BCsse/2015%20Fr%C3%BChjahr/TOP%20II.13%20-%20Einbeziehung%20von%20Strafgefangenen%20und%20Sicherungsverwahrten%20in%20die%20gesetzliche%20Rentenversicherung%20%28oA%29.pdf, zuletzt abgerufen am 29.07.2018; Beschluss der Ministerinnen und Minister TOP II.27 zur Einbeziehung von Strafgefangenen und Sicherungsverwahrten in die gesetzliche Rentenversicherung vom 01./02.06.2016, https://mdjev.brandenburg.de/media_fast/bb1.a.3663.de/top_ii.27_-_einbeziehung_von_strafgefangenen_und_sv_in_die_ges._rv.pdf, letzter Zugriff am 29.07.2018.
Im Überblick zum aktuellen politischen Prozess, vgl. *Singe*, Arbeitende Gefangene in die Rentenversicherung einbeziehen!, in: Soziale Sicherheit 2018, 88; *ders.*, Keine Rente für Gefangene – zu einem 40 Jahre alten sozialpolitischen Skandal, in Grundrechtereport 2017, 155 (156 f.).

361 Beschluss der Ministerinnen und Minister TOP II.26 zur Einbeziehung der Strafgefangenen und

Gefangener und Sicherungsverwahrter in die gesetzliche Rentenversicherung grundsätzlich für sinnvoll erachten. Dabei wird von den Ländern jedoch eine für die Länderhaushalte möglichst kostenneutrale Lösung angestrebt. Dementsprechend bittet die JuMiKo mit Beschluss TOP II.26 die Bundesregierung, dass sich diese zwar für eine Änderung des SGB VI einsetzen soll, dabei aber nicht die zu erwartenden Einsparungen für den Bundeshaushalt bei der Grundsicherung im Alter außer Acht lasse, sodass die Länderhaushalte durch eine Berücksichtigung Strafgefangener und Sicherungsverwahrter in der gesetzlichen Rentenversicherung nicht zusätzlich belastet werden.[362] Mit anderer Meinung hat die Arbeits- und Sozialministerkonferenz (ASMK) Ende letzten Jahres beschlossen, dass eine für die Länderhaushalte kostenneutrale Änderung des SGB VI abzulehnen sei, wenn dies mangels Beitragsleistungen zu Lasten der Versichertengemeinschaft gehe.[363] Auch nach Ansicht der Bundesregierung komme eine Kostentragung durch die Versichertengemeinschaft oder den Bund nicht in Betracht, da der Strafvollzug Sache der Länder sei und die Länder für Strafgefangene die Beiträge für die Rentenversicherung tragen müssen.[364] Etwas anderes lasse sich aus Sicht der Bundesregierung ebenfalls nicht aus dem Umstand herleiten, dass der Bund seit dem Jahr 2014 den Ländern die Nettoausgaben in der Grundsicherung im Alter und bei Erwerbsminderung erstatte.[365]

Damit bleibt die Frage nach der Beitragstragung für eine Berücksichtigung Strafgefangener in der gesetzlichen Rentenversicherung noch ungeklärt. Jedenfalls hat sich die Bundesregierung deutlich hierzu positioniert und jüngst klargestellt, dass es letztendlich von der Bereitschaft der Bundesländer abhängt, die bei

Sicherungsverwahrten in die gesetzliche Rentenversicherung vom 06./07.6.2018, http://www.jm.nrw.de/JM/jumiko/beschluesse/2018/Fruehjahrskonferenz_2018/II-26-BE---Einbeziehung-der-Strafgefangenen-und-Sicherungsverwahrten-in-die-gesetzliche-Rentenversicherung.pdf, zuletzt abgerufen am 29.07.2018.

362 Siehe Beschluss der Ministerinnen und Minister TOP II.26 zur Einbeziehung der Strafgefangenen und Sicherungsverwahrten in die gesetzliche Rentenversicherung vom 06./07.06.2018, http://www.jm.nrw.de/JM/jumiko/beschluesse/2018/Fruehjahrskonferenz_2018/II-26-BE---Einbeziehung-der-Strafgefangenen-und-Sicherungsverwahrten-in-die-gesetzliche-Rentenversicherung.pdf, zuletzt abgerufen am 29.07.2018.

363 Vgl. Externes Ergebnisprotokoll der 95. Konferenz der Minister und Ministerinnen, Senatoren und Senatorinnen für Arbeit und Soziales der Länder (ASMK) am 05./06.12.2018 in Münster, S. 27, abzurufen unter: https://asmkintern.rlp.de/fileadmin/asmkintern/Beschluesse/Beschluesse_95_ASMK_Extern/Externes_Ergebnisprotokoll_ASMK_2018.pdf; siehe ebenfalls BT-Drs. 19/7887 vom 19.02.2019, S. 1 f.

364 Vgl. BT-Drs. 19/8234 vom 07.03.2019, S. 2.

365 Siehe Antwort der Bundesregierung vom 07.03.2019, BT-Drs. 19/8234, S. 2, zur Kleinen Anfrage von BÜNDNIS 90/DIE GRÜNEN zur „Einbeziehung von Strafgefangenen und Sicherungsverwahrten in die gesetzliche Rentenversicherung“ vom 19.02.2019, BT-Drs. 19/7887; vgl. hierzu § 46a SGB XII.

einer Einbeziehung von Strafgefangenen und Sicherungsverwahrten in die gesetzliche Rentenversicherung anfallenden Beiträge zu tragen, ob die Bundesregierung Schritte zur Einführung einer Rentenversicherungspflicht für Strafgefangene und Sicherungsverwahrte vorsehen wird.[366] Kenntnisse über richtungsweisende Beschlüsse der Landesregierungen hat die Bundesregierung bisher keine.[367]

---

366 Antwort der Bundesregierung vom 07.03.2019, BT-Drs. 19/8234, S. 3, zur Kleinen Anfrage von BÜNDNIS 90/DIE GRÜNEN zur „Einbeziehung von Strafgefangenen und Sicherungsverwahrten in die gesetzliche Rentenversicherung" vom 19.02.2019, BT-Drs. 19/7887.

367 Siehe BT-Drs. 19/8234, S. 3.

Kapitel 2: Rechtlicher Rahmen für einen Zugang Strafgefangener in die Zweige der Sozialversicherung

Um die geltende sozialversicherungsrechtliche Stellung Strafgefangener überprüfen zu können, sind vorab rechtliche Rahmenbedingungen für einen Zugang Strafgefangener in die Sozialversicherungszweige zu klären. In einem übergeordneten rechtlichen Rahmen werden zunächst Rahmenbedingungen im nationalen Verfassungsrecht herausgearbeitet. Außerdem wird untersucht, ob Vorgaben für eine Einbindung Strafgefangener in das nationale Sozialversicherungsrecht im europäischen Verfassungsrecht sowie im Völkerrecht existieren, die es zu beachten gilt. Danach werden einfachgesetzliche Voraussetzungen für einen Zugang Strafgefangener in das Sozialversicherungsrecht dargelegt. Hierbei werden im Schwerpunkt der sozialversicherungsrechtliche Beschäftigungsbegriff sowie die unterschiedlichen Beschäftigungsverhältnisse im Strafvollzug geklärt und miteinander in Verbindung gebracht.

A. Übergeordneter rechtlicher Rahmen

I. Nationales Verfassungsrecht

Für das Strafvollzugsrecht sind vor allem die Grundsätze des Verfassungsrechts von besonderer Bedeutung, da die Grundrechte und grundrechtsgleichen Rechte (Art. 1 bis 19 GG und insbesondere 104 GG) die Rechtsstellung Strafgefangener und die Prinzipien des demokratischen und sozialen Rechtsstaates (Art. 20, 28 GG) die Gestaltung des Vollzuges bestimmen.[368] Strafgefangenen gehen die Grundrechte

---

368 Vgl. *Kaiser*, in: Kaiser/Schöch, Strafvollzug, § 3, Rn. 9.
Zur allgemeinen Rechtsstellung Gefangener: Als sozialstaatliche Komponente umfasst die allgemeine Rechtsstellung Strafgefangener deren Mitwirkung an ihrer Behandlung und der Erreichung des Vollzugszieles. Daneben umfasst die Rechtsstellung Gefangener eine rechtsstaatliche Komponente, die auf Abwehr gerichtet ist, wenn Gefangenen Beschränkungen auferlegt werden, die zur Aufrechterhaltung der Sicherheit oder zur Abwendung einer schwerwiegenden Störung der Ordnung der JVA unerlässlich sind, auch ohne besondere Regelung hierzu (sog. Vorrats- oder Angstklausel), vgl. hierzu *Arloth/Krä*, StVollzG, noch zu § 4 StVollzG, Rn. 1; siehe in den Landesstrafvollzugsgesetzen: § 3 Abs. 2 BWJVollzGB III, Art. 6 Abs. 2 Satz 2 BayStVollzG, § 4 Abs. 3 Satz 2 BbgJVollzG, § 4 Abs. 4 Satz 2 BremStVollzG, § 5 Abs. 3 Satz 2 HmbStVollzG § 6 Abs. 1 Satz 2 HStVollzG, § 4 Abs. 4 Satz 2 StVollzG M-V, § 3 Satz 2 NJVollzG, § 2 Abs. 4 Satz 2 NRWStVollzG, § 4 Abs. 3 Satz 2 LJVollzG RP, § 4 Abs. 4 Satz 2 SLStVollzG, § 4 Abs. 4 Satz 2 SächsStVollzG und § 4 Abs. 3 Satz 2

weder durch den Eintritt in den Strafvollzug verloren, noch gelten diese während des Strafvollzuges als suspendiert.[369] Beim Strafvollzug handelt es sich dementsprechend um keinen grundrechtsfreien Raum.[370] Dies hat das BVerfG[371] in seinem Grundsatzurteil zur Einschränkung der Grundrechte Strafgefangener vom 14.03.1972 konstatiert, indem es sich von der „Rechtsfigur des besonderen Gewaltverhältnisses“[372] abwendet und Strafgefangenen die Eigenschaft als vollwertige Grundrechtsträger zuschreibt, „denn es würde der umfassenden Bindung der staatlichen Gewalt an die Grundrechte nach Art. 1 Abs. 3 GG widersprechen, wenn die Grundrechte im Rahmen des Strafvollzuges beliebig oder nach Ermessen eingeschränkt werden würden“.[373] Demnach können Grundrechte Strafgefangener durch Gesetz oder aufgrund eines Gesetzes eingeschränkt werden.[374] Einschränkungen kommen dabei in Betracht, wenn sie zur Erreichung eines von der Wertordnung des Grundgesetzes gedeckten gemeinschaftsbezogenen Zweckes unerlässlich sind.[375] Abgeleitet werden Einschränkungen aus den Vorschriften der Landesstrafvollzugsgesetze.[376] Einschränkbar sind somit die Grundrechte auf Leben und körperliche Unversehrtheit (Art. 2 Abs. 2 Satz 1 GG), Freiheit der Person

ThürJVollzGB, § 4 Abs. 3 Satz 1 JVollzGB LSA, § 4 Abs. 4 Satz 2 LStVollzG SH, § 4 Abs. 4 Satz 2 StVollzG Bln. Vgl. hierzu auch *Neubacher*, in: Laubenthal/Nestler/Neubacher/Verrel (Hrsg.), Strafvollzugsgesetze, zu B, Rn. 100 ff. Nach Neubacher sei eine Störung dann als schwerwiegend anzusehen, wenn sie für den Vollzug zentral essenzielle Handlungszusammenhänge so beeinträchtige, dass deren Funktionieren außer Kraft gesetzt zu werden drohe, wie z. B. das längerfristige Lahmlegen einer Produktion eines Arbeitsbetriebes, *Neubacher*, in: Laubenthal/Nestler/Neubacher/Verrel (Hrsg.), Strafvollzugsgesetze, zu B, Rn. 101; siehe ferner *Laubenthal*, Strafvollzug, Rn. 242.

369 *Goerdeler*, in: Feest/Lesting/Lindemann (Hrsg.), AK-StVollzG, Teil II, § 4 LandesR, Rn. 21; *Dressel*, Das Hamburger Strafvollzugsgesetz, S. 43.

370 *Goerdeler*, in: Feest/Lesting/Lindemann (Hrsg.), AK-StVollzG, Teil II, § 4 LandesR, Rn. 6; *Jehle*, in: Schwind/Böhm/Jehle/Laubenthal (Hrsg.), Strafvollzugsgesetz – Bund und Länder Kommentar, § 4, Rn. 1.

371 BVerfGE vom 14.03.1972, 2 BvR 41/71, BVerfGE 33, 1 ff.

372 Zur Rechtsfigur des besonderen Gewaltverhältnisses im Rahmen des Strafvollzuges, vgl. auch Kapitel 1, S. 70 f.

373 BVerfGE 33, 1 (11); *Goerdeler*, in: Feest/Lesting/Lindemann (Hrsg.), AK-StVollzG, Teil II, § 4 LandesR, Rn. 5.

374 Vgl. BVerfGE 33, 1 (1).

375 Ebd.

376 BVerfGE 40, 276 (283); *Kaiser*, in: Kaiser/Schöch, Strafvollzug, § 3, Rn. 29. In den Landesstrafvollzugsgesetzen: Art. 6 Abs. 2 Satz 1 BayStVollzG, § 4 Abs. 3 Satz 1 BbgJVollzG, § 4 Abs. 4 Satz 1 BremStVollzG, § 5 Abs. 3 Satz 1 HmbStVollzG, § 6 Abs. 1 Satz 1 HStVollzG, § 4 Abs. 4 Satz 1 StVollzG M-V, § 3 Satz 1 NJVollzG, § 2 Abs. 4 Satz 1 NRWStVollzG, § 4 Abs. 3 Satz 1 LJVollzG RP, § 4 Abs. 4 Satz 1 SLStVollzG, § 4 Abs. 4 Satz 1 SächsStVollzG, § 4 Abs. 3 Satz 1 ThürJVollzGB, § 4 Abs. 3 Satz 1 JVollzGB LSA, § 4 Abs. 4 Satz 1 LStVollzG SH, § 4 Abs. 4 Satz 1 StVollzG Bln.

(Art. 2 Abs. 2 Satz 2 GG) sowie das Brief-, Post- und Fernmeldegeheimnis (Art. 10 Abs. 1 GG).[377]

1. Selbstständiges Inkrafttreten der Vorschriften zur Sozialversicherung

Der Gesetzgeber hat sich entschieden, eine Berücksichtigung Gefangener in den Sozialversicherungsbereichen von dem Erlass eines besonderen Bundesgesetzes (vgl. § 198 Abs. 3, § 190 Nr. 1 bis 10 und 13 bis 18, §§ 191 bis 193 StVollzG) – ohne zeitliche Befristung für das Inkrafttreten – abhängig zu machen. Dieser Selbstverpflichtung ist der Gesetzgeber allerdings bis heute nicht nachgekommen. Gemäß Art. 82 Abs. 1 Satz 1 GG soll jedes Gesetz und jede Rechtsverordnung den Tag des Inkrafttretens bestimmen. Fehlt eine solche Bestimmung, so treten sie automatisch mit dem vierzehnten Tage nach Ablauf des Tages in Kraft, an dem das Bundesgesetzblatt ausgegeben worden ist nach Art. 82 Abs. 2 Satz 2 GG. Auch wenn das Gesetzgebungsverfahren mit der Verkündung abgeschlossen ist, übt die verkündete Norm also noch keine Wirkung aus, da es dazu noch des Inkrafttretens der Norm bedarf.[378] Zu klären ist demnach eingangs in formeller Hinsicht, ob mit der Regelung über das Inkrafttreten eines besonderen Bundesgesetzes nach § 198 Abs. 3 StVollzG für die Vorschriften zur Sozialversicherung gemäß § 190 Nr. 1 bis 10 und 13 bis 18, §§ 191 bis 193 StVollzG der Zeitpunkt des Inkrafttretens des Gesetzes im Sinne von Art. 82 Abs. 2 Satz 1 GG hinreichend bestimmt wird. Wäre dies nicht der Fall, ist das Inkrafttreten des Gesetzes möglicherweise automatisch nach Art. 82 Abs. 2 Satz 2 GG erfolgt, wonach das Grundgesetz selbst einen Zeitpunkt festlegt für den Fall, dass es der Gesetz- oder Verordnungsgeber versäumt, den Tag des Inkrafttretens selbst zu bestimmen.[379]

Nach Art. 82 Abs. 2 Satz 1 GG soll jedes Gesetz den Tag des Inkrafttretens bestimmen. Art. 82 Abs. 2 Satz 1 GG verlangt somit zunächst das Vorliegen eines Gesetzes. Bei § 198 Abs. 3 StVollzG handelt es sich hingegen um eine einzelne Regelung im Bundesstrafvollzugsgesetz. Fraglich ist darum, ob Art. 82 Abs. 2 GG auch auf einzelne Regelungen Anwendung findet. Gesetz im Sinne von Art. 82 GG ist nicht nur jedes unter formellen Voraussetzungen zustande gekommene

377 Vgl. in den Landesstrafvollzugsgesetzen: § 57 BWJVollzGGB III, Art. 207 BaySt-VollzG, § 141 BbgJVollzG, § 127 BremStVollzG, § 129 HmbStVollzG, § 82 HStVollzG, § 117 StVollzG M-V, § 202 NJVollzG (unter weiteren Verweis auf Art. 6 Abs. 3 GG zum Elternrecht), § 120 NRWStVollzG (unter Verweis auf die Informationsfreiheit in Art. 5 Abs. 1 Satz 1 GG), § 119 LJVollzG RP, § 117 SLStVollzG, § 119 SächsStVollzG, § 141 ThürJVollzGB, § 167 JVollzGB LSA, § 147 LStVollzG SH, § 116 StVollzG Bln. Siehe hierzu auch *Kaiser*, in: Kaiser/Schöch, Strafvollzug, § 3, Rn. 30; *Arloth/Krä*, StVollzG, zu Art. 207 BayStVollzG, Rn. 1.

378 Vgl. *Butzer*, in: Maunz/Dürig, Grundgesetz Kommentar, Art. 82, Rn. 273.

379 Siehe *Butzer*, in: Maunz/Dürig, Grundgesetz Kommentar, Art. 82, Rn. 287; vgl. ebenfalls *Wolff*, in: Hömig/Wolff (Hrsg.), Grundgesetz für die Bundesrepublik Deutschland Handkommentar, Art. 82, Rn. 15.

materielle Gesetz einschließlich des verfassungsändernden Gesetzes, sondern auch das allein formelle Gesetz.[380] Beim Bundesstrafvollzugsgesetz handelt es sich um ein materielles Gesetz, das formell rechtmäßig im Gesetzgebungsverfahren erlassen wurde.[381] Ein Gesetz ist aber auch die Summe seiner Regelungen; eine Unterscheidung zwischen einzelnen Vorschriften des Gesetzes sieht Art. 82 Abs. 2 GG nicht vor.[382] Was für Gesetze gilt, muss demzufolge auch für die einzelnen Regelungen der jeweiligen Gesetze gelten.[383] Art. 82 Abs. 2 GG ist somit auch für eine einzelne Regelung – hier § 198 Abs. 3 StVollzG – anzuwenden.

Weiterhin soll das Gesetz den Tag des Inkrafttretens bestimmen (Art. 82 Abs. 2 Satz 1 GG). Mit der Festlegung des Tages des Inkrafttretens wird der Zeitpunkt der zeitlichen Geltung der Norm bestimmt, also der Zeitpunkt, von dem ab die Norm Berechtigungs- bzw. Verpflichtungswirkung entfaltet, sodass – genauso wie die Bestimmungen des Norminhaltes – auch die Bestimmung des Zeitpunktes des Inkrafttretens Sache des Gesetzgebers oder Verordnungsgebers ist.[384] Somit hat der Gesetzgeber das Inkrafttreten selbst zu bestimmen, um Klarheit und Sicherheit über den Zeitpunkt der Verbindlichkeit der Regelungen zu schaffen.[385] Einer besonderen Rechtfertigung bedarf die Bestimmung des Zeitpunktes des Inkrafttretens nicht, dennoch sind dem Gesetzgeber Grenzen gesetzt, die sich aus der Verpflichtung zur Erfüllung eines Verfassungsauftrages oder zur Bereinigung einer verfassungswidrigen Rechtslage ergeben können; außerdem kann in besonderen Situationen die Notwendigkeit bestehen, eine generelle Durchsetzung einer belastenden Regelung durch Gewährung einer Übergangszeit abzumildern.[386] Für die Bestimmung des Inkrafttretens hat der Gesetzgeber zusammenfassend drei Möglichkeiten: Zunächst kann er für das Inkrafttreten einen bestimmten Kalendertag festlegen, an dem die Norm in Kraft treten soll; zweitens kann, wenn der Zeitpunkt nicht kalendermäßig bestimmt wird, an den Verkündungszeitpunkt angeknüpft und festlegt werden, dass das Gesetz nach Ablauf einer ab dem Zeitpunkt der Ausgabe des Bundesgesetzblattes, des Bundesanzeigers oder des sonstigen Verkündungsmediums laufenden Frist in Kraft tritt; als dritte Option kann das Inkrafttreten an ein bestimmtes Ereignis geknüpft werden, wobei auch innerstaatliche staatsvertragliche Regelungen oder Genehmigungsvorbehalte einer übergeordneten

380 *Butzer*, in: Maunz/Dürig, Grundgesetz Kommentar, Art. 82, Rn. 79.
381 Vgl. Kapitel 1, S. 75 ff.
382 Siehe *Schirmer*, Soziale Sicherung von Strafgefangenen, S. 228.
383 Ebd.
384 Vgl. *Butzer*, in: Maunz/Dürig, Grundgesetz Kommentar, Art. 82, Rn. 273; s. a. *Pieper*, in: Epping/Hillgruber (Hrsg.), BeckOK Grundgesetz, Art. 82, Rn. 23; s. a. BVerfGE 110, 370 (386); BVerfGE 42, 263 (282 f.); BVerfGE 87, 48 (60).
385 Siehe *Pieper*, in: Epping/Hillgruber (Hrsg.), BeckOK Grundgesetz, Art. 82, Rn. 24; BVerfGE 42, 263 (285) m.w.N.; vgl. auch *Nierhaus/Mann*, in: Sachs (Hrsg.), Grundgesetz Kommentar, Art. 82, Rn. 1, 39.
386 *Wolff*, in: Hömig/Wolff (Hrsg.), Grundgesetz für die Bundesrepublik Deutschland Handkommentar, Art. 82, Rn. 12.

Ebene ein solches äußeres Ereignis darstellen können, durch das ein Inkrafttreten aufschiebend bedingt werden kann.[387] Das Inkrafttreten darf jedoch generell nicht vom Eintritt eines vielleicht wahrscheinlichen, aber letztlich doch noch ungewissen künftigen Ereignisses abhängig gemacht werden, da ein derartiges Vorgehen nicht den Tag des Inkrafttretens bestimmt, sondern ihn gerade offenlässt, sodass es dazu kommen könnte, dass eine verkündete gesetzliche Norm dann nicht in Kraft tritt.[388] Dagegen ist es unbedenklich, wenn der Zeitpunkt des Inkrafttretens erst in einem späteren Gesetz festgelegt werden soll, solange der Eintritt des das Inkrafttreten auslösenden Ereignisses aus Gründen der Rechtsklarheit im Bundesgesetzblatt deklaratorisch bekannt gemacht wird.[389] Das Fehlen einer Regelung über den Zeitpunkt des Inkrafttretens beeinträchtigt die Rechtsgültigkeit des Gesetzes oder der Rechtsverordnung nicht, allerdings bestimmt sich das Inkrafttreten sodann nach Art. 82 Abs. 2 Satz 2 GG, wonach für den Fall, dass es der Gesetz- oder Verordnungsgeber versäumt, den Tag des Inkrafttretens selbst zu bestimmen, das Grundgesetz einen Zeitpunkt festlegt, sofern nicht andere Regelungen des Grundgesetzes vorrangig zu beachten sind.[390]

Erstmalig wurde eine aufschiebende Regelung für die Einbeziehung Gefangener in die Bereiche der Sozialversicherung in dem RE-StVollzG[391] postuliert.[392] Bereits nach dem RE-StVollzG wurde für kostenintensive Teilbereiche des Strafvollzuges, wozu auch die Vorschriften zur Sozial- und Arbeitslosenversicherung gehören, die Inkraftsetzung dieser Regelung vom Inkrafttreten eines besonderen Bundesgesetzes abhängig gemacht nach § 180 Abs. 2 RE-StVollzG.[393] Grund hierfür war die Verteilung der Gesetzgebungskompetenz zwischen dem Bund und den Ländern. Gemäß Art. 74 Abs. 1 Nr. 1 GG a.F. erstreckte sich die konkurrierende Gesetzgebung des Bundes auf den Strafvollzug. In diesem Bereich hatte der Bund das Gesetzgebungsrecht, soweit ein Bedürfnis nach einer bundesgesetzlichen Regelung bestand (Art. 72 Abs. 2 a.F.).[394] Daneben oblag die Verwaltungshoheit den Ländern, die das Strafvollzugsgesetz zunächst als eigene Angelegenheit auszuführen hatten (Art. 30 i.V.m. Art. 83 GG) und zuständig für eine Bereitstellung

387 *Butzer*, in: Maunz/Dürig, Grundgesetz Kommentar, Art. 82, Rn. 279 ff.; vgl. ferner *Wolff*, in: Hömig/Wolff (Hrsg.), Grundgesetz für die Bundesrepublik Deutschland Handkommentar, Art. 82, Rn. 13.

388 *Butzer*, in: Maunz/Dürig, Grundgesetz Kommentar, Art. 82, Rn. 284.

389 *Wolff*, in: Hömig/Wolff (Hrsg.), Grundgesetz für die Bundesrepublik Deutschland Handkommentar, Art. 82, Rn. 13.

390 *Wolff*, in: Hömig/Wolff (Hrsg.), Grundgesetz für die Bundesrepublik Deutschland Handkommentar, Art. 82, Rn. 15; *Butzer*, in: Maunz/Dürig, Grundgesetz Kommentar, Art. 82, Rn. 287.

391 BT-Drs. 7/918.

392 *Wingenfeld*, Die Verrechtlichung des Strafvollzugs, S. 71.

393 Siehe Kapitel 1, S. 72 f.

394 Vgl. hierzu Kapitel 1, S. 73.

der Finanzmittel zur sozialen Sicherung der Strafgefangenen waren.[395] Daher sollte den Ländern ein zeitlicher Aufschub bis zum Inkrafttreten des Gesetzes gewährt werden, um die in den §§ 174 ff. RE-StVollzG vorgesehenen Änderungen der RVO in den jeweiligen Ländern personell und finanziell umsetzen und sicherstellen zu können. Eine zeitliche Befristung zur Inkraftsetzung des besonderen Bundesgesetzes hatte das RE-StVollzG dabei nicht vorgesehen, aufgrund von schwierigen und nicht abschätzbaren Finanzsituationen in den Ländern.[396] In § 198 Abs. 3 StVollzG hat der Strafvollzugsgesetzgeber sodann bestimmt, dass die Vorschriften zur Sozialversicherung nach § 190 Nr. 1 bis 10 und 13 bis 18, §§ 191 bis 193 StVollzG durch ein besonderes Bundesgesetz in Kraft gesetzt werden sollen. Der Gesetzgeber ist nicht gefordert, in jedem Fall das Inkrafttreten eines Gesetzes oder einer Rechtsverordnung von einem kalendarisch bestimmten Zeitpunkt abhängig zu machen. Das Inkrafttreten gilt vielmehr immer noch als bestimmt, wenn der Gesetzgeber sich dazu entscheidet, das Inkrafttreten von einer aufschiebenden Bedingung abhängig zu machen.[397] Im Falle des StVollzG hat der Gesetzgeber das Inkrafttreten der Regelungen zur Sozialversicherung an die aufschiebende Bedingung des Inkraftsetzens eines besonderen Bundesgesetzes geknüpft. Dies ist aus Sicht des Bundesgesetzgebers insoweit erforderlich, als die Länder für den Bereich des Strafvollzuges zuständig sind, sodass diese auch die Mittel zur Bereitstellung einer Berücksichtigung Strafgefangener in der Sozialversicherung zu tragen haben. Das bestimmte Ereignis orientiert sich demzufolge an der Zustimmung zur Finanzierung einer Berücksichtigung aller beschäftigter Strafgefangener in der Sozialversicherung durch die Länder. Der Zeitpunkt des Inkrafttretens der Vorschriften zur Berücksichtigung Strafgefangener in der Sozialversicherung richtet sich nach den Vorschriften des zu erlassenden besonderen Gesetzes. Dass eine Einbeziehung Strafgefangener in die Sozialversicherung von dem Erlass eines besonderen Bundesgesetzes abhängig gemacht wird nach § 198 Abs. 3 StVollzG, wurde auch im Bundesgesetzblatt bekannt gegeben.[398] § 198 Abs. 3 StVollzG genügt somit Art. 82 Abs. 2 Satz 1 GG im Hinblick auf eine Bestimmung des Zeitpunktes für das Inkrafttreten, vorliegend durch den Erlass eines besonderen Bundesgesetzes. Die mit § 198 Abs. 3 StVollzG eingegangene Selbstverpflichtung des Gesetzgebers, die Vorschriften zur Sozialversicherung gemäß § 190 Nr. 1 bis 10 und 13 bis 18, §§ 191 bis 193 StVollzG durch besonderes Bundesgesetz an inzwischen vorgenommene

---

395 Siehe die Ausführungen von *Pieroth*, in: Jarass/Pieroth, Grundgesetz für die Bundesrepublik Deutschland Kommentar, Art. 83 GG, Rn. 1 ff.; vgl. hierzu ebenfalls Kapitel 1, S. 73.

396 BT-Drs. 7/918, S. 106; noch einmal bestätigt in BT-Drs. 7/3998, S. 53.

397 Vgl. *Butzer*, in: Maunz/Dürig, Grundgesetz Kommentar, Art. 82, Rn. 279 ff.; vgl. ferner *Wolff*, in: Hömig/Wolff (Hrsg.), Grundgesetz für die Bundesrepublik Deutschland Handkommentar, Art. 82, Rn. 13.

398 Vgl. BGBl. I 1976, S. 581 ff.

Gesetzesänderungen anzupassen und in Kraft zu setzen, führt dementsprechend nicht zu deren selbstständigem Inkrafttreten nach Art. 82 Abs. 2 Satz 2 GG.[399]

2. Vollzugsziel „Resozialisierung“

Mit der Verhängung einer Freiheitsstrafe verfolgen die erkennenden Strafgerichte und der Strafvollzug heterogene Ziele: Geht es z. B. um die Verhängung einer Freiheitsstrafe im Rahmen einer Statusentscheidung, also um das „Ob“ einer Strafe und ihrer zu verhängenden Höhe und Dauer, hängt die zu treffende Entscheidung der Gerichte vom Gedanken des Schuldausgleiches unter Berücksichtigung general- und spezialpräventiver Zwecke ab.[400] Aspekte einer angemessenen Strafsanktion können nach Ansicht des BVerfG[401] Schuldausgleich, Prävention, Resozialisierung des Täters, Sühne und Vergeltung für begangenes Unrecht sein, die es miteinander abzustimmen und gegeneinander abzuwägen gilt.[402] Zulässige Präventionsaspekte können unterteilt werden in „positive Generalprävention“ oder „Integrationsprävention“, die auf den Erhalt und die Stärkung des Vertrauens der Bevölkerung in die Bestands- und Durchsetzungskraft der Rechtsordnung ausgerichtet ist; in „negative Generalprävention“, die darauf abzielt, andere Menschen abzuschrecken, ähnliche Straftaten zu begehen; in „positive Spezialprävention“, deren Zweck sich auf die Resozialisierung der Straftäter fokussiert, sowie in „negative Spezialprävention“

399 Siehe a.A. *Schirmer*, Soziale Sicherung von Strafgefangenen, S. 230 f. Nach Schirmer habe die öffentliche Gewalt faktisch gegen Art. 82 Abs. 2 Satz 2 GG verstoßen, weil dessen verbindliche Rechtsfolge ignoriert werde und die Formulierung des § 198 Abs. 3 StVollzG dem staatlichen Gebot der Rechtsklarheit widerspreche. Daher sei § 198 Abs. 3 StVollzG verfassungswidrig. Allerdings folge daraus nicht zwingend, dass die betreffenden Normen des § 198 Abs. 3 StVollzG rückwirkend zum 01.01.1977 im Sinne von Art. 82 Abs. 2 GG in Kraft getreten seien. Vielmehr sei die Verfassungswidrigkeit einer nachkonstitutionellen-einfachgesetzlichen Regelung – wie der des § 198 Abs. 3 StVollzG – gemäß §§ 31, 78 BVerfGG bzw. § 95 Abs. 3 BVerfGG erst dann von sowohl legislativer als auch administrativer Bedeutung, wenn eine entsprechende Sachentscheidung des BVerfG vorliege, die § 198 Abs. 3 StVollzG für verfassungswidrig und mit dem Grundgesetz unvereinbar erkläre. Eine solche Entscheidung könne durch eine auf Normerlassfestellung zielende Verfassungsbeschwerde eines Strafgefangenen gemäß Art. 93 Abs. 1 Nr. 4a GG, § 13 Nr. 8a BVerfGG erzwungen werden, vgl. *Schirmer*, Soziale Sicherung von Strafgefangenen, S. 231. Eine andere Meinung vertritt Steiner, siehe *Steiner*, Der Strafgefangene im System der gesetzlichen Sozialversicherung, S. 121. Nach Steiner lasse sich eine Berücksichtigung Strafgefangener in der Sozialversicherung trotz des eigenen normativen Auftrages in § 198 Abs. 3 StVollzG jedenfalls nicht vor dem Hintergrund einer „Selbstbindung des Gesetzgebers“ konstruieren.

400 *Laubenthal*, Strafvollzug, Rn. 179.

401 BVerfGE 28, 278 ff.; BVerfGE 45, 253 f.; BVerfGE 64, 271 ff.

402 Vgl. BVerfGE 28, 278 ff.; BVerfGE 45, 253 f.; BVerfGE 64, 271 ff.; *Laubenthal*, Strafvollzug, Rn. 178.

zur Sicherung der Gesellschaft vor Rechtsbrechern.[403] Hingegen orientiert sich der Vollzug der verhängten Strafe, also die Frage nach dem „Wie" der Bestrafung, an der Erreichung der Zielvorgaben und Aufgabenstellung der Strafvollzugsgesetze, sodass die Aufgabenstellung im Strafvollzug die Resozialisierung (positive Spezialprävention) der Täter sowie die Sicherung der Allgemeinheit vor weiteren Straftaten durch diese (negative Spezialprävention) anstrebt.[404] Strafzwecke wie Schuldausgleich, Schuldschwere, Sühne, Generalprävention oder Verteidigung der Rechtsordnung dürfen nach h.M. im Strafvollzug keine Berücksichtigung finden.[405]

Der Gedanke, Täter auch bessern zu wollen, kann zurückverfolgt werden bis 813 und der Anordnung Karls des Großen, dass künftig der Freiheitsentzug zur Besserung Gefangener erfolgen soll.[406] Dieser Gedanke verstetigte sich in der zweiten Hälfte des 16. Jahrhunderts durch Errichtung der Zucht- und Spinnhäuser, in denen die Besserung der Täter und ihre gesellschaftliche Wiedereingliederung fokussiert wurden.[407] Der Zweck der Strafe und die Ausrichtung des Vollzuges gaben auch in den darauffolgenden Jahrhunderten immer wieder Grund zur Diskussion bei den Bestrebungen und Überlegungen zur Schaffung eines reichseinheitlichen sowie später bundeseinheitlichen Strafvollzuges. Im Rahmen der Reichsratsgrundsätze wurde die Erziehung und Besserung des Täters in Ansätzen in § 48 Reichsratsgrundsätze aufgegriffen.[408] In der fast eine halbe Dekade später folgenden DVollzO wurden in Nr. 57 Abs. 1 DVollzO mehrere Strafzwecke in die Norm aufgenommen, allerdings der Schutz sowie die Sicherheit der Allgemeinheit

---

403 Siehe *Laubenthal*, Strafvollzug, Rn. 178.

404 *Laubenthal*, Strafvollzug, Rn. 179; siehe nach den Landesstrafvollzugsgesetzen: § 1 BWJVollzGB III, Art. 2 und 4 BayStVollzG, § 2 BbgJVollzG, § 2 BremStVollzG § 2 HmbStVollzG, § 2 HStVollzG, § 2 StVollzG M-V, § 5 NJVollzG, §§ 1, 6 NRWStVollzG, § 2 LJVollzG RP, § 2 SLStVollzG, § 2 SächsStVollzG, § 2 ThürJVollzGB, § 2 Abs. 1 JVollzGB LSA, §§ 2, 5 LStVollzG SH, § 2 StVollzG Bln. Für einen Überblick zur straftheoretischen Diskussion, vgl. *Bock*, Prävention und Empirie – Über das Verhältnis von Strafzwecken und Erfahrungswissen, in: JuS 1994, 89 ff.

405 Vgl. BVerfGE 109, 133 (176); s. a. in: BVerfG, NJW 2004, 739 ff.; *Schöch*, in: Kaiser/Schöch, Strafvollzug, § 6, Rn. 8; BT-Drs. 7/3998, S. 6; anders noch BVerfGE 64, 261 ff. zur Ablehnung einer Urlaubsgewährung eines zu lebenslanger Haft verurteilten Straftäters, wegen der Schwere der Schuld („vielmehr sei davon auszugehen, daß insbesondere die Strafzwecke des Schuldausgleichs und der Sühne mit dem Beginn des Vollzuges ihre Bedeutung nicht verlören"), BVerfGE 64, 291 (273).

406 *Laubenthal*, Strafvollzug, Rn. 87; *Miller*, Der auf (Re-)Sozialisierung ausgerichtete Strafvollzug im Lichte der Verfassung.

407 Vgl. *Solbach/Hofmann*, Einführung in das Strafvollzugsrecht, S. 33.

408 *Müller-Dietz*, Strafvollzugsgesetzgebung und Strafvollzugsreform, S. 16. Gemäß § 48 Reichratsgrundsätze sollen durch den Vollzug der Freiheitsstrafe die Gefangenen, soweit es erforderlich ist, an Ordnung und Arbeit gewöhnt und sittlich so gefestigt werden, daß sie nicht wieder rückfällig werden.

der Besserung des Täters vorangestellt.[409] Erst mit dem KE-StVollzG aus dem Jahr 1971 wurde die Resozialisierung von Straftätern als Behandlungsziel eines Strafvollzugsgesetzes normiert (§ 3 KE-StVollzG) sowie im RE-StVollzG von 1973 in § 2 RE-StVollzG übernommen.[410] Der Entwurf bewertete die Rangfolge der Ziele und Zwecke des Strafvollzuges, soweit dies für die Rechtsstellung des Gefangenen und seine Behandlung erforderlich war, allerdings enthielt er sich einer allgemeinen Regelung über das Ziel des Vollzuges, „denn eine allgemeine Aussage über den Sinn des Strafvollzuges oder seine Ziele und Zwecke berührt das religiöse und weltanschauliche Verständnis des Betroffenen und der Allgemeinheit über Schuld, Verantwortung und Sühne".[411] Mit Integration eines Behandlungszieles sollte den Erfahrungen Rechnung getragen werden, dass ein strafender Freiheitsentzug allein regelmäßig nicht genügt, um eine künftige straffreie Lebensführung des Verurteilten sicherzustellen, sodass der Gefangene eine Behandlung erfahren sollte, die ihn befähigt, künftig ein Leben in sozialer Verantwortung ohne Straftaten zu führen.[412] Nicht als vorrangig zu behandeln waren Teilaspekte wie die Arbeit Gefangener oder ein sicheres Gewahrsam.[413] In Abkehr einer allgemeinen Aussage zum Ziel des Vollzuges als Behandlungsziel wurde in dem darauffolgenden AE-StVollzG in § 2 Abs. 1 AE-StVollzG vorgeschlagen, ein „Vollzugsziel" zu formulieren, wonach nur auf die Förderung der Wiedereingliederung des Täters abgestellt werden sollte, weil es in einigen Fällen einer resozialisierenden Behandlung i.S.d. RE-StVollzG nicht bedürfe, z. B. bei allen Strafen, die allein aus Gründen der Generalprävention verhängt und vollzogen würden.[414] Im StVollzG von 1976 wurde die Bestimmung zum Vollzugsziel in § 2 Satz 1 StVollzG fast vollständig aus dem RE-StVollzG übernommen, jedoch in Anlehnung an den AE-StVollzG als „Vollzugsziel" betitelt. Des Weiteren sollte § 2 Satz 1 StVollzG eine abschließende Umschreibung des Vollzugszieles enthalten und nicht mehr mehrere Strafzwecke aufgreifen, da die Vorstellung, dass der Staat den Gefangenen auch zur Sühne bringen soll, zur Überschreitung der Kompetenz des Staates führe und abzulehnen

---

409 Vgl. Nr. 57 DVollzO zum Zweck und Ziel des Strafvollzuges: Der Vollzug der Freiheitsstrafe soll dazu dienen, die Allgemeinheit zu schützen, dem Gefangenen zu der Einsicht zu verhelfen, daß er für begangenes Unrecht einzustehen hat, und ihn wieder in die Gemeinschaft einzugliedern. Der Vollzug soll den Willen und die Fähigkeit des Gefangenen wecken und stärken, künftig ein gesetzmäßiges und geordnetes Leben zu führen, Nr. 57 Abs. 1 DVollzO.

410 Vgl. § 3 KE-StVollzG zum Ziel der Behandlung: Im Vollzug der Freiheitsstrafe soll der Gefangene fähig werden, künftig in sozialer Verantwortung ein Leben ohne Straftaten zu führen (Behandlungsziel).

411 BT-Drs. 7/918, S. 44.

412 BT-Drs. 7/918, S. 45.

413 Ebd.

414 Vgl. Alternativ-Entwurf eines Strafvollzugsgesetzes vorgelegt von einem Arbeitskreis deutscher und schweizerischer Strafrechtslehrer, 1973, Erläuterung zum § 2 a.F. AE-StVollzG, S. 55.

sei.[415] Durch die Zielorientierung, dass der Gefangene „künftig in sozialer Verantwortung ein Leben ohne Straftaten führen" sollte, solle der Staat sich nicht darum kümmern, welche innere Einstellung der Gefangene bezüglich seiner zurückliegenden und geahndeten Straftat habe.[416] Diese nicht zweckpluralistische Ausgestaltung des Vollzugszieles ließ sich auch am Wortlaut des Gesetzes ablesen, da der in Parenthese gesetzte Zusatz „Vollzugsziel" im Singular abgebildet war.[417] Auch nach den Vorschriften der Landesstrafvollzugsgesetze sind an die Stelle der Strafzwecke die Aufgabe des Vollzuges, den Täter zu resozialisieren, und der Schutz der Allgemeinheit getreten.[418]

a. Begriffsbestimmung

Eine Legaldefinition zum Begriff „Resozialisierung" enthalten die Strafvollzugsgesetze nicht. Bewusst hat der Gesetzgeber von einer Begriffsbestimmung abgesehen, um einer Versteinerung des Resozialisierungsbegriffes entgegenzuwirken und Raum für Entwicklungen zu lassen.[419] Der Begriff Resozialisierung findet sich an einigen wenigen Stellen in den Landesstrafvollzugsgesetzen.[420] Verdeutlicht werden kann der Begriff anhand der gesetzlichen Bestimmung zum Vollzugsziel.[421]

Ziel des Vollzuges ist es, Strafgefangene im Vollzug der Freiheitsstrafe zu befähigen, künftig ein Leben in sozialer Verantwortung ohne Straftaten zu führen.[422]

---

415 BT-Drs. 7/3998, S. 5.

416 BT-Drs. 7/3998, S. 5 f.

417 *Neubacher*, in: Laubenthal/Nestler/Neubacher/Verrel (Hrsg.), Strafvollzugsgesetze, zu B, Rn. 28; a.A. *Arloth/Krä*, StVollzG, noch zu § 2 StVollzG, Rn. 6; *Lindemann*, in: Feest/Lesting/Lindemann (Hrsg.), AK-StVollzG, Teil II § 2 LandesR, Rn. 5.

418 Siehe *Lindemann*, in: Feest/Lesting/Lindemann (Hrsg.), AK-StVollzG, Teil II § 2 LandesR, Rn. 5; vgl. in den Landesvorschriften: § 1 BWJVollzGB III, Art. 2 und 4 BayStVollzG, § 2 BbgJVollzG, § 2 BremStVollzG § 2 HmbStVollzG, § 2 HStVollzG, § 2 StVollzG M-V, § 5 NJVollzG, §§ 1, 6 NRWStVollzG, § 2 LJVollzG RP, § 2 SLStVollzG, § 2 SächsStVollzG, § 2 ThürJVollzGB, § 2 Abs. 1 JVollzGB LSA, §§ 2, 5 LStVollzG SH, § 2 StVollzG Bln.

419 Vgl. *Neubacher*, in: Laubenthal/Nestler/Neubacher/Verrel (Hrsg.), Strafvollzugsgesetze, zu B, Rn. 41.

420 Siehe zur Verlegung in eine sozialtherapeutische Einrichtung: § 8 Abs. 1 Satz 1 BWJVollzGB III, Art. 11 Abs. 2 BayStVollzG, § 25 Abs. 3 BbgJVollzG, § 10 Abs. 1 Nr. 1 NJVollzG, § 17 Abs. 3 StVollzG M-V § 24 Abs. 3 LJVollzG RP, § 17 Abs. 3 SLStVollzG, § 17 Abs. 3 SächsStVollzG, § 24 Abs. 4 ThürJVollzGB, § 24 Abs. 3 JVollzGB LSA, § 18 Abs. 2 LStVollzG SH, § 18 Abs. 3 Satz 1 StVollzG Bln; nicht ausdrücklich, aber inkludiert, in: § 17 Abs. 3 BremStVollzG, § 12 Abs. 1 Satz 2 HStVollzG, § 13 Abs. 2 Satz 1 NRWStVollzG; *Neubacher*, in: Laubenthal/Nestler/Neubacher/Verrel (Hrsg.), Strafvollzugsgesetze, zu B, Rn. 40.

421 *Walter*, Strafvollzug, Rn. 272.

422 Vgl. § 1 BWJVollzGB III, Art. 2 Satz 2 BayStVollzG (Behandlungsauftrag), § 2 Satz 1 BbgJVollzG, § 2 Satz 1 BremStVollzG, § 2 Satz 1 HmbStVollzG, § 2 Satz 1 HStVollzG a.F. (Eingliederungsauftrag), § 2 Satz 1 StVollzG M-V, § 5 Satz 1 NJVollzG, § 1

Resozialisierung kann somit verstanden werden als die Summe aller Bemühungen im Strafvollzug zum Zwecke der Befähigung Gefangener, künftig in sozialer Verantwortung ein Leben ohne Straftaten zu führen.[423] Weitaus konkreter umschreibt das BVerfG[424] den Bedeutungsgehalt von Resozialisierung bereits vor Inkrafttreten des StVollzG in seiner Entscheidung vom 05.06.1973 (Lebach-Urteil). Demnach sei unter Resozialisierung die Vermittlung von Fähigkeiten und der Wille zu einer verantwortlichen Lebensführung zu verstehen, die der Strafgefangene erlernen solle, sodass er sich unter den Bedingungen der freien Gesellschaft ohne Rechtsbruch behaupten und Chancen wahrnehmen könne sowie gegen ihre Risiken bestehe.[425] Auch im Schrifttum sind Meinungen zum Begriff von „Resozialisierung" und zu dessen Inhalt Legion.[426] So versteht eine Ansicht die Wiedereinführung Gefangener in das soziale Leben und ihre Wiedereingliederung in die menschliche Gemeinschaft als den Inhalt von Resozialisierung.[427] Eine andere Meinung umfasst den Gegenstandsbereich von Resozialisierung konkreter und subsumiert darunter alle pädagogischen, therapeutischen und selbstständigen Handlungen und Prozesse, die die Fähigkeit zu einem Leben ohne Straftaten in sozialer Verantwortung ausbilden, unabhängig davon, ob der Betreffende sozialisiert[428],

---

NRWStVollzG, § 2 Satz 1 LJVollzG RP, § 2 Satz 1 SLStVollzG, § 2 Satz 1 SächsStVollzG, § 2 Satz 1 ThürJVollzGB, § 2 Abs. 1 Satz 1 JVollzGB LSA, § 2 LStVollzG SH, § 2 Satz 1 StVollzGBln.

423 Vgl. *Walter*, Strafvollzug, Rn. 272; *Laubenthal*, Strafvollzug, Rn. 140. Nähere Begründungen zur gesetzlichen Bestimmung in § 2 StVollzG sind auch der BT-Drs. 7/3998 nicht zu entnehmen, vgl. BT-Drs. 7/3998, S. 5 f.

424 BVerfGE 35, 202 (235).

425 Vgl. hierzu außerdem BVerfGE 36, 174 (188); BVerfGE 45, 187 (238 f.); BVerfGE 64, 261 (276 f.); BVerfGE 74, 102 (122 f.); BVerfGE 98, 169 (200 f.); BVerfGE 116, 69 (85 f.); BVerfGE 117, 71 (91 f.).

426 Vgl. *Schüler-Springorum*, Strafvollzug im Übergang, S. 157. Zu den unterschiedlichen Bestrebungen um eine Definition, vgl. auch *Cornel*, Zum Begriff der Resozialisierung, S. 32, Rn. 4, in: Cornel/Kawamura-Reindl/Sonnen (Hrsg.), Resozialisierung; *Walter*, Strafvollzug, Rn. 272; *du Mênil*, Die Resozialisierungsidee im Strafvollzug, S. 29 f.; *Miller*, Der auf (Re-)Sozialisierung ausgerichtete Strafvollzug im Lichte der Verfassung, S. 24 f.; zur sprachlichen Abgrenzung recht anschaulich, in: *Fabricius*, Selbst-Gerechtigkeit, S. 250 ff. sowie auch bei *Leyendecker*, (Re-)Sozialisierung und Verfassungsrecht, S. 34–41; zur begrifflichen Einordnung im historischen Verständnis, in: *Hohmeier*, Aufsicht und Resozialisierung. Empirische Untersuchung der Einstellungen von Aufsichtsbeamten und Insassen im Strafvollzug, S. 1–7, in: Würtenberger/ Müller-Dietz (Hrsg.), Beiträge zur Strafvollzugswissenschaft; vgl. ferner zum Zusammenhang von Resozialisierung und Sozialrecht, *Mrozynski*, Resozialisierung und Soziales Betreuungsverhältnis, S. 25.

427 Siehe *Deimling*, Theorie und Praxis des Jugendstrafvollzugs in pädagogischer Sicht, S. 257, zitiert nach: *Cornel*, Zum Begriff der Resozialisierung, S. 33, Rn. 4, in: Cornel/Kawamura-Reindl/Sonnen (Hrsg.), Resozialisierung.

428 Sozialisation: In der Kindheit beginnendes Erlernen eines an der Umwelt und an den Mitmenschen

desozialisiert[429] oder fehlsozialisiert gewesen ist.[430] Bei beiden Ansichten geht es somit bei Resozialisierung vor allem um die Wiedereingliederung von Straffälligen in das gesellschaftliche Leben. Letztere Ansicht nimmt allerdings mehrere Behandlungsmaßnahmen in den Gegenstandsbereich von Resozialisierung auf und lässt den Status der Sozialisation des Täters bei Haftantritt offen. Dies ist sinnvoll, denn auch wenn der Begriff Resozialisierung nach seinem Wortlaut voraussetzt, dass Strafgefangene bereits vor ihrer Haft einen Sozialisationsprozess abgeschlossen haben, kann davon nicht pauschal (für alle Menschen) ausgegangen werden.[431] Letzterer Meinung soll sich daher angeschlossen werden, weil es sich hierbei um eine umfassendere Umschreibung von Behandlungsmaßnahmen handelt, die Gegenstandsbereich von Resozialisierung sein können und dazu dienen, Fähigkeiten für ein Leben ohne Straftaten in sozialer Verantwortung bei Strafgefangenen auszubilden, unabhängig von ihrem Status der Sozialisierung bei Haftantritt. Ob ein Mensch bei Haftantritt einen Sozialisationsprozess durchlaufen hat oder nicht, kann dabei nicht verallgemeinernd vorausgesetzt werden. In Anerkennung dessen wird sich einer offenen Schreibweise für den Begriff Resozialisierung angenommen, indem von nun an für den Begriff Resozialisierung das Präfix in Klammern gesetzt wird.[432]

aa. Ranghöchste Aufgabe des Strafvollzuges

Die Vorschrift zu den Aufgaben des Strafvollzuges bildet die Zentralnorm jedes Strafvollzugsgesetzes.[433] Innerhalb der Aufgaben ist einerseits in das

---

orientierten Sozialverhaltens sowie eine eigenverantwortliche Persönlichkeitsentfaltung, verbunden mit einem Sich-Aneignen der Werte jener Kultur, die das Individuum umgibt, siehe *Laubenthal*, Strafvollzug, Rn. 143. Zum Mangel an Sozialisation bei Strafgefangenen, vgl. die Ausführungen von *Schüler-Springorum*, Strafvollzug im Übergang, S. 160 ff.

429 Mit Überlegungen zu Ursachen für Fehl- oder Desozialisation, vgl. auch *Miller*, Der auf (Re-)Sozialisierung ausgerichtete Strafvollzug im Lichte der Verfassung, S. 26.

430 Siehe *Fabricius*, Selbst-Gerechtigkeit, S. 250.

431 Vgl. *Miller*, Der auf (Re-)Sozialisierung ausgerichtete Strafvollzug im Lichte der Verfassung, S. 26; vgl. außerdem zum Sozialisationsprozess die Ausführungen von *Runde*, Resozialisierung als wissenschaftliches und sozialpolitisches Problem, S. 117 ff. in: Kaufmann (Hrsg.), Die Strafvollzugsreform; siehe ebenfalls *Berger/ Luckmann*, Die gesellschaftliche Konstruktion der Wirklichkeit, S. 139, wonach der Mensch nicht als Mitglied der Gesellschaft geboren wird. Obgleich er eine Disposition für Gesellschaft mit auf die Welt bringt, muss er erst zu ihrem Mitglied werden.

432 Vgl. so auch *Miller*, Der auf (Re-)Sozialisierung ausgerichtete Strafvollzug im Lichte der Verfassung, S. 26; siehe ebenfalls *Leyendecker*, (Re-)Sozialisierung und Verfassungsrecht, S. 41.

433 *Neubacher*, in: Laubenthal/Nestler/Neubacher/Verrel (Hrsg.), Strafvollzugsgesetze, zu B, Rn. 26; *Lindemann*, in: Feest/Lesting/Lindemann (Hrsg.), AK-StVollzG, Teil II § 2 LandesR, Rn. 7.

Vollzugsziel[434] der sozialen Integration – sog. (Re-)Sozialisierungskonzept – zu unterscheiden, nach der Strafgefangene befähigt werden sollen, künftig in sozialer Verantwortung ein Leben ohne Straftaten zu führen, andererseits in die Aufgabe[435] des Vollzuges, die einen Schutzauftrag postuliert, die Allgemeinheit vor weiteren Straftaten des Täters zu schützen.[436] Das Vollzugsziel der (Re-)Sozialisierung Strafgefangener ist somit als die ranghöchste Aufgabe im Rahmen des Vollzuges der Freiheitsstrafe einzuordnen, das gegenüber allen Strafgefangenen Gültigkeit hat, bestätigt durch die Rechtsprechung des BVerfG[437].[438] Dass es sich hierbei um ein Prioritätenprinzip handelt, kann den Landesstrafvollzugsgesetzen entnommen werden.[439] Allerdings sind auch Abweichungen vom Prioritätenprinzip in den Landesstrafvollzugsgesetzen zu beachten. So wird in Art. 2 Satz 1 BayStVollzG der Schutz der Allgemeinheit vorangestellt; von einer Gleichrangigkeit der Vollzugsaufgaben wird ferner in § 2 Satz 2 HmbStVollzG und § 5 Satz 2 NJVollzG ausgegangen.[440] Hingegen wird § 2 HStVollzG mit dem „Gesetz zur Änderung hessischer

---

434 Siehe § 1 BWJVollzGB III, Art. 2 Satz 2 BayStVollzG (Behandlungsauftrag), § 2 Satz 1 BbgJVollzG, § 2 Satz 1 BremStVollzG, § 2 Satz 1 HmbStVollzG, § 2 Satz 1 HStVollzG a.F. (Eingliederungsauftrag), § 2 Satz 1 StVollzG M-V, § 5 Satz 1 NJVollzG, § 1 NRWStVollzG, § 2 Satz 1 LJVollzG RP, § 2 Satz 1 SLStVollzG, § 2 Satz 1 SächsStVollzG, § 2 Satz 1 ThürJVollzGB, § 2 Abs. 1 Satz 1 JVollzGB LSA, § 2 LStVollzG SH, § 2 Satz 1 StVollzG Bln.

435 Siehe hierzu Art. 2 Satz 1 BayStVollzG, § 2 Satz 2 BbgJVollzG, § 2 Satz 2 HmbStVollzG (vgl. auch § 2 Satz 3 HmbStVollzG, zur Gleichstellung zwischen Ziel und Aufgabe), § 2 Satz 3 HStVollzG a.F., § 2 Satz 2 StVollzG M-V, § 5 Satz 2 NJVollzG (unter Gleichstellung mit dem Vollzugsziel), § 6 NRWStVollzG (Sicherheit), § 2 Satz 2 LJVollzG RP, § 2 Satz 2 SLStVollzG, § 2 Satz 2 SächsStVollzG (mit Ausführungen in § 2 Satz 3 SächsStVollzG), § 2 Satz 2 ThürJVollzGB, § 2 Abs. 1 Satz 2 JVollzGB LSA, § 5 LStVollzG SH (Sicherheit- mit Erläuterungen), § 2 Satz 2 StVollzG Bln; im BWJVollzGB III ist ausschließlich das Vollzugsziel kodifiziert.

436 Vgl. *Lindemann*, in: Feest/Lesting/Lindemann (Hrsg.), AK-StVollzG, Teil II, § 2 LandesR, Rn. 1, 6; *Calliess*, Strafvollzugsrecht, S. 22.

437 BVerfGE 33, 1 (7 f.); BVerfGE 35, 202 (235); BVerfGE 36, 174 (188); BVerfGE 45, 187 (238 f.); BVerfGE 64, 261 (276); BVerfGE 98, 169 (200).

438 *Arloth/Krä*, StVollzG, noch zu § 2 StVollzG, Rn. 6; *Jehle*, in: Schwind/Böhm/Jehle/Laubenthal (Hrsg.), Strafvollzugsgesetz – Bund und Länder Kommentar, § 2, Rn. 8; *Lindemann*, in: Feest/Lesting/Lindemann (Hrsg.), AK-StVollzG, Teil II § 2 LandesR, Rn. 6 f.; mit historischen Nachweisen, vgl. *Laubenthal*, Strafvollzug, Rn. 149, s. a. *Leyendecker*, (Re-)Sozialisierung und Verfassungsrecht, S. 85.

439 Vgl. § 1 BWJVollzGB III, § 2 Satz 1 BbgJVollzG, § 2 Satz 1 BremStVollzG, § 2 Satz 1 HStVollzG (hier sog. Eingliederungsauftrag), § 2 Satz 1 StVollzG M-V, § 1 NRWStVollzG, § 2 Satz 1 LJVollzG RP, § 2 Satz 1 SLStVollzG, § 2 Satz 1 SächsStVollzG§ 2 Satz 1 ThürJVollzGB, § 2 Abs. 1 Satz 1 JVollzGB LSA, § 2 LStVollzG SH, § 2 Satz 1 StVollzG Bln.

440 Vgl. *Lindemann*, in: Feest/Lesting/Lindemann (Hrsg.), AK-StVollzG, Teil II, § 2 LandesR, Rn. 9 ff.; siehe hierzu auch *Köhne*, Fünf Landesstrafvollzugsgesetze – ein „Wettbewerb der besten Praxis"?, in: JR 2012, 14 (15), nach dem eine Abweichung

Vollzugsgesetze“[441] vom 30.11.2015 im Hinblick auf die Überschrift der Norm (von „Aufgaben des Vollzuges“ in „Ziel und Aufgaben des Vollzuges“) und der nun ausdrücklichen Benennung des Vollzugszieles der (Re-)Sozialisierung in § 2 HStVollzG n.F. geändert.[442]

Praktische Bedeutsamkeit erhält das in den Landesstrafvollzugsgesetzen verankerte Vollzugsziel (Re-)Sozialisierung außerdem, indem es als Maßstab für die Ermessensausübung der Vollzugsbehörden und für die gerichtliche Kontrolle der Verwaltungsentscheidungen dient.[443] Des Weiteren sind im Kontext von (Re-)Sozialisierung Gestaltungsmaximen zu beachten, die die Aufgaben des Vollzuges konkretisieren, eine Auslegungshilfe sind und für konkrete Ermessensentscheidungen herangezogen werden können.[444]

---

vom Prioritätenprinzip der Rechtsprechung des Bundesverfassungsgerichtes widerspricht, das die Wiedereingliederung als alleiniges Vollzugsziel benennt.

441 GVBl. für das Land Hessen, 2015, 498 ff.; Grund ist die zeitliche Befristung des HStVollzG bis zum 31.12.2015, sodass es einer Verlängerung der Geltungsdauer bedarf, vgl. Hessen LT-Drs. 19/2058, S. 1.

442 Vgl. *Lindemann*, in: Feest/Lesting/Lindemann (Hrsg.), AK-StVollzG, Teil II, § 2 LandesR, Rn. 2.

443 Siehe *Schöch*, in: Kaiser/Schöch, Strafvollzug, § 6, Rn. 1; vgl. der Sache nach auch die dem § 40 Verwaltungsverfahrensgesetz (VwVfG) entsprechenden Regelungen der Verwaltungsverfahrensgesetze der Länder, *Aschke*, in: Bader/Ronellenfitsch (Hrsg.), BeckOK VwVfG, § 40, Rn. 3; beachte hiervon abweichend, die ausführlichere Regelung in § 73 LVwVG SH, siehe hierzu ebenfalls *Aschke*, in: Bader/Ronellenfitsch (Hrsg.), BeckOK VwVfG, § 40, Rn. 3 sowie *Sachs*, in: Stelkens/Bonk/Sachs (Begründer und Hrsg.), Verwaltungsverfahrensgesetz Kommentar, § 40, Rn. 1 und 237.

444 Vgl. *du Mênil*, Die Resozialisierungsidee im Strafvollzug, S. 29; *Arloth/Krä*, StVollzG, noch zu § 3 StVollzG, Rn. 1. Nach dem „Angleichungsgrundsatz“ soll das Leben im Vollzug den allgemeinen Lebensverhältnissen so weit wie möglich angeglichen werden, vgl. § 2 Abs. 2 BWJVollzGB III, Art. 5 Abs. 1 BayStVollzG, § 2 Abs. 1 NJVollzG, § 2 Abs. 1 Satz 1, § 7 Abs. 1 JVollzGB LSA. In der Mehrzahl der Landesstrafvollzugsgesetze wird sich für eine Verknüpfung des Angleichungsgrundsatzes mit einer „Ist“-Regelungen entschieden, vgl. § 7 Abs. 1 BbgJVollzG, § 3 Abs. 4 BremStVollzG, § 3 Satz 1 HmbStVollzG, § 3 Abs. 1 Satz 1 HStVollzG, § 3 Abs. 4 StVollzG M-V, § 2 Abs. 1 Satz 1 NRWStVollzG, § 7 Abs. 1 LJVollzG RP, § 3 Abs. 4 SLStVollzG, § 3 Abs. 4 SächsStVollzG, § 7 Abs. 1 ThürJVollzGB, § 3 Abs. 3 LStVollzG SH, § 3 Abs. 3 StVollzG Bln. Im Rahmen des „Gegenwirkungsgrundsatzes“ ist zur Vermeidung verschlechterter Bedingungen bei einem Neubeginn nach der Haft schädlichen Folgen des Strafvollzuges entgegenzuwirken, § 2 Abs. 3 BWJVollzGB III, Art. 5 Abs. 2 BayStVollzG, § 7 Abs. 2 BbgJVollzG, § 3 Abs. 5 BremStVollzG, § 3 Abs. 1 Satz 2 HmbStVollzG, § 3 Abs. 2 HStVollzG, § 3 Abs. 5 StVollzG M-V, § 2 Abs. 2 NJVollzG, § 2 Satz 4 NRWStVollzG, § 7 Abs. 2 Satz 1 LJVollzG RP, § 3 Abs. 5 SLStVollzG, § 3 Abs. 5 SächsStVollzG, § 7 Abs. 2 Satz 1 ThürJVollzGB, § 7 Abs. 2 Satz 1 JVollzGB LSA, § 3 Abs. 4 Satz 1 LStVollzG SH, § 3 Abs. 4 StVollzG Bln; mit Erweiterungen um z. B. die Verhütung von Selbsttötung: vgl. § 7 Abs. 2 Satz 2 LJVollzG RP, § 7 Abs. 2 Satz 2 ThürJVollzGB, § 7 Abs. 2 Satz 2 JVollzGB LSA; s. a. Erweiterungen in § 2 Abs. 3

bb. Begriffsabgrenzung

Die Begriffe (Re-)Sozialisierung und Behandlung werden häufig synonym verwendet, weshalb eine Abgrenzung beider Begriffe erforderlich ist.[445] Grund für eine synonyme Verwendung beider Begriffe ist die unmittelbare Verbindung von diesen, denn durch Maßnahmen der Behandlung kann das Ziel (Re-)Sozialisierung erst erreicht werden.[446]

Ansätze für eine Begriffsbestimmung von Behandlung lassen sich aus dem Willen des Bundesgesetzgebers entnehmen, wonach der Behandlungsbegriff „sowohl die besonderen therapeutischen Maßnahmen als auch die Maßnahmen allgemeiner Art, die den Gefangenen durch Ausbildung und Unterricht, Beratung bei der Lösung persönlicher und wirtschaftlicher Probleme und Beteiligung an gemeinschaftlichen Aufgaben der Anstalt in das Sozial- und Wirtschaftsleben einbeziehen und der Behebung krimineller Neigungen dienen“ umfassen.[447] Damit wird verschiedenen Behandlungsmethoden der Weg geöffnet, ohne im Einzelnen in methodische Fragen einzugreifen, die der weiteren Entwicklung in Praxis und Wissenschaft überlassen bleiben müssen.[448] Der Begriff der Behandlung findet sich in mehreren Regelungen der Landesstrafvollzugsgesetze, z. B. im Hinblick auf die Mitwirkung der Gefangenen an ihrer Behandlung und der Erreichung des Vollzugszieles.[449] Auch in den Vorschriften zu Behandlungsuntersuchungen und

---

Satz 2 BWJVollzGB III (umfasst den Schutz vor Übergriffen) und § 3 Abs. 4 Satz 2 LStVollzG SH (verweist explizit auf den aktiven Erhalt der Lebenstüchtigkeit von Strafgefangenen mit langjährigen Freiheitsstrafen). Des Weiteren ist der Vollzug darauf auszurichten, dass dieser dem Gefangenen hilft, sich in das Leben in Freiheit einzugliedern („Integrationsgrundsatz“), vgl. § 2 Abs. 4 BWJVollzGB III, Art. 5 Abs. 3 BayStVollzG, § 8 Abs. 2 BbgJVollzG, § 3 Abs. 2 BremStVollzG, § 3 Abs. 1 Satz 3 HmbStVollzG, § 3 Abs. 3 HStVollzG, § 3 Abs. 2 StVollzG M-V, § 2 Abs. 3 NJVollzG, § 2 Satz 2 NRWStVollzG, § 8 Abs. 2 LJVollzG RP, § 3 Abs. 2 SLStVollzG, § 3 Abs. 2 SächsStVollzG, § 8 Abs. 2 ThürJVollzGB, § 8 Abs. 2 JVollzGB LSA, § 3 Abs. 2 Satz 1 LStVollzG SH, § 3 Abs. 2 StVollzG Bln.

445 *Miller*, Der auf (Re-)Sozialisierung ausgerichtete Strafvollzug im Lichte der Verfassung, S. 26, 30; so auch *Leyendecker*, (Re-)Sozialisierung und Verfassungsrecht, S. 37.

446 *Miller*, Der auf (Re-)Sozialisierung ausgerichtete Strafvollzug im Lichte der Verfassung, S. 27; *Leyendecker*, (Re-)Sozialisierung und Verfassungsrecht, S. 37; *Arloth/Krä*, StVollzG, noch zu § 2 StVollzG, Rn. 7.

447 BT-Drs. 7/918, S. 45; *Laubenthal*, Strafvollzug, Rn. 158.

448 BT-Drs. 7/918, S. 45.

449 Vgl. § 3 Abs. 1 BWJVollzGB III, Art. 6 Abs. 1 Satz 1 BayStVollzG, § 6 Abs. 1 Satz 1 BbgJVollzG, § 4 Abs. 3 Satz 1 BremStVollzG, § 5 Abs. 1 Satz 1 HmbStVollzG, § 4 Satz 1 HStVollzG, § 4 Abs. 3 Satz 1 StVollzG M-V, § 6 Abs. 1 Satz 1 NJVollzG, § 4 Abs. 1 Satz 1 1. Hs. NRWStVollzG, § 6 Abs. 1 Satz 1 LJVollzG RP, § 4 Abs. 3 Satz 1 SLStVollzG, § 4 Abs. 3 Satz 1 SächsStVollzG§ 6 Abs. 1 Satz 1 ThürJVollzGB, § 6 Satz 1 JVollzGB LSA, § 4 Abs. 3 Satz 1 LStVollzG SH, § 4 Abs. 3 Satz 1 StVollzG Bln.

Vollzugsplanungen wird der Begriff verwendet.[450] Dabei enthalten die Landesstrafvollzugsgesetze weiterführende Abgrenzungen zwischen den Begriffen (Re-)Sozialisierung und Behandlung bis hin zu Definitionen für den Behandlungsbegriff. Kodifiziert als Behandlungsgrundsätze wird in § 2 Abs. 1 Satz 1 BWJVollzGB III darauf verwiesen, dass Gefangene unter Achtung ihrer Grund- und Menschenrechte zu behandeln sind. Art. 3 Satz 1, 3 und 4 BayStVollzG konkretisiert den Behandlungsbegriff noch weiter.[451] Demnach umfasst Behandlung alle Maßnahmen, die geeignet sind, auf eine künftige deliktfreie Lebensführung hinzuwirken (Art. 3 Satz 1 BayStVollzG). Darin beinhaltet sind insbesondere schulische und berufliche Bildung, Arbeit, psychologische und sozialpädagogische Maßnahmen, seelsorgerische Betreuung und Freizeitgestaltung (Art. 3 Satz 3 BayStVollzG). Art und Umfang der Behandlung sollen sich an den Defiziten Gefangener orientieren (Art. 3 Satz 4 BayStVollzG). Weiterhin enthält das Landesstrafvollzugsgesetz Hamburg in § 4 Satz 1 HmbStVollzG eine Definition für den Begriff der Behandlung, wonach Gefangenen – im Rahmen eines an ihren persönlichen Erfordernissen orientierten Vollzugs- und Behandlungsprozesses – alle vollzuglichen Maßnahmen und therapeutischen Programme angeboten werden, die geeignet sind, ihnen Chancen zur Förderung ihrer Eingliederung in ein Leben in sozialer Verantwortung ohne Straftaten zu vermitteln und ihre Fähigkeiten zur Selbsthilfe zu stärken (Behandlung).

Deutlich wird anhand der Definitionen und Umschreibungen in den Landesstrafvollzugsgesetzen, dass die Unterscheidung zwischen (Re-)Sozialisierung und Behandlung vor allem darin liegt, dass aus dem Vollzugsziel (Re-)Sozialisierung der Behandlungsauftrag folgt und durch die Behandlung das Vollzugsziel (Re-)Sozialisierung erreicht oder nähergebracht werden kann.[452] Ob der Strafvollzug demnach insgesamt als Lern- und Trainingsfeld im Kontext der strafvollzuglichen Behandlung verstanden werden sollte, wird in der Literatur kritisch betrachtet.[453] Gezweifelt wird hierbei vor allem an der Wirksamkeit einer (re-)sozialisierenden Behandlung sowie daran, Kriminalität an Störungen und Defiziten der Täter festzumachen (sog. inadäquate Theorie).[454]

---

450 Siehe §§ 4, 5 BWJVollzGB III, Art. 8, 9 BayStVollzG, §§ 4, 7 HmbStVollzG, § 6 Abs. 1 Satz 1 NJVollzG, §§ 3, 9 NRWStVollzG.

451 Ähnlich in § 5 Abs. 1 HStVollzG (Grundsätze vollzuglicher Maßnahmen); § 3 NRWStVollzG (Behandlungsvollzug).

452 *Goerdeler*, in: Feest/Lesting/Lindemann (Hrsg.), AK-StVollzG, Teil II, § 4 LandesR, Rn. 11; *Miller*, Der auf (Re-)Sozialisierung ausgerichtete Strafvollzug im Lichte der Verfassung, S. 27; s. a. BVerfGE 116, 69 (89) sowie BVerfGE 98, 169 (201), wonach der Strafvollzug nach einem vom Gesetzgeber aufgestellten (Re-)Sozialisierungskonzept aufzubauen ist.

453 Siehe hierzu vor allem *Lindemann*, in: Feest/Lesting/Lindemann (Hrsg.), AK-StVollzG, Teil II, § 2 LandesR, Rn. 5 ff.

454 Vgl. hierzu ausführlich *Lindemann*, in: Feest/Lesting/Lindemann (Hrsg.), AK-StVollzG, Teil II, § 2 LandesR, Rn. 6 ff.

b. Das verfassungsrechtliche (Re-)Sozialisierungskonzept

Wesentliches Ziel des Vollzuges ist die (Re-)Sozialisierung Gefangener im Sinne eines (Re-)Sozialisierungskonzeptes, dessen rechtliche Grundlage ebenfalls im Verfassungsrecht fundamentiert ist.[455] Bezüglich einer Einbindung Strafgefangener in das Sozialversicherungsrecht weist das (Re-)Sozialisierungskonzept eine besondere Relevanz auf, weil es grundsätzlich in der Gestaltungsmacht des Gesetzgebers liegt, ob dieser aus Gründen der (Re-)Sozialisierung Strafgefangene in den Schutz der sozialen Sicherungssysteme einbezieht.[456] Das verfassungsrechtliche (Re-)Sozialisierungsgebot ist für alle staatliche Gewalt verbindlich; es richtet sich an den Gesetzgeber, der den Strafvollzug normativ ausgestaltet, und verpflichtet ihn, ein wirksames Konzept der (Re-)Sozialisierung zu entwickeln und den Strafvollzug dementsprechend aufzubauen.[457] Weiterhin entfaltet es aber auch Bedeutung für Verwaltung und Rechtsprechung, wenn es darum geht, unbestimmte Rechtsbegriffe oder Generalklauseln auszulegen, oder wenn der Gesetzgeber den Vollzugsbehörden ein Rechtsfolgeermessen eingeräumt hat.[458]

aa. Herleitung und Anspruch

Sowohl in der Rechtsprechung des BVerfG[459] als auch in der Literatur[460] wird das (Re-)Sozialisierungskonzept am häufigsten auf Art. 2 Abs. 1 i.V.m. Art. 1 Abs. 1 GG[461]

---

455 *Miller*, Der auf (Re-)Sozialisierung ausgerichtete Strafvollzug im Lichte der Verfassung, S. 39.

456 Vgl. BVerfGE 98, 169 (204).

457 BVerfGE 98, 169 (201); s. a. BVerfGE 33, 1 (10 f.); vgl. ebenfalls BVerfG, Nichtannahmebeschluss vom 16.12.2015, 2 BvR 1017/14, juris, Rn. 13.

458 BVerfGE 98, 169 (201); vgl. auch BVerfG, Nichtannahmebeschluss vom 16.12.2015, 2 BvR 1017/14, juris, Rn. 13.

459 BVerfGE 35, 202 (236); BVerfGE 45, 187 (239); BVerfGE 64, 261 (277); BVerfGE 96, 100 (115); BVerfGE 98, 169 (200); BVerfGE 116, 69 (85 f.), allerdings unter Berufung auf Art. 1 Abs. 1 GG i.V.m. dem Grundsatz der Verhältnismäßigkeit staatlichen Strafens.; vgl. auch BVerfG, Nichtannahmebeschluss vom 16.12.2015, 2 BvR 1017/14, juris, Rn. 12. Siehe ebenfalls EGMR (Große Kammer), Urteil vom 24.10.2002, 37703/97, Mastromatteo/Italien, in: NJW 2003, 3259 (3260).

460 *Arloth/Krä*, StVollzG, noch zu § 2 StVollzG, Rn. 11; *Lindemann*, in: Feest/Lesting/Lindemann (Hrsg.), AK-StVollzG, Teil II, § 2 LandesR, Rn. 2; *Laubenthal*, Strafvollzug, Rn. 145; *Epping*, Grundrechte, Rn. 645. Vgl. auch *Miller*, Der auf (Re-)Sozialisierung ausgerichtete Strafvollzug im Lichte der Verfassung, S. 104. Beachte außerdem die konventionsrechtliche Absicherung des (Re-)Sozialisierungskonzeptes aus einer Zusammenschau von Art. 3 und 8 EMRK, siehe Ausführungen hierzu ebenfalls, in: *Miller*, Der auf (Re-)Sozialisierung ausgerichtete Strafvollzug im Lichte der Verfassung, S. 105 f.

461 Ob es sich in dogmatischer Hinsicht bei dem (Re-)Sozialisierungskonzept aus Art. 2 Abs. 1 i.V.m. Art. 1 Abs. 1 GG um ein eigenständiges Grundrecht oder um eine

gestützt.[462] Ein nicht auf (Re-)Sozialisierung ausgelegter Strafvollzug kann dementsprechend auch verfassungswidrig sein.[463] Nach Ansicht des BVerfG[464] erwachse das Interesse an der (Re-)Sozialisierung vom Täter aus gesehen aus seinem Grundrecht aus Art. 2 Abs. 1 i.V.m. Art. 1 Abs. 1 GG, weil dies dem Selbstverständnis einer Gemeinschaft entspreche, die die Menschenwürde in den Mittelpunkt der Wertordnung stelle, sodass der Strafgefangene, als Träger der aus der Menschenwürde folgenden und ihren Schutz gewährleistenden Grundrechte, die Chance zu erhalten habe, sich nach Verbüßung seiner Strafe erneut in die Gemeinschaft zu integrieren. Nach Überzeugung in der Literatur könne zudem dieser Integrationsprozess nur erfolgreich sein, wenn der Strafgefangene sich frei in seiner Persönlichkeit entfalte, wobei der Strafvollzug einen ersten Schritt zu diesem Selbstverwirklichungsprozess darstellen könne, damit der Gefangene sich nach der Haft erneut in der Gesellschaft platziere.[465]

Neben dieser grundrechtlichen Fundierung eines (Re-)Sozialisierungskonzeptes muss auch das Postulat Beachtung finden, die Aufgaben des Strafvollzuges an den

---

Ausprägung des allgemeinen Persönlichkeitsrechts handelt, ist umstritten. (Das allgemeine Persönlichkeitsrecht ist nicht ausdrücklich geregelt, sondern ergibt sich aus einer Zusammenschau aus Art. 2 Abs. 1 [Freie Entfaltung der Persönlichkeit] und Art. 1 Abs. 1 GG [Menschenwürde] und hat sich mittlerweile zu einem eigenständigen Grundrecht entwickelt, vgl. hierzu *Epping*, Grundrechte, Rn. 623.) Nach der h.L. ist das (Re-)Sozialisierungskonzept als Ausprägung des allgemeinen Persönlichkeitsrechts zu behandeln. Begründungen für diese Zuordnung fehlen in fast allen Ausführungen, mit Ausnahme von einer Ansicht (*Moini*, Staatliche Warnungen vor entlassenen Straftätern, S. 117), nach der (Re-)Sozialisierung als Einzelgarantie des allgemeinen Persönlichkeitsrechts zu verstehen sei, denn das (Re-)Sozialisierungsinteresse gehe nicht über das allgemeine Persönlichkeitsrecht hinaus, siehe hierzu *Miller*, Der auf (Re-)Sozialisierung ausgerichtete Strafvollzug im Lichte der Verfassung, S. 97. Ohne nähere Ausführungen wird auch innerhalb der Rechtsprechung des BVerfG zumeist nur auf die verfassungsrechtliche Fundierung des (Re-)Sozialisierungskonzeptes aus Art. 2 Abs. 1 i.V.m. Art. 1 Abs. 1 GG verwiesen (BVerfGE 35, 202 (236); BVerfGE 45, 187 (239); BVerfGE 64, 261 (277); BVerfGE 96, 100 (115); BVerfGE 98, 169 (200)). Hingegen sei das (Re-)Sozialisierungskonzept nach einer Mindermeinung (Miller, Der auf (Re-)Sozialisierung ausgerichtete Strafvollzug im Lichte der Verfassung, S. 98) als eigenständiges Grundrecht zu betrachten, da es zu speziell sei, um vom allgemeinen Persönlichkeitsrecht vollständig erfasst werden zu können; vielmehr sei es als eigenständiges Grundrecht zu betrachten, da es selbst vielgestaltig sei und umfassende grundrechtliche Vorgaben in ihm beinhaltet seien.

462 *Miller*, Der auf (Re-)Sozialisierung ausgerichtete Strafvollzug im Lichte der Verfassung, S. 95.

463 *Leyendecker*, (Re-)Sozialisierung und Verfassungsrecht, S. 94.

464 BVerfGE 35, 202 (235 f.).

465 *Miller*, Der auf (Re-)Sozialisierung ausgerichtete Strafvollzug im Lichte der Verfassung, S. 96.

Bedürfnissen des „modernen Sozialstaates" zu orientieren.[466] Hierzu wird – gefördert durch die Rechtsprechung des BVerfG[467] – Art. 20 Abs. 1 GG herangezogen, wonach die Bundesrepublik Deutschland ein demokratischer und sozialer Rechtsstaat ist.[468] Das Sozialstaatsprinzip umfasst die Ziele, Hilfe gegen Armut und Not zu leisten sowie ein menschenwürdiges Existenzminimum für jeden Menschen zu sichern, Gleichheit durch den Abbau von Wohlstandsdifferenzen zu schaffen und die Kontrolle von Abhängigkeitsverhältnissen aufzulösen sowie die Sicherheit gegen die „Wechselfälle des Lebens" auszuweiten und für eine Ausbreitung von Wohlstand, und somit Teilhabe aller daran, zu sorgen.[469] Der Begriff des Sozialstaates ist als dynamisch zu betrachten und bedarf einer fortschreitenden Anpassung und Weiterentwicklung an sich ändernde gesellschaftliche Verhältnisse.[470] In der Literatur herrscht größtenteils Einigkeit darüber, dass das Konzept der (Re-)Sozialisierung im Sozialstaatsprinzip verwurzelt ist.[471] Die (Re-)Sozialisierung von

466 *Würtenberger*, Reform des Strafvollzugs im sozialen Rechtsstaat, in: JZ 1967, 233(237).

467 Vgl. BVerfGE 35, 202 (235 f.); BVerfGE 36, 174 (188); BVerfGE 40, 276 (284); BVerfGE 45, 187 (239); BVerfGE 96, 100(115).

468 Vgl. *Miller*, Der auf (Re-)Sozialisierung ausgerichtete Strafvollzug im Lichte der Verfassung, S. 91 ff.; *Leyendecker*, (Re-)Sozialisierung und Verfassungsrecht, S. 97.

469 *Zacher*, Abhandlungen zum Sozialrecht, S. 18 f.; s. a. ausführlich *ders.*, Das soziale Staatsziel, S. 1045 ff. in: Isensee/Kirchhof (Hrsg.), Handbuch des Staatsrechts der Bundesrepublik Deutschland; vgl. ferner *Bieback*, Inhalt und Funktion des Sozialstaatsprinzips, in: JURA 1987, 229 (230); zum Sozialstaat als Verfassungsprinzip, siehe ferner, *Wittreck*, in: Dreier, Grundgesetz Kommentar, Art. 20, Rn. 24 ff.); s. a. BVerfGE 1, 97 (105) „Das Wesentliche zur Verwirklichung des Sozialstaates aber kann nur der Gesetzgeber tun (...)" für diejenigen, die in Not geraten sind; zum menschenwürdigen Existenzminimum: BVerfGE 40, 121 (133) „Fürsorge für Hilfebedürftige als Bestandteil der Pflichten eines Sozialstaates"; BVerfGE 44, 353 (375), wonach auch die Gesundheitsfürsorge im Sozialstaatsprinzip verankert ist; BVerfGE 45, 187 (228): „der Mensch darf nicht zum Objekt staatlichen Handelns gemacht werden, da es der Menschenwürde widerspreche", s. a. BVerfGE 125, 175 (175); BVerfGE 132, 134 (134); BSGE 25, 170 (175); zur Gleichheit: BVerfGE 26, 16 (37), das Sozialstaatsprinzip berücksichtigt die Interessen der sozial Schwächeren besonders, siehe hierzu auch BVerfGE 35, 202 (236); siehe ferner BVerfGE 45, 376 (387 f.); für eine gerechte Sozialordnung: BVerfGE 22, 180 (180, 204) das Sozialstaatsprinzip verpflichtet den Staat, für eine gerechte Sozialordnung zu sorgen; zu den Wechselfällen des Lebens: BVerfGE 21, 362 (375) „Daseinsfürsorge als Aufgabe des Sozialstaats"; BVerfGE 36, 237 (250) zur Aufgabe des „modernen" Sozialstaats; zitiert nach: *Zacher*, Abhandlungen zum Sozialrecht, S. 18 f.

470 *Miller*, Der auf (Re-)Sozialisierung ausgerichtete Strafvollzug im Lichte der Verfassung, S. 86; *Zacher*, Abhandlungen zum Sozialrecht, S. 18.

471 *Miller*, Der auf (Re-)Sozialisierung ausgerichtete Strafvollzug im Lichte der Verfassung, S. 87; *Leyendecker*, (Re-)Sozialisierung und Verfassungsrecht, S. 95 ff.; *du Mênil*, Die Resozialisierungsidee im Strafvollzug, S. 19; *Laubenthal*, Strafvollzug,

Straftätern kann insofern auch als ein bereichsspezifisches Teilprinzip von Sozialstaatlichkeit begriffen werden.[472] Einigkeit besteht weiterhin darüber, dass Vor- und Fürsorgeleistungen des Staates für diejenigen Personen in der Gemeinschaft gewährleistet werden müssen, die unabhängig von Gründen sozial und persönlich benachteiligt sind, wozu auch Strafgefangene subsumiert werden können, die zwar ihre Benachteiligung im Regelfall selbst zu verantworten haben, denen der Staat jedoch aus sozialstaatlichen Gründen zur Förderung und Hilfestellung verpflichtet ist.[473] Auch das BVerfG[474] schließt sich dieser Ansicht an, wenn es davon ausgeht, dass die Forderung nach (Re-)Sozialisierung Strafgefangener in verfassungsrechtlicher Hinsicht dem Selbstverständnis einer Gemeinschaft entspreche, die die Menschenwürde in den Mittelpunkt ihrer Wertordnung stelle und die auch dem Sozialstaatsprinzip verpflichtet sei. Dabei obliegt es im Rahmen von Art. 20 Abs. 1 GG dem Gesetzgeber und seiner sozialstaatlichen Aufgabe, die Sozialordnung auszugestalten und über die Gewährung bestimmter Vergünstigungen nach sachgerechten Kriterien zu bestimmen und zu entscheiden, wie z. B. hinsichtlich der Art und des Umfanges sozialer Sicherungssysteme und des Kreises der hierdurch berechtigten Personen.[475]

Ein verfassungsrechtlicher Anspruch auf (Re-)Sozialisierung ergibt sich somit für Strafgefangene aus einer Zusammenschau von Art. 2 Abs. 1 i.V.m. Art. 1 Abs. 1 GG i.V.m. Art. 20 Abs. 1 GG.[476]

Strafgefangene haben also einen verfassungsrechtlichen Anspruch auf (Re-)Sozialisierung gegenüber dem Staat, indem aus dem Grundgesetz eine staatliche Aufgabe zur (Re-)Sozialisierung und ein verfassungsrechtliches Interesse des Straftäters auf (Re-)Sozialisierung hergeleitet werden.[477] Auf konkrete (Re-)Sozialisierungsmaßnahmen begründet sich hieraus aber kein Anspruch, denn die Verfassung

---

Rn. 145; *Arloth/Krä*, StVollzG, noch zu § 2 StVollzG, Rn. 11; *Lindemann*, in: Feest/Lesting/Lindemann (Hrsg.), AK-StVollzG, Teil II, vor § 2 LandesR, Rn. 3.

472 Vgl. *Miller*, Der auf (Re-)Sozialisierung ausgerichtete Strafvollzug im Lichte der Verfassung, S. 86 f.

473 *Müller-Dietz*, Strafzwecke und Vollzugsziel, S. 16 ff., zitiert nach: *Miller*, Der auf (Re-)Sozialisierung ausgerichtete Strafvollzug im Lichte der Verfassung, S. 87; s. a. *Jarass*, in: Jarass/Pieroth (Hrsg.), Grundgesetz für die Bundesrepublik Deutschland Kommentar, Art. 20 GG, Rn. 156 f.

474 BVerfGE 35, 202 (235 f.); BVerfGE 45, 187 (238 f.); BVerfGE 98, 169 (200).

475 BVerfGE 98, 169 (204).

476 *Miller*, Der auf (Re-)Sozialisierung ausgerichtete Strafvollzug im Lichte der Verfassung, S. 104; *Leyendecker*, (Re-)Sozialisierung und Verfassungsrecht, S. 107; *Strohmayr*, Menschenwürde und Strafvollzug, S. 11; *Arloth/Krä*, StVollzG, noch zu § 2 StVollzG, Rn. 11; *Lindemann*, in: Feest/Lesting/Lindemann (Hrsg.), AK-StVollzG, Teil II, § 2 LandesR, Rn. 15; BVerfGE 35, 202 (236), in: NJW 1973, 1226 (1231); BVerfGE 45, 187 (239), in: NJW 1977, 1525 (1528); BVerfGE 98, 169 (200), in: NJW 1998, 3337 (3337).

477 *Leyendecker*, (Re-)Sozialisierung und Verfassungsrecht, S. 107.

erfordert lediglich, dass bei staatlichem Handeln der (Re-)Sozialisierungsgedanke berücksichtigt wird und der Gesetzgeber mit seiner Gesetzgebung dieser verfassungsrechtlich verbindlichen Aufgabe Rechnung trägt.[478] Durch welche konkreten Maßnahmen ein (Re-)Sozialisierungsvollzug zu verwirklichen ist, lässt sich weder aus dem Sozialstaatsprinzip noch aus der Menschenwürde ableiten, sodass auch das Strafvollzugsgesetz innerhalb eines weiten Gestaltungsspielraumes des Gesetzgebers entwickelt worden ist.[479] Der Gesetzgeber ist mithin auch nicht verpflichtet, ein generelles Recht auf (Re-)Sozialisierung zu normieren.[480] Dementsprechend enthalten die Landesstrafvollzugsgesetze zwar verschiedene Rechte, die die (Re-)Sozialisierung Strafgefangener betreffen; ein einfachgesetzlicher Anspruch auf (Re-)Sozialisierung findet sich dagegen nicht in den Gesetzen.[481] Der Gesetzgeber entscheidet selbst, welche Maßnahmen er für die (Re-)Sozialisierung Gefangener für erforderlich hält.[482] Gebunden ist er dabei lediglich an die vom BVerfG aufgestellten Mindestanforderungen hinsichtlich eines das Ziel der (Re-)Sozialisierung verwirklichenden Strafvollzuges.[483] Werden die gesetzgeberischen Maßnahmen diesen verfassungsrechtlich ableitbaren Mindestanforderungen nicht gerecht, muss der Gesetzgeber weitere (Re-)Sozialisierungsmaßnahmen normieren.[484] Der

478 Leyendecker, (Re-)Sozialisierung und Verfassungsrecht, S. 107.
479 Ebd.
480 Ebd.
481 Ebd. Zu den Rechten, die die Ansprüche auf (Re-)Sozialisierungsmaßnahmen gewähren, gehört z. B. das Recht auf Vollzugslockerung nach § 9 BWJVollzGB III, Art. 13 BayStVollzG, § 46 BbgJVollzG, § 38 BremStVollzG, § 12 HmbStVollzG, § 13 HStVollzG, § 38 StVollzG M-V, § 13 NJVollzG, § 53 NRWStVollzG, § 45 LJVollzG RP, § 38 SLStVollzG, § 38 SächsStVollzG, § 46 ThürJVollzGB, § 45 JVollzG LSA, § 55 LStVollzG SH, § 42 StVollzG Bln, vgl. *Leyendecker*, (Re-)Sozialisierung und Verfassungsrecht, S. 108. Beachte außerdem, dass Anfang 2019 in Hamburg das „Gesetz zur stationären und ambulanten Resozialisierung und zur Opferhilfe" (Hamburgisches Resozialisierungs- und Opferhilfegesetz – HmbResOG) vom 31.08.2018 in Kraft getreten ist, HmbGVBl., 2018, S. 265. Hauptziel des Gesetzes ist es, durch eine verbesserte (Re-)Sozialisierung die Rückfallquote von Straftätern zu verringern. Weiterhin wird die bisher stationär erfolgende (Re-)Sozialisierung zukünftig durch ein zwischen den verschiedenen Beteiligten abgestimmtes Übergangsmanagement ergänzt. Im Rahmen dieses Übergangsmanagements wird bundesweit erstmalig ein individueller Anspruch auf Erstellung eines Eingliederungsplans begründet. Dieser Eingliederungsplan ergänzt als selbständiges Instrument den im Strafvollzug verwendeten Vollzugsplan (Resozialisierungsplan). Er verknüpft die stationäre mit der nachfolgenden ambulanten Phase (vgl. § 8 HmbStVollzG), siehe hierzu Bürgerschaft der Freien und Hansestadt Hamburg, Drs. 21/14634 vom 16.10.2018, S. 1.
482 *Leyendecker*, (Re-)Sozialisierung und Verfassungsrecht, S. 107.
483 *Leyendecker*, (Re-)Sozialisierung und Verfassungsrecht, S. 107 f.
484 Vgl. *Leyendecker*, (Re-)Sozialisierung und Verfassungsrecht, S. 108; vgl. hierzu auch BVerfG, Urteil vom 01.07.1998, 2 BvR 441, 493/90, 618/92, 212/93 und 2 BvL 17/94, BVerfGE 98, 169.

Gefangene kann sich bis zur Kodifizierung von weiteren (Re-)Sozialisierungsmaßnahmen auf die bisher normierten Rechte hinsichtlich seiner (Re-)Sozialisierungsbelange gegenüber der Behörde berufen; allerdings handelt es sich auch bei diesen Regelungen nicht grundsätzlich um Ansprüche auf konkrete (Re-)Sozialisierungsmaßnahmen, da zahlreiche Vorschriften der Landesstrafvollzugsgesetze im Ermessen der Behörde stehen, sodass der Gefangene gegenüber der Behörde lediglich ein Recht auf sachgerechte Ermessensausübung hat.[485] Verfassungsrechtlich hat jeder Strafgefangene demzufolge zwar einen generellen Anspruch auf (Re-)Sozialisierung; ein Anspruch auf bestimmte (Re-)Sozialisierungsmaßnahmen lässt sich aus der Verfassung indes nicht ableiten.[486]

bb. Mindestanforderungen

Welche Mindestanforderungen beinhaltet aber nun das verfassungsrechtliche (Re-)Sozialisierungskonzept – vor allem im Hinblick auf eine soziale Sicherung Strafgefangener?

In seiner Entscheidung vom 01.07.1998 hat das BVerfG[487] hinsichtlich der Fragen nach dem Umfang der Arbeitspflicht im Vollzug, der Bemessung des Arbeitsentgeltes für zugewiesene Arbeit sowie der sozialversicherungsrechtlichen Stellung

---

485 *Leyendecker*, (Re-)Sozialisierung und Verfassungsrecht, S. 108; s. a. BVerfGE 89, 315 (322 ff.); BVerfGE 96, 100 (115).

486 *Leyendecker*, (Re-)Sozialisierung und Verfassungsrecht, S. 109. Die Durchsetzbarkeit dieses verfassungsrechtlichen Anspruches, also ob es sich dabei auch um ein subjektives Recht der Strafgefangenen auf (Re-)Sozialisierung handelt, ist umstritten, vgl. ebd. Eine m.M. versteht den Status von (Re-)Sozialisierung als soziales Grundrecht, weil das BVerfG aus der Verfassung einen staatlichen Anspruch auf Fürsorge zur Sicherung des Existenzminimums herleite und die (Re-)Sozialisierung davon eine Ausprägung darstelle (als Garantie eines Minimalstandards), siehe *Veith*, Sicherungsmaßnahmen und Resozialisierung im Erwachsenenvollzug, S. 57. Die h.M. in der Literatur versagt dagegen der (Re-)Sozialisierung den Status eines sozialen Grundrechts, siehe hierzu *Leyendecker*, (Re-)Sozialisierung und Verfassungsrecht, S. 110. Der h.M. nach soll das Recht auf (Re-)Sozialisierung nicht nur als Abwehrrecht verstanden werden; die Grundrechte enthalten vielmehr eine objektive Wertordnung und müssen reale Freiheit gewähren, sodass nötigenfalls auch positive, fördernde Maßnahmen des Staates erforderlich werden, vgl. *Leyendecker*, (Re-)Sozialisierung und Verfassungsrecht, S. 110. Daher ergebe sich aus den Grundrechten auch eine umfassende Schutzpflicht des Staates, die sich auf die Gewährleistung eines Mindestmaßes notwendiger Maßnahmen erstrecken könne, siehe ebd. Generell bleiben diese Grundrechte aber auf institutionelle, objektiv-rechtliche Verpflichtungen begrenzt, sodass (Re-)Sozialisierung nicht als umfassender subjektiv-rechtlicher Anspruch gerichtlich durchgesetzt werden könne, siehe *Leyendecker*, (Re-)Sozialisierung und Verfassungsrecht, S. 110 f.

487 BVerfG, Urteil vom 01.07.1998, 2 BvR 441, 493/90, 618/92, 212/93 und 2 BvL 17/94, BVerfGE 98, 169 (200).

Strafgefangener im Strafvollzug als Mindestanforderung an ein Konzept der (Re-)Sozialisierung festgelegt, dass zur (Re-)Sozialisierung Gefangener auch die ausschließlich finanzielle Anerkennung von Pflichtarbeit dienen könne, wenn hierdurch Gefangenen bewusst gemacht werde, dass Erwerbsarbeit zur Herstellung einer Lebensgrundlage sinnvoll sei; neben oder anstelle einer ausschließlich finanziellen Anerkennung von Arbeit könne aber auch z. B. der Aufbau einer sozialversicherungsrechtlichen Anwartschaft in Betracht kommen.[488] Arbeit im Strafvollzug könne somit ein wesentlicher Bestandteil eines (Re-)Sozialisierungskonzeptes sein.[489] Sie sei jedoch nur dann ein wirksames (Re-)Sozialisierungsmittel, wenn Arbeit im Strafvollzug, zu der ein Gefangener verpflichtet werde, angemessen Anerkennung finde.[490]

De lege lata sind nach den überwiegenden Vorschriften in den Landesstrafvollzugsgesetzen Strafgefangene verpflichtet, eine ihnen zugewiesene, ihren körperlichen Fähigkeiten, Fertigkeiten und Neigungen berücksichtigende Arbeit, arbeitstherapeutische oder sonstige Beschäftigung auszuüben, zu deren Verrichtung sie aufgrund ihres körperlichen Zustandes in der Lage sind.[491] Der Gesetzgeber hat sich dazu entschieden, Arbeit im Strafvollzug durch ein monetäres und ein nicht monetäres Vergütungskonzept anzuerkennen.[492] Für zugewiesene Arbeiten erhalten Strafgefangene demnach als monetäre Leistung ein Arbeitsentgelt.[493] Der Bemessung des Arbeitsentgeltes sind de lege lata nach den

488 BVerfGE 98, 169 (202).

489 Siehe BVerfGE 98, 169 (172): „Ein wichtiges Mittel auf dem Weg zur Resozialisierung ist nach dem Konzept des Gesetzes die Zuweisung von Arbeit, die zu verrichten der Gefangene verpflichtet ist"; ausführlicher zum Stellenwert von Arbeit im Strafvollzug, vgl. *Laubenthal* in: Schwind/Böhm/Jehle/Laubenthal (Hrsg.), Strafvollzugsgesetz – Bund und Länder Kommentar, noch zu § 41, Rn. 1 f.

490 BVerfGE 98, 169 (201).

491 Vgl. § 47 Abs. 1 Satz 1 BWJVollzGB III, Art. 43 Satz 1 BayStVollzG, § 22 Satz 2 BremStVollzG, § 38 Abs. 1 Satz 1 HmbStVollzG, § 27 Abs. 2 Satz 1 HStVollzG, § 22 Satz 1 StVollzG M-V, § 38 Abs. 1 NJVollzG, § 29 Abs. 1 Satz 2 NRWStVollzG, § 29 Abs. 1 Satz 1 ThürJVollzGB, § 29 Abs. 2 Satz 1 JVollzGB LSA, § 35 Abs. 1 Satz 1 LStVollzG SH, § 24 Abs. 1 Satz 1 StVollzG Bln.

492 Fünftes Gesetz zur Änderung des Strafvollzugsgesetzes vom 27.12.2000, BGBl. I, 2000, S. 2043 ff. (StVollzGÄndG).

493 Vgl. § 49 Abs. 2 Satz 1 BWJVollzGB III, Art. 46 Abs. 2 Satz 1 BayStVollzG, § 66 Abs. 1 Nr. 1 BbgJVollzG, § 55 Abs. 1 Nr. 3 i.V.m. § 9 Abs. 1 Satz 1 Nr. 13 BremStVollzG, § 40 Abs. 1 Satz 1 1. Alt. HmbStVollzG, § 38 Abs. 1 Satz 1 i.V.m. § 27 Abs. 3 Satz 1 HStVollzG, § 55 Abs. 1 Nr. 2 2. Alt. StVollzG M-V, § 40 Abs. 1 Satz 1 NJVollzG, § 32 Abs. 1 Satz 1 NRWStVollzG, § 65 Abs. 1 Nr. 3 LJVollzG RP, § 55 Abs. 1 Nr. 2 i.V.m. § 9 Abs. 1 Satz 1 Nr. 13 SLStVollzG, § 55 Abs. 1 Nr. 3 i.V.m. § 9 Abs. 1 Satz 1 Nr. 13 SächsStVollzG, § 66 Abs. 1 Satz 1ThürJVollzGB, § 64 Abs. 1 Nr. 1 JVollzG LSA, § 37 Abs. 1 Nr. 1 LStVollzG SH, § 61 Abs. 1 Nr. 1 i.V.m. 10 Abs. 1 Satz 1 Nr. 12 StVollzG Bln.

Landesstrafvollzugsgesetzen 9 % der Bezugsgröße nach § 18 SGB IV zugrunde zu legen (Eckvergütung).[494] Ein Tagessatz ist der zweihundertfünfzigste Teil der Eckvergütung; eine Bemessung des Arbeitsentgeltes kann nach einem Stundensatz erfolgen.[495] Vorschriften zur Vergütung von Beschäftigungen Strafgefangener orientieren sich nach dem geltenden Recht somit am Nettoprinzip[496] einer eher geringen Vergütung, jedoch unter Hinzutreten einer nicht monetären Vergütungskomponente in Form der Möglichkeit einer zusätzlichen Freistellung von der Haft.[497] Neben einer Anerkennung der Gefangenenarbeit durch monetäre Leistung sehen die Bundesländer mit Arbeitspflicht also auch eine nicht monetäre Anerkennung von Beschäftigung vor.[498] Demnach erhalten Strafgefangene eine zusätzliche Freistellung von der Arbeit von einem Tag, wenn diese zwei Monate lang zusammenhängend gearbeitet haben.[499] Die Freistellung kann dabei als Urlaub aus der Haft (Arbeitsurlaub) genutzt oder auf den Entlassungszeitpunkt angerechnet werden.[500] Im Hinblick auf eine Berücksichtigung Strafgefangener in der Sozialversicherung einschließlich der Arbeitslosenversicherung sind Gefangene außerdem

---

494 Siehe § 49 Abs. 2 Satz 2 BWJVollzGB III, Art. 46 Abs. 2 Satz 2 BayStVollzG, § 66 Abs. 2 Satz 1 BbgJVollzG, § 55 Abs. 2 Satz 1 BremStVollzG, § 40 Abs. 2 Nr. 1 HmbStVollzG, § 38 Abs. 2 HStVollzG, § 55 Abs. 2 Satz 1 StVollzG M-V, § 40 Abs. 1 Satz 2 NJVollzG, § 32 Abs. 1 Satz 1 NRWStVollzG, § 65 Abs. 2 Satz 1 LJVollzG RP, § 55 Abs. 2 Satz 1 SLStVollzG, § 55 Abs. 2 Satz 1 SächsStVollzG, § 66 Abs. 3 ThürJVollzGB, § 64 Abs. 3 Satz 1 JVollzG LSA, § 37 Abs. 2 Satz 1 LStVollzG SH, § 61 Abs. 2 Satz 1 StVollzG Bln.

495 § 49 Abs. 2 Satz 3 BWJVollzGB III, Art. 46 Abs. 2 Satz 3 BayStVollzG, § 66 Abs. 2 Satz 2 BbgJVollzG, § 55 Abs. 2 Satz 2 BremStVollzG, § 40 Abs. 2 Nr. 1 HmbStVollzG, § 38 Abs. 2 HStVollzG, § 55 Abs. 2 Satz 2 StVollzG M-V, § 32 Abs. 1 Satz 2 NRWStVollzG, § 65 Abs. 2 Satz 2 LJVollzG RP, § 55 Abs. 2 Satz 2 SLStVollzG, § 55 Abs. 2 Satz 2 SächsStVollzG, § 66 Abs. 3 ThürJVollzGB, § 64 Abs. 3 Satz 2 JVollzG LSA, § 37 Abs. 2 Satz 2 LStVollzG SH, § 61 Abs. 2 S Satz 2 StVollzG Bln.

496 Anders das Bruttoprinzip: Hiernach wäre eine höhere Vergütung vorgesehen unter Abzug eines Haftkostenbeitrages für Unterbringung und Verpflegung, siehe BVerfGE 98. 169 (203); *Arolth/Krä*, StVollzG, noch zu § 43 StVollzG, Rn. 3.

497 *Arloth/Krä*, StVollzG, noch zu § 43 StVollzG, Rn. 3.

498 Vgl. *Laubenthal*, Strafvollzug, Rn. 445.

499 Vgl. § 49 Abs. 6 BWJVollzGB III, Art. 46 Abs. 6 Satz 1 BayStVollzG, § 40 Abs. 3 Satz 1 HmbStVollzG, 40 Abs. 5 Satz 1 NJVollzG.

500 Vgl. § 49 Abs. 7, 8 und 9 BWJVollzGB III, Art. 46 Abs. 7, 8 und 9 BayStVollzG, § 55 Abs. 8, 9 und 10 BremStVollzG, § 40 Abs. 4 und 5 Satz 1 HmbStVollzG, § 39 Abs. 1 Satz 1 HStVollzG, § 55 Abs. 7 Satz 3 StVollzG M-V, § 40 Abs. 6, 7 und 8 NJVollzG, § 39 Abs. 1 Satz 2 NRWStVollzG, § 40 Abs. 1 LStVollzG SH, § 63 Abs. 3 StVollzG Bln. Gemäß § 63 Abs. 5 StVollzG Bln können Strafgefangene außerdem, soweit eine Vorverlegung des Entlassungszeitpunktes nach § 63 Abs. 4 StVollzG Bln ausgeschlossen ist, bei ihrer Entlassung eine Ausgleichsentschädigung von zusätzlich 15 % der ihnen für den Zeitraum nach den §§ 61 und 62 StVollzG Bln gezahlten Vergütung erhalten; dabei ist zu berücksichtigen, dass dieser Anspruch jedoch erst bei Haftentlassung besteht (§ 63 Abs. 5 Satz 2 StVollzG Bln).

in die gesetzliche Unfallversicherung und in die gesetzliche Arbeitslosenversicherung einbezogen.[501] Die Gesundheitsfürsorge für Gefangene obliegt der Institution, wobei die Leistungen der Gesundheitsfürsorge im Vollzug im Sinne des aus Art. 20 Abs. 1 GG abgeleiteten Äquivalenzprinzips[502] an die Leistungen der gesetzlichen Krankenversicherung angeglichen werden sollen.[503]

Fraglich ist, ob hierdurch bereits Mindestanforderungen an ein Konzept der (Re-)Sozialisierung erfüllt werden oder ob auch eine weitergehende Verpflichtung zur Berücksichtigung Strafgefangener in der Sozialversicherung aus dem verfassungsrechtlichen (Re-)Sozialisierungskonzept aus Art. 2 Abs. 1 GG i.V.m. Art. 1 Abs. 1 GG i.V.m. dem Sozialstaatsprinzip gemäß Art. 20 Abs. 1 GG abgeleitet werden kann. Die Ausgestaltung der Sozialordnung (Art. 20 Abs. 1 GG) und die Entscheidung über die Gewährung von bestimmten Vergünstigungen weist die Verfassung dem Gesetzgeber als sozialstaatliche Aufgabe zu.[504] Bei dem Sozialstaatsprinzip handelt es sich um keine unverbindliche programmatisch-politische Aussage; sie enthält eine Staatszielbestimmung, nach der alle Staatsorgane verpflichtet sind, dieses Ziel zu verfolgen.[505] Somit ist die Sozialstaatsklausel unmittelbar geltendes Recht, aber in hohem Maße der konkreten Ausgestaltung bedürftig.[506] Lediglich der Gesetzgeber kann das Wesentliche zur Verwirklichung des Sozialstaates tun und verfassungsrechtlich zu sozialer Aktivität verpflichtet sein.[507] Daher steht es grundsätzlich in der Gestaltungsmacht des Gesetzgebers, Art und Umfang sozialer Sicherungssysteme und den Kreis der hierzu berechtigten Personen nach sachgerechten Kriterien zu bestimmen.[508] Das Sozialstaatsziel gebietet es, ein Mindestmaß

---

501 BVerfGE 98, 169 (208); vgl. auch Kapitel 1, S. 51 f., 82 f.

502 Abzugrenzen ist das strafvollzugsrechtliche Äquivalenzprinzip von dem sozialversicherungsrechtlichen Äquivalenzprinzip als die „gemeinsame Deckung eines möglichen, in seiner Gesamtheit schätzbaren Bedarfs durch Verteilung auf eine organisierte Vielheit“, vgl. BSG, Urteil vom 20.12.1957, 7 RKg 4/56, BSGE 6, 213 (228) sowie BVerfG, Beschluss vom 08.04.1987, 2 BvR 909/82 (u. a.), BVerfGE 75, 108 (146); „sozial modifiziert und mit Elementen der öffentlichen Fürsorge verbunden“, BVerfG, Beschluss vom 18.07.2005, 2 BvF 2/01, BVerfGE 113, 167 (196); BSG, Urteil vom 29.02.2012, B 12 KR 5/10 R, BSGE 110, 130, Rn. 41.

503 BT-Drs. 7/3998, S. 25; vgl. hierzu Kapitel 1, S. 82.

504 BVerfGE 98, 169 (204).

505 Vgl. hierzu *Grzeszick*, in: Maunz/Dürig, Grundgesetz Kommentar, Art. 20 VIII, Rn. 18; s. a. *Huster/Rux*, in: Epping/Hillgruber (Hrsg.), BeckOK Grundgesetz, Art. 20, Rn. 209; s. a. BVerfGE 1, 97 (105).

506 Siehe *Antoni*, in: Hömig/Wolff (Hrsg.), Grundgesetz für die Bundesrepublik Deutschland Handkommentar, Art. 20, Rn. 4; siehe ebenfalls BVerfGE 5, 198; BVerfGE 10, 370 f.

507 Vgl. BVerfGE 1, 97 (105); s. a. *Grzeszick*, in: Maunz/Dürig, Grundgesetz Kommentar, Art. 20 VIII, Rn. 18, wonach das Sozialstaatsprinzip dem Staat eine Aufgabe stelle, aber selbst keine konkrete Aussage dazu treffe wie diese Aufgabe zu verwirklichen sei.

508 BVerfGE 98, 169 (204).

an sozialer Sicherheit zu gewährleisten, indem der Sozialstaat eine Absicherung gegen die Wechselfälle des Lebens (Alter, Krankheit, Arbeitslosigkeit, Unfall, Pflegebedürftigkeit) zur Verfügung stellt, was er in Gestalt der Sozialversicherung realisiert.[509] Subjektive Anspruchsrechte sind allerdings allein aus dem Sozialstaatsprinzip regelmäßig nicht abzuleiten.[510] In erster Linie ist der Gesetzgeber zu dessen Konkretisierung aufgerufen.[511] Hierbei hat der Gesetzgeber einen weiten Gestaltungsspielraum.[512] Dabei lässt das Sozialstaatsprinzip hinsichtlich der Art und Weise der Erfüllung von sozialstaatlichen Aufgaben weitgehende Freiheit, sodass auch die bestehenden Sozialversicherungssysteme keinen Bestandsschutz genießen.[513] Diese inhaltliche Vagheit des Sozialstaatsprinzips ist erforderlich, da es angesichts eines stetigen Wandels von gesellschaftlichen und wirtschaftlichen Verhältnissen sowie in Anbetracht von erheblichen Finanzmitteln, die sozialstaatliche Maßnahmen bedürfen, möglich sein muss, dass der Gesetzgeber, unter Beachtung des Vertrauensschutzes und eigentumsrechtlicher Positionen, sozialstaatliche Leistungen, die sich als obsolet oder nicht (mehr) finanzierbar erwiesen haben, kürzt oder zurücknimmt.[514]

Es obliegt somit dem Gesetzgeber, im Rahmen eines weiten Gestaltungsspielraumes, wie er das Sozialstaatsgebot konkretisiert. Folglich liegt es auch in seiner Gestaltungsmacht, wen er in den Schutz der Sozialversicherung einbezieht. Das BVerfG[515] hat in seiner Leitentscheidung aus dem Jahr 1998 zu der Frage, ob aus (Re-)Sozialisierungsgründen die Verrichtung der Arbeit von Gefangenen auch in der Weise anerkannt werden müsse, dass Gefangene in den Schutz der Sicherungssysteme einzubeziehen seien, ausgeführt, dass eine solche Entscheidung für bestimmte Gefangene sicherlich sinnvoll sei, das Grundgesetz allerdings nicht dazu zwinge, auch Pflichtarbeit im Strafvollzug in der Art und Weise anzuerkennen, dass

---

509 Vgl. *Antoni*, in: Hömig/Wolff (Hrsg.), Grundgesetz für die Bundesrepublik Deutschland Handkommentar, Art. 20, Rn. 4; *Huster/Rux*, in: Epping/Hillgruber (Hrsg.), BeckOK Grundgesetz, Art. 20, Rn. 211; vgl. ebenfalls BVerfGE 28, 324 (348 ff.), in: NJW 1970, 1675.

510 Vgl. *Huster/Rux*, in: Epping/Hillgruber (Hrsg.), BeckOK Grundgesetz, Art. 20, Rn. 209; *Grzeszick*, in: Maunz/Dürig, Grundgesetz Kommentar, Art. 20 VIII, Rn. 19; s. a. BVerfGE 27, 253 (283), in: NJW 1970, 799 ff.; BVerfGE 82, 60 (80), in: NJW 1990, 2869.

511 Siehe *Huster/Rux*, in: Epping/Hillgruber (Hrsg.), BeckOK Grundgesetz, Art. 20, Rn. 209; *Grzeszick*, in: Maunz/Dürig, Grundgesetz Kommentar, Art. 20 VIII, Rn. 18.

512 *Huster/Rux*, in: Epping/Hillgruber (Hrsg.), BeckOK Grundgesetz, Art. 20, Rn. 209; *Grzeszick*, in: Maunz/Dürig, Grundgesetz Kommentar, Art. 20 VIII, Rn. 18; BVerfGE 1, 97 (105), in: NJW 1952, 297 ff.; BVerfGE 82, 60 (80), in: NJW 1990, 2869.

513 Siehe *Huster/Rux*, in: Epping/Hillgruber (Hrsg.), BeckOK Grundgesetz, Art. 20, Rn. 211.1.

514 Vgl. *Huster/Rux*, in: Epping/Hillgruber (Hrsg.), BeckOK Grundgesetz, Art. 20, Rn. 209.1 ff., BVerfGE 98, 169 (204).

515 BVerfGE 98, 169.

Gefangene in den Schutz der sozialen Sicherungssysteme einzubeziehen seien.[516] Unter dem Blickwinkel des Sozialstaatsgebotes könne es daher auch hinzunehmen sein, dass der Gesetzgeber sich nach Abwägung aller einschlägigen Gesichtspunkte im Einzelfall gegen eine soziale Maßnahme entscheide, einen bereits begonnenen Ansatz nicht weiterverfolge oder von in Aussicht genommenen zukünftigen Verbesserungen endgültig Abstand nehme, denn all dies liege grundsätzlich im Rahmen seiner gesetzgeberischen Gestaltungsmacht, sodass der Gesetzgeber nicht gehalten sei, jede in Betracht kommende Beschäftigung am Schutz der Sozialversicherung teilnehmen zu lassen.[517] Im Hinblick auf die Situation Strafgefangener hat sich der Gesetzgeber dazu entschieden, den Strafvollzug auf die (Re-)Sozialisierung der Delinquenten auszurichten. Ein wesentlicher Bestandteil davon ist die Beschäftigung Strafgefangener, die durch eine monetäre Komponente, das Entgelt, sowie durch eine nicht monetäre Komponente – die Gewährung von Freistellungstagen – Anerkennung findet. Für eine weitergehende Anerkennung von Arbeit im Strafvollzug hat sich der Gesetzgeber nicht entschieden. Zwar hatte der Gesetzgeber in § 198 Abs. 3, § 190 Nr. 4 StVollzG ursprünglich vorgesehen, dass alle Gefangenen, die Arbeitsentgelt, Ausbildungsbeihilfe oder eine Ausfallentschädigung nach den Vorschriften des Strafvollzugsgesetzes erhalten, in die sozialen Sicherungssysteme auf einer Bemessungsgrundlage von 90 % der sozialversicherungsrechtlichen Bezugsgröße einbezogen werden sollen.[518] Dabei handelt es sich nach Ansicht des BVerfG jedoch um eine derart weittragende Regelung, die das verfassungsrechtliche (Re-)Sozialisierungsgebot nicht erfordert.[519] So hat der Gesetzgeber Strafgefangene frühzeitig in die gesetzliche Unfallversicherung eingebunden und zu einem späteren Zeitpunkt auch in der gesetzlichen Arbeitslosenversicherung berücksichtigt. Außerdem werden Leistungen zur Gesundheitsfürsorge von der Institution erbracht. Das Inkrafttreten eines besonderen Bundesgesetzes zur Berücksichtigung Strafgefangener in der gesetzlichen Kranken- und Rentenversicherung hat der Gesetzgeber bisher aber nicht vorangetrieben. Hierzu ist er nicht verpflichtet, denn auch wenn die soziale Absicherung von Strafgefangenen vom Bundesgesetzgeber im Bundesstrafvollzugsgesetz vorgesehen wurde (§ 198 Abs. 3 StVollzG), liegt es doch in seiner weiten Gestaltungsmacht, wie er ein Konzept der (Re-)Sozialisierung ausgestaltet – unter Berücksichtigung der vom BVerfG aufgestellten Mindestanforderungen – und wer nach Ansicht des Gesetzgebers in den Schutz der Sozialversicherung fallen soll.[520] Als Mindestanforderung an ein Konzept der (Re-)Sozialisierung, die das BVerfG im Jahr 1998 festgelegt hat, dient die ausschließlich finanzielle Anerkennung von Pflichtarbeit, wenn hierdurch Gefangenen bewusst gemacht werden kann, dass Erwerbsarbeit zur Herstellung einer

516 BVerfGE 98, 169 (204).
517 Ebd.
518 BVerfGE 98, 169 (212); vgl. BGBl. I 1976, S. 607.
519 BVerfGE 98, 169 (212).
520 Vgl. BVerfGE 98, 169 (204).

Lebensgrundlage sinnvoll ist; neben oder anstelle einer ausschließlich finanziellen Anerkennung von Arbeit kann z. B. aber auch der Aufbau einer sozialversicherungsrechtlichen Anwartschaft in Betracht kommen.[521] Wie dargelegt, hat sich der Gesetzgeber entschieden, ein Konzept der (Re-)Sozialisierung durch Pflichtarbeit im Strafvollzug in monetärer Weise (9 % der Bezugsgröße nach § 18 SGB IV) sowie in nicht monetärer Weise (Freistellungstage) anzuerkennen. Dass dieses Konzept verfassungsgemäß ist, hat das BVerfG bereits bestätigt.[522] In Ansehung von Art. 20 Abs. 1 GG wird Strafgefangenen außerdem ein Mindestmaß an sozialer Sicherheit gewährleistet, indem Strafgefangene in der gesetzlichen Unfallversicherung und in der gesetzlichen Arbeitslosenversicherung eine Berücksichtigung finden sowie durch eine institutionelle Gesundheitsfürsorge während der Haft, die den Verhältnissen außerhalb der Haft zu entsprechen hat. Den vom BVerfG aufgestellten Mindestanforderungen an ein Konzept der (Re-)Sozialisierung wird damit entsprochen. Eine darüber hinausgehende Verpflichtung zur Einbeziehung Strafgefangener in die Bereiche der Sozialversicherung – vorliegend in die gesetzliche Kranken-, Pflege- und Rentenversicherung – ergibt sich nicht aus dem verfassungsrechtlichen Anspruch auf (Re-)Sozialisierung aus Art. 2 Abs. 1 GG i.V.m. Art. 1 Abs. 1 GG i.V.m. dem Sozialstaatsprinzip gemäß Art. 20 Abs. 1 GG; ferner kann dem Gesetzgeber eine solche Verpflichtung auch nicht aus dem (Re-)Sozialisierungsgebot auferlegt werden, weil er sich im Hinblick auf seinen Gestaltungsspielraum nicht auf ein bestimmtes Regelungskonzept festlegen muss.[523]

Mit einer Kombination aus monetärer und nicht monetärer Anerkennung für geleistete Arbeit im Vollzug sowie einer teilweisen Berücksichtigung Strafgefangener in der Sozial- und Arbeitslosenversicherung hat sich der Gesetzgeber somit für ein (Re-)Sozialisierungskonzept entschieden, dass auch das BVerfG als verfassungsgemäß bestätigt.[524] Im Ergebnis folgt daraus aber auch, dass es mit dem verfassungsrechtlichen (Re-)Sozialisierungsgebot aus Art. 2 Abs. 1 i.V.m. Art. 1 Abs. 1 GG i.V.m. Art. 20 Abs. 1 GG nicht mehr vereinbar wäre, würde dieses gewählte (Re-)Sozialisierungskonzept vom Gesetzgeber unterschritten, z. B. durch Entfallen einer Anerkennungskomponente oder durch eine geringere Vergütung. Hingegen wäre eine Kompensation bei Verzicht auf eine Anerkennungskomponente, z. B. durch eine höhere Vergütung, denkbar, wenn Arbeit im Strafvollzug hierdurch angemessen Anerkennung findet.[525] Das verfassungsrechtliche (Re-)Sozialisierungskonzept

---

521 BVerfGE 98, 169 (202).

522 Nichtannahmebeschluss vom 24.03.2002, 2 BvR 2175/01, juris, Rn. 39 ff.; s. a. BVerfG, Nichtannahmebeschluss vom 16.12.2015, 2 BvR 1017/14, juris, Rn. 18.

523 BVerfGE 98, 169 (204, 212); vgl. auch *Wunder/Diehm*, Die soziale (Nicht-)Sicherung von Strafgefangenen, in: Soziale Sicherheit 2009, 74 (78).

524 Vgl. Nichtannahmebeschluss vom 24.03.2002, 2 BvR 2175/01, juris, Rn. 39 ff.; s. a. BVerfG, Nichtannahmebeschluss vom 16.12.2015, 2 BvR 1017/14, juris, Rn. 18.

525 S. a. BVerfGE 98, 169 (201).

ist also nicht festgeschrieben; vielmehr ist der Gesetzgeber aufgefordert, dieses Konzept einer ständigen Prüfung zu unterziehen.[526]

c. *Zusammenfassung*

Die (Re-)Sozialisierung Strafgefangener bildet die ranghöchste Aufgabe des Strafvollzuges. Ein verfassungsrechtlicher Anspruch auf (Re-)Sozialisierung ergibt sich für Strafgefangene aus einer Zusammenschau von Art. 2 Abs. 1 i.V.m. Art. 1 Abs. 1 GG i.V.m. Art. 20 Abs. 1 GG.[527] Die Verfassung erfordert es, dass bei staatlichem Handeln im Kontext des Strafvollzuges der Gedanke der (Re-)Sozialisierung zu beachten ist; die Legislative trägt diesem Gedanken im Rahmen des Gesetzgebungsprozesses Rechnung.[528] Bei der Umsetzung des (Re-)Sozialisierungskonzeptes obliegt es dem Gesetzgeber im Rahmen eines extensiven Gestaltungsspielraumes, wie er ein Konzept der (Re-)Sozialisierung ausfüllt, sodass eine Verpflichtung zur Normierung eines generellen Rechts für Strafgefangene auf (Re-)Sozialisierung nicht besteht. Vielmehr entscheidet der Gesetzgeber im Rahmen seiner Kompetenz, welche Maßnahmen er für eine gelingende (Re-)Sozialisierung Strafgefangener als erforderlich erachtet, unter Bindung an die vom BVerfG vorgegebenen Mindestanforderungen.[529] Als Mindestanforderung an ein Konzept der (Re-)Sozialisierung kann Pflichtarbeit, die ausschließlich oder hauptsächlich in finanzieller Art Anerkennung findet, zur verfassungsrechtlich gebotenen (Re-)Sozialisierung beitragen, wenn Gefangenen durch die Höhe des Entgeltes bewusst gemacht werden kann, dass Erwerbsarbeit zur Herstellung einer Lebensgrundlage sinnvoll ist.[530] Neben oder anstelle einer ausschließlich finanziellen Anerkennung von Arbeit kann aber auch z. B. der Aufbau einer sozialversicherungsrechtlichen Anwartschaft in Betracht zu ziehen sein.[531] Der Gesetzgeber hat sich dazu entschieden, Arbeit im Strafvollzug – als Bestandteil eines (Re-)Sozialisierungskonzeptes – in monetärer

---

526 Vgl. BVerfG, Nichtannahmebeschluss vom 24.03.2002, 2 BvR 2175/01, juris, Rn. 42; BVerfG, Nichtannahmebeschluss vom 16.12.2015, 2 BvR 1017/14, juris, Rn. 18.

527 Vgl. *Miller*, Der auf (Re-)Sozialisierung ausgerichtete Strafvollzug im Lichte der Verfassung, S. 104; *Leyendecker*, (Re-)Sozialisierung und Verfassungsrecht, S. 107; *Strohmayr*, Menschenwürde und Strafvollzug, S. 11; *Arloth/Krä*, StVollzG, noch zu § 2 StVollzG, Rn. 11; *Lindemann*, in: Feest/Lesting/Lindemann (Hrsg.), AK-StVollzG, Teil II, § 2 LandesR, Rn. 15; BVerfGE 35, 202 (236), in: NJW 1973, 1226 (1231); BVerfGE 45, 187 (239), in: NJW 1977, 1525 (1528); BVerfGE 98, 169 (200), in: NJW 1998, 3337 (3337).

528 *Leyendecker*, (Re-)Sozialisierung und Verfassungsrecht, S. 107.

529 Vgl. *Leyendecker*, (Re-)Sozialisierung und Verfassungsrecht, S. 107 f.; mit einer Übersicht zur Rechtsprechung des BVerfG zur Gewährung von Ansprüchen im Strafvollzug, siehe *Miller*, Der auf (Re-)Sozialisierung ausgerichtete Strafvollzug im Lichte der Verfassung, S. 122 ff.

530 BVerfGE 98, 169 (202).

531 Ebd.

und in nicht monetärer Weise anzuerkennen. Im Hinblick auf eine soziale Sicherung von Strafgefangenen, werden diese in Ansehung des Sozialstaatsgebotes gemäß Art. 20 Abs. 1 GG sozial abgesichert, weil sie bereits in die gesetzliche Unfallversicherung und Arbeitslosenversicherung eingebunden sind und Leistungen der Gesundheitsfürsorge durch die Institution erhalten, die den Leistungen außerhalb der Haft angeglichen sein sollen. Auch wenn Gefangene somit nicht in der gesetzlichen Kranken- und Rentenversicherung eingebunden sind, erfüllt der Gesetzgeber im Ergebnis die Mindestanforderungen an ein Konzept der (Re-) Sozialisierung. Dass es sich bei diesem Konzept um ein verfassungsgemäßes (Re-) Sozialisierungskonzept handelt, hat das BVerfG bestätigt.[532] Allerdings wäre ein Unterschreiten von diesem gewählten (Re-)Sozialisierungskonzept mit dem verfassungsrechtlichen (Re-)Sozialisierungsgebot aus Art. 2 Abs. 1 i.V.m. Art. 1 Abs. 1 GG i.V.m. Art. 20 Abs. 1 GG nicht mehr vereinbar.

II. Europäisches Verfassungsrecht – Soziale Sicherheit und soziale Unterstützung gemäß der Charta der Grundrechte der Europäischen Union (GRCh)

Gemäß Art. 6 Abs. 1 des Vertrages über die Europäische Union (EUV)[533] erkennt die Europäische Union die Rechte, Freiheiten und Grundsätze an, die in der „Charta der Grundrechte der Europäischen Union" (GRCh)[534] vom 07.12.2000 in der am 12.12.2007 angepassten Fassung niedergelegt sind. Auf europarechtlicher Ebene bildet somit die Charta der Grundrechte der Europäischen Union die zentrale Rechtsquelle europäischen Grundrechtsschutzes.[535] Mit dem Inkrafttreten des Vertrages von Lissabon[536] wurde die GRCh zum 01.12.2009 verbindlich.[537] Hinsichtlich des Ranges der Charta sind die in ihr verankerten Grundrechte und Grundsätze dem Primärrecht zuzuordnen, da sie nach Art. 6 UAbs. 1, 2. Hs. EUV

---

532 Vgl. Nichtannahmebeschluss vom 24.03.2002, 2 BvR 2175/01, juris, Rn. 39 ff.; s. a. BVerfG, Nichtannahmebeschluss vom 16.12.2015, 2 BvR 1017/14, juris, Rn. 18.

533 Vertrag über die Europäische Union i.d.F des Vertrages von Lissabon vom 13.12.2007, veröffentlicht in ABl. Nr. C 306 S. 1 ff. am 17.12.2007.

534 Charta der Grundrechte der Europäischen Union, veröffentlicht in ABl. EG 2000/C 364/01 vom 18.12.2000, geändert durch ABl. EG 2007/C 303/01 vom 14.12.2007.

535 Vgl. *Hamacher*, in: Stern/Sachs (Hrsg.), Europäische Grundrechte-Charta, zu A Einführung und Grundlagen, Rn. 20 f.; *Geiger*, in: Geiger/Khan/Kotzur (Hrsg.), EUV/AEUV Kommentar, Art. 6 EUV, Rn. 9, wonach die Charta primärrechtliche Gleichrangigkeit mit den Verträgen hat; s. a. *Banafsche*, Die internationalen Menschenrechte und das deutsche Recht – ein Überblick, S. 69, in: Banafsche/Platzer, Soziale Menschenrechte und Arbeit. Multidisziplinäre Perspektiven.

536 Vgl. ABl. Europäische Union Nr. C 306/1 vom 17.12.2007; Gesetz zum Vertrag von Lissabon vom 13. Dezember 2007, veröffentlicht in BGBl. II 2008, 1038.

537 *Jarass*, Charta der Grundrechte der Europäischen Union, Einleitung, Rn. 9.

rechtlich gleichrangig mit den Verträgen sind.[538] Des Weiteren werden die in der Charta niedergelegten Rechte, Freiheiten und Grundsätze gemäß den allgemeinen Bestimmungen des Titels VII der Charta (Art. 51 ff. GRCh), wonach Auslegung und Anwendung geregelt ist, und unter gebührender Berücksichtigung der in der Charta angeführten Erläuterungen, in denen die Quellen dieser Bestimmungen angegeben sind, ausgelegt (Art. 6 Abs. 1 Satz 3 EUV). Nach Art. 51 Abs. 1 Satz 1 GRCh erstreckt sich der Anwendungsbereich der Charta auf die Mitgliedstaaten allerdings nur insoweit, als sie Unionsrecht durchführen.[539] Die Charta unterscheidet gemäß Art. 52 Abs. 4 bis 7 GRCh in Grundrechte, die einen Rechtsanspruch der geschützten Person enthalten, Grundsätze als objektives Recht, die einen Rechtssetzungsauftrag inkludieren, und Erläuterungen, mit Bezugnahme auf Art. 52 Abs. 7 GRCh, betreffend die Erläuterungen[540] des Präsidiums des Grundrechte-Konvents (aktualisiert durch das Präsidium des Verfassungsvertrags-Konvents).[541]

Wichtigste Rechtserkenntnisquelle[542] der Unionsgrundrechte ist die „Europäische Konvention zum Schutze der Menschenrechte und Grundfreiheiten" (EMRK)[543] vom 04.11.1950 (Inkrafttreten am 03.09.1953); sie bindet als völkerrechtliche Rechtsquelle die Mitgliedstaaten der Union bei der Durchführung des Unionsrechts und wird zur völkerrechtlich verbindlichen Rechtsquelle auch für das Handeln der Union selbst, falls diese ihr beitritt.[544] Die EMRK ist das am weitesten entwickelte Menschenrechtsschutzsystem sowie die bedeutsamste Konvention des Europarates.[545] Ihre Bedeutsamkeit liegt vor allem in der Schaffung eines

538 *Jarass*, Charta der Grundrechte der Europäischen Union, Einleitung, Rn. 12; *Streinz*, in: Streinz (Hrsg.), EUV/AEUV, Art. 6 EUV, Rn. 1.

539 Vgl. hierzu nur Europäischer Gerichtshof (EuGH), Urteil vom 26.02.2013, C-617/10, NVwZ 2013, 561, Rn. 17 ff. – *Åklagare/ Hans Åkerberg Fransson*; BVerfG, Urteil vom 24.04.2013, 1 BvR 1215/07, BVerfGE 133, 277, Rn. 91.

540 Erläuterungen zur Charta der Grundrechte vom 14.12.2007, veröffentlicht im ABl. Europäische Union, Nr. C 303/02 vom 14.12.2007.

541 *Geiger*, in: Geiger/Khan/Kotzur (Hrsg.), EUV/AEUV Kommentar, Art. 6 EUV, Rn. 14, 16; *Ladenburger*, in: Stern/Sachs (Hrsg.), Europäische Grundrechte-Charta, Art. 52, Rn. 130 ff.

542 Siehe hierzu ausführlich *Kingreen*, in: Calliess/Ruffert (Hrsg.), EUV/ AEUV mit Europäischer Grundrechtecharta Kommentar, Art. 6 EUV, Rn. 19; *Geiger*, in: Geiger/ Khan/Kotzur (Hrsg.), EUV/AEUV Kommentar, Art. 6 EUV, Rn. 26.

543 Convention for the Protection of Human Rights and Fundamental Freedom.

544 *Kingreen*, in: Calliess/Ruffert (Hrsg.), EUV/ AEUV mit Europäischer Grundrechtecharta Kommentar, Art. 6 EUV, Rn. 19. Zum Beitritt der Union zur EMRK, vgl. ausführlich *Folz*, in: Vedder/Heintschel von Heinegg (Hrsg.), Europäisches Unionsrecht, Art. 6 EUV, Rn. 5 ff.; s. a. *Kingreen*, in: Calliess/Ruffert (Hrsg.), EUV/ AEUV mit Europäischer Grundrechtecharta Kommentar, Art. 6 EUV, Rn. 19 ff.

545 *Mayer*, in: Karpenstein/Mayer (Hrsg.), EMRK Konvention zum Schutz der Menschenrechte und Grundfreiheiten Kommentar, Einleitung, Rn. 1; *Stein/von Buttlar/ Kotzur*, Völkerrecht, Rn. 1030. Überführt wird die EMRK in deutsches Recht durch

internationalen Sicherungsmechanismus mit einem justizförmigen Verfahren vor dem Europäischen Gerichtshof für Menschenrechte (EGMR).[546] Rechtsnatur der EMRK ist die eines multilateralen völkerrechtlichen Vertrages, der in der deutschen Rechtsordnung den Rang eines einfachen Bundesrechts einnimmt.[547] Der Status der EMRK als wichtigste Rechtserkenntnisquelle – resp. ihr Einfluss auf die Grundrechte-Charta – wird bereits in Textauszügen der Präambel[548] der Charta ersichtlich, durch ausdrücklichen Verweis auf die EMRK und auf die Rechtsprechung des EGMR.[549] Die Grundrechte, wie sie in der EMRK gewährleistet sind und wie sie sich aus den gemeinsamen Verfassungsüberlieferungen der Mitgliedstaaten ergeben, sind als allgemeine Grundsätze Teil des Unionsrechts, Art. 6 Abs. 3 EUV. Soweit die GRCh somit Rechte enthält, die den durch die EMRK garantierten Rechten entsprechen, haben sie die gleiche Bedeutung und Tragweite, wie sie ihnen in der genannten Konvention verliehen werden (Art. 52 Abs. 3 Satz 1 GRCh). Entsprechende Grundrechte der EMRK werden folglich über Art. 52 Abs. 3 GRCh in die GRCh inkorporiert.[550] Dem steht nicht entgegen, dass das Recht der Union einen weitergehenden Schutz gewährleistet (Art. 52 Abs. 3 Satz 2 GRCh). Die EMRK und der EGMR bilden demzufolge einen zentralen Maßstab für den unionsrechtlichen Grundrechtsschutz.[551] Auch wenn die Union bis zu ihrem Beitritt zur EMRK (Art. 6 Abs. 2 EUV) nicht an diese gebunden ist, sind doch ihre Mitgliedstaaten als Konventionsstaaten völkerrechtlich an die EMRK gebunden, sodass die EMRK in diesem Fall nicht nur Rechtserkenntnisquelle, sondern auch Rechtsquelle ist.[552]

---

das „Gesetz über die Konvention zum Schutze der Menschenrechte und Grundfreiheiten" vom 07.08.1952, BGBl. II 1952, S. 685.

546 *Herdegen*, Völkerrecht, § 49, Rn. 3.

547 *Meyer-Ladewig/Nettesheim*, in: Meyer-Ladewig/Nettesheim/von Raumer (Hrsg.), EMRK Europäische Menschenrechtskonvention Handkommentar, Einleitung, Rn. 14; *Mayer*, in: Karpenstein/Mayer (Hrsg.), EMRK Konvention zum Schutz der Menschenrechte und Grundfreiheiten Kommentar, Einleitung, Rn. 12.

548 Siehe Präambel GRCh, Abs. V, Satz 1: Diese Charta bekräftigt unter Achtung der Zuständigkeiten und Aufgaben der Union und des Subsidiaritätsprinzips die Rechte, die sich (...) aus der Europäischen Konvention zum Schutz der Menschenrechte und Grundfreiheiten (...) sowie aus der Rechtsprechung des Gerichtshofs der Europäischen Union und des Europäischen Gerichtshofs für Menschenrechte ergeben.

549 Vgl. *Grabenwarter/Pabel*, Europäische Menschenrechtskonvention, § 4, Rn. 7.

550 Vgl. Heuschmid, in: Däubler (Hrsg.), Arbeitskampfrecht, zu § 11 Der Arbeitskampf im EU-Recht, Rn. 12.

551 *Kingreen*, in: Calliess/Ruffert (Hrsg.), EUV/ AEUV mit Europäischer Grundrechtecharta Kommentar, Art. 6 EUV, Rn. 21.

552 *Geiger*, in: Geiger/Khan/Kotzur (Hrsg.), EUV/AEUV Kommentar, Art. 6 EUV, Rn. 26; *Kingreen*, in: Calliess/Ruffert (Hrsg.), EUV/ AEUV mit Europäischer Grundrechtecharta Kommentar, Art. 6 EUV, Rn. 22. Völkerrechtsfähigkeit erlangt die Union durch ausdrückliche Bestimmung im Gründungsvertrag gemäß Art. 47 EUV („Die Union besitzt Rechtspersönlichkeit"), s. a. *Herdegen*, Völkerrecht, § 10, Rn. 4.

Fraglich ist, ob sich Vorgaben für eine soziale Absicherung Strafgefangener aus dem europäischen Verfassungsrecht entnehmen lassen. Grundsätze zur sozialen Sicherheit und sozialen Unterstützung finden sich im Titel IV der GRCh zur Solidarität in den drei Absätzen des Art. 34 GRCh.[553] Gemäß Art. 34 Abs. 1 GRCh anerkennt und achtet die Union das Recht auf Zugang zu den Leistungen der sozialen Sicherheit und zu den sozialen Diensten, die in Fällen wie Mutterschaft, Krankheit, Arbeitsunfall, Pflegebedürftigkeit oder im Alter sowie bei Verlust des Arbeitsplatzes Schutz gewährleisten, nach Maßgabe des Gemeinschaftsrechts und der einzelstaatlichen Rechtsvorschriften und Gepflogenheiten. Dieser Grundsatz ist von der Union zu wahren, wenn sie im Rahmen ihrer Zuständigkeiten nach den Art. 153 und 156 des Vertrages über die Arbeitsweise der Europäischen Union (AEUV)[554] tätig wird, da sich Art. 34 Abs. 1 GRCh auf die Art. 153 und 156 AEUV stützt sowie auf Art. 12 der „Europäischen Sozialcharta“ (ESC)[555] und auf Nr. 10 der Gemeinschaftscharta[556] der Sozialen Grundrechte der Arbeitnehmer.[557] Einen Anspruch auf Leistungen der sozialen Sicherheit und sozialen Vergünstigungen hat gemäß Art. 34 Abs. 2 GRCh jeder Mensch, der in der Union seinen rechtmäßigen Wohnsitz hat und seinen Wohnsitz rechtmäßig wechselt. Dabei wird sich auf Art. 12 Abs. 4 und Art. 13 Abs. 4 der Europäischen Sozialcharta sowie auf Nr. 2 der Gemeinschaftscharta der Sozialen Grundrechte der Arbeitnehmer bezogen, und es werden die Regeln widergespiegelt, die sich aus den Verordnungen (EWG) Nr. 1408/71 und (EWG) Nr. 1612/68 ergeben.[558] Des Weiteren anerkennt und achtet die Union das Recht auf soziale Unterstützung und Unterstützung für die Wohnung, das allen, die nicht über ausreichende Mittel verfügen, ein menschenwürdiges Dasein sicherstellen soll– ebenfalls nach Maßgabe des Gemeinschaftsrechts und der einzelstaatlichen Rechtsvorschriften und Gepflogenheiten, zwecks Bekämpfung der sozialen Ausgrenzung und der Armut (Art. 34 Abs. 3 GRCh). Die

553 Zur Entstehungsgeschichte der Norm, deren Einführung heftig umstritten war, vgl. *Ross*, in: Schwarze/Becker/Hatje/Schoo (Hrsg.), EU-Kommentar, Art. 34, Rn. 2; *Rudolf*, in: Meyer (Hrsg.), Charta der Grundrechte der Europäischen Union, Art. 34, Rn. 7 ff.

554 Vertrag über die Arbeitsweise der Europäischen Union, Fassung aufgrund des am 01.12.2009 in Kraft getretenen Vertrages von Lissabon, konsolidierte Fassung bekannt gemacht im ABl. EG Nr. C 115 vom 09.05.2008, S. 47.

555 European Social Charta. Überführt in die deutsche Rechtsordnung durch das „Gesetz zur Europäischen Sozialcharta vom 18. Oktober 1961“ vom 19.09.1964, BGBl. II 1964, S. 1261.

556 Gemeinschaftscharta der Sozialen Grundrechte der Arbeitnehmer vom 09.12.1989 (KOM (89) 248 endg.). Wobei es sich bei den angeführten Rechten in der Gemeinschaftscharta um Mindestgrundsätze handelt, die von allen Mitgliedstaaten der Europäischen Union zu beachten sind, vgl. https://eur-lex.europa.eu/legal-content/DE/TXT/?uri=LEGISSUM%3Ac10107, letzter Zugriff am 22.08.2018.

557 Vgl. Erläuterungen zur Charta der Grundrechte vom 14.12.2007, ABl. Europäische Union, Nr. C 303/27.

558 Erläuterungen zur Charta der Grundrechte vom 14.12.2007, ABl. Europäische Union, Nr. C 303/27.

Regelung lehnt sich auch an Art. 13 der Europäischen Sozialcharta und die Art. 30 und 31 der revidierten Sozialcharta[559] sowie an Nr. 10 der Gemeinschaftscharta der Sozialen Grundrechte der Arbeitnehmer an und ist von der Union im Rahmen der Politiken zu wahren, die auf Art. 153 AEUV beruhen.[560]

Zu prüfen ist, ob Art. 34 GRCh ebenfalls die soziale Absicherung Strafgefangener umfasst. Sowohl in Art. 34 Abs. 1 GRCh, der sich auf Leistungen der Sozialversicherung bezieht, die beim Eintritt von Risiken gewährt werden (soziale Sicherheit), als auch in Art. 34 Abs. 3 GRCh, der den Bereich der Sozialhilfe umfasst (soziale Unterstützung), finden sich Leistungsgewährungen, deren Umfänge unklar sind und zwingend einer gesetzlichen Konkretisierung bedürfen.[561] Nach dem Wortlaut von Art. 34 Abs. 1 und Abs. 3 GRCh anerkennt und achtet die Union die Rechte auf Zugang zur sozialen Sicherheit und sozialen Unterstützung. Dementsprechend handelt es sich bei Art. 34 Abs. 1 und Abs. 3 GRCh um Grundsätze im Sinne des Art. 52 Abs. 5 GRCh.[562] Als Grundsatz können sie nach Art. 52 Abs. 5 Satz 1 GRCh durch Akte der Gesetzgebung und der Ausführung der Organe, Einrichtungen und sonstigen Stellen der Union sowie durch Akte der Mitgliedstaaten zur Durchführung des Rechts der Union in Ausübung ihrer jeweiligen Zuständigkeiten umgesetzt werden. Vor Gericht sind sie jedoch nur bei der Auslegung dieser Akte und bei Entscheidungen über deren Rechtmäßigkeit heranzuziehen (Art. 52 Abs. 5 Satz 1 GRCh). Folglich begründen Art. 34 Abs. 1 und Abs. 3 GRCh keine Rechte für jedermann. Konkrete Ansprüche oder Verpflichtungen können aus Art. 34 Abs. 1 GRCh und Art. 34 Abs. 3 GRCh nicht erwachsen. Ebenfalls können keine Verpflichtungen, die auf eine sozialversicherungsrechtliche Besserstellung von Personen gerichtet sind oder auf diese ausgeweitet werden können, aus diesen Grundsätzen abgeleitet werden.

Hingegen bildet Art. 34 Abs. 2 GRCh gegenüber Art. 34 Abs. 1 und Abs. 3 GRCh ein eigenständiges Grundrecht, das auf die Gleichbehandlung in den Bereichen der sozialen Sicherheit und der sozialen Vergünstigung im Falle eines grenzüberschreitenden Aufenthaltswechsels gerichtet ist und in deutlicher Nähe zum Diskriminierungsverbot des Art. 18 AEUV und zur Gewährleistung der Freizügigkeit in Art. 21 AEUV steht.[563] Konkretisiert werden die Vorgaben des Art. 34 Abs. 2 GRCh

---

559 Revidierte Sozialcharta, Inkrafttreten am 01.07.1999.

560 Vgl. Erläuterungen zur Charta der Grundrechte vom 14.12.2007, ABl. Europäische Union, Nr. C 303/27.

561 *Jarass*, Charta der Grundrechte der Europäischen Union, Einleitung, Rn. 3; siehe zum Umfang der Verpflichtungen auch *Nußberger/Lang* in: Stern/Sachs (Hrsg.), Europäische Grundrechte-Charta, Art. 34, Rn. 63 ff. und 126 ff.

562 *Ross*, in: Schwarze/Becker/Hatje/Schoo (Hrsg.), EU-Kommentar, Art. 34, Rn. 1, 3 und 11; *Kingreen*, in: Calliess/Ruffert (Hrsg.), EUV/ AEUV mit Europäischer Grundrechtecharta Kommentar, Art. 34, Rn. 3, 15; s. a. Erläuterungen zur Charta der Grundrechte vom 14.12.2007, ABl. Europäische Union, Nr. C 303/02 vom 14.12.2007, Erläuterung zu Art. 34, C 303/27.

563 *Jarass*, Charta der Grundrechte der Europäischen Union, Art. 34, Rn. 12 f.; *Kingreen*, in: Calliess/Ruffert (Hrsg.), EUV/ AEUV mit Europäischer Grundrechtecharta

durch die Verordnung (EG) 883/2004[564] zur Koordinierung der Systeme der sozialen Sicherheit.[565] So stellt Art. 34 Abs. 2 GRCh bezüglich seiner Funktion ein Grundrecht auf Gleichbehandlung von Sozialleistungen bei einem grenzüberschreitenden Aufenthaltswechsel dar, das aber auch Schutz gewährleistet und für jedermann ein einklagbares Recht unter Erfüllung der hierzu erforderlichen Voraussetzungen bietet.[566] Geregelt wird hier demnach der Anspruch auf Leistungen der sozialen Sicherheit und der sozialen Vergünstigungen nach dem Unionsrecht und den einzelstaatlichen Rechtsvorschriften und Gepflogenheiten im Hinblick auf einen grenzüberschreitenden Aufenthaltswechsel. Obwohl es sich bei diesem Recht um ein auf Gleichbehandlung gerichtetes Grundrecht handelt, ist dieses Recht doch auf Fälle des Grenzüberganges beschränkt. Da ein grenzüberschreitender Wechsel des Aufenthalts Strafgefangene im Strafvollzug regelhaft nicht betrifft, lassen sich also auch aus Art. 34 Abs. 2 GRCh keine Vorgaben für eine soziale Absicherung Strafgefangener entnehmen. Darüber hinaus gilt die Charta nach Art. 51 Abs. 1 Satz 1 GRCh für die Mitgliedstaaten ausschließlich bei der Durchführung des Rechts der Union.[567] Vorgaben für eine soziale Absicherung Strafgefangener können dem europäischen Verfassungsrecht im Ergebnis dementsprechend nicht entnommen werden.

III. Völkerrecht

Die Ordnung der Staatenwelt (Völkergemeinschaft) verlangt nach verbindlichen Reglungen, die die Beziehungen zwischen Staaten konkretisieren; hierzu gehören seit Jahrhunderten ungeschriebene oder in Verträgen niedergelegte Regeln über das Staatsgebiet, den Gebietserwerb, das Gesandtschaftswesen sowie die Nutzung

---

Kommentar, Art. 34, Rn. 6; *Ross*, in: Schwarze/Becker/Hatje/Schoo (Hrsg.), EU-Kommentar, Art. 34, Rn. 7.

564 Verordnung (EG) 883/2004 zur Koordinierung der Systeme der sozialen Sicherheit. Überführt in die deutsche Rechtsordnung durch das „Gesetz zur Koordinierung der Systeme der sozialen Sicherheit in Europa und zur Änderung anderer Gesetze“ vom 22.06.2011, BGBl. I 2011, S. 1202 ff.

565 *Jarass*, Charta der Grundrechte der Europäischen Union, Art. 34, Rn. 15.

566 *Kingreen*, in: Calliess/Ruffert (Hrsg.), EUV/ AEUV mit Europäischer Grundrechtecharta Kommentar, Art. 34, Rn. 6; *Jarass*, Charta der Grundrechte der Europäischen Union, Art. 34, Rn. 13. Mit Art. 34 Abs. 2 wird jedem Menschen, der in der EU seinen rechtmäßigen Wohnsitz hat und seinen Aufenthalt rechtmäßig wechselt, ein subjektives Recht gegenüber der EU und den Mitgliedstaaten auf diskriminierungsfreie Inanspruchnahme der Leistungen der sozialen Sicherheit und der sozialen Vergünstigungen eingeräumt, vgl. *Ross*, in: Schwarze/Becker/Hatje/Schoo (Hrsg.), EU-Kommentar, Art. 34, Rn. 7.

567 Europäischer Gerichtshof (EuGH), Urteil vom 26.02.2013, C-617/10, NVwZ 2013, 561, Rn. 17 – *Åklagare/ Hans Åkerberg Fransson*; BVerfG, Urteil vom 24.04.2013, 1 BvR 1215/07, BVerfGE 133, 277, Rn. 91.

der Meere.[568] Im Hinblick auf Regeln, die das Verhalten von Staaten betreffen, ist die Anerkennung von Menschenrechten gegenüber staatlicher Gewalt sowie eine fortschreitende Weiterentwicklung menschenrechtlicher Standards durch weltweite oder regionale Verträge von zentraler Bedeutung.[569]

Menschenrechte sind international verbürgte Rechte, die allen Menschen in Unabhängigkeit von ihrer Staatsangehörigkeit zustehen.[570] Ohne Frage erfasst somit der internationale Menschenrechtsschutz auch Strafgefangene.[571] Das Grundgesetz verweist in Art. 1 Abs. 2 GG darauf, dass sich das deutsche Volk zu unverletzlichen und unveräußerlichen Menschenrechten bekennt als Grundlage jeder menschlichen Gemeinschaft, des Friedens und der Gerechtigkeit in der Welt. Art. 1 Abs. 2 GG weist den Menschenrechten damit einen besonderen Schutz zu, gibt für die Auslegung des Grundgesetzes eine Maxime vor und verdeutlicht, dass die Grundrechte auch als Ausprägung der Menschenrechte zu verstehen sind, die diese als Mindeststandard in sich aufgenommen haben.[572] Im Hinblick auf die Belange Strafgefangener konstatiert das BVerfG[573] in seiner Rechtsprechung vom 31.05.2006 zum Erfordernis einer gesetzlichen Grundlage für den Jugendstrafvollzug, dass es auf „eine den grundrechtlichen Anforderungen nicht entsprechende Gewichtung der Belange der Inhaftierten hindeuten könne, wenn völkerrechtliche Vorgaben oder internationale Standards mit Menschenrechtsbezug, wie sie in den im Rahmen der Vereinten Nationen oder von Organen des Europarates beschlossenen einschlägigen Richtlinien und Empfehlungen enthalten sind", unterschritten werden oder keine Beachtung finden.[574]

Im Fokus einer Untersuchung von völkerrechtlichen Vorgaben für eine Einbeziehung Strafgefangener in die Bereiche der Sozialversicherung steht ein Recht auf soziale Sicherheit, insbesondere auf Sozialversicherung. Zu fragen ist, ob sich aus einem Recht auf soziale Sicherheit – insbesondere auf Sozialversicherung – Vorgaben

---

568 *Herdegen*, Völkerrecht, § 1, Rn. 1.

569 *Herdegen*, Völkerrecht, § 1, Rn. 2.

570 *Buergenthal/Thürer*, Menschenrechte Ideale, Instrumente, Institutionen, S. 1; *Banafsche*, Die internationalen Menschenrechte und das deutsche Recht – ein Überblick, S. 58, in: Banafsche/Platzer, Soziale Menschenrechte und Arbeit. Multidisziplinäre Perspektiven.

571 *Dahmen*, Die Verpflichtung zur Arbeit im Strafvollzug, S. 187; *Walter*, Strafvollzug, Rn. 354.

572 BVerfG, Urteil vom 04.05.2011, 2 BvR 2333/08, juris, Rn. 90; siehe bereits BVerfG, Beschluss vom 26.03.1987, 2 BvR 589/79, 740/81 und 284/85, BVerfGE 74, 358 (370), wonach die EMRK Bestandteil des positiven Rechts der BRD im Rang eines Bundesgesetzes ist und Inhalt und Entwicklungsstand der EMRK bei der Auslegung des Grundgesetzes zu berücksichtigen sind, sofern dies nicht den Grundrechtsschutz einschränkt oder mindert. Siehe hierzu auch BVerfGE 111, 307 (329).

573 BVerfG, Urteil vom 31.05.2006, 2 BvR 1673, 2402/04, BVerfGE 116, 69 (90).

574 Vgl. die Darstellung der Rechtsprechung in: *Laubenthal*, Strafvollzug, Rn. 33.

für eine Einbeziehung Strafgefangener in das nationale Sozialversicherungsrecht ergeben, die es zu berücksichtigen gilt.

1. Völkerrechtliche Verträge in der deutschen Rechtsordnung – Einordnung und Anwendbarkeit im innerstaatlichen Recht

Nach der „Theorie des gemäßigten Dualismus"[575] sind Völkerrecht und nationales Recht als zwei voneinander getrennte Rechtskreise zu betrachten; der Umgang mit Überschneidungen oder einem potenziellen Ineinandergreifen dieser Rechtskreise bestimmt sich nach den nationalen Rechtsordnungen und danach, wie ein Staat Völkerrecht im innerstaatlichen Rechtsraum (in der Verfassungsordnung) einordnet.[576] Davon abzugrenzen ist die Frage, welche Wirkung dem Völkerrecht im innerstaatlichen Recht zukommt und ob auch einzelne Personen sich auf völkerrechtliche Normen berufen können, da die meisten völkerrechtlichen Normen nur die Staaten zu einem bestimmten Verhalten verpflichten und nicht auf eine individuelle Rechtswirkung für und gegen einzelne Personen gerichtet sind (sog. „non self-executing", nicht vollzugsfähige Norm).[577] Hiernach kann den völkerrechtlichen Normen zunächst nur eine mittelbare Wirkung zugesprochen werden.[578] Unmittelbar anwendbar ist lediglich ein geringer Teil der völkerrechtlichen Normen im innerstaatlichen Recht („self-executing")[579], mit der Folge, dass die entsprechende Norm für und gegen Einzelne wirkt und dem Individuum Rechte einräumt oder Pflichten auferlegt, ohne dass es eines weiteren nationalen Aktes bedarf.[580] Ist eine völkerrechtliche Norm also unmittelbar

---

575 Der Theorie des Dualismus steht die Theorie des Monismus gegenüber, wonach Völkerrecht und innerstaatliches Recht als Elemente eines zusammenhängenden und geschlossenen Systems verstanden werden, und das Völkerrecht dem innerstaatlichen Recht im Zweifelsfall vorzugehen hat, vgl. *Herdegen*, Völkerrecht, § 22, Rn. 1.

576 *Stein/von Buttlar/Kotzur*, Völkerrecht, Rn. 181, 189; *Herdegen*, Völkerrecht, § 22, Rn. 1 f.
Nach Herdegen ist mit innerstaatlicher Geltung von Völkerrecht zumeist die innerstaatliche Anwendbarkeit von völkerrechtlichen Regeln gemeint, was bedeutet, dass Völkerrecht von nationalen Organen vollzogen (Vollzugslehre) wird, vgl. *Herdegen*, Völkerrecht, § 22, Rn. 5.

577 *Stein/von Buttlar/Kotzur*, Völkerrecht, Rn. 186; *Krajewski*, Völkerrecht, § 5, Rn. 16 f.

578 *Krajewski*, Völkerrecht, § 5, Rn. 17; *Stein/von Buttlar/Kotzur*, Völkerrecht, Rn. 186.

579 Damit eine Völkerrechtsnorm „self-executing" ist, muss diese nach ihrem Zweck, Inhalt und ihrer Form geeignet sein, um direkt auf den Einzelnen angewandt werden zu können (als Beispiel für eine „self-executing" Norm: siehe Art. 6 EMRK), vgl. *Stein/von Buttlar/Kotzur*, Völkerrecht, Rn. 187 f.

580 *Stein/von Buttlar/Kotzur*, Völkerrecht, Rn. 187. Die Frage der unmittelbaren Anwendbarkeit einer Norm ist grundsätzlich durch Auslegung der materiellen Regelung zu ermitteln; ob eine unmittelbar anwendbare Norm auch ein subjektives Recht begründet, bestimmt sich nach dem jeweiligen Norminhalt, vgl. *Geiger*, Staatsrecht

anwendbar und gewährt sie Individualschutz, folgen aus ihr regelmäßig subjektive Rechte.[581]

Welchen Rang völkerrechtliche Regeln nach ihrer Überführung in die deutsche Rechtsordnung einnehmen, hängt von der Art der zugrunde gelegten Rechtsquelle ab.[582] Für allgemeine Regeln des Völkerrechts enthält in der deutschen Verfassung Art. 25 Satz 1 GG eine Geltungsanordnung als zentrale Vorschrift für die Einbeziehung des Völkerrechts in das innerstaatliche Recht, nach der die allgemeinen Regeln des Völkerrechts Bestandteil des Bundesrechts sind.[583] Gemäß Art. 25 Satz 2 GG gehen diese den Gesetzen vor und erzeugen Rechte und Pflichten unmittelbar für die Bewohner des Bundesgebietes. Nach dem Wortlaut von Art. 25 Satz 2 1. Hs. GG sind die allgemeinen völkerrechtlichen Regeln somit über dem einfachen Bundesrecht, jedoch unterhalb der Normen des Grundgesetzes einzuordnen.[584] Hinsichtlich der Wirksamkeit der allgemeinen Regeln des Völkerrechts gelten diese in der deutschen Rechtsordnung in ihren jeweilig gültigen Fassungen über Art. 25 GG.[585]

Für das Völkervertragsrecht, also den Vertragsschluss völkerrechtlicher Verträge durch den Bund und die Überführung des Vertragsinhaltes in innerstaatliches Recht, ist hingegen Art. 59 Abs. 2 GG die maßgebliche Vorschrift.[586] Gemäß Art. 59 Abs. 1 GG wird der Bundespräsident als Organ des Bundes zum Vertragsabschluss völkerrechtlicher Verträge ermächtigt (Organkompetenz).[587] Im Namen des Bundes schließt er die Verträge mit auswärtigen Staaten und ratifiziert diese (Art. 59 Abs. 1 Satz 2 GG).[588] Verträge, die die politischen Beziehungen des Bundes

---

III – Bezüge des Grundgesetzes zum Völker- und Europarecht, § 34, S. 145 und § 36, S. 160 f.

581 Vgl. *Krajewski*, Völkerrecht, § 5, Rn. 19, der zudem darauf hinweist, dass dies nicht zwingend so ist.

582 *v. Arnauld*, Völkerrecht, Rn. 508.

583 *Herdegen*, Völkerrecht, § 22, Rn. 6, 12; *Stein/von Buttlar/Kotzur*, Völkerrecht, Rn. 195; s. a. *Wolff*, in: Hömig/Wolff, Grundgesetz für die Bundesrepublik Deutschland, Art. 25, Rn. 1 f.
Allgemeine Regeln: Unstreitig umfassen die allgemeinen Regeln des Völkerrechts das Völkergewohnheitsrecht. Ob auch allgemeine Rechtsgrundsätze hierunter zu subsumieren sind, ist umstritten, vgl. *Stein/von Buttlar/Kotzur*, Völkerrecht, Rn. 195. Gleiches gilt in Bezug auf spezielles (regionales) Gewohnheitsrecht, vgl. *Stein/von Buttlar/Kotzur*, Völkerrecht, Rn. 195; s. a. *Herdegen*, in: Maunz/Dürig, Grundgesetz Kommentar, Art. 25, Rn. 39. Abweichend in Bezug auf die Einordnung allgemeiner Rechtssätze, vgl. *v. Arnauld*, Völkerrecht, Rn. 514.

584 *Stein/von Buttlar/Kotzur*, Völkerrecht, Rn. 201; *Herdegen*, Völkerrecht, § 22, Rn. 13.

585 *Stein/von Buttlar/Kotzur*, Völkerrecht, Rn. 203.

586 *Herdegen*, Völkerrecht, § 22, Rn. 17; *Stein/von Buttlar/Kotzur*, Völkerrecht, Rn. 207; v. Arnauld, Völkerrecht, Rn. 508.

587 *Stein/von Buttlar/Kotzur*, Völkerrecht, Rn. 208; *Domgörgen*, in: Hömig/Wolff (Hrsg.), Grundgesetz für die Bundesrepublik Deutschland Handkommentar, Art. 59, Rn. 1; *Nettesheim*, in: Maunz/Dürig, Grundgesetz Kommentar, Art. 59, Rn. 60.

588 Vgl. auch *v. Arnauld*, Völkerrecht, Rn. 508.

regeln oder sich auf Gegenstände der Bundesgesetzgebung beziehen, bedürfen der Zustimmung oder der Mitwirkung der jeweils für die Bundesgesetzgebung zuständigen Körperschaften in der Form eines Bundesgesetzes nach Art. 59 Abs. 2 Satz 1 GG. Art. 59 Abs. 2 Satz 1 GG differenziert somit zwischen zwei Vertragstypen, die jeweils eines Bundesgesetzes bedürfen.[589] Vorgesehen ist das Zustimmungsgesetz demnach entweder für Verträge, die die politischen Beziehungen des Bundes (Art. 59 Abs. 2 Satz 1 1. Alt. GG) regeln, oder für Verträge, die sich auf Gegenstände der Bundesgesetzgebung (Art. 59 Abs. 2 Satz 1 2. Alt. GG) beziehen.[590] Dieses Vertragsgesetz ist nach ständiger Rechtsprechung des BVerfG[591] Bestandteil des positiven Rechts in der deutschen Rechtsordnung im Rang eines einfachen Bundesgesetzes, den somit auch die völkerrechtlichen Verträge einnehmen.[592] Ihr völkerrechtlicher Charakter bleibt den völkerrechtlichen Verträgen nach ihrer Überführung in die nationale Rechtsordnung nach der „Vollzugslehre“[593] erhalten;

---

589 *Stein/von Buttlar/Kotzur*, Völkerrecht, Rn. 210; vgl. auch *Domgörgen*, in: in: Hömig/Wolff (Hrsg.), Grundgesetz für die Bundesrepublik Deutschland Handkommentar, Art. 59, Rn. 7, 9. Dabei können die Voraussetzungen dieser Vertragstypen auch zusammentreffen; eine Abgrenzung im Einzelfall kann daher ggf. Schwierigkeiten bereiten, vgl. hierzu *Streinz*, in: Sachs (Hrsg.), Grundgesetz Kommentar, Art. 59, Rn. 29 f.

590 Zur Unterscheidung siehe *Jarass*, in: Jarass/Pieroth (Hrsg.), Grundgesetz für die Bundesrepublik Deutschland Kommentar, Art. 59, Rn. 12 f.; vgl. auch *v. Arnauld*, Völkerrecht, Rn. 508.
Nach h.M. sind „politische Verträge“ solche, die eine besondere Bedeutung für die internationale Stellung Deutschlands haben, *v. Arnauld*, Völkerrecht, Rn. 508. Siehe hierzu auch schon BVerfG, Urteil vom 29.07.1952, 2 BvE 2/51, BVerfGE 1, 372 (388 ff.).

591 Vgl. BVerfG, Beschluss vom 15.12.1965, 1 BvR 513/65, BVerfGE 19, 342 (347); vgl. auch BVerfG, Beschluss vom 26.03.1987, 2 BvR 589/79, 740/81 und 284/85, BVerfGE 74, 358 (370) m.w.N.; BVerfG, Beschluss vom 29.05.1990, 2 BvR 254/1343/88, BVerfGE 82, 106 (114); BVerfG, Beschluss vom 14.10.2004, 2 BvR 1481/04, BVerfGE 111, 307 (317).

592 *Banafsche*, Die internationalen Menschenrechte und das deutsche Recht – ein Überblick, S. 72, in: Banafsche/Platzer, Soziale Menschenrechte und Arbeit. Multidisziplinäre Perspektiven; siehe hierzu auch *Herdegen*, Völkerrecht, § 22, Rn. 17 ff.; *Domgörgen*, in: Hömig/Wolff (Hrsg.), Grundgesetz für die Bundesrepublik Deutschland Handkommentar, Art. 59, Rn. 11.

593 Eine innerstaatliche Wirkung von Völkerrecht lässt sich auf unterschiedliche Weise konstruieren. Hierzu dienen die „Transformationslehre“, wonach Völkerrecht erst durch einen nationalen Geltungsbefehl (etwa das Zustimmungsgesetz) innerstaatliche Geltung erlangt, sowie die von der h.L. – und mittlerweile auch vom BVerfG (vgl. hierzu BVerfG, Urteil vom 12.07.1994, 2 BvE 3/92, 5/93, 7/93, 8/93, BVerfGE 90, 286 (364) „(...) so müßte die Bundesregierung bei jedem Schritt, der in der Abfolge des Geschehens zu einem solchen Ergebnis führen kann, die Zustimmung des Gesetzgebers einholen.“) – bevorzugte „Vollzugslehre“, nach der völkerrechtliche Normen von innerstaatlichen Organen angewendet (vollzogen) werden müssen,

die Auslegung völkerrechtlicher Verträge hat den völkerrechtlichen Maßgaben im Sinne der Art. 31 und 32 des „Wiener Übereinkommens über das Recht der Verträge“ (WVK)[594] vom 23.05.1969 zu folgen.[595] Für Verwaltungsabkommen gelten weiterhin die Vorschriften über die Bundesverwaltung entsprechend (Art. 59 Abs. 2 Satz 2 GG).[596]

2. Das Recht auf soziale Sicherheit im universellen und regionalen Völkerrecht

Nach der Internationalen Arbeitskonferenz gehört das Menschenrecht auf soziale Sicherheit zu den elementaren Menschenrechten und dient als fundamentales Mittel zur Schaffung sozialen Zusammenhalts, Stärkung des sozialen Friedens und sozialer Eingliederung.[597] Das Recht auf soziale Sicherheit umfasst, ausgehend von dem „Internationalen Pakt über wirtschaftliche, soziale und kulturelle Rechte“ (IPwskR) und einigen Konventionen der „Internationalen Arbeitsorganisation“ (IAO)[598], die Sicherstellung eines konstanten, angemessenen Lebensstandards oberhalb des Minimalbedarfes mit Mitteln der Sozialversicherung und der Sozialhilfe in all jenen Fällen, in denen Menschen nicht in der Lage sind, ihren Lebensunterhalt selbstständig aus eigenen Kräften zu bestreiten.[599] Systeme sozialer Sicherheit sollen somit prinzipiell verfügbar sein, um den Schutz eines jeden vor Einkommenseinbußen und -ausfällen wegen einkommensbezogener Risiken bei Krankheit, Behinderung, Mutterschaft, Arbeitsunfällen und Berufskrankheiten,

---

ohne dass sie ihren Charakter als Völkerrecht verlieren, vgl. hierzu *Herdegen*, Völkerrecht, § 22, Rn. 7.

594 Vgl. „Gesetz zu dem Wiener Übereinkommen vom 23.05.1969 über das Recht der Verträge“ vom 03.08.1985; BGBl. II 1985, S. 926.

595 Vgl. *Banafsche*, Die internationalen Menschenrechte und das deutsche Recht – ein Überblick, S. 72 f., in: Banafsche/Platzer, Soziale Menschenrechte und Arbeit. Multidisziplinäre Perspektiven. Vgl. zur Auslegung völkerrechtlicher Verträge nach den Art. 31 ff. WVK, in: *Krajewski*, Völkerrecht, § 4, Rn. 76 ff. sowie *Vitzthum*, in: Vitzthum/Proelß (Hrsg.), Völkerrecht, S. 43, Rn. 114 ff.

596 Demnach sind alle nicht unter Art. 59 Abs. 2 Satz 1 GG fallende völkerrechtliche Verträge automatisch als Verwaltungsabkommen anzusehen. Diese können selbstständig von der Exekutive abgeschlossen werden, auch ohne Beteiligung des Bundestages, vgl. *Stein/von Buttlar/Kotzur*, Völkerrecht, Rn. 218.

597 Internationale Labour Conference: Social Security and the rule of Law, S. 7, in: *Eichenhofer*, Soziale Menschenrechte im völker-, europäischen und deutschen Recht, S. 134.

598 International Labour Organisation (ILO).

599 *Riedel*, The Human Right to Social Security: Some Challenges, S. 21, in: *ders.*, Social Security as a Human Right. Drafting a General Comment on Article 9 ICESCR – Some Challenges; s. a. Wyttenbach, Soziale Rechte, in: Pollmann/Lohmann, Menschenrechte, S. 280.

Arbeitslosigkeit, Alter und Verwitwung zu gewährleisten.[600] Insofern ist das Recht auf soziale Sicherheit auch als eines der Axiome für das Recht auf einen angemessenen Lebensstandard zu verstehen.[601] Aus einem historischen Blickwinkel knüpft das Recht auf soziale Sicherheit an ökonomische Erfahrungen der westlichen Industrieländer und ihre Staats- und Arbeitsmarktverständnisse an; im Mittelpunkt standen hierbei ebenfalls die Abdeckung der Risiken gegen Arbeitslosigkeit, Invalidität, Krankheit, Mutterschaft oder Alter durch die Sozialversicherungssysteme, ergänzt durch die Sozialhilfe.[602] In personeller Hinsicht beschränkt sich das Recht auf soziale Sicherheit traditionell auf abhängig Beschäftigte; nach heutiger Auffassung umfasst es jedoch alle in einem Land wohnenden oder beschäftigten Menschen, also auch Selbstständige, Arbeitslose und Nichterwerbstätige.[603]

Im Rahmen eines räumlichen Geltungsbereiches lassen sich das universelle (weltweit geltende) Völkerrecht und das partikuläre (regionale Gewohnheits- oder Vertragsrecht) Völkerrecht voneinander unterscheiden.[604]

a. *Universelle Verträge zum Schutz der Menschenrechte*

Auf universeller Völkerrechtsebene findet sich eine kaum überschaubare Anzahl von Abkommen, Deklarationen und Konventionen, die alle größtenteils im Kontext des Systems der Vereinten Nationen[605] zustande gekommen sind.[606] Differenziert werden kann das universelle Völkerrecht u. a. in völkerrechtliche Verträge, die alle Menschen umfassen, sowie in Verträge, die nur für bestimmte Personengruppen konzipiert sind, sowie in Übereinkommen der Internationalen Arbeitsorganisation zur Durchsetzung internationaler Arbeits- und Sozialstandards.[607]

600 Siehe die Übersicht zum Recht auf soziale Sicherheit, in: *Krennerich*, Soziale Menschenrechte, S. 202.

601 *Wyttenbach*, Soziale Rechte, in: Pollmann/Lohmann, Menschenrechte, S. 280.

602 CESCR, General Comment 19. The Right to Social Security (art. 9) nach *Wyttenbach*, Soziale Rechte, in: Pollmann/Lohmann, Menschenrechte, S. 280.

603 *Eichenhofer*, Soziale Menschenrechte im völker-, europäischen und deutschen Recht, S. 135. Siehe ebenfalls CESCR, General Comment No. 19, Rn. 34.

604 *Herdegen*, Völkerrecht, § 1, Rn. 6; *Stein/von Buttlar/Kotzur*, Völkerrecht, Rn. 996.

605 United Nations; vgl. auch http://www.un.org/depts/german/, letzter Zugriff am 22.08.2018. Für einen umfassenden Überblick über die Vereinten Nationen, vgl. *Gareis/Varwick*, Die Vereinten Nationen.

606 *Stein/von Buttlar/Kotzur*, Völkerrecht, Rn. 1016.

607 Vgl. *Banafsche*, Die internationalen Menschenrechte und das deutsche Recht – ein Überblick, S. 60, in: Banafsche/Platzer, Soziale Menschenrechte und Arbeit. Multidisziplinäre Perspektiven.
Zu den völkerrechtlichen Verträgen, die auf bestimmte Personengruppen bezogen sind, gehören z. B. die „Konvention über die Rechte des Kindes" vom 20.11.1989, durch das „Gesetz zu dem Übereinkommen vom 20.11.1989 über die Rechte des Kindes" vom 17.02.1992 (BGBl. II 1992, S. 121) in deutsches Bundesrecht überführt sowie das „Übereinkommen über die Rechte von Menschen mit Behinderungen"

Einschlägige Verträge der UN, die sich auf ein Recht auf soziale Sicherheit beziehen und alle Menschen umfassen, sowie zutreffende Übereinkommen der IAO zur sozialen Sicherheit sind darauf zu überprüfen, ob sich aus ihnen Vorgaben im Hinblick auf eine soziale Absicherung Strafgefangener im nationalen Recht ableiten lassen.

Das Gründungsdokument der Vereinten Nationen bildet die „Charta der Vereinten Nationen“[608] (UN-Charta) vom 26.06.1945, zu deren universellen Zielen und Grundsätzen sich die derzeit 193 Mitgliedstaaten[609] der Vereinten Nationen bekennen.[610] In der Präambel der UN-Charta bekräftigen die Mitgliedstaaten ihren Glauben an die Grundrechte des Menschen und setzen sich – neben der Wahrung des Weltfriedens und der internationalen Sicherheit (Art. 1 Nr. 1 UN-Charta) sowie der Verfestigung des Weltfriedens durch freundschaftliche, auf Achtung vor dem Grundsatz der Gleichberechtigung und Selbstbestimmung beruhenden Beziehungen zwischen den Nationen (Art. 1 Nr. 2 UN-Charta) – zum Ziel, eine internationale Zusammenarbeit herbeizuführen, um internationale Probleme wirtschaftlicher, sozialer, kultureller und humanitärer Art zu lösen und die Achtung vor den Menschenrechten und Grundfreiheiten für alle ohne Unterschied der Rasse, des Geschlechtes, der Sprache oder der Religion zu fördern und zu festigen (Art. 1 Nr. 3 UN-Charta).[611] Das hierfür erforderliche Fundament wird durch die „Allgemeine Erklärung der Menschenrechte“ (AEMR) von 1948 und die beiden Menschenrechtspakte von 1966 – Internationaler Pakt über bürgerliche und politische Rechte (IPbpR) und Internationaler Pakt über wirtschaftliche, soziale und kulturelle Rechte (IPwskR), jeweils vom 16.12.1966 – geschaffen, da die UN-Charta keinen eigenständigen Katalog menschenrechtlicher Gewährleistungen enthält und die Vertragsstaaten in Art. 1 Nr. 3 UN-Charta sowie die Generalversammlung[612]

---

vom 13.12.2006, durch das „Gesetz zu dem Übereinkommen der Vereinten Nationen“ vom 13. Dezember 2006 über die Rechte von Menschen mit Behinderungen sowie zu dem Fakultativprotokoll vom 13. Dezember 2006 zum Übereinkommen der Vereinten Nationen über die Rechte von Menschen mit Behinderungen“ vom 21.12.2008 (BGBl. II, 2008, S. 1419) in deutsches Bundesrecht überführt.

608 Charter of the United Nations: Unterzeichnet von 50 Gründungsstaaten zum Abschluss der Konferenz über eine internationale Organisation am 26.06.1945 in San Francisco mit Inkrafttreten am 24.10.1945; Beitritt von Deutschland durch das „Gesetz zum Beitritt der Bundesrepublik Deutschland zur Charta der Vereinten Nationen“ vom 06.06.1973, veröffentlicht im BGBl. II 1973, S. 430 ff.

609 Zum Stand und der weiteren Entwicklung der Mitgliedstaaten der Vereinten Nationen: http://www.unric.org/de/pressemitteilungen/4116, zuletzt abgerufen am 17.07.2019.

610 Siehe Einführung in die Charta der Vereinten Nationen und Statut des Internationalen Gerichtshofes.

611 *Stein/von Buttlar/Kotzur*, Völkerrecht, Rn. 1000.

612 Zur Zusammensetzung und den Aufgaben und Befugnissen der Generalversammlung vgl. Kapitel IV, Art. 9 ff. UN-Charta.

(Art. 13 Abs. 1b UN-Charta) und den Wirtschafts- und Sozialrat[613] (Art. 55 c i.V.m. Art. 62 Abs. 2 UN-Charta) zur Zusammenarbeit für den Schutz der Menschenrechte verpflichtet.[614]

aa. Die Allgemeine Erklärung der Menschenrechte (AEMR) von 1948

Im universellen Menschenrechtsschutz bildet die von der UN-Generalversammlung am 10.12.1948 genehmigte und durch die Resolution 217 A (III) verkündete „Allgemeine Erklärung der Menschenrechte“ (AEMR)[615] den Ausgangspunkt für spätere Vertragstexte des Menschenrechtsschutzes.[616] In insgesamt 30 Artikeln werden in der AEMR bürgerliche, politische und soziale Rechte statuiert, die dem Menschen um seiner Würde willen zukommen sollen (vgl. Präambel sowie Art. 1 AEMR).[617] Wirtschaftliche, soziale und kulturelle Rechte werden in der AEMR in den Art. 22 ff. AEMR angeführt.[618] Das Recht auf soziale Sicherheit nach Art. 22 AEMR ist dem Recht auf Arbeit (Art. 23 AEMR), dem Recht auf Erholung und Freizeit (Art. 24 AEMR), dem Recht auf einen angemessenen Lebensstandard (Art. 25 AEMR) und dem Recht auf Bildung (Art. 26 AEMR) vorangestellt und soll als rahmengebendes Recht („umbrella article“)[619] für wirtschaftliche, soziale und kulturelle Rechte dienen.[620] Somit hat nach Art. 22 AEMR jeder Mensch als Mitglied der Gesellschaft das Recht auf soziale Sicherheit und einen Anspruch, durch innerstaatliche Maßnahmen und internationale Zusammenarbeit sowie unter Berücksichtigung der Organisation und der Mittel jedes Staates in den Genuss der wirtschaftlichen, sozialen und kulturellen Rechte zu gelangen, die für seine Würde und die freie Entwicklung seiner Persönlichkeit unentbehrlich sind. Hierzu gehört ebenfalls ein Zugang in die nationalen wohlfahrtsstaatlichen Vorsorgesysteme.[621] Eine Konkretisierung der Rahmenbedingungen aus Art. 22 AEMR erfolgt im Hinblick auf das Recht auf soziale Sicherheit durch Art. 25 AEMR. Danach hat jeder das Recht auf einen Lebensstandard, der seine und seiner Familie Gesundheit

---

613 Zur Zusammensetzung und den Aufgaben und Befugnissen des Wirtschafts- und Sozialrats siehe Kapitel X, Art. 61 ff. UN-Charta.

614 *Stein/von Buttlar/Kotzur*, Völkerrecht, Rn. 1004.

615 Universal Declaration of Human Rights (UDHR).

616 *Stein/von Buttlar/Kotzur*, Völkerrecht, Rn. 1005; so wird die AEMR auch „Universal Bill of Rights“ genannt, vgl. *Banafsche*, Die internationalen Menschenrechte und das deutsche Recht – ein Überblick, S. 61, in: Banafsche/Platzer, Soziale Menschenrechte und Arbeit. Multidisziplinäre Perspektiven.

617 *Stein/von Buttlar/Kotzur*, Völkerrecht, Rn. 1006.

618 Ebd.

619 Freie Übersetzung.

620 Vgl. *Andreassen*, in: Alfredsson/Eide (editor), The Universal Declaration of Human Rights: A Common Standard of Achievement, S. 453.

621 Siehe *Andreassen*, in: Alfredsson/Eide (editor), The Universal Declaration of Human Rights: A Common Standard of Achievement, S. 454.

und Wohl gewährleistet, einschließlich Nahrung, Kleidung, Wohnung, ärztlicher Versorgung und notwendiger sozialer Leistungen, sowie das Recht auf Sicherheit im Falle von Arbeitslosigkeit, Krankheit, Invalidität oder Verwitwung, im Alter und bei anderweitigem Verlust seiner Unterhaltsmittel durch unverschuldete Umstände (Art. 25 Abs. 1 AEMR). Art. 25 AEMR postuliert demnach den Anspruch eines jeden Menschen auf ein soziales Existenzminimum und auf ein System der sozialen Sicherheit durch Einführung einer Sozialversicherung als soziale Absicherung gegen die Risiken von Alter, Arbeitslosigkeit, Krankheit, Invalidität, Verwitwung und unverschuldeten Verlust von Unterhaltsmitteln.[622] Dieses Recht sowie alle anderen in der AEMR verkündeten Rechte und Freiheiten stehen nach dem allgemeinen Diskriminierungsverbot (Art. 2 AEMR) allen Menschen zu, ohne Unterscheidung nach Rasse, Hautfarbe, Geschlecht, Sprache, Religion, politischer oder sonstiger Anschauung, nationaler oder sozialer Herkunft, Vermögen, Geburt oder sonstigem Stand.[623]

Allerdings handelt es sich bei der AEMR als bloße Deklaration der Generalversammlung um kein unmittelbar verbindliches Völkerrecht, auch wenn einige ihrer Bestimmungen (z. B. das Verbot von Folter und Sklaverei) gewohnheitsrechtlich anerkannt sind; des Weiteren sieht die AEMR für die in ihr angeführten Rechte keinen Überwachungs- oder Erzwingungsmechanismus vor.[624] Vorgaben für eine Berücksichtigung Strafgefangener in das nationale Sozialversicherungssystem, die es zu beachten gilt, lassen sich demzufolge nicht aus Art. 22 i.V.m. Art. 25 AEMR ableiten.

bb. Soziale Sicherheit nach dem UN-Sozialpakt von 1966

Es ist Tradition, dass der Bestand der Menschenrechte in Kategorien eingeteilt wird und Einordnungen der Menschenrechte in „Dimensionen“ oder „Generationen“ erfolgen, wobei an den jeweiligen Entstehungszeitpunkt des entsprechenden Menschenrechts angeknüpft wird.[625] So werden politische und bürgerliche Rechte der ersten Generation von Menschenrechten zugeteilt; wirtschaftliche, soziale und kulturelle Rechte bilden hingegen eine zweite Generation von Menschenrechten, da diese in den historischen Bürgerrechtsdokumenten des 18. Jahrhunderts nicht benannt werden und somit nicht zu den klassischen Abwehr- und Partizipationsrechten zählen.[626]

---

622 Vgl. hierzu https://www.menschenrechtserklaerung.de/angemessener-lebensstandard-3677/, letzter Zugriff am 22.08.2018.

623 *Stein/von Buttlar/Kotzur*, Völkerrecht, Rn. 1006.

624 *Schilling*, Internationaler Menschenrechtsschutz, Rn. 5; *Stein/von Buttlar/Kotzur*, Völkerrecht, Rn. 1007; *Herdegen*, Völkerrecht, § 47, Rn. 3.

625 *Stein/von Buttlar/Kotzur*, Völkerrecht, Rn. 1002; vgl. auch *Krennerich*, Soziale Menschenrechte, S. 19 ff.

626 *Stein/von Buttlar/Kotzur*, Völkerrecht, Rn. 1002; *Krennerich*, Soziale Menschenrechte, S. 21. Diese Einordnung ist in der jüngeren Menschenrechtsdogmatik jedoch abzulehnen und durch die „menschenrechtlichen Pflichttrias“ zu ersetzen, wonach die

Gemeinsam mit dem Internationalen Pakt über bürgerliche und politische Rechte (IPbpR)[627], sog. UN-Zivilpakt, wird der Internationale Pakt über wirtschaftliche, soziale und kulturelle Rechte (IPwskR)[628], der UN-Sozialpakt, am 16.12.1966 von der Generalversammlung der Vereinten Nationen verabschiedet und durch das „Gesetz zu dem Internationalen Pakt vom 19.12.1966 über wirtschaftliche, soziale und kulturelle Rechte“[629] vom 23.11.1973 in nationales Bundesrecht überführt. Beide UN-Pakte sind rechtlich verbindlich, erhebliche Divergenzen bestehen allerdings hinsichtlich der Verpflichtung zur Umsetzung ihrer jeweiligen Gewährleistungsrechte sowie der Möglichkeit von Kontrollverfahren zur Einhaltung ihrer Garantien.[630]

Ziel des UN-Sozialpaktes ist die Sicherung von angemessenen materiellen Rahmenbedingungen für die Existenz jedes einzelnen Menschen.[631] Zu den Garantien des Paktes gehören im Teil III u. a. das Recht auf Arbeit (Art. 6 IPwskR), das Recht auf gerechte und günstige Arbeitsbedingungen (Art. 7 IPwskR), das Streikrecht (Art. 8 IPwskR), aber auch verschiedene Rechte auf Existenzsicherung, wie z. B. das Recht auf soziale Sicherheit einschließlich einer Sozialversicherung nach Art. 9 IPwskR.[632] Gemäß Art. 9 IPwskR erkennen die Vertragsstaaten also das Recht eines jeden auf soziale Sicherheit an, das auch die Sozialversicherung umfasst. Garantien aus dem IPwskR begründen duale Gewährleistungspflichten (auf Abwehr und Schutz), allerdings enthält der IPwskR im Gegensatz zum IPbpR keine konkrete Verpflichtung,

---

Vertragsstaaten im Hinblick auf alle Menschenrechte eine Pflicht zur Achtung („duty to respect“), zum Schutz („duty to protect“) und zur Gewährleistung („duty to fulfil“) in Form der Bereitstellung von Infrastrukturen und Ressourcen haben, vgl. *Banafsche*, Die internationalen Menschenrechte und das deutsche Recht – ein Überblick, S. 61, in: Banafsche/Platzer, Soziale Menschenrechte und Arbeit. Multidisziplinäre Perspektiven; s. a. *Eichenhofer*, Soziale Menschenrechte im Völker-, europäischen und deutschen Recht, S. 142.

627 International Covenant on Civil and Political Rights (ICCPR): In deutsches Recht überführt durch das Gesetz zu dem Internationalen Pakt über bürgerliche und politische Rechte vom 19.12.1966 vom 15.11.1973, BGBl II 1976, S. 1533 ff.

628 International Covenant on Economic, Social and Cultural Rights (ICESCR).

629 BGBl. II 1973, S. 1569 ff.

630 *Stein/von Buttlar/Kotzur*, Völkerrecht, Rn. 1008.
Als Durchsetzungsmechanismus für die Geltendmachung der Garantien aus dem IPwskR sieht ein Fakultativprotokoll zum IPwskR aus dem Jahre 2008 (Fakultativprotokoll zum Internationalen Pakt über wirtschaftliche, soziale und kulturelle Rechte vom 10.12.2008, Resolution 63/117, s. a. https://www.institut-fuer-menschenrechte.de/fileadmin/user_upload/PDF-Dateien/Pakte_Konventionen/ICESCR/icescr_op1_dt.pdf) vor, dass auch Einzelpersonen oder Personengruppen beim Verstoß eines Staates gegen Garantien aus dem IPwskR Individualbeschwerde beim Ausschuss für wirtschaftliche, soziale und kulturelle Rechte einlegen können, vgl. *Herdegen*, Völkerrecht, § 48, Rn. 8. Deutschland hat das Protokoll bisher nicht ratifiziert.

631 *Herdegen*, Völkerrecht, § 49, Rn. 6.

632 *Stein/von Buttlar/Kotzur*, Völkerrecht, Rn. 1014; *Herdegen*, Völkerrecht, § 49, Rn. 6.

einen effektiven innerstaatlichen Durchsetzungsmechanismus für diese Garantien zu schaffen.[633] Des Weiteren sind die Vertragsstaaten nach dem IPwskR verpflichtet, eine fortschreitende Annäherung an das vorgesehene Gewährleistungsniveau einzurichten; hierfür wird ihnen ein extensiver Gestaltungsspielraum eingeräumt (vgl. Art. 2 Abs. 1 IPwskR).[634] Um eine fortschreitende Annäherung an das vorgesehene Gewährleistungsniveau sicherzustellen, haben die Mitgliedstaaten über die Verwirklichung der Garantien des IPwskR nach Art. 16 Abs. 1 und 2a IPwskR einen regelmäßigen Bericht über die von ihnen getroffenen Maßnahmen sowie über die Fortschritte vorzulegen, die hinsichtlich der Beachtung der in dem Pakt anerkannten Rechte erzielt werden; dieser muss dem 1989 eingesetzten Ausschuss für wirtschaftliche, soziale und kulturelle Rechte (Sozialausschuss) zugeleitet werden.[635] Auf Grundlage dieser Berichte werden vom Sozialausschuss „Allgemeine Bemerkungen" (sog. General Comments)[636] erarbeitet, in denen die Reichweite der einzelnen Garantien näher konkretisiert wird.[637] Im Hinblick auf das Recht auf soziale Sicherheit in Art. 9 IPwskR wurde am 04.02.2008 das „General Comment No. 19 – The right to social security (art. 19)"[638] veröffentlicht und die Garantie auf soziale Sicherheit, insbesondere auf Sozialversicherung, näher bestimmt. Demnach wird dem Recht auf soziale Sicherheit eine zentrale Bedeutung für die Wechselfälle des

---

633 *Herdegen*, Völkerrecht, § 48, Rn. 6.; *Stein/von Buttlar/Kotzur*, Völkerrecht, Rn. 1014. Gemäß Art. 2 Abs. 1 IPwskR verpflichtet sich jeder Vertragsstaat, einzeln und durch internationale Hilfe und Zusammenarbeit, insbesondere wirtschaftlicher und technischer Art, unter Ausschöpfung aller seiner Möglichkeiten Maßnahmen zu treffen, um nach und nach mit allen geeigneten Mitteln, vor allem durch gesetzgeberische Maßnahmen, die volle Verwirklichung der in diesem Pakt anerkannten Rechte zu erreichen.

634 *Herdegen*, Völkerrecht, § 49, Rn. 6.

635 *Herdegen*, Völkerrecht, § 49, Rn. 7; *Stein/von Buttlar/Kotzur*, Völkerrecht, Rn. 1015. Die Möglichkeit einer Individualbeschwerde ergibt sich aus dem Fakultativprotokoll zum IPwskR durch Resolution 63/117, verabschiedet auf der 66. Plenarsitzung am 10.12.2008, ohne Abstimmung, auf Empfehlung des Ausschusses (A/63/435, Ziff. 11).

636 Zur Rechtsnatur der Allgemeinen Bemerkungen als rechtlich unverbindliche Auslegungshilfen, vgl. *Riedel*, Allgemeine Bemerkungen zu Bestimmungen des Internationalen Paktes über Wirtschaftliche, Soziale und Kulturelle Rechte der Vereinten Nationen, S. 164 ff., in: Deutsches Institut für Menschenrechte (Hrsg.), Die „General Comments" zu den VN-Menschenrechtsverträgen – Deutsche Übersetzung und Kurzeinführung.

637 Vgl. *Dahmen*, Die Verpflichtung zur Arbeit im Strafvollzug, S. 266; *Nußberger*, Sozialstandards im Völkerrecht, S. 240. Ob Auslegungen des Paktes durch den Ausschuss als bindend für die Vertragsstaaten angesehen werden kann, ist strittig, vgl. hierzu *Dahmen*, Die Verpflichtung zur Arbeit im Strafvollzug, S. 266 ff., nach der die Auslegungen des Ausschusses als bindend anzusehen sind. Andere Ansicht *Nußberger*, Sozialstandards im Völkerrecht, S. 240.

638 Committee on Economic, Social and Cultural Rights (CESCR), General Comment No. 19 – The right to social security (art. 9) vom 23.11.2007, E/C.12/GC/19.

Lebens zugewiesen, innerhalb derer die Menschenwürde eines jeden Menschen zu sichern ist.[639] Das Recht auf soziale Sicherheit umfasst die Gewährleistung eines Zuganges zu Leistungen und die Unterstützung durch diese, wenn das Einkommen wegen Krankheit, Arbeitslosigkeit oder Alters wegfällt, medizinische Versorgung nicht finanzierbar ist oder familiäre Unterstützung nicht auszureicht; darüber hinaus dient das Recht auf soziale Sicherheit der Bekämpfung von Armut, der Verhütung von sozialer Ausgrenzung und der Förderung der sozialen Eingliederung.[640] Außerdem soll das Recht auf soziale Sicherheit durch ein umfassendes System der Sozialversicherung gewährleistet werden, zu dem jedem Menschen ohne jegliche Form der Diskriminierung ein Zugang zu gewähren ist.[641] Eine Verweigerung der Einbeziehung von konkreten Bevölkerungs- oder Personengruppen in das System der Sozialversicherung könnte eine Verletzung der sich aus Art. 9 IPwskR ergebenden Garantie, einen Zugang in die Sozialversicherung zu gewähren, darstellen.[642]

Mit Überführung des IPwskR in nationales Recht hat sich auch die Bundesrepublik Deutschland verpflichtet, durch Ausschöpfung aller Mittel Maßnahmen zu treffen, um die Rechte aus dem IPwskR innerstaatlich zu gewährleisten und zu verwirklichen. Nach General Comment No. 19 des Sozialausschusses ist das Recht auf soziale Sicherheit nach Art. 9 IPwskR durch ein System der Sozialversicherung zu gewährleisten, das umfassend gestaltet sein soll gegen die Risiken des Lebens. Dabei ist jedem Menschen Zugang in das Sozialversicherungssystem zu gewähren, ohne jegliche Form der Diskriminierung. Fraglich ist, ob sich gemäß General Comment No. 19 zu Art. 9 IPwskR insoweit Vorgaben ableiten lassen, als dass demnach auch Strafgefangenen ein Zugang in das nationale Sozialversicherungsrecht zu gewähren ist. Dies wäre der Fall, wenn den Allgemeinen Bemerkungen (General Comments) des Sozialausschusses eine Bindungswirkung zukommt.[643] Primär dienen die Allgemeinen Bemerkungen dem Zweck, den Vertragsstaaten bei der Erfüllung ihrer Menschenrechtsverpflichtungen als Interpretationshilfen und Wegweiser zu dienen.[644] Als Expertengremium wurde dem Sozialausschuss durch den Wirtschafts- und Sozialrat die Kontrollaufgabe aufgetragen, in den Allgemeinen Bemerkungen Konkretisierungen der Verpflichtungen aus dem Pakt

---

639 CESCR, General Comment No. 19,Rn. 1.

640 CESCR, General Comment No. 19, Rn. 2 und 3; *Dahmen*, Die Verpflichtung zur Arbeit im Strafvollzug, S. 262.

641 CESCR, General Comment No. 5, 29 ff., Rn. 2 und 3; *Dahmen*, Die Verpflichtung zur Arbeit im Strafvollzug, S. 262.

642 CESCR, General Comment No. 19, Rn. 64; *Dahmen*, Die Verpflichtung zur Arbeit im Strafvollzug, S. 263 f.

643 *Dahmen*, Die Verpflichtung zur Arbeit im Strafvollzug, S. 266.

644 *Riedel*, Allgemeine Bemerkungen zu Bestimmungen des Internationalen Paktes über Wirtschaftliche, Soziale und Kulturelle Rechte der Vereinten Nationen, S. 160, in: Deutsches Institut für Menschenrechte (Hrsg.), Die „General Comments“ zu den VN-Menschenrechtsverträgen – Deutsche Übersetzung und Kurzeinführung.

vorzunehmen.[645] Eine ausdrückliche Kompetenz zur Auslegung des IPwskR wurde dem Ausschuss indes nicht übertragen.[646] So kommt den Allgemeinen Bemerkungen in der Praxis des Ausschusses zwar eine wichtige Rolle zu; bei ihnen handelt es sich jedoch um rechtlich unverbindliche, als Überzeugungsstrategie konzipierte und Maßstäbe setzende Kommentierungen der Bestimmungen des Sozialpaktes, die sowohl den Staaten als auch dem Ausschuss und den nationalen Menschenrechtsinstitutionen sowie nicht staatlichen Organisationen als bedeutsame Auslegungshilfen dienen.[647] Eine Bindungswirkung kommt den vom Sozialausschuss erlassenen Allgemeinen Bemerkungen nicht zu.[648] Wenn der Sozialausschuss im General Comment No. 19 zu Art. 9 IPwskR einen Zugang für jeden Menschen in das Sozialversicherungssystem postuliert, bindet dies somit nicht die Vertragsstaaten. Vielmehr handelt es sich bei den Allgemeinen Kommentaren um eine konkretisierende Auslegung von Gewährleistungsrechten aus dem IPwskR. Gemäß General Comment No. 19 zu Art. 9 IPwskR lassen sich folglich keine bindenden Vorgaben für eine Berücksichtigung Strafgefangener in das nationale Sozialversicherungsrecht ableiten.

Zu klären ist außerdem, ob sich aus Art. 9 IPwskR konkrete Handlungsverpflichtungen ergeben können. Positive Handlungspflichten im Sinne von Tätigkeitspflichten lassen sich dem Art. 2 IPwskR entnehmen, denn gemäß Art. 2 Abs. 1 und 2 IPwskR verpflichtet sich jeder Vertragsstaat, einzeln und durch internationale Hilfe und Zusammenarbeit, insbesondere wirtschaftlicher und technischer

---

645 *Herdegen*, Völkerrecht, § 48, Rn. 7; vgl. ferner *Riedel*, Allgemeine Bemerkungen zu Bestimmungen des Internationalen Paktes über Wirtschaftliche, Soziale und Kulturelle Rechte der Vereinten Nationen, S. 160 f., in: Deutsches Institut für Menschenrechte (Hrsg.), Die „General Comments" zu den VN-Menschenrechtsverträgen – Deutsche Übersetzung und Kurzeinführung.

646 *Dahmen*, Die Verpflichtung zur Arbeit im Strafvollzug, S. 266.

647 *Riedel*, Allgemeine Bemerkungen zu Bestimmungen des Internationalen Paktes über Wirtschaftliche, Soziale und Kulturelle Rechte der Vereinten Nationen, S. 164, in: Deutsches Institut für Menschenrechte (Hrsg.), Die „General Comments" zu den VN-Menschenrechtsverträgen – Deutsche Übersetzung und Kurzeinführung.

648 Vgl. so auch *Nußberger*, Sozialstandards im Völkerrecht, S. 240. Nach Nußberger sei Sinn der Kommentare nicht die abstrakte Rechtsauslegung, mit derer die konkrete Bedeutung eines Textes nach den Auslegungsregeln der WVK vorzunehmen sei. Vielmehr seien die Kommentare auf das Berichtsverfahren bezogen und stellen eine Auswertung von Erfahrungen dar und erhalten erforderliche Hinweise für Verbesserungsmöglichkeiten. So auch *Riedel*, Allgemeine Bemerkungen zu Bestimmungen des Internationalen Paktes über Wirtschaftliche, Soziale und Kulturelle Rechte der Vereinten Nationen, S. 164 ff., in: Deutsches Institut für Menschenrechte (Hrsg.), Die „General Comments" zu den VN-Menschenrechtsverträgen – Deutsche Übersetzung und Kurzeinführung. Vgl. auch a.A. *Dahmen*, Die Verpflichtung zur Arbeit im Strafvollzug, S. 266 ff. Nach Ansicht von Dahmen folge u. a. aus der praktischen Tätigkeit des Ausschusses eine tatsächliche Bindung, *Dahmen*, Die Verpflichtung zur Arbeit im Strafvollzug, S. 266.

Art, unter Ausschöpfung aller seiner Möglichkeiten Maßnahmen zu treffen, um nach und nach mit allen geeigneten Mitteln, vor allem durch gesetzgeberische Maßnahmen, die volle Verwirklichung der in diesem Pakt anerkannten Rechte zu erreichen und ferner zu gewährleisten, dass die in diesem Pakt verkündeten Rechte ohne Diskriminierung hinsichtlich der Rasse, der Hautfarbe, des Geschlechts, der Sprache, der Religion, der politischen oder sonstigen Anschauung, der nationalen oder sozialen Herkunft, des Vermögens, der Geburt oder des sonstigen Status ausgeübt werden. Damit verweist Art. 2 Abs. 1 IPwskR hinsichtlich des Verpflichtungsgrades der Vertragsstaaten darauf, dass nach und nach mit allen geeigneten Mitteln, vor allem durch gesetzgeberische Maßnahmen, die volle Verwirklichung der in diesem Pakt anerkannten Rechte zu erreichen ist. Somit wird dem Gesetzgeber ein weiterer Gestaltungsspielraum eingeräumt. Würde sich aus Art. 9 IPwskR eine konkrete Handlungsverpflichtung für den Gesetzgeber ergeben, würde dies seinen Gestaltungsspielraum einengen. Eine solche Auslegung würde dementsprechend nicht im Einklang mit dem in Art. 2 Abs. 1 IPwskR vorgesehenen Verpflichtungsgrad stehen.[649] Aus Art. 9 IPwskR selbst ergeben sich daher keine konkreten Handlungsverpflichtungen des Gesetzgebers.[650]

Im Ergebnis ergibt sich demnach weder aus Art. 9 IPwskR noch gemäß General Comment No. 19 des Sozialausschusses zu Art. 9 IPwskR eine verbindliche Vorgabe zur Berücksichtigung Strafgefangener in der Sozialversicherung, die es vom Vertragsstaat zu beachten gilt.

cc. Übereinkommen sozialer Sicherheit im Rahmen von Sonderorganisationen – Internationale Arbeitsorganisation (IAO)

Nach der Präambel der IAO-Verfassung[651] und der „Deklaration über die Ziele und Aufgaben der Internationalen Arbeitsorganisation"[652] vom 10.05.1944 bezweckt die Internationale Arbeitsorganisation[653] (IAO) eine weltweite Verbesserung der

---

649 Siehe a.A. *Dahmen*, Die Verpflichtung zur Arbeit im Strafvollzug, S. 265.

650 Vgl. a.A. *Dahmen*, Die Verpflichtung zur Arbeit im Strafvollzug, S. 264 f., unter Verweis auf CESR, General Comment No. 19, Rn. 47 ff.

651 Internationales Arbeitsamt (Hrsg.), Verfassung der Internationalen Arbeitsorganisation und Geschäftsordnung der Internationalen Arbeitskonferenz, in: *Eichenhofer*, Sozialrecht, Rn. 77.

652 Abgedruckt in: BArbBl. 1956, S. 797 f.

653 International Labour Organisation (ILO): Die Internationale Arbeitsorganisation (ILO) ist eine Sonderorganisation der Vereinten Nationen (VN) im Sinne des Art. 57 UN-Charta, deren Arbeitsschwerpunkte in der Durchsetzung und Formulierung internationaler Arbeits- und Sozialnormen liegen und die mittlerweile eine Mitgliederzahl von 187 Mitgliedstaaten aufweist; vgl. hierzu Homepage der Internationalen Arbeitsorganisation, http://www.ilo.org/berlin/wir-uber-uns/lang--de/index.htm, Stand Juni 2017, zuletzt eingesehen am 22.08.2018; *Dahmen*, Die Verpflichtung zur Arbeit im Strafvollzug, S. 188.

Arbeitsbedingungen, die Sicherung der Vollbeschäftigung, die Hebung des Lebensstandards und eine Ausweitung der Sozialversicherung, die Gewährleistung eines Mindesteinkommens für alle Bedürftigen sowie eine umfassende ärztliche Versorgung und Schutz von Müttern und Kindern.[654] Dabei erkennt die IAO soziale Sicherheit[655] als Menschenrecht ausdrücklich an und hat seit ihrer Gründung im Jahr 1919 über 30 Konventionen zum Themenfeld der sozialen Sicherheit verabschiedet.[656] Diesbezüglich ist vor allem das „Übereinkommen über die Mindestnormen der Sozialen Sicherheit Nr. 102"[657] von 1952 im Rahmen eines Rechts auf soziale Sicherheit von nachhaltiger Bedeutsamkeit.[658]

Fraglich ist, ob sich Vorgaben zur Einbindung Strafgefangener in das nationale Sozialversicherungssystem aus dem IAO-Übereinkommen Nr. 102 entnehmen lassen. Unterschieden werden in dem Übereinkommen Nr. 102 neun soziale Risiken: Behandlungsbedürftigkeit und Einkommensverlust bei Krankheit und Mutterschaft, Arbeitslosigkeit, Alter, Arbeitsunfall und Berufskrankheiten, Familienleistungen, Invalidität und der Hinterbliebenenfall.[659] Soziale Sicherheit wird in dem Übereinkommen als System sozialen Schutzes bestimmt, das individuelle Rechts- und Leistungsansprüche bei der Verwirklichung sozialer Risiken begründet und gestaltet.[660] Zugesprochen wird das Recht auf soziale Sicherheit, wenn durch den Mitgliedstaat mindestens drei der neun Risiken gewährt werden nach Art. 2a ii) Übereinkommen über die Mindestnormen der Sozialen Sicherheit Nr. 102. Im Hinblick auf z. B. Leistungen im Alter (Art. 25 ff. IAO-Übereinkommen Nr. 102) entfaltet sich der Schutzcharakter des Übereinkommens weiterhin durch Schaffung eines den sozialen Schutz gewährleistenden Systems, wenn wenigstens 50 % der Arbeitnehmer oder 20 % der Einwohner eines Staates in das System integriert sind und wenn Geldleistungen bei Krankheit, Arbeitslosigkeit, Alter, Arbeitsunfall und Mutterschaft, Invalidität und im Hinterbliebenenfall wenigstens 40 % bis 50 % des risikobedingt entfallenden Einkommens des Gesicherten betragen

654 *Eichenhofer*, Sozialrecht, Rn. 77.

655 Vgl. zur Entwicklung der ILO und des Begriffes „Soziale Sicherheit", *Christochowitz*, Die Konvention Nr. 157 der Internationalen Arbeitsorganisation vom 21. Juni 1982 über die Errichtung eines internationalen Systems zur Wahrung der Rechte in der sozialen Sicherheit, S. 4 ff.

656 *Krennerich*, Soziale Menschenrechte, S. 189.

657 Übereinkommen über die Mindestnormen der Sozialen Sicherheit Nr. 102: Überführt in die deutsche Rechtsordnung mit dem „Gesetz zum Übereinkommen Nr. 102 der Internationalen Arbeitsorganisation vom 28. Juni 1952 über die Mindestnormen der Sozialen Sicherheit" vom 18.09.1957, BGBl. II, 1957, 1321.

658 *Krennerich*, Soziale Menschenrechte, S. 189.

659 *Eichenhofer*, Soziale Menschenrechte im völker-, europäischen und deutschen Recht, S. 130 f.

660 Siehe *Eichenhofer*, Soziale Menschenrechte im Völker-, europäischen und deutschen Recht, S. 130.

(Art. 27 IAO-Übereinkommen Nr. 102).[661] Das Übereinkommen gibt somit für die sozialen Risikobereiche Mindeststandards vor, begründet jedoch keine konkreten Verpflichtungen für die Mitgliedstaaten.[662] Außerdem existiert kein Diskriminierungsverbot für z. B. die Ausgrenzung bestimmter Gruppen; über die Umsetzung dieser Mindestvoraussetzungen sollen daher die Staaten unter Berücksichtigung ihrer sozialen und kulturellen Werte, ihrer Geschichte und ihres Entwicklungsstandards selbstständig entscheiden können.[663] Für die Erfüllung der Vorgaben aus dem IAO-Übereinkommen Nr. 102 geht es somit nicht um die Beantwortung der Frage, ob alle schutzbedürftigen Personengruppen in der Sozialversicherung beachtet werden, maßgeblich ist allein, dass ein bestimmter Anteil der Beschäftigten oder erwerbstätigen Bevölkerung in die Sozialversicherung einbezogen ist.[664] Da keine ausdrückliche Verpflichtung besteht, bestimmte Personengruppen in die Sozialversicherung einzubeziehen, hat die Bundesrepublik Deutschland bereits durch Berücksichtigung aller abhängig beschäftigten Personen in der Rentenversicherung die in Art. 27 IAO-Übereinkommen Nr. 102 normierte Voraussetzung, einen bestimmten prozentualen Teil der Bevölkerung an Leistungen im Falle von Alter partizipieren zu lassen, erfüllt.[665] Weitergehende Vorgaben hinsichtlich einer Berücksichtigung von auch Strafgefangenen im nationalen Sozialversicherungsrecht lassen sich nicht aus dem IAO-Übereinkommen Nr. 102 ableiten.

b. Regionales Völkerrecht

Neben universellen Akten zum Menschenrechtsschutz haben sich ebenfalls regionale Systeme zum Schutz der Menschenrechte entwickelt.[666]

---

661 Vgl. *Eichenhofer*, Soziale Menschenrechte im Völker-, europäischen und deutschen Recht, S. 131; *Dahmen*, Die Verpflichtung zur Arbeit im Strafvollzug, S. 241.

662 Vgl. auch *Dahmen*, Die Verpflichtung zur Arbeit im Strafvollzug, S. 242.

663 Siehe *Dahmen*, Die Verpflichtung zur Arbeit im Strafvollzug, S. 241. Vgl. auch *Kulke/López Morales*, Social Security – International Standards and the Right to Social Security, 91 (92 f.), in: Riedel, Social Security as a Human Right. Drafting a General Comment on Article 9 ICESCR – Some Challenges: "Of the eight up-to-date social security conventions, the flagship treaty is Convention No. 102. It is the agreement which sets minimum standards for the nine branches of social security, namely: medical care, sickness benefit, unemployment benefit, old-age benefit, employment injury benefit, family benefit, maternity benefit, invalidity benefit and survivors' benefit. Convention No. 102 is designed on the basis that there is no right model for social security; it initially grows and then evolves over time."

664 *Dahmen*, Die Verpflichtung zur Arbeit im Strafvollzug, S. 241.

665 *Dahmen*, Die Verpflichtung zur Arbeit im Strafvollzug, S. 242. Vgl. hierzu auch die Art. 53 ff. im Gesetz zum Übereinkommen Nr. 102 der Internationalen Arbeitsorganisation vom 28. Juni 1952 über die Mindestnormen der Sozialen Sicherheit" vom 18.09.1957, BGBl. II 1957, S. 1321 (1337).

666 *Stein/von Buttlar/Kotzur*, Völkerrecht, Rn. 1028.

aa. Die Europäische Sozialcharta (ESC) von 1961

Der EMRK, die vorwiegend die bürgerlichen und politischen Rechte zum Gegenstand hat, steht die „Europäische Sozialcharta" (ESC)[667] – überführt in die deutsche Rechtsordnung durch das „Gesetz zur Europäischen Sozialcharta vom 18. Oktober 1961"[668] vom 19.09.1964 – gegenüber, deren Bestimmungen sich auf die Sicherstellung der sozialen Rechte beziehen.[669] Die ESC kann somit als Gegenstück zur EMRK sowie als europäisches Pendant zum IPwskR verstanden werden.[670] Insgesamt umfasst sie 19 soziale und wirtschaftliche Rechte, von denen nach Art. 20 ESC allerdings nur zehn Rechte anzuerkennen sind (Art. 20 Abs. 1b ESC), jedoch fünf von sieben der als besonders wichtig anerkannten Rechte[671] umfasst sein müssen (Art. 20 Abs. 1a ESC).[672] Hierzu verpflichtet sich jede Vertragspartei (Art. 20 Abs. 1 ESC). Art. 21 ESC sieht einen Überwachungsmechanismus vor, wonach die Vertragsstaaten dem Generalsekretär des Europarates in Abständen von zwei Jahren einen Bericht über die Anwendung der von ihnen angenommenen Bestimmungen vorlegen müssen, der veröffentlicht wird (Berichtsprüfungsverfahren).[673] Die ESC verpflichtet die Vertragsstaaten zwischenstaatlich; gerichtsförmig ist die ESC nicht ausgestaltet.[674]

Das Recht auf soziale Sicherheit findet sich in Art. 12 ESC und gehört nach Art. 20 Abs. 1a ESC zu den wesentlichen und bedeutsamen sozialen Rechten der ESC. Ergänzt wird das Recht auf soziale Sicherheit durch das Recht auf Fürsorge (Art. 13 ESC) und das Recht auf Inanspruchnahme sozialer Dienste (Art. 14 ESC).[675] Gemäß Art. 12 Abs. 1 ESC verpflichten sich die Vertragsstaaten, eine wirksame Ausübung des Rechts auf soziale Sicherheit gewährleisten zu können, ein System der sozialen Sicherheit einzuführen oder beizubehalten. Damit das Bestehen eines Sozialsystems in einem Vertragsstaat bejaht werden kann, hat das Europäische Komitee für Soziale Rechte (ECSR)[676] Voraussetzungen aufgestellt, die in Schlussfolgerungen

---

667 European Social Charta.

668 BGBl. II 1964, S. 1261.

669 *Eichenhofer*, Soziale Menschenrechte im völker-, europäischen und deutschen Recht, S. 149; s. a. *Schilling*, Internationaler Menschenrechtsschutz, Rn. 17.

670 *Stein/von Buttlar/Kotzur*, Völkerrecht, Rn. 1052.

671 Hierzu gehören nach Art. 20 Abs. 1b ESC die Artikel 1, 5, 6, 12, 13, 16 und 19 ESC.

672 *Stein/von Buttlar/Kotzur*, Völkerrecht, Rn. 1053; *Schilling*, Internationaler Menschenrechtsschutz, Rn. 17.

673 *Schilling*, Internationaler Menschenrechtsschutz, Rn. 17; *Stein/von Buttlar/Kotzur*, Völkerrecht, Rn. 1054.

674 *Stein/von Buttlar/Kotzur*, Völkerrecht, Rn. 1054; *Dahmen*, Die Verpflichtung zur Arbeit im Strafvollzug, S. 291; zur mittelbaren Bindungswirkung der ESC, siehe ebenfalls *Dahmen*, Die Verpflichtung zur Arbeit im Strafvollzug, S. 293.

675 *Eichenhofer*, Soziale Menschenrechte im Völker-, europäischen und deutschen Recht, S. 131.

676 European Committee of Social Rights (ECSR). Vgl. http://www.coe.int/en/web/turin-european-social-charter/european-committee-of-social-rights/-/asset_publisher/34WPLK3xDQQ0/content/the-decisions-on-admissibility-and-

(Conclusions)[677] das Vorliegen der Voraussetzungen in den Vertragsstaaten überprüft; in Deutschland wird das Bestehen eines Sozialversicherungssystems vom ECSR bisher nicht bestritten.[678] Das System der sozialen Sicherheit muss auf einem befriedigenden Stand gehalten werden, der den Mindestanforderungen aus dem IAO-Übereinkommen Nr. 102 entspricht nach Art. 12 Abs. 2 ESC.[679]

Ferner müssen sich die Vertragsstaaten bemühen, das System der sozialen Sicherheit fortschreitend auf einen höheren Stand zu bringen gemäß Art. 12 Abs. 3 ESC. Zu fragen ist, ob aus Art. 12 Abs. 3 ESC Vorgaben zu entnehmen sind, dass auch das nationale Sozialversicherungssystem durch Einbindung weiterer Personengruppen auf einen höheren Stand zu bringen ist. Die Vertragsstaaten sind nach der ESC verpflichtet, den Sozialversicherungsschutz kontinuierlich nicht nur in sachlicher Hinsicht, sondern auch personell zu erweitern.[680] Reformmaßnahmen, die das Ziel haben, die Funktionsfähigkeit des Sozialversicherungssystems sicherzustellen, werden insoweit als zulässig im Kontext von Art. 12 Abs. 3 ESC angesehen.[681] Dabei ist jedoch zu beachten, dass Einschränkungen im Sozialversicherungssystem nur gerechtfertigt sein können, wenn diese notwendig und verhältnismäßig sind.[682] Prämisse ist allerdings, dass die Reformen den solidarischen Charakter des Sozialversicherungssystems beibehalten.[683] Aufgrund von

---

the-merits-of-the-complaints-finnish-society-of-social-rights-v-finland-no-106-2014-and-no-107-2014-are-now-public, zuletzt abgerufen am 03.08.2018.

677 Zum Rechtscharakter der Schlussfolgerungen, vgl. *Schubert*, in: Franzen/Gallner/Oetker (Hrsg.), Kommentar zum europäischen Arbeitsrecht, Teil „Europäische Sozialcharta", Rn. 51. Eine formale rechtliche Bindungswirkung gegenüber den Vertragsstaaten habe die ESC den Schlussfolgerungen nicht beigemessen. Bei den Schlussfolgerungen handele es sich um eine Bewertung der Rechtslage und Rechtsanwendung in den Vertragsstaaten.

678 *Dahmen*, Die Verpflichtung zur Arbeit im Strafvollzug, S. 294. Vgl. European Committee of Social Rights (ECSR), Conclusion IV, Germany, (Art. 12-1) social security system, 30.11.1975, veröffentlicht unter hudoc: http://hudoc.esc.coe.int/eng#{%22fulltext%22:[%22Conclusion%20IV%20germany%20article%2012%22],%22ESCDcType%22:[%22CON%22],%22ESCDcIdentifier%22:[%22IV/def/DEU/12/1/EN%22]}, zuletzt eingesehen am 03.08.2018.

679 Für Deutschland ebenfalls unbestritten: Siehe European Committee of Social Rights (ECSR), Conclusion IV, Germany, (Art. 12-2) social security system, 30.11.1975, http://hudoc.esc.coe.int/eng#{%22tabview%22:[%22document%22],%22ESCDcIdentifier%22:[%22IV/def/DEU/12/2/EN%22]}, zuletzt abgerufen am 03.08.2018.

680 *Dahmen*, Die Verpflichtung zur Arbeit im Strafvollzug, S. 295.

681 Vgl. ECSR, General Introduction Conclusions XIV – 1, 45-49; in: *Dahmen*, Die Verpflichtung zur Arbeit im Strafvollzug, S. 296.

682 *Hohnerlein*, Der internationale Schutz sozialer Grundrechte in Europa. Die Bedeutung der Sozialcharta und die interpretative Erweiterung der Menschenrechtskonvention, in: ZESAR 2003, 17 (22); s. a. *Dahmen*, Die Verpflichtung zur Arbeit im Strafvollzug, S. 296.

683 Vgl. *Dahmen*, Die Verpflichtung zur Arbeit im Strafvollzug, S. 296.

unzähligen Reformen, u. a. im Bereich des Rentenversicherungsrechts, hat das ECSR für Deutschland unbestritten anerkannt, dass das nationale Sozialversicherungsrecht fortschreitend erweitert wird.[684] Weiterführende Vorgaben, die Deutschland zu einer Erweiterung der in das nationale Sozialversicherungsrecht einbezogenen Personenkreise anhalten würden, sind aus Sicht des ECSR somit nicht erforderlich. Vorgaben, die eine Berücksichtigung weiterer Personengruppen in das Sozialversicherungssystem einschließen, können daher auch nicht aus Art. 12 Abs. 3 ESC entnommen werden.[685]

Weiterhin ist nach Art. 12 Abs. 4 ESC von den Vertragsstaaten dafür Sorge zu tragen, dass die Gleichbehandlung der Staatsangehörigen aller Vertragsstaaten in der sozialen Sicherung gewährleistet wird, sozialrechtliche Geldleistungen ausgeführt werden und sozialrechtliche Anwartschaften im Verlauf der Erwerbszeiten erhalten bleiben. Diese Verpflichtung gebietet es, einen durch Zugehörigkeit zu mehreren Sozialleistungssystemen mehrerer Vertragsstaaten eintretenden Rechtsverlust zu verhindern und erworbene Ansprüche auf sozialen Schutz zu bewahren.[686] Beanstandungen gegenüber Deutschland hinsichtlich der Umsetzung dieses Rechts bestehen vom ECSR ebenfalls nicht.[687]

Die Bundesrepublik Deutschland gewährleistet demnach das Recht auf soziale Sicherheit im Sinne des Art. 12 ESC ohne Beanstandungen vom ECSR. Damit ist Deutschland seiner zwischenstaatlichen Verpflichtung im Rahmen der ESC bisher nachgekommen. Im Jahr 1996 wurde die ESC überarbeitet und als „Revidierte Sozialcharta“ vom Europarat verabschiedet, die die zur Charta erlassenen Zusatzprotokolle inkorporiert, ergänzt um einige neue Rechte.[688]

---

684 Vgl. ECSR, Conclusion IV, Germany, (Art. 12-3) social security system, 30.11.1975, veröffentlicht unter hudoc: http://hudoc.esc.coe.int/eng#{%22tabview%22:[%22document%22],%22ESCDcIdentifier%22:[%22IV/def/DEU/12/3/EN%22]}, zuletzt eingesehen am 03.08.2018.

685 So auch *Dahmen*, Die Verpflichtung zur Arbeit im Strafvollzug, S. 296.

686 *Eichenhofer*, Soziale Menschenrechte im Völker-, europäischen und deutschen Recht, S. 132.

687 “The Committee confirmed its previous decision that the Federal Republic of Germany and Ireland satisfied the undertakings arising from this paragraph.” Vgl. European Committee of Social Rights (ECSR), Conclusion IV, Germany, (Art. 12-4) social security system, 30.11.1975, veröffentlicht unter hudoc: http://hudoc.esc.coe.int/eng#{%22fulltext%22:[%22conclusion%20iv%20germany%20article%2012%22],%22ESCDcType%22:[%22Conclusion%22,%22Ob%22],%22ESCDcIdentifier%22:[%22IV/def/DEU/12/4/EN%22]}, zuletzt abgerufen am 03.08.2018.

688 *Stein/von Buttlar/Kotzur*, Völkerrecht, Rn. 1054. So werden auch leichte Änderungen am Wortlaut des Art. 12 ESC in der revidierten Charta vorgenommen. In Art. 12 Abs. 2 ESC wird der 2. Hs. (der für die Ratifikation des Übereinkommens [Nr. 102] der Internationalen Arbeitsorganisation über die Mindestnormen der Sozialen Sicherheit erforderlich ist) in der revidierten Fassung ersetzt durch „der für die Ratifikation der *Europäischen Ordnung der Sozialen Sicherheit* erforderlich ist“. Des

Deutschland hat die revidierte Fassung unterzeichnet, aber bislang nicht ratifiziert.[689]

bb. Empfehlung des Europarates: Europäische Strafvollzugsgrundsätze

Im Januar 2006 wird vom Ministerkomitee des Europarates die „Empfehlung Rec(2006)2“[690] verabschiedet, als Grundsatzempfehlung des Europarates für den Bereich des Strafvollzuges, die als überarbeitete Fassung die „Europäischen Strafvollzugsgrundsätze“[691] von 1987 ersetzt und dem Wandel der sozialen Verhältnisse und Gegebenheiten im Vollzug entsprechen soll.[692] Fraglich ist, ob sich aus den Europäischen Strafvollzugsgrundsätzen verbindliche Vorgaben hinsichtlich einer sozialversicherungsrechtlichen Berücksichtigung Strafgefangener im nationalen Recht entnehmen lassen. Ziel der Empfehlung von 2006 ist es, dass sich Gesetzgebung, Politik und Praxis von den Grundsätzen leiten lassen, die im Anhang der Empfehlung angeführt sind.[693] In einem Teil I im Anhang der Empfehlung werden zunächst die Grundprinzipien aufgelistet. Die Gewährleistung der Menschenrechte in den Vollzugseinrichtungen ist dabei oberstes Prinzip und ein Resultat des Menschenrechtsdiskurses der letzten Jahre in Europa (Nr. 1 Empfehlung Rec(2006)2).[694] Teil II im Anhang der Empfehlung umfasst Haftbedingungen sowie ab Nr. 26 Empfehlung Rec(2006)2 Grundsätze zur Arbeit in der Haft. Gefangenenarbeit ist demnach als positiver Bestandteil des Strafvollzuges zu betrachten und kein Mittel zur Bestrafung (Nr. 26.1 Empfehlung Rec(2006)2). Als letzte Vorschrift

---

Weiteren wird in Art. 12 Abs. 4 ESC das Wort „und“ bei „zwei- und mehrseitiger Übereinkünfte“ in der revidierten ESC durch das Wort „oder“ („zwei- oder mehrseitiger Übereinkünfte“) ersetzt.

689 Siehe *Stein/von Buttlar/Kotzur*, Völkerrecht, Rn. 1054.

690 Europäische Strafvollzugsgrundsätze, Die Empfehlung des Europarates Rec(2006)2, Neufassung der Mindestgrundsätze für die Behandlung der Gefangenen vom 11.01.2006 (Council of Europe, Committee of Ministers: Recommendation Rec(2006)2 of the Committee of Ministers to member states on the European Prison Rules), siehe https://search.coe.int/cm/Pages/result_details.aspx?ObjectID=09000016805d8d25, zuletzt abgerufen am 03.08.2018.

691 Europäische Strafvollzugsgrundsätze, Empfehlung R (87) 3 des Ministerkomitees des Europarates vom 12.02.1987 (Council of Europe, Committee of Ministers: Recommendation No. R (87) 3 of the Committee of Ministers to Member States on the European Prison Rules), vgl. https://rm.coe.int/16804d4421, zuletzt eingesehen am 03.08.2018.

692 *Laubenthal*, Strafvollzug, Rn. 38; Europäische Strafvollzugsgrundsätze, Die Empfehlung des Europarates Rec(2006)2, Neufassung der Mindestgrundsätze für die Behandlung der Gefangenen vom 11.01.2006, S. VII.

693 Siehe Europäische Strafvollzugsgrundsätze Die Empfehlung des Europarates Rec (2006) 2, S. 2.

694 *Laubenthal*, Strafvollzug, Rn. 38.

zum Themenpunkt Arbeit greift Nr. 26.17 Empfehlung Rec(2006)2 die sozialversicherungsrechtliche Situation von Strafgefangenen auf („As far as possible, prisoners who work shall be included in national social security systems."). Demnach sind arbeitende Strafgefangene so weit wie möglich in das staatliche Sozialversicherungssystem einzubeziehen. Allerdings handelt es sich bei den Europäischen Strafvollzugsgrundsätzen lediglich um eine Empfehlung und daher um eine bloße Auslegungs- und Orientierungshilfe für die Mitgliedstaaten, sodass die Grundsätze nicht rechtlich verbindlich sind.[695] Verbindliche Vorgaben hinsichtlich einer sozialversicherungsrechtlichen Berücksichtigung Strafgefangener lassen sich daher auch aus der Empfehlung Rec(2006)2 nicht entnehmen.

c. *Zusammenfassung*

Das oft abstrakt und allgemein formulierte Recht auf soziale Sicherheit, das seinen Ursprung in der AEMR und in zahlreichen weiteren internationalen Menschenrechtsabkommen hat, umfasst eine prinzipielle Verfügbarkeit von Systemen sozialer Sicherheit zum Schutz eines jeden vor Einkommenseinbußen und -ausfällen wegen einkommensbezogener Risiken bei Krankheit, Behinderung, Mutterschaft, Arbeitsunfällen und Berufskrankheiten, Arbeitslosigkeit, Alter und Verwitwung.[696] Im Rahmen ihrer Achtungs-, Schutz- und Gewährleistungspflichten müssen Staaten das Recht auf soziale Sicherheit anerkennen und vor beschränkenden Eingriffen oder diskriminierenden Praktiken schützen, durch die Bereitstellung von zumindest einem Mindestmaß an sozialer Sicherheit.[697] Sowohl im universellen Völkerrecht als auch nach regionalem Völkerrecht lassen sich einschlägige Vorschriften finden, die ein Recht auf soziale Sicherheit inklusive auf Sozialversicherung für alle Menschen postulieren. Divergenzen ergeben sich jedoch im Hinblick auf die Verbindlichkeit der betreffenden Verträge sowie die Reichweite des jeweiligen Gewährleistungsniveaus für ein Recht auf soziale Sicherheit. So fordert z. B. Art. 22 AEMR ein Recht auf soziale Sicherheit für alle Mitglieder der Gesellschaft. Aufgrund der deklaratorischen Wirkung der AEMR bleibt es jedoch bei einer bloßen Forderung. Nach Art. 9 IPwskR erkennen die Vertragsstaaten das Recht eines jeden auf soziale Sicherheit an, das auch die Sozialversicherung umfasst. Dieses Recht ist gemäß General Comment No. 19 zu Art. 9 IPwskR durch ein System der Sozialversicherung zu gewährleisten, das umfassend gegen die Risiken des Lebens ausgestaltet sein soll und jedem Menschen einen Zugang gewährt, ohne jegliche Form der Diskriminierung. Aufgrund der Tatsache, dass weder die General Comments eine Bindungswirkung aufweisen noch sich aus Art. 9 IPskR selbst eine konkrete Handlungsverpflichtung des Gesetzgebers ergibt, lassen sich aus dem UN-Sozialpakt keine Vorgaben zur Berücksichtigung Strafgefangener in das

695 Vgl. *Laubenthal*, Strafvollzug, Rn. 38.
696 *Krennerich*, Soziale Menschenrechte, S. 189,202.
697 *Krennerich*, Soziale Menschenrechte, S. 202.

nationale Sozialversicherungsrecht ableiten. In der ESC findet sich ein Recht auf soziale Sicherheit in Art. 12 ESC. Das Europäische Komitee für Soziale Rechte (ECSR) prüft hier in Schlussfolgerungen (Conclusions), ob die Rechte der ESC von den Vertragsstaaten umgesetzt werden. Im Hinblick auf das Recht auf soziale Sicherheit nach Art. 12 ESC gab es vom ECSR für die Umsetzung dieses Rechts in Deutschland bisher keine Beanstandungen. Vorgaben zur Einbindung von weiteren Personengruppen in das nationale Sozialversicherungssystem bestehen somit auch nach der ESC nicht. Ferner wird in den Europäischen Strafvollzugsgrundsätzen des Europarates von 2006 empfohlen, dass Gefangene so weit wie möglich in die Sozialversicherungssysteme einzubeziehen sind. Da es sich bei den Europäischen Strafvollzugsgrundsätzen um eine bloße Auslegungs- und Orientierungshilfe für die Mitgliedstaaten handelt und eine rechtliche Verbindlichkeit der Grundsätze nicht gegeben ist, lassen sich aus ihnen ebenfalls keine verbindlichen Vorgaben für eine Einbindung Strafgefangener in das nationale Sozialversicherungssystem feststellen.

3. Ergebnis

Hinsichtlich einer Untersuchung von möglichen Vorgaben im Völkerrecht bezüglich einer Einbeziehung Strafgefangener in das nationale Sozialversicherungsrecht wurde ein Recht auf soziale Sicherheit – insbesondere auf Sozialversicherung – untersucht. Hierzu wurden einschlägige Vorschriften im universellen und regionalen Völkerrecht inhaltlich und auf ihre Verbindlichkeit hin überprüft. Verbindliche Vorgaben hinsichtlich einer Berücksichtigung Strafgefangener im nationalen Sozialversicherungsrecht können den einschlägigen völkerrechtlichen Vorschriften im Ergebnis nicht entnommen werden. Eine Einbindung Strafgefangener in das nationale Sozialversicherungssystem wird auf völkerrechtlicher Ebene allerdings empfohlen (vgl. Nr. 26.17 Empfehlung Rec(2006)2).

B. Einfaches Recht

Gemäß § 4 Abs. 1 SGB I hat jede Person im Rahmen des Sozialgesetzbuches ein Recht auf Zugang zur Sozialversicherung. Damit umreißt § 4 Abs. 1 SGB I den Personenkreis, der berechtigt sein soll, in der Sozialversicherung versichert zu sein, ohne aber die konkreten Personen zu benennen, die Zugang zur Sozialversicherung erhalten sollen.[698] Wer zum versicherten Personenkreis in der Sozialversicherung

698 Vgl. *Lilge*, SGB I Kommentar, § 4 SGB I, Rn. 13; s. a. *Mrozynski*, SGB I Kommentar, § 4 SGB I, Rn. 20, der die Vorschrift des § 4 Abs. 1 SGB I als sprachlich und in der Sache „verunglückt" versteht, aufgrund der Schwierigkeit der Aulegung des Begriffes des Zuganges für jeden. Zwar wollte der Gesetzgeber eine Grundlagenregelung schaffen, die die Tendenz zur Volksversicherung verdeutliche. Allerdings verkenne die Vorschrift, dass das rechtliche und sozialpolitische Charakteristikum

gehört, wird in § 2 SGB IV geregelt. Demnach umfasst die Sozialversicherung Personen, die kraft Gesetzes oder Satzung (Versicherungspflicht) oder aufgrund freiwilligen Beitritts oder freiwilliger Fortsetzung der Versicherung (Versicherungsberechtigung) versichert sind (§ 2 Abs. 1 SGB IV). Nach Maßgabe der besonderen Vorschriften für die einzelnen Versicherungszweige sind dabei Personen, die gegen Arbeitsentgelt oder zu einer Berufsausbildung beschäftigt sind, in allen Zweigen der Sozialversicherung versichert (§ 2 Abs. 2 Nr. 1 SGB IV).[699] Der Begriff der Beschäftigung wird in § 7 Abs. 1 SGB IV geregelt. Ob eine Person der Sozialversicherungspflicht unterliegt, ist nach der sozialversicherungsrechtlichen Systematik somit regelmäßig mit dem Begriff der Beschäftigung verbunden, weil die Vorschriften zur Pflichtversicherung in allen Bereichen der Sozialversicherung an das Merkmal der Beschäftigung anknüpfen.[700] Für das Bestehen eines Versicherungsverhältnisses muss neben dem Kriterium der Beschäftigung, unter Ausnahme der gesetzlichen Unfallversicherung, die Beschäftigung gegen Arbeitsentgelt (§ 14 SGB IV) erfolgen, als eine zusätzliche sozialversicherungsrechtliche Voraussetzung.[701]

Um während des Strafvollzuges in dem Kreis der versicherten Personen in der Sozialversicherung kraft Gesetzes berücksichtigt zu werden und dementsprechend ein Versicherungsverhältnis zu begründen, müssen auch Strafgefangene eine Beschäftigung ausüben, die den Voraussetzungen eines Beschäftigungsverhältnisses im Sinne des Sozialversicherungsrechts genügt. Zu klären sind demnach zunächst die Voraussetzungen für das Vorliegen einer sozialversicherungsrechtlichen Beschäftigung, bevor in einem weiteren Schritt die unterschiedlichen Beschäftigungsverhältnisse im Strafvollzug dargelegt werden. Außerdem ist zu untersuchen, ob die Beschäftigungsverhältnisse im Strafvollzug die Voraussetzungen einer Beschäftigung im sozialversicherungsrechtlichen Sinne erfüllen.

---

der Sozialversicherung im Versicherungszwang bestehe und nicht in einer freiwilligen Versicherung. Vgl. zur Einführung der Norm auch BT-Drs. 7/868, S. 23.

699 Vgl. hierzu § 25 Abs. 1, § 26 Abs. 1 Nr. 4 SGB III, § 5 Abs. 1 Nr. 1 SGB V, § 20 Abs. 1 Satz 1 Nr. 1 SGB XI, § 1 Satz 1 Nr. 1 SGB VI. Eine Ausnahme bildet § 2 Abs. 1 Nr. 1 SGB VII, wonach kraft Gesetzes Beschäftigte unfallversichert sind, ohne dass das Arbeitsentgelt als zusätzliche Voraussetzung in das Gesetz aufgenommen wird.

700 *Schnapp*, „Beschäftigung" als Schlüsselbegriff in der Sozialversicherung, in: WzS 2016, 277 (277); s. a. *Lüdtke/Winkler*, in: Winkler (Hrsg.), Sozialgesetzbuch IV Lehr- und Praxiskommentar, § 7 SGB IV, Rn. 8; *Marschner*, in: Kreikebohm (Hrsg.), SGB IV Kommentar, § 7 SGB IV, Rn. 2. Vgl. ebenfalls § 25 Abs. 1, § 26 Abs. 1 Nr. 4 SGB III, § 5 Abs. 1 Nr. 1 SGB V, § 20 Abs. 1 Satz 1 Nr. 1 SGB XI, § 1 Satz 1 Nr. 1 SGB VI, § 2 Abs. 1 Nr. 1 SGB VII.

701 Siehe *Rolfs*, in: Müller-Glöge/Preis/Schmidt (Hrsg.), Erfurter Kommentar zum Arbeitsrecht, SGB IV, § 7, Rn. 28.

I. Der sozialversicherungsrechtliche Beschäftigungsbegriff

Zu den Grundfragen sozialversicherungsrechtlicher Gesetzgebung und Dogmatik gehört die Bestimmung des Kreises versicherter Arbeitnehmer kraft Gesetzes.[702] Gemäß § 2 Abs. 1 SGB IV umfasst die Sozialversicherung Personen, die kraft Gesetzes oder Satzung (Versicherungspflicht) oder aufgrund freiwilligen Beitritts oder freiwilliger Fortsetzung der Versicherung (Versicherungsberechtigung) versichert sind. Versichert sind in allen Zweigen der Sozialversicherung Personen, die gegen Arbeitsentgelt oder zu einer Berufsausbildung beschäftigt sind (§ 2 Abs. 2 Nr. 1 SGB IV).[703] Den Begriff des Arbeitsentgeltes bestimmt § 14 Abs. 1 Satz 1 1. Hs. SGB IV. Danach umfasst der Terminus Arbeitsentgelt alle laufenden oder einmaligen Einnahmen aus einer Beschäftigung. Geregelt wird der Begriff Beschäftigung in § 7 Abs. 1 SGB IV.[704] Nach § 7 Abs. 1 Satz 1 SGB IV ist Beschäftigung die nicht selbstständige Arbeit, insbesondere in einem Arbeitsverhältnis. Die Vorschriften zum versicherungspflichtigen Personenkreis in den einzelnen Bereichen der Sozialversicherung beziehen sich auf die §§ 2 Abs. 2 Nr. 1, 7 Abs. 1 SGB IV, indem auch sie den Begriff der Beschäftigung oder die Begriffe Arbeiter/Angestellte aufgreifen.[705] Die Definition zu den beschäftigten Personen entscheidet somit über deren Zugehörigkeit zur Sozialversicherung.[706]

1. *Definition und Abgrenzung*

Nach der amtlichen Begründung im „Entwurf eines Sozialgesetzbuchs (SGB) – Gemeinsame Vorschriften für die Sozialversicherung“[707] vom 08.10.1975 handelt

702 *Seiter*, Sozialversicherungsrechtliches Beschäftigungsverhältnis und Arbeitsverhältnis, in: VSSR 1976, 179 (180).

703 Vgl. § 25 Abs. 1, § 26 Abs. 1 Nr. 4 SGB III, § 5 Abs. 1 Nr. 1 SGB V, § 20 Abs. 1 Satz 1 Nr. 1 SGB XI, § 1 Satz 1 Nr. 1 SGB VI, § 2 Abs. 1 Nr. 1 SGB VII.

704 Vgl. hierzu auch *Segebrecht*, in: Schlegel/Voelzke (Hrsg.) jurisPK-SGB IV, § 7 SGB IV, Rn. 3, der von einer Definition oder Beschreibung ausgeht; anders *Marschner*, in: Kreikebohm (Hrsg.), SGB IV Kommentar, § 7 SGB IV, Rn. 3, der bei dem Begriff der Beschäftigung von einem „Typus“ spricht und keiner feststehenden Definition; ebenfalls in BVerfG, Beschluss vom 20.05.1996, 1 BvR 21/96, in: NZS 1996, 522 f., wonach ausgehend von dem Normalfall im Rahmen von § 7 SGB IV ebenfalls von einem Typus gesprochen wird; vgl. auch *Hörtz/Tacou*, Kopf oder Zahl? – Von der Einzel(un)gerechtigkeit der aktuellen oberinstanzlichen Rechtsprechung zum sozialversicherungsrechtlichen Status Quo einer (Erwerbs-)Tätigkeit am Beispiel der Notarzttätigkeit, in: NZS 2015, 175 (176); *Seiter*, Sozialversicherungsrechtliches Beschäftigungsverhältnis und Arbeitsverhältnis, in: VSSR 1976, 179 (180), spricht von einem „Definitionsversuch“.

705 *Schnapp*, „Beschäftigung“ als Schlüsselbegriff in der Sozialversicherung, in: WzS 2016, 277 (277).

706 *Fuchs*, in: Gagel, SGB II/SGB III Grundsicherung und Arbeitsförderung Kommentar, SGB III, § 25, Rn. 1.

707 BT-Drs. 7/4122.

es sich bei dem Begriff der Beschäftigung in § 7 SGB IV um einen der „Grundbegriffe des Sozialversicherungsrechts, an den vor allem die Vorschriften über die Versicherungspflicht geknüpft sind“.[708] Der Begriff Beschäftigung ist damit wichtigste Prämisse mit Schlüsselfunktion für einen Schutz der Sozialversicherung in allen Versicherungszweigen.[709] Hinsichtlich seiner traditionellen Zweckbestimmung ist dieser auf unselbstständige Erwerbstätige (Arbeitnehmer = Arbeiter und Angestellte) gerichtet, denen der Schutz der Sozialversicherung zwangsweise zugutekommen soll; gleichwohl können auch selbstständig Tätige einer Versicherungspflicht unterliegen, soweit der Gesetzgeber für diese Personengruppe eine entsprechende Erstreckung des Schutzes in den besonderen Teilen der Sozialversicherung vorgenommen hat, wie z. B. ausdrücklich in der gesetzlichen Rentenversicherung im Rahmen von § 2 SGB VI.[710]

Nach seiner gesetzlichen Definition ist Beschäftigung die nichtselbständige Arbeit, insbesondere in einem Arbeitsverhältnis (§ 7 Abs. 1 Satz 1 SGB IV).[711] Ausgehend vom Wortlaut von § 7 Abs. 1 Satz 1 SGB IV knüpft die Sozialversicherung also ausdrücklich an die Beschäftigung an und benennt das Arbeitsverhältnis als den regelmäßigen Fall („insbesondere“), sodass der sozialversicherungsrechtliche Beschäftigungsbegriff in der Regel dem Arbeitsverhältnis[712] gleichgestellt werden kann und beide Begriffe weitestgehend deckungsgleich sind.[713] § 7 Abs. 1 Satz 1

708 BT-Drs. 7/4122, S. 31.

709 Vgl. auch *Zieglmeier*, in: Körner/Leitherer/Mutschler/Rolfs (Hrsg.), Kasseler Kommentar Sozialversicherungsrecht, SGB IV, § 7, Rn. 3, 19; *Greiner*, Das Beschäftigungsverhältnis im Sozial- und Arbeitsrecht, S. 9, in: SDSRV, Band 62, Selbstständigkeit und Abhängigkeit der Dogmatik des Sozialrechts, 12. Sozialrechtslehrertagung des Deutschen Sozialrechtsverbandes e.V., 23./24. Februar 2012 in Hannover; ähnlich auch BSGE 53, 242 (244), wonach die „Beschäftigung“, neben der Gewährung von Arbeitsentgelt, ein markanter Grundbegriff des Sozialversicherungsrechts sowie charakteristisches Anknüpfungsmerkmal für Rechte und Pflichten sozialrechtlicher Art ist, vor allem für die Versicherungspflicht und für die Berechnung der Beiträge und Leistungen.

710 *Zieglmeier*, in: Körner/Leitherer/Mutschler/Rolfs (Hrsg.), Kasseler Kommentar Sozialversicherungsrecht, SGB IV, § 7, Rn. 3.

711 BT-Drs. 7/4122, S. 31; in unveränderter Fassung übernommen in BT-Drs. 7/5457.

712 Vgl. § 611a BGB zu den Pflichten aus dem Arbeitsvertrag, eingeführt mit dem „Gesetz zur Änderung des AÜG und anderer Gesetze“ vom 01.04.2017 (BGBl. 2017, S. 258 ff.); siehe hierzu auch *Wank*, Der Arbeitnehmer-Begriff im neuen § 611a BGB, in: AuR 2017, 140 ff.

713 *Felix*, Die Wertneutralität des Sozialrechts – Zum Bestehen eines Beschäftigungsverhältnisses bei sittenwidrigem oder verbotenem Tun, in: NZS 2002, 225 (227); so auch BT-Drs. 7/4122, S. 31; anders *Eichenhofer*, Sozialrecht, Rn. 276, nach dem sich der Begriff des Arbeitnehmers im Sozialversicherungsrecht mit demjenigen des Arbeits- und Steuerrechts deckt; s. a. zur Abgrenzung Beschäftigungsverhältnis und Arbeitsverhältnis sowie zur sozialrechtlichen Begriffsbildung, *Lüdtke/Winkler*, in: Winkler (Hrsg.), Sozialgesetzbuch IV Lehr- und Praxiskommentar, § 7 SGB IV, Rn. 12 f.; zur

SGB IV verweist somit auf eine für die Begriffsabgrenzung notwendige Funktion, ohne zugleich die Versicherungspflicht klären zu wollen, da hierfür in der Regel noch weitere Tatbestandsmerkmale, wie z. B. die Beschäftigung gegen Arbeitsentgelt (vgl. § 14 SGB IV), vorausgesetzt werden.[714] Des Weiteren entspricht § 7 Abs. 1 Satz 1 SGB IV dem Rechtsgrundsatz, dass Rechte und Pflichten aus der Sozialversicherung grundsätzlich gesetzlich, in Unabhängigkeit von der Wirksamkeit und den Inhalten privatrechtlicher Vereinbarungen, also allein durch die tatsächliche Beschäftigung begründet werden.[715] Dieser Grundsatz hat sich

---

Abgrenzung, siehe BSGE 1, 115 (117 f.). Demnach decken sich das arbeitsrechtliche Arbeitsverhältnis und das versicherungsrechtliche Beschäftigungsverhältnis nicht, denn das arbeitsrechtliche Arbeitsverhältnis stelle ein zweiseitiges privatrechtliches Rechtsverhältnis zwischen Arbeitnehmer und Arbeitgeber dar und regele die Rechtsbeziehungen zwischen den Parteien, wohingegen das versicherungsrechtliche Beschäftigungsverhältnis auf einem dreiseitigen öffentlich-rechtlichen Rechtsverhältnis zwischen Arbeitnehmer, Arbeitgeber und der Sozialversicherung beruhe und die Zugehörigkeit zur Pflichtversicherung für schutzbedürftige Arbeitnehmer regele; so auch *Wannagat*, Lehrbuch des Sozialversicherungsrechts, I. Band, S. 310 f.
Beachte zum Arbeitsverhältnis, *Richardi/Fischinger*, in: Staudinger, Kommentar zum Bürgerlichen Gesetzbuch, § 611 BGB, Rn. 18 ff. sowie *Weidenkaff*, in: Palandt, Bürgerliches Gesetzbuch, Einführung vor § 611 BGB, Rn. 5.

714 BT-Drs. 7/4122, S. 31; vgl. hierzu auch *Segebrecht*, in: Schlegel/Voelzke (Hrsg.) jurisPK-SGB IV, § 7 SGB IV, Rn. 36; s. a. *Dankelmann*, in: Eichenhofer/Wenner (Hrsg.), SGB IV Kommentar, § 7 SGB IV, Rn. 42 f. sowie auch BSGE 81, 231 (239); a.A. *Lüdtke/Winkler*, in: Winkler (Hrsg.), Sozialgesetzbuch IV Lehr- und Praxiskommentar, § 7 SGB IV, Rn. 10.

715 *Lüdtke/Winkler*, in: Winkler (Hrsg.), Sozialgesetzbuch IV Lehr- und Praxiskommentar, § 7 SGB IV, Rn. 7; s. a. *Knospe*, in: Hauck/Noftz (Hrsg.), SGB IV, K § 7, Rn. 27; Der sozialversicherungsrechtliche Beschäftigungsbegriff kann unterteilt werden in einen leistungsrechtlichen und einen beitragsrechtlichen Beschäftigungsbegriff, siehe *Scheidt*, in: Mutschler/Schmidt-De Caluwe/Coseriu (Hrsg.), Sozialgesetzbuch III Großkommentar, § 24, Rn. 16 ff.; vgl. auch BSGE 59, 183 (185 ff.), wonach das Beschäftigungsverhältnis u.a. nicht durch Freistellung von der Arbeit beendet wird. S. a. *Panzer*, Sozialversicherungsrechtliche Auswirkungen der Beendigung von Arbeitsverhältnissen, in: NJW 2010, 11 (12). Demnach diene der leistungsrechtliche Beschäftigungsbegriff insbesondere der Feststellung, ob eine Beschäftigungslosigkeit als Voraussetzung für einen Anspruch auf Arbeitslosengeld nach dem Arbeitsförderungsrecht vorliege, wobei für das Vorliegen einer leistungsrechtlichen Beschäftigung nicht an den rechtlichen Bestand eines Arbeitsverhältnisses anzuknüpfen sei, sondern an das Vorliegen der tatsächlichen Verhältnisse, wonach Beschäftigungslosigkeit also vorliege, wenn der Versicherte tatsächlich nicht beschäftigt werde, in Unabhängigkeit vom Bestehen oder Nichtbestehen eines Arbeitsverhältnisses. Nach *Scheidt*, in: Mutschler/Schmidt-De Caluwe/Coseriu (Hrsg.), Sozialgesetzbuch III Großkommentar, § 24, Rn. 23 stehe derjenige Arbeitnehmer in einem leistungsrechtlichen Beschäftigungsverhältnis, dessen Arbeitskraft dem Direktionsrecht (Verfügungsgewalt) eines Arbeigebers unterworfen sei und der diese Verfügungsgewalt auch anerkenne,

schon in den anfänglichen Entscheidungen des RVA etabliert und wird auch vom BSG in ständiger Rechtsprechung fortgeführt.[716] Demnach kommt es nicht darauf an, ob ein wirksamer Arbeitsvertrag zwischen Arbeitnehmer und Arbeitgeber abgeschlossen worden ist oder ob ein sog. „faktisches Arbeitsverhältnis“[717]

---

also dienstbereit sei; siehe hierzu ebenfalls BSG, Urteil vom 13.05.1981, 7 RAr 39/80, BeckRS 1981, 05440, Rn. 33; nach BSG, Urteil vom 09.12.1976, Az. 2 RU 5/76, BSGE 43, 60 (61), dürfe der Arbeitsvertrag nicht mit dem Arbeits- und Dienstverhältnis resp. Beschäftigungsverhältnis im Sinne der Sozialversicherung gleichgesetzt werden. Maßgebend für den Beginn des Beschäftigungsverhältnisses sei die Aufnahme der tatsächlichen Arbeit durch den Arbeitnehmer und die Herstellung der Verfügungsgewalt des Arbeitgebers über die Arbeitskraft des Arbeitnehmers. Im Gegensatz dazu könne nach Panzer das beitragsrechtliche Beschäftigungsverhältnis auch erhalten bleiben, wenn keine Arbeitsleistung erbracht werde, damit der Schutz des Arbeitnehmers gewährleistet werden könne, vgl. *Panzer*, Sozialversicherungsrechtliche Auswirkungen der Beendigung von Arbeitsverhältnissen, in: NJW 2010, 11 (12); siehe zum Ende der Beitragspflicht bei Ableistung einer Haft BSG, Urteil vom 18.04.1991, 7 RAr 106/90, BeckRS 1991, 30737292, wonach eine die Beitragspflicht zur Bundesanstalt für Arbeit begründende Beschäftigung (§ 168 AFG) trotz Untersuchungshaft des Arbeitnehmers außerhalb des Geltungsbereiches des AFG (hier: DDR 1982) nicht ende, solange die Arbeitsvertragsparteien an dem Arbeitsvertrag festhalten und der Arbeitgeber das vereinbarte Arbeitsentgelt zahle.

716 Zur Rechtsprechung des RVA: EuM d. RVA, 21, 305 (308), wonach die Versicherungspflicht auch dann eintritt, wenn die Beschäftigung nicht auf einem rechtsgültigen Dienstvertrag beruht; im Grundsatz bestätigt in EuM d. RVA, 22, 238 (241). Nach Rechtsprechung des BSG (BSGE 1, 115 (117 f.)) decke sich der Begriff der versicherungspflichtigen Beschäftigung nicht mit dem Arbeitsvertrag. Für die versicherungspflichtige Beschäftigung zähle die „tatsächliche“ Seite, deren Merkmal die fremdbestimmte Arbeit für einen Arbeitgeber sei sowie die Entlohnung dafür und, dass Arbeitnehmer und Arbeitgeber aufgrund dieses Beschäftigungsverhältnisses Beiträge zur Sozialversicherung zu entrichten haben; bestätigt in BSGE 2, 164, 175 ff.; nach BSGE 11, 79 (83) sei der Ausgangspunkt, dass Sozialversicherung und Arbeitsrecht „Schwestergebiete“ seien, die beide im Kernpunkt den Schutz des abhängigen Arbeitsverhältnisses bezwecken und nur auf verschiedenen Wegen dieses Ziel anstreben, bedenklich; vgl. zur Annäherung von Arbeits- und Sozialrecht den in der anfänglichen Rechtsprechung des BSG viel zitierten Aufsatz von *Dersch*, Wechselwirkungen zwischen Arbeitsrecht und Sozialversicherung in der neueren Entwicklung (Betrachtung des Personenkreises), in: RdA 1950, 321 (321 f.). S. a. BSGE 37, 10 (13 f.); BSGE 86 (89 f.); BSGE 87, 53(60).

717 Zum faktischen oder fehlerhaften Arbeitsverhältnis: Ein faktisches oder fehlerhaftes Arbeitsverhältnis liegt vor, wenn der Vertrag mit einer fehlerhaften Vertragsgrundlage abgeschlossen wird und der Arbeitnehmer bereits einvernehmlich gearbeitet hat. Als Rechtsfolge einer Anfechtung des Vertrages ergibt sich in diesem Fall keine Rückabwicklung nach § 142 Abs. 1 BGB mit Wirkung ex tunc (von Anfang an). Nach h.M. ist das angefochtene Arbeitsverhältnis hingegen für die Dauer seines Bestehens (Vollzuges), entgegen § 142 Abs. 1 BGB, als wirksam zu behandeln als sog. faktisches oder fehlerhaftes Arbeitsverhältnis, vgl. *Dütz/Thüsing*, Arbeitsrecht,

vorliegt.[718] Vielmehr wird durch § 7 Abs. 1 SGB IV die Beziehung des Sozialrechts zum Arbeitsrecht in zweifacher Hinsicht geklärt und abgegrenzt: Zum einen führt regelmäßig ein wirksames Arbeitsverhältnis zu einer sozialversicherungsrechtlichen Beschäftigung, und zum anderen kann auch ohne das Vorliegen eines Arbeitsverhältnisses eine Beschäftigung im Sinne des Sozialversicherungsrechts gegeben sein.[719] Die Frage nach dem Vorliegen eines sozialversicherungsrechtlichen Beschäftigungsverhältnisses ist alleine nach den sozialversicherungsrechtlichen Vorschriften zu beantworten.[720] Arbeitnehmerähnliche Tätigkeiten im Sinne von § 7 Abs. 2 SGB IV (z. B. bei Teilnahme an einer betrieblichen Berufsausbildung im Sinne des § 1 Abs. 5 Berufsbildungsgesetz [BBiG] und nach § 12 Abs. 2 SGB IV – in Bezug auf Heimarbeiter) können ebenfalls eine Beschäftigung im sozialversicherungsrechtlichen Sinne begründen.[721]

Eine weitere Klarstellung zur Begriffsabgrenzung ist mit dem „Gesetz zur Förderung der Selbstständigkeit“[722] vom 20.12.1999 und der Einführung des § 7 Abs. 1 Satz 2 SGB IV erfolgt, der typische Merkmale für eine Beschäftigung festlegt, namentlich die Tätigkeit nach Weisungen und die Eingliederung in die Arbeitsorganisation des Arbeitgebers, ohne dass es sich dabei um eine abschließende Auflistung von Abgrenzungsmerkmalen handelt.[723]

Gemäß § 7 Abs. 1 SGB IV liegt somit eine sozialversicherungsrechtliche Beschäftigung vor, wenn eine Arbeit unselbstständig ist, also dem Weisungsrecht des Arbeitgebers unterliegt, und wenn nach den Grundsätzen des Arbeitsrechts ein Arbeitsverhältnis anzunehmen ist.[724]

2. Merkmale für das Vorliegen einer Beschäftigung im Sozialversicherungsrecht

Generalisierend oder abschließend kann der Begriff vom sozialversicherungsrechtlichen Beschäftigungsverhältnis nicht bestimmt werden, da er je nach

---

§ 3, Rn. 121. Mit historischen Nachweisen aus der Rechtsprechung, dass diese Sichtweise im Sozialversicherungsrecht bereits seit Ende des 19. Jahrhunderts existiert, vgl. *Seiter*, Sozialversicherungsrechtliches Beschäftigungsverhältnis und Arbeitsverhältnis, in: VSSR 1976, 179 (185).

718 Vgl. BT-Drs. 7/4122, S. 31.

719 *Zieglmeier*, in: Körner/Leitherer/Mutschler/Rolfs (Hrsg.), Kasseler Kommentar Sozialversicherungsrecht, SGB IV, § 7, Rn. 4.

720 *Felix*, Die Wertneutralität des Sozialrechts – Zum Bestehen eines Beschäftigungsverhältnisses bei sittenwidrigem oder verbotenem Tun, in: NZS 2002, 225 (227); vgl. ebenfalls BSGE 15, 65 (69); BSGE 16, 289 (295); BSGE 19, 265 (267); BSGE 52, 76 (78).

721 Vgl. BT-Drs. 7/4122, S. 31.

722 BGBl. I 1999, S. 2 ff.

723 BT-Drs. 14/1855, S. 6.

724 BT-Drs. 7/4122, S. 31.

Sachzusammenhang eine andere Bedeutung erlangen kann.[725] Wesentliches Merkmal einer Beschäftigung im Sinne des Sozialversicherungsrechts ist nach dem Wortlaut von § 7 Abs. 1 Satz 1 SGB IV die nicht selbstständige Arbeit. Als ungeschriebenes Tatbestandsmerkmal muss es sich weiterhin um einen freien Austausch von Arbeit und Lohn handeln.

a. Nicht selbstständige Arbeit

Maßgebliches Unterscheidungskriterium ist nach ständiger Rechtsprechung des RVA[726] und des BSG[727] die Nichtselbstständigkeit („persönliche Abhängigkeit") des Arbeitnehmers vom Arbeitgeber, wenn es um die Abgrenzung des sozialversicherungsrechtlichen Beschäftigungsverhältnisses von anderen Rechtsverhältnissen geht.[728] Gemäß § 7 Abs. 1 Satz 1 SGB IV ist Beschäftigung also die nichtselbständige Arbeit, insbesondere in einem Arbeitsverhältnis. In § 7 Abs. 1 Satz 2 SGB IV erfolgen Klarstellungen zum Merkmal der persönlichen Abhängigkeit. Demnach sind Anhaltspunkte für eine Beschäftigung eine Tätigkeit nach Weisungen und eine Eingliederung in die Arbeitsorganisation des Arbeitgebers. Der Arbeitnehmer ist persönlich (und zunächst nicht wirtschaftlich) abhängig, wenn er in den Betrieb des Arbeitgebers eingegliedert ist und seinem Weisungsrecht unterliegt, das Zeit, Dauer, Ort und Art der Arbeitsführung betrifft; hingegen liegt eine selbstständige

---

725 BSG, Urteil vom 28.09.1993, 11 RAr 69/92, in: NZS 1994, 140 (140); s. a. st. Rspr. des BSG: BSG vom 11.12.1973, GS 1/73, juris, Rn. 22; BSG vom 29.07.2015, B 12 R 1/15 R, juris, Rn. 27; sowie BSGE 68, 236 (240); bereits nach BSGE 20, 184 (186) muss der Begriff der rentenversicherungspflichtigen Beschäftigung ausgelegt werden. Vgl. auch kritisch zu einer neuen Auslegung des sozialversicherungsrechtlichen Beschäftigungsbegriffs: *Waltermann*, Welche arbeits- und sozialrechtlichen Regelungen empfehlen sich im Hinblick auf die Zunahme Kleiner Selbstständigkeit?, in: RdA 2010, 162 ff.; *Schlegel*, Wen soll das Sozialrecht schützen? – Zur Zukunft des Arbeitnehmer- und Beschäftigtenbegriffs im Sozialrecht, in: NZS 2000, 421 ff.

726 RVA, AN 1887, S. 50 f., Ziff. 308, wonach das RVA bereits in einer Entscheidung von 1887 anerkennt, dass ein in einer Druckerei und Appretur zu unregelmäßigen Zeiten nach Beendigung seiner Tagesarbeit angestellter Schermeister ein Arbeiter ist, weil er sich „in einem wenn auch nicht dauernden, sondern nur vorübergehenden Abhängigkeits- oder Dienstverhältnis" befand; s. a. *Hromadka*, Arbeitnehmerbegriff und Arbeitsrecht, in: NZA 1997, 569 (572 f.) mit weiteren Ausführungen und Nachweisen zum Ursprung des Merkmales der persönlichen Abhängigkeit.

727 BSGE 1, 115 (118); BSGE 3, 30 (35); BSGE 10, 41 (44); BSGE 13, 130 (132); BSGE 13, 196 (197); BSGE 15, 65 (69); BSGE 16, 98 (101); BSGE 16, 289 (295); BSGE 19, 265 (267); BSGE 20, 6 (8); BSGE 35, 20 (21); BSGE 36, 262 (263); BSGE 87, 53 (55); BSGE 103, 17 (21); BSG vom 29.07.2015, B 12 R 1/15 R, juris, Rn. 27.

728 *Griebeling*, Die Merkmale des Arbeitsverhältnisses, in: NZA 1998, 1137 (1139); zur Unterscheidung des Verständnisses vom Merkmal der persönlichen Abhängigkeit in der Rechtsprechung des BAG und des BSG, vgl. *Hromadka*, Arbeitnehmerbegriff und Arbeitsrecht, in: NZA 1997, 569(570).

Erwerbstätigkeit vor, wenn die Arbeit durch ein eigenes Unternehmerrisiko, das Vorhandensein einer eigenen Betriebsstätte und die Verwendung eigener Betriebsmittel sowie durch Verfügungsmöglichkeit über die eigene Arbeitskraft und durch freie Gestaltungsmöglichkeiten der Arbeitszeit gekennzeichnet ist.[729]

Der Begriff Arbeit kann in einem arbeitswissenschaftlichen Sinne als der zweckgebundene Einsatz der eigenen körperlichen und/oder geistigen Kräfte und Fähigkeiten zur Befriedigung materieller oder geistiger Bedürfnisse des Einzelnen oder einer Vielzahl von Personen definiert werden; das Verständnis von Arbeit im sozialversicherungsrechtlichen Sinn geht über eine Betrachtung von tatsächlich erbrachter Arbeitstätigkeit hinaus und kann dem Schutz der Sozialversicherungsbereiche nach auf zahlreiche Tätigkeiten ausgedehnt werden.[730] Das wirtschaftliche Verständnis von Arbeit ist im Sinne von menschlichem Verhalten zu deuten; der Arbeitszweck muss nicht zwangsläufig erwerbswirtschaftlich, sondern kann auch von rein ideeller Art sein.[731] Damit umfasst der Begriff Arbeit im Sinne von § 7 SGB IV eine generelle wirtschaftliche und sinnvolle Tätigkeit, bei der es sich zumindest in Teilen um eine Lebensaufgabe und Lebensgrundlage für Arbeitnehmer handeln soll.[732] Der Erhalt eines Arbeitsentgeltes ist kein Voraussetzungsmerkmal für das Vorliegen von Arbeit, da die Entgeltlichkeit allein aus dem Wortlaut des § 7 Abs. 1 SGB IV nicht als Voraussetzung für Arbeit identifiziert werden kann.[733] In den

729 Vgl. *Marschner*, in: Kreikebohm (Hrsg.), SGB IV Kommentar, § 7 SGB IV, Rn. 5; *Lüdtke/Winkler*, in: Winkler (Hrsg.), Sozialgesetzbuch IV Lehr- und Praxiskommentar, § 7 SGB IV, Rn. 9; BSGE 3, 30 (35 f.); BSGE 13, 130 (132 f.); BSGE 16, 98 (101) m.w.N.; BSGE 19, 265 (267); BSGE 20, 6 (8); BSGE 38, 53 (57); BSGE 78, 34 (36); BSGE 87, 53 (55 f.); BSG vom 06.03.2003, B 11 AL 25/02 R, juris, Rn. 16; BSG, Urteil vom 18.11.2015, B 12 KR 16/13 R, BSGE 120, 99 ff., juris, Rn. 16.

730 *Zieglmeier*, in: Körner/Leitherer/Mutschler/Rolfs (Hrsg.), Kasseler Kommentar Sozialversicherungsrecht, SGB IV, § 7, Rn. 24.

731 Vgl. *Zieglmeier*, in: Körner/Leitherer/Mutschler/Rolfs (Hrsg.), Kasseler Kommentar Sozialversicherungsrecht, SGB IV, § 7, Rn. 44; s. a. *Segebrecht*, in: Schlegel/Voelzke (Hrsg.) jurisPK-SGB IV, § 7 SGB IV, Rn. 67. Zur Frage, ob eine Tätigkeit wirtschaftlich als Arbeit anzusehen ist oder ob es sich bei der Tätigkeit um eine spielerische oder sportliche handelt, vgl. BSGE 10, 94 (96 f.) zustimmend für die Arbeit als Berufsjockey; nach BSGE 16, 98 (100 f.) ebenfalls bejaht für Sport und Spiel im Falle von Vertragsspielern (Fußball), sowie bejaht für Sportveranstaltungen i. R. eines von der Schule organisierten Skilehrganges nach BSGE 44, 94 (94, 99).

732 *Zieglmeier*, in: Körner/Leitherer/Mutschler/Rolfs (Hrsg.), Kasseler Kommentar Sozialversicherungsrecht, SGB IV, § 7, Rn. 44.

733 Vgl. *Segebrecht*, in: Schlegel/Voelzke (Hrsg.) jurisPK-SGB IV, § 7 SGB IV, Rn. 69; *Zieglmeier*, in: Körner/Leitherer/Mutschler/Rolfs (Hrsg.), Kasseler Kommentar Sozialversicherungsrecht, SGB IV, § 7, Rn. 44; s. a. BSGE 81, 231 (239); vgl. auch *Lüdtke/Winkler*, in: Winkler (Hrsg.), Sozialgesetzbuch IV Lehr- und Praxiskommentar, § 7 SGB IV, Rn. 10; beachte hierzu auch schon *Peters*, Handbuch der Krankenversicherung, § 165 RVO, S. 7. Nach Peters erstreckt sich der Versicherungsschutz

Sozialversicherungsbereichen[734] wird jedoch, unter Ausnahme der gesetzlichen Unfallversicherung, regelmäßig eine Beschäftigung gegen Arbeitsentgelt vorausgesetzt, sodass der Begriff von Beschäftigung in aller Regel mit dem Vorliegen eines Entgeltes zu verknüpfen ist, es aber ausreicht, dass ein Entgelt geschuldet und nicht zwingend auch ausgezahlt wird (siehe § 22 SGB I zum Entstehen von Beitragsansprüchen).[735]

b. Freier Austausch von Arbeit und Lohn

Traditionell zählt auch das ungeschriebene Merkmal der „Freiwilligkeit“ zu den unentbehrlichen Tatbestandsmerkmalen eines Beschäftigungsverhältnisses im sozialversicherungsrechtlichen Sinne, sodass nur freiwillig eingegangene Beschäftigungs- und Ausbildungsverhältnisse eine Versicherungspflicht begründen können.[736] Bereits in den ersten Rechtsprechungen des RVA[737] wird für das positive Vorliegen eines sozialversicherungsrechtlichen Beschäftigungsverhältnisses neben der persönlichen Abhängigkeit des Arbeitnehmers vom Arbeitgeber zusätzlich ein freier Austausch von Lohn und Arbeit gefordert.[738] Mit Urteil vom 18.06.1997 stellte der 5. Senat des BSG[739] hierzu klar, dass Rechtsgrundlage für das Merkmal

---

in der KV auf die persönlich und wirtschaftlich unselbstständigen, gegen Entgelt arbeitenden Personen.

734 Vgl. § 5 Abs. 1 Nr. 1 SGB V, § 20 Abs. 1 Nr. 1 SGB XI, § 1 Satz 1 Nr. 1 SGB VI, § 25 Abs. 1 SGB III.

735 Vgl. auch *Zieglmeier*, in: Körner/Leitherer/Mutschler/Rolfs (Hrsg.), Kasseler Kommentar Sozialversicherungsrecht, SGB IV, § 7, Rn. 44; *Segebrecht*, in: Schlegel/Voelzke (Hrsg.) jurisPK-SGB IV, § 7 SGB IV, Rn. 69; zum Entgelt als Merkmal des versicherungspflichtigen Beschäftigungsverhältnisses, s. a. schon BSGE 1, 115 (118); BSGE 3, 30 (39 f.); BSGE 13, 130 (132); BSGE 13, 196 (197); BSGE 15, 65 (69); vgl. auch bereits: EuM d. RVA, 21, 305 (307) zu § 165 Abs. 2 RVO; bestätigt, in: EuM d. RVA, 22, 238 (241 f.).

736 BSGE 18, 246 (251); BSGE 27, 197 (198); *vgl. auch Zieglmeier*, in: Körner/Leitherer/Mutschler/Rolfs (Hrsg.), Kasseler Kommentar Sozialversicherungsrecht, SGB IV, § 7, Rn. 57 f.; vgl. schon *Kreil*, Anleitung des Reichsversicherungsamts über den Kreis der nach der Reichsversicherungsordnung gegen Invalidität und gegen Krankheit versicherten Personen, Band 3, S. 83; *Krohn/Zschimmer/Knoll/Sauerborn*, Handkommentar zur Reichsversicherungsordnung, § 165 RVO (Versicherungspflichtige), S. 98; *Koch*, in; Schaub, Arbeitsrechts-Handbuch, § 20 Beschäftigungsverhältnis und Versicherungspflicht, Rn. 2, nach dem kein Beschäftigungsverhältnis bestehe, wenn die Arbeitsleistung nicht freiwillig erfolge.

737 Vgl. RVA, AN 1887, S. 50 f., Ziff. 308; RVA AN 1893, S. 111, Ziff. 263.

738 *Segebrecht*, in: Schlegel/Voelzke (Hrsg.) jurisPK-SGB IV, § 7 SGB IV, Rn. 93.

739 BSG, Urteil vom 18.06.1997, 5 RJ 66/95, BSGE 80, 250 ff., SozR 3-2200 § 1248 Nr 15; vgl. ebenfalls BSG, Urteil vom 06.11.1997, 11 RAr 33/97, BSGE 81, 162 (166), SozR 3-4100 § 168 Nr. 21; BSG vom 20.12.2007, B 4 R 85/06 R, juris, Rn. 104 ff.; vgl. ebenfalls SG Berlin, Urteil vom 14.09.2016, S 30 R 5253/14, juris, Rn. 25 hinsichtlich des Vorliegens eines eigenen Willensentschlusses zur Aufnahme einer Beschäftigung

Arbeit im sozialversicherungsrechtlichen Sinne das Arbeits-/Beschäftigungsverhältnis zwischen Arbeitgeber und Arbeitnehmer sei, welches durch Vereinbarung zwischen den Beteiligten zustande komme.[740] Typisch dabei sei, dass es sich auf beiden Seiten jeweils um eigenständige Entschlüsse zur Beschäftigung handeln müsse, die nach dem Modell der Erklärungen bei einem Vertragsschluss geäußert werden.[741] Dies gelte ebenso hinsichtlich einer Abgrenzung zwischen freien und unfreien Beschäftigungen (= Zwangsarbeitsverhältnissen, aufgrund gesetzlichen Zwanges), denn frei sei ein Beschäftigungsverhältnis nur dann, wenn es aus eigenem Antrieb zu einem Vertragsabschluss gekommen sei.[742]

3. *Zusammenfassung*

Damit eine Person zum Kreis der versicherten Personen kraft Gesetzes gehört, muss diese eine Tätigkeit ausüben, die einer Beschäftigung im sozialversicherungsrechtlichen Sinne entspricht (§ 7 Abs. 1 SGB IV). Dem sozialversicherungsrechtlichen Beschäftigungsbegriff wird somit eine Schlüsselfunktion im Sozialversicherungsrecht zugewiesen. Auch wenn § 7 Abs. 1 Satz 1 SGB IV unkonkret bleibt und die Beschäftigung als nicht selbstständige Arbeit – insbesondere in einem Arbeitsverhältnis – definiert, lassen sich Merkmale zur Bestimmung von sozialversicherungsrechtlicher Beschäftigung aus dem Wortlaut der Norm des § 7 Abs. 1 Satz 1 SGB IV, aus seiner gesetzgeberischen Begründung sowie aus der ständigen Rechtsprechung des BSG entnehmen (hinsichtlich der Zugangsmöglichkeiten in die Sozialversicherung nach der RVO ebenfalls nach grundsätzlichen Entscheidungen des RVA). Der Wortlaut von § 7 Abs. 1 Satz 1 SGB IV greift den Regelfall auf, dass es sich bei der Beschäftigung um ein Arbeitsverhältnis handeln muss. Dabei entspricht der Begriff des sozialversicherungsrechtlichen Beschäftigungsverhältnisses regelmäßig dem arbeitsrechtlichen Beschäftigungsbegriff, sodass die Begriffe als weitestgehend deckungsgleich zu betrachten sind. Maßgebliches Unterscheidungsmerkmal für eine Abgrenzung zu anderen Rechtsverhältnissen ist die persönliche Abhängigkeit des Arbeitnehmers vom Arbeitgeber, bestätigt durch die ständige Rechtsprechung des RVA und des BSG. Beim Begriff Arbeit steht die tatsächlich erbrachte Arbeitsleistung im Fokus einer Beurteilung, ob es sich bei der Tätigkeit um eine Beschäftigung im Sinne des Sozialversicherungsrechts handelt. Die Entgeltlichkeit der Arbeit ist kein Tatbestandsmerkmal für das Vorliegen einer Beschäftigung. Im Rahmen der Voraussetzungen für das Vorliegen einer Versicherungspflicht zählt das Arbeitsentgelt jedoch ebenfalls zu

als Voraussetzung einer Anerkennung als Ghetto-Beitragszeit; siehe außerdem LSG Rheinland-Pfalz, Urteil vom 23.01.2008, L 4 R 197/07, juris, Rn. 45; LSG Niedersachsen-Bremen, Urteil vom 24.01.2007, L 2 R 464/06, juris, Rn. 35 bis 38.

740 BSGE 80, 250 (251 f.).

741 BSGE 80, 250 (252).

742 Ebd.

den Tatbestandsmerkmalen. Ferner ist das Vorliegen eines freien Austausches von Arbeit und Lohn als ungeschriebenes, durch die Rechtsprechung konstituiertes Merkmal für das Vorliegen einer Beschäftigung im Sozialversicherungsrecht erforderlich.

Für eine Beurteilung, ob eine sozialversicherungsrechtliche Beschäftigung vorliegt, ist abschließend das Gesamtbild aller Umstände der zu betrachtenden Tätigkeit entscheidend.[743] Unter Abwägung aller vorhandenen Umstände ist demnach ein Gesamtbild zu ermitteln, nach dem das Maß der persönlichen Abhängigkeit festzustellen ist.[744] Zu beachten sind dabei die tatsächlichen Verhältnisse, die es zu bestimmen gilt, sowie die rechtlich relevanten Umstände, die im Einzelfall eine wertende Zuordnung zum Typus der abhängigen Beschäftigung erlauben.[745] Nach ständiger Rechtsprechung des BSG[746] ist der Beschäftigungsbegriff vor allem kontextabhängig und bereichsspezifisch auszulegen.[747]

II. Strafvollzugsrechtliche Beschäftigung

Arbeit in Form von Gefangenenarbeit kann nach einem älteren Verständnis als die Arbeit definiert werden, die während der Verbüßung einer Freiheitsstrafe unter einem bestimmten Zwang geleistet wird.[748] Nach neuerer Auffassung, und ohne nähere Definition in den Strafvollzugsgesetzen, ist Arbeit im Strafvollzug als eine regelmäßige sowie erwerbs- und leistungsorientierte Beschäftigung zu

---

743 RVA, AN 1943, S. 106 (107), Ziff. 5515 (grundsätzliche Entscheidung); BSGE 3, 30 (39); BSGE 11, 257 (260); BSGE 35, 20 (21); BSGE 36, 262 (263); BSGE 78, 34 (37); BSGE 103, 17 (21); BSG, Urteil vom 29.08.2012, B 12 KR 25/10 R, juris, Rn. 15.

744 BSGE 11, 257 (260).

745 Vgl. insbesondere RVA, in: AN 1943, S. 106 ff., Nr. 5515 (grundsätzliche Entscheidung), wonach auf eine Überprüfung der „tatsächlichen" Verhältnisse und des wirklichen Wesens des Vertragsverhältnisses abzustellen ist; s. a. EuM d. RVA, 21, 305 (307) zu § 165 Abs. 2 RVO; bestätigt in EuM d. RVA, 22, 238 (241 f.), nach der unter „Beschäftigung" das rein tatsächliche Vorhandensein eines Lohn- und Arbeitsverhältnisses zu verstehen sei; BSGE 1, 115 (118); BSGE 2, 164 (175 f.); BSGE 11, 79 (83); BSG, Urteil vom 29.08.2012, B 12 KR 25/10 R, Rn. 16; s. a. *Schnapp*, Methodenprobleme des § 7 Abs. 1 SGB IV – Unmöglichkeit der Rechtssicherheit?, in: NZS 2014, 41 (42).

746 BSG vom 29.07.2015, B 12 R 1/15 R, juris, Rn. 27.

747 Vgl. hierzu auch *Schlegel*, Wen soll das Sozialrecht schützen? – Zur Zukunft des Arbeitnehmer- und Beschäftigtenbegriffs im Sozialrecht, in: NZS 2000, 421 (423). So wird insbesondere im Arbeitsförderungsrecht ein besonderer leistungsrechtlicher Begriff der Beschäftigung verwendet (in Abgrenzung zu einem beitragsrechtlichen Begriff), siehe BSGE 119, 216 (223 f.); vgl hierzu auch *Scholz*, in: Mutschler/Schmidt-De Caluwe/Coseriu (Hrsg.), Sozialgesetzbuch III Großkommentar, § 159, Rn. 14.

748 *Krebs*, Gefangenenarbeit, S. 185, in: Frede/Bondy (Hrsg.), Reform des Strafvollzuges: kritische Beiträge zu dem Amtlichen Entwurf eines Strafvollzugsgesetzes.

verstehen.[749] Arbeit und Bildung im Strafvollzug sind heutzutage somit Bestandteile eines vollzugszielorientierten Behandlungsprozesses und dienen insbesondere einer beruflichen und sozialen Integration Strafgefangener.[750]

Der Aspekt Beschäftigung findet sich in sämtlichen Entwicklungsstufen zum Strafvollzugsrecht wieder, wobei der Gefangenenarbeit je nach Epoche und Entwicklungsstand eine andere Funktion für den Vollzug zugewiesen wird. So wurde sie anfänglich noch als Arbeitsstrafe im Kontext von Zwangsarbeit eingesetzt und verstanden; nach heutiger Auffassung wird ihr hingegen die Funktion einer (Re-)Sozialisierungsmaßnahme zugewiesen.[751] Dabei handelt es sich bei der (Re)-Sozialisierung durch u. a. Arbeit im Strafvollzug, im Hinblick auf das verfassungsrechtlich etablierte (Re-)Sozialisierungskonzept aus Art. 2 Abs. 1 i.V.m. Art. 1 Abs. 1 GG i.V.m. Art. 20 Abs. 1 GG, um ein Konzept, auf das sich der Gesetzgeber im Rahmen eines weiten Gestaltungsspielraumes festgelegt hat.[752] Ausgehend vom Vollzugsziel der (Re-)Sozialisierung Strafgefangener wird in der Arbeit ein Weg gesehen, der Gefangene an ein strukturiertes Leben heranführt – mit dem Ziel, ihnen Fähigkeiten zu vermitteln, eine Grundlage für ein straffreies Leben in Freiheit nach der Entlassung zu schaffen sowie diese zu erhalten und zu fördern.[753]

1. Rechtliche Vorgaben für Beschäftigung im Strafvollzugsrecht

Die unterschiedlichen Arten von Beschäftigungen im Strafvollzug werden in den Landesstrafvollzugsgesetzen normiert.[754] Welche Wertigkeit Arbeit im Strafvollzug

---

749 Vgl. *Galli*, in: Feest/Lesting/Lindemann (Hrsg.), AK-StVollzG, Teil II, § 22 LandesR, Rn. 3 unter Verweis auf das Hanseatische OLG in Bremen vom 23.10.2012, Ws 181/11, wonach eine wirtschaftlich verwertbare Tätigkeit vorausgesetzt wird.

750 *Laubenthal*, Strafvollzug, Rn. 393; *Laubenthal* in: Schwind/Böhm/Jehle/Laubenthal (Hrsg.), Strafvollzugsgesetz – Bund und Länder Kommentar, vor § 37, Rn. 1 f., m. w. Ausführungen zur Zielführung von Arbeit im Vollzug; *Nestler*, in: Laubenthal/Nestler/Neubacher/Verrel (Hrsg.), Strafvollzugsgesetze, zu F, Rn. 14; vgl. ebenfalls BT-Drs. 7/918, S. 63; BVerfGE 98, 169 (201).

751 *Boll/Röhner*, Resozialisierung durch Ausbeutung?, in: KJ 2017, 195 (197).

752 *Schöch*, in: Kaiser/Schöch, Strafvollzug, § 7, Rn. 103; BVerfGE 98, 169 (201); siehe hierzu auch *Hillebrand*, Organisation und Ausgestaltung der Gefangenenarbeit in Deutschland, S. 57 ff.

753 BVerfGE 98, 169 (207); vgl. § 42 Abs. 1 BWJVollzGB III, Art. 39 Abs. 1 BayStVollzG, § 22 Satz 1 BremStVollzG, § 34 Abs. 1 Satz 2 HmbStVollzG, § 27 Abs. 1 Satz 2 HStVollzG, § 35 Abs. 1 NJVollzG, § 29 Abs. 1 Satz 1 NRWStVollzG, § 22 Satz 1 SLStVollzG, § 31 LStVollzG SH, § 20 StVollzG Bln.

754 §§ 42 ff. BWJVollzGB III (Arbeit, Ausbildung und Weiterbildung), Art. 39 ff. BayStVollzG (Arbeit, Ausbildung und Weiterbildung), §§ 27 ff. BbgJVollzG (Arbeitstherapeutische Maßnahmen, Arbeitstraining, schulische und berufliche Qualifizierungsmaßnahmen, Arbeit), §§ 19 ff. BremStVollzG (Arbeitstherapeutische Maßnahmen, Arbeitstraining, schulische und berufliche Qualifizierungsmaßnahmen, Arbeit), §§ 34 ff. HmbStVollzG (Beschäftigung), §§ 27 ff. HStVollzG (Arbeit,

hat, kann der Positionierung von Arbeit in den jeweiligen Landesstrafvollzugsgesetzen entnommen werden.[755] Steht Arbeit in einigen Landesstrafvollzugsgesetzen[756] an erster Position, werden in den sich am Musterentwurf zum Landesstrafvollzugsgesetz (ME-StVollzG)[757] orientierenden Bundesländern arbeitstherapeutische

---

Ausbildung und Weiterbildung), §§ 19 ff. StVollzG M-V (Arbeitstherapeutische Maßnahmen, Arbeitstraining, schulische und berufliche Qualifizierungsmaßnahmen, Arbeit), §§ 35 ff. NJVollzG (Arbeit, Ausbildung und Weiterbildung), §§ 29 ff. NRWStVollzG (Beschäftigung, Vergütung), §§ 26 ff. LJVollzG RP (Arbeitstherapeutische Maßnahmen, Arbeitstraining, schulische und berufliche Qualifizierungsmaßnahmen, Arbeit), §§ 19 ff. SLStVollzG (Arbeitstherapeutische Maßnahmen, Arbeitstraining, schulische und berufliche Qualifizierungsmaßnahmen, Arbeit), §§ 19 ff. SächsStVollzG (Arbeitstherapeutische Maßnahmen, Arbeitstraining, schulische und berufliche Qualifizierungsmaßnahmen, Arbeit), §§ 26 ff. ThürJVollzGB (Arbeitstherapeutische Maßnahmen, Arbeitstraining, schulische und berufliche Qualifizierungsmaßnahmen, Arbeit), §§ 26 ff. JVollzGB LSA (Arbeitstherapeutische Maßnahmen, Arbeitstraining, schulische und berufliche Qualifizierungsmaßnahmen, Arbeit), §§ 31 ff. LStVollzG SH (Arbeitstherapeutische Maßnahmen, Arbeitstraining, schulische und berufliche Qualifizierungsmaßnahmen, Arbeit, Vergütung), §§ 20 ff. StVollzG Bln (Arbeitstherapeutische Maßnahmen, Arbeitstraining, schulische und berufliche Qualifizierungsmaßnahmen, Arbeit).
Im Bundesstrafvollzugsgesetz wurde die Arbeitspflicht in § 41 StVollzG normiert. Die Vorschrift wurde der Stufenregelung in § 198 StVollzG zum Inkrafttreten von Vorschriften des StVollzG unterworfen. Gemäß § 198 Abs. 1 StVollzG wurde § 41 Abs. 1 StVollzG bereits mit Inkrafttreten des StVollzG am 01.01.1977 in Kraft gesetzt. Es folgte die Inkraftsetzung von § 41 Abs. 2 StVollzG (Zustimmungsbedürftigkeit bei weiterbildenden Maßnahmen) am 01.01.1980 (§ 198 Abs. 2 StVollzG). Lediglich § 41 Abs. 3 StVollzG (Zustimmungsbedürftigkeit bei Beschäftigungen in Unternehmerbetrieben) sollte gemäß § 198 Abs. 3 durch besonderes Bundesgesetz in Kraft gesetzt werden, worüber bis zum 31.12.1983 zu befinden war (§ 198 Abs. 4 StVollzG). Dies wurde allerdings nicht umgesetzt. Eingeführt wurde die Vorschrift, um Bedenken der ILO Rechnung zu tragen, da ohne eine Zustimmung des Gefangenen kein Einklang mit dem Übereinkommen Nr. 29 der Internationalen Arbeitsorganisation vom 28. Juni 1930 über Zwangs- oder Pflichtarbeit bestehe, siehe BT-Drs. 7/3998, S. 20; vgl. hierzu auch klärend BVerfG vom 27.12.2007, 2 BvR 1061/05, juris; vgl. ebenfalls *Arloth/Krä*, StVollzG, noch § 41 StVollzG, Rn. 7.

755 *Galli*, in: Feest/Lesting/Lindemann (Hrsg.), AK-StVollzG, Teil II, vor § 19 LandesR, Rn. 1.

756 Vgl. § 42 Abs. 1 BWJVollzGB III, Art. 39 Abs. 1 BayStVollzG, § 34 Abs. 1 Satz 1 HmbStVollzG, § 27 Abs. 1 Satz 1 HStVollzG, § 35 Abs. 1 NJVollzG, § 29 Abs. 1 Satz 1 NRWStVollzG.

757 Musterentwurf zum Landesstrafvollzugsgesetz vom 23.08.2011, vorgelegt von einer Arbeitsgruppe aus Vertretern der Justizverwaltung in Berlin, Brandenburg, Bremen, Mecklenburg-Vorpommern, Rheinland-Pfalz, Saarland, Sachsen, Sachsen-Anhalt, Schleswig-Holstein und Thüringen; abzurufen unter: http://www.google.de/url?sa=t&rct=j&q=&esrc=s&source=web&cd=1&ved=0ahUKEwjJo4eYq-rTAhXFVywKHQmqAEoQFggpMAA&url=http%3A%2F%2Fwww.regierung-mv.de%2

Maßnahmen und Arbeitstraining vorgezogen.[758] Rechtsgrundlage für eine Anwendung des Behandlungsmittels Arbeit bilden die Vorschriften[759] zur Arbeit und Arbeitspflicht.[760] Weiterhin sind die Regelungen zur Zuweisung von Arbeit als grundlegende Normen zu beachten, die die Maßnahmen Arbeit, Ausbildung und Weiterbildung als wesentliche Behandlungsmittel zur Erreichung des Vollzugszieles (Re-)Sozialisierung definieren.[761]

a. *Verpflichtung zur Arbeit*

Die Verpflichtung zur Arbeit im Strafvollzug bildet die Rechtsgrundlage zur Anwendung des Behandlungsmittels Arbeit als Bestandteil eines (Re-)Sozialisierungskonzeptes.[762] Der historische Gesetzgeber hat sich bei der Schaffung des Strafvollzugsgesetzes nach gründlicher Abwägung gegen eine ins Ermessen der Vollzugsbehörde gestellte Arbeitspflicht und für eine generelle Verpflichtung zur Arbeit entschieden, wie sie bereits gemäß der DVollzO existierte.[763] Nach Ansicht des Gesetzgebers sei dabei die Beteiligung des Gefangenen an der Auswahl der Arbeit u. a. durch die Vorschriften der §§ 6 und 7 StVollzG über die Beteiligung

---

Fserviceassistent%2Fdownload%3Fid%3D43753&usg=AFQjCNFn5DrGq004PZE-1q31WiSPJD4xdg&cad=rja, letzter Zugriff am 23.08.2018; vgl. außerdem für einen Überblick zum Inhalt des ME *Drenkhahn*, Was bringt der Musterentwurf zum Landesstrafvollzugsgesetz, in: FS 2011, 266 (266).

758 Siehe §§ 27 ff. BbgJVollzG, §§ 19 ff. BremStVollzG, §§ 19 ff. StVollzG M-V, §§ 26 ff. LJVollzG RP, §§ 19 ff. SLStVollzG, §§ 19 ff. SächsStVollzG, §§ 26 ff. ThürJVollzGB, §§ 26 ff. JVollzGB LSA, § 31 LStVollzG SH, § 20 Abs. 1 StVollzG Bln; *Galli*, in: Feest/Lesting/Lindemann (Hrsg.), AK-StVollzG, Teil II, vor § 19 LandesR, Rn. 1.

759 Zur Arbeit: § 30 BbgJVollzG, § 29 LJVollzG RP, § 22 SLStVollzG, § 22 SächsStVollzG. Zur Arbeitspflicht: § 47 Abs. 1 Satz 1 BWJVollzGB III, Art. 43 Satz 1 BayStVollzG, § 22 Satz 2 BremStVollzG, § 38 Abs. 1 Satz 1 HmbStVollzG, § 27 Abs. 2 Satz 1 HStVollzG, § 22 Satz 1 StVollzG M-V, § 38 Abs. 1 NJVollzG, § 29 Abs. 1 Satz 2 NRWStVollzG, § 29 Abs. 1 Satz 1 ThürJVollzGB, § 29 Abs. 2 Satz 1 JVollzGB LSA, § 35 Abs. 1 Satz 1 LStVollzG SH, § 24 Abs. 1 Satz 1 StVollzG Bln.

760 *Schöch*, in: Kaiser/Schöch, Strafvollzug, § 7, Rn. 107; *Arloth/Krä*, StVollzG, noch zu § 41 StVollzG, Rn. 1.

761 Vgl. § 42 Abs. 2 BWJVollzGB III, Art. 39 Abs. 2 Satz 1 BayStVollzG, § 30 Abs. 1 BbgJVollzG, § 22 BremStVollzG, § 34 Abs. 2 Satz 1 HmbStVollzG, § 22 StVollzG M-V, § 27 Abs. 3 Satz 1 HStVollzG, § 35 Abs. 2 Satz 1 NJVollzG, § 29 Abs. 2 Satz 1 und 2 NRWStVollzG, § 29 Abs. 1 LJVollzG RP, § 22 Satz 2 SLStVollzG, § 22 Abs. 1 SächsStVollzG, § 29 Abs. 1 Satz 1 JVollzGB LSA, § 35 Abs. 1 Satz 2 LStVollzG SH, § 24 Abs. 1 Satz 3 StVollzG Bln; *Arloth/Krä*, StVollzG, noch zu § 37 StVollzG, Rn. 1.

762 *Arloth/Krä*, StVollzG, noch zu § 41 StVollzG, Rn. 1; *Schöch*, in: Kaiser/Schöch, Strafvollzug, § 7, Rn. 107; BT-Drs. 7/3998, S. 20; *Laubenthal* in: Schwind/Böhm/Jehle/Laubenthal (Hrsg.), Strafvollzugsgesetz – Bund und Länder Kommentar, noch zu § 41, Rn. 2.

763 Vgl. BT-Drs. 7/3998, S. 20; siehe *Steiner*, Der Strafgefangene im System der gesetzlichen Sozialversicherung, S. 33 f.

an der Erstellung des Vollzugsplanes ausreichend sichergestellt, sodass der Gefangene nicht auch noch hinsichtlich der Entscheidung zur Arbeit beteiligt werden müsse.[764]

Strafgefangene sind nach den überwiegenden Vorschriften in den Landesstrafvollzugsgesetzen somit verpflichtet, eine ihnen zugewiesene, ihren körperlichen Fähigkeiten, Fertigkeiten und Neigungen berücksichtigende Arbeit, arbeitstherapeutische oder sonstige Beschäftigung auszuüben, zu deren Verrichtung sie aufgrund ihres körperlichen Zustandes in der Lage sind.[765] In den Bundesländern Bremen und Mecklenburg-Vorpommern wird Gefangenen jedoch erst eine Verpflichtung zur Arbeit auferlegt, wenn es nach dem Ergebnis eines Diagnoseverfahrens als zur Erreichung des Vollzugszieles zwingend erforderlich angesehen wird.[766] Das Landesstrafvollzugsgesetz Schleswig-Holstein weist außerdem auf einen Vorrang von Bildungsmaßnahmen hin, indem Gefangene erst zur Arbeit zu verpflichten sind, soweit sie nicht an schulischen oder beruflichen Qualifizierungsmaßnahmen teilnehmen (§ 35 Abs. 1 Satz 1 LStVollzG SH). Ziele von Arbeit, arbeitstherapeutischer Beschäftigung, Ausbildung und Weiterbildung sind die Vermittlung, Erhaltung oder Förderung von Fähigkeiten für eine Erwerbstätigkeit nach der Entlassung.[767] Weiterhin stehen die Vorschriften zur Arbeitspflicht unter dem Vorbehalt der körperlichen Leistungsfähigkeit Gefangener, sodass für eine Verpflichtung zur Arbeit der aktuelle Gesundheitszustand der Gefangenen maßgeblich ist, es hinsichtlich der Zuweisung von Arbeit allerdings auf die generellen körperlichen Fähigkeiten der Strafgefangenen ankommt.[768] In Sachsen-Anhalt sind bei der Zuweisung von verpflichtender Arbeit zusätzlich zum physischen Zustand die psychischen Fähigkeiten Gefangener zu berücksichtigen.[769] Ferner soll wirtschaftlich ergiebige Arbeit zugewiesen werden unter Beachtung der Fähigkeiten,

---

764 BT-Drs. 7/3998, S. 20; *Steiner*, Der Strafgefangene im System der gesetzlichen Sozialversicherung, S. 33 f.

765 Vgl. § 47 Abs. 1 Satz 1 BWJVollzGB III, Art. 43 Satz 1 BayStVollzG, § 22 Satz 2 BremStVollzG, § 38 Abs. 1 Satz 1 HmbStVollzG, § 27 Abs. 2 Satz 1 HStVollzG, § 22 Satz 1 StVollzG M-V, § 38 Abs. 1 NJVollzG, § 29 Abs. 1 Satz 2 NRWStVollzG, § 29 Abs. 1 Satz 1 ThürJVollzGB, § 29 Abs. 2 Satz 1 JVollzGB LSA, § 35 Abs. 1 Satz 1 LStVollzG SH, § 24 Abs. 1 Satz 1 StVollzG Bln.

766 Vgl. §§ 9 Abs. 2, 22 Satz 1 BremStVollzG und §§ 9 Abs. 2, 22 Satz 1 StVollzG M-V; s. a. *Galli*, in: Feest/Lesting/Lindemann (Hrsg.), AK-StVollzG, Teil II, § 22 LandesR, Rn. 1.

767 Vgl. § 42 Abs. 1 BWJVollzGB III, Art. 39 Abs. 1 BayStVollzG, § 34 Abs. 1 Satz 2 HmbStVollzG, § 27 Abs. 1 Satz 2 HStVollzG, § 35 Abs. 1 NJVollzG, § 29 Abs. 1 Satz 1 NRWStVollzG, § 31 LStVollzG SH, § 20 Satz 1 StVollzG Bln; beachte in § 22 Satz 1 BremStVollzG: Arbeit dient dazu, dem Gefangenen an ein strukturiertes Leben heranzuführen, ebenso nach § 22 Satz 1 SLStVollzG.

768 *Nestler*, in: Laubenthal/Nestler/Neubacher/Verrel (Hrsg.), Strafvollzugsgesetze, zu F, Rn. 83.

769 Vgl. § 29 Abs. 2 Satz 1 JVollzGB LSA.

Fertigkeiten und Neigungen Gefangener.[770] Hierzu sind die Vollzugsbehörden grundsätzlich verpflichtet; nur zwingende Gründe können dem entgegenstehen.[771] Sind Gefangene zu einer wirtschaftlich ergiebigen Arbeit nicht fähig, sollen sie arbeitstherapeutisch beschäftigt werden.[772] Hierbei handelt es sich um Maßnahmen, die die Herstellung der Arbeitsfähigkeit umfassen, wie Arbeitstherapien und Beschäftigungstherapien (leichte gleichförmige Tätigkeiten zur physischen Stabilisierung und Einübung eines strukturierten Tagesablaufes).[773] Des Weiteren können Gefangene jährlich bis zu drei Monaten zu Hilfstätigkeiten in der Anstalt verpflichtet werden, mit ihrer Zustimmung auch länger.[774]

aa. Entfallen von Arbeitspflicht

Eine Verpflichtung zur Arbeit entfällt, wenn an die Stelle der Zuweisung von Arbeit berufsbildende Maßnahmen (Berufsausbildung, berufliche Weiterbildung oder Teilnahme an anderen auszubildenden oder weiterbildenden Maßnahmen) treten, die im Rahmen von Ermessensentscheidungen der Vollzugsbehörde geeigneten Gefangenen angeboten werden sollen.[775] Dabei haben Strafgefangene zu

---

770 Vgl. § 42 Abs. 2 BWJVollzGB III, Art. 39 Abs. 2 Satz 1 BayStVollzG, § 34 Abs. 2 Satz 1 HmbStVollzG, § 27 Abs. 3 Satz 1 HStVollzG, § 35 Abs. 2 Satz 1 NJVollzG, § 29 Abs. 2 Satz 1 und 2 NRWStVollzG, § 29 Abs. 1 Satz 1 JVollzGB LSA, § 35 Abs. 1 Satz 2 LStVollzG SH, § 24 Abs. 1 Satz 3 StVollzG Bln; abweichend formuliert in § 22 BremStVollzG, § 22 StVollzG M-V. Wirtschaftlich ergiebig ist eine Tätigkeit, wenn sie auch außerhalb der JVA dazu geeignet ist, eine möglichst gewinnbringende Arbeit zu sein; vgl. hierzu *Laubenthal* in: Schwind/Böhm/Jehle/Laubenthal (Hrsg.), Strafvollzugsgesetz – Bund und Länder Kommentar, noch zu § 37, Rn. 11; *Arloth/Krä*, StVollzG, noch zu § 37 StVollzG, Rn. 10.

771 *Laubenthal* in: Schwind/Böhm/Jehle/Laubenthal (Hrsg.), Strafvollzugsgesetz – Bund und Länder Kommentar, noch zu § 37, Rn. 10 f.; *Nestler*, in: Laubenthal/Nestler/Neubacher/Verrel (Hrsg.), Strafvollzugsgesetze, zu F, Rn. 19; *Arloth/Krä*, StVollzG, noch § 37 StVollzG, Rn. 10.

772 § 42 Abs. 3 BWJVollzGB III, Art. 39 Abs. 3 BayStVollzG, § 34 Abs. 5 HmbStVollzG, § 27 Abs. 1 Satz 1, Abs. 3 Satz 1 HStVollzG, § 35 Abs. 3 NJVollzG, § 29 Abs. 2 Satz 3 NRWStVollzG, § 29 Abs. 1 Satz 2, §§ 26, 27 JVollzGB LSA. Eigenständige Regelungen zur arbeitstherapeutischen Beschäftigung und dem Arbeitstraining enthalten die §§ 22 Satz 2, 19 und 20 BremStVollzG, §§ 22 Satz 1, 19, 20 StVollzG M-V, §§ 27, 28 BbgJVollzG, §§ 26, 27 LJVollzG RP, §§ 19, 20 SLStVollzG, §§ 19, 20 SächsStVollzG, §§ 26, 27 ThürJVollzG, § 35 Abs. 1 Satz 1, § 32 LStVollzG SH, §§ 21, 22 StVollzG Bln.

773 Vgl. *Arloth/Krä*, StVollzG, § 42 BWJVollzGB III, Rn. 1; *ders.*, Art. 39 BayStVollzG, Rn. 3.

774 § 47 Abs. 1 Satz 2 BWJVollzGB III, Art. 43 Satz 2, 3 BayStVollzG, § 38 Abs. 1 Satz 2, 3 HmbStVollzG, § 35 Abs. 2 Satz 2 NJVollzG, § 29 Abs. 3 NRWStVollzG, § 29 Abs. 1 Satz 2 ThürJVollzGB, § 29 Abs. 2 Satz 2 JVollzGB LSA.

775 § 42 Abs. 4 BWJVollzGB III, Art. 39 Abs. 4 Satz 1 BayStVollzG, § 21 Abs. 3 BremStVollzG, § 34 Abs. 4 HmbStVollzG, § 27 Abs. 3 Satz 2 HStVollzG, § 21 Abs. 3 StVollzG M-V, § 35 Abs. 2 Satz 3 NJVollzG, § 30 NRWStVollzG, § 28 Abs. 3 LJVollzG RP, § 21 Abs. 3 SL StVollzG, § 21 Abs. 3 SächsStVollzG § 28 Abs. 3 ThürJVollzGB, § 28 Abs. 3

den Maßnahmen ihre Zustimmung zu erteilen als Konkretisierung des Mitwirkungsgrundsatzes.[776] Maßnahmen der beruflichen oder schulischen Bildung werden grundsätzlich mit der Maßnahme von Arbeit gleichgestellt.[777] Von einer zugewiesenen Arbeit oder Bildungsmaßnahme können Strafgefangene allerdings ausgeschlossen werden, wenn sie sich während der Maßnahme als ungeeignet erweisen (sog. Ablösung) nach den entsprechenden Regelungen der Verwaltungsverfahrensgesetze der Länder zum Widerruf eines rechtmäßigen Verwaltungsaktes.[778] Die Ablösung von der Arbeit stellt keine Aufhebung der Arbeitspflicht dar, jedoch hat sie vor allem Bedeutung im Hinblick auf finanzielle Folgen für die Strafgefangenen.[779] Spezielle Vorschriften zur Ablösung enthalten die Landesstrafvollzugsgesetze in Bayern, Hessen und Berlin.[780] So wird in § 44 BayStVollzG darauf verwiesen, dass Gefangene von einer Maßnahme abgelöst werden können, wenn dies aus Gründen der Sicherheit oder Ordnung der Anstalt oder aus Gründen der Behandlung erforderlich ist oder wenn sich herausstellt, dass Gefangene den Anforderungen der Maßnahme nicht genügen. In § 28 Abs. 1 HStVollzG werden Gründe für eine Ablösung in Katalogform in vier Punkten konkretisiert, und in § 28 Abs. 2 HStVollzG wird ausgeführt, dass Ablösungen, die wegen Arbeitsverweigerung oder wegen der Sicherheit und Ordnung erfolgen, zu drei Monaten als verschuldet ohne Beschäftigung führen. Sollte die Ablösung jedoch rechtswidrig erfolgt sein, können Strafgefangene einen Ersatz des Schadens nach § 839 BGB (Haftung bei Amtspflichtverletzung) i.V.m. Art. 34 GG geltend machen.[781] Mit § 25 Abs. 3 StVollzG Bln wird sich im Landesstrafvollzugsgesetz Berlin weitestgehend

---

JVollzGB LSA, § 33 LStVollzG SH, § 23 Abs. 3 StVollzG Bln. *Laubenthal* in: Schwind/Böhm/Jehle/Laubenthal (Hrsg.), Strafvollzugsgesetz – Bund und Länder Kommentar, noch zu § 37, Rn. 17 ff.; gleichwohl ist die Vollzugsbehörde verpflichtet, Unterrichtsangebote für berufliche oder schulische Bildung bereitzustellen, siehe hierzu *Nestler*, in: Laubenthal/Nestler/Neubacher/Verrel (Hrsg.), Strafvollzugsgesetze, zu F, Rn. 34.

776 Vgl. § 47 Abs. 2 BWJVollzGB III, Art. 39 Abs. 4 Satz 2 BayStVollzG, § 38 Abs. 2 HmbStVollzG, § 35 Abs. 2 Satz 3 NJVollzG. *Laubenthal* in: Schwind/Böhm/Jehle/Laubenthal (Hrsg.), Strafvollzugsgesetz – Bund und Länder Kommentar, noch zu § 41, Rn. 14; *Nestler*, in: Laubenthal/Nestler/Neubacher/Verrel (Hrsg.), Strafvollzugsgesetze, zu F, Rn. 90.

777 Siehe *Nestler*, in: Laubenthal/Nestler/Neubacher/Verrel (Hrsg.), Strafvollzugsgesetze, zu F, Rn. 35; *Arloth/Krä*, StVollzG, noch zu § 37 StVollzG, Rn. 13; *Schöch*, in: Kaiser/Schöch, Strafvollzug, § 7, Rn. 108.

778 *Laubenthal* in: Schwind/Böhm/Jehle/Laubenthal (Hrsg.), Strafvollzugsgesetz – Bund und Länder Kommentar, noch zu § 37, Rn. 28; *Nestler*, in: Laubenthal/Nestler/Neubacher/Verrel (Hrsg.), Strafvollzugsgesetze, zu F, Rn. 29; *Arloth/Krä*, StVollzG, noch zu § 37 StVollzG, Rn. 4.

779 *Laubenthal*, Strafvollzug, Rn. 396.

780 Vgl. auch *Galli*, in: Feest/Lesting/Lindemann (Hrsg.), AK-StVollzG, Teil II, § 22 LandesR, Rn. 17.

781 *Galli*, in: Feest/Lesting/Lindemann (Hrsg.), AK-StVollzG, Teil II, § 22 LandesR, Rn. 24.

der Regelung in Hessen angeschlossen. Die Festsetzung der Dauer einer Ablösung steht im Ermessen der Anstaltsleitung; für eine dauerhafte Ablösung wird eine ausreichende Sachverhaltsermittlung durch die Behörde vorausgesetzt.[782] Regelungen zur Aufhebung von Maßnahmen/ Verwaltungsakten sind den hierzu einschlägigen Vorschriften der Landesstrafvollzugsgesetze zu entnehmen.[783]

Weiterhin entfällt die Verpflichtung zur Arbeit, wenn Gefangene das gesetzliche Renteneintrittsalter erreicht haben und für weibliche Strafgefangene ein gesetzliches Beschäftigungsverbot zum Schutz erwerbstätiger werdender und stillender Mütter besteht.[784] Schließlich unterliegen Strafgefangene, die gemäß § 43 Abs. 2 SGB VI voll erwerbsgemindert sind und in diesem Zusammenhang eine Rente beziehen, keiner Arbeitspflicht.[785]

---

782 *Nestler*, in: Laubenthal/Nestler/Neubacher/Verrel (Hrsg.), Strafvollzugsgesetze, zu F, Rn. 31; *Laubenthal* in: Schwind/Böhm/Jehle/Laubenthal (Hrsg.), Strafvollzugsgesetz – Bund und Länder Kommentar, noch zu § 37, Rn. 28; vgl. BVerfG vom 27.12.2007, 2 BvR 1061/05, juris.

783 Siehe hierzu § 104 BbgJVollzG, § 91 BremStVollzG, § 92 Abs. 2 HmbStVollzG, § 98 StVollzG M-V, § 100 NJVollzG, § 83 NRWStVollzG, § 101 LJVollzG RP, § 90 SL StVollzG, § 94 SächsStVollzG § 102 ThürJVollzGB, § 102 JVollzGB LSA, § 122 LStVollzG SH.

784 Vgl. § 47 Abs. 1 Satz 3 BWJVollzGB III, Art. 43 Satz 4 BayStVollzG, § 38 Abs. 1 Satz 4 HmbStVollzG, § 27 Abs. 2 HStVollzG, § 35 Abs. 4 NJVollzG (ohne Erwähnung des Mutterschutzes), § 29 Abs. 4 NRWStVollzG (ohne Erwähnung des Mutterschutzes), § 29 Abs. 1 Satz 4 ThürJVollzGB, § 29 Abs. 2 Satz 3 JVollzGB LSA, § 35 Abs. 2 LStVollzG SH, § 24 Abs. 2 StVollzG Bln.

785 *Laubenthal* in: Schwind/Böhm/Jehle/Laubenthal (Hrsg.), Strafvollzugsgesetz – Bund und Länder Kommentar, noch zu § 41, Rn. 12; *Nestler*, in: Laubenthal/Nestler/Neubacher/Verrel (Hrsg.), Strafvollzugsgesetze, zu F, Rn. 89; *Arloth/Krä*, StVollzG, noch zu § 41 StVollzG, Rn. 5; vgl. auch OLG Frankfurt, Beschluss vom 26.03.1985, 3 Ws 807/84 (StVollz), in: NStZ 1985, 429 (mit Anmerkung von Müller-Dietz), wonach es der Angleichungsgrundsatz nach § 3 StVollzG gebiete, dass Gefangene, die nach § 1247 Abs. 2 RVO als erwerbsunfähig gelten und dementsprechend eine Rente beziehen, von der Arbeitspflicht während des Vollzuges auszunehmen seien. Beachte hierzu auch die Rspr. zur „Arbeitsmarktrente" bei praktischer Verschlossenheit des Arbeitsmarktes: grundlegend BSG, Beschluss vom 11.12.1969, GS 2/68, BSGE 30, 192 (195 ff.); BSG, Beschluss vom 10.12.1976, GS 2/75, GS 3/75, GS 4/75, GS 3/76, BSGE 43, 75 (79 ff.). Beachte außerdem auch die Rspr. zur Erforderlichkeit einer konkreten Bezeichnung von Verweisungstätigkeiten, wenn eine Summierung ungewöhnlicher Leistungseinschränkungen oder eine schwere spezifische Leistungsbehinderung vorliegt: grundlegend BSG, Beschluss vom 19.12.1996, GS 2/95, BSGE 80, 24 (31 ff.); vgl. hierzu ebenfalls BSG, Urteil vom 09.05.2012, B 5 R 68/11 R, SozR 4-2600 § 43 Nr. 18, juris, Rn. 17 ff.

bb. Kein Anspruch auf Zuweisung einer bestimmten Arbeit

Einen Anspruch auf Zuweisung einer bestimmten Arbeit, Ausbildung oder arbeitstherapeutischen Beschäftigung sowie einen Anspruch auf Weiterbeschäftigung bei einem bereits zugewiesenen Arbeitsplatz haben Strafgefangene nicht; außerdem haben sie keinen Anspruch darauf, dass ihnen nach ihren Fähigkeiten und Fertigkeiten sowie ihren (Re-)Sozialisierungsbedürfnissen ein entsprechender Arbeitsplatz eingerichtet wird.[786] Der Gesetzgeber hat hier von einer Anspruchsgewährung abgesehen und die Entscheidung in das Ermessen der Vollzugsbehörde gestellt, weil „dieser die Disposition über die Arbeitsplätze verbleiben muß".[787] Davon abzugrenzen ist die Frage, ob Gefangene einen Anspruch auf Zuweisung eines bereits vorhandenen Arbeitsplatzes haben, der für ihre Fertigkeiten, Fähigkeiten und Neigungen besonders geeignet ist.[788] Auch hier steht die Entscheidung hinsichtlich der Auswahl und Zuweisung im Ermessen der Behörde; ist der Gefangene jedoch der einzige Bewerber und entspricht die Arbeit seinen Fähigkeiten, Fertigkeiten oder Neigungen, hat der Gefangene einen Anspruch auf Zuweisung zu der konkreten und vorhandenen Arbeitsstelle als unmittelbare Folge aus Art. 12 Abs. 1 GG sowie aus einer Reduzierung des behördlichen Ermessens auf null, da nur eine ermessensfehlerfreie Entscheidung in diesem Fall möglich ist.[789] Verweigert ein Strafgefangener hingegen, eine ihm zugewiesene Arbeit auszuüben, handelt es sich um eine Pflichtverletzung[790], die

786 *Galli*, in: Feest/Lesting/Lindemann (Hrsg.), AK-StVollzG, Teil II, § 22 LandesR, Rn. 12; vgl. auch bereits BT-Drs. 7/918, S. 66: „Auf wirtschaftlich ergiebige Arbeit, berufliche Förderung und arbeitstherapeutische Beschäftigung kann der Entwurf daher dem Gefangenen keinen Anspruch gewähren, sowohl wegen der gegenwärtigen Lage des Arbeitswesens in den Anstalten, die fortzuentwickeln eine in den § 136 übernommene Verpflichtung der Vollzugsbehörden ist, als auch mit Rücksicht auf die Schwankungen in der allgemeinen wirtschaftlichen Lage.", vgl. u. a. LG Gießen, Beschluss vom 05.03.2012, Vollz 485/11, juris.; in der Literatur wird nur vereinzelt ein subjektives Recht auf Arbeit des Strafgefangenen als Teil eines allgemeinen Menschenrechts auf Arbeit oder als eines aus der Würde des Menschen geforderten Rechts in der Vergangenheit angenommen, vgl. hierzu vor allem die Arbeit von *Reichardt*, Recht auf Arbeit für Strafgefangene, S. 143 ff., der ein Recht auf Arbeit für Strafgefangene in § 37 Abs. 4 StVollzG deutet; siehe zum Recht auf Arbeit für Gefangene ebenfalls *Heising*, Die Entlohnung der Gefangenenarbeit, S. 75; *Hillebrand*, Organisation und Ausgestaltung der Gefangenenarbeit in Deutschland, S. 40.

787 Vgl. BT-Drs. 7/918, S. 65 f.; Arloth/Krä, StVollzG, noch zu § 37 StVollzG, Rn. 3.

788 *Galli*, in: Feest/Lesting/Lindemann (Hrsg.), AK-StVollzG, Teil II, § 22 LandesR, Rn. 13.

789 Vgl. *Galli*, in: Feest/Lesting/Lindemann (Hrsg.), AK-StVollzG, Teil II, § 22 LandesR, Rn. 13; s. a. *Arloth/Krä*, StVollzG, noch zu § 37 StVollzG, Rn. 3.

790 Siehe hierzu § 81 BWJVollzGB III, Art. 109 BayStVollzG, §§ 99 Abs. 1, 100 BbgJVollzG, § 87 Abs. 1 BremStVollzG § 85 HmbStVollzG, § 55 Abs. 1 HStVollzG, § 86 Abs. 1

disziplinarisch[791] geahndet werden kann.[792] Da Strafgefangene auch keinen Anspruch auf Zuweisung einer bestimmten Arbeit, wie z. B. auf eine intellektuelle oder anspruchsvolle Arbeit haben, führt eine Arbeitsverweigerung wegen geistiger Unterforderung ebenfalls zu einer Pflichtverletzung, es sei denn, die geistigen Fähigkeiten des Gefangenen haben nicht angemessen Berücksichtigung gefunden.[793] Auch aus der Verpflichtung der Vollzugsbehörde, in Zusammenwirkung mit den Vereinigungen und Stellen des Arbeits- und Wirtschaftslebens dafür Sorge zu tragen, dass jeder arbeitsfähige Gefangene wirtschaftlich ergiebige Arbeit ausüben kann und hierzu die notwendigen Betriebe und Einrichtungen in den Vollzugsanstalten zur Verfügung zu stellen sind, lässt sich kein Recht auf Zuweisung eines Arbeits- oder Ausbildungsplatzes ableiten.[794]

cc. Verfassungsrechtliche und völkerrechtliche Konformität von strafvollzugsrechtlicher Pflichtarbeit

Gemäß Art. 12 Abs. 3 GG ist Zwangsarbeit bei einer gerichtlich angeordneten Freiheitsentziehung zulässig. Zu erbringen ist Zwangsarbeit unter der Verantwortung

---

StVollzG M-V, § 94 NJVollzG, § 79 NRWStVollzG, § 97 Abs. 1 LJVollzG RP, § 86 Abs. 1 SLStVollzG, § 90 Abs. 1 SächsStVollzG, § 98 Abs. 1 ThürJVollzGB, § 98 Abs. 1 JVollzGB LSA, § 117 Abs. 1 LStVollzG SH, § 94 Abs. 1 StVollzG Bln.

791 Zu den zulässigen Disziplinarmaßnahmen, vgl. § 82 BWJVollzGB III, Art. 110 BayStVollzG, § 100 BbgJVollzG, § 87 Abs. 2 BremStVollzG, § 86 HmbStVollzG, § 55 Abs. 2 HStVollzG, § 86 Abs. 2 StVollzG M-V, § 95 NJVollzG, § 80 NRWStVollzG, § 97 Abs. 3 LJVollzG RP, § 86 Abs. 2 SLStVollzG, § 90 Abs. 2 SächsStVollzG, § 98 Abs. 3 ThürJVollzGB, § 98 Abs. 3 JVollzGB LSA, § 117 Abs. 2 LStVollzG SH, § 94 Abs. 2 StVollzG Bln.

792 *Laubenthal* in: Schwind/Böhm/Jehle/Laubenthal (Hrsg.), Strafvollzugsgesetz – Bund und Länder Kommentar, noch zu § 41, Rn. 5; *Nestler*, in: Laubenthal/Nestler/Neubacher/Verrel (Hrsg.), Strafvollzugsgesetze, zu F, Rn. 84; *Arloth/Krä*, StVollzG, noch zu § 41 StVollzG, Rn. 2 mit Verweis auf das Hanseatische OLG Hamburg, Beschluss vom 23.09.1991, in: NStZ 1992, 53 ff., ZfStrVo 1992, 69 f. zur Anordnung von Disziplinarmaßnahmen bei Verweigerung von Arbeit in privaten Unternehmerbetrieben; Kammerbeschluss des BVerfG vom 31.01.1994, in: ZfStrVo 1995, 53 (54); s. a. *Laubenthal*, Strafvollzug, Rn. 396.

793 *Nestler*, in: Laubenthal/Nestler/Neubacher/Verrel (Hrsg.), Strafvollzugsgesetze, zu F, Rn. 84; Schwind/Böhm/Jehle/*Laubenthal*, Strafvollzugsgesetz- Bund und Länder, noch zu § 41, Rn. 5.

794 Vgl. Art. 39 Abs. 2 Satz 2 BayStVollzG, § 34 Abs. 2 Satz 2 HmbStVollzG. *Hillebrand*, Organisation und Ausgestaltung der Gefangenenarbeit in Deutschland, S. 40; *Steiner*, Der Strafgefangene im System der gesetzlichen Sozialversicherung, S. 34 f.; s. a. *Lohmann*, Arbeit und Arbeitsentlohnung des Strafgefangenen, S. 62; vgl. ebenfalls *Arloth/Krä*, StVollzG, zu § 148 StVollzG, Rn. 4.

der Vollzugsbehörden; sie muss deren Aufsicht unterliegen.[795] Nicht zulässig ist allerdings eine Verdingung von Strafgefangenen, bei der Gefangene zum Zwecke der Arbeitsleistung der ausschließlichen Leitungsgewalt eines Privaten überlassen werden.[796]

Ob Pflichtarbeit im Strafvollzug im Einklang mit Verfassungsrecht steht, wurde höchstrichterlich geklärt.[797] Auch in der Literatur herrscht hierüber Einigkeit.[798] So werden in den Vorschriften der Landesstrafvollzugsgesetze zur Arbeitspflicht Beschäftigungen erfasst, die der Aufsicht der Justizvollzugsanstalt unterliegen und innerhalb derer Gefangene unter der öffentlich-rechtlichen Verantwortung der Vollzugsbehörde stehen, sodass sich diese Beschäftigungen im Rahmen von Art. 12 Abs. 3 GG aufhalten.[799] Ebenfalls vereinbar ist die Verpflichtung zur Arbeit im Strafvollzug mit der Europäischen Menschenrechtskonvention (hier Art. 4 Abs. 2 und 3a EMRK)[800], mit dem „Übereinkommen Nr. 29"[801] der Internationalen

795 *Jarass*, in: Jarass/Pieroth (Hrsg.), Grundgesetz für die Bundesrepublik Deutschland. Kommentar, Art. 12, Rn. 122; *Mann*, in: Sachs, Grundgesetz Kommentar, Art. 12, Rn. 191; BVerfGE 98, 169 (206, 209 f.).

796 *Mann*, in: Sachs, Grundgesetz Kommentar, Art. 12, Rn. 191; BVerfGE 98, 169 (206).

797 Vgl. nur BVerfGE 98, 169 (204 ff.).

798 Vgl. *Arloth/Krä*, StVollzG, noch § 41 StVollzG, Rn. 1; *ders.*, noch zu § 37 StVollzG, Rn. 7; *Laubenthal* in: Schwind/Böhm/Jehle/Laubenthal (Hrsg.), Strafvollzugsgesetz – Bund und Länder Kommentar, noch zu § 41, Rn. 2; *Laubenthal*, Strafvollzug, Rn. 395; beachte hierzu außerdem die ausführliche Prüfung zur Vereinbarkeit der Arbeitspflicht mit Verfassungsrecht bei *Dahmen*, Die Verpflichtung zur Arbeit im Strafvollzug, S. 71–130. Auch nach Dahmen verstößt die Arbeitspflicht von Strafgefangenen nicht gegen das Zwangsarbeitsverbot des Art. 12 Abs. 3 GG, siehe *Dahmen*, Die Verpflichtung zur Arbeit im Strafvollzug, S. 130. Vgl. ferner ausführlich hierzu *Schirmer*, Soziale Sicherung von Strafgefangenen, S. 60–67. Ebenfalls nach Ansicht von Schirmer ist die Arbeitspflicht im Strafvollzug mit Art. 12 Abs. 1, 2 und 3 GG vereinbar.

799 BVerfGE 98, 169 (209).

800 Eine Ausnahme für die Fälle gerichtlich angeordneter Freiheitsentziehung enthält Art. 4 Abs. 3a EMRK, sodass einer nach Art. 12 Abs. 3 GG zulässigen Zwangsarbeit das Verbot der Zwangsarbeit des Art. 4 EMRK nicht entgegensteht, vgl. *Mann*, in: Sachs, Grundgesetz Kommentar, Art. 12, Rn. 193; s. a. BVerfGE 83, 119 (128).

801 Übereinkommen Nr. 29 der Internationalen Arbeitsorganisation (ILO) vom 28.06.1930 über Zwangs- oder Pflichtarbeit, in deutsches Bundesrecht überführt mit dem Gesetz betreffend das Übereinkommen Nr. 29 der Internationalen Arbeitsorganisation vom 28.06.1930 über Zwangs- oder Pflichtarbeit, BGBl. II 1956, S. 640 ff. Das ILO-Übereinkommen bezweckt, voraussetzunglosen Handel mit menschlicher Arbeitskraft zu unterbinden und zielt auf eine Verhinderung der Formen von Zwangs- und Sklavenarbeit gefangener Personen. Nach den Vorschriften des Abkommens gelten als Zwangs- oder Pflichtarbeit nicht Arbeiten oder Dienstleistungen, die von einer Person aufgrund einer gerichtlichen Verurteilung verlangt werden, wenn sie unter Überwachung und Aufsicht der öffentlichen Behörden ausgeführt werden und der Verurteilte nicht an Einzelpersonen oder private

Arbeitsorganisation (ILO) vom 28.06.1930 über Zwangs- oder Pflichtarbeit sowie dem „Übereinkommen Nr. 105“[802] der ILO über die Abschaffung der Zwangsarbeit vom 25.06.1957 und mit Nr. 105.2 der Europäischen Strafvollzugsgrundsätze 2006.[803]

b. *Freiwillige Arbeit*

Ob verpflichtende Arbeit für Strafgefangene und für deren wirksame (Re-)Sozialisierung erforderlich ist, wird unterschiedlich betrachtet.[804] In der Literatur wurde gegen eine Arbeitspflicht argumentiert, mit der Begründung, dass verpflichtende Beschäftigungen von pädagogisch geringem Wert zu einer Kollision mit der Notwendigkeit nach intensiven sozialen und/oder therapeutischen Hilfestellungen führen.[805] Mit dem ME-StVollzG[806] vom 23.08.2011 wurde dieser Kritik Rechnung

---

Vereinigungen verdingt oder ihnen sonst zur Verfügung gestellt wird, vgl. *Laubenthal*, Strafvollzug, Rn. 395.

802 Übereinkommen Nr. 105 der Internationalen Arbeitsorganisation (ILO) vom 25.06.1957 über die Abschaffung der Zwangsarbeit, überführt in deutsches Bundesrecht mit dem Gesetz zum Übereinkommen Nr. 105 der Internationalen Arbeitsorganisation vom 25.06.1957 über die Abschaffung der Zwangsarbeit, BGBl. II 1959, S. 441 ff.

803 Vgl. *Arloth/Krä*, StVollzG, noch § 41 StVollzG, Rn. 1; *ders.*, noch zu § 37 StVollzG, Rn. 7; *Laubenthal* in: Schwind/Böhm/Jehle/Laubenthal (Hrsg.), Strafvollzugsgesetz – Bund und Länder Kommentar, noch zu § 41, Rn. 3 f.; *Laubenthal*, Strafvollzug, Rn. 395.

804 Siehe *Galli*, in: Feest/Lesting/Lindemann (Hrsg.), AK-StVollzG, Teil II, vor § 19 LandesR, Rn. 8; *Nestler*, in: Laubenthal/Nestler/Neubacher/Verrel (Hrsg.), Strafvollzugsgesetze, zu F, Rn. 81; *Laubenthal* in: Schwind/Böhm/Jehle/Laubenthal (Hrsg.), Strafvollzugsgesetz – Bund und Länder Kommentar, noch zu § 41, Rn. 2; *Arloth/Krä*, StVollzG, noch zu § 41 StVollzG, Rn. 1 mit Hinweis darauf, dass Arbeit eine positive Wirkung auf die (Re-)Sozialisierung Gefangener habe nach den empirischen Befunden von *Jehle*, Resozialisierung und Rückfälligkeit nach Strafvollzug, S. 70 ff. in: Koop/Kappenberg (Hrsg.), Weichen gestellt für den Justizvollzug?. Beachte hierzu auch *Galli*, in: Feest/Lesting/Lindemann (Hrsg.), AK-StVollzG, Teil II, § 22 LandesR, Rn. 19, der ebenfalls auf positive Erfahrungen aus der Praxis verweist. Allerdings aus den Ländern, in denen die Arbeitspflicht abgeschafft wurde.

805 *Laubenthal* in: Schwind/Böhm/Jehle/Laubenthal (Hrsg.), Strafvollzugsgesetz – Bund und Länder Kommentar, noch § 41, Rn. 2; *Nestler*, in: Laubenthal/Nestler/Neubacher/Verrel (Hrsg.), Strafvollzugsgesetze, zu F, Rn. 81; *Schöch*, in: Kaiser/Schöch, Strafvollzug, § 7, Rn. 108.

806 Musterentwurf zum Landesstrafvollzugsgesetz vom 23.08.2011, vorgelegt durch eine Arbeitsgruppe aus Vertretern der Justizverwaltungen in Berlin, Brandenburg, Bremen, Mecklenburg-Vorpommern, Rheinland-Pfalz, Saarland, Sachsen, Sachsen-Anhalt, Schleswig-Holstein und Thüringen; abzurufen unter: http://www.google.de/url?sa=t&rct=j&q=&esrc=s&source=web&cd=1&ved=0ahUKEwjJo4eYq-rTAhXFVywKHQmqAEoQFggpMAA&url=http%3A%2F%2Fwww.regierung-mv.de%2Fserviceassistent%2Fdownload%3Fid%3D43753&usg=AFQjCNFn5DrGq004PZE-1q31WiSPJD4xdg&cad=rja, zuletzt abgerufen am 03.08.2018.

getragen und § 22 Satz 1 ME-StVollzG (Arbeit) aufgenommen, wonach Gefangenen auf Antrag oder mit ihrer Zustimmung Arbeit zugewiesen werden soll. Arbeit soll für Strafgefangene fortan freiwillig sein und als Angebot verstanden werden.[807] Dabei soll Arbeit im Gegensatz zum Arbeitstraining und arbeitstherapeutischen Maßnahmen keiner spezifischen Zielsetzung dienen; vielmehr sollen positive Effekte für eine (Re-)Sozialisierung erzielt werden, indem die Gefangenen einen strukturierten Alltag und ihre Arbeit als sinnvoll erleben, sodass der Arbeit tatsächlich die Funktion einer Erwerbstätigkeit außerhalb des Vollzuges zugeschrieben werden kann und sie ebenfalls als Ausprägung des Angleichungs- und Gegensteuerungsgrundsatzes zu verstehen ist.[808] Nur wenige Bundesländer haben sich dazu entschieden, die Vorschrift zur freiwilligen Arbeit aus dem Musterentwurf in ihre eigenen Landesstrafvollzugsgesetze zu integrieren.[809] So regelt das Justizvollzugsgesetz Brandenburg[810], dass Gefangenen Arbeit angeboten und ihnen auf Antrag oder mit ihrer Zustimmung Arbeit zugewiesen werden soll, soweit dadurch nach dem Vollzugs- und Eingliederungsplan (vgl. § 14 BbgJVollzG) vorrangige Maßnahmen nicht beeinträchtigt werden nach § 30 Abs. 1 BbgJVollzG.[811] Ebenfalls soll nach der Vorschrift zur Arbeit im Landesjustizvollzugsgesetz Rheinland-Pfalz[812] Gefangenen auf ihren Antrag oder mit ihrer Zustimmung Arbeit zugewiesen werden (§ 29 Abs. 1 Satz 1 LJVollzG RP). In der Begründung zum Gesetzentwurf wird hierzu ausgeführt, dass Arbeit nicht den zentralen, sondern nur einen von vielen (Re-)Sozialisierungsfaktoren darstelle, der Strafgefangene wirksam (re-)

807 Vgl. *Arloth/Krä*, StVollzG, § 22 SächsStVollzG, Rn. 2.

808 Vgl. Begründung zum Musterentwurf zum Landesstrafvollzugsgesetz vom 23.08.2011, S. 93, abzurufen unter: http://www.google.de/url?sa=t&rct=j&q=&esrc=s&source=web&cd=1&ved=0ahUKEwjJo4eYq-rTAhXFVywKHQmqAEoQFggpMAA&url=http%3A%2F%2Fwww.regierung-mv.de%2Fserviceassistent%2Fdownload%3Fid%3D43753&usg=AFQjCNFn5DrGq004PZE-1q31WiSPJD4xdg&cad=rja, zuletzt eingesehen am 23.08.2018.

809 Vgl. § 30 Abs. 1 BbgJVollzG, § 29 Abs. 1 Satz 1 LJVollzG RP, § 22 Satz 2 SLStVollzG, § 22 Abs. 1 SächsStVollzG; s. a. *Nestler*, in: Laubenthal/Nestler/Neubacher/Verrel (Hrsg.), Strafvollzugsgesetze, zu F, Rn. 81; *Galli*, in: Feest/Lesting/Lindemann (Hrsg.), AK-StVollzG, Teil II, § 22 LandesR, Rn. 1.

810 Gesetz über den Vollzug der Freiheitsstrafe, der Jugendstrafe und der Untersuchungshaft im Land Brandenburg (Brandenburgisches Justizvollzugsgesetz-BbgJVollzG) vom 24.04.2013 (GVBl. I Nr. 14).

811 Vgl. zur Begründung (in Entsprechung zur Begründung des ME-StVollzG vom 23.08.2011): Begründung zum Gesetz über den Vollzug der Freiheitsstrafe, der Jugendstrafe und der Untersuchungshaft im Land Brandenburg (Brandenburgisches Justizvollzugsgesetz – BbgJVollzG) vom 30.11.2012, Brandenburg LT-Drs. 5/6437, S. 40.

812 Landesjustizvollzugsgesetz (Landesjustizvollzugsgesetz Rheinland-Pfalz- LJVollzG RP) vom 08.05.2013 (GVBl. S. 79).

sozialisiere.[813] Außerdem entspreche das Verständnis von Arbeit in diesem Gesetz den Europäischen Strafvollzugsgrundsätzen, die in Nummer 26.1 empfehlen, Gefangenenarbeit als positiven Bestandteil des Strafvollzuges zu betrachten und diese niemals zur Bestrafung einzusetzen.[814] Das Strafvollzugsgesetz Saarland[815] benennt in § 22 Satz 1 SLStVollzG zunächst die Funktion der Arbeit, wonach Gefangene durch Arbeit an ein strukturiertes Arbeitsleben herangeführt werden sollen, wie es auch schon in der Begründung zum Musterentwurf angeführt wird. Weiterhin sind Gefangene anzuhalten, eine ihnen zugewiesene Arbeit, die ihren körperlichen Fähigkeiten entspricht, auszuüben (§ 22 Satz 2 SLStVollzG). Gleichwohl wird im Entwurf zum Strafvollzugsgesetz Saarland auf eine konkrete Benennung der Freiwilligkeit von Arbeit verzichtet.[816] Im Strafvollzugsgesetz Sachsen[817] soll Gefangenen angemessene Arbeit ihren Fähigkeiten entsprechend übertragen werden, soweit Gefangene körperlich und geistig zur Arbeit in der Lage sind nach § 22 Abs. 1 SächsStVollzG. Ausdrücklich wird im Entwurf zum Strafvollzugsgesetz Sachsen darauf verwiesen, dass die Pflicht zur Arbeit abgeschafft wird und Arbeit fortan als freiwillige Erwerbsarbeit ausgestaltet ist, die allerdings weiterhin eine hohe Relevanz für den Strafvollzug habe, da Arbeit ein tagesstrukturierendes Element sei.[818] Unter Verweis auf die Entscheidung des BVerfG[819] vom 01.07.1998 wird weiterhin klargestellt, dass eine allgemeine Arbeitspflicht nicht zeitgemäß und nicht im Interesse eines modernen und behandlungsorientierten Vollzuges sei.[820] Im Vordergrund stünden der gezielte Einsatz individueller Arbeitsmaßnahmen der Arbeitstherapie und des Arbeitstrainings.[821] Dieser gezielte Einsatz individueller

813 Begründung zum Gesetzentwurf eines Landesgesetzes zur Weiterentwicklung von Justizvollzug, Sicherungsverwahrung und Datenschutz vom 18.12.2012, Rheinland-Pfalz LT-Drs. 16/1910, S. 127.

814 Begründung zum Gesetzentwurf eines Landesgesetzes zur Weiterentwicklung von Justizvollzug, Sicherungsverwahrung und Datenschutz vom 18.12.2012, Rheinland-Pfalz LT-Drs. 16/1910 S. 127 f.; s. a. zu den Europäischen Strafvollzugsgrundsätzen Kapitel 2, S. 149 f.

815 Gesetz über den Vollzug der Freiheitsstrafe im Saarland (Saarländisches Strafvollzugsgesetz- SLStVollzG) vom 24.04.2013 (ABl. I, S. 116).

816 Vgl. Begründung zum Gesetz zur Neuregelung des Vollzuges der Freiheitsstrafe im Saarland vom 13.03.2013, Saarland LT-Drs. 15/386.

817 Gesetz über den Vollzug der Freiheitsstrafe und des Strafarrestes im Freistaat Sachsen (Sächsisches Strafvollzugsgesetz- SächsStVollzG) vom 16.05.2013 (SächsGVBl., S. 250).

818 Entwurf eines Gesetzes über den Vollzug der Freiheitsstrafe und des Strafarrests im Freistaat Sachsen sowie zur Änderung weiterer Gesetze vom 20.12.2012, Sachsen LT-Drs. 5/10920 Vorblatt, S. 2.

819 BVerfGE 98, 169.

820 Siehe Entwurf eines Gesetzes über den Vollzug der Freiheitsstrafe und des Strafarrests im Freistaat Sachsen sowie zur Änderung weiterer Gesetze vom 20.12.2012, Sachsen LT-Drs. 5/10920 Vorblatt, S. 2.

821 Ebd.

Arbeitsmaßnahmen wird außerdem in allen vier Strafvollzugsgesetzen präferiert, da diese Maßnahmen einer (Re-)Sozialisierung Strafgefangener stärker Rechnung tragen würden als die Gefangenenarbeit.[822]

2. *Beschäftigungsverhältnisse im Strafvollzug*

Im Strafvollzug existieren unterschiedliche Formen von Beschäftigungen, deren Gliederung in verschiedenster Art und Weise erfolgen kann.[823] Eine Möglichkeit der Strukturierung ist den Landesstrafvollzugsgesetzen selbst zu entnehmen.[824]

---

822 Ausdrücklich in der Begründung zum Gesetzentwurf eines Landesgesetzes zur Weiterentwicklung von Justizvollzug, Sicherungsverwahrung und Datenschutz vom 18.12.2012, Rheinland-Pfalz LT-Drs. 16/1910 S. 127; Entwurf eines Gesetzes über den Vollzug der Freiheitsstrafe und des Strafarrestes im Freistaat Sachsen sowie zur Änderung weiterer Gesetze vom 20.12.2012, Sachsen LT-Drs. 5/10920 Vorblatt, S. 2; Entwurf eines Gesetzes zur Neuregelung des Vollzuges der Freiheitsstrafe im Saarland vom 13.03.2013, Saarland LT-Drs. 15/386, S. 83; s. a. Arg. von *Arloth/Krä* zur Abschaffung von Gefangenenarbeit, die hierdurch das Entstehen einer „Zwei-Klassen-Gesellschaft" unter den Gefangenen befürchten, vgl. *Arloth/Krä*, StVollzG, noch zu § 41 StVollzG, Rn. 1; a.A. *Galli*, in: Feest/Lesting/Lindemann (Hrsg.), AK-StVollzG, Teil II, § 22 LandesR, Rn. 19, wonach Erfahrungen aus der Praxis zeigen, dass der Abschaffung von Pflichtarbeit keine Reduktion des Angebotes von Arbeitsplätzen gefolgt sei, noch habe die Anzahl der Gefangenen zugenommen, die nicht arbeiten wollen. Siehe hierzu auch *Laubenthal*, Strafvollzug, Rn. 423.

823 *Galli*, in: Feest/Lesting/Lindemann (Hrsg.), AK-StVollzG, Teil II, § 22 LandesR, Rn. 7; *Steiner*, Der Strafgefangene im System der gesetzlichen Sozialversicherung, S. 48; zur unterschiedlichen Handhabe der Strukturierung von Beschäftigungsformen, vgl. *Boll/Röhner*, Resozialisierung durch Ausbeutung?, in: KJ 2017, 195 (197), die Gefangenenarbeit in vier Formen unterscheiden; s. a. *Hillebrand*, Organisation und Ausgestaltung der Gefangenenarbeit in Deutschland, S. 31, der Arbeits- und Betriebsabläufe in fünf funktionale Ebenen aufteilt.

824 Vgl. hierzu §§ 42 ff. BWJVollzGB III (Arbeit, Ausbildung und Weiterbildung), Art. 39 ff. BayStVollzG (Arbeit, Ausbildung und Weiterbildung), §§ 27 ff. BbgJVollzG (Arbeitstherapeutische Maßnahmen, Arbeitstraining, schulische und berufliche Qualifizierungsmaßnahmen, Arbeit), §§ 19 ff. BremStVollzG (Arbeitstherapeutische Maßnahmen, Arbeitstraining, schulische und berufliche Qualifizierungsmaßnahmen, Arbeit), §§ 34 ff. HmbStVollzG (Beschäftigung), §§ 27 ff. HStVollzG (Arbeit, Ausbildung und Weiterbildung), §§ 19 ff. StVollzG M-V (Arbeitstherapeutische Maßnahmen, Arbeitstraining, schulische und berufliche Qualifizierungsmaßnahmen, Arbeit), §§ 35 ff. NJVollzG (Arbeit, Ausbildung und Weiterbildung), §§ 29 ff. NRWStVollzG (Beschäftigung, Vergütung), §§ 26 ff. LJVollzG RP (Arbeitstherapeutische Maßnahmen, Arbeitstraining, schulische und berufliche Qualifizierungsmaßnahmen, Arbeit), §§ 19 ff. SLStVollzG (Arbeitstherapeutische Maßnahmen, Arbeitstraining, schulische und berufliche Qualifizierungsmaßnahmen, Arbeit), §§ 19 ff. SächsStVollzG (Arbeitstherapeutische Maßnahmen, Arbeitstraining, schulische und berufliche Qualifizierungsmaßnahmen, Arbeit), §§ 26 ff. ThürJVollzGB

Demnach lassen sich Beschäftigungen in Tätigkeiten unterscheiden, bei denen Strafgefangene in einem öffentlich-rechtlichen Verhältnis der eigenen Art (sui generis) stehen, und Beschäftigungen, denen eine privatrechtliche Vereinbarung zugrunde liegt oder die eine selbstständige Tätigkeit darstellen.[825] Zu den Beschäftigungen in öffentlich-rechtlichen Verhältnissen zwischen Strafgefangenen und der Justizvollzugsbehörde gehören die Zuweisungen von wirtschaftlich ergiebigen Arbeiten in Eigenbetrieben der Anstalt oder Unternehmerbetrieben sowie arbeitstherapeutische Beschäftigungen und Hilfstätigkeiten; gehen Gefangene hingegen Beschäftigungsverhältnissen oder beruflichen Aus- und Weiterbildungsmaßnahmen im Rahmen von vollzugsöffnenden Maßnahmen außerhalb der JVA nach, handelt es sich hierbei regelmäßig um privatrechtliche Rechtsverhältnisse; außerdem können Strafgefangenen selbstständige Tätigkeiten gestattet werden.[826] Handelt es

---

(Arbeitstherapeutische Maßnahmen, Arbeitstraining, schulische und berufliche Qualifizierungsmaßnahmen, Arbeit), §§ 26 ff. JVollzGB LSA (Arbeitstherapeutische Maßnahmen, Arbeitstraining, schulische und berufliche Qualifizierungsmaßnahmen, Arbeit), §§ 31 ff. LStVollzG SH (Arbeitstherapeutische Maßnahmen, Arbeitstraining, schulische und berufliche Qualifizierungsmaßnahmen, Arbeit, Vergütung), §§ 20 ff. StVollzG Bln (Arbeitstherapeutische Maßnahmen, Arbeitstraining, schulische und berufliche Qualifizierungsmaßnahmen, Arbeit). Vgl. Steiner, Der Strafgefangene im System der gesetzlichen Sozialversicherung, S. 48; *Laubenthal* in: Schwind/Böhm/Jehle/Laubenthal (Hrsg.), Strafvollzugsgesetz – Bund und Länder Kommentar, vor § 37, Rn. 3.

825 *Laubenthal* in: Schwind/Böhm/Jehle/Laubenthal (Hrsg.), Strafvollzugsgesetz – Bund und Länder Kommentar, vor § 37, Rn. 3.

826 *Laubenthal* in: Schwind/Böhm/Jehle/Laubenthal (Hrsg.), Strafvollzugsgesetz – Bund und Länder Kommentar, vor § 37, Rn. 3.; *Galli*, in: Feest/Lesting/Lindemann (Hrsg.), AK-StVollzG, Teil II, § 22 LandesR, Rn. 7; *Laubenthal*, Strafvollzug, Rn. 398. Vgl. zur wirtschaftlich ergiebigen Arbeit: § 42 Abs. 2 BWJVollzGB III, Art. 39 Abs. 2 Satz 1 BayStVollzG, § 34 Abs. 2 Satz 1 HmbStVollzG und § 27 Abs. 3 Satz 1 HStVollzG (der Eingliederung förderlichen Arbeit), § 35 Abs. 2 Satz 1 NJVollzG, § 29 Abs. 2 Satz 1 und 2 NRWStVollzG, § 29 Abs. 1 Satz 1 JVollzGB LSA, § 35 Abs. 1 Satz 2 LStVollzG SH, § 24 Abs. 1 Satz 3 StVollzG Bln; abweichend formuliert in § 22 BremStVollzG, § 22 StVollzG M-V. Siehe zur arbeitstherapeutischen Beschäftigung: § 42 Abs. 3 BWJVollzGB III, Art. 39 Abs. 3 BayStVollzG, § 34 Abs. 5 HmbStVollzG, § 27 Abs. 1 Satz 1, Abs. 3 Satz 1 HStVollzG, § 35 Abs. 3 NJVollzG, § 29 Abs. 2 Satz 3 NRWStVollzG, § 29 Abs. 1 Satz 2, §§ 26, 27 JVollzGB LSA.
Eigenständige Regelungen zur arbeitstherapeutischen Beschäftigung und dem Arbeitstraining enthalten die §§ 22 Satz 2, 19 und 20 BremStVollzG, §§ 22 Satz 1, 19, 20 StVollzG M-V, §§ 27, 28 BbgJVollzG, §§ 26, 27 LJVollzG RP, §§ 19, 20 SLStVollzG, §§ 19, 20 SächsStVollzG, §§ 26, 27 ThürJVollzG, §§ 35 Abs. 1 Satz 1, 32 LStVollzG SH, §§ 21, 22 StVollzG Bln.
Vgl. zu Hilfstätigkeiten: § 47 Abs. 1 Satz 2 BWJVollzGB III, Art. 43 Satz 2, 3 BayStVollzG, § 38 Abs. 1 Satz 2, 3 HmbStVollzG, § 35 Abs. 2 Satz 2 NJVollzG, § 29 Abs. 3 NRWStVollzG, § 29 Abs. 1 Satz 2 ThürJVollzGB, § 29 Abs. 2 Satz 2 JVollzGB LSA.

sich um Aus- und Weiterbildungen, die geeigneten Gefangenen in der Haft ermöglicht werden sollen, erfolgen diese ebenfalls im Rahmen von öffentlich-rechtlichen Verhältnissen.[827]

a. Öffentlich-rechtliche Beschäftigungsverhältnisse

Das Arbeitsverhältnis zwischen Strafgefangenen und der Justizvollzugsanstalt ist öffentlich-rechtlicher Natur, da zwischen Gefangenen und der Anstalt keine Arbeitsverträge oder Berufsausbildungsverträge geschlossen werden und Gefangene demnach keine Arbeitnehmer sind; vielmehr stehen sie im Vollzug unter der öffentlich-rechtlichen Verantwortung der Vollzugsbehörde, die ihnen wirtschaftlich ergiebige Arbeit zuweist.[828] Gefangene befinden sich bei Ausführung einer Beschäftigung demnach in einem öffentlich-rechtlichen Beschäftigungsverhältnis

---

Siehe zur freien Beschäftigung: § 45 Abs. 1 BWJVollzGB III, Art. 42 Abs. 1 BayStVollzG, § 31 Abs. 1 Satz 1 BbgJVollzG, § 23 Abs. 1 Satz 1 BremStVollzG, § 36 Abs. 1 Satz 1 HmbStVollzG, § 27 Abs. 4 HStVollzG, § 23 Abs. 1 Satz 1 StVollzG M-V, § 36 Abs. 1 NJVollzG, § 31 Abs. 1 NRWStVollzG, § 30 Abs. 1 Satz 1 LJVollzG RP, § 23 Abs. 1 Satz 1 SL StVollzG, § 23 Abs. 1 Satz 1 SächsStVollzG, § 30 Abs. 1 Satz 1 ThürJVollzGB, § 30 Abs. 1 JVollzGB LSA, § 36 Abs. 1 LStVollzG SH, § 26 Abs. 1 StVollzG Bln.
Vgl. zur Selbstbeschäftigung: § 45 Abs. 2 BWJVollzGB III, Art. 42 Abs. 2 BayStVollzG, § 31 Abs. 1 Satz 1 BbgJVollzG, § 23 Abs. 1 Satz 1 BremStVollzG, § 36 Abs. 1 Satz 1 HmbStVollzG, § 27 Abs. 4 HStVollzG, § 23 Abs. 1 Satz 1 StVollzG M-V, § 36 Abs. 2 NJVollzG, § 31 Abs. 2 NRWStVollzG, § 30 Abs. 1 Satz 1 LJVollzG RP, § 23 Abs. 1 Satz 1 SL StVollzG, § 23 Abs. 1 Satz 1 SächsStVollzG § 30 Abs. 1 Satz 1 ThürJVollzGB, § 30 Abs. 1 JVollzGB LSA, § 36 Abs. 1 LStVollzG SH, § 26 Abs. 1 StVollzG Bln.

827 *Laubenthal* in: Schwind/Böhm/Jehle/Laubenthal (Hrsg.), Strafvollzugsgesetz – Bund und Länder Kommentar, vor § 37, Rn. 3. Vgl. zu Aus- und Weiterbildungsmaßnahmen: § 42 Abs. 4 BWJVollzGB III, Art. 39 Abs. 4 Satz 1 BayStVollzG, § 29 Abs. 4 BbgJVollzG, § 21 Abs. 3 BremStVollzG, § 34 Abs. 4 HmbStVollzG, § 27 Abs. 3 Satz 2 HStVollzG, § 21 Abs. 3 StVollzG M-V, § 35 Abs. 2 Satz 3 NJVollzG, § 30 NRWStVollzG, § 28 Abs. 3 LJVollzG RP, § 21 Abs. 3 SL StVollzG, § 21 Abs. 3 SächsStVollzG § 28 Abs. 3 ThürJVollzGB, § 28 Abs. 3 JVollzGB LSA, § 33 LStVollzG SH, § 23 Abs. 3 StVollzG Bln.

828 Vgl. *Schneider-Danwitz*, Das Beschäftigungsverhältnis in der sozialgerichtlichen Rechtsprechung, S. 554, in: Wannagat, Entwicklung des Sozialrechts, Aufgabe der Rechtsprechung; *Nestler*, in: Laubenthal/Nestler/Neubacher/Verrel (Hrsg.), Strafvollzugsgesetze, zu F, Rn. 16; *Galli*, in: Feest/Lesting/Lindemann (Hrsg.), AK-StVollzG, Teil II, vor § 19 LandesR, Rn. 9; *Arloth/Krä*, StVollzG, noch zu § 37 StVollzG, Rn. 6; *Laubenthal* in: Schwind/Böhm/Jehle/Laubenthal (Hrsg.), Strafvollzugsgesetz – Bund und Länder Kommentar, vor § 37, Rn. 3; s. a. Beschluss, KG Berlin vom 29.06.2015, 2 Ws 132/15 Vollz, juris, Rn. 10; vgl. außerdem *Reinecke*, Arbeitsverhältnis oder öffentlich-rechtliches Rechtsverhältnis – Rechtsprechungsbericht –, in: ZTR 2016, 427 (430).

eigener Art und nicht in einem privatrechtlichen Arbeitsverhältnis.[829] Gleichwohl schließt die Qualifizierung des Beschäftigungsverhältnisses im Strafvollzugsrecht als ein öffentlich-rechtliches der eigenen Art eine analoge Anwendung arbeitsrechtlicher Normen nicht zwingend aus, wenn das Strafvollzugsgesetz Lücken aufweist.[830]

aa. Ausgestaltung von Beschäftigung im Vollzug

Hinsichtlich der Organisation von Arbeits- und Betriebsabläufen ist im Strafvollzug in Eigenbetriebe der Anstalt, in Tätigkeiten für Unternehmerbetriebe innerhalb oder außerhalb der Anstalt, in Arbeiten in justizvollzugseigenen Hausbetrieben der Anstalt sowie in Möglichkeiten der Arbeits- und Beschäftigungstherapie zu unterteilen.[831] Dies gilt für Bundesländer mit Arbeitspflicht sowie für die Bundesländer, in denen eine Beschäftigung freiwillig beantragt werden kann.[832] Die Vollzugsbehörde soll im Zusammenwirken mit den Vereinigungen und Stellen des Arbeits- und Wirtschaftslebens dafür Sorge tragen, dass jeder arbeitsfähige Gefangene eine wirtschaftlich ergiebige Arbeit ausüben kann, und dazu beitragen, dass Strafgefangene beruflich gefördert, beraten und vermittelt werden.[833] Durch

---

829 *Galli*, in: Feest/Lesting/Lindemann (Hrsg.), AK-StVollzG, Teil II, vor § 19 LandesR, Rn. 9, m.N. für eine einhellige Auffassung der ordentliche Gerichte, vgl. KG Berlin, Beschluss vom 09.12.1988, 5 Ws 358/88 Vollz, in: NStZ 1989, 197, wonach Arbeits- und Ausbildungsverhältnisse in der Haft nicht privatrechtlicher Natur seien, sondern eine öffentlich-rechtliche Beziehung begründen, innerhalb derer Gefangene aufgrund ihrer Verurteilung zum Staat stehen; LAG Hamm, Beschluss vom 05.02.1991, 7 Ta 31/91, in: ZfStrVo 1992, 256 zur Frage eines privatrechtlichen Arbeitsverhältnisses beim freien Beschäftigungsverhältnis des Freigängers; LAG Berlin-Brandenburg vom 03.06.2009, 13 Ta 1102/09, BeckRS 2009, 66296, wonach Strafgefangene keine Arbeitnehmer im Sinne von § 5 ArbGG seien; zur Rechtsprechung der Sozialgerichte vgl. BSG, Urteil vom 16.10.1990, 11 RAr 3/90, in: ZfStrVo 1992, 134 f., zur Beschäftigung eines Freigängers als versicherungspflichtiges Arbeitsverhältnis; LSG Rheinland-Pfalz, Urteil vom 29.11.1985, L 6 Ar 19/85, in: NStZ 1986, 192.

830 Vgl. *Galli*, in: Feest/Lesting/Lindemann (Hrsg.), AK-StVollzG, Teil II, vor § 19 LandesR, Rn. 10 f. Die Gerichte zeigen Zurückhaltung bei der Anwendung von arbeitsrechtlichen Vorschriften im Strafvollzug. Konsens besteht wohl darüber, dass § 618 BGB (Pflicht zu Schutzmaßnahmen) entsprechend anzuwenden ist, wenn die Landesstrafvollzugsgesetze einen solchen Gedanken nicht enthalten, vgl. hierzu ebenfalls *Galli*, in: Feest/Lesting/Lindemann (Hrsg.), AK-StVollzG, Teil II, vor § 19 LandesR, Rn. 12.

831 Vgl. *Hillebrand*, Organisation und Ausgestaltung der Gefangenenarbeit in Deutschland, S. 31 ff.

832 *Laubenthal*, Strafvollzug, Rn. 401.

833 Vgl. Art. 39 Abs. 2 Satz 2 BayStVollzG, § 34 Abs. 2 Satz 2 HmbStVollzG, § 130 Abs. 2 LStVollzG SH.

geeignete organisatorische Maßnahmen stellt die Anstalt sicher, dass Arbeitsagenturen und Jobcenter die ihnen obliegenden Aufgaben wie Berufsberatung, Ausbildungs- und Arbeitsvermittlung durchführen können.[834] Des Weiteren sind Arbeitsbetriebe und Einrichtungen den Verhältnissen außerhalb der Justizvollzugsanstalt anzugleichen und Arbeitsschutz- sowie Unfallverhütungsvorschriften zu beachten, auf deren Berücksichtigung Strafgefangene auch einen subjektiven Rechtsanspruch haben.[835]

Nehmen Gefangene eine Arbeit auf, gelten die von der Anstalt festgelegten Arbeitsbedingungen.[836] Die Arbeit darf nicht zur Unzeit niedergelegt werden.[837]

(1) Beschäftigungen in Eigenbetrieben der Justizvollzugsanstalt

Eigenbetriebe in der Justizvollzugsanstalt unterhält die Anstalt selbst.[838] Der JVA obliegt die Organisation der Arbeit, verwendete Arbeitsmaterialien und Rohstoffe stehen im Eigentum der öffentlichen Hand.[839] Dementsprechend liegt auch das wirtschaftliche Risiko allein bei der Vollzugsanstalt.[840] Zu den typischen Eigenbetrieben einer JVA, in denen Strafgefangene beschäftigt werden, gehören u. a. die Bäckerei der Anstalt sowie die Druckerei, der Elektrobetrieb, die Gärtnerei, die Kfz-Werkstatt, die anstaltseigene Landwirtschaft, die Malerei, die Schlosserei, die Schneiderei, die Schreinerei und die Wäscherei der JVA.[841] Sinn und Zweck

---

834 Siehe § 130 Abs. 3 LStVollzG SH.

835 Vgl. *Arloth/Krä*, StVollzG, noch zu § 149, Rn. 4; *Laubenthal*, Strafvollzug, Rn. 401. Siehe in den Landesstrafvollzugsgesetzen zu den Arbeits- und Unfallverhütungsvorschriften: Art. 39 Abs. 2 Satz 3 BayStVollzG, § 94 Abs. 2 Satz 2 NRWStVollzG, § 29 Abs. 1 Satz 3 JVollzGB LSA, § 130 Abs. 4 Satz 2 LStVollzG SH. Vgl. zum Angleichungsgrundsatz: § 2 Abs. 2 BWJVollzGB III, Art. 5 Abs. 1 BayStVollzG, § 7 Abs. 1 BbgJVollzG, § 3 Abs. 4 BremStVollzG, § 3 Abs. 1 Satz 1 HmbStVollzG, § 3 Abs. 1 Satz 1 HStVollzG, § 3 Abs. 4 StVollzG M-V, § 2 Abs. 1 NJVollzG, § 2 Abs. 1 Satz 1 NRWStVollzG, § 7 Abs. 1 LJVollzG RP, § 3 Abs. 4 SLStVollzG, § 3 Abs. 4 SächsStVollzG, § 7 Abs. 1 ThürJVollzGB, § 7 Abs. 1 JVollzGB LSA, § 3 Abs. 3 LStVollzG SH, § 3 Abs. 3 StVollzG Bln.

836 § 30 Abs. 2 Satz 1 BbgJVollzG, § 22 Satz 3 BremStVollzG, § 22 Satz 2 StVollzG M-V, § 29 Abs. 2 Satz 1 LJVollzG RP, § 22 Satz 3 SLStVollzG, § 22 Abs. 3 Satz 2 SächsStVollzG, § 29 Abs. 3 Satz 1 ThürJVollzGB, § 29 Abs. 3 Satz 1 JVollzGB LSA, § 35 Abs. 1 Satz 4 LStVollzG SH.

837 § 30 Abs. 2 Satz 2 BbgJVollzG, § 22 Satz 3 StVollzG M-V, § 29 Abs. 2 Satz 2 LJVollzG RP, § 22 Satz 4 SLStVollzG, § 22 Abs. 3 Satz 2 SächsStVollzG, § 29 Abs. 3 Satz 2 ThürJVollzGB, § 29 Abs. 3 Satz 2 JVollzGB LSA.

838 *Laubenthal*, Strafvollzug, Rn. 401.

839 *Galli*, in: Feest/Lesting/Lindemann (Hrsg.), AK-StVollzG, Teil II, § 22 LandesR, Rn. 7; *Laubenthal*, Strafvollzug, Rn. 401.

840 *Arloth/Krä*, StVollzG, noch zu § 37 StVollzG, Rn. 11.

841 Vgl. *Hillebrand*, Organisation und Ausgestaltung der Gefangenenarbeit in Deutschland, S. 33; *Laubenthal*, Strafvollzug, Rn. 401.

dieser von der Anstalt eingerichteten und geführten Handwerks- und Industriebetriebe ist, die Bedarfsdeckung der eigenen Justizvollzugsanstalt sicherzustellen, behördeninterne Bedürfnisse zu befriedigen und für die Bedürfnisbefriedigung der öffentlichen Wohlfahrtsverbände zu sorgen.[842] Weiterhin sollen die eigens hergestellten Erzeugnisse ebenfalls für den freien Handel zugänglich gemacht werden.[843]

(2) Tätigkeiten für Unternehmerbetriebe innerhalb oder außerhalb der Anstalt

Maßnahmen wie Arbeit, berufliche Bildung und arbeitstherapeutische Beschäftigungen können auch in geeigneten privaten Unternehmen innerhalb oder außerhalb der Justizvollzugsanstalt erfolgen.[844] Eine Übertragung der technischen und fachlichen Leitung in den von privaten Unternehmen unterhaltenen Betrieben und sonstigen Einrichtungen kann den Angehörigen dieser Unternehmen ermöglicht werden.[845]

(a) Pflichtarbeit im Unternehmerbetrieb innerhalb der Justizvollzugsanstalt

Bei Unternehmerbetrieben im Vollzug handelt es sich um Arbeitsbetriebe, die von externen Unternehmen als Zweigbetrieb, Außenstelle oder Niederlassung ihres Hauptbetriebes innerhalb einer Anstalt eingerichtet und geführt werden.[846] Sie richten sich in von der JVA bereitgestellten Räumen als anstaltsinterne Betriebe ein, wobei das wirtschaftliche Risiko für ihren Betrieb ihnen selbst obliegt.[847] Die

842 *Laubenthal*, Strafvollzug, Rn. 401; *Hillebrand*, Organisation und Ausgestaltung der Gefangenenarbeit in Deutschland, S. 33.

843 *Galli*, in: Feest/Lesting/Lindemann (Hrsg.), AK-StVollzG, Teil II, § 22 LandesR, Rn. 6; *Hillebrand*, Organisation und Ausgestaltung der Gefangenenarbeit in Deutschland, S. 33. Siehe zum Verkauf auf dem freien Markt exemplarisch der „Knastladen", https://www.knastladen.de/home/, zuletzt abgerufen am 03.08.2018.

844 Vgl. Art. 39 Abs. 5 Satz 1 BayStVollzG, § 107 Abs. 4 BbgJVollzG, § 73 Abs. 2 HStVollzG, § 93 Abs. 4 StVollzG M-V, § 94 Abs. 3 Satz 1 NRWStVollzG, § 104 Abs. 4 LJVollzG RLP, § 93 Abs. 4 SLStVollzG, § 106 Abs. 4 Satz 1 SächsStVollzG, § 105 Abs. 4 ThürJVollzGB, § 130 Abs. 5 Satz 1 LStVollzG SH, § 101 Abs. 2 StVollzG Bln.

845 Siehe Art. 39 Abs. 5 Satz 2 BayStVollzG, § 107 Abs. 4 BbgJVollzG, § 73 Abs. 2 HStVollzG, § 93 Abs. 4 StVollzG M-V, § 94 Abs. 3 Satz 2 NRWStVollzG, § 104 Abs. 4 LJVollzG RLP, § 93 Abs. 4 SLStVollzG, § 106 Abs. 4 Satz 2 SächsStVollzG, § 105 Abs. 4 ThürJVollzGB, § 130 Abs. 5 Satz 1 LStVollzG SH, § 101 Abs. 2 Satz 2 StVollzG Bln; *Galli*, in: Feest/Lesting/Lindemann (Hrsg.), AK-StVollzG, Teil II, § 22 LandesR, Rn. 7; Hillebrand, Organisation und Ausgestaltung der Gefangenenarbeit in Deutschland, S. 34 f.

846 *Laubenthal* in: Schwind/Böhm/Jehle/Laubenthal (Hrsg.), Strafvollzugsgesetz – Bund und Länder Kommentar, noch zu § 148, Rn. 2.

847 *Laubenthal*, Strafvollzug, Rn. 402.

Verpflichtung zur Arbeit hält sich im Rahmen von Art. 12 Abs. 3 GG auf und lässt nur die Verpflichtung zu solchen Arbeiten zu, die unter der öffentlich-rechtlichen Verantwortung der Vollzugsbehörde stehen.[848] Demnach dürfen neben Eigenbetrieben der Anstalt nur Unternehmerbetriebe zugelassen werden, innerhalb derer ebenfalls unter der öffentlich-rechtlichen Verantwortung der Anstalt gearbeitet wird, sodass Angehörigen der Unternehmen lediglich die technische und fachliche Leitung für einzelne Arbeitsvorgänge übertragen wird.[849] Die vollzugliche Aufsicht über die dort arbeitenden Gefangenen verbleibt hingegen bei der Justizvollzugsbehörde, sodass, unbeschadet einer Übertragung der technischen und fachlichen Leitungsverantwortlichkeit der Unternehmerbetriebe, die Gefangenen auch weiterhin unter der öffentlich-rechtlichen Verantwortung der Vollzugsbehörde stehen.[850] Eine darüber hinausgehende Übertragung von Gesamtverantwortung, wozu insbesondere eine Unterstellung der Gefangenen unter die ausschließliche Leitungsgewalt eines Privaten gehört, wird vom Gesetz nicht zugelassen.[851]

(b) Zugewiesene Arbeit in Betrieben außerhalb der Anstalt – der „unechte“ Freigang

Im Rahmen von freien Beschäftigungsverhältnissen soll es Gefangenen gestattet werden, einer Arbeit oder Ausbildung auch außerhalb der Justizvollzugsanstalt nachzugehen, mit dem Ziel, die (Re-)Sozialisierung Gefangener zu fördern.[852] Dies setzt voraus, dass Gefangene mit Betrieben außerhalb des Vollzuges einen eigenen Arbeits- oder Ausbildungsvertrag abschließen.[853] Mit Blick auf den Angleichungsgrundsatz und die dadurch bestehende Möglichkeit einer Übernahme in dem jeweiligen Betrieb nach der Entlassung handelt es sich hierbei um eine positive Möglichkeit zur (Re-)Sozialisierung Gefangener.[854]

---

848 BVerfGE, 98, 169 (209); *Laubenthal*, Strafvollzug, Rn. 402.

849 BVerfGE, 98, 169 (209).

850 *Hillebrand*, Organisation und Ausgestaltung der Gefangenenarbeit in Deutschland, S. 35; *Laubenthal*, Strafvollzug, Rn. 402; s. a. BVerfG, Stattgebender Kammerbeschluss vom 27.12.2007, 2 BvR 1061/05, juris, Rn. 15; BVerfGE 98, 169 (209, 211).

851 Vgl. BVerfGE 98, 169 (209).

852 Vgl. zum freien Beschäftigungsverhältnis: § 45 Abs. 1 BWJVollzGB III, Art. 42 Abs. 1 BayStVollzG, § 31 Abs. 1 1. Alt. BbgJVollzG, § 23 Abs. 1 Satz 1 1. Alt. BremStVollzG, § 36 Abs. 1 1. Alt. HmbStVollzG, § 27 Abs. 7 HStVollzG, § 23 Abs. 1 Satz 1 1. Alt. StVollzG M-V, § 36 Abs. 1 NJVollzG, § 31 Abs. 1 NRWStVollzG, § 30 Abs. 1 Satz 1 1. Alt. LJVollzG RP, § 23 Abs. 1 Satz 1 1. Alt. SLStVollzG, § 23 Abs. 1 Satz 1 1. Alt. SächsStVollzG, § 30 Abs. 1 Satz 1 1. Alt. ThürJVollzGB, § 30 Abs. 1 1. Alt. JVollzG LSA, § 36 Abs. 1 1. Alt. LStVollzG SH, § 26 Abs. 1 1. Alt. StVollzG Bln. Vgl. ebenfalls BVerfGE 98, 169 (209).

853 BVerfGE 98, 169 (209).

854 *Laubenthal*, Strafvollzug, Rn. 405. Vgl. zum Angleichungsgrundsatz: § 2 Abs. 2 BWJVollzGB III, Art. 5 Abs. 1 BayStVollzG, § 2 Abs. 1 NJVollzG, § 2 Abs. 1 Satz 1, § 7 Abs. 1 JVollzGB LSA, § 7 Abs. 1 BbgJVollzG, § 3 Abs. 4 BremStVollzG, § 3

Lange Zeit war es allerdings Praxis der Justizvollzugsbehörden, für Gefangene, die die Voraussetzungen für ein freies Beschäftigungsverhältnis erfüllen, Arbeitsplätze nach den vollzugsgesetzlichen Vorschriften bei externen privaten Unternehmen zu schaffen (unechter Freigang), anstatt ihnen freie Beschäftigungsverhältnisse zu organisieren.[855] Eine vertragliche Beziehung bestand dabei zwischen dem privaten Unternehmer und der Vollzugsbehörde, sodass Gefangene unter der öffentlich-rechtlichen Verantwortung der Justizvollzugsanstalt blieben, mit der Folge, dass die dem Unternehmerbetrieb jeweils zugewiesenen Gefangenen jederzeit ausgetauscht werden konnten, wegen nicht anzuwendenden arbeitsrechtrechtlichen Schutzvorschriften.[856] An einem privatrechtlichen Vertragsschluss zwischen dem Gefangenen und dem Unternehmerbetrieb fehlte es.[857] Infrage stand dabei vor allem, ob eine Beschäftigung in einem privaten Unternehmerbetrieb der Zustimmung Gefangener bedarf gemäß § 41 Abs. 3 Satz 1 StVollzG.[858] Diese vom Bundesgesetzgeber nicht in Kraft gesetzte Vorschrift folgt aus Art. 2 Abs. 2c des Übereinkommens Nr. 29[859] der ILO von 1930 über Zwangs- und Pflichtarbeit, nach der eine „Verdingung“ Inhaftierter an Einrichtungen und Personen außerhalb des Strafvollzuges unzulässig ist.[860] Die Selbstverpflichtung zur Umsetzung von § 41 Abs. 3 StVollzG wurde ebenfalls der Stufenvorschrift des § 198 Abs. 4 StVollzG unterworfen, wonach § 41 Abs. 3 Satz 1 StVollzG bis zum 31.12.1983 umgesetzt werden sollte.[861]

Das BVerfG[862] hatte mit Urteil vom 01.07.1998 hierzu ausgeführt, dass es von Verfassung wegen nicht der Zustimmung des Gefangenen bedarf, wenn die JVA dem Gefangenen Arbeit in einem anstaltsinternen Unternehmerbetrieb zuweise, dessen Organisation sich im Rahmen der gesetzlichen Vorgaben (noch nach § 149 Abs. 4 StVollzG) bewege, sodass nur die technische und fachliche Leitung auf die

---

Satz 1 HmbStVollzG, § 3 Abs. 1 Satz 1 HStVollzG, § 3 Abs. 4 StVollzG M-V, § 2 Abs. 1 Satz 1 NRWStVollzG, § 7 Abs. 1 LJVollzG RP, § 3 Abs. 4 SLStVollzG, § 3 Abs. 4 SächsStVollzG, § 7 Abs. 1 ThürJVollzGB, § 3 Abs. 3 LStVollzG SH, § 3 Abs. 3 StVollzG Bln.

855 *Laubenthal*, Strafvollzug, Rn. 405.

856 *Galli*, in: Feest/Lesting/Lindemann (Hrsg.), AK-StVollzG, Teil II, § 23 LandesR, Rn. 29.

857 Vgl. *Laubenthal*, Strafvollzug, Rn. 405.

858 Vgl. BVerfGE 98, 169 (211); siehe ausführlich hierzu *Schirmer*, Soziale Sicherung von Strafgefangenen, S. 69 ff.

859 In deutsches Bundesrecht überführt mit dem Gesetz betreffend das Übereinkommen Nr. 29 der Internationalen Arbeitsorganisation vom 28.06.1930 über Zwangs- oder Pflichtarbeit, veröffentlicht im BGBl. II 1956, S. 640 ff.

860 *Laubenthal*, Strafvollzug, Rn. 404.

861 *Laubenthal* in: Schwind/Böhm/Jehle/Laubenthal (Hrsg.), Strafvollzugsgesetz – Bund und Länder Kommentar, noch zu § 41, Rn. 1.

862 BVerfG, Urteil vom 01.07.1998, 2 BvR 441, 493/90, 618/92, 212/93 und 2 BvL 17/94, BVerfGE 98, 169.

Unternehmensangehörigen übertragen werde.[863] Außerdem verletze es auch nicht die Verfassung, dass der in § 41 Abs. 3 StVollzG einst vorgesehene Zustimmungsvorbehalt nicht in Kraft gesetzt worden sei.[864] Pflichtarbeit in Unternehmerbetrieben, die den Anforderungen des § 149 Abs. 4 StVollzG genüge, halte sich in den Grenzen der Ermächtigung auf, die Art. 12 Abs. 3 GG dem Gesetzgeber erteile, um Arbeitspflicht anzuordnen.[865] Bei Zuweisung einer Beschäftigung in einem privaten Unternehmerbetrieb, in dem lediglich die technische und fachliche Leitung auf die Unternehmensangehörigen übertragen werde, bedarf es somit von Verfassung wegen nicht der Zustimmung Gefangener.[866]

Für verfassungswidrig hatte es das BVerfG allerdings erklärt, wenn Gefangenen, die die Voraussetzungen für vollzugsöffnende Maßnahmen erfüllen, Beschäftigungen in Unternehmen außerhalb der Haft ohne deren Zustimmung zugewiesen werden.[867] Pflichtarbeit durch Zuweisung von Arbeit in Unternehmerbetrieben außerhalb der Anstalt unterliege verfassungsrechtlichen Grenzen, die sich aus dem (Re-)Sozialisierungsgebot ergeben.[868] So sei die Vollzugsbehörde von Verfassung wegen gehalten, bei Gewährung von vollzugsöffnenden Maßnahmen zunächst die Möglichkeit eines freien Beschäftigungsverhältnisses angesichts der besonderen (Re-)Sozialisierungschancen zu prüfen; ausschließlich gewichtige Vollzugsbelange können die Versagung von freier Beschäftigung rechtfertigen.[869] Biete sich demnach auch nach Bemühungen der JVA einem zum Freigang geeigneten Gefangenen keine Arbeit in einem freien Beschäftigungsverhältnis, so könne es mit Blick auf das (Re-)Sozialisierungsgebot nicht ausgeschlossen werden, dass die Vollzugsbehörde dem Gefangenen mit dessen Zustimmung eine bestimmte Arbeit in einem privaten Unternehmen außerhalb der Anstalt zuweise.[870] Allerdings müsse auch dabei ein Mindestmaß organisierter öffentlich-rechtlicher Verantwortlichkeit der Anstalt für die Gefangenen gewährleistet bleiben.[871] Nur dann ist es im Rahmen

---

863 BVerfGE 98, 169 (211).

864 Ebd.

865 Ebd.

866 Siehe ebd.; vgl. hierzu auch *Arloth/Krä*, noch zu § 41 StVollzG, Rn. 7.

867 Vgl. BVerfGE 98, 169 (210); siehe die Vorschriften zu den vollzugsöffnenden Maßnahmen: § 9 Abs. 2 Nr. 1 BWJVollzGB III, Art. 13 Abs. 1 Nr. 1 BayStVollzG, § 46 Abs. 1 Satz 1 Nr. 4 BbgJVollzG, § 38 Abs. 1 Nr. 4 BremStVollzG, § 12 Abs. 1 Satz 1 Nr. 5 HmbStVollzG, § 13 Abs. 3 Nr. 2 HStVollzG, § 38 Abs. 1 Nr. 4 StVollzG M-V, § 13 Abs. 1 Nr. 1 NJVollzG, § 53 Abs. 1 und 2 Nr. 4 NRWStVollzG, § 45 Abs. 1 Satz 1 Nr. 4 LJVollzG RP, § 38 Abs. 1 Nr. 4 SLStVollzG, § 38 Abs. 1 Nr. 4 SächsStVollzG, § 46 Abs. 1 Satz 1 Nr. 4 ThürJVollzGB, § 45 Abs. 1 Nr. 5 und 6 JVollzG LSA, § 55 Abs. 1 Nr. 4 LStVollzG SH, § 42 Abs. 1 Nr. 4 StVollzG Bln.

868 BVerfGE 98, 169 (210); vgl. ebenfalls *Arloth/Krä*, StVollzG, noch zu § 39 StVollzG, Rn. 2.

869 BVerfGE 98, 169 (210).

870 BVerfGE 98, 169 (211).

871 Ebd.; siehe hierzu auch *Laubenthal*, Strafvollzug, Rn. 405; *Hillebrand*, Organisation und Ausgestaltung der Gefangenenarbeit in Deutschland, S. 35.

der verfassungsrechtlichen Grenzen, die sich aus dem (Re-)Sozialisierungsgebot ergeben, möglich, dass auch Strafgefangenen, die zum Freigang geeignet sind und keine Arbeit in einem freien Beschäftigungsverhältnis finden, mit ihrer Zustimmung eine bestimmte Arbeit in einem Unternehmerbetrieb außerhalb der JVA zugewiesen werden kann.

(3) Hilfstätigkeit in Hausbetrieben der Anstalt

Zu Hilfstätigkeiten in der JVA können alle Gefangenen in der Anstalt unter 65 Jahren, und unter Ausschluss werdender oder stillender Mütter, jährlich bis zu drei Monaten verpflichtet werden, mit der Zustimmung Gefangener auch über diesen Zeitraum hinaus.[872] Hilfstätigkeiten umfassen u. a. Arbeiten in Küche, Wäscherei oder Krankenabteilung der Vollzugsanstalt, zu denen Gefangene herangezogen werden, die zu qualifizierten Tätigkeiten noch nicht in der Lage sind und deren soziale Verhaltensweisen und Mitverantwortungsgefühle in einer Gemeinschaft gestärkt werden sollen.[873] Nach dem Sächsischen Strafvollzugsgesetz wirken Gefangene im Rahmen ihrer körperlichen und geistigen Fähigkeiten an Arbeiten der Versorgung, der Sauberkeit und Ordnung in der Anstalt mit.[874] Dabei entsprechen Hilfstätigkeiten regelmäßig weder den gesetzlich gestellten Anforderungen an eine zugewiesene wirtschaftlich ergiebige Arbeit, noch werden diese Aufgaben im Sinne einer individuellen Behandlung vergeben.[875] Um eine Behandlung der Gefangenen nicht unnötig lange zu beeinträchtigen, werden Hilfstätigkeiten in der Justizvollzugsanstalt darum auf jährlich drei Monate befristet.[876]

---

872 Vgl. § 47 Abs. 1 Satz 2 BWJVollzGB III, Art. 43 Satz 2, 3 BayStVollzG, § 38 Abs. 1 Satz 2, 3 HmbStVollzG, § 35 Abs. 2 Satz 2 NJVollzG, § 29 Abs. 3 NRWStVollzG, § 29 Abs. 1 Satz 2 ThürJVollzGB, § 29 Abs. 2 Satz 2 JVollzGB LSA.

873 *Nestler*, in: Laubenthal/Nestler/Neubacher/Verrel (Hrsg.), Strafvollzugsgesetze, zu F, Rn. 85; *Laubenthal* in: Schwind/Böhm/Jehle/Laubenthal (Hrsg.), Strafvollzugsgesetz – Bund und Länder Kommentar, noch zu § 41, Rn. 8; *Laubenthal*, Strafvollzug, Rn. 408; *Hillebrand*, Organisation und Ausgestaltung der Gefangenenarbeit in Deutschland, S. 32.

874 Vgl. § 22 Abs. 2 SächsStVollzG; s. a. *Galli*, in: Feest/Lesting/Lindemann (Hrsg.), AK-StVollzG, Teil II, § 22 LandesR, Rn. 2. Siehe *Arloth/Krä*, StVollzG, § 22 SächsStVollzG, Rn. 3.

875 *Laubenthal*, Strafvollzug, Rn. 408. Vgl. zu den gesetzlichen Anforderungen hinsichtlich wirtschaftlich ergiebiger Arbeit: § 42 Abs. 1 BWJVollzGB III, Art. 39 Abs. 1 BayStVollzG, § 34 Abs. 1 Satz 2 HmbStVollzG, § 27 Abs. 1 Satz 2 HStVollzG, § 35 Abs. 1 NJVollzG, § 29 Abs. 1 Satz 1 NRWStVollzG, § 31 LStVollzG SH, § 20 Satz 1 StVollzG Bln; beachte in § 22 Satz 1 BremStVollzG: Arbeit dient dazu, dem Gefangenen an ein strukturiertes Leben heranzuführen, ebenso nach § 22 Satz 1 SLStVollzG.

876 *Nestler*, in: Laubenthal/Nestler/Neubacher/Verrel (Hrsg.), Strafvollzugsgesetze, zu F, Rn. 88; *Hillebrand*, Organisation und Ausgestaltung der Gefangenenarbeit in Deutschland, S. 32.

(4) Arbeitstherapeutische Beschäftigung

Ist ein Gefangener zu wirtschaftlich ergiebiger Arbeit nicht fähig, soll er arbeitstherapeutisch beschäftigt werden.[877] Ziel einer Arbeitstherapie ist die Herstellung eines positiven Arbeits- und Leistungsverhaltens durch Förderung Strafgefangener, damit diese künftig in berufliche Bildungsmaßnahmen eingegliedert werden können oder damit eine dauerhafte Arbeitsaufnahme erreicht werden kann.[878] Einen Anspruch auf Zuweisung einer arbeitstherapeutischen Beschäftigung haben Strafgefangene nicht.[879]

Von der Arbeitstherapie abzugrenzen ist die Beschäftigungstherapie, die darauf gerichtet ist, Gefangene, die von einer zielorientierten Arbeitstherapie überfordert sind, mithilfe leichter Tätigkeiten an einen zeitlich strukturierten Tagesablauf heranzuführen, sodass sie wirtschaftlich ergiebige Arbeit leisten können.[880] Eigenständige Regelungen zu diesen beiden Formen der Therapie finden sich in einigen Landesstrafvollzugsgesetzen.[881]

bb. Entlohnung von Gefangenenarbeit

Noch in der DVollzO von 1961 wurde zur Vergütung von Strafgefangenenarbeit eine Differenzierung vorgenommen: in den Erhalt einer Arbeitsbelohnung[882] oder

---

877 Vgl. § 42 Abs. 3 BWJVollzGB III, Art. 39 Abs. 3 BayStVollzG, § 34 Abs. 5 HmbStVollzG, § 27 Abs. 1 Satz 1, Abs. 3 Satz 1 HStVollzG, § 35 Abs. 3 NJVollzG, § 29 Abs. 2 Satz 3 NRWStVollzG, § 29 Abs. 1 Satz 2, §§ 26, 27 JVollzGB LSA. Eigenständige Regelungen zur arbeitstherapeutischen Beschäftigung und dem Arbeitstraining enthalten die §§ 22 Satz 2, 19 und 20 BremStVollzG, §§ 22 Satz 1, 19, 20 StVollzG M-V, §§ 27, 28 BbgJVollzG, §§ 26, 27 LJVollzG RP, §§ 19, 20 SLStVollzG, §§ 19, 20 SächsStVollzG, §§ 26, 27 ThürJVollzG, §§ 35 Abs. 1 Satz 1, 32 LStVollzG SH, §§ 21, 22 StVollzG Bln.

878 *Hillebrand*, Organisation und Ausgestaltung der Gefangenenarbeit in Deutschland, S. 37; *Laubenthal*, Strafvollzug, Rn. 407; *Galli*, in: Feest/Lesting/Lindemann (Hrsg.), AK-StVollzG, Teil II, § 20 LandesR, Rn. 3. Arbeitstherapeutische Maßnahmen dienen dazu, dass z. B. Eigenschaften wie Selbstvertrauen, Durchhaltevermögen und Konzentrationsfähigkeit eingeübt werden, vgl. z. B. § 26 ThürJVollzG.

879 *Galli*, in: Feest/Lesting/Lindemann (Hrsg.), AK-StVollzG, Teil II, § 22 LandesR, Rn. 5.

880 *Arloth/Krä*, StVollzG, noch zu § 37 StVollzG, Rn. 17; *Hillebrand*, Organisation und Ausgestaltung der Gefangenenarbeit in Deutschland, S. 38.

881 Vgl. §§ 22 Satz 2, 19 und 20 BremStVollzG, §§ 22 Satz 1, 19, 20 StVollzG M-V, §§ 27, 28 BbgJVollzG, §§ 26, 27 LJVollzG RP, §§ 19, 20 SLStVollzG, §§ 19, 20 SächsStVollzG, §§ 26, 27 ThürJVollzG, §§ 35 Abs. 1 Satz 1, 32 LStVollzG SH, §§ 21, 22 StVollzG Bln.

882 Vgl. Nr. 96 Abs. 1 und 2 DVollzO: Der Gefangene erhält eine Arbeitsbelohnung, wenn er leistet, was von ihm gefordert wird. Die Arbeitsbelohnung wird nach dem Umfang und der Güte der Leistungen, nach der Schwere und der Schwierigkeit der Arbeit und nach dem Fleiß und der Sorgfalt abgestuft, die der Gefangene auf die Arbeit verwendet.

einer Leistungsbelohnung[883].[884] Ein Rechtsanspruch auf diese Formen der Belohnung wurde mit der DVollzO abgelehnt.[885] Wesentlicher Bestandteil einer Reformierung des Strafvollzugsrechts in den 1970er-Jahren war die Einführung einer adäquaten Arbeitsentlohnung für Strafgefangene sowie entsprechende Ersatzleistungen bei Teilnahme an Aus- und Weiterbildungsmaßnahmen und bei unverschuldeter Nichtarbeit.[886] In allen Entwürfen im Rahmen der Reformierungsphase des StVollzG wurde in unterschiedlichem Umfang ein Arbeitsentgelt und eine Ausbildungsbeihilfe für Gefangenenarbeit gefordert und in den entsprechenden Entwürfen implementiert.[887] Das Konzept von Arbeit im Strafvollzug hat sich seit dem Inkrafttreten des StVollzG am 01.01.1977 völlig gewandelt.[888]

(1) Rechtslage nach dem Bundesstrafvollzugsgesetz

Ein Rechtsanspruch auf Zahlung eines Arbeitsentgeltes für Beschäftigung im Strafvollzug wurde erstmalig mit der Strafvollzugsreform von 1977 eingeführt.[889] Gemäß der Vorschrift zur Vergütung von Gefangenenarbeit nach § 43 Abs. 1 Satz 1 StVollzG a.F. erhielt ein Gefangener, der eine zugewiesene Arbeit, eine sonstige Beschäftigung oder eine Hilfstätigkeit nach § 41 Abs. 1 Satz 2 StVollzG a.F. ausübte, ein Arbeitsentgelt.[890] Die Bemessung des Arbeitsentgeltes erfolgte gemäß § 200 Abs. 1 StVollzG a.F. mit fünf vom Hundert der Bezugsgröße nach § 18 SGB IV (Eckvergütung), wobei ein Tagessatz der zweihundertfünfzigste Teil der Eckvergütung war; das Arbeitsentgelt konnte nach einem Stundensatz bemessen werden (§ 43 Abs. 1 Satz 2, 3 StVollzG

883 Zur Leistungsbelohnung, siehe Nr. 96 Abs. 4 Satz 1 DVollzO: Der Anstaltsleiter kann einem Gefangene, dessen Arbeitsleistung nach Maß, Güte oder Art besonders Anerkennung verdient, einen Zuschlag zur regelmäßigen Arbeitsbelohnung als Leistungsbelohnung gewähren.

884 Vgl. hierzu Kapitel 1, S. 65.

885 Nr. 96 Abs. 5 DVollzO: Der Gefangene hat auf die Arbeits- und Leistungsbelohnung keinen Rechtsanspruch.

886 *Laubenthal*, Strafvollzug, Rn. 433.

887 Vgl. hierzu zum KE-StVollzG: Kapitel 1, S. 36 f., sowie zum AE-StVollzG: Kapitel 1, S. 40 f. Demnach war der AE-StVollzG stärker auf eine Gleichstellung von arbeitenden Gefangenen mit Arbeitnehmern in Freiheit ausgerichtet, durch z. B. die Zahlung eines Lohnes nach Tarif, vgl. § 40 Abs. 1 n.F. AE-StVollzG, abgebildet in: *Pécic*, Alternativentwurf eines Vollzugsgesetzes vom 01.09.1973 (Neufassung vom 08.08.1974).

888 *Callies*, Die Neuregelung des Arbeitsentgelts im Strafvollzug – Zum fünften Gesetz zur Änderung des Strafvollzugsgesetzes, in: NJW 2001, 1692 (1693).

889 *Neu*, Arbeitsentgelt im Strafvollzug: Neuregelung auf dem kleinsten Nenner, in: BewHi 2002, 83 ff.

890 Zur sonstigen Beschäftigung: Im Unterschied zur wirtschaftlich ergiebigen Arbeit handelt es sich bei der sonstigen Beschäftigung um die angemessene Arbeit (siehe noch § 37 Abs. 4 StVollzG); vgl. hierzu *Laubenthal* in: Schwind/Böhm/Jehle/Laubenthal (Hrsg.), Strafvollzugsgesetz – Bund und Länder Kommentar, noch zu § 41 StVollzG, Rn. 6.

a.F.). Ein Tagessatz belief sich demnach auf etwa 10,75 DM (5,50 EUR).[891] § 200 StVollzG diente somit als Ergänzungsvorschrift zu § 43 StVollzG und regelte die Höhe des Entgeltes in Form einer Bezugsgröße.[892] Mit Verweis auf § 18 SGB IV nahmen die §§ 43, 200 StVollzG Bezug auf das durchschnittliche Arbeitsentgelt aller Versicherten in der Rentenversicherung der Arbeiter und Angestellten ohne Auszubildende des vorvergangenen Kalenderjahres.[893] Aufgrund der niedrigen Bemessungsgrundlage von 5 % nach § 200 Abs. 1 StVollzG a.F. hatte der Bundesgesetzgeber in § 200 Abs. 2 StVollzG a.F. festgelegt, dass der Bundestag bis zum 31.12.1980 über eine Erhöhung des Anteiles von dem in § 200 Abs. 1 StVollzG a.F. bezeichneten Entgelt entscheiden sollte.[894] Ein Anspruch auf ein höheres Entgelt für arbeitende Strafgefangene konnte aus dieser gesetzgeberischen Selbstverpflichtung nicht abgeleitet werden.[895] Ein Rechtsanspruch bestand jedoch auf das Entgelt an sich.[896] Mit der Einführung eines Anspruches auf Arbeitsentgelt hatte der Bundesgesetzgeber den Grundsatz verfolgt, dass der Vollzug der Freiheitsstrafe keine weiteren Einschränkungen für Gefangene mit sich bringen soll, als es für den Freiheitsentzug und die erforderliche Behandlung (im Sinne einer zukünftig straffreien Lebensführung) notwendig ist.[897] Darüber hinaus sei die Gewährleistung eines echten Arbeitsentgeltes als ein wesentliches Mittel der Behandlung zu verstehen, denn zum einen führe sie dem Gefangenen „die Früchte seiner Arbeit" vor Augen und zum anderen sei sie für eine gelingende Eingliederung von Bedeutung, weil sie dem Gefangenen ermögliche, zum Lebensunterhalt seiner Angehörigen beizutragen und Schäden aus seiner Straftat wiedergutzumachen sowie Ersparnisse für den Übergang in das normale Leben zurückzulegen.[898] Weiterhin hatte sich der Bundesgesetzgeber gegen eine Entlohnung der Gefangenenarbeit nach ortsüblichen Tarifen entschieden, aufgrund von Einschränkungen der Arbeit im Strafvollzug, die die Produktivität verringern können, sowie häufigem Wechsel der Arbeitskräfte, eingeschränkten Einsatzmöglichkeiten oder veralteten Betriebseinrichtungen.[899] Der Gesetzgeber stellte – durch Anknüpfung an das jeweilige durchschnittliche Arbeitsentgelt – eine niedrigere Bemessung aller in der gesetzlichen Rentenversicherung der Arbeiter und Angestellten (ohne Auszubildende) Versicherten i.S.d. § 18 SGB IV her, wodurch sich der Arbeitslohn (mit einem Rückstand von zwei Jahren) entsprechend den allgemeinen Einkommenssteigerungen erhöhte.[900]

---

891 *Laubenthal*, Strafvollzug, Rn. 435; BVerfGE 98, 169 (174).
892 *Arloth/Krä*, StVollzG, noch zu § 200 StVollzG, Rn. 1.
893 BVerfGE 98, 169 (174).
894 *Callies*, Die Neuregelung des Arbeitsentgelts im Strafvollzug – Zum fünften gesetz zur Änderung des Strafvollzugsgesetzes, in: NJW 2001, 1692 (1692).
895 *Laubenthal*, Strafvollzug, Rn. 435.
896 BT-Drs. 7/918, S. 67.
897 Ebd.
898 Ebd.
899 Ebd.
900 BT-Drs. 7/918, S. 67 f.; *Laubenthal*, Strafvollzug, Rn. 434; *Schöch*, in: Kaiser/Schöch, Strafvollzug, § 7, Rn. 123.

Seine Selbstverpflichtung zur Erhöhung des Entgeltes für Gefangenenarbeit nach § 200 Abs. 2 StVollzG a.F. hatte der Gesetzgeber zunächst unberücksichtigt gelassen, auch wenn in den Jahren zwischen 1977 und 1988 einige politische Bestrebungen folgten, eine Erhöhung des Entgeltes für arbeitende Strafgefangene herbeizuführen.[901] So wurde bereits während des Reformierungsprozesses des Strafvollzugsrechts 1975 im Bericht des Sonderausschusses für die Strafrechtsreform eine Staffelung der Entgelterhöhung auf 40 vom Hundert bis zum Jahr 1986 vorgesehen.[902] Auf Grundlage von § 48 StVollzG – wonach das Bundesministerium für Justiz ermächtigt wurde, mit Einvernehmen des Bundesministeriums für Wirtschaft und Technologie und mit Zustimmung des Bundesrates zur Durchführung der §§ 43 bis 45 StVollzG Rechtsverordnungen über die Vergütungsstufen zu erlassen – wurde die in § 43 Abs. 2 StVollzG a.F. vorgesehene Option einer Differenzierung in Vergütungsstufen mit einer Strafvollzugsvergütungsordnung (StVollzVergO)[903] eingeführt.[904] Je nach Arbeitsart und individueller Arbeitsleistung sah diese eine gestufte Entlohnung in fünf Vergütungsstufen[905] zwischen 75

---

901 Siehe nur Entwurf eines Ersten Gesetzes zur Fortentwicklung des Strafvollzuges – Erstes Strafvollzugs-Fortentwicklungsgesetz (1. StVoIlzFG) – vom 08.11.1979, wonach eine leistungsgerechte Entlohnung erfolgen sollte durch Anhebung des Arbeitsentgeltes auf zehn v. H. der Bemessungsgrundlage, siehe BT-Drs. 8/3335, S. 7; vgl. hierzu auch Beschlußempfehlung und Bericht des Rechtsausschusses (6. Ausschuß) zu dem von der Bundesregierung eingebrachten Entwurf eines Ersten Gesetzes zur Fortentwicklung des Strafvollzuges – Erstes Strafvollzugs-Fortentwicklungsgesetz (1. StVoIlzFG) – Drucksache 8/3335 – vom 25.04.1980, BT-Drs. 8/3958, S. 8; siehe ebenfalls BR-Drs. 637/80 sowie den Entwurf eines Gesetzes zur Änderung des Strafvollzugsgesetzes vom 08.12.1988, der eine Erhöhung des Bemessungsfaktors für die Höhe des Arbeitsentgeltes von 5 % auf 6 % vorsah, um dem längst überfälligen gesetzlichen Auftrag zu entsprechen, BT-Drs. 11/3694, S. 7; in der Literatur: *Wrage*, Die ökonomische Situation der Strafgefangenen oder: Die Achillesferse des Resozialisierungsvollzugs, in: ZRP 1997, 435 ff.; *Rosenthal*, Arbeitslohn im Strafvollzug, in: Neue Kriminalpolitik 1998, 12 ff.; Bundesarbeitsgemeinschaft für Straffällige e.V. (BAG-S), Stellungnahme zur Anfrage des Bundesverfassungsgerichts vom 14.08.1992 zur Verfassungsbeschwerde 2 BvR 441/90, Tarifgerechte Entlohnung für Inhaftierte, in: ZfStrVo 1993, 174 ff.

902 Vgl. § 183 des Entwurfes des Sonderausschusses für die Strafrechtsreform, BT-Drs. 7/3998, S. 131; BVerfGE 98, 169(174).

903 Verordnung über die Vergütungsstufen des Arbeitsentgelts und der Ausbildungsbeihilfe nach dem Strafvollzugsgesetz – Strafvollzugsvergütungsordung (StVollzVergO) vom 11.01.1977, veröffentlicht im BGBl. I 1977, S. 57 ff.

904 Vgl. BVerfGE 98, 169(175).

905 Vgl. § 1 StVollzVergO (Grundlohn): Vergütungsstufe I (Arbeiten einfacher Art); Vergütungsstufe II meint Arbeiten der Stufe I, die eine Einarbeitung erfordern; Vergütungsstufe III bezieht sich auf Arbeiten, die eine Anlernzeit erfordern sowie durchschnittliche Anforderungen an Geschicklichkeit und Leistungsfähigkeit setzen; Vergütungsstufe IV zählt Arbeiten, die die Kenntnisse und Fähigkeiten eines Facharbeiters erfordern oder gleichwertige Kenntnisse und Fähigkeiten

und 125 vom Hundert der Eckvergütung vor sowie Lohnzulagen[906], z. B. wegen erschwerter Arbeitsumstände oder individueller Leistungen.[907] Eine entscheidende Reform zur tatsächlichen Erhöhung des Arbeitsentgeltes, vor allem unter Bezugnahme auf die fiskalische Situation der Länderhaushalte, blieb jedoch aus.[908] Das BVerfG[909] brachte den Gesetzgeber mit seiner Leitentscheidung vom 01.07.1998 hinsichtlich einer Umsetzung der stufenweisen Anhebung der Entgeltbemessung unter terminlichen und inhaltlichen Zugzwang.[910]

(2) Verfassungswidrigkeit der Arbeitsentgelthöhe für Gefangenenarbeit

Am 01.07.1998 entschied das BVerfG[911] mit Urteil, dass die Höhe des Arbeitsentgeltes für Strafgefangene nicht mit dem verfassungsrechtlichen (Re-)Sozialisierungsgebot aus Art. 2 Abs. 1 i.V.m. Art. 1 Abs. 1 GG i.V.m. dem Sozialstaatsgebot vereinbar sei. Nach Ansicht des BVerfG verpflichte das Grundgesetz den Gesetzgeber, ein wirksames Konzept der (Re-)Sozialisierung zu entwickeln und den Strafvollzug darauf aufzubauen, lege ihn aber nicht auf ein solches fest. Dem Gesetzgeber obliege bei dessen Ausgestaltung ein weiter Gestaltungsspielraum.[912] Pflichtarbeit im Vollzug könne allerdings nur dann ein wirksames (Re-)Sozialisierungsmittel sein, wenn die geleistete Arbeit angemessen Anerkennung finde.[913] Diese müsse nicht notwendigerweise finanzieller Art, jedoch für den Gefangenen insoweit geeignet sein, als dass sie ihm den Wert regelmäßiger Arbeit für ein künftig straffreies Leben vor Augen führe.[914] Ein gesetzliches (Re-)Sozialisierungskonzept durch Pflichtarbeit, die ausschließlich oder hauptsächlich finanziell

---

voraussetzen zu dieser Stufe; Vergütungsstufe IV bezieht sich auf Arbeiten, die über die Anforderungen der IV hinaus ein besonderes Maß an Können, Einsatz und Verantwortung erfordern.

906 Siehe § 2 StVollzVergO (Zulagen).

907 BVerfGE 98, 169 (175).

908 *Laubenthal*, Strafvollzug, Rn. 435.

909 BVerfG, Urteil vom 01.07.1998, 2 BvR 441, 493/90, 618/92, 212/93 und 2 BvL 17/94, BVerfGE 98, 169.

910 *Neu*, Arbeitsentgelt im Strafvollzug: Neuregelung auf dem kleinsten Nenner, in: BewHi 2002, 83 (83); *Laubenthal*, Strafvollzug, Rn. 435. S. a. die Zusammenfassung und Bewertung zum Urteil des BVerfG vom 01.07.1998 von *Sachs*, Arbeitsentgelt für Strafgefangene, zu BVerfG, Urteil vom 01.07.1998, 2 BvR 441/90 (u.a.), in: JuS 1999, 700 ff.; *Müller-Dietz*, Arbeit und Arbeitsentgelt für Strafgefangene – BVerfG, NJW 1998, 3337, in: JuS 1999, 952 ff.

911 BVerfG, Urteil vom 01.07.1998, 2 BvR 441, 493/90, 618/92, 212/93 und 2 BvL 17/94, BVerfGE 98, 169; s. a. *Schäferskūpper*, Anmerkung zum Beschluss des BVerfG vom 16.12.2015, 2 BvR 1017/14, zur Vergütung freiwilliger Arbeit im Strafvollzug, in: StV 2016, 582 (582).

912 BVerfGE 98, 169 (169, 201).

913 BVerfGE 98, 169 (201).

914 Ebd.; beachte hierzu kritisch Richter am Bundesverfassungsgericht Kruis zum Urteil des BVerfG vom 01.07.1998, ebenfalls in BVerfGE 98, 169 (218), der in Frage stellt,

abgegolten werde, könne zur verfassungsrechtlich gebotenen (Re-)Sozialisierung nur beitragen, wenn Gefangenen durch die Höhe des ihnen zukommenden Entgeltes in einem Mindestmaß bewusst gemacht werde, dass Erwerbsarbeit zur Herstellung einer Lebensgrundlage sinnvoll sei.[915] Dies könne Gefangenen durch das ihnen tatsächlich zukommende Entgelt nicht im gebotenen Mindestmaß vermittelt werden.[916] Zwar werde durch Arbeit im Strafvollzug vor allem dann auf das künftige Erwerbsleben in Freiheit vorbereitet, wenn diese durch ein Entgelt anerkannt werde; jedoch könne diese Anerkennung in unterschiedlichster Weise zum Ausdruck gebracht werden und müsse nicht ausschließlich ein monetäres Konzept beinhalten.[917] Vielmehr sei eine moderne Gesellschaft gerade darauf angewiesen, dass freiwillig geleistete oder zugewiesene Arbeit andere Formen der Anerkennung als ausschließlich eine finanzielle erfahre.[918] Neben oder anstelle eines Lohnes könnten auch der Aufbau einer sozialversicherungsrechtlichen Anwartschaft oder Hilfen zur Schuldentilgung sowie die Möglichkeit einer Haftzeitverkürzung („good time"-Modell) oder sonstige Erleichterungen gehören.[919] Somit genüge das im Strafvollzugsgesetz entwickelte (Re-)Sozialisierungskonzept – soweit es in Kraft getreten sei und die Verpflichtung zur Arbeit sowie ein Entgelt auf Grundlage der Eckvergütung mit einer Abstufung nach Arbeitsart und Leistung vorsehe – zwar verfassungsrechtlichen Anforderungen, § 200 Abs. 1 StVollzG a.F. sei mit dem (Re-) Sozialisierungsgebot aus Art. 2 Abs. 1 GG i.V.m. Art. 1 Abs. 1 GG i.V.m. Art. 20 Abs. 1 GG allerdings unvereinbar.[920] Bis zu einer gesetzlichen Regelung, längstens aber bis zum 31.12.2000, habe die Vorschrift anwendbar zu bleiben; sei bis dahin keine Neuregelung in Kraft getreten, obliege die Entscheidung der Bemessung des in § 43 Abs. 1 Satz 1 StVollzG a.F. vorgesehenen Arbeitsentgeltes ab dem 01.01.2001 den zuständigen Gerichten.[921]

Um der Entscheidung des BVerfG Rechnung zu tragen, hatten die Bundesregierung und die Mehrheit im Bundestag im Juli 2000 einen Entwurf[922] zur

---

dass Arbeit in anderer Weise als durch finanzielle Leistungen angemessen anerkannt werden könne.

915 BVerfGE 98, 169 (169).

916 BVerfGE 98, 169 (212 f.).

917 BVerfGE 98, 169 (202); vgl. abweichend Richter am Bundesverfassungsgericht Kruis zum Urteil des BVerfG vom 01.07.1998, ebenfalls in BVerfGE 98, 169 (218).

918 BVerfGE 98, 169 (202).

919 Ebd.

920 BVerfGE 98, 169 (206).

921 BVerfGE 98, 169 (171).

922 Entwurf eines Fünften Gesetzes zur Änderung des Strafvollzugsgesetzes vom 04.07.2000, BT-Drs. 14/3763; Beschlussempfehlung und Bericht des Rechtsausschusses (6. Ausschuss) vom 15.11.2000 zur Annahme der BT-Drs. 14/3763 (befürwortend Fraktionen SPD, BÜNDNIS 90/DIE GRÜNEN und PDS; ablehnend: Fraktionen der CDU/CSU und FDP unter Verweis auf die vom BVerfG gegebene Möglichkeit zur Ausstattung der Vergütung in eine Kombination aus monetärer und nicht monetärer Vergütung, BT-Drs. 14/4622, S. 4).

Änderung des Strafvollzugsgesetzes vorgelegt, der zunächst ausschließlich eine monetäre Komponente zur Vergütung von Gefangenenarbeit vorsah, und zwar in Form einer Erhöhung des Bezugsgrößenanteiles von 5 % auf 15 %. Hier sollten alle Gefangenen, also auch Gefangene, die sich in Aus- und Weiterbildung befinden, ohne Differenzierungen einbezogen werden, mit dem Ziel, vor allem den Stellenwert von Aus- und Weiterbildungsmaßnahmen für die (Re-)Sozialisierung Gefangener zu heben und einen Anreiz für die Teilnahme an diesen Maßnahmen zu schaffen.[923] Zu dem vom Bundestag[924] am 16.11.2000 verabschiedeten Gesetz beschloss der Bundesrat, den Vermittlungsausschuss gemäß Art. 77 Abs. 2 GG mit dem Ziel einzuberufen, anstelle der im Gesetzesbeschluss des Bundestages vom 16.11.2000 vorgesehenen Anerkennung der Gefangenenarbeit durch eine ausschließlich monetäre Erhöhung der Gefangenenentlohnung ein Kombinationsmodell aus monetären und nicht monetären Maßnahmen, wie es auch das BVerfG[925] als Möglichkeit vorgestellt hatte, nach dem Gesetzentwurf des Bundesrates[926] zu übernehmen.[927] Die monetäre Vergütung sollte nach dem Entwurf von 5 % auf künftig 7 % der Bezugsgröße angehoben werden; außerdem sollten Gefangene als nicht monetären Vorteil eine weitere Freistellung von der Arbeit erhalten, die wahlweise als Arbeitsurlaub oder als Anrechnung auf den Entlassungszeitraum genutzt werden kann.[928] Mit Beschlussempfehlung des Vermittlungsausschusses[929] zum Fünften Gesetz zur Änderung des Strafvollzugsgesetzes wurde kurz vor Ablauf der vom BVerfG gesetzten Frist am 07.12.2000 eine Kompromisslösung gefunden.[930] So wurden mit Wirkung zum 01.01.2001 die §§ 43, 44, 200 StVollzG a.F. durch Art. 1 Nr. 2 und 9 des Fünften Gesetzes zur Änderung des

923 Siehe zur politischen Diskussion des Entgeltes von Gefangenenarbeit, *Meyer*, Strafgefangenenentlohnung – Erhöhung um 15 %? Pro-Argument, in: DRiZ 2000, 388 (388) sowie *Mertin*, Strafgefangenenentlohnung – Erhöhung um 15 %? Contra-Argument, in: DRiZ 2000, 389 (389).

924 Gesetzesbeschluss des Deutschen Bundestages, Fünftes Gesetz zur Änderung des Strafvollzugsgesetzes vom 17.11.2000, Anrufung des Vermittlungsausschusses durch den Bundesrat vom 01.12.2000, BR-Drs. 754/00 (Beschluss).

925 Vgl. BVerfGE 98, 169 ff.

926 Gesetzentwurf des Bundesrates zum Entwurf eines ... Gesetzes zur Änderung des Strafvollzugsgesetzes vom 01.11.2000, BT-Drs. 14/4452; Gesetzesantrag Entwurf eines ... Gesetzes zur Änderung des Strafvollzugsgesetzes vom 30.06.2000, eingebracht durch Sachsen-Anhalt, BR-Drs. 405/00 (Beschluss).

927 BR-Drs. 754/00, S. 1; Unterrichtung durch den Bundesrat zur Anrufung des Vermittlungsausschusses, siehe BT-Drs, 14/4898 vom 06.12.2000, S. 1.

928 BT-Drs. 14/4452, S. 1.

929 BT-Drs. 14/3763, 14/4622, 14/4898.

930 *Arloth/Krä*, StVollzG, noch zu § 43 StVollzG, Rn. 3. Vgl. Beschlussempfehlung des Vermittlungsausschusses zu dem Fünften Gesetz zur Änderung des Strafvollzugsgesetzes – Drucksachen 14/3763, 14/4622, 14/4898 vom 07.12.2000, BT-Drs. 14/4943.

Strafvollzugsgesetzes (StVollzGÄndG)[931] vom 27.12.2000 neu gefasst.[932] Inhaltlich hatte die Änderung des Strafvollzugsgesetzes zum 01.01.2001 zu einer Erhöhung des Arbeitsentgeltes von Strafgefangenen von 5 % auf 9 % der Bezugsgröße nach § 18 SGB IV geführt (§ 200 StVollzG), was einer Steigerung von 80 % entspricht, sowie zur Einführung einer nicht monetären Anerkennung von Gefangenenarbeit, indem Gefangenen für jeweils zwei Monate zusammenhängender Arbeit ein arbeitsfreier Werktag gewährt werden soll, der in Hafturlaub oder unter bestimmten Voraussetzungen auch in eine frühere Entlassung umgesetzt werden kann.[933] Die getroffenen Neuregelungen hatte das BVerfG[934] etwa ein Jahr später nach Inkrafttreten der Neuregelungen für verfassungsgemäß befunden.[935] Demnach habe der Gesetzgeber mit der Neuregelung, angesichts der durch die maßvolle Erhöhung der Bezugsgröße (von 5 % auf 9 %) entstehenden Mehrkosten einerseits sowie der deutlichen Verbesserung für die Gefangenen andererseits,

---

931 Fünftes Gesetz zur Änderung des Strafvollzugsgesetzes vom 27.12.2000, BGBl. I, 2000, S. 2043 ff.

932 *Arloth/Krä*, StVollzG, noch zu § 41 StVollzG, Rn. 1 sowie *ders.*, noch zu § 200 StVollzG, Rn. 1.

933 *Landau/Kunze/Poseck*, Die Neuregelung des Arbeitsentgelts im Strafvollzug, in: NJW 2001, 2611 (2611); *Neu*, Arbeitsentgelt im Strafvollzug: Neuregelung auf dem kleinsten Nenner, in: BewHi 2002, 83 (85 f.); umfassend zum Gesetzgebungsprozess, siehe *Lohmann*, Arbeit und Arbeitsentlohnung des Strafgefangenen, S. 295 ff.; zur Einführung einer nicht monetären Entlohnungskomponente, vgl. ausführlich *Schäfer*, Nicht-monetäre Entlohnung von Gefangenenarbeit.

934 BVerfG, Nichtannahmebeschluss vom 24.03.2002, 2 BvR 2175/01, juris.

935 Kritisch zur Verfassungskonformität der Neuregelungen von 2001, vgl. *Callies*, Die Neuregelung des Arbeitsentgelts im Strafvollzug – Zum fünften Gesetz zur Änderung des Strafvollzugsgesetzes, in: NJW 2001, 1692 (1694), der infrage stellt, ob die Verbesserungen den verfassungsrechtlichen Anforderungen entsprechen, die mit dem (Re-)Sozialisierungsgebot gegeben seien; s. a. *Ullenbruch*, Neuregelung des Arbeitsentgelts für Strafgefangene – Sand in die Augen des BVerfG?, in: ZRP 2000, 177 ff. noch zum Verlauf des Gesetzgebungsverfahrens sowie mit einem eigenen Vorschlag zur Umsetzung der Vorgaben des BVerfG aus dem Jahr 1998; ebenso *Radtke*, Die Zukunft der Arbeitsentlohnung von Strafgefangenen, in: ZfStrVo 2001, 4 (8 ff.). Dem widersprechend, siehe *Landau/Kunze/Poseck*, Die Neuregelung des Arbeitsentgelts im Strafvollzug, in: NJW 2001, 2611 (2611, 2613), wonach die Vergütung von Gefangenenarbeit nach den Vorgaben des BVerfG so gestaltet sein müsse, dass sie einen Anreiz schaffe und vor Augen führe, dass sich Arbeit lohne, sie aber gleichfalls an den besonderen Umständen des Strafvollzuges zu messen sei. Es sei falsch, ausschließlich die Höhe der Entlohnung zum Maßstab der Beurteilung zu nehmen, ob Arbeit dem (Re-)Sozialisierungsprimat gerecht werde, sodass eine Neuregelung mindestens genauso die Aufrechterhaltung der Gefangenenarbeit und ihren Ausbau im Blick zu behalten habe; diesen Spielraum lasse das BVerfG mangels weiterer Vorgaben zu; vgl. auch *Lohmann*, Anmerkung zu BVerfG, Urteil vom 24.03.2002, 2 BvR 2175/01, in: NStZ 2003, 111 f.

die äußere Grenze einer verfassungsrechtlich zulässigen Bezugsgröße gerade noch gewahrt.[936] Insbesondere durch die zusätzliche Gewährung einer nicht monetären Leistung in Form der Freistellung durch Hafturlaub oder Haftverkürzung werde die Neuregelung dem (Re-)Sozialisierungsgebot gerecht und sei als eine maßvolle Erhöhung noch als verfassungsgemäß anzusehen.[937] Allerdings bleibe der Gesetzgeber auch aufgefordert, das (Re-)Sozialisierungsgebot einer steten Prüfung zu unterziehen.[938]

(3) Vorschriften zur Entlohnung de lege lata

In den Landesstrafvollzugsgesetzen wird nach dem geltenden Recht in die Leistungsarten Arbeitsentgelt, Freistellung von der Arbeit und Anrechnung der Freistellung auf den Entlassungszeitpunkt sowie Ausbildungsbeihilfe und die Gewährung von Taschengeld unterschieden.[939] Strafgefangene, denen Arbeit gesetzlich zugewiesen wird und die somit in einem öffentlich-rechtlichen Sonderrechtsverhältnis bei der Ausführung ihrer Tätigkeit stehen, haben einen Rechtsanspruch auf

---

936 BVerfG, Nichtannahmebeschluss vom 24.03.2002, 2 BvR 2175/01, juris, Rn. 42.

937 BVerfG, Nichtannahmebeschluss vom 24.03.2002, 2 BvR 2175/01, juris, Rn. 49; siehe hierzu auch Lohmann, Anmerkung zu BVerfG, Urteil vom 24.03.2002, 2 BvR 2175/01, in: NStZ 2003, 111 f.

938 Vgl. BVerfG, Nichtannahmebeschluss vom 24.03.2002, 2 BvR 2175/01, juris, Rn. 42; BVerfG, Nichtannahmebeschluss vom 16.12.2015, 2 BvR 1017/14, juris, Rn. 18.

939 Vgl. *Laubenthal*, Strafvollzug, Rn. 433. Siehe zum Arbeitsentgelt, Freistellung von der Arbeit und Anrechnung der Freistellung auf den Entlassungszeitpunkt: § 49 Abs. 1 BWJVollzGB III, Art. 46 Abs. 1 BayStVollzG, § 55 Abs. 1, 7, 10 und 11 BremStVollzG, § 40 Abs. 1 Satz 1 HmbStVollzG, §§ 38 Abs. 1, 39 Abs. 1 HStVollzG, § 55 StVollzG M-V, § 40 NJVollzG, §§ 32 ff. NRWStVollzG, § 66 Abs. 1, § 32 Abs. 1 und 2 ThürJVollzGB, §§ 64 Abs. 1 JVollzGB LSA, §§ 37 Abs. 1, 40 LStVollzG SH, §§ 61 Abs. 1, 63 Abs. 1 StVollzG Bln. Beachte, dass die Landesstrafvollzugsgesetze in Brandenburg, Rheinland-Pfalz, Saarland und Sachsen keine Freistellungsregelungen und eine Anrechnung von Freistellungstagen auf den Entlassungszeitpunkt – als nicht monetäre Komponente – vorsehen. Vorschriften zur Vergütung finden sich hier in §§ 66 ff. BbgJVollzG, §§ 65 ff. LJVollzG RP, §§ 55 ff. SLStVollzG, §§ 55 ff. SächsStVollzG.
Vgl. zur Ausbildungsbeihilfe: § 50 BWJVollzGB III, Art. 47 BayStVollzG, § 66 Abs. 1 Nr. 2 BbgJVollzG, § 55 Abs. 1 Nr. 2 BremStVollz, § 41 HmbStVollzG, § 38 Abs. 1 Satz 2 HStVollzG, § 55 Abs. 1 Nr. 1 StVollzG M-V, § 41 NJVollzG, § 32 Abs. 2 NRWStVollzG, § 65 Abs. 1 Nr. 2 LJVollzG RLP, § 55 Abs. 1 Nr. 1 SLStVollzG, § 55 Abs. 1 Nr. 2 SächsStVollzG, § 66 Abs. 1 Satz 2 ThürJVollzGB, § 64 Abs. 1 Nr. 2 JVollzGB LSA, § 37 Abs. 1 Nr. 2 LStVollzG SH, § 61 Abs. 1 Nr. 2 StVollzG Bln.
Vgl. zum Taschengeld: § 53 Abs. 1 BWJVollzGB III, Art. 54 BayStVollzG, § 43 NJVollzG ausführlicher unter Angabe der Eckvergütung (in aller Regel 14 %) in: § 68 BbgJVollzG, § 58 BremStVollzG, § 46 HmbStVollzG, § 41 HStVollzG, § 57 StVollzG M-V, § 35 NRWStVollzG, § 67 LJVollzG RP, § 57 SLStVollzG, § 57 SächsStVollzG, § 68 ThürJVollzGB, § 65 JVollzGB LSA, § 73 LStVollzG SH, § 65 StVollzG Bln.

Entlohnung.[940] Dieser gilt für alle öffentlich-rechtlichen Beschäftigungsverhältnisse im Strafvollzug, also auch für Aus- und Weiterbildungsmaßnahmen. Hingegen haben Gefangene weder Anspruch auf eine tarifliche Entlohnung, noch sind die Gesetzgeber verpflichtet, die Entlohnung Gefangener an ortsübliche Tarife anzugleichen.[941] Dementsprechend findet auch das Mindestlohngesetz (MiLoG)[942] keine Anwendung auf Strafgefangene, weil dies voraussetzen würde, dass es sich bei Gefangenen um Arbeitnehmer handelt (vgl. § 22 Abs. 1 Satz 1 MiLoG).[943]

---

940 Vgl. *Galli*, in: Feest/Lesting/Lindemann (Hrsg.), AK-StVollzG, Teil II, § 55 LandesR, Rn. 2.

941 Vgl. *Schöch*, in: Kaiser/Schöch, Strafvollzug, § 7, Rn. 123; *Galli*, in: Feest/Lesting/Lindemann (Hrsg.), AK-StVollzG, Teil II, § 55 LandesR, Rn. 2 und 4; *Laubenthal*, Strafvollzug, Rn. 438. Ein Anspruch auf Ausbildungsbeihilfe besteht nur, soweit kein Anspruch auf andere Leistungen besteht, die freien Personen aus solchem Anlass zustehen, wie z. B. Arbeitsförderungsleistungen nach dem SGB III oder BaföG, *Galli*, in: Feest/Lesting/Lindemann (Hrsg.), AK-StVollzG, Teil II, § 55 LandesR, Rn. 6. Vgl. zum Rechtsanspruch auf Entlohnung: § 49 Abs. 1 1. Alt., Abs. 2 BWJVollzGB III, Art. 46 Abs. 1 1. Alt., Abs. 2 BayStVollzG, § 66 Abs. 1 Nr. 1, Abs. 2 BbgJVollzG, § 55 Abs. 1 Nr. 3 i.V.m. § 9 Abs. 1 Satz 1 Nr. 13 BremStVollzG, § 40 Abs. 1 Satz 1 1. Alt., Abs. 2 Nr. 1 HmbStVollzG, § 38 Abs. 1 Satz 1 i.V.m. § 27 Abs. 3 Satz 1 HStVollzG, § 55 Abs. 1 Nr. 2 2. Alt., Abs. 2 StVollzG M-V, § 40 Abs. 1 NJVollzG, § 32 Abs. 1 NRWStVollzG, § 65 Abs. 1 Nr. 3, Abs. 2 LJVollzG RP, § 55 Abs. 1 Nr. 2, Abs. 2 SLStVollzG, § 55 Abs. 1 Nr. 3, Abs. 2 SächsStVollzG, § 66 Abs. 1 Satz 1, Abs. 3 ThürJVollzGB, § 64 Abs. 1 Nr. 1, Abs. 3 JVollzG LSA, § 37 Abs. 1 Nr. 1, Abs. 2 LStVollzG SH, § 61 Abs. 1 Nr. 1, Abs. 2 StVollzG Bln.

942 Gesetz zur Regelung eines allgemeinen Mindestlohns (Mindestlohngesetz – MiLoG) vom 11.08.2014, veröffentlicht mit dem Gesetz zur Stärkung der Tarifautonomie (Tarifautonomiestärkungsgesetz im BGBl. I 2014, S. 1348 ff.).

943 Siehe *Reinecke*, Arbeitsverhältnis oder öffentlich-rechtliches Rechtsverhältnis – Rechtsprechungsbericht –, in: ZTR 2016, 427 (431); *Feest/Galli*, in: Feest/Lesting/Lindemann (Hrsg.), AK-StVollzG, Teil II, vor § 55 LandesR, Rn. 14. Etwas anderes gilt nach Feest/Galli auch nicht in den Ländern ohne Arbeitspflicht, da auch hier die Beschäftigung öffentlich-rechtlicher Natur ist, aufgrund des fehlenden privatrechtlichen Rechtsverhältnisses zum Unternehmerbetrieb, vgl. ebenfalls *Feest/Galli*, in: Feest/Lesting/Lindemann (Hrsg.), AK-StVollzG, Teil II, vor § 55 LandesR, Rn. 14. S. a. BT-Drs. 18/1558 S. 26 zum Zweck des MiLoG. Bestätigt durch das Hanseatische OLG Hamburg, Beschluss vom 15.07.2015, 3 Ws 59/15 Vollz, juris, Rn. 8, auch abgebildet in: StraFo 2015, S. 395 f.; m.w.N, OLG Karlsruhe, Beschluss vom 04.03.2016, 2 Ws 570/15, juris, Rn. 16; VerfGH Rheinland-Pfalz, Beschluss vom 08.06.2015, VGH B 41/14, juris; vgl. auch *Böning/Walter*, Gesetzlicher Mindestlohn in Deutschland: Jahresbilanz der Rechtsprechung, in: SozSich 2016, 16 (20); *Schulz-Merkel*, jurisPR-StrafR 14/2016 Anm. 4 zur Vergütungseinstufung bei Strafgefangenen; kritisch siehe *Köhne*, Anmerkung zum Beschluss des OLG Hamburg vom 15.07.2015, 3 Ws 59/15 Vollz, Zur Anwendbarkeit des Mindestlohngesetzes im Strafvollzug, in: StV 2016, 584 ff., nach dem der Gedanke der Regelung des MiLoG Anlass gebe, über eine Angemessenheit der Bezahlung von beschäftigten Strafgefangenen nachzudenken, da Gesetzgebung und Rechtsprechung die Ausführungen des BVerfG zum

Diese Arbeitnehmereigenschaft kann auch nicht durch Zahlung von Beiträgen zur Arbeitslosenversicherung konstruiert werden, da ausdrücklich vom Gesetz bestimmt wird (vgl. § 347 Nr. 3 SGB III), dass Beiträge von dem für die Vollzugsanstalt zuständigen Land getragen werden, womit das öffentlich-rechtliche Sonderrechtsverhältnis, in dem sich die überwiegenden Gefangenen bei Beschäftigung im Strafvollzug befinden, zum Ausdruck kommt.[944] Eine analoge Anwendung des MiLoG entfällt ebenfalls, weil die Vergütung in den Landesstrafvollzugsgesetzen geregelt wird und eine Regelungslücke somit nicht vorhanden ist.[945] Strafgefangene, denen arbeitstherapeutische Beschäftigungen zugewiesen werden, erhalten gleicherweise eine Vergütung, soweit dies der Art der Beschäftigung und der Arbeitsleistung entspricht.[946] Die Strafvollzugsgesetze in Hamburg und Hessen sehen als weitere Form einer monetären Vergütung auch den Erlass von Verfahrenskosten vor (§ 40 Abs. 1 Satz 2, Abs. 8 HmbStVollzG, § 39 Abs. 1 Satz 3, Abs. 5 HStVollzG).[947] Eine finanzielle Anerkennung kann auch für die Teilnahme an bestimmten Maßnahmen gewährt werden, die nach dem Ergebnis des Diagnoseverfahrens als zur Erreichung des Vollzugszieles zwingend erforderlich erachtet werden oder Teil des Behandlungsprogrammes der sozialtherapeutischen Abteilung sind, wie z. B. die Teilnahme an psychotherapeutischen Maßnahmen oder an Maßnahmen zur Steigerung sozialer Kompetenzen.[948] Betätigungen in der Gefangenenmitverantwortung

---

Zusammenhang von Arbeit und (Re-)Sozialisierung verkannt und sich bei Rechtsetzung und deren Beurteilung ausschließlich an der Frage der Finanzierbarkeit orientiert haben. Nach Ansicht von Köhne reiche dies nicht aus, um dem von der Verfassung vorgegebenen Vollzugsziel der (Re-)Sozialisierung gerecht zu werden, denn Arbeit müsse sich endlich auch für Gefängnisinsassen auszahlen, und dies vor allem durch spürbar mehr Geld, vgl. *Köhne*, Anmerkung zum Beschluss des OLG Hamburg vom 15.07.2015, 3 Ws 59/15 Vollz, Zur Anwendbarkeit des Mindestlohngesetzes im Strafvollzug, in: StV 2016, 584 (586).

944 Vgl. Hanseatisches Oberlandesgericht Hamburg, Beschluss vom 15. Juli 2015, 3 Ws 59/15 Vollz, juris, Rn. 9 sowie *Feest/Galli*, in: Feest/Lesting/Lindemann (Hrsg.), AK-StVollzG, Teil II, Vor § 55 LandesR, Rn. 14, 43.

945 *Feest/Galli*, in: Feest/Lesting/Lindemann (Hrsg.), AK-StVollzG, Teil II, Vor § 55 LandesR, Rn. 15.

946 Siehe § 49 Abs. 4 BWJVollzGB III, Art. 46 Abs. 4 BayStVollzG, § 40 Abs. 2 Satz 2 HmbStVollzG, § 40 Abs. 3 NJVollzG, § 32 Abs. 4 NRWStVollzG.

947 S. a. *Feest/Galli*, in: Feest/Lesting/Lindemann (Hrsg.), AK-StVollzG, Teil II, § 55 LandesR, Rn. 19.

948 Nach Vorbild des ME-StVollzG, vgl. § 55 ME-StVollzG; *Laubenthal*, Strafvollzug, Rn. 433. Siehe § 66 Abs. 1 Nr. 3 i.V.m. § 15 Abs. 1 Nr. 8 bis 11, Abs. 2 BbgJVollzG, § 55 Abs. 1 Nr. 1 i.V.m. § 9 Nr. 7 bis 10 BremStVollzG, § 65 Abs. 1 Nr. 1 i.V.m. § 15 Abs. 1 Satz 1 Nr. 7 bis 10 und 12 Satz 2 LJVollzG RP, § 55 Abs. 1 Nr. 1 i.V.m. § 9 Abs. 1 Satz 1 Nr. 7 bis 10 und Satz 2 SächsStVollzG, § 66 Abs. 2 i.V.m. § 15 Abs. 1 Satz 1 Nr. 7 bis 10 und Satz 2 ThürJVollzG, § 64 Abs. 2 JVollzGB LSA und § 41 Abs. 3, § 40 Abs. 2 HmbStVollzG, § 38 i.V.m. § 37 Abs. 1 LStVollzG SH (als eigenständige Vorschrift zur Vergütungsfortzahlung) sowie § 62 i.V.m. §§ 61 Abs. 1, 10 Abs. 1 Satz 1 Nr. 5 bis 9

werden ebenso zu den vergüteten Arbeiten hinzugezählt.[949] Eine weitere besondere Leistungsart wurde noch nach dem Bundesstrafvollzugsgesetz von 1977 vorgesehen: Hierbei handelt es sich um eine Ausfallentschädigung, für den Fall einer unverschuldeten Arbeitsunfähigkeit, die länger als eine Woche andauert.[950] Nach dem Willen des historischen Gesetzgebers sollte mit dieser Entschädigung Gefangenen soziale Sicherheit vermittelt werden, die in Arbeitsverhältnissen in Freiheit durch die gesetzliche Kranken- und Arbeitslosenversicherung sichergestellt wird.[951] Aus fiskalischen Erwägungen wurde diese Regelung allerdings auch der Stufenregelung in § 198 StVollzG unterworfen, sodass sie erst durch ein besonderes Bundesgesetz nach § 198 Abs. 3 StVollzG in Kraft tritt.[952] Somit verbleibt es bei der oben angeführten Unterscheidung von Leistungsarten. Dabei erreicht die Vergütung von Gefangenenarbeit regelmäßig nicht die lohnsteuerpflichtige Höhe, weiterhin entfallen Beiträge zur gesetzlichen Kranken- und Rentenversicherung, weil die entsprechenden Vorschriften nicht in Kraft gesetzt sind.[953]

(a) Konzept einer monetären und nicht monetären Anerkennung von Arbeit

Üben Strafgefangene eine zugewiesene Arbeit oder Hilfstätigkeit aus, erhalten sie als monetäre Leistung ein Arbeitsentgelt.[954] Der Bemessung des Arbeitsentgeltes sind de lege lata nach den Landesstrafvollzugsgesetzen 9 % der Bezugsgröße nach

---

StVollzG Bln. Zu den Maßnahmen gehören in etwa die Teilnahme an einzel- oder gruppentherapeutischen Maßnahmen, insbesondere psychologische Intervention und Psychotherapie, Teilnahme an psychiatrischen Behandlungen, Teilnahme an Maßnahmen zur Behandlung von Suchtmittelabhängigkeit und Suchtmittelmissbrauch, Teilnahme an Trainingsmaßnahmen zur Verbesserung der sozialen Kompetenzen sowie Teilnahme an strukturierten sozialpädagogischen Maßnahmen.

949 *Feest/Galli*, in: Feest/Lesting/Lindemann (Hrsg.), AK-StVollzG, Teil II, § 55 LandesR, Rn. 3.

950 Vgl. § 45 StVollzG.

951 BT-Drs. 7/918, S. 69.

952 *Laubenthal*, Strafvollzug, Rn. 433.

953 Vgl. hierzu *Galli*, in: Feest/Lesting/Lindemann (Hrsg.), AK-StVollzG, Teil II, § 55 Landesrecht, Rn. 43.

954 Vgl. § 49 Abs. 2 Satz 1 BWJVollzGB III, Art. 46 Abs. 2 Satz 1 BayStVollzG, § 66 Abs. 1 Nr. 1 BbgJVollzG, § 55 Abs. 1 Nr. 3 i.V.m. § 9 Abs. 1 Satz 1 Nr. 13 BremStVollzG, § 40 Abs. 1 Satz 1 1. Alt. HmbStVollzG, § 38 Abs. 1 Satz 1 i.V.m. § 27 Abs. 3 Satz 1 HStVollzG, § 55 Abs. 1 Nr. 2 2. Alt. StVollzG M-V, § 40 Abs. 1 Satz 1 NJVollzG, § 32 Abs. 1 Satz 1 NRWStVollzG, § 65 Abs. 1 Nr. 3 LJVollzG RP, § 55 Abs. 1 Nr. 2 i.V.m. § 9 Abs. 1 Satz 1 Nr. 13 SLStVollzG, § 55 Abs. 1 Nr. 3 i.V.m. § 9 Abs. 1 Satz 1 Nr. 13 SächsStVollzG, § 66 Abs. 1 Satz 1ThürJVollzGB, § 64 Abs. 1 Nr. 1 JVollzG LSA, § 37 Abs. 1 Nr. 1 LStVollzG SH, § 61 Abs. 1 Nr. 1 i.V.m. 10 Abs. 1 Satz 1 Nr. 12 StVollzG Bln.

§ 18 SGB IV zugrunde zu legen (Eckvergütung).[955] Ein Tagessatz ist der zweihundertfünfzigste Teil der Eckvergütung; eine Bemessung des Arbeitsentgeltes kann nach einem Stundensatz erfolgen.[956] Hierbei wird der Tagessatz durch die im jeweiligen Bundesland von den Beschäftigten des öffentlichen Dienstes zu leistenden Arbeitsstunden geteilt, sodass es zu unterschiedlichen Stundensätzen in den Bundesländern kommen kann.[957] Die Beschäftigung kann außerdem nach Leistung der Gefangenen und Art der Beschäftigung gestuft werden.[958] Die Festsetzung der Vergütungsstufen steht dabei im Ermessen der Behörde.[959] So wird sich in der Vergütungsverordnung für den Strafvollzug in Hamburg für sechs Vergütungsstufen von 75 % bis 138 % entschieden.[960] Orientiert wird sich bei der Festsetzung der

955 Siehe § 49 Abs. 2 Satz 2 BWJVollzGB III, Art. 46 Abs. 2 Satz 2 BayStVollzG, § 66 Abs. 2 Satz 1 BbgJVollzG, § 55 Abs. 2 Satz 1 BremStVollzG, § 40 Abs. 2 Nr. 1 HmbStVollzG, § 38 Abs. 2 HStVollzG, § 55 Abs. 2 Satz 1 StVollzG M-V, § 40 Abs. 1 Satz 2 NJVollzG, § 32 Abs. 1 Satz 1 NRWStVollzG, § 65 Abs. 2 Satz 1 LJVollzG RP, § 55 Abs. 2 Satz 1 SLStVollzG, § 55 Abs. 2 Satz 1 SächsStVollzG, § 66 Abs. 3 ThürJVollzGB, § 64 Abs. 3 Satz 1 JVollzG LSA, § 37 Abs. 2 Satz 1 LStVollzG SH, § 61 Abs. 2 Satz 1 StVollzG Bln.

956 § 49 Abs. 2 Satz 3 BWJVollzGB III, Art. 46 Abs. 2 Satz 3 BayStVollzG, § 66 Abs. 2 Satz 2 BbgJVollzG, § 55 Abs. 2 Satz 2 BremStVollzG, § 40 Abs. 2 Nr. 1 HmbStVollzG, § 38 Abs. 2 HStVollzG, § 55 Abs. 2 Satz 2 StVollzG M-V, § 32 Abs. 1 Satz 2 NRWStVollzG, § 65 Abs. 2 Satz 2 LJVollzG RP, § 55 Abs. 2 Satz 2 SLStVollzG, § 55 Abs. 2 Satz 2 SächsStVollzG, § 66 Abs. 3 ThürJVollzGB, § 64 Abs. 3 Satz 2 JVollzG LSA, § 37 Abs. 2 Satz 2 LStVollzG SH, § 61 Abs. 2 S Satz 2 StVollzG Bln.

957 Vgl. *Feest/Galli*, in: Feest/Lesting/Lindemann (Hrsg.), AK-StVollzG, Teil II, § 55 LandesR, Rn. 12.

958 Siehe ausführlich *Arloth/Krä*, StVollzG, noch zu § 43 StVollzG, Rn. 15; *Feest/Galli*, in: Feest/Lesting/Lindemann (Hrsg.), AK-StVollzG, Teil II, § 55 LandesR, Rn. 13.

959 *Feest/Galli*, in: Feest/Lesting/Lindemann (Hrsg.), AK-StVollzG, Teil II, § 55 LandesR, Rn. 13. So enthalten die Landesstrafvollzugsgesetze Ermächtigungen zum Erlass eigener Verordnungen über die Vergütungsstufen, *Nestler*, in: Laubenthal/Nestler/Neubacher/Verrel (Hrsg.), Strafvollzugsgesetze, zu F, Rn. 119; siehe § 55 BWJVollzGB III, Art. 48 BayStVollzG, § 66 Abs. 3 Satz 3 BbgJVollzG, § 55 Abs. 3 Satz 3 BremStVollzG, § 43 HmbStVollzG, § 38 Abs. 3 Satz 2 HStVollzG, § 55 Abs. 3 Satz 3 StVollzG M-V, § 44 NJVollzG, § 32 Abs. 3 Satz 3 NRWStVollzG, § 65 Abs. 3 Satz 3 LJVollzG RLP, § 55 Abs. 3 Satz 3 SLStVollzG, § 55 Abs. 3 Satz 3 SächsStVollzG, § 66 Abs. 4 Satz 2 ThürJVollzGB, § 66 JVollzGB LSA, § 61 Abs. 3 Satz 3 StVollzG Bln, § 37 Abs. 3 Satz 3 LStVollzG SH. So ist in Bayern seit dem 01.01.2008 die Bayerische Strafvollzugsvergütungsverordnung (BayStVollzVergV) in Kraft, deren Regelungen denjenigen der StVollzVergO des Bundes entsprechen; ähnliches gilt seit 01.01.2010 in Hamburg mit der Hamburgischen Strafvollzugsvergütungsordnung (HmbStVollzVergO) sowie seit 09.12.2011 in Hessen mit der Hessischen Strafvollzugsvergütungsverordnung (HStVollzVergVO) und seit 01.06.2013 in Rheinland-Pfalz mit der Landesverordnung über die Vergütungsstufen in Justizvollzug und Sicherungsverwahrung (LVerg-VollzVO), Laubenthal, Strafvollzug, Rn. 440.

960 *Feest/Galli*, in: Feest/Lesting/Lindemann (Hrsg.), AK-StVollzG, Teil II, § 55 LandesR, Rn. 13.

Anforderungen zur Einstufung der Vergütung an den jeweiligen Tätigkeiten im Strafvollzug sowie an der Leistung, die ein Arbeitnehmer in Freiheit nach ausreichender Einarbeitung und Übung ohne Gesundheitsstörung erlangen kann.[961] Je nach Landesstrafvollzugsgesetz dürfen 60 % oder 75 % der Eckvergütung nur unterschritten werden, wenn die Arbeitsleistung Strafgefangener den Mindestanforderungen nicht genügt.[962] Die Höhe der Vergütung ist den Strafgefangenen sodann schriftlich bekannt zu geben.[963] Einen Haftkostenbeitrag, als Teil der Kosten der Vollstreckung der Rechtsfolgen einer Tat (vgl. § 464a Abs. 1 Satz 2 StPO), erhebt die Justizvollzugsbehörde lediglich bei den Gefangenen, die in einem freien Beschäftigungsverhältnis stehen, sich selbst beschäftigen oder über anderweitige regelmäßige Einkünfte verfügen.[964] So müssen Gefangene z. B. Beiträge leisten,

961 *Feest/Galli*, in: Feest/Lesting/Lindemann (Hrsg.), AK-StVollzG, Teil II, § 55 LandesR, Rn. 13.

962 Unter Zugrundelegung einer Eckvergütung von mindestens 75 %, vgl.: § 49 Abs. 3 und 4 BWJVollzG III, Art. 46 Abs. 3 und 4 BayStVollzG, § 40 Abs. 2 und 3 NJVollzG, § 32 Abs. 3 und 4 NRWStVollzG, vom Wortlaut abweichend: § 66 Abs. Abs. 1 Nr. 2, Abs. 3 BbgJVollzG, § 40 Abs. 2 Satz 2 und Satz 3 Nr. 2 HmbStVollzG, § 27 Abs. 3, § 38 Abs. 3 HStVollzG i.V.m. § 1 Abs. 3 HStVollzVergVO, § 55 Abs. 1 Nr. 1 und Abs. 3 SLStVollzG, § 64 Abs. 1 Nr. 1 und Abs. 4 JVollzGB LSA, § 61 Abs. 1 Nr. 1 und Abs. 3 StVollzG Bln; unter Zugrundelegung einer Eckvergütung von mindestens 60 %, § 55 Abs. 1 Nr. 3, Abs. 3 BremStVollzG, § 55 Abs. 1 Nr. 2 und Abs. 3 StVollzG M-V, § 65 Abs. 1 Nr. 1 und Abs. 3 LJVollzG RP, § 55 Abs. 1 Nr. 3 und Abs. 3 SächsStVollzG, § 66 Abs. 1 und 4 ThürJVollzGB, § 37 Abs. 1 Nr. 1 und Abs. 3 LStVollzG SH.

963 Vgl. § 49 Abs. 5 BWJVollzGB III, Art. 46 Abs. 5 BayStVollzG, § 66 Abs. 5 BbgJVollzG, § 55 Abs. 5 BremStVollzG, § 40 Abs. 2 Satz 3 Nr. 3 HmbStVollzG, § 38 Abs. 4 HStVollzG, § 55 Abs. 5 StVollzG M-V, § 40 Abs. 4 NJVollzG, § 32 Abs. 6 NRWStVollzG, § 65 Abs. 5 LJVollzG RP, § 55 Abs. 5 SLStVollzG, § 55 Abs. 5 SächsStVollzG, § 66 Abs. 5 ThürJVollzGB, § 64 Abs. 6 JVollzG LSA, § 37 Abs. 5 LStVollzG SH, § 61 Abs. 5 StVollzG Bln.

964 Zum Haftkostenbeitrag: Angeknüpft wird an die Grundsatzvorschrift des § 464a Abs. 1 Satz 2 StPO, wonach der Gefangene auch die Kosten der Vollstreckung tragen muss. Damit dieser keine neuen Schulden anhäuft – im Sinne einer gelingenden (Re-)Sozialisierung – wird ein „Haftkostenbeitrag" vorgesehen, mit dem die Kosten für den Lebensunterhalt, wie Unterkunft und Verpflegung, nicht aber Personal- und Gebäudekosten, abgedeckt werden sollen, vgl. *Galli*, in: Feest/Lesting/Lindemann (Hrsg.), AK-StVollzG, Teil II, § 61 LandesR, Rn. 2; *Arloth/Krä*, StVollzG, noch zu § 50 StVollzG, Rn. 2. Vgl. zum Haftkostenbeitrag im Landesrecht § 51 Abs. 1 Satz 1 BWJVollzGB III, Art. 49 Abs. 1 BayStVollzG, § 72 Abs. Satz 1 BbgJVollzG, § 62 Abs. 1 Satz 1 BremStVollzG, § 49 Abs. 1 Satz 1 HmbStVollzG, § 43 Abs. 1 HStVollzG, § 61 Abs. Satz 1 StVollzG M-V, § 52 Abs. 1 NJVollzG, § 39 Abs. 1 Satz 1 NRWStVollzG, § 71 Abs. 1 Satz 1 LJVollzG RP, § 61 Abs. 1 Satz 1 SLStVollzG, § 61 Abs. 1 Satz 1 SächsStVollzG, § 72 Abs. 1 Satz 1 ThürJVollzGB, § 72 Abs. 1 Satz 1 JVollzG LSA, § 78 Abs. 1 Satz 1 und 2 LStVollzG SH, § 69 Abs. 1 Satz 1 StVollzG Bln.

wenn sie Einnahmen aus Mietzinszahlungen erhalten.[965] Von der Geltendmachung eines solchen Anspruches ist abzusehen, wenn dies notwendig erscheint, damit eine Wiedereingliederung Strafgefangener nicht gefährdet wird, oder wenn Gefangene aus Gründen, die sie nicht zu vertreten haben, nicht arbeiten können oder keiner Arbeitspflicht unterliegen.[966] Ausgenommen vom Haftkostenbeitrag werden vor allem Strafgefangene, die Arbeitsentgelt nach den Vorschriften der Landesstrafvollzugsgesetze erhalten.[967] Üben Strafgefangene eine ihnen zugewiesene arbeitstherapeutische Beschäftigung aus, erhalten sie ebenfalls eine Entlohnung unter der Einschränkung, dass diese der Art ihrer Beschäftigung und ihrer Arbeitsleistung entspricht.[968]

Vorschriften zur Vergütung von Beschäftigungen Strafgefangener orientieren sich de lege lata somit am Nettoprinzip[969] einer eher geringen Vergütung, allerdings unter Hinzutreten einer nicht monetären Vergütungskomponente in Form der Möglichkeit einer zusätzlichen Freistellung von der Haft.[970] Neben einer Anerkennung der Gefangenenarbeit durch monetäre Leistung sehen die Bundesländer mit Arbeitspflicht demnach auch eine nicht monetäre Anerkennung von Beschäftigung vor.[971] Eine zusätzliche Freistellung von einem Tag von der Arbeit erhalten Strafgefangene somit, wenn diese zwei Monate lang zusammenhängend gearbeitet haben.[972] Die Freistellung kann dabei als Urlaub aus der Haft (Arbeitsurlaub) genutzt oder auf den Entlassungszeitpunkt angerechnet werden.[973] Mit dem Begriff

---

965 *Feest/Galli*, in: Feest/Lesting/Lindemann (Hrsg.), AK-StVollzG, Teil II, § 55 LandesR, Rn. 18.

966 Vgl. § 51 Abs. 1 Satz 3 BWJVollzGB III, Art. 49 Abs. 1 Satz 5 BayStVollzG, § 72 Abs. 1 Satz 4 BbgJVollzG, § 62 Abs. 1 Satz 5 BremStVollzG, § 49 Abs. 1 Satz 5 HmbStVollzG, § 43 Abs. 3 HStVollzG, § 61 Abs. 1 Satz 5 StVollzG M-V, § 52 Abs. 2 NJVollzG, § 39 Abs. 3 NRWStVollzG, § 71 Abs. 1 Satz 4 LJVollzG RP, § 61 Abs. 1 Satz 5 SLStVollzG, § 61 Abs. 1 Satz 5 SächsStVollzG, § 71 Abs. 1 Satz 4 ThürJVollzGB, § 72 Abs. 5 JVollzG LSA, § 78 Abs. 1 Satz 4 LStVollzG SH, § 69 Abs. 1 Satz 5 StVollzG Bln.

967 Vgl. *Arolth/Krä*, StVollzG, zu § 51 BWJVollzGB III, Rn. 1 f.

968 BT-Drs. 14/4943, S. 2. Vgl. § 49 Abs. 4 BWJVollzGB III, Art. 46 Abs. 4 BayStVollzG, § 40 Abs. 2 Satz 2 HmbStVollzG, § 40 Abs. 3 NJVollzG, § 32 Abs. 4 NRWStVollzG.

969 Anders das Bruttoprinzip: Hiernach wäre eine höhere Vergütung vorgesehen unter Abzug eines Haftkostenbeitrages für Unterbringung und Verpflegung, siehe BVerfGE 98. 169 (203); *Arolth/Krä*, StVollzG, noch zu § 43 StVollzG, Rn. 3.

970 *Arloth/Krä*, StVollzG, noch zu § 43 StVollzG, Rn. 3.

971 Vgl. *Laubenthal*, Strafvollzug, Rn. 445.

972 Vgl. § 49 Abs. 6 BWJVollzGB III, Art. 46 Abs. 6 Satz 1 BayStVollzG, § 40 Abs. 3 Satz 1 HmbStVollzG, 40 Abs. 5 Satz 1 NJVollzG.

973 Vgl. § 49 Abs. 7, 8 und 9 BWJVollzGB III, Art. 46 Abs. 7, 8 und 9 BayStVollzG, § 55 Abs. 8, 9 und 10 BremStVollzG, § 40 Abs. 4 und 5 Satz 1 HmbStVollzG, § 39 Abs. 1 Satz 1 HStVollzG, § 55 Abs. 7 Satz 3 StVollzG M-V, § 40 Abs. 6, 7 und 8 NJVollzG, § 39 Abs. 1 Satz 2 NRWStVollzG, § 40 Abs. 1 LStVollzG SH, § 63 Abs. 3 StVollzG Bln. Gemäß § 63 Abs. 5 StVollzG Bln können Strafgefangene außerdem, soweit eine Vorverlegung des Entlassungszeitpunktes nach § 63 Abs. 4 StVollzG Bln ausgeschlossen

„zusammenhängend" wird sich auf eine kontinuierliche Beschäftigung bezogen, womit auf eine Berechnung nach Monaten ab dem Zeitpunkt der Arbeitsaufnahme abzustellen ist. In der Regel sind diesbezüglich fünf Arbeitstage die Woche zugrunde zu legen.[974] Davon abweichend wird in einigen wenigen Landesstrafvollzugsgesetzen vorgesehen, dass Gefangene eine Freistellung von zwei Arbeitstagen erhalten, wenn sie drei Monate zusammenhängend gearbeitet haben.[975] Hiermit wird die durch eine nicht monetäre Entgeltkomponente ausgestaltete Anerkennung geleisteter Arbeit um ein Drittel erhöht, denn für ein Jahr Beschäftigung werden hiernach statt sechs nunmehr acht Tage Freistellung gewährt.[976] Lediglich das Strafvollzugsgesetz Schleswig-Holstein regelt abweichend, dass bei Gefangenen, die zwei Monate zusammenhängend gearbeitet haben, die Haftzeit um zwei Tage verkürzt wird, sodass hier für ein Jahr Beschäftigung zwölf Tage Freistellung gewährt werden.[977]

(b) Verzicht auf eine nicht monetäre Anerkennungskomponente bei freiwilliger Arbeit

In den Strafvollzugsgesetzen der Bundesländer Brandenburg, Rheinland-Pfalz, Saarland, Sachsen, Thüringen und Sachsen-Anhalt erfolgt eine Vergütung der Gefangenenarbeit in rein monetärer Weise durch die Gewährleistung eines Arbeitsentgeltes.[978] Eine nicht monetäre Anerkennung von Arbeitsleistung ist dementsprechend nicht (mehr) vorgesehen. Dies ergibt sich aus der Folge eines Verzichtes auf verpflichtende Arbeit im Strafvollzug, da die Beschäftigung Strafgefangener in den Bundesländern Brandenburg, Rheinland-Pfalz, Saarland und Sachsen fortan nur noch eine von vielen (Re-)Sozialisierungsfaktoren darstellen soll, ohne aber, dass sich daraus für Gefangene ein Anspruch auf eine höhere Vergütung als bisher ableitet.[979] Des Weiteren steht der gezielte Einsatz individueller

---

ist, bei ihrer Entlassung eine Ausgleichsentschädigung von zusätzlich 15 % der ihnen für den Zeitraum nach den §§ 61 und 62 StVollzG Bln gezahlten Vergütung erhalten; dabei ist zu berücksichtigen, dass dieser Anspruch jedoch erst bei Haftentlassung besteht (§ 63 Abs. 5 Satz 2 StVollzG Bln).

974 *Feest/Galli*, in: Feest/Lesting/Lindemann (Hrsg.), AK-StVollzG, Teil II, § 55 LandesR, Rn. 22; *Arloth/Krä*, StVollzG, noch zu § 43 StVollzG, Rn. 20.

975 Vgl. § 55 Abs. 7 Satz 1 BremStVollzG, § 39 Abs. 2 Satz 1 HStVollzG, § 55 Abs. 7 Satz 1 StVollzG M-V, § 34 Abs. 1 Satz 1 NRWStVollzG, § 63 Abs. 1 Satz 1 StVollzG Bln.

976 Siehe *Arloth/Krä*, StVollzG, § 55 BremStVollzG, Rn. 5.

977 § 40 Abs. 1 i.V.m. § 37 LStVollzG SH; vgl. hierzu *Arloth/Krä*, StVollzG, § 40 LStVollzG SH, Rn. 1.

978 Siehe § 66 BbgJVollzG, § 65 LJVollzG RP, § 55 SLStVollzG, § 55 SächsStVollzG, § 66 ThürJVollzGB, § 64 JVollzGB LSA.

979 Siehe nur Landtag Brandenburg, Drs. 5/6599, S. 45. Allerdings wird hier eine monetäre Vergütung noch mit 16 % der Eckvergütung angesetzt; umgesetzt dann später in vereinheitlichter Form mit 9 %. Siehe Landtag Rheinland-Pfalz, Drs. 16/1910,

Arbeitsmaßnahmen wie arbeitstherapeutische Maßnahmen, Arbeitstraining und schulische sowie berufliche Qualifizierungsmaßnahmen im Vordergrund; diese gehen Arbeit dementsprechend vor.[980] Ähnliche Erwägungen erfolgen in den Bundesländern Thüringen und Sachsen-Anhalt, die zwar weiterhin an einer Arbeitspflicht festhalten, jedoch wie die vier übrigen Bundesländer ohne Arbeitspflicht – unter Begründung einer neuen Schwerpunktsetzung in ihren Landesstrafvollzugsgesetzen – auf eine nicht monetäre Anerkennungskomponente der Gefangenenvergütung verzichten.[981] In diesen sechs Bundesländern sowie in wenigen anderen besteht die Möglichkeit einer finanziellen Anerkennung z. B. für die Teilnahme an psychotherapeutischen Maßnahmen.[982]

Zu klären ist, ob eine Neukonzeption der Gefangenenvergütung, bei der auf eine nicht monetäre Komponente als Anerkennung von Arbeit in der Haft verzichtet wird, noch verfassungsgemäß ist. Infrage steht zunächst eine Vereinbarkeit mit dem verfassungsrechtlichen (Re-)Sozialisierungsgebot aus Art. 2 Abs. 1 i.V.m. Art. 1 Abs. 1 GG i.V.m. Art. 20 Abs. 1 GG. Außerdem stellt sich die Frage, ob eine solche Konzeption auch im Lichte von Art. 3 Abs. 1 GG zu rechtfertigen ist.

(aa) Verletzung des verfassungsrechtlichen (Re-)Sozialisierungsgebotes

Zu untersuchen ist, ob die Neukonzeption der Gefangenenvergütung, bei der auf eine nicht monetäre Komponente als Anerkennung von Arbeit in der Haft verzichtet wird, mit dem verfassungsrechtlichen (Re-)Sozialisierungskonzept aus Art. 2 Abs. 1 i.V.m. Art. 1 Abs. 1 GG i.V.m. dem Sozialstaatsgebot in Einklang steht.

Den Strafvollzug auf das Ziel (Re-)Sozialisierung auszurichten, gebietet die Verfassung.[983] Gefangene haben somit einen verfassungsrechtlichen Anspruch auf (Re)-Sozialisierung aus einer Zusammenschau von Art. 2 Abs. 1 i.V.m. Art. 1 Abs. 1

S. 127, 140; vgl. auch schon Begründung zum Musterentwurf zum Landesstrafvollzugsgesetz (ME-StVollzG) vom 23.08.2011, S. 123.

980 Vgl. § 15 Abs. 2 LJVollzG RP, § 15 Abs. 2 BbgJVollzG, § 9 Abs. 2 SLStVollzG, § 9 Abs. 2 SächsStVollzG; s. a. Landtag Rheinland-Pfalz, Drs. 16/1910, S. 126; Landtag Brandenburg, Drs. 5/6437, S. 110 f.

981 Vgl. § 15 Abs. 2 ThürJVollzGB sowie in abgeschwächter Form § 15 Abs. 2 JVollzGB LSA; siehe ebenfalls zum Vergleich Thüringer Landtag, Drs. 5/6700 vom 07.10.2013, S. 5; Begründung zum Musterentwurf zum Landesstrafvollzugsgesetz (ME StVollzG) vom 23.08.2011, S. 123.

982 Vgl. hierzu. § 66 Abs. 1 Nr. 3 i.V. m. § 15 Abs. 1 Nr. 8 bis 11, Abs. 2 BbgJVollzG, 55 Abs. 1 Nr. 1 i.V.m. § 9 Nr. 7 bis 10 BremStVollzG, § 41 Abs. 3, § 40 Abs. 2 HmbStVollzG, § 65 Abs. 1 Nr. 1 i.V.m. § 15 Abs. 1 Satz 1 Nr. 7 bis 10 und 12 Satz 2 LJVollzG RP, § 55 Abs. 1 Nr. 2 i.V.m. § 9 Abs. 1 Satz 1 Nr. 13 SLStVollzG, § 55 Abs. 1 Nr. 1 i.V.m. § 9 Abs. 1 Satz 1 Nr. 7 bis 10 und Satz 2 SächsStVollzG, § 66 Abs. 2 i.V.m. § 15 Abs. 1 Satz 1 Nr. 7 bis 10 und Satz 2 ThürJVollzG, § 64 Abs. 2 JVollzGB LSA, § 38 i.V.m. § 37 Abs. 1 LStVollzG SH, § 62 i.V.m. §§ 61 Abs. 1, 10 Abs. 1 Satz 1 Nr. 5 bis 9 StVollzG Bln.

983 BVerfGE 98, 169 (200).

GG i.V.m. Art. 20 Abs. 1 GG.[984] Für jeden Strafgefangenen folgt daraus ein grundrechtlicher Anspruch auf (Re-)Sozialisierung, wobei das verfassungsrechtliche (Re-)Sozialisierungsgebot den Gesetzgeber nicht auf ein bestimmtes Regelungskonzept festlegt, sondern ihm für die Entwicklung eines wirksamen Konzeptes einen weiten Gestaltungsspielraum eröffnet.[985] Gebunden ist er lediglich an die vom BVerfG aufgestellten Mindestanforderungen hinsichtlich eines das Ziel der (Re-)Sozialisierung verwirklichenden Strafvollzuges.[986] Als Mindestanforderung an ein Konzept der (Re-)Sozialisierung trage nach Ansicht des BVerfG Pflichtarbeit, die ausschließlich oder hauptsächlich in finanzieller Art Anerkennung finde, zur verfassungsrechtlich gebotenen (Re-)Sozialisierung bei, wenn Gefangenen durch die Höhe des Entgeltes bewusst gemacht werde, dass Erwerbsarbeit zur Herstellung einer Lebensgrundlage sinnvoll sei.[987] Neben oder anstelle einer ausschließlich finanziellen Anerkennung von Arbeit könne jedoch z. B. auch der Aufbau einer sozialversicherungsrechtlichen Anwartschaft in Betracht kommen.[988]

Sechs Bundesländer haben sich dazu entschieden, dass Arbeit im Strafvollzug nur noch einen von vielen (Re-)Sozialisierungsfaktoren darstellen soll und der gezielte Einsatz individueller Arbeitsmaßnahmen wie arbeitstherapeutische Maßnahmen, Arbeitstraining und schulische sowie berufliche Qualifizierungsmaßnahmen – im Hinblick auf die (Re-)Sozialisierung Gefangener – fortan im Vordergrund steht. Daraus folgend haben diese Bundesländer eine nicht monetäre Anerkennung für geleistete Arbeit entfallen lassen. Vergütet wird demnach ausschließlich monetär, allerdings ohne die Vergütung für Arbeit anzuheben. Es liegt in der Entscheidung der Landesgesetzgeber, die Bestandteile eines (Re-)Sozialisierungskonzeptes festzulegen. Ob Arbeit im Strafvollzug nur noch einen von vielen (Re-)Sozialisierungsfaktoren darstellen soll, liegt somit ebenfalls in ihrer Gestaltungsmacht. Fragwürdig ist jedoch, ob (Re-)Sozialisierung tatsächlich hinreichend gewährleistet werden kann, wenn Arbeit keine vorrangige (Re-)Sozialisierungsmaßnahme mehr darstellt, denn auch wenn individuelle Arbeitsmaßnahmen – wie arbeitstherapeutische Maßnahmen, Arbeitstraining und schulische sowie berufliche Qualifizierungsmaßnahmen – in den betreffenden Bundesländern Arbeit im Strafvollzug vorgehen, müssen diese Maßnahmen aller Voraussicht nach nicht von allen Gefangenen in Anspruch genommen werden. Des Weiteren gilt zu beachten, dass Arbeit und Bildung im Strafvollzug Bestandteile eines vollzugszielorientierten Behandlungsprozesses sind, die insbesondere einer beruflichen und sozialen Integration Strafgefangener dienen.[989] So dient vor allem Arbeit im Strafvollzug der

---

984 Vgl. oben Kapitel 2, S. 114.
985 BVerfGE 98, 169 (200 f.).
986 *Leyendecker*, (Re-)Sozialisierung und Verfassungsrecht, S. 107 f.
987 BVerfGE 98, 169 (202).
988 Ebd.
989 *Laubenthal*, Strafvollzug, Rn. 393; *Laubenthal* in: Schwind/Böhm/Jehle/Laubenthal (Hrsg.), Strafvollzugsgesetz – Bund und Länder Kommentar, vor § 37, Rn. 1 f., m. w. Ausführungen zur Zielführung von Arbeit im Vollzug; *Nestler*, in: Laubenthal/

Herstellung von Strukturen, die auf die Zeit nach der Haft vorbereiten. Kritisch hat sich hierzu ebenfalls das BVerfG[990] in einem Kammerbeschluss zur Anerkennung von Gefangenenarbeit nach dem Landesstrafvollzugsgesetz Rheinland-Pfalz im Dezember 2015 in mehreren beiläufigen Bemerkungen (obiter dicta) geäußert.[991] Auch das BVerfG verweist somit darauf, dass es dem Gesetzgeber zwar grundsätzlich im Rahmen seines Gestaltungsspielraumes freistehe, wie er dem (Re-)Sozialisierungsgebot mit anderen Maßnahmen als durch Arbeit Rechnung trage, jedoch erscheine es für das BVerfG zweifelhaft, dass Arbeit im Strafvollzug des Landes Rheinland-Pfalz fortan kein gewichtiges (Re-)Sozialisierungsmittel mehr darstellen soll und dass (Re-)Sozialisierung auch ohne Arbeit hinreichend gewährleistet werde, zumal therapeutische, psychiatrische sowie Trainings- und Qualifizierungsmaßnahmen den Alltag der Gefangenen in der Regel nicht ausfüllen und ohnehin nur für einen Teil der Gefangenen in Betracht kommen.[992] Nach Meinung des BVerfG liege demnach die Annahme nahe, dass Arbeit auch nach Inkrafttreten des LJVollzG RP ein gewichtiger (Re-)Sozialisierungsfaktor geblieben sei.[993]

Dass Arbeit zumindest eine Maßnahme für die (Re-)Sozialisierung Gefangener ist, bestreiten auch die sechs betreffenden Bundesländer nicht. Fraglich ist jedoch des Weiteren, ob eine rein monetäre Vergütung von Arbeit noch geeignet ist, dem verfassungsrechtlichen (Re-)Sozialisierungsgebot gerecht zu werden, denn auch wenn es dem Gesetzgeber im Rahmen eines weiten Gestaltungsspielraumes überlassen bleibt, wie er ein (Re-)Sozialisierungskonzept ausstattet, hat er dennoch zu berücksichtigen, dass die Anerkennung für im Vollzug geleistete Arbeit geeignet sein muss, dem verfassungsrechtlichen (Re-)Sozialisierungsgebot aus Art. 2 Abs. 1 i.V.m. Art. 1 Abs. 1 GG i.V.m. dem Sozialstaatsgebot gerecht zu werden.

Bereits im Jahr 1998 hat das BVerfG konstatiert, dass Arbeit im Strafvollzug ein Mittel zur (Re-)Sozialisierung Gefangener sei; sie sei jedoch als solches nur wirksam, wenn die geleistete Arbeit angemessen Anerkennung finde und Gefangenen den Wert regelmäßiger Arbeit für ein künftiges eigenverantwortliches und straffreies Leben vor Augen führe.[994] Dabei bereite Arbeit im Strafvollzug erst geeignet auf das Erwerbsleben in Freiheit vor, wenn diese dem Erwerbsleben außerhalb der Haft angeglichen werde und ebenfalls durch ein Entgelt Anerkennung erfahre.[995] Anerkennung für erbrachte Arbeitsleistungen müsse allerdings nicht zwingend in

Nestler/Neubacher/Verrel (Hrsg.), Strafvollzugsgesetze, zu F, Rn. 14; vgl. ebenfalls BT-Drs. 7/918, S. 63; BVerfGE 98, 169 (201).

990 Vgl. BVerfG, Nichtannahmebeschluss vom 16.12.2015, 2 BvR 1017/14, juris; im Vorverfahren OLG Koblenz, Beschluss vom 19.03.2014, 2 Ws 17/14 (Vollz), juris.

991 *Schäferskünpper*, Anmerkung zum Beschluss des BVerfG vom 16.12.2015, 2 BvR 1017/14, zur Vergütung freiwilliger Arbeit im Strafvollzug, in: StV 2016, 582 (583).

992 BVerfG, Nichtannahmebeschluss vom 16.12.2015, 2 BvR 1017/14, juris, Rn. 15.

993 Ebd.

994 BVerfGE 98, 169 (201).

995 BVerfGE 98, 169 (202).

monetärer Weise erfolgen, sondern könne auch in anderer Weise zum Ausdruck kommen.[996] Eine moderne Gesellschaft sei geradezu darauf angewiesen, dass freiwillig geleistete oder zugewiesene Arbeit im Vollzug auch andere Formen der Anerkennung erfahre, die neben oder anstelle einer monetären Anerkennung von Gefangenenarbeit trete.[997] Folglich müsse es sich bei der Anerkennung von Gefangenenarbeit nicht notwendigerweise um eine rein finanzielle Anerkennung handeln.[998] Der Gesetzgeber hat sich dazu entschieden, Arbeit im Strafvollzug durch ein monetäres (9 % der Bezugsgröße nach § 18 SGB IV) und ein nicht monetäres (Freistellung von der Haft) Vergütungskonzept anzuerkennen.[999] Dass es sich bei der vom Gesetzgeber gewählten Kombination aus monetärer und nicht monetärer Anerkennung für geleistete Arbeit im Vollzug um ein gerade noch verfassungsgemäßes (Re-)Sozialisierungskonzept handelt, hat das BVerfG bestätigt.[1000] Im Ergebnis folgt daraus aber auch, dass es mit dem verfassungsrechtlichen (Re-)Sozialisierungsgebot aus Art. 2 Abs. 1 i.V.m. Art. 1 Abs. 1 GG i.V.m. Art. 20 Abs. 1 GG nicht mehr vereinbar wäre, würde dieses gewählte (Re-)Sozialisierungskonzept vom Gesetzgeber unterschritten, z. B. durch Verzicht auf eine Anerkennungskomponente.[1001]

In den sechs betreffenden Bundesländern wird Arbeit nur noch in monetärer Weise (9 % der Bezugsgröße nach § 18 SGB IV) anerkannt. Alle Bundesländer begründen diese Entscheidung damit, dass Arbeit nur noch einen von mehreren (Re-)Sozialisierungsfaktoren darstellt und Schwerpunkte anders gesetzt werden. Ein weiteres Argument für diese Wahl der Anerkennung ergibt sich in vier von den sechs Bundesländern aus der Tatsache, dass auf eine Arbeitspflicht in diesen Landesstrafvollzugsgesetzen verzichtet wurde. Dabei stehe es nach Ansicht des VerfGH Rheinland-Pfalz[1002] in der Gestaltungsmacht des Gesetzgebers, freiwillige Arbeit im Strafvollzug geringer anzuerkennen als zugewiesene Arbeit, da bei freiwilliger Arbeit kein Anreiz erforderlich sei, der die Arbeit sinnvoll erlebbar mache.[1003] Anders verhalte es sich bei den Gefangenen, die arbeitsunwillig seien

---

996 BVerfGE 98, 169 (202). Beachte abweichend Richter am Bundesverfassungsgericht Kruis zum Urteil des BVerfG vom 01.07.1998, ebenfalls in BVerfGE 98, 169 (218), der in Frage stellt, dass Arbeit in anderer Weise als durch finanzielle Leistungen angemessen anerkannt werden könne.

997 BVerfGE 98, 169 (202).

998 BVerfGE 98, 169 (201).

999 Fünftes Gesetz zur Änderung des Strafvollzugsgesetzes vom 27.12.2000, BGBl. I, 2000, S. 2043 ff. (StVollzGÄndG).

1000 Vgl. Nichtannahmebeschluss vom 24.03.2002, 2 BvR 2175/01, juris, Rn. 39 ff.; s. a. BVerfG, Nichtannahmebeschluss vom 16.12.2015, 2 BvR 1017/14, juris, Rn. 18.

1001 Vgl. hierzu auch Kapitel 2, S. 122 f.

1002 Vgl. VerfGH Rheinland-Pfalz, Beschluss vom 08.06.2015, VGH B 41/14, juris.

1003 Ebd.

und einen Anreiz benötigten.[1004] Ein Verzicht auf eine nicht monetäre Anerkennungskomponente für Arbeit im Vollzug sei folglich verfassungsgemäß, argumentiert der VerfGH[1005] Rheinland-Pfalz. Das OLG Koblenz[1006] merkt zur freiwilligen Arbeit außerdem an, dass es bei Arbeit im Vollzug vor allem darum gehe, Langeweile zu bekämpfen und Strafgefangene aus ihren Hafträumen zu locken sowie der Befriedigung eigener Bedarfe nachzukommen oder Schulden abzubauen. Die vom Bundesverfassungsgericht aufgestellten Grundsätze zur Angemessenheit der Gefangenenvergütung bei Pflichtarbeit seien daher nicht auf freiwillige Arbeit übertragbar.[1007] Daher erscheine die neue Regelung zur Vergütung im Hinblick auf freiwillige Gefangenenarbeit angemessen und verfassungsrechtlich unbedenklich.[1008]

Auch durch freiwillige Arbeiten im Strafvollzug sollen positive Effekte für eine (Re-)Sozialisierung erzielt werden, indem die Gefangenen einen strukturierten Alltag und ihre Arbeit als sinnvoll erleben, mit dem Ziel, dass der Arbeit tatsächlich die Funktion einer Erwerbstätigkeit außerhalb des Vollzuges zugeschrieben werden kann und sie ebenfalls als Ausprägung des Angleichungs- und Gegensteuerungsgrundsatzes zu verstehen ist.[1009] Dementsprechend verkennen die beiden angeführten Ansichten, dass mit Wegfall der nicht monetären Vergütungskomponente Arbeit pauschal für alle Gefangenen nicht mehr sinnvoll erlebbar gemacht wird. Arbeit im Strafvollzug hat die Aufgabe, Gefangenen einen strukturierten Tagesablauf vorzugeben. Sie wird für Gefangene sinnvoll erlebbar gemacht, wenn Arbeit angemessen ausgestaltet ist. Auch eine Wiedereingliederung kann somit gefördert werden. Hierzu sind Anreize erforderlich, so wie es auch außerhalb der Haft der Fall ist. Durch eine niedrig bleibende Vergütung von Arbeit im Vollzug gehen diese Anreize verloren. Arbeit im Vollzug wird für Strafgefangene nicht mehr als sinnvoll erlebbar gestaltet. Das Ziel, dass Arbeit im Vollzug die Funktion einer Erwerbstätigkeit außerhalb des Vollzuges zugeschrieben werden kann, wird damit nicht erreicht. Wenn also Gefangenenarbeit weiter niedrig entlohnt wird, ist eine zusätzliche Anerkennungskomponente für Arbeit notwendig, um Anreize

---

1004 *Schäferskïpper*, Anmerkung zum Beschluss des BVerfG vom 16.12.2015, 2 BvR 1017/14, zur Vergütung freiwilliger Arbeit im Strafvollzug, in: StV 2016, 582 (583).

1005 Vgl. Verfassungsgerichtshof Rheinland-Pfalz, Beschluss vom 08.06.2015, VGH B 41/14, juris.

1006 So noch OLG Koblenz, Beschluss vom 19.03.2014, 2 Ws 17/14 (Vollz), juris, Rn. 17 f.; vgl. auch Landtag Rheinland-Pfalz, Drs. 16/1910, S. 127 f.

1007 OLG Koblenz, Beschluss vom 19.03.2014, 2 Ws 17/14 (Vollz), juris, Rn. 17.

1008 OLG Koblenz, Beschluss vom 19.03.2014, 2 Ws 17/14 (Vollz), juris, Rn. 18.

1009 Vgl. die Begründung zum Musterentwurf zum Landesstrafvollzugsgesetz vom 23.08.2011, S. 93, abzurufen unter: http://www.google.de/url?sa=t&rct=j&q=&esrc=s&source=web&cd=1&ved=0ahUKEwjJo4eYq-rTAhXFVywKHQmqAEoQFggpMAA&url=http%3A%2F%2Fwww.regierung-mv.de%2Fserviceassistent%2Fdownload%3Fid%3D43753&usg=AFQjCNFn5DrGq004PZE-1q31WiSPJD4xdg&cad=rja, zuletzt eingesehen am 23.08.2018.

zu schaffen, womit Arbeit im Vollzug für Strafgefangene wieder sinnvoll erlebbar und somit eine Wiedereingliederung gefördert wird. Demzufolge vervollständigt eine nicht monetäre Komponente, in Form der Möglichkeit von zusätzlicher Freistellung von der Haft, die als Urlaub verwendet oder auf den Entlassungszeitraum angerechnet werden kann, ein Konzept der Anerkennung von Arbeit – auch nach Ansicht des BVerfG[1010] – mit dem Ziel, Anreize zu schaffen und eine wirksame (Re-) Sozialisierung Gefangener gewährleisten zu können. Dabei habe nicht nur verpflichtende Arbeit angemessen Anerkennung zu finden, sondern ebenfalls freiwillig übernommene, denn beide Formen der Arbeit dienen ebenfalls nach Meinung des BVerfG denselben Zielen.[1011] Daher müsse die Anerkennung in beiden Fällen geeignet sein, dem Gefangenen den Wert regelmäßiger Arbeit für ein künftiges eigenverantwortliches und straffreies Leben in Gestalt eines für ihn greifbaren Vorteiles vor Augen zu führen.[1012] Erst wenn Gefangene eine als sinnvoll erlebbare Arbeit erbringen, darf der Gesetzgeber davon ausgehen, dass Gefangene sich bei der Entwicklung beruflicher Fähigkeiten sowie bei der Entfaltung ihrer Persönlichkeit auf ein positives Verhältnis zur Arbeit stützen im Sinne eines Konzeptes von (Re-)Sozialisierung.[1013] Des Weiteren sei auch auf die Kammerentscheidung des BVerfG[1014] aus dem Jahr 2002 zu verweisen, in der Gegenstand der Entscheidung war, ob die Kombination aus monetärer und nicht monetärer Vergütungskomponente sowie deren Umfang, gemessen an dem verfassungsrechtlichen (Re-)Sozialisierungsgebot, eine angemessene Entlohnung darstelle.[1015] Damals sei die Kammer zu dem Resultat gelangt, dass die neu gefassten Regelungen zur Vergütung der Gefangenen noch verfassungsgemäß seien und der Gesetzgeber im Hinblick auf die Höhe der monetären Vergütung die äußerste Grenze einer verfassungsrechtlich zulässigen Bezugsgröße noch gewahrt habe; er bleibe jedoch aufgefordert, die Bezugsgröße nicht festzuschreiben, sondern einer steten Prüfung zu unterziehen; gerade die Gewährung von Freistellung in Abhängigkeit zur geleisteten Arbeit werde dem (Re-)Sozialisierungsgebot gerecht, sodass der Gesetzgeber insbesondere auch aufgefordert bleibe, den Umfang der nicht monetären Leistung ständig

---

1010 So auch BVerfG, Nichtannahmebeschluss vom 24.03.2002, 2 BvR 2175/01, juris, Rn. 49.

1011 BVerfG, Nichtannahmebeschluss vom 16.12.2015, 2 BvR 1017/14, juris, Rn. 16; siehe *Feest/Galli*, in: Feest/Lesting/Lindemann (Hrsg.), AK-StVollzG, Teil II, § 55 LandesR, Rn. 49.

1012 BVerfG, Nichtannahmebeschluss vom 16.12.2015, 2 BvR 1017/14, juris, Rn. 16; so auch ähnlich in BVerfG 98, 169 (202).

1013 BVerfG, Nichtannahmebeschluss vom 16.12.2015, 2 BvR 1017/14, juris, Rn. 16; *Arloth*, Anmerkung zu einer Entscheidung des BVerfG, Beschluss vom 16.12.2015, 2 BvR 1017/14, Zur angemessenen Entlohnung der Arbeit von Strafgefangenen, in: NStZ 2016, 238 f.

1014 BVerfG, Nichtannahmebeschluss vom 24.03.2002, 2 BvR 2175/01, juris.

1015 BVerfG, Nichtannahmebeschluss vom 16.12.2015, 2 BvR 1017/14, juris, Rn. 18.

zu überprüfen.[1016] Somit bestehe zwar zugunsten des Gesetzgebers ein weiter Spielraum bei der Ausgestaltung der Anerkennung von Gefangenenarbeit, wonach eine gesetzgeberische Neukonzeption generell möglich sei, allerdings unter der Prämisse, dass auch die Vergütung für im Vollzug geleistete Arbeit stets geeignet sei, dem verfassungsrechtlichen (Re-)Sozialisierungsgebot gerecht zu werden.[1017]

Regelungen, die ausschließlich eine monetäre Anerkennung von Arbeit im Umfang von 9 % der Bezugsgröße vorsehen, jedoch eine nicht monetäre Komponente in Form von Freistellungstagen ersatzlos streichen, erkennen Arbeit nicht mehr angemessen an und sind nicht geeignet, Gefangenen den Wert regelmäßiger Arbeit für ein künftiges eigenverantwortliches und straffreies Leben in Gestalt eines für sie greifbaren Vorteiles vor Augen zu führen. Des Weiteren werden mit einer gleichbleibenden geringen Vergütung von Arbeit im Vollzug und einem Entfallen jeder weiteren Form der Anerkennung von Arbeit die vom BVerfG aufgestellten Mindestanforderungen an ein Konzept der (Re-)Sozialisierung unterschritten, denn gerade die Kombination aus monetärer und nicht monetärer Vergütungskomponente sowie deren Umfang, gemessen an dem verfassungsrechtlichen (Re-)Sozialisierungsgebot, stellt eine noch angemessene Entlohnung dar. Für Neuregelungen, in denen auf eine nicht monetäre Anerkennung von Arbeit verzichtet und Arbeit gleichbleibend monetär vergütet wird, folgt daraus, dass diese Regelungen nicht mehr als verfassungsgemäß angesehen werden können, weil sie nicht mit einem verfassungsrechtlichen Konzept von (Re-)Sozialisierung nach Art. 2 Abs. 1 i.V.m. Art. 1 Abs. 1 GG i.V.m. Art. 20 Abs. 1 GG in Einklang stehen.[1018] Gleiches folgt auch aus dem obiter dictum des BVerfG, sodass die Landesgesetzgeber hier aufgerufen sind, die entsprechenden Regelungen zu überprüfen.[1019] Darüber hinaus sind mit Blick auf die historische Entwicklung der Vergütungsvorschriften im Strafvollzugsrecht sowie den Überlegungen hierzu auf parlamentarischer Ebene

1016 BVerfG, Nichtannahmebeschluss vom 16.12.2015, 2 BvR 1017/14, juris, Rn. 18; BVerfG, Nichtannahmebeschluss vom 24.03.2002, 2 BvR 2175/01, juris, Rn. 42.

1017 BVerfG, Nichtannahmebeschluss vom 16.12.2015, 2 BvR 1017/14, juris, Rn. 19. Vgl. auch BVerfGE 98, 169 (201); siehe ebenfalls BVerfG, Nichtannahmebeschluss vom 24.03.2002, 2 BvR 2175/01, juris, Rn. 37 f.

1018 Im Ergebnis ebenfalls *Arloth*, Anmerkung zu einer Entscheidung des BVerfG, Beschluss vom 16.12.2015, 2 BvR 1017/14, Zur angemessenen Entlohnung der Arbeit von Strafgefangenen, in: NStZ 2016, 238 (238 f.); siehe ebenfalls *Schäferskﾃｼpper*, Anmerkung zum Beschluss des BVerfG vom 16.12.2015, 2 BvR 1017/14, zur Vergütung freiwilliger Arbeit im Strafvollzug, in: StV 2016, 582 (582 f.).

1019 *Arloth*, Anmerkung zu einer Entscheidung des BVerfG, Beschluss vom 16.12.2015, 2 BvR 1017/14, Zur angemessenen Entlohnung der Arbeit von Strafgefangenen, in: NStZ 2016, 238 (239); siehe ebenfalls *Schäferskﾃｼpper*, Anmerkung zum Beschluss des BVerfG vom 16.12.2015, 2 BvR 1017/14, zur Vergütung freiwilliger Arbeit im Strafvollzug, in: StV 2016, 582 (583). Ähnlich *Feest/Galli*, in: Feest/Lesting/Lindemann (Hrsg.), AK-StVollzG, Teil II, § 55 LandesR, Rn. 51 f. zur Reformbedürftigkeit der Vergütung in allen Bundesländern.

nach der Leitentscheidung des BVerfG aus dem Jahr 1998 die Neuregelungen der betreffenden Bundesländer auch als ein Rückschritt in die Zeit vor Reformierung der Vergütungsvorschriften im Strafvollzugsrecht zu betrachten.[1020]

(bb) Verfassungsrechtliche Vereinbarkeit mit dem allgemeinen Gleichheitssatz

Fraglich ist zudem, ob durch eine Neukonzeption der Gefangenenvergütung, bei der auf eine nicht monetäre Komponente als Anerkennung von Arbeit in der Haft verzichtet wird, der allgemeine Gleichheitssatz gemäß Art. 3 Abs. 1 GG verletzt wird.

Gemäß Art. 3 Abs. 1 GG sind alle Menschen gleich vor dem Gesetz. Bei dem allgemeinen Gleichheitssatz handelt es sich um eine allgemeine rechtsstaatliche Grundnorm, die für die gesamte Rechtsordnung gilt.[1021] Der Grundgedanke des Gleichheitssatzes ist, dass gleiche Sachverhalte nicht unterschiedlich und unterschiedliche Sachverhalte nicht gleich behandelt werden dürfen.[1022] Als Struktur für eine Prüfung des Gleichheitssatzes ergibt sich daraus, dass erstens eine Gleich- oder Ungleichbehandlung vorliegen muss, zweitens die gleichen und ungleichen Elemente der betroffenen Sachverhaltskonstellationen zu sammeln sind und drittens zu fragen ist, ob die (Un-)Gleichbehandlung im Hinblick auf diese gleichen und ungleichen Elemente zu rechtfertigen ist.[1023] Zunächst muss somit eine Gleich- oder Ungleichbehandlung vorliegen. Dies beurteilt sich an einem Vergleich der Rechtsfolgen.[1024] Benötigt wird somit zunächst eine vergleichbare Personengruppe oder Situation, die gleich oder ungleich behandelt wird.

Naheliegend ist hier ein Vergleich zwischen den im Strafvollzug Beschäftigten, die in den Bundesländern arbeiten, die nur noch eine monetäre Vergütung von Arbeit vorsehen, mit den im Strafvollzug Beschäftigten in den Bundesländern, die Arbeit in monetärer und nicht monetärer Weise anerkennen. Eine Ungleichbehandlung könnte sich daraus ergeben, dass Arbeit im Strafvollzug in einem Binnenvergleich nach den jeweiligen Landesstrafvollzugsgesetzen unterschiedlich anerkannt wird. Mit der Föderalismusreform ist der Strafvollzug in die

---

1020 Vgl. ebenfalls *Arloth*, Anmerkung zu einer Entscheidung des BVerfG, Beschluss vom 16.12.2015, 2 BvR 1017/14, Zur angemessenen Entlohnung der Arbeit von Strafgefangenen, in: NStZ 2016, 238 (239).

1021 BVerfGE 1, 208 (243); BVerfGE 35, 263 (271 f.); BVerfGE 38, 206 (228); BVerfGE 41, 1 (13); *Wolff*, in: Hömig/Wolff (Hrsg.), Grundgesetz für die Bundesrepublik Deutschland Handkommentar, Art. 3, Rn. 2.

1022 Vgl. *Wolff*, in: Hömig/Wolff (Hrsg.), Grundgesetz für die Bundesrepublik Deutschland Handkommentar, Art. 3, Rn. 6; *Kischel*, in: Epping/Hillgruber (Hrsg.), BeckOK Grundgesetz, Art. 3, Rn. 14; s. a. st. Rspr. BVerfGE 1, 14 (52).

1023 *Kischel*, in: Epping/Hillgruber (Hrsg.), BeckOK Grundgesetz, Art. 3, Rn. 14; siehe hierzu ebenfalls *Kirchhof*, in: Maunz/Dürig, Grundgesetz Kommentar, Art. 3, Rn. 8.

1024 *Kischel*, in: Epping/Hillgruber (Hrsg.), BeckOK Grundgesetz, Art. 3, Rn. 15.

ausschließliche Gesetzgebungskompetenz der Länder übergegangen.[1025] Von ihrer Kompetenz haben mittlerweile alle Bundesländer Gebrauch gemacht und eigene Landesstrafvollzugsgesetze entwickelt.[1026] Im Zuge dessen haben sich sechs Bundesländer entschieden, Arbeit nur noch in monetärer Weise anzuerkennen und auf eine nicht monetäre Komponente zu verzichten. Werden die Landesgesetzgeber also im Rahmen ihrer Gesetzgebungskompetenz wie vorliegend tätig, können sich die davon betroffenen Personen nach ständiger Rechtsprechung des BVerfG[1027] zur Begründung eines Verstoßes gegen Art. 3 Abs. 1 GG allerdings nicht auf abweichende Regelungen im Bund und in anderen Ländern berufen. Aufgrund der unterschiedlichen strafvollzugsrechtlichen Regelungen in den Bundesländern ist ein Vergleich der im Strafvollzug beschäftigten Strafgefangenen darum lediglich im Rahmen der Gesetzgebungskompetenz des jeweiligen Bundeslandes möglich. Andernfalls handelt es sich um keine vergleichbare Gruppe im Sinne von Art. 3 Abs. 1 GG. Eine vergleichbare Situation liegt hier folglich nicht vor.

Weiterhin wäre ein Vergleich zwischen den in der Haft beschäftigten Strafgefangenen, die sich bei Ausführung von gesetzlich zugewiesener Arbeit in einem öffentlich-rechtlichen Beschäftigungsverhältnis der besonderen Art befinden, und Gefangenen, die außerhalb der Haft im echten Freigang freier Erwerbsarbeit nachgehen, denkbar. Eine Ungleichbehandlung würde sich hier aus der unterschiedlichen Vergütung ergeben, da Strafgefangene, die Beschäftigungen im echten Freigang nachgehen, privatrechtliche Verträge abschließen und nach Tarif entlohnt werden, wohingegen Strafgefangene, die in den hier betreffenden Bundesländern gesetzlich zugewiesener Arbeit nachgehen, lediglich mit 9 % der Bezugsgröße nach § 18 SGB IV vergütet werden. Allerdings hat das BVerfG[1028] bereits in seiner Leitentscheidung im Jahr 1998 darauf verwiesen, dass es sich bei diesen beiden Gruppen um keine tauglichen Vergleichsgruppen i. S. d. Art. 3 Abs. 1 GG handele, da auch im Kontext von Art. 3 Abs. 1 GG der Gestaltungsspielraum des Gesetzgebers beim Vergleich von Sachverhalten zu beachten sei. Nach dem VerfGH[1029] Rheinland-Pfalz sei hier außerdem auf die diesen Beschäftigungen zugrunde liegenden unterschiedlichen Rechtsverhältnisse hinzuweisen – so bestehe grundsätzlich kein Kontrahierungszwang im Arbeitsrecht. Zum einen handelt es sich hier also um unterschiedliche Rechtsverhältnisse. Zum anderen ist auch im Hinblick auf Art. 3 Abs. 1 GG der weite Gestaltungsspielraum des Gesetzgebers bei Ausgestaltung eines (Re-)Sozialisierungskonzeptes zu beachten. Somit stellen Gefangene,

1025 Vgl. Kapitel 1, S. 86 ff.
1026 Siehe Kapitel 1, S. 88 ff.
1027 Vgl. st. Rspr. BVerfG, Beschluss vom 07.11.2002, 2 BvR 1053/98, BVerfGE 106, 225 ff., juris, Rn. 48; BVerfGE 10, 354 (371); BVerfGE 16, 6 (24); BVerfGE 17, 319 (331); BVerfGE 42, 20 (27); BVerfGE 51, 43 (59); BVerfGE 76, 1 (73).
1028 BVerfGE 98, 169 (204).
1029 VerfGH Rheinland-Pfalz, Beschluss vom 08.06.2015, VGH B 41/14, juris, Rn. 31 f.

die Pflichtarbeit leisten, und Gefangene, die Arbeit im Freigang nachgehen, keine taugliche Vergleichsgruppe gemäß Art. 3 Abs. 1 GG dar.

Eine Verletzung des allgemeinen Gleichheitssatzes gemäß Art. 3 Abs. 1 GG durch eine Neukonzeption der Gefangenenvergütung, bei der auf eine nicht monetäre Komponente als Anerkennung von Arbeit in der Haft verzichtet wird, lässt sich daher nicht feststellen.

(cc) Ergebnis

Im Ergebnis ist die Neukonzeption der Gefangenenvergütung, bei der auf eine nicht monetäre Komponente als Anerkennung von Arbeit in der Haft verzichtet wird, nicht mit Verfassungsrecht vereinbar. Eine Verletzung des allgemeinen Gleichheitssatzes gemäß Art. 3 Abs. 1 GG lässt sich zwar nicht feststellen. Allerdings steht diese Neukonzeption der Gefangenenvergütung nicht mit dem verfassungsrechtlichen (Re-) Sozialisierungsgebot aus Art. 2 Abs. 1 i.V.m. Art. 1 Abs. 1 GG i.V.m. Art. 20 Abs. 1 GG in Einklang.

b. Privatrechtliche Rechtsverhältnisse

Privatrechtliche Rechtsverhältnisse zwischen Strafgefangenen und externen Unternehmern finden sich ausschließlich im Rahmen von freien Beschäftigungsverhältnissen außerhalb der Haft sowie im Kontext von Selbstbeschäftigungen. Vorausgesetzt wird ein Antrag Gefangener bei der Justizvollzugsbehörde, einer freien Beschäftigung oder einer Selbstbeschäftigung nachgehen zu wollen.[1030] Das verfassungsrechtliche (Re-)Sozialisierungsgebot verpflichtet sodann die Justizvollzugsbehörde sorgfältig zu prüfen, ob solche Beschäftigungen für die jeweiligen Gefangenen infrage kommen.[1031]

aa. Das freie Beschäftigungsverhältnis – „echter" Freigang

Strafgefangenen soll gestattet werden, einer Arbeit, Berufsausbildung oder beruflichen Weiterbildung auf der Grundlage eines freien Beschäftigungsverhältnisses außerhalb der Justizvollzugsanstalt nachzugehen, wenn dies im Rahmen des Vollzugsplanes dem Ziel dient, Fähigkeiten für eine Erwerbstätigkeit nach der Entlassung zu vermitteln, zu erhalten oder zu fördern, und wenn dem nicht überwiegende Gründe des Vollzuges entgegenstehen.[1032] Zum Gegenstandsbereich

---

1030 *Galli*, in: Feest/Lesting/Lindemann (Hrsg.), AK-StVollzG, Teil II, § 23 LandesR, Rn. 7.

1031 BVerfGE 98, 169 (210); *Galli*, in: Feest/Lesting/Lindemann (Hrsg.), AK-StVollzG, Teil II, § 23 LandesR, Rn. 5; *Nestler*, in: Laubenthal/Nestler/Neubacher/Verrel (Hrsg.), Strafvollzugsgesetze, zu F, Rn. 54, 56.

1032 Siehe § 45 Abs. 1 BWJVollzGB III, Art. 42 Abs. 1 BayStVollzG, § 31 Abs. 1 1. Alt. BbgJVollzG, § 23 Abs. 1 Satz 1 1. Alt. BremStVollzG, § 36 Abs. 1 1. Alt. HmbStVollzG, § 27 Abs. 7 HStVollzG, § 23 Abs. 1 Satz 1 1. Alt. StVollzG M-V, § 36 Abs. 1 NJVollzG, § 31 Abs. 1 NRWStVollzG, § 30 Abs. 1 Satz 1 1. Alt. LJVollzG RP, § 23 Abs. 1 Satz 1 1. Alt. SLStVollzG, § 23 Abs. 1 Satz 1 1. Alt. SächsStVollzG, § 30 Abs. 1 Satz 1 1. Alt.

freier Beschäftigungsverhältnisse gehören alle berufsbezogenen, der (Re-)Sozialisierung dienlichen sowie dem Vollzugsplan entsprechenden Arbeiten oder beruflichen Aus- und Weiterbildungen, die der Kontrolle durch die JVA im Hinblick auf die vertragliche Ausgestaltung sowie auf deren Durchführung standhalten.[1033] Wesentliches Merkmal für ein freies Beschäftigungsverhältnis ist, dass ein privatrechtlicher Vertrag zwischen dem Gefangenen und dem externen Arbeitgeber – resp. Ausbilder – abgeschlossen wird.[1034] Der Vertrag bedarf allerdings der Genehmigung durch die Justizvollzugsbehörde („gestattet").[1035] Nach eindeutigem Wortlaut in den Landesstrafvollzugsgesetzen muss es sich um Beschäftigungen außerhalb der Anstalt handeln.[1036] Historischer Hintergrund dieser Regelung ist, dass die Zulassung von entsprechenden Beschäftigungen innerhalb der Anstalt an den räumlichen, organisatorischen und personellen Verhältnissen der Anstalt scheiterte und es außerdem zu Beunruhigungen führte, wenn in einem Betrieb sowohl Gefangene aufgrund eines freien Arbeitsverhältnisses als auch Gefangene aufgrund zugewiesener Arbeit beschäftigt waren, resultierend aus den unterschiedlichen Vergütungszahlungen, die auf eine Zweiklassengesellschaft in der Haft hindeuten.[1037]

Freie Beschäftigungsverhältnisse außerhalb der Haft sind möglich, wenn die Voraussetzungen für vollzugsöffnende Maßnahmen (Lockerungen des Vollzuges) vorliegen.[1038] Diese können Gefangenen (mit ihrer Zustimmung) gewährt werden, wenn sie für die jeweilige Maßnahme geeignet sind, insbesondere dann, wenn ihre Persönlichkeit ausreichend gefestigt und nicht zu befürchten ist, dass sie sich aus dem Vollzug der Freiheitsstrafe entziehen oder die Maßnahme zur Begehung von Straftaten missbrauchen werden.[1039] Dabei kann als vollzugsöffnende Maßnahme

---

ThürJVollzGB, § 30 Abs. 1 Satz 1 1. Alt. JVollzG LSA, § 36 Abs. 1 Satz 1 1. Alt. LStVollzG SH, § 26 Abs. 1 Satz 1. Alt. StVollzG Bln.

1033 *Arloth/Krä*, StVollzG, noch zu § 39 StVollzG, Rn. 4.

1034 Siehe *Arloth/Krä*, StVollzG, noch zu § 39 StVollzG, Rn. 3; *Nestler*, in: Laubenthal/Nestler/Neubacher/Verrel (Hrsg.), Strafvollzugsgesetze, zu F, Rn. 55; *Galli*, in: Feest/Lesting/Lindemann (Hrsg.), AK-StVollzG, Teil II, § 23 LandesR, Rn. 5.

1035 Siehe *Arloth/Krä*, StVollzG, noch zu § 39 StVollzG, Rn. 3.

1036 *Galli*, in: Feest/Lesting/Lindemann (Hrsg.), AK-StVollzG, Teil II, § 23 LandesR, Rn. 21; Laubenthal/*Nestler*/Neubacher/Verrel (Hrsg.), Strafvollzugsgesetze, F Arbeit, Bildung, Rn. 59; *Arloth/Krä*, StVollzG, noch zu § 39 StVollzG, Rn. 6.

1037 BT-Drs. 7/918, S. 67; *Nestler*, in: Laubenthal/Nestler/Neubacher/Verrel (Hrsg.), Strafvollzugsgesetze, zu F, Rn. 59; *Arloth/Krä*, StVollzG, noch zu § 39 StVollzG, Rn. 6.

1038 *Galli*, in: Feest/Lesting/Lindemann (Hrsg.), AK-StVollzG, Teil II, § 23 LandesR, Rn. 8.

1039 Vgl. § 9 Abs. 1 BWJVollzGB III, Art. 13 Abs. 2 BayStVollzG, § 46 Abs. 2 Satz 1 BbgJVollzG, § 38 Abs. 2 BremStVollzG, § 12 Abs. 2 HmbStVollzG, § 13 Abs. 2 HStVollzG, § 38 Abs. 2 StVollzG M-V, § 13 Abs. 2 und 3 NJVollzG, § 53 Abs. 1 NRWStVollzG, § 45 Abs. 2 Satz 1 LJVollzG RP, § 38 Abs. 2 SLStVollzG, § 38 Abs. 2 SächsStVollzG, § 46 Abs. 2 Satz 1 ThürJVollzGB, § 45 Abs. 2 und 3 JVollzG LSA, § 55 Abs. 2 LStVollzG SH, § 42 Abs. 2 StVollzG Bln. Das Erfordernis der Zustimmung wird nur in manchen Bundesländern vorausgesetzt, vgl. § 9 Abs. 1 BWJVollzGB

vor allem angeordnet werden, dass Gefangene einer regelmäßigen Beschäftigung außerhalb der JVA unter Aufsicht eines Vollzugsbediensteten oder ohne Aufsicht im sog. Freigang nachgehen dürfen.[1040] Lediglich Gefangene, die die Voraussetzungen für freie Beschäftigungsverhältnisse erfüllen, können diese somit auch außerhalb des Vollzuges im Freigang ausüben.[1041] Die Option, eine schulische Aus- und Weiterbildung im Rahmen eines Freiganges zu absolvieren, wird in einigen Landesstrafvollzugsgesetzen ausdrücklich vorgesehen.[1042] Weiterhin muss die JVA überprüfen, ob die konkreten Beschäftigungsstellen für die Maßnahmen geeignet sind, was z. B. im Falle eines Zuhälters, der wieder im Rotlichtmilieu arbeiten möchte, nicht der Fall wäre.[1043] Die Justizvollzugsbehörde hat im Rahmen ihres Ermessens über die Gestattung von freien Beschäftigungsverhältnissen zu entscheiden, sodass Strafgefangene keinen Anspruch auf Gestattung eines freien Beschäftigungsverhältnisses haben, jedoch ein Recht auf ermessensfehlerfreie Entscheidung.[1044] Werden die Voraussetzungen für einen Freigang bejaht, bietet der Freigang für Strafgefangene die effektivste Form der (Re-)Sozialisierung, da Beschäftigungen im Freigang regelhaft die beste Option sind, Fähigkeiten für eine Erwerbsarbeit nach der Haft zu vermitteln, zu erhalten oder zu fördern.[1045]

III, Art. 13 Abs. 2 BayStVollzG, § 38 Abs. 2 Satz 2 BremStVollzG, § 53 Abs. 1 NRWStVollzG.

1040 § 9 Abs. 2 Nr. 1 BWJVollzGB III, Art. 13 Abs. 1 Nr. 1 BayStVollzG, § 46 Abs. 1 Satz 1 Nr. 4 BbgJVollzG, § 38 Abs. 1 Nr. 4 BremStVollzG, § 12 Abs. 1 Satz 1 Nr. 5 HmbStVollzG, § 13 Abs. 3 Nr. 2 HStVollzG, § 38 Abs. 1 Nr. 4 StVollzG M-V, § 13 Abs. 1 Nr. 1 NJVollzG, § 53 Abs. 1 und 2 Nr. 4 NRWStVollzG, § 45 Abs. 1 Satz 1 Nr. 4 LJVollzG RP, § 38 Abs. 1 Nr. 4 SLStVollzG, § 38 Abs. 1 Nr. 4 SächsStVollzG, § 46 Abs. 1 Satz 1 Nr. 4 ThürJVollzGB, § 45 Abs. 1 Nr. 5 und 6 JVollzG LSA, § 55 Abs. 1 Nr. 4 LStVollzG SH, § 42 Abs. 1 Nr. 4 StVollzG Bln.

1041 *Galli*, in: Feest/Lesting/Lindemann (Hrsg.), AK-StVollzG, Teil II, § 23 LandesR, Rn. 8.

1042 *Galli*, in: Feest/Lesting/Lindemann (Hrsg.), AK-StVollzG, Teil II, § 23 LandesR, Rn. 2. Vgl. hierzu § 31 Abs. 1 BbgJVollzG, § 27 Abs. 7 HStVollzG, § 30 Abs. 1 Satz 1 1. Alt. LJVollzG RP, § 30 Abs. 1 Satz 1 1. Alt. ThürJVollzGB, § 30 Abs. 1 JVollzG LSA, § 36 Abs. 1 LStVollzG SH.

1043 Vgl. *Galli*, in: Feest/Lesting/Lindemann (Hrsg.), AK-StVollzG, Teil II, § 23 LandesR, Rn. 9.

1044 *Nestler*, in: Laubenthal/Nestler/Neubacher/Verrel (Hrsg.), Strafvollzugsgesetze, zu F, Rn. 67; *Galli*, in: Feest/Lesting/Lindemann (Hrsg.), AK-StVollzG, Teil II, § 23 LandesR, Rn. 11. S. a. LG Wuppertal, Beschluss vom 12.02.1988, 1 Vollz 89/87, in: NStZ 1988, 476 (476) noch zu § 39 Abs. 1 StVollzG, wonach Gefangene nur einen Anspruch auf ermessensfehlerfreie Entscheidung haben. Siehe *Arloth/Krä*, StVollzG, noch zu § 39 StVollzG, Rn. 5; *Nestler*, in: Laubenthal/Nestler/Neubacher/Verrel (Hrsg.), Strafvollzugsgesetze, zu F, Rn. 66; *Galli*, in: Feest/Lesting/Lindemann (Hrsg.), AK-StVollzG, Teil II, § 23 LandesR, Rn. 11. Vgl. auch OLG Hamm, Beschluss vom 17.09.1992, 1 Vollz (Ws) 98/92, in: NStZ 1993, 208 (208).

1045 *Galli*, in: Feest/Lesting/Lindemann (Hrsg.), AK-StVollzG, Teil II, § 23 LandesR, Rn. 12.

bb. Sonderform „Selbstbeschäftigung“

Strafgefangenen kann außerdem gestattet werden, sich selbst zu beschäftigen.[1046] Während der Selbstbeschäftigung üben Gefangene weder zugewiesene oder arbeitstherapeutische Beschäftigungen aus, noch nehmen sie Aus- und Weiterbildungsangebote wahr oder befinden sich in einem freien Beschäftigungsverhältnis.[1047] Gegenstand von Selbstbeschäftigungen sind vor allem freiberufliche Tätigkeiten, womit aber nicht nur typische freiberufliche Arbeiten wie die eines Künstlers, Schriftstellers oder Wissenschaftlers gemeint sind, sondern zu denen auch alle selbstständigen Tätigkeiten wie die eines Unternehmers oder eines Geschäftsführers einer GmbH gehören; regelmäßig wird ein Erwerbszweck vorliegen.[1048] Übliche und zulässige Gegenstände können hierbei journalistische Arbeiten, das Schreiben eines Fortsetzungsromans oder Tätigkeiten eines Verlegers sowie künstlerische Tätigkeiten aller Art sein, bei denen der Gefangene einen privatrechtlichen Vertrag mit z. B. einem Verlag abgeschlossen hat oder abschließt.[1049] Des Weiteren können Nichterwerbsarbeiten wie Hausmann- oder Hausfrauentätigkeiten eine Selbstbeschäftigung begründen, da ihr wirtschaftlicher Wert anerkannt ist, wie z. B. der Freigang von Müttern zur Betreuung und Versorgung ihrer Kinder.[1050] Außerdem kann ein Präsenz- oder Fernstudium an

---

1046 Vgl. § 45 Abs. 2 BWJVollzGB III, Art. 42 Abs. 2 BayStVollzG, § 31 Abs. 1 2. Alt. BbgJVollzG, § 23 Abs. 1 Satz 1 2. Alt. BremStVollzG, § 36 Abs. 1 2. Alt. HmbStVollzG (innerhalb oder außerhalb der Anstalt), § 27 Abs. 4 Satz 1 HStVollzG, § 23 Abs. 1 Satz 1 2. Alt. StVollzG M-V, § 36 Abs. 2 NJVollzG, § 31 Abs. 2 NRWStVollzG, § 30 Abs. 1 Satz 1 2. Alt. LJVollzG RP, § 23 Abs. 1 Satz 1 2. Alt. SLStVollzG, § 23 Abs. 1 Satz 1 2. Alt. SächsStVollzG, § 30 Abs. 1 Satz 1 2. Alt. ThürJVollzGB, § 30 Abs. 1 Satz 1 2. Alt. JVollzG LSA, § 36 Abs. 1 Satz 1 2. Alt. LStVollzG SH (innerhalb oder außerhalb der Anstalt), § 26 Abs. 1 Satz 1 2. Alt. StVollzG Bln.

1047 *Laubenthal* in: Schwind/Böhm/Jehle/Laubenthal (Hrsg.), Strafvollzugsgesetz – Bund und Länder Kommentar, noch zu § 39 StVollzG, Rn. 13; *Laubenthal*, Strafvollzug, Rn. 419.

1048 *Galli*, in: Feest/Lesting/Lindemann (Hrsg.), AK-StVollzG, Teil II, § 23 LandesR, Rn. 31; *Nestler*, in: Laubenthal/Nestler/Neubacher/Verrel (Hrsg.), Strafvollzugsgesetze, zu F, Rn. 70 f.; *Laubenthal* in: Schwind/Böhm/Jehle/Laubenthal (Hrsg.), Strafvollzugsgesetz – Bund und Länder Kommentar, noch zu § 39 StVollzG, Rn. 13, 17.

1049 *Galli*, in: Feest/Lesting/Lindemann (Hrsg.), AK-StVollzG, Teil II, § 23 LandesR, Rn. 31; beachte auch *Böhm*, Strafvollzug, Rn. 323; vgl. auch LG Hamburg, in: NStZ 1987, 358; zur künstlerischen Arbeit im Strafvollzug als freiberufliche Tätigkeit (Selbstbeschäftigung), vgl. *Bamann*, Kunst und Kunsttherapie im Strafvollzug, in: ZfStrVo 3/2006, 150 (151). Zum Verlagsvertrag beachte das Gesetz über das Verlagsrecht (VerlG) vom 19.06.1901, veröffentlicht im RGBl. 1901, S. 217 ff. sowie zum Autorenvertrag als zivilrechtlichem Werkvertrag, siehe *Merkle*, in: Gsell/Krüger/Lorenz/Reymann (Hrsg.), beck-online Großkommentar BGB, § 631 BGB, Rn. 299.

1050 *Galli*, in: Feest/Lesting/Lindemann (Hrsg.), AK-StVollzG, Teil II, § 23 LandesR, Rn. 32; s. a. BGHZ 38, 55 (57 f.) sowie BGHZ 50, 304 ff.; *Arloth/Krä*, StVollzG, § 39

einer Hochschule als Selbstbeschäftigung ausgeführt werden, wenn die schulische Weiterbildung nicht innerhalb eines Freiganges nach den Vorschriften der Landestrafvollzugsgesetze ausgeführt werden kann.[1051] Hinsichtlich der Gestattung von Selbstbeschäftigung steht der Justizvollzugsbehörde ein Ermessensspielraum zu.[1052] Bei der Ausübung der Selbstbeschäftigung hat die Anstaltsleitung ebenfalls entgegenstehende Belange des Vollzuges zu berücksichtigen.[1053] Da in den jeweiligen Landesstrafvollzugsgesetzen allerdings kaum Regelungen getroffen werden, unter welchen Voraussetzungen eine Selbstbeschäftigung erteilt werden kann, wird bei der Gestattung auf allgemeine Grundsätze zurückgegriffen. Dabei steht die Frage im Vordergrund, inwieweit eine Selbstbeschäftigung ihrem Gegenstand nach dem Ziel dient, Fähigkeiten für Erwerbstätigkeiten nach der Haftzeit zu vermitteln, zu erhalten und zu fördern.[1054] Aus dem Blickwinkel des verfassungsrechtlichen (Re-)Sozialisierungsgebotes ist Gefangenen daher eine Selbstbeschäftigung zumindest immer dann zu bewilligen, wenn sie eine positivere Entwicklung für den Gefangenen im Gegensatz zur zugewiesenen Arbeit verspricht.[1055] Wird eine Selbstbeschäftigung gestattet, ist diese innerhalb oder außerhalb der Anstalt möglich.[1056] Ausdrücklich darauf verwiesen wird in den Landesstrafvollzugsgesetzen in Hamburg und Schleswig-Holstein.[1057]

StVollzG, Rn. 7; *Nestler*, in: Laubenthal/Nestler/Neubacher/Verrel (Hrsg.), Strafvollzugsgesetze, zu F, Rn. 71.

1051 *Galli*, in: Feest/Lesting/Lindemann (Hrsg.), AK-StVollzG, Teil II, § 23 LandesR, Rn. 32; Vgl. zur Fortsetzung eines Studiums im Freigang noch nach § 39 StVollzG, LG Frankfurt/Main, Beschluss vom 15.05.1986, 5/33 StVK 32/86, in: StV 1987, 301 f. Schulische Aus- und Weiterbildung im Kontext eines Freiganges sind nur möglich nach den Landesstrafvollzugsgesetzen § 31 Abs. 1 BbgJVollzG, § 27 Abs. 7 HStVollzG, § 30 Abs. 1 LJVollzG RP, § 30 Abs. 1 ThürJVollzGB, § 30 Abs. 1 JVollzG LSA, § 36 Abs. 1 LStVollzG SH; siehe *Galli*, in: Feest/Lesting/Lindemann (Hrsg.), AK-StVollzG, Teil II, § 23 LandesR, Rn. 2.

1052 Siehe *Laubenthal*, Strafvollzug, Rn. 419.

1053 Ebd.

1054 *Galli*, in: Feest/Lesting/Lindemann (Hrsg.), AK-StVollzG, Teil II, § 23 LandesR, Rn. 33; *Laubenthal*, Strafvollzug, Rn. 419.

1055 *Galli*, in: Feest/Lesting/Lindemann (Hrsg.), AK-StVollzG, Teil II, § 23 LandesR, Rn. 33.

1056 Vgl. *Galli*, in: Feest/Lesting/Lindemann (Hrsg.), AK-StVollzG, Teil II, § 23 LandesR, Rn. 34; Selbstbeschäftigungen außerhalb der Haft hat der BGH ausdrücklich bereits im Jahr 1990 als rechtmäßig bestätigt, siehe BGH, Beschluss vom 26. Juni 1990, 5 AR Vollz 19/89, BGHSt 37, 85 (88); vgl. außerdem *Nestler*, in: Laubenthal/Nestler/Neubacher/Verrel (Hrsg.), Strafvollzugsgesetze, zu F, Rn. 71; *Arloth/Krä*, StVollzG, noch zu § 39 StVollzG, Rn. 7.

1057 Vgl. § 36 Abs. 1 2. Alt. HmbStVollzG und § 36 Abs. 1 Satz 1 2. Alt. LStVollzG SH.

cc. Entlohnung bei freien Beschäftigungsverhältnissen und Selbstbeschäftigung

Strafgefangene, die freien Beschäftigungsverhältnissen außerhalb der Haft nachgehen, sind nicht von den landesstrafvollzugsrechtlichen Regelungen zur Gefangenenvergütung für zugewiesene Arbeit betroffen.[1058] Vielmehr erhalten Gefangene in freien Beschäftigungsverhältnissen regelmäßig die volle tarifliche Entlohnung.[1059] Akzeptiert werden kann auch eine geringfügig untertarifliche Vergütung, allerdings darf die Justizvollzugsbehörde einer erheblichen Unterschreitung nicht zustimmen.[1060] Frei über ihr Entgelt verfügen können Strafgefangene in freien Beschäftigungsverhältnissen nicht.[1061] Nach der Mehrzahl der Landesstrafvollzugsgesetze ist das Entgelt aus freien Beschäftigungsverhältnissen zwingend der Anstalt zur Gutschrift für die Gefangenen zu überweisen.[1062] In den übrigen Bundesländern ist diese Entscheidung in das pflichtgemäße Ermessen der Justizvollzugsbehörde gestellt.[1063] Mit Zahlung des Entgeltes vom externen Arbeitgeber an die Justizvollzugsanstalt wird dem Gefangenen allerdings ein angemessenes Hausgeld übertragen, das leicht über dem von in öffentlich-rechtlichen Beschäftigungsverhältnissen arbeitenden Gefangenen liegt, und ein Haftkostenbeitrag erhoben.[1064] Das restliche Entgelt wird dem Eigengeld der Strafgefangenen zugeführt

---

1058 *Schöch*, in: Kaiser/Schöch, Strafvollzug, § 7, Rn. 123.

1059 Ebd.; *Nestler*, in: Laubenthal/Nestler/Neubacher/Verrel (Hrsg.), Strafvollzugsgesetze, zu F, Rn. 58.

1060 Vgl. hierzu OLG Hamm, Beschluss vom 22.09.1987, 1 Vollz (Ws) 267/87, in: ZfStrVo 1988, 110 ff., wonach es nicht akzeptabel sei, dass Strafgefangene für ein 30 % unter dem Tariflohn liegendem Entgelt tätig werden.

1061 *Galli*, in: Feest/Lesting/Lindemann (Hrsg.), AK-StVollzG, Teil II, § 23 LandesR, Rn. 22.

1062 *Galli*, in: Feest/Lesting/Lindemann (Hrsg.), AK-StVollzG, Teil II, § 23 LandesR, Rn. 4. Vgl. § 45 Abs. 3 BWJVollzGB III, § 31 Abs. 2 BbgJVollzG, § 23 Abs. 2 BremStVollzG, § 23 Abs. 2 StVollzG M-V, § 23 Abs. 2 SLStVollzG, § 23 Abs. 2 SächsStVollzG, § 30 Abs. 2 ThürJVollzGB, § 30 Abs. 2 JVollzG LSA, § 36 Abs. LStVollzG SH, § 26 Abs. 2 Satz 1 StVollzG Bln (Ausnahmen hiervon können in geeigneten Fällen zugelassen werden, § 26 Abs. 2 Satz 2 StVollzG Bln).

1063 *Galli*, in: Feest/Lesting/Lindemann (Hrsg.), AK-StVollzG, Teil II, § 23 LandesR, Rn. 4. Siehe Art. 42 Abs. 3 BayStVollzG, § 36 Abs. 3 HmbStVollzG, § 27 Abs. 4 Satz 2, Abs. 7 Satz 2 HStVollzG, § 36 Abs. 3 NJVollzG, § 31 Abs. 3 NRWStVollzG, § 30 Abs. 2 LJVollzG RP.

1064 *Schöch*, in: Kaiser/Schöch, Strafvollzug, § 7, Rn. 123. Drei Siebtel ihrer Bezüge (Hausgeld) dürfen Gefangene monatlich für Einkäufe oder anderweitige Dinge verwenden, vgl. zum Hausgeld § 53 Abs. 2 1. Alt. und Abs. 4 BWJVollzGB III, Art. 50 Abs. 1 und 2 BayStVollzG, § 70 Abs. 1 und 2 BbgJVollzG, § 60 Abs. 1 und 2 BremStVollzG, § 45 Abs. 1 und 2 HmbStVollzG, § 40 Abs. 1 und 2 HStVollzG, § 59 Abs. 1 und 2 StVollzG M-V, § 46 Abs. 1 NJVollzG, § 36 Abs. 1 und 2 NRWStVollzG, § 69 Abs. 1 und 2 LJVollzG RP, § 59 Abs. 1 und 2 SLStVollzG, § 59 Abs. 1 und 2

oder für Unterhalts- und Schadensersatzverpflichtungen verwendet.[1065] Diskutiert wird in der Literatur ein übermäßiger Eingriff durch diese Vorgehensweise in das durch Art. 14 Abs. 1 GG geschützte Eigentum, zu dem auch die Entgeltforderung gehört.[1066] Er sei nur dann zulässig, wenn die Gefahr bestehe, dass Strafgefangene ihren Verpflichtungen nicht nachkommen würden, was nicht ohne Weiteres allgemein für alle Gefangenen angenommen werde könne.[1067] Vorgeschlagen wird somit die Einrichtung eines „Und-Kontos", das auf den Namen des jeweiligen Strafgefangenen abzuschließen ist, worüber aber der Gefangene und die Anstalt gemeinsam verfügen sowie die Option einer direkten Überweisung auf das Privatkonto von Strafgefangenen.[1068]

Die Grundsätze zur Vergütung von freien Beschäftigungsverhältnissen finden auch auf Selbstbeschäftigungen Anwendung.[1069]

III. Strafvollzugsrechtliche Beschäftigung im Licht des sozialversicherungsrechtlichen Beschäftigungsbegriffes

Die Frage, ob Beschäftigungen von Strafgefangenen eine Versicherungspflicht in der Sozialversicherung auslösen können, ist beinahe so alt wie die Sozialversicherung selbst.[1070] Die Beschäftigung von Gefangenen bildet einen der wichtigsten

---

SächsStVollzG, § 70 Abs. 1 und 2 ThürJVollzGB, § 68 Abs. 1 JVollzG LSA, § 75 Abs. 1 und 2 LStVollzG SH, § 67 Abs. 1 und 2 StVollzG Bln.
Siehe zum Haftkostenbeitrag: § 51 Abs. 1 Satz 1 BWJVollzGB III, Art. 49 Abs. 1 BayStVollzG, § 72 Abs. Satz 1 BbgJVollzG, § 62 Abs. 1 Satz 1 BremStVollzG, § 49 Abs. 1 Satz 1 HmbStVollzG, § 43 Abs. 1 HStVollzG, § 61 Abs. Satz 1 StVollzG M-V, § 52 Abs. 1 NJVollzG, § 39 Abs. 1 Satz 1 NRWStVollzG, § 71 Abs. 1 Satz 1 LJVollzG RP, § 61 Abs. 1 Satz 1 SLStVollzG, § 61 Abs. 1 Satz 1 SächsStVollzG, § 72 Abs. 1 Satz 1 ThürJVollzGB, § 72 Abs. 1 Satz 1 JVollzG LSA, § 78 Abs. 1 Satz 1 und 2 LStVollzG SH, § 69 Abs. 1 Satz 1 StVollzG Bln.

1065 *Schöch*, in: Kaiser/Schöch, Strafvollzug, § 7, Rn. 123. Zum Eigengeld gehören die Beiträge, die Gefangene bei Aufnahme in die Haft mitbringen und die sie während der Haftzeit erhalten, sowie die Vergütung, soweit diese nicht zur Bezahlung eines Haftkostenbeitrages und als Hausgeld in Anspruch genommen wird, vgl. zum Eigengeld in den Landesstrafvollzugsgesetzen § 53 Abs. 3 BWJVollzGB III, Art. 52 BayStVollzG, § 67 BbgJVollzG, § 57 BremStVollzG, § 48 HmbStVollzG, § 44 HStVollzG, § 56 StVollzG M-V, § 48 NJVollzG, § 38 NRWStVollzG, § 66 LJVollzG RP, § 56 SLStVollzG, § 56 SächsStVollzG, § 67 ThürJVollzGB, § 70 JVollzG LSA, § 72 LStVollzG SH, § 64 StVollzG Bln.

1066 Siehe *Galli*, in: Feest/Lesting/Lindemann (Hrsg.), AK-StVollzG, Teil II, § 23 LandesR, Rn. 22.

1067 Ebd.

1068 Ebd.

1069 *Arloth/Krä*, StVollzG, noch zu § 39 StVollzG, Rn. 8; *Galli*, in: Feest/Lesting/Lindemann (Hrsg.), AK-StVollzG, Teil II, § 23 LandesR, Rn. 35.

1070 *Mrozynski*, Zur Pflichtversicherung Gefangener im Straf- und Maßregelvollzug, in: SGb 1990, 315 (315).

Bausteine für einen geordneten Strafvollzug, ist aber ebenfalls das ausschlaggebende Kriterium für einen in Betracht kommenden Sozialversicherungsschutz für Strafgefangene.[1071] Gefangene müssen während der Haft eine Beschäftigung ausüben, damit die Möglichkeit besteht, dass sie in den Kreis der versicherten Personen in der Sozialversicherung kraft Gesetzes einbezogen werden. Fraglich ist daher, ob die unterschiedlichen Beschäftigungsverhältnisse im Strafvollzug die Voraussetzungen einer Beschäftigung im sozialversicherungsrechtlichen Sinne gemäß § 7 Abs. 1 SGB IV erfüllen.

1. Öffentlich-rechtliche Beschäftigungsverhältnisse

a. Gesetzlich zugewiesene Arbeit

Zu prüfen ist, ob Beschäftigungen, die Strafgefangenen von der Justizvollzugsbehörde – also gesetzlich – zugewiesen werden, den Anforderungen an Beschäftigungen im Sozialversicherungsrecht genügen. Dazu müssen diese die Tatbestandsmerkmale des § 7 Abs. 1 SGB IV erfüllen. Gemäß § 7 Abs. 1 Satz 1 SGB IV liegt dann eine Beschäftigung vor, wenn eine Arbeit unselbstständig ist und wenn nach den Grundsätzen des Arbeitsrechts ein Arbeitsverhältnis anzunehmen ist.[1072]

Strafgefangene sind nach den überwiegenden Vorschriften in den Landesstrafvollzugsgesetzen verpflichtet, eine ihnen zugewiesene, ihren körperlichen Fähigkeiten, Fertigkeiten und Neigungen entsprechende Arbeit, arbeitstherapeutische oder sonstige Beschäftigung auszuüben, zu deren Verrichtung sie aufgrund ihres körperlichen Zustandes in der Lage sind.[1073] Da zwischen Gefangenen und der Anstalt keine Arbeitsverträge oder Berufsausbildungsverträge geschlossen werden und Gefangene demnach keine Arbeitnehmer sind, stehen sie unter der öffentlich-rechtlichen Verantwortung der Vollzugsbehörde, die ihnen wirtschaftlich ergiebige Arbeit zuweist, sodass das Beschäftigungsverhältnis zwischen Strafgefangenen und der Justizvollzugsanstalt öffentlich-rechtlicher Natur ist.[1074] Diese Strafgefangenen

1071 BVerfGE 98, 169 (207); vgl. auch z. B. § 62 Satz 1 und 2 Reichsratsgrundsätze und Nr. 80 Abs. 1 DVollzO: Beschäftigung in der Haft bildet die Grundlage eines geordneten und wirksamen Strafvollzuges. Siehe hierzu ebenfalls Kapitel 1, S. 53 sowie S. 64 f.

1072 BT-Drs. 7/4122, S. 31.

1073 Vgl. § 47 Abs. 1 Satz 1 BWJVollzGB III, Art. 43 Satz 1 BayStVollzG, § 22 Satz 2 BremStVollzG, § 38 Abs. 1 Satz 1 HmbStVollzG, § 27 Abs. 2 Satz 1 HStVollzG, § 22 Satz 1 StVollzG M-V, § 38 Abs. 1 NJVollzG, § 29 Abs. 1 Satz 2 NRWStVollzG, § 29 Abs. 1 Satz 1 ThürJVollzGB, § 29 Abs. 2 Satz 1 JVollzGB LSA, § 35 Abs. 1 Satz 1 LStVollzG SH, § 24 Abs. 1 Satz 1 StVollzG Bln.

1074 Vgl. *Schneider-Danwitz*, Das Beschäftigungsverhältnis in der sozialgerichtlichen Rechtsprechung, S. 554, in: Wannagat, Entwicklung des Sozialrechts, Aufgabe der Rechtsprechung; *Nestler*, in: Laubenthal/Nestler/Neubacher/Verrel (Hrsg.), Strafvollzugsgesetze, zu F, Rn. 16; *Galli*, in: Feest/Lesting/Lindemann (Hrsg.), AK-StVollzG, Teil II, vor § 19 LandesR, Rn. 9; *Arloth/Krä*, StVollzG, noch zu § 37

befinden sich folglich in einem öffentlich-rechtlichen Beschäftigungsverhältnis eigener Art und nicht in einem privatrechtlichen Arbeitsverhältnis.[1075] § 7 Abs. 1 Satz 1 SGB IV entspricht allerdings dem Rechtsgrundsatz, dass Rechte und Pflichten aus der Sozialversicherung grundsätzlich gesetzlich, in Unabhängigkeit von der Wirksamkeit und den Inhalten privatrechtlicher Vereinbarungen, also allein durch die tatsächliche Beschäftigung begründet werden.[1076] Somit kommt es nicht darauf an, ob ein wirksamer Arbeitsvertrag zwischen Arbeitnehmer und Arbeitgeber abgeschlossen wird.[1077] Vielmehr kann auch ohne das Vorliegen eines Arbeitsverhältnisses eine Beschäftigung im Sinne des Sozialversicherungsrechts gegeben sein.[1078] Entsprechend ist das Nichtvorliegen einer privatrechtlichen Vereinbarung bei zugewiesener Arbeit kein ausschlaggebendes Kriterium zur Bestimmung einer sozialversicherungsrechtlichen Beschäftigung.

Zu fragen ist weiterhin, ob es sich bei der zugewiesenen Beschäftigung, zu deren Ausführung Gefangene gesetzlich verpflichtet sind, um eine nicht selbstständige Tätigkeit handelt. Diese liegt vor, wenn der Arbeitnehmer persönlich abhängig in den Betrieb des Arbeitgebers eingegliedert ist sowie seinem Weisungsrecht unterliegt, welches Zeit, Dauer, Ort und Art der Arbeitsführung betrifft; hingegen liegt eine selbstständige Erwerbstätigkeit vor, wenn die Arbeit durch ein eigenes Unternehmerrisiko, das Vorhandensein einer eigenen Betriebsstätte und die Verwendung eigener Betriebsmittel sowie durch Verfügungsmöglichkeit über die eigene Arbeitskraft und durch freie Gestaltungsmöglichkeiten der Arbeitszeit gekennzeichnet

StVollzG, Rn. 6; *Laubenthal*, in: Schwind/Böhm/Jehle/Laubenthal (Hrsg.), Strafvollzugsgesetz – Bund und Länder Kommentar, vor § 37, Rn. 3; s. a. Beschluss KG Berlin vom 29.06.2015, 2 Ws 132/15 Vollz, juris, Rn. 10.

1075 *Galli*, in: Feest/Lesting/Lindemann (Hrsg.), AK-StVollzG, Teil II, vor § 19 LandesR, Rn. 9 m.w.N.: siehe innerhalb der ordentlichen Gerichte KG Berlin, Beschluss vom 09.12.1988, 5 Ws 358/88 Vollz, in: NStZ 1989, 197; siehe LAG Hamm, Beschluss vom 05.02.1991, 7 Ta 31/91, in: ZfStrVo 1992, 256 zur Frage eines privatrechtlichen Arbeitsverhältnisses beim freien Beschäftigungsverhältnis, sowie LAG Berlin-Brandenburg, Beschluss vom 03.06.2009, 13 Ta 1102/09, BeckRS 2009, 66296 zur Arbeitszuweisung; vgl. ebenfalls die Entscheidungen der Sozialgerichte: BSG, Urteil vom 16.10.1990, 11 RAr 3/90, in: ZfStrVo 1992, 134 f., zur Beschäftigung eines Freigängers als versicherungspflichtiges Arbeitsverhältnis; LSG Rheinland-Pfalz, Urteil vom 29.11.1985, L 6 Ar 19/85, in: NStZ 1986, 192.

1076 *Lüdtke/Winkler*, in: Winkler (Hrsg.), Sozialgesetzbuch IV Lehr- und Praxiskommentar, § 7 SGB IV, Rn. 7. Vgl. schon EuM d. RVA, 21, 305 (308), wonach die Versicherungspflicht auch dann eintritte, wenn die Beschäftigung nicht auf einem rechtsgültigen Dienstvertrag beruhe; im Grundsatz bestätigt in EuM d. RVA, 22, 238 (241); s. a. BSGE 1, 115 (117 f.).

1077 BT-Drs. 7/4122, S. 31.

1078 Vgl. zur Tätigkeit ohne Arbeitsverhältnis *Zieglmeier*, in: Körner/Leitherer/Mutschler/Rolfs (Hrsg.), Kasseler Kommentar Sozialversicherungsrecht, SGB IV, § 7, Rn. 3.

ist.[1079] Strafgefangene, denen Arbeit zugewiesen wird, können ihre Arbeitstätigkeit im Wesentlichen nicht frei gestalten.[1080] Durch Zuweisung der Arbeit durch die Justizvollzugsbehörde unterstehen Strafgefangene dem Weisungsrecht der JVA, die Zeit, Dauer, Ort und Art der Beschäftigung im Rahmen der gesetzlichen Vorgaben bestimmt. Gefangene sind daher bei zugewiesener Arbeit persönlich von der Justizvollzugsbehörde abhängig, die hier als Arbeitgeber fungiert, und führen ihre Tätigkeit demnach nicht selbstständig aus. Außerdem zählt traditionell das ungeschriebene Merkmal der „Freiwilligkeit" zu den unentbehrlichen Tatbestandsmerkmalen eines Beschäftigungsverhältnisses im sozialversicherungsrechtlichen Sinn, sodass nur freiwillig eingegangene Beschäftigungsverhältnisse eine Versicherungspflicht begründen können.[1081] Gefordert wird demzufolge zusätzlich zur persönlichen Abhängigkeit ein freier Austausch von Lohn und Arbeit.[1082] Typisch dafür ist, dass es sich auf beiden Seiten jeweils um eigenständige Entschlüsse zur Beschäftigung handeln muss, die nach dem Modell der Erklärungen bei einem Vertragsschluss geäußert werden.[1083] Zu untersuchen ist, ob auch bei zugewiesener Arbeit, zu deren Ausführung Strafgefangene verpflichtet sind, das Merkmal der Freiwilligkeit als erfüllt angesehen werden kann. Gefangene, denen Arbeit zugewiesen wird, geben nicht aufgrund einer frei gewählten Beschäftigung eine Willenserklärung zum Abschluss eines Arbeitsvertrages ab, sondern gehen der Beschäftigung nach, weil diese ihnen zugewiesen wird und sie zu deren Ausführung gesetzlich verpflichtet sind. Auch für die Fälle, in denen Strafgefangene ausdrücklich eine Zuweisung einer Beschäftigung wünschen, ergibt sich keine andere Beurteilung, wie bereits der Rechtsprechung des BAG[1084] vom 24.04.1969 zu entnehmen ist. Hiernach stelle auch das Verlangen des Gefangenen nach Zuteilung von Arbeit, soweit es für die Beschäftigung während der Haft erforderlich sei, kein Angebot zum Abschluss eines privatrechtlichen Vertrages gemäß §§ 145 ff. BGB dar, sondern lediglich eine den Inhalt des öffentlich-rechtlichen Gewaltverhältnisses in bestimmter Hinsicht beeinflussende Erklärung.[1085] Meinungen in der

---

1079 Vgl. Kapitel 2, S. 158 f.

1080 *Schirmer*, Soziale Sicherung von Strafgefangenen, S. 89.

1081 Vgl. oben Kapitel 2, S. 160 f.

1082 Ebd.

1083 BSGE 80, 250 (252).

1084 BAG, Urteil vom 24.04.1969, 5 AZR 438/68, BAGE 22, 1.

1085 Vgl. BAG, Urteil vom 24.04.1969, 5 AZR 438/68, BAGE 22, 1 (4 f.). Vgl. ebenfalls BSGE 27, 197 f.; BSG, Urteil vom 10.12.1974, 4 RJ 379, 73, BSGE 38, 245 (246); BAG, Beschluss vom 18.11.1986, 7 AZR 311/85, BAGE 53, 336, (341, 345), wonach die Verwahrung in der Strafhaft stets aufgrund staatlichen Zwanges erfolge und Gefangene einen besonderen, dem öffentlichen Recht zuzuordnenden Gewaltverhältnis unterworfen werden; BAG, Urteil vom 24.04.1969, 5 AZR 438/68, BAGE 22, 1, juris, Rn. 18 f.; BSG, Urteil vom 15.12.2016, B 5 RE 2/16 R, SozR 4-2600 § 3 Nr. 7 BSG, juris, Rn. 23; s. a. Beschluss, KG Berlin vom 29.06.2015, 2 Ws 132/15 Vollz, juris, Rn. 10.

Literatur weichen hiervon nicht ab, da Gefangenen, die unmittelbar aufgrund eines öffentlich-rechtlichen Sonderrechtsverhältnisses kraft ihrer Unterworfenheit unter den Anstaltszwang zu einer zugewiesenen, ihren körperlichen Fähigkeiten angemessenen Beschäftigung herangezogen werden, zu deren Ausführung sie gesetzlich verpflichtet sind, ein freier Entschluss zur Arbeit fehle.[1086] Folglich fehlt es im Falle von zugewiesener Arbeit an einem freien Austausch von Lohn und Arbeit. Stehen Gefangene somit im Kontext einer Beschäftigung im Strafvollzug in einem öffentlich-rechtlichen Verhältnis der besonderen Art, weil ihnen eine Arbeit gesetzlich zugewiesen wird, sind die erforderlichen Voraussetzungen für das Vorliegen einer sozialversicherungsrechtlichen Beschäftigung nach § 7 Abs. 1 SGB IV nicht erfüllt. Dies gilt für Arbeiten in anstaltseigenen Betrieben sowie für Arbeiten in Unternehmerbetrieben auf dem Gelände der Anstalt, weil die vollzugliche Aufsicht über die dort arbeitenden Gefangenen bei der Justizvollzugsbehörde verbleibt, auch wenn die technische und fachliche Leitungsverantwortlichkeit auf den Unternehmerbetrieb übertragen wird.[1087]

Eine andere Beurteilung könnte sich allerdings in den Fällen des unechten Freiganges ergeben, in denen Gefangene unter den Bedingungen eines freien Beschäftigungsverhältnisses in einem Unternehmerbetrieb außerhalb der Anstalt beschäftigt werden, unter Zuweisung des Arbeitsplatzes durch die Behörde.[1088] Nach der Rechtsprechung des BVerfG[1089] kann zum Freigang geeigneten Gefangenen, denen sich – auch nach Bemühungen der Anstalt – keine Arbeit in einem freien Beschäftigungsverhältnis außerhalb der Strafvollzugsanstalt biete, mit deren Zustimmung eine Arbeit in einem privaten Unternehmen außerhalb der Anstalt durch die Justizvollzugsbehörde zugewiesen werden.[1090] Dabei müsse allerdings ein Mindestmaß an organisierter öffentlich-rechtlicher Verantwortlichkeit der Anstalt für den Gefangenen gewährleistet bleiben, um den von Art. 12 Abs. 3 GG gesetzten Grenzen gerecht zu werden.[1091] Wird Gefangenen eine Beschäftigung außerhalb

---

1086 Vgl. *Nestler*, in: Laubenthal/Nestler/Neubacher/Verrel (Hrsg.), Strafvollzugsgesetze, zu F, Rn. 16; *Galli*, in: Feest/Lesting/Lindemann (Hrsg.), AK-StVollzG, Teil II, vor § 19 LandesR, Rn. 9; *Arloth/Krä*, StVollzG, noch zu § 37 StVollzG, Rn. 6; *Laubenthal* in: Schwind/Böhm/Jehle/Laubenthal (Hrsg.), Strafvollzugsgesetz – Bund und Länder Kommentar, vor § 37, Rn. 3; s. a. *Schirmer*, Soziale Sicherung von Strafgefangenen, S. 91.

1087 *Hillebrand*, Organisation und Ausgestaltung der Gefangenenarbeit in Deutschland, S. 35; *Laubenthal*, Strafvollzug, Rn. 402; s. a. BVerfG, Stattgebender Kammerbeschluss vom 27.12.2007, 2 BvR 1061/05, juris, Rn. 15; BVerfGE 98, 169 (209, 211); s. a. ähnlich *Schirmer*, Soziale Sicherung von Strafgefangenen, S. 89.

1088 Vgl. hierzu Kapitel 2, S. 182 ff.

1089 BVerfG, Urteil vom 01.07.1998, 2 BvR 441, 493/90, 618/92, 212/93 und 2 BvL 17/94, BVerfGE 98, 169.

1090 BVerfGE 98, 169 (211).

1091 Ebd.; s. a. *Hillebrand*, Organisation und Ausgestaltung der Gefangenenarbeit in Deutschland, S. 35; *Laubenthal*, Strafvollzug, Rn. 405.

des Vollzuges bei einem externen Unternehmer zugewiesen und befinden sie sich dabei weiterhin in einem öffentlich-rechtlichen Rechtsverhältnis gegenüber der JVA, mangelt es allerdings auch in diesem Fall an einem freien Austausch von Lohn und Arbeit, sodass hier ebenfalls das Vorliegen einer sozialversicherungsrechtlichen Beschäftigung nach § 7 Abs. 1 SGB IV abzulehnen ist. Ausgeschlossen werden kann und soll jedoch nicht, dass Gefangene bei dieser möglichen Beschäftigung auch privatrechtliche Arbeitsverträge mit Unternehmern abschließen. Schließt ein Gefangener einen privatrechtlichen Arbeitsvertrag mit einem Unternehmer ab, müssen die Grundsätze für Gefangene angewendet werden, die sich in einem echten freien Beschäftigungsverhältnis befinden, sodass die Beschäftigung als eine sozialversicherungsrechtliche Beschäftigung gemäß § 7 Abs. 1 SGB IV einzuordnen ist.

b. *Freiwillige Arbeit*

Außerdem ist zu fragen, ob in den Bundesländern, die Arbeit als freiwillige Option vorsehen, eine andere Beurteilung hinsichtlich der Erfüllung der Voraussetzungen für das Vorliegen einer sozialversicherungsrechtlichen Beschäftigung nach § 7 Abs. 1 SGB IV zu erfolgen hat.[1092] Hierzu müsste die freiwillige Beschäftigung ebenfalls nicht selbstständig sein und aufgrund eines freien Austausches von Lohn und Arbeit erfolgen. In den Landesstrafvollzugsgesetzen, die Arbeit als freiwillige Option vorsehen, können Gefangene, die beschäftigt werden wollen, eine Arbeit beantragen oder ihnen wird mit ihrer Zustimmung eine Beschäftigung zugewiesen.[1093] Gehen sie ein Beschäftigungsverhältnis ein, kommt dieses allerdings nicht aufgrund eines privatrechtlichen Vertrages zwischen ihnen und dem Arbeitgeber zustande, vielmehr stehen auch sie im Rahmen dieser Tätigkeit in einem öffentlich-rechtlichen Verhältnis zur Justizvollzugsbehörde, die ihnen die Beschäftigung zuweist. Wie bei der Arbeitspflicht kann auch für die freiwillige Tätigkeit Gefangener ohne das Vorliegen eines Arbeitsvertrages angenommen werden, dass es sich um eine nicht selbstständige Beschäftigung handelt. Fraglich ist allerdings, ob bei freiwillig eingegangenen Beschäftigungen ein freier Willensentschluss für eine Beschäftigung vorliegt und somit das Merkmal eines freien Austausches von Lohn und Arbeit als erfüllt angesehen werden kann. Damit das Vorliegen des ungeschriebenen Tatbestandsmerkmales der Freiwilligkeit erfüllt ist, müssen nach Ansicht des BSG[1094] auf beiden Seiten jeweils eigenständige Entschlüsse für das Eingehen einer Beschäftigung vorhanden sein. Steht es dem Gefangenen frei, ob er einer Beschäftigung nachgehen will, und kann er diese nach freiem Entschluss

1092 Vgl. § 30 Abs. 1 BbgJVollzG, § 29 Abs. 1 Satz 1 LJVollzG RP, § 22 Satz 2 SLStVollzG, § 22 Abs. 1 SächsStVollzG.

1093 Ebd.

1094 BSGE 18, 246 (251); BSGE 27, 197 (198).

beantragen und eingehen, handelt es sich hierbei um das „Ob“ bezüglich des Einganges einer Beschäftigung, die dem Gefangenen formal die Möglichkeit gibt, eine Beschäftigung im Strafvollzug aufzunehmen. Die Zuweisung zur Beschäftigung, obgleich es sich um einen freien Entschluss zur Aufnahme dieser handelt, obliegt wiederum der Justizvollzugsbehörde, die letztendlich auch Vertragspartei gegenüber dem Unternehmer ist. Der Gefangene verbleibt demnach in einem öffentlich-rechtlichen Verhältnis gegenüber der Justizvollzugsbehörde. Somit entscheiden Gefangene zwar frei, „ob“ sie eine Arbeit eingehen möchten, allerdings handelt es sich hierbei um eine Entscheidung gegenüber der JVA und nicht gegenüber einem Arbeitgeber. Es fehlt dementsprechend an zwei übereinstimmenden freien Entschlüssen zum Abschluss eines Arbeitsvertrages. Ebenfalls kann hierzu auf die Rechtsprechung des BAG[1095] vom 24.04.1969 verwiesen werden, da es auch im Falle der freiwilligen Arbeit um das Verlangen des Gefangenen nach Zuteilung von Arbeit geht. Schon nach Ansicht des BAG handele es sich bei diesem Verlangen um kein Angebot zum Abschluss eines privatrechtlichen Vertrages gemäß §§ 145 ff. BGB, sondern lediglich um eine den Inhalt des öffentlich-rechtlichen Gewaltverhältnisses in bestimmter Hinsicht beeinflussende Erklärung.[1096] Ausschlaggebend bleibt daher, dass es sich in diesem Fall um einen freiwilligen Entschluss hinsichtlich eines „Ob“ zur Arbeit handelt und nicht um eine freie Willenserklärung, die gegenüber einem Arbeitgeber bei Abschluss eines Arbeitsvertrages geäußert wird. Strafgefangene stehen somit auch bei Beschäftigungen, die freiwillig eingegangen werden, in einem öffentlich-rechtlichen Verhältnis zur Vollzugsbehörde. Eine sozialversicherungsrechtliche Beschäftigung im Sinne des § 7 Abs. 1 SGB IV ist demzufolge auch im Fall von freiwilliger Arbeit zu verneinen.

2. Einordnung privatrechtlicher Rechtsverhältnisse

a. Freie Beschäftigungsverhältnisse

Weiterhin ist zu klären, ob freie Beschäftigungsverhältnisse im Strafvollzug als sozialversicherungsrechtliche Beschäftigung nach § 7 Abs. 1 SGB IV eingeordnet werden können. Hierzu müssen ebenfalls die Voraussetzungen von § 7 Abs. 1 SGB IV erfüllt werden. Gemäß § 7 Abs. 1 Satz 1 SGB IV handelt es sich um eine sozialversicherungsrechtliche Beschäftigung, wenn eine Arbeit nichtselbständig ist und wenn nach den Grundsätzen des Arbeitsrechts ein Arbeitsverhältnis anzunehmen ist.

Werden Strafgefangenen vollzugsöffnende Maßnahmen gewährt, können diese einer regelmäßigen Beschäftigung im Freigang außerhalb des Vollzuges ohne Aufsicht durch die Vollzugsbediensteten nachgehen.[1097] Der Abschluss eines

---

1095 BAG, Urteil vom 24.04.1969, 5 AZR 438/68, BAGE 22, 1.

1096 BAG, Urteil vom 24.04.1969, 5 AZR 438/68, BAGE 22, 1, juris, Rn. 19.

1097 Vgl. zum freien Beschäftigungsverhältnis: § 45 Abs. 1 BWJVollzGB III, Art. 42 Abs. 1 BayStVollzG, § 31 Abs. 1 1. Alt. BbgJVollzG, § 23 Abs. 1 Satz 1 1. Alt. BremStVollzG, § 36 Abs. 1 1. Alt. HmbStVollzG, § 27 Abs. 7 HStVollzG, § 23 Abs. 1 Satz 1

privatrechtlichen Vertrages zwischen Gefangenen und externen Arbeitgebern, der allerdings von der Justizvollzugsbehörde der Genehmigung bedarf, ist wesentliches Merkmal für das Vorliegen eines freien Beschäftigungsverhältnisses.[1098] Mit Abschluss eines Arbeitsvertrages mit einem Arbeitgeber außerhalb des Vollzuges und dem regelmäßigen Ausüben einer Beschäftigung ohne Aufsicht durch das Personal der JVA sind Strafgefangene in freien Beschäftigungsverhältnissen persönlich vom Arbeitgeber abhängig, in dessen Betrieb eingegliedert und unterliegen seinen Weisungen über Zeit, Dauer, Ort und Art der Arbeitsführung. Diesen Anforderungen können Strafgefangene in freien Beschäftigungsverhältnissen gerecht werden, da es ihnen ausdrücklich gewährt wird, regelmäßigen Beschäftigungen außerhalb der Haft nachzugehen. Gefangene in freien Beschäftigungsverhältnissen sind somit persönlich vom Arbeitgeber abhängig, sodass die Beschäftigung in freien Beschäftigungsverhältnissen nicht selbstständig ist. Außerdem muss bei freien Beschäftigungsverhältnissen ein freier Austausch von Lohn und Arbeit vorliegen. Dafür müssen auf beiden Seiten jeweils eigenständige Entschlüsse zur Beschäftigung vorhanden sein. Strafgefangene, denen vollzugsöffnende Maßnahmen gewährt werden, können sich selbstständig Beschäftigungen außerhalb der Haft suchen und sich freiwillig für das Eingehen eines Arbeitsverhältnisses entscheiden. Eine gesetzliche Zuweisung durch die JVA zur Arbeit liegt nicht vor. Demzufolge werden Arbeitsverträge aufgrund eines freiwilligen Willensentschlusses eingegangen, womit ein freiwilliger Entschluss zum Austausch von Arbeit und Lohn ebenfalls vorliegt. Abschließend ist für eine Beurteilung, ob es sich um eine sozialversicherungsrechtliche Beschäftigung handelt, das Gesamtbild aller Umstände der zu betrachtenden Tätigkeit entscheidend.[1099] Strafgefangene,

---

1. Alt. StVollzG M-V, § 36 Abs. 1 NJVollzG, § 31 Abs. 1 NRWStVollzG, § 30 Abs. 1 Satz 1 1. Alt. LJVollzG RP, § 23 Abs. 1 Satz 1 1. Alt. SLStVollzG, § 23 Abs. 1 Satz 1 1. Alt. SächsStVollzG, § 30 Abs. 1 Satz 1 1. Alt. ThürJVollzGB, § 30 Abs. 1 Satz 1 1. Alt. JVollzG LSA, § 36 Abs. 1 Satz 1 1. Alt. LStVollzG SH, § 26 Abs. 1 Satz 1. Alt. StVollzG Bln.
Siehe zur vollzugsöffnenden Maßnahme § 9 Abs. 1 BWJVollzGB III, Art. 13 Abs. 2 BayStVollzG, § 46 Abs. 2 Satz 1 BbgJVollzG, § 38 Abs. 2 BremStVollzG, § 12 Abs. 2 HmbStVollzG, § 13 Abs. 2 HStVollzG, § 38 Abs. 2 StVollzG M-V, § 13 Abs. 2 und 3 NJVollzG, § 53 Abs. 1 NRWStVollzG, § 45 Abs. 2 Satz 1 LJVollzG RP, § 38 Abs. 2 SLStVollzG, § 38 Abs. 2 SächsStVollzG, § 46 Abs. 2 Satz 1 ThürJVollzGB, § 45 Abs. 2 und 3 JVollzG LSA, § 55 Abs. 2 LStVollzG SH, § 42 Abs. 2 StVollzG Bln. Das Erfordernis der Zustimmung wird nur in manchen Bundesländern vorausgesetzt, vgl. § 9 Abs. 1 BWJVollzGB III, Art. 13 Abs. 2 BayStVollzG, § 38 Abs. 2 Satz 2 BremStVollzG, § 53 Abs. 1 NRWStVollzG.

1098 *Arloth/Krä*, StVollzG, noch zu § 39 StVollzG, Rn. 3; *Nestler*, in: Laubenthal/Nestler/Neubacher/Verrel (Hrsg.), Strafvollzugsgesetze, zu F, Rn. 55; *Galli*, in: Feest/Lesting/Lindemann (Hrsg.), AK-StVollzG, Teil II, § 23 LandesR, Rn. 5.

1099 RVA, AN 1943, S. 106 (107), Ziff. 5515 (grundsätzliche Entscheidung); BSGE 3, 30 (39); BSGE 11, 257 (260); BSGE 35, 20 (21); BSGE 36, 262 (263); BSGE 78, 34 (37); BSGE 103, 17 (21); BSG, Urteil vom 29.08.2012, B 12 KR 25/10 R, juris, Rn. 15.

die freien Beschäftigungen im Rahmen von privatrechtlichen Rechtsverhältnissen außerhalb der Haft nachgehen, erfüllen alle Tatbestandsmerkmale, die ein sozialversicherungsrechtliches Beschäftigungsverhältnis im Sinne von § 7 Abs. 1 SGB IV erfordert, sodass nach einer Gesamtbetrachtung aller Umstände eine sozialversicherungsrechtliche Beschäftigung vorliegt.[1100] Folglich sind freie Beschäftigungsverhältnisse im Strafvollzug als sozialversicherungsrechtliche Beschäftigung gemäß § 7 Abs. 1 SGB IV einzuordnen.

b. Selbstbeschäftigung

Ob auch Selbstbeschäftigungen während der Haft den Anforderungen an eine sozialversicherungsrechtliche Beschäftigung genügen und als solche bewertet werden können, ist fraglich. Strafgefangenen kann gestattet werden, sich selbst zu beschäftigen.[1101] Gegenstand von Selbstbeschäftigungen sind vor allem freiberufliche Tätigkeiten, zu denen ebenfalls alle selbstständigen Tätigkeiten wie die eines Unternehmers oder eines Geschäftsführers einer GmbH gehören.[1102] Zu den üblichen und zulässigen Gegenständen zählen journalistische Arbeiten, das Schreiben

---

1100 Vgl. *Zieglmeier*, in: Körner/Leitherer/Mutschler/Rolfs (Hrsg.), Kasseler Kommentar Sozialversicherungsrecht, SGB IV, § 7, Rn. 58a; siehe schon BSGE 12, 71, (73), SozR Nr. 18 zu § 537 RVO; BSGE 61, 62; BSGE 48, 129; s. a. *Laubenthal*, Strafvollzug, Rn. 480.

1101 Siehe zur Selbstbeschäftigung nach den landesrechtlichen Vorschriften: § 45 Abs. 2 BWJVollzGB III, Art. 42 Abs. 2 BayStVollzG, § 31 Abs. 1 2. Alt. BbgJVollzG, § 23 Abs. 1 Satz 1 2. Alt. BremStVollzG, § 36 Abs. 1 2. Alt. HmbStVollzG (innerhalb oder außerhalb der Anstalt), § 27 Abs. 4 Satz 1 HStVollzG, § 23 Abs. 1 Satz 1 2. Alt. StVollzG M-V, § 36 Abs. 2 NJVollzG, § 31 Abs. 2 NRWStVollzG, § 30 Abs. 1 Satz 1 2. Alt. LJVollzG RP, § 23 Abs. 1 Satz 1 2. Alt. SLStVollzG, § 23 Abs. 1 Satz 1 2. Alt. SächsStVollzG, § 30 Abs. 1 Satz 1 2. Alt. ThürJVollzGB, § 30 Abs. 1 Satz 1 2. Alt. JVollzG LSA, § 36 Abs. 1 Satz 1 2. Alt. LStVollzG SH (innerhalb oder außerhalb der Anstalt), § 26 Abs. 1 Satz 1 2. Alt. StVollzG Bln.

1102 *Galli*, in: Feest/Lesting/Lindemann (Hrsg.), AK-StVollzG, Teil II, § 23 LandesR, Rn. 31; *Nestler*, in: Laubenthal/Nestler/Neubacher/Verrel (Hrsg.), Strafvollzugsgesetze, zu F, Rn. 70 f.; *Laubenthal* in: Schwind/Böhm/Jehle/Laubenthal (Hrsg.), Strafvollzugsgesetz – Bund und Länder Kommentar, noch zu § 39 StVollzG, Rn. 13, 17. Zur freiberuflichen Tätigkeit: Nach dem Einkommensteuergesetz (EStG) gehören zur freiberuflichen Tätigkeit die selbstständig ausgeübte wissenschaftliche, künstlerische, schriftstellerische, unterrichtende oder erzieherische Tätigkeit, die selbstständige Berufstätigkeit der Ärzte, Zahnärzte, Tierärzte, Rechtsanwälte, Notare, Patentanwälte, Vermessungsingenieure, Ingenieure, Architekten, Handelschemiker, Wirtschaftsprüfer, Steuerberater, beratenden Volks- und Betriebswirte, vereidigten Buchprüfer, Steuerbevollmächtigten, Heilpraktiker, Dentisten, Krankengymnasten, Journalisten, Bildberichterstatter, Dolmetscher, Übersetzer, Lotsen und ähnlicher Berufe, § 18 Abs. 1 Satz 2 EStG. Einkünfte aus selbstständiger Arbeit sind nach § 18 Abs. 1 Satz 1 EStG auch Einkünfte aus freiberuflicher Tätigkeit.

eines Fortsetzungsromans oder Tätigkeiten eines Verlegers sowie künstlerische Tätigkeiten aller Art.[1103] Zu klären ist, ob auch Selbstbeschäftigungen im Strafvollzug die Tatbestandsmerkmale des § 7 Abs. 1 SGB IV erfüllen und somit als Beschäftigungen im Sinne des Sozialversicherungsrechts einzuordnen sind. Hierzu muss es sich bei der Selbstbeschäftigung um eine nicht selbstständige Tätigkeit insbesondere in einem Arbeitsverhältnis handeln sowie ein freier Austausch von Lohn und Arbeit vorliegen (§ 7 Abs. 1 Satz. 1 SGB IV).[1104] Im Gegensatz zur nicht selbstständigen Arbeit zeichnen sich selbstständige Beschäftigungen durch ein eigenes Unternehmerrisiko, die Verfügungsmöglichkeit über die eigene Arbeitskraft und eine im Wesentlichen frei gestaltete Tätigkeit und Arbeitszeit aus, sodass der selbstständig Tätige den Inhalt, die Durchführung sowie die Zeit, Dauer und den Ort der Tätigkeit eigenständig bestimmen kann.[1105] Entscheidend für eine Abgrenzung des Selbstständigen vom Nichtselbstständigen ist somit, ob der Beschäftigte persönlich abhängig vom Arbeitgeber ist. Werden Strafgefangenen während des Vollzuges Selbstbeschäftigungen gestattet, können sie frei über den Inhalt und die Durchführung ihrer Arbeit bestimmen. Des Weiteren kann die Selbstbeschäftigung innerhalb des Vollzuges, aber ebenso außerhalb des Vollzuges erfolgen, wenn es den Gefangenen gewährt wird, Beschäftigungen außerhalb des Vollzuges auszuführen.[1106] Gefangene in Selbstbeschäftigung können demnach auch über den Tätigkeitsort bestimmen, wenn ihnen Arbeit außerhalb der Haft gestattet wird. Insgesamt scheitert es somit bei der Selbstbeschäftigung Strafgefangener bereits an dem Vorliegen des erforderlichen Tatbestandsmerkmales der persönlichen Abhängigkeit. Selbstbeschäftigungen im Strafvollzug sind folglich nicht als sozialversicherungsrechtliche Beschäftigung gemäß § 7 Abs. 1 SGB IV einzuordnen.

1103 *Galli*, in: Feest/Lesting/Lindemann (Hrsg.), AK-StVollzG, Teil II, § 23 LandesR, Rn. 31; beachte auch *Böhm*, Strafvollzug, Rn. 323; vgl. auch LG Hamburg, in: NStZ 1987, 358; zur künstlerischen Arbeit im Strafvollzug als freiberufliche Tätigkeit (Selbstbeschäftigung), vgl. *Bamann*, Kunst und Kunsttherapie im Strafvollzug, in: ZfStrVo 3/2006, 150 (151).

1104 Zu den Voraussetzungen von § 7 Abs. 1 SGB IV, siehe Kapitel 2, S. 157 ff.

1105 *Marschner*, in: Kreikebohm (Hrsg.), SGB IV Kommentar, § 7 SGB IV, Rn. 6; *Koch*, in; Schaub, Arbeitsrechts-Handbuch, § 20 Beschäftigungsverhältnis und Versicherungspflicht, Rn. 2; s. a. BSGE 51, 164 (166 f.), wonach die Grundsätze zur selbstständigen Beschäftigung den Grundsätzen im Privatrecht zu dieser Beschäftigungsform weitestgehend inhaltlich entsprechen.

1106 Vgl. *Galli*, in: Feest/Lesting/Lindemann (Hrsg.), AK-StVollzG, Teil II, § 23 LandesR, Rn. 34; eine Selbstbeschäftigung außerhalb der Haft hat der BGH im Jahr 1990 bestätigt, siehe BGHZ 37, 85 (88); vgl. außerdem *Nestler*, in: Laubenthal/Nestler/Neubacher/Verrel (Hrsg.), Strafvollzugsgesetze, zu F, Rn. 71; *Arloth/Krä*, StVollzG, noch zu § 39 StVollzG, Rn. 7.

3. Ergebnis

Im Resultat bleibt festzuhalten, dass im Vollzug beschäftigte Gefangene, die in einem öffentlich-rechtlichen Verhältnis der eigenen Art stehen – unabhängig davon, ob es sich um eine Beschäftigung innerhalb der Justizvollzugsanstalt in einem Eigenbetrieb oder in einem Unternehmerbetrieb handelt, ob das jeweilige Landesstrafvollzugsgesetz Arbeit als eine Verpflichtung vorsieht oder diese den Gefangenen als freiwillige Option überlässt – nicht die Voraussetzungen für das Vorliegen einer sozialversicherungsrechtlichen Beschäftigung nach § 7 Abs. 1 SGB IV erfüllen. Eine andere Beurteilung kann sich nur ergeben, wenn Strafgefangene freien Beschäftigungsverhältnissen nachgehen und somit Arbeitnehmern in Freiheit gleichgestellt werden können.[1107] So führen lediglich die in einem privatrechtlichen Rechtsverhältnis beschäftigten Gefangenen, die unter Gewährung von vollzugsöffnenden Maßnahmen Tätigkeiten in freien Beschäftigungsverhältnissen außerhalb der Haft ausführen, Beschäftigungen im Sinne des sozialversicherungsrechtlichen Beschäftigungsbegriffes nach § 7 Abs. 1 SGB IV aus.

Eine der schwierigsten Aufgaben des Sozialversicherungsrechts ist die Bestimmung des Kreises der Beschäftigten in der Sozialversicherung.[1108] Ausgehend von den möglichen Beschäftigungsformen im Strafvollzug ist nun im Folgenden zu untersuchen, in welchen Fällen Strafgefangene nach dem geltenden Recht zum Kreis der versicherten Personen in den jeweiligen Sozialversicherungsbereichen einzuordnen sind, in welchen Fällen Gefangene aus diesen ausgegrenzt werden und welche sozialversicherungsrechtlichen Rechtsfolgen sich daraus ableiten lassen. Der geltende sozialversicherungsrechtliche Status von Strafgefangenen während der Haftzeit ist dabei für jeden einzelnen Bereich der Sozialversicherung unter Berücksichtigung von Besonderheiten, die sich innerhalb dieser ergeben können, zu prüfen.

1107 Vgl. hierzu bereits BSGE 12, 71 (73), wonach bei derartigen arbeitsvertraglichen Beziehungen, die zwischen einem Arbeitnehmer und einem Arbeitgeber in gleicher Weise wie bei Arbeitnehmern mit uneingeschränkter persönlicher Freiheit bestehen, kein Grund dafür ersichtlich sei, den inhaftierten Arbeitnehmer in der Sozialversicherung nicht den Arbeitern in Freiheit gleichzustellen, vor allem wenn dieser von Seiten des Betriebes offensichtlich wie ein normal beschäftigter Arbeiter behandelt werde.

1108 *Fuchs*, in: Gagel, SGB II/SGB III Grundsicherung und Arbeitsförderung Kommentar, SGB III, § 25, Rn. 1.

Kapitel 3: Sozialversicherungsrechtliche Stellung Strafgefangener de lege lata

Nach § 14 Satz 1 SGB I hat jede Person einen Anspruch auf Beratung über ihre Rechte und Pflichten nach dem Sozialgesetzbuch. Auch Strafgefangene sind mit der Aufnahme in die Haft nach den Landesstrafvollzugsgesetzen über die Auswirkungen einer Inhaftierung auf die Sozialversicherung zu unterrichten und zu beraten.[1109] Ebenfalls sind Gefangene über die Aufrechterhaltung ihrer Sozialversicherung zu informieren.[1110] Im Vordergrund einer Beratung steht die Hilfe zur Selbsthilfe.[1111] Demzufolge ist grundsätzlich eine rein formularmäßige Belehrung durch Aushändigung eines Merkblattes ausreichend, in dem die zuständigen Beratungsstellen der Sozialversicherungsträger aufgeführt werden.[1112] So erstreckt z. B. das NRWStVollzG die Beratung auf die Benennung der für Sozialleistungen zuständigen Stellen.[1113] Darüber hinaus sollte es zumutbar sein, auch wenn sicherlich keine detaillierte sozialversicherungsrechtliche Beratung von den Vollzugsbediensteten erwartet werden kann, dass ebenfalls im Rahmen einer formularmäßigen Belehrung die verschiedenen Möglichkeiten zur Aufrechterhaltung der Sozialversicherung benannt und zumindest im Überblick erläutert werden.[1114]

1109 Vgl. Art. 77 Abs. 2 BayStVollzG, § 41 Abs. 1 BWJVollzGB III, § 6 Abs. 2 Nr. 1, 2. Hs. HmbStVollzG, § 69 Abs. 1 Satz 2 NJVollzG, § 4 Abs. 4 Satz 1 NRWStVollzG, § 11 Abs. 3 JVollzG LSA. Siehe *Arloth/Krä*, StVollzG, zu § 41 BWJVollzGB III, Rn. 1, wonach Teil der Hilfe darin besteht, Gefangene über die Auswirkungen der Inhaftierung auf ihre Sozialversicherungen zu unterrichten. Beachte vor allem aber § 4 Abs. 4 Satz 1 NRWStVollzG. Demnach sind Gefangene über die Auswirkungen der Inhaftierung auf die Sozialversicherung und die bestehenden Mitwirkungspflichten zu beraten.

1110 Vgl. Art. 77 Abs. 2 BayStVollzG, § 6 Abs. 2 Nr. 1, 2. Hs. HmbStVollzG, § 69 Abs. 1 Satz 2 NJVollzG; gemäß § 11 Abs. 3 JVollzG LSA sollen Gefangene, soweit erforderlich, über die notwendigen Maßnahmen zur Aufrechterhaltung ihrer sozialversicherungsrechtlichen Ansprüche beraten werden, s. a. *Arloth/Krä*, StVollzG, § 11 Abs. 3 JVollzG LSA, Rn. 1.

1111 Vgl. *Beck*, in: Graf (Hrsg.), BeckOK Strafvollzugsrecht Bund, noch zu § 72 StVollzG, Rn. 13.

1112 Ebd.

1113 Vgl. § 4 Abs. 4 Satz 2 NRWStVollzG; siehe hierzu auch *Bahl/Pollähne*, in: Feest/Lesting/Lindemann (Hrsg.), AK-StVollzG, Teil II, § 5 LandesR, Rn. 42; *Arloth/Krä*, StVollzG, zu § 4 NRWStVollzG, Rn. 3.

1114 Siehe *Beck*, in: Graf (Hrsg.), BeckOK Strafvollzugsrecht Bund, noch zu § 72 StVollzG, Rn. 13. Vgl. ebenfalls *Arloth/Krä*, StVollzG, noch zu § 72 StVollzG, Rn. 4, der darauf verweist, dass die Vollzugsbediensteten grundsätzlich mit der Aufgabe einer

Weiterhin sind Gefangene auch bei der Kontaktaufnahme zu den Beratungsstellen zu unterstützen und Beratungsgespräche mit den zuständigen Leistungsträgern zu ermöglichen.[1115]

Der Vollzug der Freiheitsstrafe kann sich sodann unterschiedlich auf die sozialversicherungsrechtliche Stellung einer Person auswirken. Grundvoraussetzung für die Begründung eines Versicherungsverhältnisses in den Bereichen der Sozialversicherung ist die Ausführung einer Beschäftigung im sozialversicherungsrechtlichen Sinne (vgl. § 7 Abs. 1 SGB IV). Somit kommt es darauf an, ob bestehende sozialversicherungsrechtliche Beschäftigungsverhältnisse einer Person mit Antritt des Strafvollzuges enden oder ob sie während der Zeit des Vollzuges der Freiheitsstrafe fortgeführt werden können. Wird nicht schon wegen der Verurteilung einer Person zu einer Freiheitsstrafe und deren Vollzug eine Kündigung ausgesprochen oder ein Aufhebungsvertrag vereinbart, kann das Beschäftigungsverhältnis mit Haftantritt auch aus anderen Gründen zur Beendigung kommen. Die fehlende Option zur Ausübung des Direktionsrechts von Arbeitgebern sowie die nicht mehr vorhandene Möglichkeit, dass Strafgefangene ihre Arbeitskraft zur Verfügung stellen können, sind bspw. Anlässe für die Beendigung von Beschäftigungsverhältnissen.[1116]

Hingegen können sozialversicherungsrechtliche Beschäftigungsverhältnisse bestehen bleiben, wenn Gefangene das gleiche oder ein anderes Beschäftigungsverhältnis im Kontext von vollzugsöffnenden Maßnahmen als freie Beschäftigung auch während der Haft verrichten oder für die Zeit der Haft vom ursprünglichen Beschäftigungsverhältnis freigestellt werden.[1117] Wird Gefangenen jedoch während

---

umfassenden Rentenversicherungsberatung überfordert seien; den Gefangenen sollen aber bestehende Möglichkeiten der freiwilligen Fortsetzung der Krankenversicherung und der Pflegeversicherung – auch zugunsten mitversicherter Angehöriger – sowie der freiwilligen Beitragszahlung in der gesetzlichen Rentenversicherung in einem Gespräch erläutert werden. S. a. LG Kiel, Beschluss vom 08.05.1991, 2 O 441/90, in: ZfStrVo 1992, 199 (199), wonach die JVA ihre Fürsorgepflicht gegenüber dem Gefangenen auch in einem ausreichenden Maße erfülle, wenn sie ihm zum Zwecke der Beratung über eventuelle Änderungen im Rentenrecht Sonderurlaub bewillige, denn das Rentenrecht sei eine so komplizierte Materie, dass es fast nur zweckmäßig und ausreichend sei, wenn der Rentenversicherte Gelegenheit bekomme, sich bei einem auf diesem Gebiet kundigen Berater zu informieren, da es so auch der Bürger in Freiheit mache.

1115 Siehe *Beck*, in: Graf (Hrsg.), BeckOK Strafvollzugsrecht Bund, noch zu § 72 StVollzG, Rn. 13.

1116 *Ulmer*, in: Rolfs/Giesen/Kreikebohm/Udsching (Hrsg.), BeckOK Sozialrecht, SGB III, § 26, Rn. 2; *Brand*, in: Brand (Hrsg.), Sozialgesetzbuch Arbeitsförderung SGB III Kommentar, § 26, Rn. 17.

1117 Zur Freistellung: s. a. die Voraussetzungen nach § 7 Abs. 1a SGB IV, vgl. *Baier*, in: Krauskopf, Soziale Krankenversicherung Pflegeversicherung Kommentar, SGB V, § 190, Rn. 10. Vgl. auch, *Peters*, in: Körner/Leitherer/Mutschler/Rolfs (Hrsg.),

der Haft nach den Vorschriften der Landesstrafvollzugsgesetze Arbeit zugewiesen, sind die verschiedenen Tätigkeitsformen im Strafvollzug zu berücksichtigen. Je nach Tätigkeit im Vollzug bestimmt sich die Zugehörigkeit zum Kreis der versicherten Personen kraft Gesetzes in den jeweiligen Sozialversicherungsbereichen.

A. Sozialversicherungsschutz in der gesetzlichen Unfallversicherung und in der Arbeitslosenversicherung

Strafgefangene werden bereits seit über einem Jahrhundert in der gesetzlichen Unfallversicherung berücksichtigt. Dementsprechend enthält für Strafgefangene das Sozialgesetzbuch im Bereich des SGB VII – Gesetzliche Unfallversicherung – vollzugsspezifische Modifizierungen.[1118] Ebenfalls gehören Strafgefangene in der gesetzlichen Arbeitslosenversicherung seit einigen Jahren zu den versicherungspflichtigen Personen.

I. Zugehörigkeit zum versicherten Personenkreis in der gesetzlichen Unfallversicherung

Als erstes Gesetz zur Unfallversicherung wurde das „Unfallversicherungsgesetz" (UVG)[1119] am 06.07.1884 verkündet. Der anfänglich vom Gesetz erfasste Kreis der Beschäftigten mit besonderen Unfallrisiken wurde seitdem schrittweise um Betriebe und Personen erweitert, sodass auch Strafgefangene bereits mit Erlass des „Gesetz[es], betreffend die Unfallfürsorge für Gefangene" (GUFG)[1120] vom 30.06.1900 zum Kreis der Beschäftigten in der Unfallversicherung zählten.[1121] Nach gesetzlichen Modifikationen der Unfallfürsorge für Gefangene in den darauffolgenden Jahren und einer Zusammenfassung aller bisherigen Gesetze zur Unfallversicherung als Drittes Buch in der Reichsversicherungsverordnung (RVO)[1122] wurden durch Art. 4 § 16 Abs. 2 Nr. 1 und 2 des „Gesetz[es] zur Neuregelung des Rechts der gesetzlichen Unfallversicherung" (Unfallversicherungs-Neuregelungsgesetz – UVNG)[1123] vom 30.04.1963 die ursprünglichen Gesetze und Verordnungen zur Unfallfürsorge der Gefangenen außer Kraft gesetzt und das Dritte Buch der RVO auf einen modernisierten Unfallversicherungsschutz für Gefangene

Kasseler Kommentar Sozialversicherungsrecht, SGB V, § 190, Rn. 8, mit Hinweis auf BSG, Urteil vom 24.09.2008, 12 RK 22/07 R, SozR 4 – 2400 § 7 Nr. 9.

1118 *Laubenthal*, Strafvollzug, Rn. 481.

1119 RGBl. 1884, S. 69 ff.

1120 RGBl. 1900, S. 536 ff.

1121 *Ricke*, in: Körner/Leitherer/Mutschler/Rolfs (Hrsg.), Kasseler Kommentar Sozialversicherungsrecht, SGB VII, Vorbemerkungen zum SGB VII, Rn. 1.

1122 RGBl, 1911, S. 509 ff.

1123 BGBl. I 1963, S. 241 ff.

angepasst.[1124] Mit dem „Gesetz zur Einordnung des Rechts der gesetzlichen Unfallversicherung in das Sozialgesetzbuch“ (Unfallversicherungs-Einordnungsgesetz – UVEG)[1125] vom 07.08.1996 wurde die Unfallversicherung in das Sozialgesetzbuch als SGB VII aufgenommen.[1126]

In Entsprechung der §§ 4 und 22 SGB I ist nach § 1 SGB VII Aufgabe der Unfallversicherung, mit allen geeigneten Mitteln und nach Maßgabe der Vorschriften des SGB VII, Arbeitsunfälle (§ 8 SGB VII) und Berufskrankheiten (§ 9 SGB VII) sowie arbeitsbedingte Gesundheitsgefahren zu verhüten (§ 1 Nr. 1 SGB VII) und nach Eintritt von Arbeitsunfällen oder Berufskrankheiten die Gesundheit und Leistungsfähigkeit der Versicherten mit allen geeigneten Mitteln wiederherzustellen und sie oder ihre Hinterbliebenen durch Geldleistungen zu entschädigen (§ 1 Nr. 2 SGB VII).[1127] Damit enthält § 1 SGB VII zum einen Ziele und Leistungen der Unfallversicherung, zum anderen wird durch Benennung von Prävention („zu verhüten“), Rehabilitation („wiederherzustellen“) und Entschädigung („zu entschädigen“) eine Gesamtverantwortung aus einer Hand („Alles aus einer Hand“-Prinzip) sichtbar gemacht.[1128] Außerdem wird durch die gewählte Reihenfolge erkennbar, dass Prävention und Rehabilitation Vorrang vor Entschädigungsleistungen haben.[1129]

1124 *Hardes*, Die Unfallversicherung der Gefangenen, in: ZfStrVO 1984, 6 (6). Zu den gesetzlichen Modifikationen siehe: „Verordnung über die Unfallfürsorge für Gefangene“ vom 30.11.1935 (RGBl. I. 1935, S. 1407); Ausführungsverordnung“ (AVO) (Deutsche Justiz 1936, S. 61 ff.) des Reichsjustizministers vom 03.01.1936 zur Unfallfürsorge für Gefangene; „Rundverfügung zur Höhe der Unfallentschädigung für Gefangene“ vom 24.10.1939; Haushaltsrechtliche Bestimmungen für die Justizverwaltung, Sonderbestimmungen für die Strafvollzugsverwaltung (HRZ. Vollz.), Vollz. Nr. 243, zitiert nach: *Schirmer*, Soziale Sicherung von Strafgefangenen, S. 25.

1125 BGBL. I 1996, S. 1254 ff.; BT-Drs. 13/2204.

1126 *Ricke*, in: Körner/Leitherer/Mutschler/Rolfs (Hrsg.), Kasseler Kommentar Sozialversicherungsrecht, SGB VII, Vorbemerkungen zum SGB VII, Rn. 1.

1127 Beachte ausführlich zu den Aufgaben der gesetzlichen Unfallversicherung *Wietfeld*, in: Rolfs/Giesen/Kreikebohm/Udsching (Hrsg.), BeckOK Sozialrecht, SGB VII, § 1, Rn. 8 ff.

1128 *Wietfeld*, in: Rolfs/Giesen/Kreikebohm/Udsching (Hrsg.), BeckOK Sozialrecht, SGB VII, § 1, Rn. 2 f.;
Ricke, in: Körner/Leitherer/Mutschler/Rolfs (Hrsg.), Kasseler Kommentar Sozialversicherungsrecht, SGB VII, § 1, Rn. 2; *Molkentin*, in: Becker/Franke/Molkentin (Hrsg.), LPK Sozialgesetzbuch VII, § 1, Rn. 1. Vgl. auch ausführlich zum „Alles aus einer Hand“-Prinzip: *Jung*, Die Bedeutung des „Alles-aus-einer-Hand“-Prinzips im System der berufsgenossenschaftlichen Selbstverwaltung, in: BG 2005, 334 ff. sowie *Raschke*, Effizienzpotenziale im „Alles-aus-einer-Hand“-Prinzip der deutschen gesetzlichen Unfallversicherung, in: BG 2003, 12 ff.; ferner *ders.*, Effizienzpotenziale im „Alles-aus-einer-Hand“-Prinzip der deutschen gesetzlichen Unfallversicherung – Teil 2, in: BG 2004, 72 ff.

1129 Vgl. BT-Drs. 13/2204, S. 71; *Molkentin*, in: Becker/Franke/Molkentin (Hrsg.), LPK Sozialgesetzbuch VII, § 1, Rn. 1.

Wesensmerkmal der Unfallversicherung ist somit seit ihrem Beginn in unveränderter Form der soziale Schutz von Personen vor Gesundheitsrisiken, vor allem des Arbeitslebens.[1130] Da das Risiko hierfür ihren Verantwortungssphären zuzuordnen ist, erfolgt die Finanzierung der gesetzlichen Unfallversicherung (GUV), im Gegensatz zu den anderen Sozialversicherungsbereichen, in aller Regel allein durch die Unternehmer (§ 150 Abs. 1 Satz 1 SGB VII).[1131] Die Träger der gesetzlichen Unfallversicherung werden in § 114 SGB VII abschließend nach fachlicher Aufgliederung angeführt.[1132] Hierzu gehören u. a. Berufsgenossenschaften für die gewerbliche und freiberufliche Wirtschaft (Nr. 1), die Sozialversicherung für Landwirtschaft, Forsten und Gartenbau (Nr. 2) sowie öffentlich-rechtliche Unfallversicherungsträger.[1133]

Weiterhin sind hinsichtlich der Beschäftigung Strafgefangener im Vollzug der Freiheitsstrafe erlassene Verfügungen in den jeweiligen Bundesländern zur Konkretisierung der Unfallversicherungsvorschriften Gefangener zu beachten.[1134]

1. *Strafgefangene im Kreis der kraft Gesetzes Versicherten in der GUV*

Zum versicherten Personenkreis in der gesetzlichen Unfallversicherung gehören kraft Gesetzes (§ 2 SGB VII) oder kraft Satzung (§ 3 SGB VII) versicherte Personen sowie Personen, die sich freiwillig in der GUV versichern (§ 6 SGB VII).[1135] Kernbestimmung zur Versicherung in der gesetzlichen Unfallversicherung ist § 2 SGB VII, da hierin alle Personen aufgelistet sind, die von der Pflichtversicherung in der

---

1130 *Ricke*, in: Körner/Leitherer/Mutschler/Rolfs (Hrsg.), Kasseler Kommentar Sozialversicherungsrecht, SGB VII, Vorbemerkungen zum SGB VII, Rn. 3.

1131 *Ricke*, in: Körner/Leitherer/Mutschler/Rolfs (Hrsg.), Kasseler Kommentar Sozialversicherungsrecht, SGB VII, Vorbemerkungen zum SGB VII, Rn. 3; *Molkentin*, in: Becker/Franke/Molkentin (Hrsg.), LPK Sozialgesetzbuch VII, § 1, Rn. 5.

1132 Vgl. *Lilienfeld*, in: Körner/Leitherer/Mutschler/Rolfs (Hrsg.), Kasseler Kommentar Sozialversicherungsrecht, SGB VII, § 114, Rn. 2.

1133 *Lilienfeld*, in: Körner/Leitherer/Mutschler/Rolfs (Hrsg.), Kasseler Kommentar Sozialversicherungsrecht, SGB VII, § 114, Rn. 2.

1134 Vgl. z. B. Unfallversicherung für Gefangene und Untergebrachte bei Arbeitsunfällen, Allgemeine Verfügung des Ministers der Justiz und für Europa und Verbraucherschutz Land Brandenburg vom 10.01.2017, 4525-IV.3, S. 10 ff. und Organisation der Bewirtschaftung der Anstalten und der Versorgung, Qualifizierung und Beschäftigung der Gefangenen, Verwaltungsvorschrift des Ministeriums der Justiz und für Verbraucherschutz Rheinland-Pfalz vom 22.06.2015, 4400 – 5 – 62, S. 54, Nr. 26.

1135 Vgl. *Ricke*, in: Körner/Leitherer/Mutschler/Rolfs (Hrsg.), Kasseler Kommentar Sozialversicherungsrecht, SGB VII, Vorbemerkungen zu §§ 2 bis 6, Rn. 1; *Holtstraeter*, in: Knickrehm/Kreikebohm/Waltermann (Hrsg.), Kommentar zum Sozialrecht, SGB VII, § 2, Rn. 1; s. a. *Holtstraeter*, Anmerkung zu BSG, Urteil von 17.05.2011, B 2 U 18/10 R, in: SGb 2012, 301 (301).

GUV erfasst werden.[1136] Der von § 2 SGB VII erfasste Personenkreis kann unterteilt werden in Personen, die aufgrund einer Beschäftigung oder vergleichbaren Tätigkeit in die Versicherung einbezogen sind (§ 2 Abs. 1 Nr. 1 bis 7 SGB VII), und in Fallgruppen, die den Kreis der Personen erweitern (§ 2 Abs. 1 Nr. 8 bis 17 SGB VII).[1137] Eine Versicherung als abhängig beschäftigte Person steht im Zentrum der Pflichtversicherung in der GUV (vgl. § 2 Abs. 1 Nr. 1 SGB VII).[1138]

Ohne die Erfüllung der Voraussetzungen von den in § 2 Abs. 1 Nr. 1 bis 7 SGB VII aufgelisteten Versicherungstatbeständen besteht außerdem die Möglichkeit, in den Versicherungsschutz der GUV einbezogen zu werden durch Entstehen einer Formalversicherung[1139], wenn z. B. Beiträge für eine Person in der GUV erhoben werden.[1140] Weiterhin ist nach § 3 SGB VII eine Versicherung kraft Satzung möglich, die nach dem Zweck der Norm vor allem auf wirtschaftlich schwache Unternehmen mit einer besonderen sozialen Schutzbedürftigkeit, wie z. B. Kleinunternehmen, ausgerichtet ist.[1141] Die soziale Schutzbedürftigkeit ist dabei an der Ertragskraft des Unternehmens, der Unternehmensgröße (Beschäftigtenzahl), Art

---

1136 *Wietfeld*, in: Rolfs/Giesen/Kreikebohm/Udsching (Hrsg.), BeckOK Sozialrecht, SGB VII, § 2, Rn. 1.

1137 *Wietfeld*, in: Rolfs/Giesen/Kreikebohm/Udsching (Hrsg.), BeckOK Sozialrecht, SGB VII, § 2, Rn. 2.

1138 *Wietfeld*, in: Rolfs/Giesen/Kreikebohm/Udsching (Hrsg.), BeckOK Sozialrecht, SGB VII, § 2, Vorbemerkung.

1139 Zur Formalversicherung: Nach *Wietfeld*, in: Rolfs/Giesen/Kreikebohm/Udsching (Hrsg.), BeckOK Sozialrecht, SGB VII, § 3, Rn. 26.3 werde die Formalversicherung auf Grundlage eines schutzwürdigen Vertrauens angenommen. So konnte eine Formalversicherung unter Geltung der RVO (Reichsversicherungsordnung) entstehen, wenn der Unternehmer in das Unternehmerverzeichnis einer Berufsgenossenschaft nach den §§ 663, 664 RVO aufgenommen wurde. Von der Rspr. wird derjenige in seinem Vertrauen auf das Bestehen der Versicherung als schutzwürdig erachtet, der unter Geltung der RVO aufgrund der Aufnahme in das Unternehmerverzeichnis als Mitglied unbeanstandet Beiträge entrichtet, siehe hierzu BSG, Urteil vom 03.04.2014, B 2 U 26/12 R, BeckRS 2014, 71803, Rn. 18; BSG, Urteil vom 03.04.2014, B 2 U 25/12 R, BeckRS 2014, 71029, Rn. 26 m.w.N., BSGE 115, 256 ff. Auch in früherer Rechtsprechung wurde eine Formalversicherung bereits allein aufgrund einer Heranziehung eines Unternehmers zu Beitragsleistungen angenommen (vgl. BSGE 34, 230, (232)). Von der Formalversicherung abzugrenzen ist das formale Versicherungsverhältnis, das durch einen rechtswidrigen, aber wirksamen Verwaltungsakt begründet wird, vgl. *Wietfeld*, in: Rolfs/Giesen/Kreikebohm/Udsching (Hrsg.), BeckOK Sozialrecht, SGB VII, § 3, Rn. 26.2; s. a. BSGE 115, 256 (256).

1140 *Wietfeld*, in: Rolfs/Giesen/Kreikebohm/Udsching (Hrsg.), BeckOK Sozialrecht, SGB VII, § 2, Rn. 3.

1141 *Lilienfeld*, in: Körner/Leitherer/Mutschler/Rolfs (Hrsg.), Kasseler Kommentar Sozialversicherungsrecht, SGB VII, § 3, Rn. 2; vgl. schon BSGE 44, 274 (278); vgl. auch *Voosen*, Gesetzliche Unfallversicherung. Pflichtversicherung für Unternehmer kraft Satzung – Keine Probleme, kein Reformbedarf?, in: SGb 2006, 518 ff.

und Umfang der persönlichen Mitarbeit der Betroffenen sowie den Gefährdungsrisiken zu messen.[1142] Die Option einer freiwilligen Versicherung in der GUV wird in § 6 SGB VII vorgesehen. Voraussetzung für eine freiwillige Versicherung ist ein schriftlicher oder elektronischer Antrag (§ 6 Abs. 1 Satz 1 SGB VII).

Ob Strafgefangene nach § 2 Abs. 1 Nr. 1 SGB VII oder über eine Berücksichtigung in der GUV als sog. „Wie-Beschäftigte" gemäß § 2 Abs. 2 SGB VII in die gesetzliche Unfallversicherung einzubeziehen sind, beurteilt sich nach dem Rechtsverhältnis, in dessen Rahmen Beschäftigungen im Strafvollzug ausgeführt werden.

a. Pflichtversicherung bei privatrechtlichen Beschäftigungen

Gemäß § 2 Abs. 1 Nr. 1 SGB VII sind zunächst kraft Gesetzes Beschäftigte versichert. Als zentrale Norm geht die Versicherung nach § 2 Abs. 1 Nr. 1 SGB VII einer Versicherung gemäß § 2 Abs. 2 SGB VII stets vor (§ 135 Abs. 1 Nr. 7 SGB VII).[1143] Insgesamt werden Personen im Rahmen von § 2 SGB VII ausschließlich für Tätigkeiten in ihren benannten Eigenschaften pflichtversichert, wie z. B. als Arbeitnehmer, Unternehmer oder Ehrenamtlicher, sodass die GUV insofern auch als eine tätigkeitsbezogene Versicherung (Tätigkeitsversicherung) betitelt werden kann.[1144] Für den von § 2 SGB VII erfassten Personenkreis richtet sich der Versicherungsschutz in der GUV sodann nach dem Umfang und Zeitraum, in dem Personen die Versicherteneigenschaft begründende Tätigkeit innehaben.[1145] Der Begriff Beschäftigung orientiert sich am sozialversicherungsrechtlichen Beschäftigungsbegriff gemäß § 7 Abs. 1 SGB IV.[1146] Das BSG[1147] führt hierzu aus, dass es sich bei § 2 Abs. 1 Nr. 1 SGB VII um eine versicherte Tätigkeit als Beschäftigter handele, wenn eine Person zur Erfüllung eines von ihr begründeten Rechtsverhältnisses, insbesondere eines Arbeitsverhältnisses, eine eigene Tätigkeit in Eingliederung in

---

1142 *Lilienfeld*, in: Körner/Leitherer/Mutschler/Rolfs (Hrsg.), Kasseler Kommentar Sozialversicherungsrecht, SGB VII, § 3, Rn. 2.

1143 Vgl. auch *Franke*, in: Becker/Franke/Molkentin (Hrsg.), LPK Sozialgesetzbuch VII, § 2, Rn. 223; *Feddern*, in: Körner/Leitherer/Mutschler/Rolfs (Hrsg.), Kasseler Kommentar Sozialversicherungsrecht, SGB VII, § 135, Rn. 5b.

1144 *Lilienfeld*, in: Körner/Leitherer/Mutschler/Rolfs (Hrsg.), Kasseler Kommentar Sozialversicherungsrecht, SGB VII, § 2, Rn. 2 f.; grundlegend vgl. *Dausmann/Platz*, Abschied vom Begriff der Personenversicherung oder: Die Tätigkeit als Grundlage der Rechte und Pflichten in der gesetzlichen Unfallversicherung, in: BG 1986, 748 ff.

1145 *Holtstrater*, in: Knickrehm/Kreikebohm/Waltermann (Hrsg.), Kommentar zum Sozialrecht, SGB VII, § 2, Rn. 2.

1146 S. a. *Holtstrater*, in: Knickrehm/Kreikebohm/Waltermann (Hrsg.), Kommentar zum Sozialrecht, SGB VII, § 2, Rn. 5; *Franke/Spanknebel*, in: Becker/Franke/Molkentin (Hrsg.), LPK Sozialgesetzbuch VII, § 2, Rn. 1; *Wietfeld*, in: Rolfs/Giesen/Kreikebohm/Udsching (Hrsg.), BeckOK Sozialrecht, SGB VII, § 2, Rn. 4; *Lilienfeld*, in: Körner/Leitherer/Mutschler/Rolfs (Hrsg.), Kasseler Kommentar Sozialversicherungsrecht, SGB VII, § 2, Rn. 6.

1147 BSG, Urteil vom 05.07.2016, B 2 U 5/15 R, SozR 4-2700 § 2 Nr. 35, juris.

das Unternehmen eines anderen (vgl. § 7 Abs. 1 SGB IV) zu dem Zweck verrichte, dass die Ergebnisse ihrer Verrichtung diesem und nicht ihr selbst unmittelbar zum Vorteil oder Nachteil gereichen (vgl. § 136 Abs. 3 Nr. 1 SGB VII zum Begriff des Unternehmers).[1148] Liegen die Voraussetzungen von § 2 Abs. 1 Nr. 1 SGB VII vor, durch Aufnahme einer Beschäftigung, tritt die Versicherung in Unabhängigkeit von Beitragszahlungen ein, ohne dass ein Antrag oder eine Anmeldung des Versicherten hierzu erforderlich ist.[1149]

Zu fragen ist, ob auch Strafgefangene als Beschäftigte kraft Gesetzes nach § 2 Abs. 1 Nr. 1 SGB VII in der gesetzlichen Unfallversicherung zu berücksichtigen sind. Demnach müssen die Tatbestandsmerkmale von § 7 Abs. 1 SGB IV vorliegen.[1150] Nach § 7 Abs. 1 Satz 1 SGB IV ist Beschäftigung die nicht selbstständige Arbeit, insbesondere in einem Arbeitsverhältnis. Somit muss es sich um eine nicht selbstständige Tätigkeit handeln, bei der der Arbeitnehmer vom Arbeitgeber persönlich abhängig ist. Weiterhin erfordert der sozialversicherungsrechtliche Beschäftigungsbegriff nach § 7 Abs. 1 SGB IV einen freien Austausch von Arbeit und Lohn.[1151] Strafgefangenen, denen vollzugsöffnende Maßnahmen gewährt werden, können einer regelmäßigen Beschäftigung im Freigang außerhalb des Vollzuges ohne Aufsicht durch die Vollzugsbediensteten nachgehen.[1152] Mit Abschluss eines Arbeitsvertrages mit einem Arbeitgeber außerhalb des Vollzuges und der regelmäßigen Verrichtung einer Beschäftigung ohne Aufsicht des Personals der

1148 BSG, Urteil vom 05.07.2016, B 2 U 5/15 R, SozR 4-2700 § 2 Nr. 35, juris, Rn. 17; siehe ebenfalls *Lilienfeld*, in: Körner/Leitherer/Mutschler/Rolfs (Hrsg.), Kasseler Kommentar Sozialversicherungsrecht, SGB VII, § 2, Rn. 6.

1149 *Ricke*, in: Körner/Leitherer/Mutschler/Rolfs (Hrsg.), Kasseler Kommentar Sozialversicherungsrecht, SGB VII, Vorbemerkungen zu §§ 2 bis 6, Rn. 1.

1150 Zu den Voraussetzungen von § 7 Abs. 1 SGB IV, vgl. Kapitel 2, S. 157 ff.

1151 Siehe Kapitel 2, S. 160 f.

1152 Vgl. zum freien Beschäftigungsverhältnis: § 45 Abs. 1 BWJVollzGB III, Art. 42 Abs. 1 BayStVollzG, § 31 Abs. 1 1. Alt. BbgJVollzG, § 23 Abs. 1 Satz 1 1. Alt. BremStVollzG, § 36 Abs. 1 1. Alt. HmbStVollzG, § 27 Abs. 7 HStVollzG, § 23 Abs. 1 Satz 1 1. Alt. StVollzG M-V, § 36 Abs. 1 NJVollzG, § 31 Abs. 1 NRWStVollzG, § 30 Abs. 1 Satz 1 1. Alt. LJVollzG RP, § 23 Abs. 1 Satz 1 1. Alt. SLStVollzG, § 23 Abs. 1 Satz 1 1. Alt. SächsStVollzG, § 30 Abs. 1 Satz 1 1. Alt. ThürJVollzGB, § 30 Abs. 1 Satz 1 1. Alt. JVollzG LSA, § 36 Abs. 1 Satz 1 1. Alt. LStVollzG SH, § 26 Abs. 1 Satz 1. Alt. StVollzG Bln.
Siehe zur vollzugsöffnenden Maßnahme: § 9 Abs. 1 BWJVollzGB III, Art. 13 Abs. 2 BayStVollzG, § 46 Abs. 2 Satz 1 BbgJVollzG, § 38 Abs. 2 BremStVollzG, § 12 Abs. 2 HmbStVollzG, § 13 Abs. 2 HStVollzG, § 38 Abs. 2 StVollzG M-V, § 13 Abs. 2 und 3 NJVollzG, § 53 Abs. 1 NRWStVollzG, § 45 Abs. 2 Satz 1 LJVollzG RP, § 38 Abs. 2 SLStVollzG, § 38 Abs. 2 SächsStVollzG, § 46 Abs. 2 Satz 1 ThürJVollzGB, § 45 Abs. 2 und 3 JVollzG LSA, § 55 Abs. 2 LStVollzG SH, § 42 Abs. 2 StVollzG Bln. Das Erfordernis der Zustimmung wird nur in manchen Bundesländern vorausgesetzt, vgl. § 9 Abs. 1 BWJVollzGB III, Art. 13 Abs. 2 BayStVollzG, § 38 Abs. 2 Satz 2 BremStVollzG, § 53 Abs. 1 NRWStVollzG.

JVA sind Strafgefangene in freien Beschäftigungsverhältnissen persönlich von ihren Arbeitgebern abhängig, in deren Betrieb eingegliedert und unterliegen ihren Weisungen über Zeit, Dauer, Ort und Art der Arbeitsführung. Weiterhin entscheiden sich Strafgefangene, denen Freigang gewährt wird, regelmäßig selbstständig für eine Beschäftigung außerhalb der Haft. Ein freiwilliger Entschluss zum Austausch von Arbeit und Lohn liegt demnach ebenfalls vor. Gehen Strafgefangene freien Beschäftigungen im Rahmen von privatrechtlichen Rechtsverhältnissen außerhalb der Haft nach, erfüllen sie die Voraussetzungen für das Vorliegen einer sozialversicherungsrechtlichen Beschäftigung, sodass auch nach Gesamtbetrachtung aller Umstände freie Beschäftigungsverhältnisse im Strafvollzug als sozialversicherungsrechtliche Beschäftigungen nach § 7 Abs. 1 SGB IV einzuordnen sind.[1153] Strafgefangene, die privatrechtlichen Arbeitsverhältnissen im Freigang außerhalb der Haft nachgehen, gehören demzufolge zu der Gruppe der Beschäftigten gemäß § 2 Abs. 1 Nr. 1 SGB VII und sind kraft Gesetzes in der gesetzlichen Unfallversicherung versichert.

Beitragspflichtig in der GUV sind die Unternehmer, für deren Unternehmen Versicherte tätig sind oder zu denen Versicherte in einer besonderen, die Versicherung begründenden Beziehung stehen (§ 150 Abs. 1 Satz 1 SGB VII). Zuständiger Versicherungsträger für die im Freigang beschäftigten Gefangenen ist die jeweilige Fach-Berufsgenossenschaft (vgl. § 121 SGB VII).[1154]

b. Versicherung kraft Gesetzes bei gesetzlich zugewiesener Beschäftigung

Ferner ist zu fragen, ob Strafgefangene, die im Rahmen von öffentlich-rechtlichen Sonderrechtsverhältnissen Beschäftigungen im Strafvollzug nachgehen, aufgrund der Zuweisung von Arbeit durch die Justizvollzugsanstalt, kraft Gesetzes nach § 2 Abs. 1 Nr. 1 SGB VII in der gesetzlichen Unfallversicherung versichert sind.

Kraft Gesetzes sind in der gesetzlichen Unfallversicherung Beschäftigte versichert nach § 2 Abs. 1 Nr. 1 SGB VII. Neben der persönlichen Abhängigkeit des Beschäftigten vom Arbeitgeber gehört zu den Tatbestandsvoraussetzungen für das Vorliegen einer sozialversicherungsrechtlichen Beschäftigung gemäß § 7 Abs. 1 Satz 1 SGB IV, dass die Beschäftigung freiwillig eingegangen wird.[1155] Für Strafgefangene, denen eine Arbeit von der Justizvollzugsbehörde zugewiesen wird und die somit in einem öffentlich-rechtlichen Beschäftigungsverhältnis sui generis stehen, mangelt es allerdings an einem freien Entschluss zum Austausch von

---

1153 Vgl. zur vollständigen Prüfung Kapitel 2, S. 223 ff.; siehe ebenfalls *Zieglmeier*, in: Körner/Leitherer/Mutschler/Rolfs (Hrsg.), Kasseler Kommentar Sozialversicherungsrecht, § 7 SGB IV, Rn. 58a; siehe schon BSGE 12, 71, (73), SozR Nr. 18 zu § 537 RVO; BSGE 61, 62; BSGE 48, 129; vgl. außerdem zum SGB VII *Franke*, in: Becker/Franke/Molkentin (Hrsg.), LPK Sozialgesetzbuch VII, § 2, Rn. 223.

1154 *Franke*, in: Becker/Franke/Molkentin (Hrsg.), LPK Sozialgesetzbuch VII, § 2, Rn. 223.

1155 Zu den Voraussetzungen von § 7 Abs. 1 SGB IV, siehe oben Kapitel 2, S. 157 ff.; zum Merkmal der „Freiwilligkeit“ vgl. Kapitel 2, S. 160 f.

Lohn und Arbeit, sodass diese Beschäftigungen nicht freiwillig eingegangenen werden.[1156] Die Voraussetzungen für das Vorliegen einer sozialversicherungsrechtlichen Beschäftigung nach § 7 Abs. 1 SGB IV werden demnach von im Rahmen von öffentlich-rechtlichen Rechtsverhältnissen beschäftigten Strafgefangenen nicht erfüllt.[1157] Eine Versicherung in der gesetzlichen Unfallversicherung kraft Gesetzes als beschäftigte Person nach § 2 Abs. 1 Nr. 1 SGB VII kommt für diese Strafgefangenen nicht in Betracht.

Gemäß § 2 Abs. 2 Satz 1 SGB VII werden in der gesetzlichen Unfallversicherung außerdem Personen versichert, die wie nach § 2 Abs. 1 Nr. 1 SGB VII Versicherte tätig werden.[1158] Dies gilt ebenfalls für Personen, die während einer aufgrund eines Gesetzes angeordneten Freiheitsentziehung wie Beschäftigte tätig sind (§ 2 Abs. 2 Satz 2 1. Alt. SGB VII).[1159] Bei der Regelung von § 2 Abs. 2 Satz 1 SGB VII handelt es sich um eine subsidiäre Vorschrift zu § 2 Abs. 1 Nr. 1 SGB VII, die den Katalog des § 2 Abs. 1 SGB VII ergänzt, ohne dass hierfür alle Voraussetzungen eines formellen Beschäftigungsverhältnisses vorliegen müssen.[1160] Folglich werden Personen, die fremdnützig für Unternehmer in ähnlicher Weise tätig werden wie Beschäftigte nach § 2 Abs. 1 Nr. 1 SGB VII gemäß § 2 Abs. 2 Satz 1 SGB VII, als sog.

1156 Vgl. die Prüfung hierzu in Kapitel 2, S. 218 ff.; s. a. BAG, Urteil vom 24.04.1969, 5 AZR 438/68, BAGE 22, 1 (4 f.). Vgl. ebenfalls BSGE 27, 197 f.; BSG, Urteil vom 10.12.1974, 4 RJ 379, 73, BSGE 38, 245 (246); BAG, Beschluss vom 18.11.1986, 7 AZR 311/85, BAGE 53, 336, (341, 345), wonach die Verwahrung in der Strafhaft stets aufgrund staatlichen Zwanges erfolge und Gefangene einem besonderen, dem öffentlichen Recht zuzuordnenden Gewaltverhältnis unterwerfe; BAG, Urteil vom 24.04.1969, 5 AZR 438/68, BAGE 22, 1, juris, Rn. 18 f.; BSG, Urteil vom 15.12.2016, B 5 RE 2/16 R, SozR 4-2600 § 3 Nr. 7 BSG, juris, Rn. 23; KG Berlin, Beschluss vom 29.06.2015, 2 Ws 132/15 Vollz, juris, Rn. 10. S. a. *Nestler*, in: Laubenthal/Nestler/Neubacher/Verrel (Hrsg.), Strafvollzugsgesetze, zu F, Rn. 16; *Galli*, in: Feest/Lesting/Lindemann (Hrsg.), AK-StVollzG, Teil II, vor § 19 LandesR, Rn. 9; *Arloth/Krä*, StVollzG, noch zu § 37 StVollzG, Rn. 6; *Laubenthal*, in: Schwind/Böhm/Jehle/Laubenthal (Hrsg.), Strafvollzugsgesetz – Bund und Länder Kommentar, vor § 37, Rn. 3.

1157 Vgl. Kapitel 2, S. 221.

1158 Zur Rechtsentwicklung und zu den Merkmalen von § 2 Abs. 2 Satz 1 SGB VII, vgl. *Niedermeyer*, Die „Wie-Beschäftigten" nach § 2 Abs. 2 Satz 1 SGB VII – Ein Beitrag zur Frage der Notwendigkeit einer neuen Systematisierung der bisherigen Judikatur, in: NZS 2010, 312 ff.

1159 Vgl. hierzu schon § 537 Nr. 10 RVO a.F., wonach das GUFG als Sondertatbestand aufgegriffen wurde und der Unfallversicherungsschutz bereits auf Personen ausgedehnt, die wie Versicherte nach § 537 Nr. 1 bis 9 RVO tätig wurden, siehe BSG, Urteil vom 15.12.1966, 2 RU 44/65, juris, Rn. 11; vgl. ebenfalls zur Rechtsentwicklung *Niedermeyer*, Die „Wie-Beschäftigten" nach § 2 Abs. 2 Satz 1 SGB VII – Ein Beitrag zur Frage der Notwendigkeit einer neuen Systematisierung der bisherigen Judikatur, in: NZS 2010, 312 (313).

1160 *Holtstrater*, in: Knickrehm/Kreikebohm/Waltermann (Hrsg.), Kommentar zum Sozialrecht, SGB VII, § 2, Rn. 53.

„Wie-Beschäftigte" ebenfalls in den Versicherungsschutz der gesetzlichen Unfallversicherung einbezogen und in gleicher Weise gegen Arbeitsunfälle und Berufskrankheiten abgesichert.[1161] Da Strafgefangene regelmäßig nicht kraft Gesetzes nach § 2 Abs. 1 Nr. 1 SGB VII versichert sind, weil sie die erforderlichen Voraussetzungen für das Vorliegen einer sozialversicherungsrechtlichen Beschäftigung nach § 7 Abs. 1 SGB IV nicht erfüllen, wird der Versicherungsschutz in der GUV nach § 2 Abs. 2 Satz 2 SGB VII ebenfalls auf Strafgefangene erweitert, sodass § 2 Abs. 2 Satz 1 SGB VII auch für Personen gilt, die während einer aufgrund eines Gesetzes angeordneten Freiheitsentziehung wie Beschäftigte tätig werden.[1162] Dabei setzt eine Versicherung kraft Gesetzes gemäß § 2 Abs. 2 Satz 1 SGB VII nach gefestigter Rechtsprechung des BSG[1163] voraus, dass es sich um eine ernstliche, dem Unternehmen dienende Tätigkeit mit wirtschaftlichem Wert handele, die dem (mutmaßlichen) Willen des Unternehmers entspreche und die ihrer Art nach von Personen verrichtet werden kann, die in einem dem allgemeinen Arbeitsmarkt zuzurechnenden Beschäftigungsverhältnis stehen.[1164] Auf das Gesamtbild der tatsächlichen und rechtlichen Zusammenhänge kommt es entscheidend an.[1165] Voraussetzung ist

1161 *Wietfeld*, in: Rolfs/Giesen/Kreikebohm/Udsching (Hrsg.), BeckOK Sozialrecht, SGB VII, § 2, Rn. 226.

1162 Vgl. auch *Holtstrater*, in: Knickrehm/Kreikebohm/Waltermann (Hrsg.), Kommentar zum Sozialrecht, SGB VII, § 2, Rn. 60; *Wietfeld*, in: Rolfs/Giesen/Kreikebohm/Udsching (Hrsg.), BeckOK Sozialrecht, SGB VII, § 2, Rn. 242; *Lilienfeld*, in: Körner/Leitherer/Mutschler/Rolfs (Hrsg.), Kasseler Kommentar Sozialversicherungsrecht, SGB VII, § 2, Rn. 151; s. a. *Franke*, in: Becker/Franke/Molkentin (Hrsg.), LPK Sozialgesetzbuch VII, § 2, Rn. 221.
Zur Vorschrift des § 2 Abs. 2 Satz 2 SGB VII: Die Vorschrift erweitert die ehemalige Regelung des § 540 RVO um Personen, die aufgrund staatsanwaltlicher oder jugendbehördlicher Anordnungen (§ 153a Abs. 1 Satz 1 Nr. 3 StPO, § 45 Abs. 2 Nr. 1 JGG) Arbeitsleistungen erbringen; eine gesetzliche Vorschrift war notwendig, da die Strafgefangenen grundsätzlich keine Beschäftigung i.S.d. § 2 Abs. 1 Nr. 1 SGB VII ausüben, vgl. *Franke*, in: Becker/Franke/Molkentin (Hrsg.), LPK Sozialgesetzbuch VII, § 2, Rn. 221.

1163 Vgl. grundlegend BSGE 5, 168, (172, 174); s. a. BSG, Urteil vom 27.03.2012, B 2 U 5/11 R, BeckRS 2012, 70913, Rn. 56, in: NZS 2012, 826 (828); BSG, Urteil vom 13.08.2002, B 2 U 33/01 R, BeckRS 2002 30277488.

1164 Vgl. *Holtstrater*, in: Knickrehm/Kreikebohm/Waltermann (Hrsg.), Kommentar zum Sozialrecht, SGB VII, § 2, Rn. 53.

1165 *Holtstrater*, in: Knickrehm/Kreikebohm/Waltermann (Hrsg.), Kommentar zum Sozialrecht, SGB VII, § 2, Rn. 53; *Wietfeld*, in: Rolfs/Giesen/Kreikebohm/Udsching (Hrsg.), BeckOK Sozialrecht, SGB VII, § 2, Rn. 227; *Lilienfeld*, in: Körner/Leitherer/Mutschler/Rolfs (Hrsg.), Kasseler Kommentar Sozialversicherungsrecht, SGB VII, § 2, Rn. 125; siehe ebenfalls *Niedermeyer*, Die „Wie-Beschäftigten" nach § 2 Abs. 2 Satz 1 SGB VII – Ein Beitrag zur Frage der Notwendigkeit einer neuen Systematisierung der bisherigen Judikatur, in: NZS 2010, 312 (313) m.w.N.; zum Gesamtbild siehe BSG, Urteil vom 24.01.1991, 2 RU 44/90, BeckRS 1991, 30736123; *Krasney*, Die „Wie-Beschäftigten" nach § 2 Abs. 2 Satz 2 SGB VII, in: NZS 1999, 577 ff.

somit, dass eine Freiheitsentziehung vorliegt, die formell aufgrund eines Gesetzes angeordnet wird; auf die materielle Rechtmäßigkeit kommt es für das Bestehen der Versicherungspflicht nicht an.[1166] Handelt es sich sodann bei den Gefangenen um Personen, die aufgrund einer gesetzlich angeordneten Freiheitsentziehung wie Beschäftigte im Strafvollzug im Rahmen von öffentlich-rechtlichen Beschäftigungsverhältnissen tätig werden, besteht für diese Personen ein Versicherungsschutz im Rahmen von § 2 Abs. 2 Satz 1 SGB VII.[1167] Unerheblich ist hierbei, ob Gefangenen die Arbeit verpflichtend zugewiesen wird oder ob sie deren Aufnahme freiwillig beantragen.[1168] Für eine Beurteilung des zugrunde liegenden Rechtsverhältnisses von Beschäftigung im Strafvollzug macht dies keinen Unterschied.[1169]

Die Zuständigkeit der nach § 2 Abs. 2 Satz 2 SGB VII versicherten Strafgefangenen bestimmt sich gemäß § 133 Abs. 1 2. Alt. SGB VII nach der Zuständigkeit des Unternehmens, zu dem die Versicherten in einer besonderen, die Versicherung begründenden Beziehung stehen. Damit folgt die Versichertenzuständigkeit der Unternehmenszuständigkeit und richtet sich nach dem Unfallversicherungsträger, dem das Unternehmen angehört.[1170] Werden Gefangene demnach aufgrund von gesetzlich zugewiesener Arbeit durch die Justizvollzugsbehörde wie Beschäftigte tätig (vgl. § 128 Abs. 1 Nr. 8 SGB VII), ist automatisch der Unfallversicherungsträger im Landesbereich nach § 128 Abs. 1 Nr. 1 SGB VII zuständig, wegen der besonderen Beziehung zwischen den Versicherten und dem Unternehmer.[1171] Beiträge werden für Versicherte nach § 128 Abs. 1 Nr. 8 SGB VII nicht erhoben (§ 185 Abs. 2 Satz 1 SGB VII). Die Aufwendungen werden für Gefangene entsprechend der festgelegten Zuständigkeiten auf das Land, die Gemeinden oder Gemeindeverbände umgelegt (§ 185 Abs. 2 Satz 2 SGB VII).

1166 *Wietfeld*, in: Rolfs/Giesen/Kreikebohm/Udsching (Hrsg.), BeckOK Sozialrecht, SGB VII, § 2, Rn. 242.

1167 Siehe *Lilienfeld*, in: Körner/Leitherer/Mutschler/Rolfs (Hrsg.), Kasseler Kommentar Sozialversicherungsrecht, SGB VII, § 2, Rn. 152; vgl. ebenfalls BSG, Urteil vom 06.04.1960, 2 RU 40/58, BSGE 12, 71 (73); s. a. OLG Thüringen, Urteil vom 10.03.2000, 1 Ws 24/00, juris.; zur Ausnahmemöglichkeit bei Fürsorgeerziehung vgl. BSG, Urteil vom 30.01.1975, 2 RU 200/72, BSGE 39, 104; BSG, Urteil vom 30.01.1963, 3 RK 36/59, BSGE 18, 246 (251 f.).

1168 Siehe *Franke*, in: Becker/Franke/Molkentin (Hrsg.), LPK Sozialgesetzbuch VII, § 2, Rn. 222.

1169 Ebd.; vgl. hierzu ferner die Ausführungen in Kapitel 2, S. 222 f.

1170 *Ricke*, in: Körner/Leitherer/Mutschler/Rolfs (Hrsg.), Kasseler Kommentar Sozialversicherungsrecht, SGB VII, § 133, Rn. 2.

1171 *Feddern*, in: Körner/Leitherer/Mutschler/Rolfs (Hrsg.), Kasseler Kommentar Sozialversicherungsrecht, SGB VII, § 128, Rn. 3f; vgl. hierzu auch LSG Sachsen-Anhalt, Urteil vom 09.12.2004 – L 6 U 27/04, BeckRS 2004 30469190, in: NZS 2005, 661 (Ls.). S. a. *Lilienfeld*, in: Körner/Leitherer/Mutschler/Rolfs (Hrsg.), Kasseler Kommentar Sozialversicherungsrecht, SGB VII, § 2, Rn. 152; *Franke*, in: Becker/Franke/Molkentin (Hrsg.), LPK Sozialgesetzbuch VII, § 2, Rn. 223; vgl. BSGE 39, 104, (108).

2. Umfang des Versicherungsschutzes in der GUV

Leistungen nach dem SGB VII können unterteilt werden in Leistungen zur Prävention (§§ 14 bis 25 SGB VII) und in Leistungen nach Eintritt eines Versicherungsfalles (§§ 26 bis 103 SGB VII).[1172] Dabei werden mit nach dem SGB VII gewährten Leistungen grundsätzlich Gesundheitsschäden oder darauf beruhende Zustände ausgeglichen; der Ersatz von Sachschäden ist bei Hilfeleistungen gemäß § 13 SGB VII vorgesehen.[1173] Zu den Versicherungsfällen nach § 7 Abs. 1 SGB VII gehören Arbeitsunfälle (§ 8 SGB VII) und Berufskrankheiten (§ 9 SGB VII). Allgemein ist zu unterscheiden in Primär- oder Erstschäden, die im Rahmen der haftungsbegründenden Kausalität[1174] zugleich mit dem Versicherungsfall eintreten, in Sekundär- oder Folgeschäden, die sich im Wege der haftungsausfüllenden Kausalität[1175] im rechtlichen Zusammenhang mit dem Erstschaden ergeben, sowie in mittelbare Folgen eines Versicherungsfalles (vgl. § 11 SGB VII).[1176] Nach Eintritt des Versicherungsfalles haben Versicherte gemäß § 26 Abs. 1 Satz 1 SGB VII nach Maßgabe der §§ 27 ff. SGB VII und unter Beachtung der Vorschriften des SGB IX Anspruch auf Heilbehandlung (§ 27 ff. SGB VII), einschließlich Leistungen zur medizinischen Rehabilitation (§ 27 Abs. 1 Nr. 7 SGB VII i.V.m. dem SGB IX), auf Leistungen zur Teilhabe am Arbeitsleben (§ 35 SGB VII) und am Leben in der Gemeinschaft sowie auf ergänzende Leistungen (§§ 39 ff. SGB VII), auf Leistungen bei Pflegebedürftigkeit (§ 44 SGB VII) und auf Geldleistungen (§ 45 SGB VII).[1177] Als Geldleistung wird nach § 45 SGB VII Verletztengeld aufgrund von Heilbehandlungen erbracht, wenn die Voraussetzungen hierfür nach § 45 SGB VII vorliegen.[1178] Ferner wird gemäß § 49 SGB VII ein Übergangsgeld gewährleistet, wenn Versicherte infolge

---

1172 *Seewald*, in: Körner/Leitherer/Mutschler/Rolfs (Hrsg.), Kasseler Kommentar Sozialversicherungsrecht, SGB I, § 22, Rn. 7.

1173 *Ricke*, in: Körner/Leitherer/Mutschler/Rolfs (Hrsg.), Kasseler Kommentar Sozialversicherungsrecht, SGB VII, Vorbemerkung zu §§ 26 ff., Rn. 1.

1174 Zur haftungsbegründenden Kausalität: meint die Schadenszurechnung auf der Tatbestandsseite zwischen Unfallereignis und gesundheitlichem Erstschaden, einschließlich des sofortigen Unfalltodes (vgl. auch BSGE 96, 196 ff. zum Kausalzusammenhang zwischen einem Arbeitsunfall und einer seelischen Krankheit), siehe *Holtstrater*, in: Knickrehm/Kreikebohm/Waltermann (Hrsg.), Kommentar zum Sozialrecht, SGB VII, § 8, Rn. 83.

1175 Zur haftungsausfüllenden Kausalität: meint den Zusammenhang zwischen dem Gesundheitserstschaden und den gesundheitlichen Folgeschäden, vgl. *Holtstrater*, in: Knickrehm/Kreikebohm/Waltermann (Hrsg.), Kommentar zum Sozialrecht, SGB VII, § 8, Rn. 93.

1176 *Ricke*, in: Körner/Leitherer/Mutschler/Rolfs (Hrsg.), Kasseler Kommentar Sozialversicherungsrecht, SGB VII, Vorbemerkung zu §§ 26 ff., Rn. 1.

1177 *Marschner*, in: Rolfs/Giesen/Kreikebohm/Udsching (Hrsg.), BeckOK Sozialrecht, SGB VII, § 26, Rn. 1.

1178 S. a. *Holtstrater*, in: Knickrehm/Kreikebohm/Waltermann (Hrsg.), Kommentar zum Sozialrecht, SGB VII, § 45, Rn. 1.

des Versicherungsfalles Leistungen zur Teilhabe am Arbeitsleben erhalten. Weiterhin zählen zu den Leistungen nach dem SGB VII Renten, Beihilfen und Abfindungen (§§ 56 ff. SGB VII).

Fraglich ist, ob sich ein verschiedenartiger Zugang in die GUV als Beschäftigter nach § 2 Abs. 1 Nr. 1 SGB VII oder als sog. Wie-Beschäftigter nach § 2 Abs. 2 Satz 1 SGB VII auch auf den zu gewährleisteten Versicherungsumfang in der GUV auswirken kann. Strafgefangene, die privatrechtlichen Beschäftigungen im Rahmen von vollzugsöffnenden Maßnahmen außerhalb der Haft nachgehen, werden als Beschäftigte kraft Gesetzes nach § 2 Abs. 1 Nr. 1 SGB VII in der gesetzlichen Unfallversicherung versichert. Üben Gefangene eine von der JVA zugewiesene Beschäftigung im Rahmen eines öffentlich-rechtlichen Verhältnisses der besonderen Art aus, werden sie wie Wie-Beschäftigte nach § 2 Abs. 2 Satz 1 SGB VII ebenfalls kraft Gesetzes in der GUV gemäß § 2 Abs. 1 Nr. 1 SGB VII berücksichtigt. Ob Gefangene in privatrechtlichen Rechtsverhältnissen oder in öffentlich-rechtlichen Rechtsverhältnissen tätig werden, führt im Ergebnis in beiden Fällen zu einer Versicherung kraft Gesetzes in der GUV nach § 2 Abs. 1 Nr. 1 SGB VII. Demzufolge weicht auch der Umfang des Versicherungsschutzes in der GUV nicht vom Versicherungsumfang für Arbeitnehmer in Freiheit ab, denn die soziale Schutzbedürftigkeit ist hier dieselbe.[1179] Allerdings gilt zu beachten, dass Heilbehandlungen (§§ 27 ff. SGB VII) oder Leistungen zur Teilhabe am Arbeitsleben (§ 35 SGB VII) während einer aufgrund eines Gesetzes angeordneten Freiheitsentziehung nur erbracht werden, soweit Belange des Vollzuges dem nicht entgegenstehen (vgl. hierzu § 27 Abs. 3, § 35 Abs. 4 SGB VII). Damit sollen Vollzugsbelange gewahrt werden, die bei Behandlungsnotwendigkeit während einer Freiheitsentziehung mit Ansprüchen des versicherten Gefangenen gegen den Unfallversicherungsträger kollidieren, wie der Anspruch auf Behandlung in einer Spezialklinik nach § 33 Abs. 3 SGB VII, sodass den Vollzugsbelangen hier Vorrang eingeräumt wird und die Entscheidung über eine Gewährleistung bei der Vollzugsbehörde verbleibt.[1180] Weiterhin richtet sich die Berechnung des Verletztengeldes (§ 45 SGB VII) Strafgefangener für die Dauer der Freiheitsentziehung nach der regelmäßigen Arbeitsentlohnung (§ 47 Abs. 6 SGB VII).[1181] Die Entlohnungsgrundsätze im Strafvollzug

1179 Vgl. hierzu *Lilienfeld*, in: Körner/Leitherer/Mutschler/Rolfs (Hrsg.), Kasseler Kommentar Sozialversicherungsrecht, SGB VII, § 2, Rn. 151 f.; *Wietfeld*, in: Rolfs/Giesen/Kreikebohm/Udsching (Hrsg.), BeckOK Sozialrecht, SGB VII, § 2, Rn. 244.

1180 Vgl. *Feddern*, in: Körner/Leitherer/Mutschler/Rolfs (Hrsg.), Kasseler Kommentar Sozialversicherungsrecht, SGB VII, § 35, Rn. 6; s. a. ders., in: Körner/Leitherer/Mutschler/Rolfs (Hrsg.), Kasseler Kommentar Sozialversicherungsrecht, SGB VII, § 27, Rn. 3.

1181 Vgl. auch *Köllner*, in: Becker/Franke/Molkentin (Hrsg.), LPK Sozialgesetzbuch VII § 47, Rn. 45; vgl. ferner § 6 Abs. 2 und 3 „Unfallversicherung für Gefangene und Untergebrachte bei Arbeitsunfällen", Allgemeine Verfügung des Ministers der Justiz und für Europa und Verbraucherschutz Land Brandenburg vom 10.01.2017, 4525-IV.3, S. 10 ff.

nach den Landesstrafvollzugsgesetzen sind bei einer Berechnung von Ansprüchen folglich zu berücksichtigen.[1182]

II. Versicherungspflicht in der Arbeitslosenversicherung

Strafgefangene finden im Arbeitsförderungsrecht in besonderer Hinsicht Berücksichtigung, weil das Arbeitsförderungsrecht eine Vielzahl von Sondervorschriften für Gefangene vorsieht und demzufolge eine Schnittstellenfunktion zum Strafvollzugsrecht aufweist.[1183]

Mit dem „Gesetz zur Reform der Arbeitsförderung" (Arbeitsförderungs-Reformgesetz – ARFG)[1184] vom 24.03.1997 wurde das „Arbeitsförderungsgesetz" (AFG)[1185] abgelöst und die Arbeitsförderung als Drittes Buch in das Sozialgesetzbuch eingeordnet.[1186] Als Grundsatzvorschrift für das Recht der Arbeitsförderung werden in § 1 SGB III Zielsetzungen konzentriert zusammengefasst und hierdurch das jeweilige gesetzgeberische Konzept zur Arbeitsförderung widergespiegelt.[1187] Nach § 1 Abs. 1 Satz 1 SGB III soll die Arbeitsförderung dem Entstehen von Arbeitslosigkeit entgegenwirken, deren Dauer verkürzen und einen Ausgleich von Angebot und Nachfrage auf dem Ausbildungs- und Arbeitsmarkt unterstützen. Damit beschreibt § 1 Abs. 1 Satz 1 SGB III die Kernaufgaben der Arbeitsförderung.[1188] Querschnittsaufgaben, die bei der Verfolgung der Kernaufgaben immer zu berücksichtigen sind, wie die Gleichstellung von Frauen und Männern (vgl. § 1 Abs. 1 Satz 3 SGB III), finden sich in § 1 Abs. 1 Satz 2 bis 5 SGB III.[1189] Zielrichtungen von Arbeitsförderungsleistungen werden weiterhin in § 1 Abs. 2 SGB III angeführt und können nicht von den in § 1 Abs. 1 SGB III benannten Aufgaben separiert betrachtet werden.[1190] Eine Vorschrift hinsichtlich des Abschlusses von Rahmenvereinbarungen zwischen der Bundesregierung und der Bundesagentur für Arbeit (BA) enthält § 1 Abs. 3 SGB

1182 Zur Entlohnung von gesetzlich zugewiesener Arbeit, vgl. die Ausführungen in Kapitel 2, S. 194 ff. Siehe zur Entlohnung bei privatrechtlicher Beschäftigung im Vollzug ebenfalls Kapitel 2, S. 216 f.

1183 *Schäferskäpper*, Die Arbeitslosenversicherung der Gefangenen – Grundlagen und aktueller Streit –, in: NZS 2013, 446 (452).

1184 BGBl I. 1997, S. 594 ff.

1185 BGBl. I 1969, S. 582 ff.

1186 *Deinert*, in: Gagel, SGB II/SGB III Grundsicherung und Arbeitsförderung Kommentar, SGB III, § 1, Rn. 23.

1187 *Schmidt-De Caluwe*, in: Mutschler/Schmidt-De Caluwe/Coseriu (Hrsg.), Sozialgesetzbuch III Großkommentar, § 1, Rn. 1.

1188 *Deinert*, in: Gagel, SGB II/SGB III Grundsicherung und Arbeitsförderung Kommentar, SGB III, § 1, Rn. 103; BT-Drs. 16/10810, S. 26.

1189 *Deinert*, in: Gagel, SGB II/SGB III Grundsicherung und Arbeitsförderung Kommentar, SGB III, § 1, Rn. 103 ff., 120; BT-Drs. 16/10810, S. 26.

1190 *Marschner*, in: Rolfs/Giesen/Kreikebohm/Udsching (Hrsg.), BeckOK Sozialrecht, SGB III, § 1, Rn. 1.

III, womit das bisher von Zustimmung und Genehmigung geprägte Verhältnis zwischen den Beteiligten abgelöst werden soll.[1191] Zuständig für Leistungen der Arbeitsförderung sind die Agenturen für Arbeit (AgA) und die sonstigen Dienststellen der BA (vgl. § 327 SGB III, § 19 Abs. 2 SGB I).[1192]

Durch Einordnung des AFG als Drittes Buch des Sozialgesetzbuches wurde im Interesse einer einheitlichen Terminologie für die Arbeitsförderung – sowie für die Zweige der gesetzlichen Kranken-, Pflege-, Unfall- und Rentenversicherung – anstelle des Begriffes der Beitragspflicht die Versicherungspflicht eingeführt.[1193] Vorschriften zur Versicherungspflicht finden sich in den §§ 24 ff. SGB III. Eine grundlegende Unterscheidung zur versicherungspflichtigen Person wird in § 24 Abs. 1 SGB III vorgenommen, wonach in einem Versicherungspflichtverhältnis Personen stehen, die entweder als Beschäftigte (vgl. § 25 SGB III) oder aus sonstigen Gründen (§ 26 SGB III) versicherungspflichtig sind.[1194] Die Möglichkeit einer freiwilligen Versicherung war dem Arbeitsförderungsrecht zunächst fremd, wurde allerdings mit Einführung von § 28a SGB III zum 01.02.2006 für bestimmte Personengruppen nach Beendigung des Versicherungspflichtverhältnisses eröffnet, wie bspw. für selbstständig Tätige (§ 28a Abs. 1 Satz 1 Nr. 2 SGB III) oder für Personen in Elternzeit (§ 28a Abs. 1 Satz 1 Nr. 4 SGB III).[1195] Versicherungsfreiheit besteht außerdem für die in § 27 SGB III (Versicherungsfreie Beschäftigte) und in § 28 SGB III (Sonstige versicherungsfreie Personen) aufgelisteten Personengruppen.

Weiterhin werden zur Beurteilung einer Versicherungspflicht in der Arbeitslosenversicherung von der BA frei zugänglich auf deren Homepage Geschäftsanweisungen zur Versicherungspflicht in der jeweils gültigen Fassung zur Verfügung gestellt.[1196] Ihrer Rechtsnatur nach handelt es sich bei den Geschäftsanweisungen der BA um behördeninterne Weisungen, die im Verhältnis zu den Mitarbeitern der Behörde Bindungswirkung haben.[1197] Das Format der Geschäftsanweisung zur

---

1191 Marschner, in: Rolfs/Giesen/Kreikebohm/Udsching (Hrsg.), BeckOK Sozialrecht, SGB III, § 1, Rn. 1.

1192 Vgl. *Seewald*, in: Körner/Leitherer/Mutschler/Rolfs (Hrsg.), Kasseler Kommentar Sozialversicherungsrecht, SGB I, § 19, Rn. 56. Siehe ebenfalls zur Aufbauorganisation der Arbeitsförderung §§ 367 ff. SGB III.

1193 Siehe BT-Drs. 13/4941, S. 157; ebenfalls *Schneil*, in: Gagel, SGB II/SGB III Grundsicherung und Arbeitsförderung Kommentar, SGB III, § 24, Rn. 10.

1194 Vgl. BT-Drs. 13/4941, S. 157; *Schneil*, in: Gagel, SGB II/SGB III Grundsicherung und Arbeitsförderung Kommentar, SGB III, § 24, Rn. 3; *Scheidt*, in: Mutschler/Schmidt-De Caluwe/Coseriu (Hrsg.), Sozialgesetzbuch III Großkommentar, § 24, Rn. 7; *Ulmer*, in: Rolfs/Giesen/Kreikebohm/Udsching (Hrsg.), BeckOK Sozialrecht, SGB III, § 24, Rn. Vorbemerkung.

1195 *Reinhard*, in: Böttiger/Körtek/Schaumberg (Hrsg.), LPK Sozialgesetzbuch III, § 24, Rn. 5.

1196 Vgl. *Schneil*, in: Gagel, SGB II/SGB III Grundsicherung und Arbeitsförderung Kommentar, SGB III, § 24, Rn. 3, mit Hinweis auf „www.arbeitsagentur.de".

1197 *Wank*, in: Müller-Glöge/Preis/Schmidt (Hrsg.), Erfurter Kommentar zum Arbeitsrecht, AÜG, § 1, Rn. 41.

Arbeitslosenversicherung ist mittlerweile von der BA in das Format „Fachliche Weisung“ überführt worden.[1198]

1. *Berücksichtigung bei versicherungspflichtiger Beschäftigung*

Zu klären ist zunächst, ob im Strafvollzug beschäftigte Strafgefangene versicherungspflichtig nach § 25 SGB III im Arbeitsförderungsrecht Berücksichtigung finden. Nach § 25 Abs. 1 Satz 1 SGB III sind Personen versicherungspflichtig, wenn sie gegen Arbeitsentgelt oder zu ihrer Berufsausbildung beschäftigt sind (versicherungspflichtige Beschäftigung). Auszubildende, die im Rahmen eines Berufsbildungsvertrages oder nach dem Berufsbildungsgesetz in einer außerbetrieblichen Einrichtung ausgebildet werden, sowie Teilnehmer an dualen Studiengängen stehen Beschäftigten zur Berufsausbildung im Sinne des § 25 Abs. 1 Satz 1 SGB III gleich (vgl. § 25 Abs. 1 Satz 2 SGB III). Das Versicherungspflichtverhältnis für nach § 25 Abs. 1 Satz 1 SGB III versicherte Beschäftigte beginnt gemäß § 24 Abs. 2 1. Hs. SGB III mit dem Tag des Eintrittes in das Beschäftigungsverhältnis oder mit dem Tag nach Erlöschen der Versicherungsfreiheit (vgl. zur versicherungsfreien Beschäftigung § 27 SGB III). Nach § 24 Abs. 4 1. Hs. SGB III endet das Versicherungspflichtverhältnis für Beschäftigte hingegen mit dem Tag des Ausscheidens aus dem Beschäftigungsverhältnis oder mit dem Tag vor Eintritt der Versicherungsfreiheit. Der Begriff der Beschäftigung orientiert sich, wie in den übrigen Sozialversicherungsbereichen, am sozialversicherungsrechtlichen Beschäftigungsbegriff nach § 7 Abs. 1 SGB IV.[1199] Dabei ist das Beschäftigungsverhältnis gemäß § 25 SGB III im beitragsrechtlichen Sinn zu verstehen, wonach für die Bestätigung eines Beschäftigungsverhältnisses nicht ausschließlich auf die tatsächliche Arbeitsleistung abgestellt werden kann, sondern das Beschäftigungsverhältnis mit Leistungsbereitschaft des Arbeitnehmers und Direktionsbefugnis des Arbeitgebers beginnt.[1200] Das Versicherungspflichtverhältnis kann demnach auch an arbeitsfreien Tagen, wie z. B. einem Samstag, beginnen.[1201] Der Begriff des Arbeitsentgeltes richtet sich nach § 14 SGB IV.

Werden Strafgefangenen vollzugsöffnende Maßnahmen gewährt, können sie einer regelmäßigen Beschäftigung im Freigang außerhalb des Vollzuges ohne

---

1198 Vgl. ebenfalls *Wank*, in: Müller-Glöge/Preis/Schmidt (Hrsg.), Erfurter Kommentar zum Arbeitsrecht, AÜG, § 1, Rn. 41.

1199 *Ulmer*, in: Rolfs/Giesen/Kreikebohm/Udsching (Hrsg.), BeckOK Sozialrecht, SGB III, § 25, Rn. 1 und 6; *Fuchs*, in: Gagel, SGB II/SGB III Grundsicherung und Arbeitsförderung Kommentar, SGB III, § 25, Rn. 2 ff.

1200 *Brand*, in: Brand (Hrsg.), Sozialgesetzbuch Arbeitsförderung SGB III Kommentar, § 24, Rn. 7; vgl. auch *Reinhard*, in: Böttiger/Körtek/Schaumberg (Hrsg.), LPK Sozialgesetzbuch III, § 24, Rn. 3; *Scheidt*, in: Mutschler/Schmidt-De Caluwe/Coseriu (Hrsg.), Sozialgesetzbuch III Großkommentar, § 24, Rn. 18.

1201 *Brand*, in: Brand (Hrsg.), Sozialgesetzbuch Arbeitsförderung SGB III Kommentar, § 24, Rn. 7.

justizvollzugsbehördlicher Aufsicht nachgehen.[1202] Mit Abschluss eines Arbeitsvertrages mit einem externen Arbeitgeber und dem Ausüben einer Beschäftigung im Rahmen eines privatrechtlichen Rechtsverhältnisses werden regelmäßig die Voraussetzungen von § 7 Abs. 1 SGB IV für das Vorliegen einer sozialversicherungsrechtlichen Beschäftigung erfüllt.[1203] Für diese Gefangenen entsteht eine Versicherungspflicht in der Arbeitslosenversicherung als Beschäftigte nach § 25 Abs. 1 Satz 1 SGB III.[1204]

Leistungen der Arbeitsförderung und sonstige Ausgaben der BA werden durch Beiträge der Versicherungspflichtigen, der Arbeitgeber und durch Dritte (Beitrag zur Arbeitsförderung), Umlagen, Mittel des Bundes und sonstige Einnahmen finanziert (vgl. § 340 SGB III). Gemäß § 346 Abs. 1 Satz 1 SGB III werden die in § 341 SGB III festgelegten Beiträge von den versicherungspflichtig Beschäftigten und den Arbeitgebern je zur Hälfte getragen.[1205] Dementsprechend haben auch Strafgefangene, die nach § 25 Abs. 1 Satz 1 SGB III versicherungspflichtig beschäftigt sind, Beiträge zur Arbeitslosenversicherung von ihrem Entgelt zu entrichten.

Jedoch sind Beschäftigte nur versicherungspflichtig, wenn sie nicht nach den §§ 27 und 28 SGB III versicherungsfrei sind.[1206] Auch im Freigang beschäftigte Gefangene können der Vorschrift zur Versicherungsfreiheit in der

---

1202 Vgl. zum freien Beschäftigungsverhältnis: § 45 Abs. 1 BWJVollzGB III, Art. 42 Abs. 1 BayStVollzG, § 31 Abs. 1 1. Alt. BbgJVollzG, § 23 Abs. 1 Satz 1 1. Alt. BremStVollzG, § 36 Abs. 1 1. Alt. HmbStVollzG, § 27 Abs. 7 HStVollzG, § 23 Abs. 1 Satz 1 1. Alt. StVollzG M-V, § 36 Abs. 1 NJVollzG, § 31 Abs. 1 NRWStVollzG, § 30 Abs. 1 Satz 1 1. Alt. LJVollzG RP, § 23 Abs. 1 Satz 1 1. Alt. SLStVollzG, § 23 Abs. 1 S Satz 1 1. Alt. SächsStVollzG, § 30 Abs. 1 Satz 1 1. Alt. ThürJVollzGB, § 30 Abs. 1 Satz 1 1. Alt. JVollzG LSA, § 36 Abs. 1 Satz 1 1. Alt. LStVollzG SH, § 26 Abs. 1 Satz 1. Alt. StVollzG Bln.
Siehe zur vollzugsöffnenden Maßnahme: § 9 Abs. 1 BWJVollzGB III, Art. 13 Abs. 2 BayStVollzG, § 46 Abs. 2 Satz 1 BbgJVollzG, § 38 Abs. 2 BremStVollzG, § 12 Abs. 2 HmbStVollzG, § 13 Abs. 2 HStVollzG, § 38 Abs. 2 StVollzG M-V, § 13 Abs. 2 und 3 NJVollzG, § 53 Abs. 1 NRWStVollzG, § 45 Abs. 2 Satz 1 LJVollzG RP, § 38 Abs. 2 SLStVollzG, § 38 Abs. 2 SächsStVollzG, § 46 Abs. 2 Satz 1 ThürJVollzGB, § 45 Abs. 2 und 3 JVollzG LSA, § 55 Abs. 2 LStVollzG SH, § 42 Abs. 2 StVollzG Bln. Das Erfordernis der Zustimmung wird nur in manchen Bundesländern vorausgesetzt, vgl. § 9 Abs. 1 BWJVollzGB III, Art. 13 Abs. 2 BayStVollzG, § 38 Abs. 2 Satz 2 BremStVollzG, § 53 Abs. 1 NRWStVollzG.

1203 Siehe hierzu die Prüfung in Kapitel 2, S. 223 ff.

1204 Vgl. hierzu auch *Schneil*, in: Gagel, SGB II/SGB III Grundsicherung und Arbeitsförderung Kommentar, SGB III, § 26, Rn. 14; s. a. *Scheidt*, in: Mutschler/Schmidt-De Caluwe/Coseriu (Hrsg.), Sozialgesetzbuch III Großkommentar, § 26, Rn. 24; vgl. außerdem BSG, Urteil vom 16.10.1990, 11 RAr 3/90, in: NZA 1991, 282 f.

1205 S. a. *Brand*, in: Brand (Hrsg.), Sozialgesetzbuch Arbeitsförderung SGB III Kommentar, § 346, Rn. 2.

1206 *Scheidt*, in: Mutschler/Schmidt-De Caluwe/Coseriu (Hrsg.), Sozialgesetzbuch III Großkommentar, § 26, Rn. 29.

Arbeitslosenversicherung nach § 27 SGB III unterliegen, wenn sie im Hinblick auf Zeit und Entlohnung eine geringfügige Tätigkeit ausüben, die unter der Geringfügigkeitsgrenze von § 8 Abs. 1 Nr. 1 SGB IV bleibt (§ 27 Abs. 2 1. Hs. SGB III).[1207] Dabei gilt zu berücksichtigen, dass generell eine geringfügige, untertarifliche Vergütung akzeptiert werden kann, die Justizvollzugsbehörde einer erheblichen Unterschreitung allerdings nicht zustimmen darf.[1208]

2. *Einbeziehung als sonstige Versicherungspflichtige bei gesetzlich zugewiesener Arbeit*

In § 26 SGB III wird der Personenkreis erfasst, der gemäß § 24 Abs. 1 SGB III aus sonstigen Gründen versicherungspflichtig ist.[1209] Nach § 26 Abs. 1 Nr. 4 1. Hs. SGB III werden Personen in der Arbeitslosenversicherung versicherungspflichtig einbezogen, wenn es sich um Gefangene handelt, die Arbeit verrichten und dafür ein Arbeitsentgelt, Ausbildungsbeihilfe oder Ausfallentschädigung nach den Vorschriften der Landesstrafvollzugsgesetze erhalten oder Ausbildungsbeihilfe nur wegen des Vorranges von Leistungen zur Förderung der Berufsausbildung nach §§ 56 ff. SGB III nicht erhalten.[1210]

Sind die Voraussetzungen von § 26 Abs. 1 Nr. 4 1. Hs. SGB III erfüllt, werden Strafgefangene als sonstige Versicherungspflichtige in die Arbeitslosenversicherung einbezogen. Dabei beginnt das Versicherungspflichtverhältnis mit dem Tag, an dem erstmals die Voraussetzungen für eine Versicherungspflicht erfüllt sind (§ 24 Abs. 2 2. Hs. SGB III). Mit dem Tag, an dem die Voraussetzungen für die Versicherungspflicht letztmals erfüllt waren, endet das Versicherungspflichtverhältnis (§ 24 Abs. 4 2. Hs. SGB III).

1207 Scheidt, in: Mutschler/Schmidt-De Caluwe/Coseriu (Hrsg.), Sozialgesetzbuch III Großkommentar, § 26, Rn. 29.

1208 Vgl. hierzu OLG Hamm, Beschluss vom 22.09.1987, 1 Vollz (Ws) 267/87, in: ZfStrVo 1988, 110 ff., wonach es nicht akzeptabel sei, dass Strafgefangene für ein um 30 % unter dem Tariflohn liegendes Entgelt tätig werden.

1209 *Scheidt*, in: Mutschler/Schmidt-De Caluwe/Coseriu (Hrsg.), Sozialgesetzbuch III Großkommentar, § 26, Rn. 2.

1210 Vgl. hierzu auch *Scheidt*, in: Mutschler/Schmidt-De Caluwe/Coseriu (Hrsg.), Sozialgesetzbuch III Großkommentar, § 24, Rn. 43; ferner *Reinhard*, in: Böttiger/Körtek/Schaumberg (Hrsg.), LPK Sozialgesetzbuch III, § 26, Rn. 8. Zu beachten ist weiterhin, dass sich zwar noch in § 26 Abs. 1 Nr. 4 1. Hs. SGB III auf die Regelungen nach dem Bundesgesetz bezogen wird; aufgrund der in Kraft getretenen Landesstrafvollzugsgesetze ist hier jedoch eine erweiterte Auslegung geboten. Die Bundesnormen sind somit durch die entsprechenden Vorschriften in den Landesstrafvollzugsgesetzen zu ersetzen, vgl. hierzu auch *Schäferskü pper*, Die Arbeitslosenversicherung der Gefangenen – Grundlagen und aktueller Streit, in: NZS 2013, 446 (447).

a. *Vorliegen der Voraussetzungen*

aa. Gefangene, die Arbeit verrichten

Wer Gefangener ist, wird in § 26 Abs. 1 Nr. 4 Satz 2 SGB III definiert. Demnach sind Gefangene Personen, die im Vollzug von Untersuchungshaft, Freiheitsstrafen und freiheitsentziehenden Maßregeln der Besserung und Sicherung oder einstweilig nach § 126a Abs. 1 StPO untergebracht sind.[1211]

Eine Versicherungspflicht nach § 26 Abs. 1 Nr. 4 1. Hs. SGB III besteht bei denjenigen Gefangenen, die einer Beschäftigung nachgehen, die nicht als Beschäftigung im Sinne von § 25 Abs. 1 Satz 1 SGB III qualifiziert werden kann (vgl. § 26 Abs. 3 Satz 2 SGB III).[1212] Ferner dürfen sie nicht nach anderen Vorschriften versicherungspflichtig in die Arbeitsförderung einbezogen (vgl. § 26 Abs. 3 Satz 2 SGB III) oder versicherungsfrei (vgl. § 28 SGB III) sein.[1213] Zu prüfen ist, ob Beschäftigungen Gefangener, die ihnen von der JVA zugewiesen werden, als versicherungspflichtige Beschäftigungen gemäß § 25 Abs. 1 Satz 1 SGB III einzuordnen sind. Gemäß § 25 Abs. 1 Satz 1 SGB III sind Personen versicherungspflichtig, die gegen Arbeitsentgelt oder zu ihrer Berufsausbildung beschäftigt (versicherungspflichtige Beschäftigung) sind. Der Begriff der Beschäftigung richtet sich nach den Voraussetzungen für das Vorliegen einer Beschäftigung im sozialversicherungsrechtlichen Sinne nach § 7 Abs. 1 SGB IV.[1214] Im Strafvollzug werden Gefangenen in aller Regel Beschäftigungen gesetzlich zugewiesen. Zuweisungen zu Beschäftigungen können entweder durch gesetzliche Verpflichtung oder aufgrund freiwilliger Beantragung durch die Gefangenen sowie durch deren Zustimmung zur Zuweisung von Beschäftigung erfolgen.[1215] Werden Beschäftigungen gesetzlich zugewiesen, führen Gefangene diese im Rahmen von öffentlich-rechtlichen Beschäftigungsverhältnissen der besonderen Art aus.[1216] Ein freiwilliger Austausch von Arbeit und Lohn findet hier nicht statt, sodass eine sozialversicherungsrechtliche Beschäftigung nach

---

1211 Vgl. ähnlich in § 16 Abs. 1 Satz 1 Nr. 4 SGB V.

1212 *Scheidt*, in: Mutschler/Schmidt-De Caluwe/Coseriu (Hrsg.), Sozialgesetzbuch III Großkommentar, § 26, Rn. 23.

1213 *Brand*, in: Brand (Hrsg.), Sozialgesetzbuch Arbeitsförderung SGB III Kommentar, § 26, Rn. 16.

1214 Vgl. hierzu Kapitel 2, S. 157 ff.

1215 Vgl. zur Verpflichtung von Arbeit im Landesrecht § 47 Abs. 1 Satz 1 BWJVollzGB III, Art. 43 Satz 1 BayStVollzG, § 22 Satz 2 BremStVollzG, § 38 Abs. 1 Satz 1 HmbStVollzG, § 27 Abs. 2 Satz 1 HStVollzG, § 22 Satz 1 StVollzG M-V, § 38 Abs. 1 NJVollzG, § 29 Abs. 1 Satz 2 NRWStVollzG, § 29 Abs. 1 Satz 1 ThürJVollzGB, § 29 Abs. 2 Satz 1 JVollzGB LSA, § 35 Abs. 1 Satz 1 LStVollzG SH, § 24 Abs. 1 Satz 1 StVollzG Bln. Siehe zur freiwilligen Beantragung von Arbeit: § 30 Abs. 1 BbgJVollzG, § 29 Abs. 1 Satz 1 LJVollzG RP, § 22 Satz 2 SLStVollzG, § 22 Abs. 1 SächsStVollzG.

1216 Siehe Kapitel 2, S. 178 f.

§ 7 Abs. 1 SGB IV nicht vorliegt.[1217] Strafgefangene sind demnach bei Beschäftigungen im Kontext von öffentlich-rechtlichen Sonderrechtsverhältnissen regelmäßig keine Beschäftigten gemäß § 25 Abs. 1 Satz 1 SGB III. Bei ihnen handelt es sich um Gefangene, die Arbeit verrichten nach § 26 Abs. 1 Nr. 4 1. Hs. SGB III.

bb. Erhalt von Arbeitsentgelt, Ausbildungsbeihilfe oder Ausfallentschädigung

Weitere Voraussetzung für eine Versicherungspflicht in der Arbeitslosenversicherung nach § 26 Abs. 1 Nr. 4 1. Hs. SGB III ist der Erhalt eines Entgeltes. Folglich werden Gefangene als versicherungspflichtige Personen in der Arbeitslosenversicherung berücksichtigt, wenn sie für die Verrichtung von Arbeit ein Arbeitsentgelt, Ausbildungsbeihilfe oder eine Ausfallentschädigung erhalten oder Ausbildungsbeihilfe nicht erhalten wegen des Vorranges von Leistungen zur Förderung der Berufsausbildung. Verrichten Strafgefangene eine zugewiesene Arbeit oder Hilfstätigkeit im Strafvollzug, erhalten sie als monetäre Leistung ein Arbeitsentgelt.[1218] Ebenfalls können sie Ausbildungsbeihilfe nach den Vorschriften der Landesstrafvollzugsgesetze beziehen.[1219] Für Fälle der unverschuldeten Arbeitslosigkeit sowie bei Krankheit hat der Bundesgesetzgeber auch den Bezug einer Ausfallentschädigung in § 45 StVollzG als eine vollzugsspezifische soziale Sicherung eingeplant, diese jedoch dem Erlass eines besonderen Bundesgesetzes nach § 198 Abs. 3 StVollzG unterworfen, das bisher nicht in Kraft getreten ist.[1220] Eine Ausfallentschädigung ist somit für Gefangene nicht vorgesehen. Mit dem

---

1217 Vgl. die vollständige Prüfung in Kapitel 2, S. 218 ff.; siehe außerdem *Scheidt*, in: Mutschler/Schmidt-De Caluwe/Coseriu (Hrsg.), Sozialgesetzbuch III Großkommentar, § 26, Rn. 23; *Berchtold*, in: Knickrehm/Kreikebohm/Waltermann (Hrsg.), Kommentar zum Sozialrecht, SGB III, § 26, Rn. 5; *Schneil*, in: Gagel, SGB II/SGB III Grundsicherung und Arbeitsförderung Kommentar, SGB III, § 26, Rn. 13.

1218 Vgl. zum Arbeitsentgelt § 49 Abs. 2 Satz 1 BWJVollzGB III, Art. 46 Abs. 2 Satz 1 BayStVollzG, § 66 Abs. 1 Nr. 1 BbgJVollzG, § 55 Abs. 1 Nr. 3 i.V.m. § 9 Abs. 1 Satz 1 Nr. 13 BremStVollzG, § 40 Abs. 1 Satz 1 1. Alt. HmbStVollzG, § 38 Abs. 1 Satz 1 i.V.m. § 27 Abs. 3 Satz 1 HStVollzG, § 55 Abs. 1 Nr. 2 2. Alt. StVollzG M-V, § 40 Abs. 1 Satz 1 NJVollzG, § 32 Abs. 1 Satz 1 NRWStVollzG, § 65 Abs. 1 Nr. 3 LJVollzG RP, § 55 Abs. 1 Nr. 2 i.V.m. § 9 Abs. 1 Satz 1 Nr. 13 SLStVollzG, § 55 Abs. 1 Nr. 3 i.V.m. § 9 Abs. 1 Satz 1 Nr. 13 SächsStVollzG, § 66 Abs. 1 S Satz 1ThürJVollzGB, § 64 Abs. 1 Nr. 1 JVollzG LSA, § 37 Abs. 1 Nr. 1 LStVollzG SH, § 61 Abs. 1 Nr. 1 i.V.m. 10 Abs. 1 Satz 1 Nr. 12 StVollzG Bln.

1219 Vgl. § 50 BWJVollzGB III, Art. 47 BayStVollzG, § 66 Abs. 1 Nr. 2 BbgJVollzG, § 55 Abs. 1 Nr. 2 BremStVollz, § 41 HmbStVollzG, § 38 Abs. 1 Satz 2 HStVollzG, § 55 Abs. 1 Nr. 1 StVollzG M-V, § 41 NJVollzG, § 32 Abs. 2 NRWStVollzG, § 65 Abs. 1 Nr. 2 LJVollzG RLP, § 55 Abs. 1 Nr. 1 SLStVollzG, § 55 Abs. 1 Nr. 2 SächsStVollzG, § 66 Abs. 1 Satz 2 ThürJVollzGB, § 64 Abs. 1 Nr. 2 JVollzGB LSA, § 37 Abs. 1 Nr. 2 LStVollzG SH, § 61 Abs. 1 Nr. 2 StVollzG Bln.

1220 *Laubenthal*, Strafvollzug, Rn. 459.

Merkmal „erhalten“ in § 26 Abs. 1 Nr. 4 1. Hs. SGB III wird weiterhin klargestellt, dass das Arbeitsentgelt auch tatsächlich gezahlt werden muss – ein Anspruch auf Arbeitsentgelt reicht demzufolge nicht aus.[1221] Allerdings gelten die in § 26 Abs. 1 Nr. 4 1. Hs. SGB III aufgelisteten Gelder ebenfalls als bezogen, wenn Gefangene zu Unrecht für ihre Arbeit keine Gegenleistungen erhalten haben, diese aber später erfolgreich geltend machen.[1222] Nicht in den Schutz der Arbeitslosenversicherung einbezogen sind daher Gefangene, die mangels zugewiesener Arbeit kein Arbeitsentgelt erhalten.[1223] Auch im Strafvollzugsrecht gilt der Grundsatz „Ohne Arbeit kein Lohn“.[1224] Einen hierdurch möglicherweise vorliegenden Verstoß gegen den Gleichheitssatz nach Art. 3 Abs. 1 GG wegen einer Ungleichbehandlung im Vollzug beschäftigter Gefangener hat die Rechtsprechung[1225] nicht feststellen können, da bei diesen beiden Gruppen (beschäftigte/nicht beschäftigte Strafgefangene) solche wesensmäßigen Unterschiede bestehen, dass eine ungleiche Behandlung gerechtfertigt sei.[1226] Übe der Gefangene demnach eine zugewiesene Arbeit oder sonstige Beschäftigung aus, erhalte er nach dem Strafvollzugsrecht ein Arbeitsentgelt, von dem die Vollzugsbehörde Beiträge zur Bundesanstalt für Arbeit zu entrichten habe; leiste ein Strafgefangener hingegen keine Arbeit im Sinne des Strafvollzugsrechts, so seien auch keine Beiträge zu entrichten.[1227] Der Unterschied zwischen beiden Gruppen bestehe somit darin, dass die eine Gruppe eine beitragspflichtige Beschäftigung im Sinne des Arbeitsförderungsrechts ausübe, die andere Gruppe nicht.[1228] Diese Unterschiede seien von solcher Art und solchem Gewicht, dass sie eine ungleiche Behandlung im Rahmen der Sozialversicherung rechtfertigten, denn es stelle geradezu das Wesensmerkmal der gesetzlichen Sozialversicherung dar, dass die Beitragspflicht an eine beitragspflichtige Beschäftigung anknüpfe.[1229] Zeiten,

---

1221 *Scheidt*, in: Mutschler/Schmidt-De Caluwe/Coseriu (Hrsg.), Sozialgesetzbuch III Großkommentar, § 26, Rn. 27.

1222 Vgl. *Schneil*, in: Gagel, SGB II/SGB III Grundsicherung und Arbeitsförderung Kommentar, SGB III, § 26, Rn. 15.

1223 *Reinhard*, in: Böttiger/Körtek/Schaumberg (Hrsg.), LPK Sozialgesetzbuch III, § 26, Rn. 8; BSG, Beschluss vom 05.12.2001, B 7 AL 74/01 B, juris.

1224 BSG, Beschluss vom 05.12.2001, B 7 AL 74/01 B, juris, Rn. 8; *Scheidt*, in: Mutschler/Schmidt-De Caluwe/Coseriu (Hrsg.), Sozialgesetzbuch III Großkommentar, § 26, Rn. 27.

1225 BSG, Beschluss vom 05.12.2001, B 7 AL 74/01 B, juris, Rn. 7; die Verfassungsbeschwerde gegen den Beschluss wurde nicht zur Entscheidung angenommen (BVerfG vom 04.04.2002, 1 BvR 288/02).

1226 S. a. *Schlegel*, in: Eicher/Schlegel (Hrsg.), SGB III n.F. Kommentar mit Nebenrecht, § 26, Rn. 65; vgl. *Berchtold*, in: Knickrehm/Kreikebohm/Waltermann (Hrsg.), Kommentar zum Sozialrecht, SGB III, § 26, Rn. 6; *Schneil*, in: Gagel, SGB II/SGB III Grundsicherung und Arbeitsförderung Kommentar, SGB III, § 26, Rn. 13.

1227 BSG, Beschluss vom 05.12.2001, B 7 AL 74/01 B, juris, Rn. 7.

1228 Ebd.

1229 Ebd.

für die endgültig kein Arbeitsentgelt gezahlt werden, sind folglich für eine Erfüllung der erforderlichen Anwartschaftszeit nach § 142 SGB III für einen Anspruch auf Arbeitslosengeld (§§ 136, 137 Abs. 1 Nr. 3 SGB III) nicht mitzurechnen.[1230]

cc. Zwischenergebnis

Gefangene, denen Arbeit während des Strafvollzuges gesetzlich zugewiesen wird, werden nicht wegen Abschlusses eines privatrechtlichen Arbeitsvertrages mit einem Unternehmer tätig, sondern gehen Beschäftigungen aufgrund von gesetzlicher Zuweisung im Rahmen von öffentlich-rechtlichen Beschäftigungsverhältnissen der besonderen Art nach. Für die Verrichtung der zugewiesenen Tätigkeit erhalten Gefangene ein Entgelt (oder Ausbildungsbeihilfe) nach den gesetzlichen Vorschriften der Landesstrafvollzugsgesetze. Die Voraussetzungen für das Vorliegen einer sonstigen Versicherungspflicht nach § 26 Abs. 1 Nr. 4 1. Hs. SGB III werden somit erfüllt. Auch Gefangene, die Beschäftigungen im Kontext von öffentlich-rechtlichen Rechtsverhältnissen verrichten, sind in den Versicherungsschutz der Arbeitslosenversicherung einbezogen.

b. Zu berücksichtigende Hafttage als Zeiten eines Versicherungsverhältnisses

In der Vergangenheit wurden von der BA, der Rechtsprechung und in der Literatur unterschiedliche Auffassungen darüber vertreten, ob im Rahmen von Versicherungspflichtverhältnissen von Gefangenen nach § 26 Abs. 1 Nr. 4 SGB III auch Tage, an denen tatsächlich keine Arbeit geleistet wurde, wie arbeitsfreie Wochenenden, als Zeiten eines Versicherungspflichtverhältnisses in der Arbeitslosenversicherung zu berücksichtigen sind.[1231] Unmittelbare Auswirkung hat die Berücksichtigung einer Fünf-Tage-Woche auf die in der Rahmenfrist (§ 143 SGB III) zu erfüllende Anwartschaftszeit von zwölf Monaten nach § 142 Abs. 1 Satz 1 SGB III, die Voraussetzung für einen späteren Anspruch auf Arbeitslosengeld (§§ 136, 137 Abs. 1 Nr. 3 SGB III) ist.[1232] Als Berechnungsgrundsatz für die Erfüllung einer

1230 Vgl. *Schneil*, in: Gagel, SGB II/SGB III Grundsicherung und Arbeitsförderung Kommentar, SGB III, § 26, Rn. 15; s. a. zur Erfüllung der Anwartschaftszeit bei der Gewährung von Arbeitslosengeld LSG Nordrhein-Westfalen Entscheidung vom 15.07.2003, L 1 AL 18/03, BeckRS 9999,03122.

1231 Vgl. *Schäferskūpper/Bließen*, Aktuelles aus der Arbeitslosenversicherung der Gefangenen, in: NZS 2017, 327 (328); siehe ferner *Schäferskūpper/Birkholz*, Gefangene in der Sozialversicherung, in: Justiznewsletter der Führungsakademie im Bildungsinstitut des niedersächsischen Justizvollzuges, Jahrgang 13, Ausgabe 25, Oktober 2016, S. 15; s. a. *Schneil*, in: Gagel, SGB II/SGB III Grundsicherung und Arbeitsförderung Kommentar, SGB III, § 26, Rn. 15.

1232 Vgl. hierzu *Schäferskūpper*, Ein Machtwort des Bundessozialgerichts, in: FS 2017, 321 (322).

Anwartschaftszeit von zwölf Monaten ist gemäß § 339 Satz 2 SGB III ein Monat mit 30 Kalendertagen zu berücksichtigen, auf ein Jahr gesehen also insgesamt 360 Kalendertage.[1233] Die Zählweise der in der Haft zu berücksichtigenden Arbeitstage für ein Beitragsjahr weicht hiervon ab.

aa. Berechnungsgrundsätze und ihre Auslegung in der Vergangenheit

Für sonstige versicherungspflichtige beschäftigte Gefangene (§ 26 Abs. 1 Nr. 4 1. Hs. SGB III) werden Versicherungsbeiträge zur Arbeitslosenversicherung von dem für die Vollzugsanstalt zuständigen Bundesland nach § 347 Nr. 3 SGB III getragen. Gezahlt werden die Beiträge unmittelbar an die BA gemäß § 349 Abs. 2 SGB III.[1234] Vom Arbeitsentgelt oder der Ausbildungsbeihilfe Strafgefangener kann die Vollzugsbehörde allerdings nach den Vorschriften der Landesstrafvollzugsgesetze einen Beitrag einbehalten, der dem Arbeitnehmeranteil von Arbeitnehmern in Freiheit entsprechen würde.[1235] Bei den Regelungen der Landesstrafvollzugsgesetze handelt es sich insofern um eine gesetzliche Fiktion, als das Arbeitsentgelt der Gefangenen wie Entgelt von Arbeitnehmern in Freiheit behandelt wird im Sinne von § 346 Abs. 1 Satz 1 SGB III und die Beiträge zur Arbeitslosenversicherung vom versicherungspflichtigen Beschäftigten und dem Arbeitgeber je zur Hälfte getragen werden können. Weiterhin wird damit eine spezielle Ausprägung des Angleichungsgrundsatzes im Strafvollzugsrecht deutlich, nach dem das Leben im Vollzug den allgemeinen Lebensverhältnissen außerhalb der Haft so weit wie

---

1233 Vgl. *Kaminski*, in: Rolfs/Giesen/Kreikebohm/Udsching (Hrsg.), BeckOK Sozialrecht, SGB III, § 339, Rn. 8.

1234 *Rolfs*, in: Gagel, SGB II/SGB III Grundsicherung und Arbeitsförderung Kommentar, SGB III, § 349, Rn. 3.

1235 *Laubenthal*, Strafvollzug, Rn. 482. Siehe im Landesrecht § 56 BWJVollzGB III, Art. 206 BayStVollzG, § 66 Abs. 4 BbgJVollzG, § 55 Abs. 4 BremStVollzG, § 38 Abs. 5 HStVollzG, § 55 Abs. 4 StVollzG M-V, § 42 NJVollzG, § 32 Abs. 5 NRWStVollzG, § 65 Abs. 4 LJVollzG RP, § 55 Abs. 4 SLStVollzG, § 55 Abs. 4 SächsStVollzG, § 66 Abs. 6 ThürJVollzGB, § 61 Abs. 4 StVollzG Bln, § 64 Abs. 5 JVollzG LSA, § 37 Abs. 4 LStVollzG SH; mit Hinweis auf das SGB III, siehe § 42 HmbStVollzG. Dies gilt auch für zur Ausreise verpflichtete Strafgefangene, vgl. BVerfG, Kammerbeschluss vom 30.04.1993, 2 BvR 969/92, juris. Demnach können auch diese Gefangenen an den Beitragskosten zur Arbeitslosenversicherung beteiligt werden. Das BVerfG hatte hierzu ausgeführt, dass im Bereich der sozialen Sicherung nicht der Grundsatz gelte, dass zu einer Abgabe nur derjenige herangezogen werde, der auch Aussicht habe, in den Genuss der damit verbundenen Vorteile zu kommen. Vielmehr sei darauf hinzuweisen, dass bei der Ordnung von Massenerscheinungen, wie sie besonders im Bereich der Sozialversicherung auftreten, generalisierende und typisierende Regelungen allgemein als notwendig anerkannt und auch schon in früheren Entscheidungen vom BVerfG als verfassungsrechtlich unbedenklich behandelt worden seien, sodass daraus zu folgern sei, dass Härten im Einzelfall unvermeidlich und hinzunehmen seien.

möglich angeglichen werden soll.[1236] In den Landesstrafvollzugsgesetzen sind die Vorschriften zur Beitragstragung überwiegend auf der Rechtsfolgenseite als Ermessensnormen ausgestaltet, lediglich in den Strafvollzugsgesetzen in Bayern und Niedersachsen ist ein zwingender Einbehalt der Beiträge geregelt.[1237] Erhoben werden die Beiträge nach einem Prozentsatz (Beitragssatz) von der Bemessungsgrundlage (§ 341 Abs. 1 SGB III). Beitragsbemessungsgrundlage sind die beitragspflichtigen Einnahmen, wie das Arbeitsentgelt, die bis zur Beitragsbemessungsgrenze berücksichtigt werden (§ 341 Abs. 3 Satz 1, § 342 SGB III). Nach § 345 Nr. 3, § 341 Abs. 1 und 3 SGB III ist die Bemessungsgrundlage für Beiträge Gefangener ein Arbeitsentgelt in Höhe von 90 % der Bezugsgröße nach § 18 SGB IV.[1238] Der Beitragssatz beträgt 2,6 % (§ 341 Abs. 2 SGB III) der Bemessungsgrundlage.[1239] Den Vorschriften der Landesstrafvollzugsgesetze gemäß kann von 2,6 % Beitragssatz die Hälfte (1,3 %) von der JVA einbehalten werden.[1240]

Außerdem wird nach § 352 Abs. 3 SGB III das Bundesministerium für Arbeit und Soziales (BMAS) ermächtigt, durch Rechtsverordnung mit Zustimmung des Bundesrates eine Pauschalberechnung für die Beiträge der Gefangenen und der für die Vollzugsanstalten zuständigen Länder vorzuschreiben sowie die Zahlungsweise zu

---

1236 *Schäfersk, üpper*, Die Arbeitslosenversicherung der Gefangenen – Grundlagen und aktueller Streit –, in: NZS 2013, 446 (449). Siehe zum Angleichungsgrundsatz: § 2 Abs. 2 BWJVollzGB III, Art. 5 Abs. 1 BayStVollzG, § 2 Abs. 1 NJVollzG, § 2 Abs. 1 Satz 1, § 7 Abs. 1 JVollzGB LSA, § 7 Abs. 1 BbgJVollzG, § 3 Abs. 4 BremStVollzG, § 3 Satz 1 HmbStVollzG, § 3 Abs. 1 Satz 1 HStVollzG, § 3 Abs. 4 StVollzG M-V, § 2 Abs. 1 Satz 1 NRWStVollzG, § 7 Abs. 1 LJVollzG RP, § 3 Abs. 4 SLStVollzG, § 3 Abs. 4 SächsStVollzG, § 7 Abs. 1 ThürJVollzGB, § 3 Abs. 3 LStVollzG SH, § 3 Abs. 3 StVollzG Bln.

1237 Siehe Art. 206 BayStVollzG, § 42 NJVollzG, vgl. *Schäferskü pper*, Die Arbeitslosenversicherung der Gefangenen – Grundlagen und aktueller Streit –, in: NZS 2013, 446 (449), denn nach VV zu § 195 StVollzG könne von der Einbehaltung des Betrages wegen unbilliger Härte abgesehen werden. Ansonsten sei § 195 StVollzG als Ermessensvorschrift ausgestaltet, sodass eine bundeseinheitliche Verwaltungsvorschrift, nach der ein zwingender Einbehalt geregelt werde, nicht mit dem Gesetz vereinbar sei; Fälle der unbilligen Härte seien bei dem geringen Einbehalt und einer Sicherung der Existenz durch den Vollzug kaum denkbar, sodass sich Bayern und Niedersachsen für eine zwingende Vorschrift entschieden haben.

1238 *Ulmer*, in: Rolfs/Giesen/Kreikebohm/Udsching (Hrsg.), BeckOK Sozialrecht, SGB III, § 345, Rn. 1.

1239 Siehe hierzu auch *Ulmer*, in: Rolfs/Giesen/Kreikebohm/Udsching (Hrsg.), BeckOK Sozialrecht, SGB III, § 341, Rn. 1.

1240 § 56 BWJVollzGB III, Art. 206 BayStVollzG, § 66 Abs. 4 BbgJVollzG, § 55 Abs. 4 BremStVollzG, § 38 Abs. 5 HStVollzG, § 55 Abs. 4 StVollzG M-V, § 42 NJVollzG, § 32 Abs. 5 NRWStVollzG, § 65 Abs. 4 LJVollzG RP, § 55 Abs. 4 SLStVollzG, § 55 Abs. 4 SächsStVollzG, § 66 Abs. 6 ThürJVollzGB, § 61 Abs. 4 StVollzG Bln, § 64 Abs. 5 JVollzG LSA, § 37 Abs. 4 LStVollzG SH.

regeln.[1241] Die Einführung von Sonderregelungen für Gefangene beruht auf dem Umstand, dass Gefangene nicht in allen Sozialversicherungsbereichen kraft Gesetzes einbezogen sind und für sie kein Gesamtsozialversicherungsbeitrag (vgl. § 28d SGB IV) zu entrichten ist.[1242] Auf dieser Basis hat das BMAS die Gefangenen-Beitragsverordnung (GefBeitrVO)[1243] erlassen, deren Berechnungsmodi vor allem hinsichtlich der zu berücksichtigenden Hafttage umstritten waren.[1244]

(1) Berücksichtigung arbeitsfreier Tage nach der GefBeitrVO

Gemäß § 1 GefBeitrVO sind für die Berechnung der Beiträge für versicherungspflichtige Gefangene nach § 26 Abs. 1 Nr. 4 SGB III zugrunde zu legen: die jährliche Beitragsbemessungsgrundlage für den Beitrag zur Arbeitsförderung für versicherungspflichtige Gefangene nach § 345 Nr. 3 SGB III (§ 1 Abs. 1 Nr. 1 GefBeitrVO), die Summe der Tage, für die versicherungspflichtige Gefangene innerhalb eines Kalenderjahres nach den Vorschriften der Strafvollzugsgesetze Arbeitsentgelt, Ausbildungsbeihilfe oder Ausfallentschädigung erhalten oder Ausbildungsbeihilfe nur wegen des Vorranges von Leistungen zur Förderung der Berufsausbildung nach § 22 Abs. 3 Satz 1, §§ 56 ff. SGB III nicht erhalten haben, im Verhältnis zu den Arbeitstagen des Kalenderjahres (§ 1 Abs. 1 Nr. 2 Gef BeitrVO), und der Beitragssatz nach § 341 Abs. 2 SGB III im Durchschnitt des Kalenderjahres (§ 1 Abs. 1 Nr. 3 GefBeitrVO). Eine Formel für die Berechnung der Beiträge enthält § 1 Abs. 2 GefBeitrVO: BBGrdl x T geteilt durch 250 x B geteilt durch 250. Für die Berechnung der Beiträge für versicherungspflichtige Gefangene sind somit drei Größen zur Grundlage zu machen: die Beitragsbemessungsgrundlage (BBGrdl) für Gefangene, die Summe der Tage (T), für die Gefangene bestimmte Einkünfte erhalten haben, sowie der Beitragssatz (B).[1245] Die Bestimmung der BBGrdl erfolgt nach den Einnahmen (§ 341 Abs. 3 Satz 1 SGB III), von denen 90 % der Bezugsgröße nach § 18 SGB IV zu den beitragspflichtigen Einnahmen zählen (§ 345 Nr. 3 SGB III). Die Bezugsgröße im Sinne von § 18 Abs. 1 SGB IV beträgt im Jahr 2019 jährlich 37 380 € (monatlich 3 115 €) und bestimmt sich nach § 2 Abs. 1 der Verordnung über maßgebende Rechengrößen der Sozialversicherung

---

1241 *Schäferskäpper*, Die Arbeitslosenversicherung der Gefangenen – Grundlagen und aktueller Streit –, in: NZS 2013, 446 (448).

1242 Siehe *Rolfs*, in: Gagel, SGB II/SGB III Grundsicherung und Arbeitsförderung Kommentar, SGB III, § 349, Rn. 3.

1243 Gefangenen-Beitragsverordnung: Verordnung über die Pauschalberechnung der Beiträge zur Arbeitsförderung für Gefangene vom 14.03.1977, zuerst veröffentlicht im BGBl. I 1977, S. 448. Siehe dazu auch *Maldener*, Die Beitragspflicht der Gefangenen zur Arbeitslosenversicherung, in: ZfStrVo 1996, 14 ff.

1244 *Rolfs*, in: Gagel, SGB II/SGB III Grundsicherung und Arbeitsförderung Kommentar, SGB III, § 352, Rn. 4.

1245 *Schäferskäpper*, Die Arbeitslosenversicherung der Gefangenen – Grundlagen und aktueller Streit, in: NZS 2013, 446 (448).

(Sozialversicherungs-Rechengrößenverordnung 2019)[1246] für das Jahr 2019.[1247] 90 % nach § 345 Nr. 3 SGB III ergeben von der Bezugsgröße 33 642 €. Der Bemessung des Arbeitsentgeltes sind de lege lata nach den Landesstrafvollzugsgesetzen 9 % der Bezugsgröße nach § 18 SGB IV zugrunde zu legen (Eckvergütung).[1248] Ist ein Gefangener bspw. im Bundesland Niedersachsen im Jahr 2019 beschäftigt, ergibt sich gemäß § 40 Abs. 1 Satz 2 NJVollzG in der Vergütungsstufe III (§ 1 StVollz-VergO) als Hundert vom Hundert eine Eckvergütung in Höhe von 3 364,20 € (§ 40 Abs. 1 Satz 2 NJVollzG). Als Beitragsbemessungsgrundlage ist der Jahresbetrag der Bezugsgröße nach § 18 SGB IV heranzuziehen, da die Berechnungsformel nach § 1 GefBeitrVO mit der Zahl 250 eine Größe enthält, die die Arbeitstage in einem Kalenderjahr darstellt (§ 1 Abs. 1 Nr. 2 GefBeitrVO). Gleiches gilt für die Berechnung des Beitragssatzes (§ 1 Abs. 1 Nr. 3 GefBeitrVO), der ebenfalls für den Durchschnitt im Kalenderjahr zugrunde zu legen ist. Bei einem Beitragssatz (B) in Höhe von 2,6 % und einer Bemessungsgrundlage in Höhe von 33 642 € ergeben sich 874, 69 €, was in etwa der Betrag ist, den ein Bundesland für Beiträge in der Arbeitslosenversicherung für ein Jahr Arbeit eines versicherungspflichtigen Gefangenen zu tragen hat. Davon unberücksichtigt bleiben allerdings Zeiten ohne Arbeit und die Anzahl der arbeitenden Gefangenen eines Bundeslandes; diese Faktoren werden nach der Summe der Tage (T) nach § 1 Abs. 1 Nr. 2 GefBeitrVO bestimmt.[1249] Beträgt der Faktor T z. B. 20 Arbeitstage, ergibt sich für einen im Strafvollzug beschäftigten Gefangenen im Bundesland Niedersachsen ein Beitragspflichtbetrag in Höhe von 69,97 €, den die Vollzugsbehörde als monatlichen Versicherungsbeitrag zu tragen hat, der allerdings nur einen Näherungswert darstellen kann, weil der Anspruch für ein Kalenderjahr zu bestimmen (§ 2 Satz 1 GefBeitrVO) und T für alle versicherungspflichtigen Gefangenen eines Bundeslandes einzusetzen ist.[1250]

1246 Verordnung über maßgebende Rechengrößen der Sozialversicherung: Sozialversicherungs-Rechengrößenverordnung 2018 vom 16.11.2017, veröffentlicht im BGBl. I 2017, S. 3778.

1247 Siehe hierzu auch *Schäferskùpper*, Die Arbeitslosenversicherung der Gefangenen – Grundlagen und aktueller Streit, in: NZS 2013, 446 (448). Beachte auch, dass gemäß § 2 Abs. 2 Sozialversicherungs-Rechengrößenverordnung 2019 die Bezugsgröße (Ost) i.S.d. § 18 Abs. 2 SGB IV im Jahr 2019 jährlich 34 440 € und monatlich 2 870 € beträgt.

1248 Siehe § 49 Abs. 2 Satz 2 BWJVollzGB III, Art. 46 Abs. 2 Satz 2 BayStVollzG, § 66 Abs. 2 Satz 1 BbgJVollzG, § 55 Abs. 2 Satz 1 BremStVollzG, § 40 Abs. 2 Nr. 1 HmbStVollzG, § 38 Abs. 2 HStVollzG, § 55 Abs. 2 Satz 1 StVollzG M-V, § 40 Abs. 1 Satz 2 NJVollzG, § 32 Abs. 1 Satz 1 NRWStVollzG, § 65 Abs. 2 Satz 1 LJVollzG RP, § 55 Abs. 2 Satz 1 SLStVollzG, § 55 Abs. 2 Satz 1 SächsStVollzG, § 66 Abs. 3 ThürJVollzGB, § 64 Abs. 3 Satz 1 JVollzG LSA, § 37 Abs. 2 Satz 1 LStVollzG SH, § 61 Abs. 2 Satz 1 StVollzG Bln.

1249 *Schäferskùpper*, Die Arbeitslosenversicherung der Gefangenen – Grundlagen und aktueller Streit –, in: NZS 2013, 446 (448).

1250 *Schäferskùpper*, Die Arbeitslosenversicherung der Gefangenen – Grundlagen und aktueller Streit –, in: NZS 2013, 446 (449).

Ausgehend von der oben zugrunde gelegten Eckvergütung in Höhe von 3 364,20 € würde ein Strafgefangener 280,35 € Entgelt monatlich erhalten. Da die Beiträge zur Arbeitslosenversicherung von Anstalt (Bundesland) und Strafgefangenen nach den Landesstrafvollzugsgesetzen je zur Hälfte getragen werden und der Beitragssatz 2,6 % beträgt (§ 341 Abs. 2 SGB III), kann die Anstalt 1,3 % vom monatlichen Entgelt des Gefangenen einbehalten, was rund 3,64 € wären, die als Versicherungsbeitrag an die BA abgeführt werden müssen. Bei der Berechnung der Beiträge ist T ins Verhältnis zu den Arbeitstagen eines Kalenderjahres zu setzen. Der Verordnungsgeber orientiert sich mit einer fiktiven Angabe von 250 Arbeitstagen für ein Kalenderjahr an den Vorschriften der Landesstrafvollzugsgesetze.[1251] Die Zahl dient einer Umrechnung von strafvollzuglichen Arbeitstagen in das sozialrechtliche Beitragsjahr, sodass es sich hierbei um eine Schnittstellenregelung zwischen Vollzugsrecht und Sozialrecht handelt.[1252] Demnach werden Tage mit entsprechenden Einkünften zugrunde gelegt, die keine Sonntage, gesetzliche Feiertage oder auch Samstage sind, sodass die Wochentage Montag bis Freitag in die Zählung einfließen; eine Ausnahme hiervon bilden Arbeiten an Wochenenden und gesetzlichen Feiertagen, wenn hierfür ein Freizeitausgleich erfolgt; unabhängig davon bleibt die Zählung nach § 1 Abs. 1 Nr. 2 GefBeitrVO dieselbe, weil die Zählweise an die Zahl 250 anknüpft, zu der der Wert T ins Verhältnis gesetzt wird und der Verordnungsgeber somit im Beitragsjahr (§ 2 Satz 1 GefBeitrVO) eine Fünf-Tage-Woche ohne Arbeit an Wochenenden oder gesetzlichen Feiertagen zugrunde legt.[1253] Dadurch wird bewirkt, dass ein Jahr Arbeit im Strafvollzug grundsätzlich zu 250

1251 Siehe *Schäfersküpper*, Die Arbeitslosenversicherung der Gefangenen – Grundlagen und aktueller Streit –, in: NZS 2013, 446 (449); s. a. Verordnung über den Einzug der während der Freiheitsentziehung zu entrichtenden Beiträge zur Bundesanstalt für Arbeit (Gefangenen-Beitragsverordnung) des Bundesministers für Arbeit und Sozialordnung (Ehrenberg) vom 05.01.1977, BR-Drs. 3/77, S. 3 sowie die Verordnung über die Pauschalberechnung der Beiträge zur Arbeitsförderung für Gefangene (Gefangenen-Beitragsverordnung) des Bundesministers für Arbeit und Sozialordnung (Friedrich Bohl) vom 23.12.1997, BR-Drs. 1051/97, S. 3. Nach den Vorschriften der Landesstrafvollzugsgesetze ist ein Tagessatz der zweihundertfünfzigste Teil der Eckvergütung, vgl. § 49 Abs. 2 Satz 3 BWJVollzGB III, Art. 46 Abs. 2 Satz 3 BayStVollzG, § 66 Abs. 2 Satz 2 BbgJVollzG, § 55 Abs. 2 Satz 2 BremStVollzG, § 40 Abs. 2 Nr. 1 HmbStVollzG, § 38 Abs. 2 HStVollzG, § 55 Abs. 2 Satz 2 StVollzG M-V, § 32 Abs. 1 Satz 2 NRWStVollzG, § 65 Abs. 2 Satz 2 LJVollzG RP, § 55 Abs. 2 Satz 2 SLStVollzG, § 55 Abs. 2 Satz 2 SächsStVollzG, § 66 Abs. 3 ThürJVollzGB, § 64 Abs. 3 Satz 2 JVollzG LSA, § 37 Abs. 2 Satz 2 LStVollzG SH, § 61 Abs. 2 Satz 2 StVollzG Bln.

1252 Vgl. *Schäfersküpper*, Die Arbeitslosenversicherung der Gefangenen – Grundlagen und aktueller Streit –, in: NZS 2013, 446 (449).

1253 *Schäfersküpper*, Die Arbeitslosenversicherung der Gefangenen – Grundlagen und aktueller Streit –, in: NZS 2013, 446 (450); s. a. BR-Drs. 3/77, S. 3; BR-Drs. 1051/97, S. 3.

Zähltagen führt, unabhängig davon, ob im Strafvollzug von anderen Arbeitszeitverteilungen ausgegangen wird.[1254]

(2) Anweisung zur taggenauen Berechnung durch die BA

Hinsichtlich der Berechnungsgrundsätze der GefBeitrVO bestand zwischen den Bundesländern und der BA zunächst weitestgehend insofern Konsens, als die in der GefBeitrVO angesetzte Zählweise mit 250 Kalendertagen für ein Beitragsjahr in der Weise zu verstehen sei, dass auch „umfasste" allgemein arbeitsfreie Tage (zusammenhängende Arbeitsabschnitte sowie umfasste Wochenenden) Zeiten eines Versicherungsverhältnisses darstellen und es somit lediglich auf den prinzipiellen Erhalt von Arbeitsentgelt ankomme, das Beschäftigungsverhältnis aber trotz arbeitsfreier Tage ununterbrochen fortbestehe.[1255] Nichts anderes hatte auch der Verordnungsgeber bei Erlass der GefBeitrVO im Sinn.[1256] Dementsprechend hielt die BA in ihrer Geschäftsanweisung zur Ausstellung von Arbeitsbescheinigungen nach Beendigung des Vollzuges gemäß § 312 Abs. 4 SGB III über Zeiten, in denen Gefangene innerhalb der letzten sieben Jahre vor Haftentlassung versicherungspflichtig gewesen sind, fest, dass arbeitsfreie Samstage, Sonntage und gesetzliche Wochenfeiertage, die innerhalb eines zusammenhängenden Arbeits- und Ausbildungsabschnittes liegen, nicht aus der versicherungspflichtigen Zeit

1254 *Schäferskűpper*, Die Arbeitslosenversicherung der Gefangenen – Grundlagen und aktueller Streit –, in: NZS 2013, 446 (450); BR-Drs. 3/77, S. 3; BR-Drs. 1051/97, S. 3.

1255 Vgl. *Schäferskűpper/Bließen*, Aktuelles aus der Arbeitslosenversicherung der Gefangenen, in: NZS 2017, 327 (328); *Schäferskűpper*, Die Arbeitslosenversicherung der Gefangenen – Grundlagen und aktueller Streit –, in: NZS 2013, 446 (451).

1256 Vgl. BR-Drs. 3/77, S. 3, wonach gemäß § 165c Abs. 4 RVO die Beitragsberechnung nicht nach Arbeitstagen erfolge, sondern nach dem Kalenderjahr, dem Kalendermonat oder nach Kalendertagen. Die Beitragsberechnung setze deshalb voraus, dass die Arbeitstage der Gefangenen jeweils in eine dieser Zeiteinheiten umgerechnet werden. Dies führe zu einem erheblichen Verwaltungsaufwand, wenn – was in vielen Vollzugsanstalten noch die Regel sein dürfe – die Gefangenen nur mit Unterbrechungen beschäftigt werden können. Der Entwurf sehe deshalb vor, dass die Beiträge auf der Grundlage der von den Gefangenen geleisteten Arbeitstage berechnet werden. Dabei gehe der Entwurf in Anlehnung an § 43 Abs. 1 Satz 3 StVollzG davon aus, dass ein Kalenderjahr 250 Arbeitstage umfasse. Gemäß BR-Drs. 1051/97, S. 3 werden anders als bei beschäftigten Arbeitnehmern, deren Beiträge sich grundsätzlich nach dem gezahlten Arbeitsentgelt richten, durch die „fiktive" Beitragsbemessungsgrundlage für Gefangene Beschäftigungsunterbrechungen nicht berücksichtigt. Der Entwurf sehe daher vor, dass die Beiträge nur für die jeweiligen „Arbeitstage" im Verhältnis zu den Arbeitstagen im Kalenderjahr erhoben werden – in Anlehnung an die Regelung des § 43 Abs. 1 Satz 3 StVollzG, sodass ein Kalenderjahr 250 Arbeitstage umfasse.

herauszurechnen seien.[1257] Stand demnach ein Strafgefangener vom 01.01. bis zum 31.12. eines Jahres ununterbrochen in einem Beschäftigungsverhältnis, wurde hierfür entsprechend der GefBeitrVO eine Fünf-Tage-Woche angesetzt, sodass 360 Tage eines Versicherungsverhältnisses (vgl. § 341 Abs. 3 Satz 2 SGB III) vorlagen und die erforderliche Anwartschaftszeit von zwölf Monaten (siehe § 142 Abs. 1 Satz 1 SGB III) für einen Anspruch auf Arbeitslosengeld erfüllt war, unabhängig von einer Festsetzung von 250 Tagen in der GefBeitrVO, da allgemein arbeitsfreie Tage aus diesem Zählwert bereits herausgerechnet wurden.[1258]

Diese Meinung revidierte die BA mit neuer Geschäftsanweisung im Jahr 2012 zur taggenauen Berechnung, nach der die Tage, für die Strafgefangene keinen Anspruch auf Einkünfte hatten, auch keine Zeiten eines Versicherungsverhältnisses waren.[1259] Arbeitsfreie Tage ohne Anspruch auf Arbeitsentgelt waren fortan nicht mehr zu bescheinigen, weil Versicherungsverhältnisse mit dem Tag der letztmaligen Erfüllung von Voraussetzungen für die Versicherungspflicht endeten (§ 24 Abs. 4 2. Alt. SGB III).[1260] Nach Rechtsauffassung der BA waren somit Tage, für die Gefangene keinen Anspruch auf entsprechende Einkünfte hatten, keine Zeiten eines Versicherungspflichtverhältnisses. Demzufolge endete das Versicherungspflichtverhältnis allwöchentlich am Freitag und begann mit dem darauffolgenden Montag wieder neu; im Ergebnis bestanden demnach für Gefangene rund 250 tatsächliche Tage eines Versicherungsverhältnisses jährlich.[1261] Aus dieser Rechtsauffassung folgte, dass bei einem Jahr durchgehender Arbeit im Vollzug Versicherungspflichtverhältnisse wegen der allgemein arbeitsfreien Tage über 50 Mal ab- und wieder angeschaltet wurden und durch weniger Kalendertage in einem Versicherungsverhältnis die erforderliche Anwartschaftszeit (§ 142 Abs. 1 Satz 1 SGB III) von zwölf Monaten für einen Anspruch auf Arbeitslosengeld (§§ 136, 137 Abs. 1 Nr. 3 SGB III) kaum erfüllt werden konnte.[1262]

1257 Vgl. *Schäfersküpper*, Die Arbeitslosenversicherung der Gefangenen – Grundlagen und aktueller Streit –, in: NZS 2013, 446 (451) mit Verweis auf die damalige Anweisung der BA zur Arbeitsbescheinigung gem. § 312 Abs. 4 SGB III.

1258 BR-Drs. 3/77, S. 3; BR-Drs. 1051/97, S. 3; *Schäfersküpper*, Die Arbeitslosenversicherung der Gefangenen – Grundlagen und aktueller Streit –, in: NZS 2013, 446 (451).

1259 Vgl. *Schäfersküpper*, Die Arbeitslosenversicherung der Gefangenen – Grundlagen und aktueller Streit, in: NZS 2013, 446 (451) mit Verweis auf die Geschäftsanweisung der BA vom 09/2012.

1260 *Schäfersküpper*, Die Arbeitslosenversicherung der Gefangenen – Grundlagen und aktueller Streit –, in: NZS 2013, 446 (451); *Schäfersküpper/Bließen*, Aktuelles aus der Arbeitslosenversicherung der Gefangenen, in: NZS 2017, 327 (328).

1261 *Schäfersküpper/Bließen*, Aktuelles aus der Arbeitslosenversicherung der Gefangenen, in: NZS 2017, 327 (328); *Schäfersküpper*, Die Arbeitslosenversicherung der Gefangenen – Grundlagen und aktueller Streit –, in: NZS 2013, 446 (451).

1262 *Schäfersküpper/Bließen*, Aktuelles aus der Arbeitslosenversicherung der Gefangenen, in: NZS 2017, 327 (328).

Die Rechtsauffassung der BA wurde in der Literatur kritisch aufgenommen und diskutiert.[1263] Zwar sprechen auf den ersten Blick Argumente für eine neue Rechtsauffassung, weil nach § 26 Abs. 1 Nr. 4 SGB III, § 1 Abs. 1 Nr. 2 GefBeitrVO auf bestimmte Einkünfte abgestellt werde, die Gefangene an arbeitsfreien Wochenenden tatsächlich nicht erzielen, jedoch sprechen ebenfalls einschlägige Argumente gegen diese Auffassung.[1264]

Durch eine taggenaue Berechnung der Arbeitstage, wie sie die BA vornehme, können die von § 339 Satz 2 SGB III geforderten 30 Kalendertage für einen Monat (360 Kalendertage im Jahr) nicht erreicht werden, denn hierzu müsse ein Gefangener, der jährlich 250 tatsächliche Arbeitstage gearbeitet habe, zusätzlich 110 Arbeitstage nacharbeiten, um die Anwartschaftszeit von zwölf Monaten erfüllen zu können, was in der Summe rund vier zusätzliche Arbeitsmonate für Gefangene bedeuten würde.[1265] Demnach müssten Gefangene zur Erfüllung der Anwartschaftszeit von zwölf Monaten (§ 142 Abs. 1 Satz 1 SGB III) für einen Anspruch auf Arbeitslosengeld (§§ 136, 137 Abs. 1 Nr. 3 SGB III) 16 Monate ununterbrochen beschäftigt gewesen sein, was zu einer wesentlichen Schlechterstellung mit Arbeitnehmern in Freiheit führe, ohne dass es einen sachlichen Grund für eine solche Schlechterstellung gebe.[1266] Weitere Folgewirkung der neuen Rechtsauffassung der BA sei, dass die Bundesländer das rund 1,3-Fache eines Jahresbetrages für einen Gefangenen zahlen müssten; darüber hinaus gelte es zu beachten, dass es im Vollzug immer wieder Phasen ohne Arbeit gebe, sodass in der für einen Anspruch auf Arbeitslosengeld (§§ 136, 137 Abs. 1 Nr. 3 SGB III) festgelegten Rahmenfrist von zwei Jahren (§ 143 Abs. 1 SGB III) eine Anwartschaftszeit von zwölf Monaten (§ 142 Abs. 1 Satz 1 SGB III) gegebenenfalls nicht erreicht werden könne.[1267] Im Ergebnis führe die von der BA vertretene Rechtsauffassung zu einer Schlechterstellung der Gefangenen und der Entlassenen sowie zu erheblichen finanziellen Nachteilen für die Bundesländer, die die Beiträge in

1263 Siehe hierzu vor allem *Schäferskupper/Bließen*, Aktuelles aus der Arbeitslosenversicherung der Gefangenen, in: NZS 2017, 327 ff.; *Schäferskupper*, Die Arbeitslosenversicherung der Gefangenen – Grundlagen und aktueller Streit –, in: NZS 2013, 446 ff; siehe ebenfalls *Winkler*, Schafft Arbeit in Haft amputierte Anwartschaft?, in: info also 2013, 92 f.; vgl. auch Deutscher Caritasverband e.V. und Katholische Bundes-Arbeitsgemeinschaft Straffälligenhilfe, Positionspapier zur Renten- und Arbeitslosenversicherung Strafgefangener, in: BAG-S Informationsdienst Straffälligenhilfe 2015, 5 (8).

1264 Vgl. *Schäferskupper*, Die Arbeitslosenversicherung der Gefangenen – Grundlagen und aktueller Streit –, in: NZS 2013, 446 (452).

1265 Ebd.

1266 Ebd.

1267 Ebd.

der Arbeitslosenversicherung finanzieren.[1268] Somit sei nicht ersichtlich, warum die historischen Gesetz- und Verordnungsgeber diese Nachteile in Kauf hätten nehmen sollen.[1269] Darüber hinaus sprechen auch die Vorschriften selbst gegen eine solche Auffassung, denn zum einen lege der Gesetzgeber als Beitragsbemessungsgrundlage für Gefangene einen relativ hohen Jahresbeitrag nach der Sozialversicherungs-Rechengrößenverordnung zugrunde, und zum anderen seien in diesem relativ hohen Jahresbetrag wegen des Teilers 250 der GefBeitrVO die arbeitsfreien Wochenenden und Feiertage bereits enthalten, sodass ansonsten ein größerer Teiler angesetzt werden müsse.[1270]

bb. Rechtslage de lege lata

Bereits auf der Herbstkonferenz der Justizministerinnen und Justizminister am 15.11.2012 in Berlin wurde zur Versicherungspflicht von Gefangenen in der Arbeitslosenversicherung beschlossen, dass die Justizministerinnen und Justizminister der Bundesländer die geänderte Rechtsauffassung der BA – arbeitsfreie Samstage, Sonntage und gesetzliche Feiertage, die innerhalb eines zusammenhängenden Beschäftigungsabschnittes liegen, bei der Versicherung der Gefangenen in der Arbeitslosenversicherung künftig nicht mehr zu berücksichtigen – ablehnen (TOP I.6 Nr. 1) und an die Bundesminister appellieren, sich für eine Rückkehr zur bisherigen Handhabung einzusetzen (TOP I.6 Nr. 2).[1271]

Der Bundesgesetzgeber ist dem nachgekommen und hat mit dem „Gesetz zur Stärkung der beruflichen Weiterbildung und des Versicherungsschutzes in der Arbeitslosenversicherung“ (AWStG)[1272] vom 18.07.2016 mit Wirkung zum 01.08.2016 klargestellt, dass er der Rechtsauffassung der BA nicht folgt. Somit wurde § 26 Abs. 1 Nr. 4 SGB III um einen 2. Halbsatz erweitert, nach dessen Inhalt das Versicherungsverhältnis Gefangener während arbeitsfreier Samstage, Sonntage und gesetzlicher Feiertage als fortbestehend gilt, wenn diese Tage innerhalb eines

1268 *Schäferskүpper*, Die Arbeitslosenversicherung der Gefangenen – Grundlagen und aktueller Streit –, in: NZS 2013, 446 (452).

1269 Ebd.

1270 Ebd.

1271 Beschluss der Justizministerinnen und Justizminister TOP I.6 zur Versicherungspflicht von Gefangenen in der Arbeitslosenversicherung vom 15.11.2012, http://www.jm.nrw.de/JM/jumiko/beschluesse/2012/herbstkonferenz12/I_6.pdf, zuletzt abgerufen am 26.08.2018.

1272 Vgl. Art. 1 Nr. 3 Buchstabe a, Art. 4 Abs. 1 Gesetz zur Stärkung der beruflichen Weiterbildung und des Versicherungsschutzes in der Arbeitslosenversicherung (Arbeitslosenversicherungsschutz- und Weiterbildungsstärkungsgesetz – AWStG) vom 18.07.2016, veröffentlicht im BGBl. I 2016, S. 1710; BT-Drs. 18/8042, S. 7 und 22.

zusammenhängenden Arbeits- oder Ausbildungsverhältnisses liegen (§ 26 Abs. 1 Nr. 4 Satz 1 2. Hs. SGB III n.F.).[1273] Damit will der Gesetzgeber gewährleisten, dass allgemein arbeitsfreie Tage in der Haft als Zeiten in einem Versicherungsverhältnis anzuerkennen sind und diese Zeiten in der Arbeitsförderung bei der Erfüllung der Anwartschaftszeit als Voraussetzung für einen Anspruch auf Arbeitslosengeld nach dem SGB III berücksichtigt werden.[1274]

cc. Höchstrichterliche Klärung

Auch innerhalb der Rechtsprechung existierten unterschiedliche Auffassungen hinsichtlich der Berücksichtigung allgemeiner arbeitsfreier Tage beim Versicherungsverhältnis Gefangener in der Arbeitslosenversicherung zur Erfüllung der Anwartschaftszeit für einen Anspruch auf Arbeitslosengeld. So entschied noch das SG Gotha[1275], die Rechtsauffassung der BA unterstützend, im Juni 2013 zur Frage eines Anspruches auf Arbeitslosengeld für einen ehemaligen im Vollzug beschäftigten Gefangenen (Kläger), dass der Kläger die für einen Anspruch auf Arbeitslosengeld erforderliche Anwartschaft nicht erfüllt habe, weil dieser in der Rahmenfrist für weniger als 360 Tage Arbeitsentgelt erhalten habe und die Regelung des § 26 Abs. 1 Nr. 4 SGB III insofern eindeutig sei, als arbeitsfreie Tage, an denen kein Entgelt erzielt werde, nicht der Versicherungspflicht unterliegen.[1276] Eine Auslegung im Sinne des Klägers sei daher nicht in Betracht zu ziehen.[1277] Der Rechtsauffassung der BA widersprechend urteilte ein Jahr später das SG Duisburg[1278] am 29.01.2014, dass bei einem Strafgefangenen, der eine Arbeit gegen Entlohnung in einem öffentlich-rechtlichen Beschäftigungsverhältnis eigener Art während des Vollzuges verrichte, der gesamte Zeitraum seiner Tätigkeit bei der Berechnung der Anwartschaftszeit zugrunde zu legen sei, da auch umfasste allgemein arbeitsfreie Tage einschließlich der Wochenenden als versicherungspflichtige Zeiten zu berücksichtigen seien. Streitig war hier ebenfalls, ob der Kläger (Gefangener) durch seine versicherungspflichtige Arbeit in der Haft die erforderliche Anwartschaftszeit für einen Anspruch auf Arbeitslosengeld erfüllt hatte. Die BA

1273 *Schäfersküpper/Bließen*, Aktuelles aus der Arbeitslosenversicherung der Gefangenen, in: NZS 2017, 327 (328).

1274 Ebd.

1275 SG Gotha, 17.06.2013, S 34 AL 1963/12, Gerichtsbescheid, zitiert nach LSG Thüringen, Urteil vom 06.04.2016, L 10 AL 1150/13, juris.

1276 Vgl. SG Gotha, S 34 AL 1963/12, Gerichtsbescheid vom 17.06.2013, zitiert nach LSG Thüringen, Urteil vom 06.04.2016, L 10 AL 1150/13, juris, Rn. 14.

1277 Siehe SG Gotha, S 34 AL 1963/12, Gerichtsbescheid vom 17.06.2013, zitiert nach LSG Thüringen, Urteil vom 06.04.2016, L 10 AL 1150/13, juris, Rn. 14; *Schäfersküpper/Bließen*, Aktuelles aus der Arbeitslosenversicherung der Gefangenen, in: NZS 2017, 327 (329).

1278 Siehe SG Duisburg, Urteil vom 29.01.2014, S 33 AL 363/13, juris.

als Beklagte verwies u. a. darauf, dass anders als in einem Beschäftigungsverhältnis als Arbeitnehmer, in dem der Arbeitnehmer durchgehend, auch wenn er nicht arbeite, ein Arbeitsentgelt erziele, Gefangene gemäß der Formulierung des § 26 Abs. 1 Nr. 4 SGB III nur versicherungspflichtig seien, wenn sie ein Arbeitsentgelt erhielten, was zu der auf jeden einzelnen Tag bezogenen Betrachtungsweise führe; außerdem bestehe eine Bindung an die aktuelle Weisungslage gemäß Geschäftsanweisung zu § 26 SGB III, wonach künftig nur noch die mit Entgelt belegten Tage anwartschaftsbegründend seien.[1279] Der Auffassung des SG Duisburg hatte sich noch im selben Jahr das SG München[1280] mit Urteil vom 20.10.2014 angeschlossen und ebenfalls zur Bewilligung von Arbeitslosengeld bei Strafgefangenen geurteilt, dass bei der Berechnung der Anspruchsdauer des Klägers umfasste allgemein arbeitsfreie Tage (arbeitsfreie Samstage, Sonntage und gesetzliche Wochenfeiertage, die innerhalb eines zusammenhängenden Arbeitsabschnittes liegen) als versicherungspflichtige Zeiten zu berücksichtigen seien, denn auch die Berechnung in der GefBeitrVO gehe mit einem Teiler von 250 Tagen davon aus, dass damit ein Arbeitsjahr unter Ausschluss arbeitsfreier Wochenenden und Feiertage vollständig erfasst sei.[1281] Nach Ansicht des SG München lasse sich demzufolge schlicht nicht begründen, dass im Falle eines vollständigen Arbeitsjahres innerhalb einer JVA weitere 110 Tage zu arbeiten wären, damit ein volles Arbeitsjahr im Sinne der Rechtsauffassung der BA erreicht würde.[1282]

Auf Ebene der Obergerichte folgte u. a. das LSG Nordrhein-Westfalen[1283] mit mehrfacher Rechtsprechung der Rechtsauffassung der BA, indem es auf eine taggenaue Berechnung der zu berücksichtigenden Kalendertage abstellte und eine Versicherungspflicht annahm soweit Gefangene tatsächlich Arbeitsentgelt erhielten.[1284] Zeiten, für die kein Arbeitsentgelt gezahlt werde, seien nach Ansicht des LSG Nordrhein-Westfalen somit nicht zu berücksichtigen.[1285] Eine andere Ansicht vertrat das LSG Thüringen[1286], das mit Urteil vom 06.04.2016 den Gerichtsbescheid

---

1279 Siehe SG Duisburg, Urteil vom 29.01.2014, S 33 AL 363/13, juris, Rn. 14.

1280 SG München Urteil vom 20.10.2014, S 35 AL 613/13, BeckRS 2016, 67083.

1281 Ebd.

1282 Ebd.

1283 Siehe LSG Nordrhein-Westfalen, Urteil vom 15.07.2003, L 1 AL 18/03, juris; LSG Nordrhein-Westfalen, Urteil vom 20.06.2016, L 20 AL 135/14, juris; s. a. LSG Bayern, Urteil vom 20.05.2005, L 8 AL 405/04, juris.

1284 Vgl. LSG Nordrhein-Westfalen, Urteil vom 20.06.2016, L 20 AL 135/14, juris, Rn. 40; s. a. LSG Bayern, Urteil vom 20.05.2005, L 8 AL 405/04, juris, Rn. 17, wonach die während einer Haft zu berücksichtigenden Zeiten sich allein an der tatsächlich ausgeübten Tätigkeit als Gefangener orientieren. Vgl. ebenfalls LSG Essen, Urteil vom 20.06.2016, L 20 AL 135/14, juris, Rn. 37.

1285 LSG Nordrhein-Westfalen, Urteil vom 20.06.2016, L 20 AL 135/14, juris, Rn. 40; siehe hierzu ebenfalls *Schäferskupper/Bließen*, Aktuelles aus der Arbeitslosenversicherung der Gefangenen, in: NZS 2017, 327 (329).

1286 LSG Thüringen, Urteil vom 06.04.2016, L 10 AL 1150/13, juris.

des SG Gotha[1287] vom Juni 2013 aufhob und die BA verurteilte, dem Kläger (Gefangener) Arbeitslosengeld für den streitigen Zeitraum zu zahlen.[1288] Zur Begründung führte der Senat an, dass keine Anhaltspunkte vorliegen, nach denen arbeitsfreie Samstage, Sonntage und Feiertage nicht berücksichtigt werden könnten, sodass der Rechtsauffassung der BA, auch mit Blick auf Art. 3 Abs. 1 GG, nicht gefolgt werden könne.[1289]

Auf die gegen die Entscheidung des LSG Thüringen[1290] eingelegte Revision entschied sodann das BSG[1291] mit Urteil vom 12.09.2017, dass bei Ermittlung der Anwartschaftszeit von Gefangenen arbeitsfreie Samstage, Sonntage und gesetzliche Feiertage innerhalb zusammenhängender Arbeitsabschnitte als Zeiten der Versicherungspflicht in der gesetzlichen Arbeitslosenversicherung zu berücksichtigen seien und dies auch bereits für die Zeiten vor Änderung des § 26 Abs. 1 Nr. 4 Satz 1 SGB III zum 01.08.2016. Nach Meinung des BSG sei dem Wortlaut von § 26 Abs. 1 Nr. 4 Satz 1 SGB III nicht zu entnehmen, dass im Sinne der Vorschrift nur einzelne Tage für das Arbeitsentgelt als Zeiten der Versicherungspflicht zu berücksichtigen seien; vielmehr ließen sich unter die Formulierung „Gefangene, die Arbeitsentgelt ... erhalten..." nach allgemeinem Verständnis auch längere – zusammenhängende – Abschnitte fassen, weil hiernach gerade nicht die Zahlung von Arbeitsentgelt für jeden einzelnen Tag verlangt werde.[1292] Auch Gesetzessystematik sowie Sinn und Zweck der Regelungen von § 26 Abs. 1 Nr. 4 Satz 1 SGB III stünden einem „Herausrechnen" einzelner arbeitsfreier Tage entgegen, denn bereits der Vergleich mit den Regelungen zum typischen Fall der Versicherungspflicht von Beschäftigten in einem (Normal-)Arbeitsverhältnis spreche gegen die Nichtberücksichtigung solcher Tage. So beginne das Versicherungsverhältnis für Beschäftigte nach § 25 Abs. 1 Satz 1 SGB III mit dem Tag des Eintrittes in das Beschäftigungsverhältnis nach § 24 Abs. 2 SGB III und ende in der Regel mit dem Tag des Ausscheidens gemäß § 24 Abs. 4 SGB III.[1293] Ob bei fortbestehendem Beschäftigungsverhältnis für jeden einzelnen Tag ein Anspruch auf Arbeitsentgelt bestehe, sei demnach für die Versicherungspflicht in einem durchgehenden Beschäftigungsverhältnis ohne Bedeutung.[1294] Dies bedeute jedenfalls für Strafgefangene, die im Rahmen eines freien Beschäftigungsverhältnisses versicherungspflichtig tätig seien, dass durch die gesamte Dauer des Beschäftigungsverhältnisses Anwartschaftszeiten begründet würden, selbst wenn diese Gefangenen die Wochenenden und Feiertage in Haft

1287 SG Gotha, 17.06.2013, S 34 AL 1963/12, Gerichtsbescheid, zitiert nach LSG Thüringen, Urteil vom 06.04.2016, L 10 AL 1150/13, juris.
1288 Vgl. LSG Thüringen, Urteil vom 06.04.2016, L 10 AL 1150/13, juris, Rn. 17.
1289 LSG Thüringen, Urteil vom 06.04.2016, L 10 AL 1150/13, juris, Rn. 40.
1290 LSG Thüringen, Urteil vom 06.04.2016, L 10 AL 1150/13, juris.
1291 BSG, Urteil vom 12.09.2017, B 11 AL 18/16 R, juris.
1292 BSG, Urteil vom 12.09.2017, B 11 AL 18/16 R, juris, Rn. 16.
1293 BSG, Urteil vom 12.09.2017, B 11 AL 18/16 R, juris, Rn. 17.
1294 Ebd.

verbringen müssten.[1295] Verrichte hingegen ein Strafgefangener als sog. „unechter Freigänger" die gleiche Arbeit und erhielte er hierfür Arbeitsentgelt (allein) nach den Regelungen der Strafvollzugsgesetze, würde er nach Auffassung der Beklagten trotz der gleichen Tätigkeit nur eine kürzere Anwartschaftszeit zurücklegen können.[1296] Eine Ungleichbehandlung dieser beiden Sachverhalte entspreche nicht dem Sinn und Zweck der Regelung in § 26 Abs. 1 Nr. 4 SGB III, die auf eine weitgehende Gleichstellung von Gefangenenarbeit mit Arbeit auf dem allgemeinen Arbeitsmarkt abziele.[1297] Dies entspreche dem vollzuglichen Angleichungsgrundsatz und erleichtere die (Re-)Sozialisierung Gefangener.[1298] Ein weiteres systematisches Argument ergebe sich aus der beitragsrechtlichen Seite von Gefangenenarbeit, wonach ebenfalls zu berücksichtigen sei, dass der Verordnungsgeber der GefBeitrVO den Faktor 250 als fiktive Anzahl jährlicher Arbeitstage in einem Kalenderjahr ausdrücklich aus dem Strafvollzugsgesetz übernommen habe; beitragsrechtlich habe er damit festgelegt, dass 250 Arbeitstage eines Gefangenen seiner jährlichen Arbeitsleistung entsprechen und die volle jährliche Beitragslast auslösten, sodass letztlich für arbeitsfreie Wochenenden und Feiertage – ebenso wie im freien Beschäftigungsverhältnis – Beiträge abgeführt würden.[1299] Eine Rechtfertigung dafür, eine auf ein Jahr Tätigkeit bezogene Beitragsleistung nicht zur Erfüllung einer Anwartschaftszeit von einem Jahr ausreichen zu lassen und stattdessen weitere 110 Tage mit Gefangenenarbeit zu verlangen, sei nicht ersichtlich, weil es für Gefangene in diesem Fall nicht möglich sei, jemals einen Leistungsanspruch für ein Jahr zu erwerben.[1300] Sie können niemals innerhalb der zweijährigen Rahmenfrist die dafür erforderliche Anwartschaftszeit von zwei Jahren erwerben.[1301]

Weiterhin sei zu berücksichtigen, dass für die Auslegung von § 26 Abs. 1 Nr. 4 SGB III dem Umstand keine Bedeutung zukomme, dass der Gesetzgeber die Vorschrift mit Wirkung ab 01.08.2016 durch das AWStG ergänzt habe, da der Gesetzesbegründung weder entnommen werden könne, dass eine Klarstellung der bisher bestehenden Rechtslage gewollt sei, noch werden direkte Anhaltspunkte für die beabsichtigte Korrektur einer als unbefriedigend betrachteten Rechtsauslegung sichtbar; vielmehr heiße es in der Entwurfsbegründung eher neutral, dass

1295 BSG, Urteil vom 12.09.2017, B 11 AL 18/16 R, juris, Rn. 17.

1296 Vgl. BSG, Urteil vom 12.09.2017, B 11 AL 18/16 R, juris, Rn. 17; s. a. *Schäferskküpper/Bließen*, Aktuelles aus der Arbeitslosenversicherung der Gefangenen, in: NZS 2017, 327 ff.

1297 BSG, Urteil vom 12.09.2017, B 11 AL 18/16 R, juris, Rn. 18; so bereits BSG vom 22.03.1979, 7 RAr 98/78, BSGE 48, 129 (134).

1298 BSG, Urteil vom 12.09.2017, B 11 AL 18/16 R, juris, Rn. 18.

1299 BSG, Urteil vom 12.09.2017, B 11 AL 18/16 R, juris, Rn. 19 f.; ausdrücklich auch BSG vom 07.11.1990, 9b/7 RAr 112/89, SozR 3-4100 § 104 Nr. 4 Rn. 16.

1300 BSG, Urteil vom 12.09.2017, B 11 AL 18/16 R, juris, Rn. 21.

1301 Ebd.

die Regelung die Berücksichtigung von arbeitsfreien Samstagen, Sonntagen und gesetzlichen Feiertagen für die Erfüllung der Anwartschaftszeit „gewährleiste“.[1302]

dd. Stellungnahme

Das Versicherungsverhältnis Gefangener im Arbeitsförderungsrecht gilt mit Erweiterung der Regelung von § 26 Abs. 1 Nr. 4 SGB III um einen 2. Halbsatz während arbeitsfreier Samstage, Sonntage und gesetzlicher Feiertage als fortbestehend, wenn diese Tage innerhalb eines zusammenhängenden Arbeits- oder Ausbildungsverhältnisses liegen (§ 26 Abs. 1 Nr. 4 Satz 1 2. Hs. SGB III). Der Gesetzgeber will hiermit sicherstellen, dass durch die Anerkennung von allgemein arbeitsfreien Tagen als im Versicherungsverhältnis zu berücksichtigende Zeiten eine Erfüllung der Anwartschaft von zwölf Monaten in einer Rahmenfrist von zwei Jahren als Voraussetzung für einen Anspruch auf Arbeitslosengeld nach dem SGB III auch von Gefangenen erreicht werden kann. Damit folgt der Bundesgesetzgeber dem historischen Willen des Verordnungsgebers der GefBeitrVO, nach der ein Beitragsjahr mit 250 Kalendertagen zu kalkulieren ist, in welcher Samstage, Sonntage sowie gesetzliche Feiertage bereits herausgerechnet worden sind und das Beschäftigungsverhältnis trotz arbeitsfreier Tage ununterbrochen fortbesteht. Eine Schlechterstellung von im Vollzug beschäftigten Gefangenen im Vergleich zu Arbeitnehmern in Freiheit ist vom Verordnungsgeber nicht beabsichtigt gewesen.

Die Frage der Berücksichtigung von allgemein arbeitsfreien Tagen beim Versicherungsverhältnis in der Arbeitslosenversicherung nach § 26 Abs. 1 Nr. 4 SGB III wurde mit Rechtsprechung des BSG abschließend geklärt.[1303] Relevanz hat das Urteil dabei vor allem für die Fälle, in denen Gefangene vor dem 01.08.2016, also vor Ergänzung von § 26 Abs. 1 Nr. 4 Satz 1 SGB III durch den Gesetzgeber, Anwartschaftszeiten erworben haben, weil nach Rechtsprechung des BSG bei der Ermittlung der Anwartschaftszeit bei Gefangenen arbeitsfreie Samstage, Sonntage und gesetzliche Feiertage innerhalb von zusammenhängenden Arbeitsabschnitten als Zeiten der Versicherungspflicht auch vor Änderung des § 26 Abs. 1 Nr. 4 Satz 1 SGB III zum 01.08.2016 zu berücksichtigen sind.[1304] Hinsichtlich bereits entschiedener Anträge auf ein Arbeitslosengeld gilt jedenfalls zu berücksichtigen, dass bei

---

1302 Vgl. BT-Drs. 18/8042, S. 22; BSG, Urteil vom 12.09.2017, B 11 AL 18/16 R, juris, Rn. 22.

1303 Vgl. auch *Öndul*, Anmerkung vom 12.04.2018 zu BSG, Urteil vom 12.09.2017, B 11 AL 18/16 R, in: juris-PR-SozR 7/2018; *Schäferskùpper*, Ein Machtwort des Bundessozialgerichts, in: FS 2017, 321 (322).

1304 Siehe *Öndul*, Anmerkung vom 12.04.2018 zu BSG, Urteil vom 12.09.2017, B 11 AL 18/16 R, in: juris-PR-SozR 7/2018; s. a. *Habel*, Anmerkung zu BSG, Urteil vom 12.9.2017, B 11 AL 18/16 R, Zur Versicherungspflicht von gegen Entgelt in der Haft arbeitender Gefangener in der Arbeitslosenversicherung während arbeitsfreier Samstage, Sonntage und Feiertage, in: NZS 2018, 315 (318); BSG, Urteil vom 12.09.2017, B 11 AL 18/16 R, juris.

Vorliegen der Voraussetzungen für die Rücknahme eines rechtswidrigen, nicht begünstigenden Verwaltungsaktes nach § 44 Abs. 1 Satz 1 SGB X der Verwaltungsakt gemäß § 330 Abs. 1 SGB III mit Wirkung für die Zeit nach Bestehen einer ständigen Rechtsprechung zurückzunehmen ist.[1305] In der fachlichen Weisung[1306] der BA zur sonstigen Versicherungspflicht nach § 26 SGB III vom 20.04.2018 wurde die Entscheidung des BSG vom 12.09.2017 als ständige Rechtsprechung nun auch anerkannt.[1307] Außerdem wurde darin angemerkt, dass dieser Rechtsgedanke analog auf die Tage des Freizeitausgleiches anzuwenden ist, die in einem zusammenhängenden Arbeits- oder Ausbildungsabschnitt liegen.[1308]

3. Leistungsanspruch während der Haft

Eine Versicherung in der Arbeitslosenversicherung kann für Gefangene nicht nur für die Gewährleistung von Ansprüchen nach der Haftzeit bedeutsam sein. Auch während der Zeit des Strafvollzuges können Strafgefangene Leistungen der Arbeitsförderung benötigen, z. B. im Falle von Arbeitslosigkeit während der Haft oder bei beruflicher Weiterbildung. Leistungen der Arbeitsförderung definiert § 3 Abs. 1 SGB III unter Verweis auf das Dritte (vgl. §§ 29 ff. SGB III zur aktiven Arbeitsförderung) und Vierte Kapitel (§§ 136 ff. SGB III zum Arbeitslosengeld und Insolvenzgeld) im SGB III.[1309] Der Leistungsumfang nach dem SGB III umfasst für die während der Haft in der Arbeitsförderung versicherungspflichtigen Gefangenen nach § 25 Abs. 1 Satz 1 SGB III oder nach § 26 Abs. 1 Nr. 4 SGB III alle Maßnahmen der Arbeitsförderung (§§ 29 ff. SGB III), die überwiegend Ermessensleistungen sind (vgl. § 3 Abs. 3 SGB III).[1310]

Fraglich ist demnach, ob in der Arbeitslosenversicherung versicherungspflichtige Gefangene bei Arbeitslosigkeit während der Zeit des Strafvollzuges bereits einen Anspruch auf Arbeitslosengeld nach § 136 Abs. 1 Nr. 1, §§ 137 ff. SGB III haben können. Leistungen der Arbeitsförderung werden auf Antrag erbracht (§ 323 Abs. 1 Satz 1 SGB III). Die persönliche Arbeitslosmeldung des Arbeitslosen ist dabei ausreichend, wenn keine andere Erklärung abgegeben wird (§ 323

1305 Vgl. *Öndul*, Anmerkung vom 12.04.2018 zu BSG, Urteil vom 12.09.2017, B 11 AL 18/16 R, in: juris-PR-SozR 7/2018 sowie umfassend erläutert von *Schäferskϋpper*, Ein Machtwort des Bundessozialgerichts, in: FS 2017, 321 (323).

1306 Siehe Fachliche Weisungen Arbeitslosenversicherung Drittes Buch Sozialgesetzbuch – SGB III § 26 SGB III Sonstige Versicherungspflichtige vom 20.04.2018 (noch abweichend in Fachliche Weisungen Arbeitslosenversicherung Drittes Buch Sozialgesetzbuch – SGB III § 26 SGB III Sonstige Versicherungspflichtige vom 20.01.2018).

1307 Fachliche Weisungen Arbeitslosenversicherung Drittes Buch Sozialgesetzbuch – SGB III § 26 SGB III Sonstige Versicherungspflichtige vom 20.04.2018, S. 2.

1308 Ebd.

1309 *Marschner*, in: Rolfs/Giesen/Kreikebohm/Udsching (Hrsg.), BeckOK Sozialrecht, SGB III, § 3, Rn. 1.

1310 Vgl. *Grühn*, in: Feest/Lesting/Lindemann (Hrsg.), AK-StVollzG, Teil V, Rn. 3.

Abs. 1 Satz 2 SGB III). Zuständig für Leistungen ist in aller Regel die Agentur für Arbeit, in deren Bezirk der Arbeitnehmer bei Eintritt der leistungsbegründenden Tatbestände den Wohnsitz hat nach § 327 Abs. 1 Satz 1 SGB III. Anspruch auf Arbeitslosengeld hat nach § 136 Abs. 1 Nr. 1, § 137 Abs. 1 SGB III, wer arbeitslos ist (§ 137 Abs. 1 Nr. 1 SGB III), sich bei der Agentur für Arbeit arbeitslos gemeldet hat (§ 137 Abs. 1 Nr. 2 SGB III) und die Anwartschaftszeit erfüllt (§ 137 Abs. 1 Nr. 3 SGB III). Gefangene müssen also zunächst arbeitslos sein. Gemäß § 138 Abs. 1 SGB III ist arbeitslos, wer nicht in einem Beschäftigungsverhältnis steht (Beschäftigungslosigkeit nach § 138 Abs. 1 Nr. 1 SGB III), sich bemüht, die eigene Beschäftigungslosigkeit zu beenden (Eigenbemühung gemäß § 138 Abs. 1 Nr. 2 SGB III) und den Vermittlungsbemühungen der Agentur für Arbeit zur Verfügung steht (Verfügbarkeit nach § 138 Abs. 1 Nr. 3 SGB III). Stehen Strafgefangene in keinem Beschäftigungsverhältnis (vgl. hierzu auch § 138 Abs. 2 und 3 SGB III) während der Haft und haben sie im Rahmen der Eigenbemühungen alle Möglichkeiten zur beruflichen Eingliederung genutzt (§ 138 Abs. 4 Satz 1 SGB III), müssen Gefangene ebenfalls den Vermittlungsbemühungen der AgA zur Verfügung stehen können. Hinsichtlich der Verfügbarkeit nach § 138 Abs. 1 Nr. 3, Abs. 5 SGB III ist zwischen der objektiven Verfügbarkeit (§ 138 Abs. 5 Nr. 1 und 2 SGB III) und der subjektiven Verfügbarkeit (§ 138 Abs. 5 Nr. 3 und 4 SGB III) zu differenzieren, wobei erstere von subjektiven Vorstellungen der Arbeitnehmer losgelöst zu beurteilen ist, sich also auf willensunabhängige Gegebenheiten bezieht, wie z. B. das Können in Form von körperlichen und geistigen Fähigkeiten von Arbeitslosen oder die zeitlichen Möglichkeiten; § 138 Abs. 5 Nr. 1 und 2 SGB III bezieht sich hingegen auf das Dürfen.[1311] Gemäß § 138 Abs. 5 SGB III steht den Vermittlungsbemühungen der AgA zur Verfügung, wer eine versicherungspflichtige, mindestens 15 Stunden wöchentlich umfassende zumutbare Beschäftigung unter den üblichen Bedingungen des in Betracht kommenden Arbeitsmarktes ausüben kann und darf (§ 138 Abs. 5 Nr. 1 SGB III) und wer in der Lage ist, den Vorschlägen der AgA zur beruflichen Eingliederung zeit- und ortsnah Folge zu leisten (§ 138 Abs. 5 Nr. 2 SGB III).

Zu prüfen ist, ob auch Strafgefangene im Rahmen der objektiven Verfügbarkeit Vorschlägen der AgA zeit- und ortsnah Folge leisten können. Zeit- und ortsnah können Gefangene Vorschlägen der AgA Folge leisten, wenn sie in der Lage sind, die in der Grundregelung von § 1 Abs. 1 Erreichbarkeits-Anordnung (EAO)[1312] aufgeführten Bedingungen – wie die persönliche Kenntnisnahme von Mitteilungen der Agentur (§ 1 Abs. 1 Nr. 1 EAO), das Aufsuchen der Agentur (§ 1 Abs. 1 Nr. 2 EAO), die Aufnahme einer Verbindung mit einem möglichen Arbeitgeber oder

---

1311 *Baldschun*, in: Gagel, SGB II/SGB III Grundsicherung und Arbeitsförderung Kommentar, SGB III, § 138, Rn. 148.

1312 Anordnung des Verwaltungsrates der Bundesanstalt für Arbeit zur Pflicht des Arbeitslosen, Vorschlägen des Arbeitsamtes zur beruflichen Eingliederung zeit- und ortsnah Folge leisten zu können (Erreichbarkeits-Anordnung – EAO) vom 23.10.1997.

Maßnahmeträger (§ 1 Abs. 1 Nr. 3 EAO) sowie die Annahme einer Arbeit oder Teilnahme an einer Maßnahme (§ 1 Abs. 1 Nr. 4 EAO) – zu erfüllen.[1313] Ausreichend ist dabei, wenn der Arbeitslose irgendwann nach dem Zeitpunkt des tatsächlichen Posteinganges die Mitteilung der AgA zur Kenntnis nehmen kann und dadurch in die Lage versetzt wird, die AgA am nächsten Tag sofort aufzusuchen – resp. sofort mit einem möglichen Arbeitgeber in Kontakt zu treten.[1314] Nur Strafgefangenen, denen vollzugsöffnende Maßnahmen gewährt werden und die sich im Freigang außerhalb der Haft (zumindest in bestimmten Zeitfenstern) bewegen können, ist es möglich, die AgA aufzusuchen und in persönlichen Kontakt zu potenziellen Arbeitgebern oder Maßnahmeträgern zu treten. Demnach sind nur diese Gefangenen in der Lage, den Vermittlungsbemühungen der AgA im geforderten Maße zur Verfügung zu stehen. Darauf verweist auch die Fachliche Weisung der BA zu § 138 SGB III vom 20.04.2018, wonach bei Strafgefangenen Verfügbarkeit vorliegen kann, wenn diesen gestattet ist, eine Beschäftigung zu suchen sowie einer Arbeit oder Berufsausbildung auf der Grundlage eines Beschäftigungsverhältnisses als Freigänger nachzugehen.[1315] Hierbei handelt es sich um Gefangene, denen es generell möglich ist, außerhalb der Haft Arbeitsverträge mit externen Arbeitnehmern abzuschließen und die darum als Beschäftigte nach § 25 Abs. 1 Satz 1 SGB III zum Kreis der Versicherten in der Arbeitslosenversicherung gehören. Demnach können die nach § 25 Abs. 1 Satz 1 SGB III versicherungspflichtig beschäftigten Gefangenen die Voraussetzung der objektiven Verfügbarkeit als Bedingung für einen Anspruch auf Arbeitslosengeld wegen Arbeitslosigkeit nach § 136 Abs. 1 Nr. 1, §§ 137 ff. SGB III erfüllen, um einen Anspruch auf Arbeitslosengeld während der Haftzeit zu haben (vorausgesetzt der Erfüllung der Anwartschaftszeit nach § 137 Abs. 1 Nr. 3, §§ 142, 143 SGB III). Daraus lässt sich schließen, dass Gefangene, die als sonstige Versicherungspflichtige in der gesetzlichen Arbeitslosenversicherung versichert sind nach § 26 Abs. 1 Nr. 4 SGB IV und denen keine vollzugsöffnenden Maßnahmen gewährt werden, aufgrund von mangelnder Verfügbarkeit die für einen Anspruch auf Arbeitslosengeld nach § 136 Abs. 1 Nr. 1, § 137 ff. SGB III erforderlichen Bedingungen nicht erfüllen. Gefangene, die nach § 26 Abs. 1 Nr. 4 SGB IV versicherungspflichtig in der Arbeitslosenversicherung sind, haben somit keinen Anspruch auf Arbeitslosengeld während der Zeit des Strafvollzuges.

1313 *Baldschun*, in: Gagel, SGB II/SGB III Grundsicherung und Arbeitsförderung Kommentar, SGB III, § 138, Rn. 243.

1314 *Brand*, in: Brand (Hrsg.), Sozialgesetzbuch Arbeitsförderung SGB III Kommentar, § 138, Rn. 77; *Baldschun*, in: Gagel, SGB II/SGB III Grundsicherung und Arbeitsförderung Kommentar, SGB III, § 138, Rn. 243; s. a. BSG vom 20.06.2001, B 11 AL 10/01 R, BSGE 88, 172 ff., und BSG vom 03.05.2001, B 11 AL 71/00 R, BeckRS 2001, 41022.

1315 Fachliche Weisungen Arbeitslosengeld Drittes Buch Sozialgesetzbuch – SGB III § 138 SGB III Arbeitslosengeld vom 20.04.2018, FW 138.5.1.4 Abs. 8, S. 14 f.; siehe außerdem in der Rechtsprechung: LSG Nordrhein-Westfalen, Urteil vom 15.10.2008, L 12 AL 40/07, juris, Rn. 59 f.

Weiterhin kann ein Anspruch auf Arbeitslosengeld bei beruflicher Weiterbildung bestehen nach § 136 Abs. 1 Nr. 2, § 144 Abs. 1 SGB III, wenn ein Anspruch auf Arbeitslosengeld allein wegen einer nach § 81 SGB III bestehenden beruflichen Weiterbildung nicht besteht. Dabei setzt § 144 Abs. 1 SGB III ebenfalls voraus, dass es sich bei dem Antragsteller um einen Arbeitnehmer handelt, der arbeitslos ist, sich bei der AgA arbeitslos gemeldet und die Anwartschaft für einen Anspruch auf Arbeitslosengeld erfüllt hat.[1316] Können Anspruchsvoraussetzungen nicht erfüllt werden, da sich der Antragsteller in einer Weiterbildung befindet, werden Voraussetzungen nach § 144 SGB III fingiert, was in aller Regel die Verfügbarkeit einer Person (§ 138 Abs. 1 Nr. 3 SGB II) und deren Eigenbemühungen (§ 138 Abs. 1 Nr. 2 SGB III) betrifft.[1317] Im Hinblick auf die Verfügbarkeit scheidet ein Anspruch auf Arbeitslosengeld bei beruflicher Weiterbildung dann aus, wenn die Verfügbarkeit bereits aus anderen Gründen als der konkreten Weiterbildungsmaßnahme nicht gegeben ist oder die Weiterbildungsmaßnahme als solche nicht geeignet, die Verfügbarkeit aufzuheben.[1318] Strafgefangene, die der Agentur für Arbeit generell nicht zur Verfügung stehen, und nicht bloß wegen der Teilnahme an einer Berufsbildungsmaßnahme, erfüllen daher die Voraussetzungen von § 144 Abs. 1 SGB III nicht. Folglich scheidet auch in diesem Fall für Gefangene, die Beschäftigungen aufgrund von gesetzlicher Zuweisung nachgehen und in der Arbeitslosenversicherung als sonstige Versicherte nach § 26 Abs. 1 Nr. 4 1. Hs. SGB III versicherungspflichtig sind, ein Anspruch auf Arbeitslosengeld bei beruflicher Weiterbildung gemäß § 136 Abs. 1 Nr. 2, § 144 Abs. 1 SGB III aus. Lediglich Strafgefangene, die als versicherungspflichtig Beschäftigte nach § 25 Abs. 1 Satz 1 SGB III zum Kreis der Versicherten in der Arbeitslosenversicherung gehören und im Rahmen von vollzugsöffnenden Maßnahmen durch den Freigang außerhalb der Haft den Vermittlungsbemühungen der AgA zur Verfügung stehen, können demnach bei beruflicher Weiterbildung einen Anspruch auf Arbeitslosengeld haben nach § 136 Abs. 1 Nr. 2, § 144 Abs. 1 SGB III.[1319]

III. Zusammenfassung

Strafgefangene werden in der gesetzlichen Unfallversicherung bereits seit 1900 berücksichtigt. In der gesetzlichen Unfallversicherung sind sie kraft Gesetzes als

1316 *Brand*, in: Brand (Hrsg.), Sozialgesetzbuch Arbeitsförderung SGB III Kommentar, § 144, Rn. 2.

1317 *Bolten*, in: Gagel, SGB II/SGB III Grundsicherung und Arbeitsförderung Kommentar, SGB III, § 144, Rn. 17; *Brand*, in: Brand (Hrsg.), Sozialgesetzbuch Arbeitsförderung SGB III Kommentar, § 144, Rn. 3.

1318 *Brand*, in: Brand (Hrsg.), Sozialgesetzbuch Arbeitsförderung SGB III Kommentar, § 144, Rn. 3 unter Verweis auf LSG Hamburg, Urteil vom 08.02.2017, L 2 AL 26/16, BeckRS 2017, 103624, Rn. 15 ff.

1319 Vgl. auch *von Koch*, in: Rolfs/Giesen/Kreikebohm/Udsching (Hrsg.), BeckOK Sozialrecht, SGB VI, § 3, Rn. 26.

Beschäftigte nach § 2 Abs. 1 Nr. 1 SGB VII versichert, wenn die Beschäftigung im Strafvollzug den Voraussetzungen des sozialversicherungsrechtlichen Beschäftigungsbegriffes gemäß § 7 Abs. 1 SGB IV genügt. Werden Strafgefangenen vollzugsöffnende Maßnahmen gewährt und gehen sie im Freigang privatrechtlichen Arbeitsverhältnissen nach, liegen die Voraussetzungen von § 7 Abs. 1 SGB IV vor, sodass in diesem Fall Gefangene als Beschäftigte in der GUV nach § 2 Abs. 1 Nr. 1 SGB VII versichert sind. Führen Strafgefangene hingegen Beschäftigungen im Strafvollzug aus, die ihnen gesetzlich zugewiesen werden, befinden sie sich in einem öffentlich-rechtlichen Rechtsverhältnis der besonderen Art. Da es in diesem Fall nach ständiger Rechtsprechung an einem freien Austausch von Lohn und Arbeit fehlt, werden die Voraussetzungen für das Vorliegen einer sozialversicherungsrechtlichen Beschäftigung nicht erfüllt. Eine Versicherung über die Zentralnorm von § 2 Abs. 1 Nr. 1 SGB VII kommt nicht in Betracht. Für Gefangene wird der Versicherungsschutz in der gesetzlichen Unfallversicherung allerdings insoweit ausgedehnt, als auch Personen, die aufgrund einer gesetzlich angeordneten Freiheitsstrafe (§ 2 Abs. 2 Satz 2 SGB VII) wie nach § 2 Abs. 1 Nr. 1 SGB VII Beschäftigte tätig werden, in der gesetzlichen Unfallversicherung versichert sind (§ 2 Abs. 2 Satz 1 SGB VII). Demnach werden ebenfalls Gefangene, die gesetzlich zugewiesenen Arbeiten in einem öffentlich-rechtlichen Beschäftigungsverhältnis nachgehen gemäß § 2 Abs. 2 Satz 1 i.V.m. § 2 Abs. 1 Nr. 1 SGB VII, in der gesetzlichen Unfallversicherung versichert. Auf den Umfang des Versicherungsschutzes haben die je nach zugrunde liegendem Rechtsverhältnis unterschiedlichen Zugangsmöglichkeiten in die GUV keine Auswirkungen. Allerdings sind Besonderheiten bei der Leistungsgewährung in der GUV zu berücksichtigen, wenn es ansonsten zur Kollision mit Vollzugsbelangen kommen kann (vgl. u. a. § 35 Abs. 4 SGB VII).

In der gesetzlichen Arbeitslosenversicherung gehören Strafgefangene zu den versicherungspflichtig Beschäftigten nach § 25 Abs. 1 Satz 1 SGB III, wenn ihnen vollzugsöffnende Maßnahmen gewährt werden und es ihnen somit möglich ist, im Freigang privatrechtlichen Beschäftigungsverhältnissen außerhalb der Haft nachzugehen. Gefangene, die Beschäftigungen in öffentlich-rechtlichen Sonderrechtsverhältnissen der besonderen Art ausüben, aufgrund von gesetzlicher Zuweisung von Arbeit durch die JVA, sind als sonstige Versicherungspflichtige in der Arbeitslosenversicherung integriert, wenn Gefangene ein Arbeitsentgelt oder eine Ausbildungsbeihilfe nach den Vorschriften der Landesstrafvollzugsgesetze erhalten oder Ausbildungsbeihilfe nur wegen des Vorranges von Leistungen zur Förderung der Berufsausbildung nach dem SGB III nicht erhalten (§ 26 Abs. 1 Nr. 4 1. Hs. SGB III). Dabei gilt das Versicherungsverhältnis ebenso während arbeitsfreier Samstage, Sonntage und gesetzlicher Feiertage als fortbestehend, wenn diese Tage innerhalb eines zusammenhängenden Arbeits- und Ausbildungsabschnittes liegen gemäß § 26 Abs. 1 Nr. 4 2. Hs. SGB III.[1320] Nach § 25 Abs. 1 Satz 1 SGB III versicherungspflichtig beschäftigte Gefangene können außerdem während der Haft einen Anspruch

1320 Vgl. hierzu auch BSG, Urteil vom 12.09.2017, B 11 AL 18/16 R, juris.

auf Arbeitslosengeld bei Arbeitslosigkeit oder bei beruflicher Weiterbildung haben (§ 136 Abs. 1 SGB III), wenn die Voraussetzungen hierzu vorliegen. Strafgefangene, denen keine vollzugsöffnenden Maßnahmen gewährt werden, können den Vermittlungsbemühungen der AgA nicht zur Verfügung stehen. Das für einen Anspruch auf Arbeitslosengeld bei Arbeitslosigkeit erforderliche Tatbestandsmerkmal der Verfügbarkeit (§ 138 Abs. 1 Nr. 3, Abs. 5 SGB III) erweist sich hier als problematisch. Gefangene, die als sonstige Versicherungspflichtige in der gesetzlichen Arbeitslosenversicherung versichert sind nach § 26 Abs. 1 Nr. 4 SGB IV und denen keine vollzugsöffnenden Maßnahmen gewährt werden, erfüllen somit, aufgrund von mangelnder Verfügbarkeit für die AgA, die für einen Anspruch auf Arbeitslosengeld nach § 136 Abs. 1 Nr. 1, § 137 ff. SGB III erforderlichen Bedingungen nicht.

Gleiches gilt für einen Anspruch auf Arbeitslosengeld bei beruflicher Weiterbildung nach § 136 Abs. 1 Nr. 2, § 144 Abs. 1 SGB III während der Haft, wenn ein Anspruch auf Arbeitslosengeld allein wegen einer nach § 81 SGB III bestehenden beruflichen Weiterbildung nicht besteht. Hier können zwar die Voraussetzungen nach § 144 SGB III fingiert werden, was regelhaft die Verfügbarkeit einer Person (§ 138 Abs. 1 Nr. 3 SGB II) und deren Eigenbemühungen (§ 138 Abs. 1 Nr. 2 SGB III) betrifft. Allerdings scheidet im Hinblick auf die Verfügbarkeit ein Anspruch auf Arbeitslosengeld bei beruflicher Weiterbildung aus, wenn die Verfügbarkeit bereits aus anderen Gründen als der konkreten Weiterbildungsmaßnahme nicht gegeben ist. Da Strafgefangene, denen keine vollzugsöffnenden Maßnahmen von der Justizvollzugsbehörde gewährt werden, den Vermittlungsbemühungen der AgA generell nicht zur Verfügung stehen, können diese Gefangenen keinen Anspruch auf Arbeitslosengeld bei beruflicher Weiterbildung nach § 136 Abs. 1 Nr. 2, § 144 Abs. 1 SGB III haben. Eine Fiktion des Merkmales der Verfügbarkeit kommt nicht in Betracht. Demzufolge können hier nur diejenigen Strafgefangenen, die als versicherungspflichtig Beschäftigte nach § 25 Abs. 1 Satz 1 SGB III zum Kreis der Versicherten in der Arbeitslosenversicherung gehören und im Rahmen von vollzugsöffnenden Maßnahmen im Freigang außerhalb der Haft den Vermittlungsbemühungen der AgA zur Verfügung stehen, einen Anspruch auf Arbeitslosengeld bei beruflicher Weiterbildung haben.

B. Stellung Strafgefangener in der gesetzlichen Krankenversicherung und in der sozialen Pflegeversicherung

Die gesetzliche Krankenversicherung (GKV) ist der älteste Sozialversicherungszweig und geht zurück auf das „Gesetz, betreffend die Krankenversicherung der Arbeiter“[1321] vom 15.06.1883.[1322] Aufgabe der Krankenversicherung als

1321 RGBl. 1883, S. 73 ff.

1322 *Peters*, in: Körner/Leitherer/Mutschler/Rolfs (Hrsg.), Kasseler Kommentar Sozialversicherungsrecht, SGB V, Vorbemerkungen zum SGB V, Rn. 2.

Solidargemeinschaft ist es, die Gesundheit der Versicherten zu erhalten, wiederherzustellen oder ihren Gesundheitszustand zu bessern (§ 1 Satz 1 SGB V). Versichert in der gesetzlichen Krankenversicherung (GKV) sind versicherungspflichtige Personen nach § 5 SGB V, Versicherungsberechtigte (§ 9 SGB V) sowie versicherte Familienangehörige (§ 10 SGB V). In den Schutz der sozialen Pflegeversicherung (SPV) sind kraft Gesetzes alle einbezogen, die in der gesetzlichen Krankenversicherung versichert sind (§ 1 Abs. 2 Satz 1 SGB XI).

Strafgefangene gehören in der gesetzlichen Krankenversicherung und in der sozialen Pflegeversicherung nicht zu den kraft Gesetzes versicherten Personen. Das erforderliche besondere Bundesgesetz (vgl. § 198 Abs. 3 StVollzG) für eine Berücksichtigung Gefangener in der Sozialversicherung wurde bis heute nicht erlassen.[1323] Mit Antritt der Haft stellen sich in krankenversicherungsrechtlicher Hinsicht für strafgefangene Personen somit die Fragen, in welchen Fällen bestehende Mitgliedschaften in der GKV mit Haftantritt enden und in welchen Fällen Mitgliedschaften in der GKV auch während des Strafvollzuges erhalten bleiben. Ferner ist zu fragen, wie sich eine Gesundheitsfürsorge Gefangener während der Haft gestaltet, wenn während der Haft keine Mitgliedschaft in der GKV besteht.

I. Ruhen eines Anspruches auf Leistungen aus der gesetzlichen Krankenversicherung

Wird gegen eine in der gesetzlichen Krankenversicherung versicherte Person eine Freiheitsstrafe vollzogen, kann dies zum Ruhen eines Anspruches auf Leistungen aus der gesetzlichen Krankenversicherung führen, wenn die Voraussetzungen der Ruhensvorschrift gemäß § 16 Abs. 1 Satz 1 Nr. 4 SGB V erfüllt sind.

1. Anwendungsbereich

Unter welchen rechtlichen Voraussetzungen Leistungsansprüche Versicherter zum Ruhen kommen, wird in § 16 SGB V geregelt.[1324] Dafür sieht das Gesetz drei Gründe vor: den Aufenthalt im Ausland, bei Zuständigkeit eines anderen Trägers zur Vermeidung von Doppelversorgungen sowie im Falle der Nichtzahlung von Beiträgen.[1325] Auf Strafgefangene wird sich ausdrücklich in § 16 SGB V bezogen. So ruht gemäß § 16 Abs. 1 Satz 1 Nr. 4 SGB V ein Anspruch auf Leistungen aus der gesetzlichen Krankenversicherung, solange gegen Versicherte eine Freiheitsstrafe oder freiheitsentziehende Maßregel der Besserung und Sicherung vollzogen wird,

---

1323 Vgl. hierzu Kapitel 1, S. 81 f.

1324 S. a. *Waltermann*, in: Knickrehm/Kreikebohm/Waltermann (Hrsg.), Kommentar zum Sozialrecht, SGB V, § 16, Rn. 1.

1325 Vgl. hierzu auch *Kingreen*, in: Becker/Kingreen (Hrsg.), SGB V Kommentar, § 16, Rn. 2; *Wagner*, in: Krauskopf, Soziale Krankenversicherung Pflegeversicherung Kommentar, SGB V, § 16, Rn. 2.

soweit die Versicherten als Gefangene Anspruch auf Gesundheitsfürsorge nach dem Strafvollzugsgesetz haben oder sonstige Gesundheitsfürsorge erhalten.[1326] Mit der Einführung von § 16 Abs. 1 Satz 1 Nr. 4 SGB V hat der historische Gesetzgeber Regelungen aus dem bereits in der RVO existierenden Ruhetatbestand des § 216 Abs. 1 Nr. 1 RVO übernommen und inhaltlich weiterentwickelt; mit Einfügung eines letzten Halbsatzes in § 16 Abs. 1 Satz 1 Nr. 4 wird klargestellt, dass Gefangene, die Anspruch auf Gesundheitsfürsorge nach den Strafvollzugsgesetzen haben oder sonstige Gesundheitsfürsorge erhalten, keinen Anspruch auf Leistung in der gesetzlichen Krankenversicherung während der Zeit des Strafvollzuges haben, damit eine Doppelversorgung mit Leistungen vermieden werden kann.[1327] Inhaltlich knüpft § 16 Abs. 1 Satz 1 Nr. 4 SGB V Rechtsfolgen eines Ruhens von Leistungsansprüchen zum einen an den Aufenthaltsort an bzw. an das Bestehen eines besonderen Rechtsverhältnisses der Versicherten („solange") und zum anderen an den Bezug von gleichgearteten Leistungen und einen Anspruch auf diese („soweit").[1328] Ein Anspruch auf Leistungen ruht somit erst, wenn ein dem Grunde nach bestehender Anspruch wegen eines Leistungshindernisses nicht mehr realisiert werden kann und die Zuständigkeit der Leistungserbringung bei einem

---

1326 In § 16 Abs. 1 Satz 1 Nr. 4 SGB V wird sich noch auf das Bundesstrafvollzugsgesetz bezogen. Aufgrund der in Kraft getretenen Landesstrafvollzugsgesetze ist jedoch auch im Rahmen der GKV eine erweiterte Auslegung geboten und das Bundesstrafvollzugsgesetz durch die Vorschriften der Landesstrafvollzugsgesetze zu ersetzen.

1327 *Peters*, in: Körner/Leitherer/Mutschler/Rolfs (Hrsg.), Kasseler Kommentar Sozialversicherungsrecht, SGB V, § 16, Rn. 13 f.; *Wagner*, in: Krauskopf, Soziale Krankenversicherung Pflegeversicherung Kommentar, SGB V, § 16, Rn. 2; s. a. Urteil des BSG vom 09.01.1986, 8 RK 9/85, SozR 2200 § 216 Nr. 9; BT-Drs. 11/2237, S. 165; vgl. hierzu ferner die Vorschriften in den Landesstrafvollzugsgesetzen § 35 Abs. 2 BWJVollzGB III, Art. 64 BayStVollzG, § 78 Abs. 2 BbgJVollzG; § 67 Abs. 2 BremStVollzG, § 65 Abs. 2 HmbStVollzG, § 24 Abs. 6 HStVollzG, § 66 Abs. 2 StVollzG M-V, § 60 NJVollzG, § 45 Abs. 2 NRWStVollzG, § 76 Abs. 2 LJVollzG RP, § 66 Abs. 2 SLStVollzG, § 67 Abs. 2 SächsStVollzG, § 77 Abs. 2 ThürJVollzGB, § 77 Abs. 2 JVollzG LSA, § 81 LStVollzG SH, § 74 Abs. 2 StVollzG Bln, wonach bei freien Beschäftigungsverhältnissen die Ansprüche auf Leistungen für Gesundheitsfürsorge nach den Strafvollzugsgesetzen in diesem Fall ebenfalls zum Ruhen kommen. § 16 SGB V wurde mit Abs. 1 bis 3, 4, 5 m.W.v. 01.01.1989 durch Art. 1 (Gesundheits-Reformgesetz – GRG) vom 20.12.1988 eingeführt, veröffentlicht im BGBl. I 1988, S. 2477 ff.; vgl. auch den Entwurf eines Gesetzes zur Strukturreform im Gesundheitswesen (Gesundheits-Reformgesetz – GRG) vom 03.05.1988, BT-Drs. 11/2237, S. 164 f.; Entwurf eines Gesetzes zur Strukturreform im Gesundheitswesen (Gesundheits-Reformgesetz – GRG) vom 15.06.1988, BT-Drs. 11/2493, S. 10; s. a. *Peters*, in: Körner/Leitherer/Mutschler/Rolfs (Hrsg.), Kasseler Kommentar Sozialversicherungsrecht, SGB V, § 16, Rn. 1; beachte zu § 216 RVO umfassend *von Savigny*, Die Gesundheitsfürsorge im Strafvollzug unter besonderer Berücksichtigung der Gefangenen im freien Beschäftigungsverhältnis, S. 100 ff.

1328 Vgl. *Noftz*, in: Hauck/Noftz (Hrsg.), SGB V, K § 16, Rn. 14.

anderen Träger liegt.[1329] Umfasst werden vom Ruhen alle Leistungsarten, die im Dritten Kapitel des SGB V vorgesehen sind (beachte auch § 49 SGB V als eigenständige Ruhensregelung für das Krankengeld).[1330] Des Weiteren können auch Kostenerstattungsansprüche zum Ruhen kommen.[1331] Das Ruhen selbst tritt kraft Gesetzes ein und lediglich bei den Versicherten, die die tatbestandsmäßigen Voraussetzungen in ihrer Person erfüllen; für Stamm- und Familienversicherte ist das Ruhen von Leistungsansprüchen daher getrennt voneinander zu betrachten.[1332] Bei nach § 10 SGB V familienversicherten Angehörigen ruht der Anspruch auf Leistung demnach, wenn diese in ihrer eigenen Person einen Ruhenstatbestand erfüllen.[1333] Ob hingegen Stammversicherte ihrerseits einen Ruhenstatbestand erfüllen, ist dabei nicht entscheidend.[1334] Zeitlich beginnen Leistungsansprüche mit Inhaftierung der Versicherten zu ruhen, wobei das Ruhen allein den Leistungsanspruch und nicht die Beitragspflicht während der Zeit der Inhaftierung betrifft.[1335]

1329 *Kingreen*, in: Becker/Kingreen (Hrsg.), SGB V Kommentar, § 16, Rn. 1 f.; s. a. *Schuler*, in: Hänlein/Schuler (Hrsg.), LPK Sozialgesetzbuch V, § 16, Rn. 2; *Harich*, in: Rolfs/Giesen/Kreikebohm/Udsching (Hrsg.), BeckOK Sozialrecht, § 16 SGB V, Rn. 1.

1330 *Kingreen*, in: Becker/Kingreen (Hrsg.), SGB V Kommentar, § 16, Rn. 1; *Waltermann*, in: Knickrehm/Kreikebohm/Waltermann (Hrsg.), Kommentar zum Sozialrecht, SGB V, § 16, Rn. 1. S. a. § 16 Abs. 4 SGB V, wonach der Anspruch auf Krankengeld nicht ruht, solange sich Versicherte nach Eintritt der Arbeitsunfähigkeit mit Zustimmung der Krankenkasse im Ausland aufhalten.

1331 *Waltermann*, in: Knickrehm/Kreikebohm/Waltermann (Hrsg.), Kommentar zum Sozialrecht, SGB V, § 16, Rn. 1; siehe zum Ruhen von Kostenerstattungsansprüchen: BSGE 104, 1, Rn. 42 ff.

1332 Vgl. *Noftz*, in: Hauck/Noftz (Hrsg.), SGB V, K § 16, Rn. 17; *Peters*, in: Körner/Leitherer/Mutschler/Rolfs (Hrsg.), Kasseler Kommentar Sozialversicherungsrecht, SGB V, § 16, Rn. 14; *Kingreen*, in: Becker/Kingreen (Hrsg.), SGB V Kommentar, § 16, Rn. 1 f.

1333 Siehe *Harich*, in: Rolfs/Giesen/Kreikebohm/Udsching (Hrsg.), BeckOK Sozialrecht, § 16 SGB V, Rn. 1.
Zum familienversicherten Angehörigen: Prägend für die GKV ist die beitragsfreie Versicherung von Familienangehörigen des Versicherten als ein wesentliches Element des sozialen Lastenausgleichs (Familienlastenausgleich), vgl. *Just* in: Becker/Kingreen (Hrsg.), SGB V Kommentar, § 10, Rn. 1, mit Hinweis auf BVerfG, SozR 2200, § 205 Nr. 18 S. 37. Unter Erfüllung der sachlichen Voraussetzungen des § 10 Abs. 1 Nr. 1 bis 5 SGB V sind in der Familienversicherung der Ehegatte, der Lebenspartner und die Kinder von Mitgliedern sowie die Kinder von familienversicherten Kindern (§ 10 Abs. 1 Satz 1 1. Hs. SGB V) versichert.

1334 *Peters*, in: Körner/Leitherer/Mutschler/Rolfs (Hrsg.), Kasseler Kommentar Sozialversicherungsrecht, SGB V, § 16, Rn. 6.

1335 *Wagner*, in: Krauskopf, Soziale Krankenversicherung Pflegeversicherung Kommentar, SGB V, § 16, Rn. 15; LSG Baden-Württemberg 14.03.2006, L 11 KR 4028/05, BeckRS 2006, 41 797; s. a. *Harich*, in: Rolfs/Giesen/Kreikebohm/Udsching (Hrsg.), BeckOK Sozialrecht, § 16 SGB V, Rn. 1.

2. *Ruhensvoraussetzungen*

Gemäß § 16 Abs. 1 Satz 1 Nr. 4 SGB V ruht der Anspruch auf Leistungen, solange gegen Versicherte eine Freiheitsstrafe vollzogen wird und soweit sie einen Anspruch auf Gesundheitsfürsorge nach den Strafvollzugsgesetzen haben oder sonstige Gesundheitsfürsorge erhalten. Um die Voraussetzungen von § 16 Abs. 1 Satz 1 Nr. 4 SGB V zu erfüllen, muss es sich zunächst um einen in der gesetzlichen Krankenversicherung Versicherten handeln, gegen den eine Freiheitsstrafe vollzogen wird.

Unabhängig von der Rechtmäßigkeit der auf das Urteil folgenden freiheitsentziehenden Maßnahme im Einzelfall muss es sich bei dem Versicherten um eine Person handeln, gegen die eine Freiheitsstrafe vollstreckt wird.[1336] Die Verbüßung einer Freiheitsstrafe setzt dabei ein rechtskräftiges Strafurteil nach § 449 StPO voraus.[1337] Liegt also gegen einen in der GKV Versicherten ein rechtskräftiges Strafurteil vor, nach dem der Versicherte eine Haftstrafe verbüßen muss, wird gegen den Versicherten mit dem Tag der Inhaftierung eine Freiheitsstrafe vollzogen.

a. *Versichertenstatus*

Da der Versichertenstatus die Grundlage für Leistungsansprüche aus der Sozialversicherung ist, erfordert der persönliche Geltungsbereich von § 16 SGB V, dass es sich um einen Versicherten handelt.[1338] Zum Kreis der Versicherten in der GKV gehören Personen, wenn sie versicherungspflichtig (§ 5 SGB V), familienversichert (§ 10 SGB V) oder aufgrund freiwilligen Beitrittes oder freiwilliger Fortsetzung der Versicherung („Versicherungsberechtigte", § 9 SGB V) im Rahmen der Ausübung ihres Wahlrechts (§§ 173 ff. SGB V) in einem besonderen Rechtsverhältnis zu einer Krankenkasse (§ 4 Abs. 1 und 2 SGB V, § 21 Abs. 2 SGB I) stehen und somit Mitglied in der GKV sind (§§ 186 ff. SGB V) oder als Mitglied gelten (§ 189 SGB V).[1339] Beginn und Ende sowie das Fortbestehen der Mitgliedschaft der verschiedenen Versichertengruppen in einer Krankenkasse bestimmen sich nach den §§ 186 ff. SGB V.[1340]

1336 *Noftz*, in: Hauck/Noftz (Hrsg.), SGB V, K § 16, Rn. 40.

1337 *Wagner*, in: Krauskopf, Soziale Krankenversicherung Pflegeversicherung Kommentar, SGB V, § 16, Rn. 15.

1338 *Noftz*, in: Hauck/Noftz (Hrsg.), SGB V, K § 16, Rn. 14.

1339 *Noftz*, in: Hauck/Noftz (Hrsg.), SGB V, K § 16, Rn. 15.

1340 Bei der Verwendung des Begriffes der „Mitgliedschaft" handelt es sich um eine terminologische Besonderheit des Rechts der gesetzlichen Krankenversicherung, da in den anderen Zweigen der Sozialversicherung sowie in den allgemeinen Vorschriften des SGB IV der Begriff des „Versicherten" verwendet wird, siehe *Hänlein*, in: Hänlein/Schuler (Hrsg.), LPK Sozialgesetzbuch V, vor §§ 186-193, Rn. 1. Dabei kennzeichnet der Begriff „Mitgliedschaft" nicht die Zugehörigkeit zum Kreis der versicherten Personen in der GKV, sondern stellt auf das konkrete Versicherungsverhältnis zu einer zuständigen Krankenkasse ab, siehe *Michels*, in: Becker/Kingreen (Hrsg.), SGB V Kommentar, § 186, Rn. 1.

Fraglich ist, ob Personen auch mit Haftantritt versicherte Mitglieder in der GKV sein können oder ob Mitgliedschaften in der GKV zum Zeitpunkt des Eintrittes in den Strafvollzug enden.

aa. Ende der Mitgliedschaft mit Beendigung versicherungspflichtiger Beschäftigungen

Unabhängig vom Willen der Betroffenen oder einer Feststellung durch Verwaltungsakt durch die zuständige Krankenkasse tritt eine Versicherungspflicht in der GKV bei Vorliegen der Tatbestandsvoraussetzungen ein; ein Wahlrecht besteht für Versicherte hinsichtlich der Krankenkasse gemäß §§ 173 ff. SGB V.[1341]

Als zentrale Norm regelt § 5 SGB V den Kreis derjenigen Personen, die der Gesetzgeber als sozial schutzbedürftig erachtet und durch Absicherung des Risikos der Krankheit in die Solidargemeinschaft im Sinne von § 1 Satz 1 SGB V einbezieht.[1342] Vorrang hat eine Versicherungspflicht nach § 5 Abs. 1 Nr. 1 SGB V.[1343] Demnach gehören zu den in der GKV versicherungspflichtigen Personen Arbeiter, Angestellte und zu ihrer Berufsausbildung Beschäftigte, die gegen Arbeitsentgelt beschäftigt sind (§ 5 Abs. 1 Nr. 1 SGB V). Eine Versicherungspflicht tritt für diese Personen grundsätzlich kraft Gesetzes ein und kann lediglich ausgeschlossen werden, wenn Versicherungsfreiheit (§§ 6 f. SGB V) vorliegt oder von der Versicherungspflicht befreit werden kann (§ 8 SGB V).[1344] Auf eine Unterscheidung zwischen Arbeitern und Angestellten kommt es dabei nicht an; es muss sich bei der jeweiligen Person um einen Arbeitnehmer (oder Auszubildenden) handeln, damit eine Versicherungspflicht begründet werden kann.[1345] Versicherungspflichtig nach § 5 Abs. 1 Nr. 1 SGB V sind demnach Personen, die als Arbeitnehmer oder zur Berufsausbildung Beschäftigungen nachgehen und dafür ein Arbeitsentgelt erhalten.[1346] Der Begriff der Beschäftigung richtet sich auch in der Krankenversicherung nach dem sozialversicherungsrechtlichen Beschäftigungsbegriff nach § 7 Abs. 1 SGB IV. Der Begriff des Arbeitsentgeltes wird in § 14 SGB IV definiert.

Die Mitgliedschaft versicherungspflichtiger Beschäftigter beginnt mit dem Tag des Eintrittes in das Beschäftigungsverhältnis gemäß § 186 Abs. 1 SGB V. Maßgeblich ist der Eintrittszeitpunkt in das Beschäftigungsverhältnis; eine Freistellung

---

1341 *Just*, in: Becker/Kingreen (Hrsg.), SGB V Kommentar, § 5, Rn. 2.

1342 *Just*, in: Becker/Kingreen (Hrsg.), SGB V Kommentar, § 5, Rn. 1; *Wiegand*, in: Eichenhofer/ von Koppenfels-Spies/ Wenner (Hrsg.), SGB V Kommentar, § 5, Rn. 1.

1343 *Just*, in: Becker/Kingreen (Hrsg.), SGB V Kommentar, § 5, Rn. 14.

1344 *Wiegand*, in: Eichenhofer/ von Koppenfels-Spies/ Wenner (Hrsg.), SGB V Kommentar, § 5, Rn. 1.

1345 Vgl. *Wiegand*, in: Eichenhofer/ von Koppenfels-Spies/ Wenner (Hrsg.), SGB V Kommentar, § 5, Rn. 3; *Moritz-Ritter*, in: Hänlein/Schuler (Hrsg.), LPK Sozialgesetzbuch V, § 5, Rn. 4.

1346 *Moritz-Ritter*, in: Hänlein/Schuler (Hrsg.), LPK Sozialgesetzbuch V, § 5, Rn. 4; *Just*, in: Becker/Kingreen (Hrsg.), SGB V Kommentar, § 5, Rn. 5.

oder eine Arbeitsunfähigkeit zum Zeitpunkt der Arbeitsaufnahme sind unerheblich.[1347] Mit Ende der versicherungspflichtigen Beschäftigung gegen Entgelt endet auch die Mitgliedschaft der versicherungspflichtigen Person in der gesetzlichen Krankenversicherung mit Ablauf des Tages, an dem das Beschäftigungsverhältnis gegen Arbeitsentgelt endet (§ 190 Abs. 2 SGB V). Das Beschäftigungsverhältnis gegen Entgelt endet sowohl dann, wenn das Beschäftigungsverhältnis insgesamt endet, regelmäßig aber auch dann, wenn zwar das Beschäftigungsverhältnis fortbesteht, aber kein Arbeitsentgelt mehr gezahlt oder zumindest geschuldet wird.[1348] Als Folge aus dem Ende der Mitgliedschaft erlischt der Anspruch auf Leistungen aus der GKV gemäß § 19 Abs. 1 SGB V, soweit nach dem SGB V nicht etwas anderes bestimmt ist. Abweichend davon wird in § 19 Abs. 2 Satz 1 SGB V ein „mitgliedschaftsloser" nachgehender Versicherungsschutz längstens für einen Monat nach dem Ende der Mitgliedschaft vorgesehen, solange keine Erwerbstätigkeit ausgeübt wird.[1349]

Ist eine gegen Entgelt beschäftigte Person versicherungspflichtig nach § 5 Abs. 1 Nr. 1 SGB V in die GKV einbezogen und zu einer Freiheitsstrafe verurteilt, können Beschäftigungsverhältnisse aus unterschiedlichen Gründen mit Antritt der Haft zum Ende kommen. So können bestehende sozialversicherungsrechtliche Beschäftigungsverhältnisse enden, weil einer Person wegen der Verurteilung zu einer Freiheitsstrafe und deren Vollzug gekündigt oder ein Aufhebungsvertrag vereinbart wird. Außerdem können Beschäftigungsverhältnisse aufgrund des Strafvollzuges enden, wenn Arbeitgebern damit die Option genommen wird, ihr Direktionsrecht auszuüben, und wenn Personen ihre Arbeitskraft nicht zur Verfügung stellen können, wenn ihnen keine vollzugsöffnenden Maßnahmen gewährt werden und eine Beschäftigung außerhalb der Haft somit nicht verrichtet werden kann.[1350] Endet demzufolge eine sozialversicherungspflichtige Beschäftigung gegen Entgelt mit Antritt der Haft, endet auch eine bestehende Mitgliedschaft in der gesetzlichen Krankenversicherung nach § 190 Abs. 2 SGB V. Ansprüche auf Leistungen aus der GKV erlöschen (§ 19 Abs. 1 SGB V), bestehen allerdings längstens für einen Monat nach dem Ende der Mitgliedschaft – im Sinne eines nachgehenden

---

1347 Vgl. BT-Drs. 13/9741, S. 12; *Michels*, in: Becker/Kingreen (Hrsg.), SGB V Kommentar, § 186, Rn. 5; s. a. BSGE 115, 158, Rn. 11, wonach in ein Beschäftigungsverhältnis eintrete, wer entweder eine entgeltliche Arbeit tatsächlich aufnehme oder trotz Nichtaufnahme einer Arbeit dennoch einen Anspruch auf Arbeitsentgelt erwerbe, weil er von der Arbeitsverpflichtung, ggf. auch einseitig durch den Arbeitgeber, freigestellt werde oder wegen Arbeitsunfähigkeit einen Anspruch auf Entgeltfortzahlung habe.

1348 Beachte hierzu *Peters*, in: Körner/Leitherer/Mutschler/Rolfs (Hrsg.), Kasseler Kommentar Sozialversicherungsrecht, SGB V, § 190, Rn. 7.

1349 *Hänlein*, in: Hänlein/Schuler (Hrsg.), LPK Sozialgesetzbuch V, § 190, Rn. 2.

1350 *Ulmer*, in: Rolfs/Giesen/Kreikebohm/Udsching (Hrsg.), BeckOK Sozialrecht, SGB III, § 26, Rn. 2; *Brand*, in: Brand (Hrsg.), Sozialgesetzbuch Arbeitsförderung SGB III Kommentar, § 26, Rn. 17.

Versicherungsschutzes – fort, solange keine Erwerbstätigkeit ausgeübt wird (§ 19 Abs. 2 Satz 1 SGB V). Mitgliedschaften in der GKV können folglich mit Antritt einer Haftstrafe enden, wenn frühere versicherungspflichtige Beschäftigungsverhältnisse gegen Entgelt aufgrund des Strafvollzuges zum Ende kommen.

bb. Aufrechterhaltung und Fortsetzung des Versichertenstatus

Fraglich ist, ob bei Vorliegen eines Versichertenstatus als freiwilliger Versicherter in der GKV ebenfalls mit Haftantritt eine Mitgliedschaft in der GKV zum Ende kommen kann oder ob die Inhaftierung einer Person eine freiwillige Versicherung in der GKV unberührt lässt.

(1) Aufrechterhaltung des Versichertenstatus bei freiwilliger Versicherung

Neben der Begründung eines Versicherungsverhältnisses durch Erfüllung der gesetzlichen Voraussetzungen (Versicherungspflicht), besteht in der GKV seit jeher auch die Möglichkeit, ein Versicherungsverhältnis aufgrund von Berechtigung durch freiwilligen Beitritt zur Versicherung oder durch freiwillige Fortsetzung des Versicherungsverhältnisses (vgl. § 9 SGB V) zu begründen.[1351] Dadurch wird bestimmten Personengruppen, die nicht versicherungspflichtig sind, die Möglichkeit eröffnet, der GKV freiwillig beizutreten oder eine Versicherung in der GKV fortzusetzen.[1352] Eine abschließende Aufzählung von Beitrittsrechten findet sich in § 9 Abs. 1 SGB V, womit sich das Gesetz einem Personenkreis zuwendet, dessen Schutzbedürftigkeit nicht ausreicht, einer Zwangsversicherung in der GKV oder der beitragsfreien Familienversicherung zugeordnet zu werden, der aber den hiervon erfassten Personen in einem ausreichenden Maße nahesteht.[1353] Gemäß § 9 Abs. 1 Satz 1 Nr. 1 SGB V können somit z. B. Personen einer Versicherung in der GKV beitreten, die als Mitglied in der GKV aus der Versicherung kraft Gesetzes ausgeschieden sind und in den letzten fünf Jahren vor dem Ausscheiden mindestens 24 Monate, unmittelbar vor dem Ausscheiden ununterbrochen zwölf Monate versichert waren, wobei Zeiten der Mitgliedschaft nach § 189 SGB V und Zeiten, in denen eine Versicherung allein deshalb bestanden hat, weil Arbeitslosengeld II zu Unrecht bezogen wurde, nicht berücksichtigt werden. Bei der Berechtigung zur Versicherung geht es somit vorwiegend um den Erhalt eines bestehenden

---

1351 *Berchtold*, in: Knickrehm/Kreikebohm/Waltermann (Hrsg.), Kommentar zum Sozialrecht, SGB V, § 9, Rn. 1; Kreikebohm/*Marschner*, SGB IV Kommentar, § 2, Rn. 5.

1352 *Zimmermann*, in: Sodan (Hrsg.), Handbuch des Krankenversicherungsrechts, § 5, Rn. 1.

1353 *Berchtold*, in: Knickrehm/Kreikebohm/Waltermann (Hrsg.), Kommentar zum Sozialrecht, SGB V, § 9, Rn. 1; s. a. *Just*, in: Becker/Kingreen (Hrsg.), SGB V Kommentar, § 9, Rn. 1; *Peters*, in: Körner/Leitherer/Mutschler/Rolfs (Hrsg.), Kasseler Kommentar Sozialversicherungsrecht, SGB V, § 9, Rn. 2.

Versicherungsschutzes.[1354] Weiterhin ist die freiwillige Versicherung gegenüber der Pflichtversicherung in der GKV grundsätzlich nachrangig, sodass eine freiwillige Mitgliedschaft in der GKV gemäß § 191 Nr. 2 SGB V mit dem Beginn der Pflichtmitgliedschaft in der GKV endet.[1355] Die Mitgliedschaft Versicherungsberechtigter beginnt mit dem Tag ihres Beitrittes zur selbst gewählten Krankenkasse nach § 188 Abs. 1, § 173 Abs. 2 SGB V mit schriftlicher Erklärung (§ 188 Abs. 3 SGB V). Für das Ende einer freiwilligen Mitgliedschaft unterscheidet das Gesetz drei Fälle: So kann eine freiwillige Mitgliedschaft zum Ende kommen, wenn das Mitglied stirbt (§ 191 Nr. 1 SGB V), wenn eine Pflichtmitgliedschaft beginnt (§ 191 Nr. 2 SGB V) oder mit dem Wirksamwerden der Kündigung nach § 175 Abs. 4 SGB V (§ 191 Nr. 3 SGB V). Ist eine Person bereits bei Eintritt in den Strafvollzug als freiwilliges Mitglied in der gesetzlichen Krankenversicherung versichert gemäß § 9 SGB V, kommt eine freiwillige Mitgliedschaft lediglich in einem dieser drei benannten Fälle zum Ende. Allein der Antritt einer Haftstrafe oder die Beendigung einer Beschäftigung gegen Entgelt kann folglich nicht zum Ende freiwilliger Mitgliedschaften in der GKV führen.

(2) Fortsetzung der Versicherung als freiwillige Mitgliedschaft

Mit dem Tag nach dem Ausscheiden aus der Versicherungspflicht oder mit dem Tag nach dem Ende der Familienversicherung setzt sich die Mitgliedschaft in der GKV als freiwillige Mitgliedschaft (§ 9 SGB V) für Personen fort, deren Versicherungspflicht (§ 5 SGB V) oder Familienversicherung (§ 10 SGB V) enden – es sei denn, das Mitglied erklärt innerhalb von zwei Wochen nach Hinweis der Krankenkasse über die Austrittsmöglichkeiten seinen Austritt (§ 188 Abs. 4 Satz 1 SGB V). Im Jahr 2013 wurde die Vorschrift des § 188 Abs. 4 SGB V dem SGB V als eine Spezialregelung angefügt, die den Regelungen zum Beginn der freiwilligen Mitgliedschaft nach § 188 Abs. 1 bis 3 SGB V und § 9 SGB V vorgeht.[1356] Sinn und Zweck der Aufnahme von § 188 Abs. 4 SGB V in das SGB V bestand vor allem darin, „der Entstehung von Beitragsschulden durch eine verspätete Anzeige der Voraussetzungen für die nachrangige Versicherungspflicht“ entgegenzuwirken, da für Personen, die

1354 *Just*, in: Becker/Kingreen (Hrsg.), SGB V Kommentar, § 9, Rn. 1.

1355 *Moritz-Ritter*, in: Hänlein/Schuler (Hrsg.), LPK Sozialgesetzbuch V, § 9, Rn. 3, mit Verweis auf die Ausnahmen der in § 9 Abs. 1 Nr. 6 i.V.m § 5 Abs. 8 Satz 2 und 3 SGB V geregelten Fälle.

1356 *Peters*, in: Körner/Leitherer/Mutschler/Rolfs (Hrsg.), Kasseler Kommentar Sozialversicherungsrecht, SGB V, § 188, Rn. 8; sowie *ders.*, in: Körner/Leitherer/Mutschler/Rolfs (Hrsg.), Kasseler Kommentar Sozialversicherungsrecht, SGB V, § 9, Rn. 23; *Berchtold*, in: Knickrehm/Kreikebohm/Waltermann (Hrsg.), Kommentar zum Sozialrecht, SGB V, § 9, Rn. 2a. Zur Vorschrift des § 188 Abs. 4 SGB V: Die Norm wurde durch Art. 1 Nr. 2b des „Gesetz[es] zur Beseitigung sozialer Überforderung bei Beitragsschulden in der Krankenversicherung“ vom 15.07.2013 eingefügt, veröffentlicht im BGBl. I 2013, S. 2423 ff.

kraft Gesetzes aus einer Versicherungspflicht nach § 5 SGB V oder einer Familienversicherung nach § 10 SGB V ausgeschieden sind, erhebliche Beitragsrückstände entstehen können, wenn sich für diese Personen nicht unmittelbar eine neue Versicherungspflicht anschließt, etwa nach dem Auffangtatbestand gemäß § 5 Abs. 1 Nr. 13 SGB V.[1357] Dieser kann jedoch nicht zum Tragen kommen, „wenn diese Personen zwar keinen anderweitigen Anspruch im Krankheitsfall hatten, sie sich aber auch auf Aufforderung der Krankenkassen, den Versicherungsschutz zu klären, nicht bei diesen gemeldet haben".[1358] Deswegen hatte der Gesetzgeber für Personen, deren Versicherungspflicht wegen Überschreitens der Jahresentgeltgrenze zum Ablauf eines Kalendermonats endet, vorgesehen, dass deren Mitgliedschaft als freiwillige fortgesetzt wird, wenn nicht innerhalb von zwei Wochen nach Hinweis der Krankenkasse über die Austrittsmöglichkeiten der Austritt erklärt wird.[1359] Diese Regelung wurde auf alle Personen erweitert, deren Versicherungen bei einer gesetzlichen Krankenkasse kraft Gesetzes enden, ohne dass unmittelbar ein weiterer vorrangiger Versicherungspflichttatbestand daran anknüpft.[1360] Die Vorschrift gilt somit für diejenigen Personen, die grundsätzlich ein Beitrittsrecht zur freiwilligen Versicherung haben (vgl. § 9 Abs. 1 Satz 1 Nr. 1 und 2 SGB V).[1361]

(a) Mit Ende der Versicherungspflicht

Nach § 188 Abs. 4 Satz 1 SGB V führt jedes Ende einer Pflichtmitgliedschaft oder Familienversicherung in der GKV zur Weiterversicherung als freiwilliges Mitglied in der GKV im Sinne von § 9 SGB V – dies allerdings nicht durch Beitritt, sondern aufgrund von Anordnung.[1362] Auf Austrittsmöglichkeiten hat die Krankenkasse hinzuweisen, sodass das Mitglied berechtigt ist, seinen Austritt innerhalb von zwei Wochen nach Zugang des Hinweises zu erklären.[1363] Der Austritt wird nur wirksam, wenn das Mitglied das Bestehen eines anderweitigen Anspruches auf Absicherung im Krankheitsfall nachweist (§ 188 Abs. 4 Satz 2 SGB V). Versäumt das Mitglied die Frist, ist nur noch eine Kündigung der Mitgliedschaft nach § 175

1357 Siehe BT-Drs. 17/13947, S. 27; *Peters*, in: Körner/Leitherer/Mutschler/Rolfs (Hrsg.), Kasseler Kommentar Sozialversicherungsrecht, SGB V, § 188, Rn. 8.

1358 Vgl. BT-Drs. 17/13947, S. 27; *Rogalla*, in: Berchtold/Huster/Rehborn (Hrsg.), Gesundheitsrecht SGB V/SGB XI, § 188 SGB V, Rn. 10, 12; *Peters*, in: Körner/Leitherer/Mutschler/Rolfs (Hrsg.), Kasseler Kommentar Sozialversicherungsrecht, SGB V, § 188, Rn. 7.

1359 BT-Drs. 17/13947, S. 27.

1360 Ebd.

1361 Vgl. BT-Drs. 17/13947, S. 27; s. a. *Rogalla*, in: Berchtold/Huster/Rehborn (Hrsg.), Gesundheitsrecht SGB V/SGB XI, § 188 SGB V, Rn. 12.

1362 *Peters*, in: Körner/Leitherer/Mutschler/Rolfs (Hrsg.), Kasseler Kommentar Sozialversicherungsrecht, SGB V, § 188, Rn. 9; *Berchtold*, in: Knickrehm/Kreikebohm/Waltermann (Hrsg.), Kommentar zum Sozialrecht, SGB V, § 9, Rn. 2a.

1363 Siehe *Michels*, in: Becker/Kingreen (Hrsg.), SGB V Kommentar, § 188, Rn. 3.

Abs. 4 SGB V möglich.[1364] Weiterhin gilt § 188 Abs. 4 Satz 1 SGB V nicht für Personen, deren Versicherungspflicht endet, wenn die übrigen Voraussetzungen für eine Familienversicherung erfüllt sind oder ein Anspruch auf Leistungen nach § 19 Abs. 2 SGB V besteht, sofern im Anschluss daran das Bestehen eines anderweitigen Anspruches auf Absicherung im Krankheitsfall nachgewiesen wird (§ 188 Abs. 4 Satz 3 SGB V).[1365] § 188 Abs. 4 SGB V verdrängt also die Versicherungsberechtigung nach § 9 SGB V als lex specialis.[1366]

Enden versicherungspflichtige Beschäftigungsverhältnisse gegen Entgelt mit Antritt einer Haftstrafe und somit auch Mitgliedschaften in der GKV (§ 190 Abs. 2 SGB V), setzen sich Mitgliedschaften in der GKV mit dem Tag nach dem Ausscheiden aus der Versicherungspflicht als freiwillige Mitgliedschaften fort – es sei denn, Austritte aus der GKV werden innerhalb von zwei Wochen nach Hinweis der Krankenkasse über die Austrittsmöglichkeiten erklärt (§ 188 Abs. 4 Satz 1 SGB V). Ein Austritt ist nur wirksam, wenn ein anderweitiger Anspruch auf Absicherung im Krankheitsfall nachgewiesen wird (§ 188 Abs. 4 Satz 2 SGB V). Mit Ende der Mitgliedschaft als Versicherungspflichtige in der GKV haben Strafgefangene längstens für einen Monat nach dem Ende der Mitgliedschaft einen Anspruch auf Leistungen aus der GKV, solange keine Erwerbstätigkeit ausgeübt wird (§ 19 Abs. 2 Satz 1 SGB V). Erst nach Ende von Ablauf eines Monates nach Ende der Pflichtmitgliedschaft in der GKV setzt sich die Versicherung als freiwillige Versicherung folglich fort. Besteht ein Anspruch auf Leistungen nach § 19 Abs. 2 SGB V und weisen Gefangene nach, dass sie für die Zeit nach Ablauf der Monatsfrist einen Anspruch auf Leistungen aus der strafvollzugsrechtlichen Gesundheitsfürsorge haben (§ 188 Abs. 4 Satz 3 SGB V), unterfallen Gefangene einer freiwilligen Versicherung in der GKV nach § 188 Abs. 4 Satz 1 SGB V nicht.

(b) Mit Ende der Familienversicherung

Familienversicherte Angehörige (§ 10 SGB V) haben einen eigenen Anspruch auf Leistungsrechte; in Bezug auf die Dauer der Versicherung und Kassenzugehörigkeit ist der Status als Familienversicherter allerdings akzessorisch zur Mitgliedschaft (§§ 186 ff. SGB V) des Stammversicherten, sodass keine eigenständigen Mitgliedschaftsrechte von mitversicherten Angehörigen begründet werden.[1367] Dementsprechend endet die Versicherung Angehöriger ebenfalls kraft Gesetzes mit Ende der Versicherungspflicht von Stammversicherten.[1368] Für frühere

1364 Michels, in: Becker/Kingreen (Hrsg.), SGB V Kommentar, § 188, Rn. 3.

1365 Vgl. *Peters*, in: Körner/Leitherer/Mutschler/Rolfs (Hrsg.), Kasseler Kommentar Sozialversicherungsrecht, SGB V, § 188, Rn. 12.

1366 *Berchtold*, in: Knickrehm/Kreikebohm/Waltermann (Hrsg.), Kommentar zum Sozialrecht, SGB V, § 9, Rn. 2a.

1367 Siehe *Just*, in: Becker/Kingreen (Hrsg.), SGB V Kommentar, § 10, Rn. 1.

1368 *Peters*, in: Körner/Leitherer/Mutschler/Rolfs (Hrsg.), Kasseler Kommentar Sozialversicherungsrecht, SGB V, § 10, Rn. 53.

familienversicherte Angehörige setzt sich gemäß § 188 Abs. 4 Satz 1 SGB V die Mitgliedschaft in der GKV jedoch als freiwillige Mitgliedschaft fort, es sei denn, innerhalb von zwei Wochen nach Hinweis der Krankenkasse über die Austrittsmöglichkeiten wird ein Austritt aus dieser erklärt. Dabei wird der Austritt nur wirksam, wenn das Bestehen eines anderweitigen Anspruches auf Absicherung im Krankheitsfall nachgewiesen wird (§ 188 Abs. 4 Satz 2 SGB V). Grundsätzlich wird die Familienversicherung somit von der freiwilligen Versicherung verdrängt.[1369] Eine Ausnahme davon enthält § 188 Abs. 4 Satz 3 SGB V, nach dessen Regelung § 188 Abs. 4 Satz 1 SGB V nicht zum Tragen kommt, wenn zwar die Versicherungspflicht einer Person endet, jedoch die übrigen Voraussetzungen für eine Familienversicherung erfüllt sind. In diesem Fall wird eine frühere Versicherungspflicht nicht als freiwillige Versicherung fortgesetzt.[1370] Auf das Ende früherer Familienversicherungen trifft diese Regelung aber nicht zu, weil sich die Familienversicherung nach der Mitgliedschaft des Stammversicherten richtet und keine eigene Versicherungspflicht in der GKV begründet wird, sodass sich frühere Familienversicherungen als freiwillige Versicherungen nach § 188 Abs. 4 Satz 1 SGB V fortsetzen, wenn dem nicht fristgerecht widersprochen wird. Endet somit die Mitgliedschaft Gefangener in der GKV, folgt daraus auch ein Ende von Mitgliedschaften familienversicherter Angehöriger der Strafgefangenen. Jedoch setzen sich Mitgliedschaften für familienversicherte Angehörige mit dem Tag nach dem Ende der Familienversicherung als freiwillige Mitgliedschaften fort, wenn nicht innerhalb von zwei Wochen nach Belehrung der Krankenkasse über Austrittsmöglichkeiten aus der GKV ein Austritt aus dieser erklärt sowie nachgewiesen wird, dass Angehörige einen anderweitigen Anspruch auf Absicherung im Krankheitsfall haben (§ 188 Abs. 4 Satz 1 und 2 SGB V).

cc. Familienversicherte Strafgefangene

Ist eine Person bei Haftantritt in der gesetzlichen Krankenversicherung z. B. als Ehegatte oder Lebenspartner des Stammversicherten gemäß den Voraussetzungen von § 10 Abs. 1 Satz 1 SGB V familienversichert, ist der angehörige familienversicherte Strafgefangene selbst versichert mit eigenständiger Rechtsposition gegenüber der Krankenkasse, die neben der des Stammversicherten steht und den angehörigen familienversicherten Strafgefangenen berechtigt, eigene Ansprüche auf Leistung geltend zu machen.[1371] Vom Beginn seiner Versicherung an hat der familienversicherte Strafgefangene dementsprechend aus seiner Versicherung

1369 *Peters*, in: Körner/Leitherer/Mutschler/Rolfs (Hrsg.), Kasseler Kommentar Sozialversicherungsrecht, SGB V, § 10, Rn. 11.

1370 Vgl. ebd.

1371 Vgl. BT-Drs. 11/2237, S. 161; *Peters*, in: Körner/Leitherer/Mutschler/Rolfs (Hrsg.), Kasseler Kommentar Sozialversicherungsrecht, SGB V, § 10, Rn. 49; s. a. *Just*, in: Becker/Kingreen (Hrsg.), SGB V Kommentar, § 10, Rn. 1.

eigene Leistungsansprüche nach Gesetz und Satzung; allerdings besteht kein Anspruch auf Krankengeld nach § 44 Abs. 2 Satz 1 Nr. 1 SGB V.[1372] Beiträge zur Krankenversicherung werden für familienversicherte Angehörige nicht erhoben (§ 3 Satz 3 SGB V).

Fraglich ist, ob eine Familienversicherung Strafgefangener nach § 10 Abs. 1 Satz 1 SGB V auch während der Haft bestehen bleibt oder ob diese durch Haftantritt entfallen kann. Eine Familienversicherung kann enden, wenn eines der zur Begründung einer Familienversicherung erforderlichen Tatbestandsmerkmale in § 10 Abs. 1 Satz 1 SGB V aufgrund des Strafvollzuges entfallen würde.[1373] Nach § 10 Abs. 1 Satz 1 SGB V sind Personen familienversichert, wenn sie ihren Wohnsitz oder gewöhnlichen Aufenthalt im Inland haben (§ 10 Abs. 1 Satz 1 Nr. 1 SGB V), nicht nach § 5 Abs. 1 Nr. 1, 2, 2a, 3 bis 8, 11 und 12 SGB V versicherungspflichtig oder nicht freiwillig versichert (§ 9 SGB V) sind (§ 10 Abs. 1 Satz 1 Nr. 2 SGB V), nicht versicherungsfrei oder nicht von der Versicherungspflicht befreit sind (§ 10 Abs. 1 Satz 1 Nr. 3 1. Hs. SGB V), nicht hauptberuflich selbstständig erwerbstätig sind (§ 10 Abs. 1 Satz 1 Nr. 4 SGB V) und kein Gesamteinkommen haben, das regelmäßig im Monat ein Siebtel der monatlichen Bezugsgröße nach § 18 SGB IV überschreitet (§ 10 Abs. 1 Satz 1 Nr. 5 1. Hs. SGB V). Entfällt demnach eine Familienversicherung Strafgefangener wegen Entfallens eines der benannten Merkmale, endet eine Absicherung in der GKV, und die oben benannten Grundsätze zum Ende der Familienversicherung greifen. Demzufolge setzt sich für Personen, deren Familienversicherung endet, die Versicherung mit dem Tag nach dem Ende der Familienversicherung als freiwillige Mitgliedschaft in der GKV fort, wenn kein wirksamer Austritt aus dieser erklärt wird (§ 188 Abs. 4 Satz 1 und 2 SGB V). Allein der Eintritt in die Haft lässt allerdings eine Familienversicherung Strafgefangener unberührt. Familienversicherungen von Strafgefangenen gemäß § 10 Abs. 1 Satz 1 SGB V bleiben folglich während der Haftzeit bestehen.

b. Ruhen eines Anspruches auf Leistungen bei institutioneller Gesundheitsfürsorge

Weiterhin ruht ein Anspruch auf Leistungen, soweit Gefangene einen Anspruch auf Gesundheitsfürsorge nach den Strafvollzugsgesetzen haben oder sonstige Gesundheitsfürsorge erhalten.[1374] In verfassungsrechtlicher Hinsicht wird ein

1372 *Peters*, in: Körner/Leitherer/Mutschler/Rolfs (Hrsg.), Kasseler Kommentar Sozialversicherungsrecht, SGB V, § 10, Rn. 51.

1373 Vgl. zum Ende der Familienversicherung *Peters*, in: Körner/Leitherer/Mutschler/Rolfs (Hrsg.), Kasseler Kommentar Sozialversicherungsrecht, SGB V, § 10, Rn. 53.

1374 Zur sonstigen Gesundheitsfürsorge: meint z. B. eine Gesundheitsfürsorge nach einem Sondersystem der freien Heilfürsorge oder bei einem Anspruch auf Krankenbehandlung nach dem Bundesversorgungsgesetz, dem Bundesentschädigungsgesetz oder anderen vergleichbaren gesetzlichen Regelungen, vgl. hierzu *Ulmer*, in: Rolfs/Giesen/Kreikebohm/Udsching (Hrsg.), BeckOK Sozialrecht, SGB V, § 5, Rn. 70.

Ausschluss Strafgefangener aus der GKV zur Vermeidung eines Doppelbezuges von Leistungen nicht beanstandet.[1375] Die Justizvollzugsanstalt führt im Rahmen ihrer Fürsorgepflicht die Gesundheitsfürsorge der Gefangenen durch, weil die einst vorgesehene Einbindung Gefangener in die gesetzliche Krankenversicherung nicht erfolgt ist.[1376] Dabei stellt die Gesundheitsfürsorge von Gefangenen im Freiheitsentzug eine besondere Situation dar, denn Beeinträchtigungen in der Gesundheit können in der Haft nicht in gleicher Weise durch Eigeninitiative begegnet werden wie in Freiheit; außerdem kommen durch ein enges Zusammenleben in Haftzellen mit anderen Gefangenen allen Aspekten des Gesundheitsschutzes eine erhöhte Bedeutung zu.[1377]

Da für Gefangene somit regelmäßig nach den Landesstrafvollzugsgesetzen ein Anspruch auf Leistungen der Gesundheitsfürsorge besteht, kommt ein Anspruch auf Leistungen aus der GKV zum Ruhen.[1378] Einen Anspruch auf Schutz ihrer Gesundheit sowie auf Krankenbehandlung haben Strafgefangene gemäß ihrem Grundrecht auf Leben und körperliche Unversehrtheit nach Art. 2 Abs. 2 Satz 1 GG.[1379] Die Landesstrafvollzugsgesetze tragen dem Rechnung, indem auch sie einen Anspruch auf Krankenbehandlung in ihren Gesetzen vorsehen.[1380] Dabei

---

1375 BVerfG, Beschluss vom 19.12.1980, 1 BvR 893/80, juris; BSG, Urteil vom 23.03.1983, 3 RK 57/81, SozR 2200 § 216 Nr. 6, juris, Rn. 12, zum Ruhen eines Anspruches auf Krankenhilfe nach § 216 Abs. 1 Nr. 1 RVO; vgl. auch *Grühn*, in: Feest/Lesting/Lindemann (Hrsg.), AK-StVollzG, Teil V, Rn. 5.

1376 *Laubenthal*, Strafvollzug, Rn. 63; *Laubenthal*, in: Laubenthal/Nestler/Neubacher/Verrel (Hrsg.), Strafvollzugsgesetze, zu H, Rn. 9; vgl. BT-Drs. 7/918, S. 72 (zur Fürsorgepflicht), 104 (zur Einbeziehung in die GKV); siehe außerdem hierzu Kapitel 1, S. 81 f.

1377 BT-Drs. 7/918, S. 72. So noch *Knauss*, in: Graf (Hrsg.), BeckOK Strafvollzugsrecht Bund, zu § 56 StVollzG, Rn. 1.

1378 Vgl. zur Gesundheitsfürsorge nach den Landesstrafvollzugsgesetzen §§ 32 ff. BWJVollzGB III, Art. 58 ff. BayStVollzG, §§ 74 ff. BbgJVollzG, §§ 63 ff. BremStVollzG, § 57 ff. HmbStVollzG, §§ 23 ff. HStVollzG, §§ 62 ff. StVollzG M-V, §§ 56 ff. NJVollzG, §§ 43 ff. NRWStVollzG, §§ 72 ff. LJVollzG RP, §§ 62 ff. SLStVollzG, §§ 63 ff. SächsStVollzG, §§ 73 ff. ThürJVollzGB, §§ 73 ff. JVollzG LSA, §§ 79 ff. LStVollzG SH, §§ 70 ff. StVollzG Bln.

1379 *Lübbe-Wolff*, Die Rechtsprechung des Bundesverfassungsgerichts zum Strafvollzug und Untersuchungshaftvollzug, S. 200.

1380 § 33 Satz 1 BWJVollzGB III, § 74 Abs. 1 Satz 1 BbgJVollzG; § 63 Abs. 1 Satz 1 BremStVollzG; § 24 Abs. 1 HStVollzG, § 72 Abs. 1 Satz 1 LJVollzG RP, § 62 Abs. 1 Satz 1 SLStVollzG, § 73 Abs. 1 Satz 1 ThürJVollzGB, § 73 Abs. 1 Satz 1 JVollzG LSA, § 70 Abs. 1 Satz 1 StVollzG Bln; ähnlich nach § 62 Abs. 1 Satz 1 StVollzG M-V, § 45 Abs. 1 Satz 1 NRWStVollzG, § 63 Abs. 1 Satz 1 SächsStVollzG. Dabei darf die erforderliche Krankenbehandlung eines Gefangenen nicht an einer unzureichenden Ausstattung mit personellen und finanziellen Mitteln scheitern, siehe hierzu BVerfG, Nichtannahmebeschluss vom 27.03.2013, 2 BvR 2757/11, juris; BVerfG, Nichtannahmebeschluss vom 15.11.2012, 2 BvR 683/11, juris; BVerfG, Stattgebender Kammerbeschluss vom 05.05.2014, 2 BvR 1823/13, juris, Rn. 24. Zur Situation der

umfasst dieser Anspruch Behandlungsmaßnahmen zur Verhütung der Verschlechterung des gesundheitlichen Zustandes, aber auch Maßnahmen, die auf Heilung und Linderung gesundheitlicher Beschwerden gerichtet sind.[1381]

Die Justizvollzugsbehörden haben demnach für die körperliche und geistige Gesundheit der Gefangenen zu sorgen (Fürsorgepflicht).[1382] In erster Linie konkretisiert sich die Fürsorgepflicht der Justizvollzugsbehörde gegenüber Gefangenen in der Einrichtung und Unterhaltung von ärztlichen beziehungsweise medizinischen Versorgungen während der Zeit in Haft.[1383] Grundlage der Gesundheitsfürsorge ist, den Gefangenen die Bedeutung einer gesunden Lebensführung in geeigneter Form zu vermitteln sowie für das körperliche, seelische und soziale Wohlergehen der Gefangenen zu sorgen.[1384] Notwendige Maßnahmen zum Gesundheitsschutz und zur Hygiene haben Gefangene zu unterstützen.[1385] Die Vollzugsbehörde kann

---

Gesundheitsfürsorge im Strafvollzug – unter Berücksichtigung statistischer Daten, vgl. *Hillenkamp*, Intramurale Medizin in Deutschland, S. 92 ff., in: Tag/Hillenkamp (Hrsg.), Intramurale Medizin im internationalen Vergleich. Gesundheitsfürsorge zwischen Heilauftrag und Strafvollzug im Schweizerischen und internationalen Diskurs.

1381 *Lübbe-Wolff*, Die Rechtsprechung des Bundesverfassungsgerichts zum Strafvollzug und Untersuchungshaftvollzug, S. 201. Siehe ferner BVerfG, Nichtannahmebeschluss vom 27.03.2013, 2 BvR 2757/11, juris.

1382 Vgl. Art. 58 Abs. 1 BayStVollzG.

1383 BT-Drs. 7/918, S. 72. Vgl. *Knauss*, in: Graf (Hrsg.), BeckOK Strafvollzugsrecht Bund, noch zu § 56 StVollzG, Rn. 1.

1384 Vgl. § 32 Abs. 1 Satz 1 BWJVollzGB III (mit weiterem Verweis, dass Gefangene insbesondere über schädliche Wirkungen des Suchtkonsums aufzuklären sind, § 32 Abs. 1 Satz 2 BWJVollzGB III). So auch nach § 23 Abs. 1 HStVollzG. Nach § 77 Abs. 1 Satz 1 und 2 BbgJVollzG, § 66 Abs. 1 Satz 1 und 2 BremStVollzG, § 65 Abs. 1 Satz und 2 StVollzG M-V, § 43 Abs. 1 Satz 1 und 3 NRWStVollzG, § 75 Abs. 1 Satz 1 und 2 LJVollzG RP, § 65 Satz 1 und 2 SLStVollzG, § 66 Abs. 1 Satz 1 und 2 SächsStVollzG, § 76 Abs. 1 Satz 1 und 2 ThürJVollzGB, § 83 Satz 1 und 2 LStVollzG SH, § 73 Abs. 1 Satz 1 und 2 StVollzG Bln. Gemäß § 73 Abs. 1 Satz 1 und 2 StVollzG Bln unterstützt die Anstalt die Gefangenen bei der Wiederherstellung und Erhaltung ihrer körperlichen, geistigen und seelischen Gesundheit und fördert auch das Bewusstsein für gesunde Ernährung und Lebensführung. Vgl. ähnlich geregelt in § 76 Abs. 1 Satz 1 und 2 JVollzG LSA. Gemäß § 56 Abs. 1 NJVollzG sorgt die Vollzugsbehörde für die Gesundheit der oder des Gefangenen.

1385 Vgl. Art. 58 Abs. 2 BayStVollzG, § 56 Abs. 2 NJVollzG, § 43 Abs. 1 Satz 3 NRWStVollzG. Gemäß § 77 Abs. 1 Satz 3 BbgJVollzG, § 65 Abs. 1 Satz 3 StVollzG M-V, § 75 Abs. 1 Satz 3 LJVollzG RP, § 65 Abs. 1 Satz 3 SLStVollzG, § 66 Abs. 1 Satz 3 SächsStVollzG, § 76 Abs. 1 Satz 3 ThürJVollzGB, § 76 Abs. 1 Satz 3 JVollzG LSA, § 83 Satz 3 LStVollzG SH, § 73 Abs. 1 Satz 3 StVollzG Bln. Gemäß § 73 Abs. 1 Satz 3 StVollzG Bln haben die Gefangenen die notwendigen Anordnungen zum Gesundheitsschutz und zur Hygiene zu „befolgen"; ebenso nach § 66 Abs. 1 Satz 3 BremStVollzG. Nach § 23 Abs. 1 Satz 2 HStVollzG haben die Gefangenen dabei „mitzuwirken".

zum Gesundheitsschutz und zur Einhaltung der Hygiene Anordnungen treffen.[1386] Weiterhin verweisen die Landesstrafvollzugsgesetze in Bayern, Sachsen und Berlin ausdrücklich auf den Schutz von Nichtrauchern, der ebenfalls angemessen zu gewährleisten ist (§ 66 Abs. 3 SächsStVollzG, § 73 Abs. 3 Satz 1 StVollzG Bln), soweit es bauliche und organisatorische Maßnahmen ermöglichen (Art. 58 Abs. 3 BayStVollzG).[1387] Zusätzlich soll Gefangenen nach dem Strafvollzugsgesetz Berlin die Teilnahme an Raucherentwöhnungsmaßnahmen ermöglicht werden gemäß § 73 Abs. 3 Satz 2 StVollzG Bln.

Das aus dem Sozialstaatsgebot nach Art. 20 Abs. 1 GG abgeleitete Äquivalenzprinzip[1388] als eine besondere Ausprägung des Angleichungsgrundsatzes bestimmt die Art und den Umfang der Gesundheitsfürsorge im Strafvollzug.[1389] Hiernach soll mit dem Strafvollzug zwar die Freiheit entzogen werden, eine zusätzliche Bestrafung des Verurteilten, z. B. durch eine schlechtere medizinische Versorgung in der

---

1386 Siehe § 32 Abs. 2 BWJVollzGB III, so auch nach § 23 Abs. 2 HStVollzG.

1387 Beachte hierzu auch die Rechtsprechung des BVerfG, Nichtannahmebeschluss vom 18.05.2017, 2 BvR 249/17, juris, wonach ein nichtrauchender Gefangener Anspruch auf Schutz vor Gefährdung und erheblicher Belästigung durch das Rauchen von Mitgefangenen und Aufsichtspersonal habe, es jedoch der JVA obliege, Vorschriften zum Schutz von Nichtrauchern durch geeignete Vorkehrungen, von Beschwerden des betroffenen Nichtrauchers unabhängig, systematisch durchzusetzen. S. a. BVerfG, Stattgebender Kammerbeschluss vom 20.03.2013, 2 BvR 67/11, juris, in: NJW 2013, 1943, wonach die gemeinsame Unterbringung einer nicht rauchenden Person mit einer rauchenden Person unzulässig sei.
Siehe zur ärztlichen/medizinischen Versorgung: Art. 179 BayStVollzG, § 112 BbgJVollzG, § 99 BremStVollzG, § 98 StVollzG M-V, § 180 NJVollzG, § 99 NRWStVollzG, § 109 LJVollzG RP, § 98 SLStVollzG, § 111 SächsStVollzG, § 110 ThürJVollzGB, § 111 JVollzG LSA (als medizinisches Personal betitelt), § 106 StVollzG Bln, § 136 LStVollzG SH. Die Bundesländer Baden-Württemberg, Hamburg und Hessen haben auf die Normierung einer entsprechenden Regelung verzichtet. Allerdings ergeben sich daraus keine sachlichen Unterscheidungen, weil Aufgabenzuschreibungen in allen Bundesländern gleich und die Grundlagen der Organisation den jeweiligen allgemeinen Vorschriften zu entnehmen sind (vgl. § 12 Abs. 4 BWJVollzGB I, § 105 Abs. 1 Satz 2 HmbStVollzG, § 76 Abs. 2 HStVollzG), siehe *Lesting/Müller-Monning*, in: Feest/Lesting/Lindemann (Hrsg.), AK-StVollzG, Teil II, § 98 LandesR, Rn. 1.

1388 Abzugrenzen ist das strafvollzugsrechtliche Äquivalenzprinzip von dem sozialversicherungsrechtlichen Äquivalenzprinzip als die „gemeinsame Deckung eines möglichen, in seiner Gesamtheit schätzbaren Bedarfs durch Verteilung auf eine organisierte Vielheit“, vgl. BSG, Urteil vom 20.12.1957, 7 RKg 4/56, BSGE 6, 213 (228) sowie BVerfG, Beschluss vom 08.04.1987, 2 BvR 909/82 (u. a.), BVerfGE 75, 108 (146); „sozial modifiziert und mit Elementen der öffentlichen Fürsorge verbunden“, BVerfG, Beschluss vom 18.07.2005, 2 BvF 2/01, BVerfGE 113, 167 (196); BSG, Urteil vom 29.02.2012, B 12 KR 5/10 R, BSGE 110, 130, Rn. 41.

1389 Vgl. *Lesting*, in: Feest/Lesting/Lindemann (Hrsg.), AK-StVollzG, Teil II, § 62 LandesR, Rn. 2.

Haft, jedoch vermieden werden, sodass die Gesundheitsfürsorge im Strafvollzug quantitativ und qualitativ den Leistungen für gesetzliche Krankenversicherte im öffentlichen Gesundheitswesen entspricht.[1390] Nach dem Äquivalenzprinzip ist sich demnach – als Richtschnur für Versorgungs-, Beratungs- und Behandlungsangebote im Strafvollzug – an den angewandten, erprobten und bewährten Standards und Leitlinien außerhalb des Vollzuges zu orientieren.[1391]

aa. Leistungen der Gesundheitsfürsorge im Strafvollzug

Das Gebot der Wirtschaftlichkeit ist sowohl in der gesetzlichen Krankenversicherung als auch im Strafvollzug zu beachten.[1392] Strafgefangene haben im Sinne des Äquivalenzprinzips somit einen Anspruch gegen die Vollzugsbehörde auf notwendige, ausreichende und zweckmäßige medizinische Leistungen unter Berücksichtigung des Grundsatzes der Wirtschaftlichkeit sowie unter Beachtung des allgemeinen Standards der gesetzlichen Krankenversicherung.[1393] Unter Verweis

---

1390 *Lesting*, in: Feest/Lesting/Lindemann (Hrsg.), AK-StVollzG, Teil II, § 62 LandesR, Rn. 2 f.; sowie *ders.*, in: Feest/Lesting/Lindemann (Hrsg.), AK-StVollzG, Teil II, vor § 62 LandesR, Rn. 3; vgl. zum Äquivalenzprinzip auch *Lesting*, Die rechtlichen Grundlagen der medizinischen Versorgung im deutschen Strafvollzug, in: MedR 2018, 69 (69 f.).
Siehe zum Angleichungsgrundsatz: § 2 Abs. 2 BWJVollzGB III, Art. 5 Abs. 1 BayStVollzG, § 2 Abs. 1 NJVollzG, § 2 Abs. 1 Satz 1, § 7 Abs. 1 JVollzGB LSA, § 7 Abs. 1 BbgJVollzG, § 3 Abs. 4 BremStVollzG, § 3 S. 1 HmbStVollzG, § 3 Abs. 1 Satz 1 HStVollzG, § 3 Abs. 4 StVollzG M-V, § 2 Abs. 1 Satz 1 NRWStVollzG, § 7 Abs. 1 LJVollzG RP, § 3 Abs. 4 SLStVollzG, § 3 Abs. 4 SächsStVollzG, § 7 Abs. 1 ThürJVollzGB, § 3 Abs. 3 LStVollzG SH, § 3 Abs. 3 StVollzG Bln.

1391 *Lesting*, in: Feest/Lesting/Lindemann (Hrsg.), AK-StVollzG, Teil II, § 62 LandesR, Rn. 2.

1392 Siehe für die gesamte öffentliche Verwaltung auf Bundesebene § 7 Abs. 1 Bundeshaushaltsordnung (BHO) i. V. m. Nr. 1 der Allgemeinen Verwaltungsvorschriften zur BHO (VV-BHO) zu § 7 BHO sowie auf Landesebene aus den gleichlautenden Landeshaushaltsordnungen (LHO).

1393 § 33 Satz 1 BWJVollzGB III, § 74 Abs. 1 Satz 1 BbgJVollzG; § 63 Abs. 1 Satz 1 BremStVollzG; § 24 Abs. 1 HStVollzG, § 72 Abs. 1 Satz 1 LJVollzG RP, § 62 Abs. 1 Satz 1 SLStVollzG, § 73 Abs. 1 Satz 1 ThürJVollzGB, § 73 Abs. 1 Satz 1 JVollzG LSA, § 70 Abs. 1 Satz 1 StVollzG Bln; ähnlich nach § 62 Abs. 1 Satz 1 StVollzG M-V, § 45 Abs. 1 Satz 1 NRWStVollzG. S. a. § 63 Abs. 1 Satz 1 SächsStVollzG, worin die Begriffe ausreichend und zweckmäßig nicht vorkommen. Erläuterungen hierzu lassen sich weder dem Gesetzentwurf (LT-Drs. 5/10 S. 10920 f.) noch Kommentierungen zu § 63 Abs. 1 Satz 1 SächsStVollzG entnehmen; vgl. ferner *Laubenthal*, in: Laubenthal/Nestler/Neubacher/Verrel (Hrsg.), Strafvollzugsgesetze, zu H, Rn. 9; *Lesting*, in: Feest/Lesting/Lindemann (Hrsg.), AK-StVollzG, Teil II, § 62 LandesR, Rn. 4; *Laubenthal*, Strafvollzug, Rn. 635; *Keppler/Nestler*, in: Schwind/Böhm/Jehle/Laubenthal (Hrsg.), Strafvollzugsgesetz – Bund und Länder Kommentar, noch zu § 56 StVollzG, Rn. 2; OLG Hamburg, in: StV 2007, 315. Siehe außerdem zu den

auf die Gewährleistung einer notwendigen Behandlung wird der staatlichen Schutzpflicht zugunsten des Lebens und der körperlichen Unversehrtheit nach Art. 2 Abs. 2 Satz 1 GG Rechnung getragen.[1394]

(1) Leistungsumfang

Im Sinne von § 12 SGB V ist hinsichtlich der Gewährung von Leistungen der Gesundheitsfürsorge nach den Landesstrafvollzugsgesetzen das Gebot der Wirtschaftlichkeit zu beachten, das aus dem SGB V auf das Strafvollzugsrecht übertragen wird und dessen Kriterien im Strafvollzug und außerhalb des Strafvollzuges als übereinstimmend anzusehen sind.[1395] Demnach müssen Leistungen ausreichend, zweckmäßig und wirtschaftlich sein und dürfen das Maß des Notwendigen nicht überschreiten (§ 12 Abs. 1 Satz 1 SGB V). In welchem Umfang ein Leistungsanspruch besteht, hängt von einer Gesamtbilanz ab, in die die in § 12 Abs. 1 Satz 1 SGB V genannten Kriterien einzubeziehen sind.[1396] Dabei handelt es sich um unbestimmte Rechtsbegriffe ohne Beurteilungsspielraum, deren Ausfüllung nach ständiger Rechtsprechung des BSG[1397] im Einzelfall gerichtlich voll überprüfbar ist.[1398] Eine Leistung ist jedenfalls dann als ausreichend zu betrachten, wenn sie den Grad des Genügenden weder über- noch unterschreitet, also einen Mindeststandard gewährt.[1399] Weiterhin ist eine Leistung als zweckmäßig anzusehen, wenn sie im konkreten Einzelfall geeignet ist, eines der in § 11 Abs. 1 und 2 SGB V sowie in § 27

Leistungen der Krankenversicherung § 11 SGB V und zum Wirtschaftlichkeitsgebot § 12 SGB V, nach dem die Leistungen der GKV ausreichend, zweckmäßig und wirtschaftlich sein müssen und das Maß des Notwendigen nicht zu überschreiten ist (§ 12 Abs. 1 Satz 1 SGB V).

1394 *Lesting*, in: Feest/Lesting/Lindemann (Hrsg.), AK-StVollzG, Teil II, § 62 LandesR, Rn. 5; *Lübbe-Wolff*, Die Rechtsprechung des Bundesverfassungsgerichts zum Strafvollzug und Untersuchungshaftvollzug, S. 200.

1395 *Lesting*, in: Feest/Lesting/Lindemann (Hrsg.), AK-StVollzG, Teil II, § 62 LandesR, Rn. 5 f.

1396 *Scholz*, in: Becker/Kingreen (Hrsg.), SGB V Kommentar, § 12, Rn. 7. Vgl. zu den Abgrenzungsproblemen bei der Leistungsgewährung im Krankheitsfall *Hauf*, Die Reichweite des Gefangenschaftsverhältnisses unter besonderer Berücksichtigung des Vollzugsverhältnisses, in: ZfStrVo 94, 138 (140 f.).

1397 Vgl. nur BSGE 52, 70 (75).

1398 *Hellkötter-Backes*, in: Hänlein/Schuler (Hrsg.), LPK Sozialgesetzbuch V, § 12, Rn. 5; *Joussen*, in: Rolfs/Giesen/Kreikebohm/Udsching (Hrsg.), BeckOK Sozialrecht, SGB V, § 12, Rn. 2.

1399 *Scholz*, in: Becker/Kingreen (Hrsg.), SGB V Kommentar, § 12, Rn. 8; *Hellkötter-Backes*, in: Hänlein/Schuler (Hrsg.), LPK Sozialgesetzbuch V, § 12, Rn. 6, wonach bei der Auslegung des Begriffes „ausreichend" auch das Postulat aus § 2 Abs. 1 Satz 3 SGB V zu beachten sei, dass Qualität und Wirksamkeit der Leistungen dem allgemeinen anerkannten Stand der medizinischen Erkenntnisse zu entsprechen und den medizinischen Fortschritt zu berücksichtigen haben.

Abs. 1 Satz 2 SGB V genannten Ziele zu erreichen, sodass nur solche Leistungen dem Grundsatz der Zweckmäßigkeit entsprechen, die auf eine objektive und hinreichend wirksame Behandlung einer Krankheit gerichtet sind.[1400] Außerdem darf eine Leistung nur dann erbracht werden, wenn diese wirtschaftlich in einem engeren Sinne ist.[1401] Um dies festzustellen, bedarf es der Bildung einer Zweck-Mittel-Relation, wonach eine Leistung wirtschaftlich ist, wenn sie sich, unter mehreren gleich geeigneten Leistungen, nach einer Analyse von Kosten und Nutzen als die günstigste Leistung erweist oder als die, die den geringsten Aufwand erfordert.[1402] Die Notwendigkeit einer Leistung bestimmt sich vor allem nach dem medizinischen Zweck der Leistung, der Indikation, wobei sie unvermeidlich, zwangsläufig und unentbehrlich erforderlich sein muss, es also keine kostengünstigere Alternative geben darf.[1403] Die Vorschriften des Rechts der gesetzlichen Krankenversicherung nach dem SGB V und die für die kassenärztliche Versorgung geltenden Richtlinien gemäß § 92 SGB V sind ebenfalls im Strafvollzugsrecht anwendbar; unter Ausnahme ausdrücklich normierter Abweichungen gelten dementsprechend im Strafvollzug die gleichen Maßstäbe wie für Mitglieder der GKV außerhalb der Haft.[1404] Einen ausdrücklichen Verweis auf eine entsprechende Anwendung der Vorschriften des SGB V sehen die Landesstrafvollzugsgesetze Niedersachsen und Schleswig-Holstein vor.[1405] In § 45 Abs. 1 Satz 3 NRWStVollzG wird ferner darauf verwiesen, dass für Art und Umfang der Versorgung die für gesetzlich Versicherte maßgeblichen Vorschriften des Sozialgesetzbuches und die aufgrund der Vorschriften im Strafvollzugsgesetz Nordrhein-Westfalen getroffenen Regelungen entsprechend gelten, soweit Besonderheiten des Vollzuges dem nicht entgegenstehen.[1406]

1400 *Joussen*, in: Rolfs/Giesen/Kreikebohm/Udsching (Hrsg.), BeckOK Sozialrecht, SGB V, § 12, Rn. 5; *Hellkötter-Backes*, in: Hänlein/Schuler (Hrsg.), LPK Sozialgesetzbuch V, § 12, Rn. 7. S. a. BSGE 52, 70 (74 f.); BSGE 70, 24 (26 f.), Anschluss an und Fortführung von BSGE 63, 102 ff.

1401 *Joussen*, in: Rolfs/Giesen/Kreikebohm/Udsching (Hrsg.), BeckOK Sozialrecht, SGB V, § 12, Rn. 8.

1402 *Hellkötter-Backes*, in: Hänlein/Schuler (Hrsg.), LPK Sozialgesetzbuch V, § 12, Rn. 9.

1403 *Scholz*, in: Becker/Kingreen (Hrsg.), SGB V Kommentar, § 12, Rn. 8; *Hellkötter-Backes*, in: Hänlein/Schuler (Hrsg.), LPK Sozialgesetzbuch V, § 12, Rn. 8; siehe ebenfalls BSG, Urteil vom 26.10.1982, 3 RK 16/8, SozR 2200 § 182 b RVO Nr. 25.

1404 *Lesting*, in: Feest/Lesting/Lindemann (Hrsg.), AK-StVollzG, Teil II, § 62 LandesR, Rn. 4.

1405 Vgl. § 59 Abs. 1 Satz 1 NJVollzG, § 79 Abs. 1 Satz 1 LStVollzG SH; Art. 63 Abs. 1 BayStVollzG, § 60 Abs. 1 HmbStVollzG, § 45 Abs. 1 Satz 3 NRWStVollzG, worin auf die Vorschriften des Sozialgesetzbuches verwiesen wird; beachte auch § 33 Abs. 2 BWJVollzGB III und § 24 Abs. 2 HStVollzG mit Verweis auf § 33 SGB V; *Lesting*, in: Feest/Lesting/Lindemann (Hrsg.), AK-StVollzG, Teil II, § 62 LandesR, Rn. 3.

1406 Nach Lesting handele es sich hierbei um eine pauschale Einschränkung, die nicht in den anderen Landesstrafvollzugsgesetzen zu finden sei und eine dem Sozialstaatsgebot widersprechende Abkehr vom Äquivalenzprinzip bedeute, vgl. *Lesting*, in: Feest/Lesting/Lindemann (Hrsg.), AK-StVollzG, Teil II, § 62 LandesR, Rn. 7.

Eine entsprechende Anwendung der Vorschriften des SGB V betrifft somit auch Art und Umfang der Gesundheitsuntersuchungen, medizinische Vorsorgeleistungen, Krankenbehandlungen und Versorgung mit Arznei-, Heil- und Hilfsmitteln, was aber nicht in jedem Einzelfall eine Identität des Leistungsumfanges zwischen SGB V und der strafvollzugsrechtlichen Gesundheitsfürsorge bedeutet; vielmehr können sich in den Vorschriften zur Gesundheitsfürsorge nach den Landesstrafvollzugsgesetzen sowohl Einschränkungen als auch Erweiterungen ergeben.[1407]

So umfasst nach § 33 Abs. 1 Satz 2 BWJVollzGB III der Anspruch auf medizinische Leistungen Untersuchungen zur Früherkennung von Krankheiten und Versorgungsleistungen. Ähnlich formuliert ist es im Strafvollzugsgesetz Hamburg. Demnach haben Gefangene nach § 57 Abs. 1 HmbStVollzG einen Anspruch auf Gesundheitsuntersuchungen und medizinische Vorsorgeleistungen. Vorsorgeleistungen und Versorgung mit medizinischen Hilfsmitteln werden als Bestandteile der Ansprüche auf Gesundheitsfürsorge nach § 62 Abs. 1 Satz 2 StVollzG M-V benannt. Das Justizvollzugsgesetz Niedersachsen führt zu den Ansprüchen auf medizinische Leistungen neben den medizinischen Vorsorgeleistungen (siehe § 57 Abs. 3 NJVollzG) Gesundheitsuntersuchungen und Krankenbehandlungen (Leistungen umfassend in § 57 Abs. 2 NJVollzG aufgelistet) sowie ausdrücklich Schutzimpfungen an (§ 57 Abs. 1 Satz 1 NJVollzG). Weiterhin werden Leistungen zur medizinischen Rehabilitation und ergänzende Leistungen erbracht, soweit die Belange des Vollzuges dem nicht entgegenstehen.[1408] Gemäß § 11 Abs. 2 Satz 1 SGB V umfasst die medizinische Rehabilitation Leistungen, die notwendig sind, um eine Behinderung oder Pflegebedürftigkeit abzuwenden, zu beseitigen, zu mindern, auszugleichen, deren Verschlimmerung zu verhüten oder deren Folgen zu mildern (vgl. § 27 Abs. 1 Satz 2 Nr. 6, 40, 42 SGB V). Entsprechend dem Äquivalenzprinzip gilt dies auch in den Bundesländern, die nicht ausdrücklich darauf Bezug nehmen in ihren Landesstrafvollzugsgesetzen.[1409] Im BayStVollzG werden des Weiteren medizinische Leistungen stärker ausformuliert unter Bezugnahme auf Gesundheitsuntersuchungen und medizinische Vorsorgeleistungen sowie auf Krankenbehandlung (Art. 59 ff. BayStVollzG) in Analogie zum SGB V.[1410] Das Justizvollzugsgesetz Brandenburg verweist weiterhin darauf, dass zu den Ansprüchen ebenso Vorsorgeleistungen sowie die Versorgung mit medizinischen Hilfsmitteln gehören, soweit diese mit Rücksicht auf die Dauer des Freiheitsentzuges nicht ungerechtfertigt sind und die Hilfsmittel nicht als allgemeine Gebrauchsgegenstände des täglichen Lebens

---

1407 *Lesting*, in: Feest/Lesting/Lindemann (Hrsg.), AK-StVollzG, Teil II, § 62 LandesR, Rn. 7.

1408 Siehe hierzu § 33 Abs. 1 Satz 4 BWJVollzGB III Art. 60 Satz 2 Nr. 6 BayStVollzG, § 58 Satz 2 Nr. 6 HmbStVollzG; so auch nach § 57 Abs. 2 Satz 1 Nr. 6 sowie Satz 2 NJVollzG.

1409 *Lesting*, in: Feest/Lesting/Lindemann (Hrsg.), AK-StVollzG, Teil II, § 62 LandesR, Rn. 52.

1410 Ähnlich hierzu nach dem Strafvollzugsgesetz Hamburg, vgl. §§ 58 ff. HmbStVollzG.

anzusehen sind nach § 74 Abs. 1 Satz 2 BbgJVollzG.[1411] Ähnlich formuliert es das Strafvollzugsgesetz Nordrhein-Westfalen unter Hinzufügung von prothetischen Leistungen (§ 45 Abs. 1 Satz 2 NRWStVollzG). Außerdem soll die Justizvollzugsanstalt, unter Zustimmung des Gefangenen, medizinische Behandlungen, insbesondere Operationen oder prothetische Maßnahmen durchführen lassen, die die soziale Eingliederung der Gefangenen fördern.[1412] Ferner ist nach dem Strafvollzugsgesetz Berlin den Belangen behinderter und chronisch kranker Gefangener Rechnung zu tragen gemäß § 70 Abs. 1 Satz 3 StVollzG Bln.[1413]

Auf die Gesundheitsfürsorge und Ansprüche auf medizinische Leistungen im Hinblick auf weibliche Strafgefangene wird in den Landesstrafvollzugsgesetzen ebenfalls unterschiedlich Bezug genommen. So benennt das Justizvollzugsgesetzbuch Baden-Württemberg ausdrücklich Leistungen bei Schwangerschaft und Mutterschaft in den §§ 37 f. BWJVollzGB III sowie die entsprechende Anwendung des „Gesetz[es] zum Schutz von Müttern bei der Arbeit, in der Ausbildung und im Studium" (MuSchG)[1414] zur Gestaltung des Arbeitsplatzes (§ 37 Abs. 1 Satz 2 BWJVollzGB III). Das Strafvollzugsgesetz Bayern verweist darauf, dass weibliche Gefangene für ihre mit ihnen in der Anstalt untergebrachten Kinder einen Anspruch auf Untersuchungen zur Früherkennung von Krankheiten haben, die die körperliche und geistige Entwicklung ihrer Kinder in nicht geringfügigem Maße gefährden gemäß Art. 59 Abs. 4 BayStVollzG. Im Strafvollzugsgesetz Hamburg findet sich diese Vorschrift beinahe wortgleich (§ 57 Abs. 2 HmbStVollzG), allerdings werden Regelungen zur Schwangerschaft und Mutterschaft gesondert getroffen (§ 66 HmbStVollzG). Nach § 57 Abs. 1 Satz 2 NJVollzG haben weibliche Gefangene für ihre Kinder, die mit ihnen in der Anstalt untergebracht sind und das sechste Lebensjahr nicht vollendet haben, Anspruch auf Kinderuntersuchungen.

1411 Ebenso nach § 63 Abs. 1 Satz 2 BremStVollzG, § 72 Abs. 1 Satz 2 LJVollzG RP, § 62 Abs. 1 Satz 2 SLStVollzG, § 63 Abs. 1 Satz 2 SächsStVollzG, § 73 Abs. 1 Satz 2 ThürJVollzGB, § 73 Abs. 1 Satz 2 JVollzG LSA, § 70 Abs. 1 Satz 2 StVollzG Bln, § 79 Abs. 1 Satz 2 LStVollzG SH. Ähnlich in § 45 Abs. 1 Satz 2 NRWStVollzG.

1412 § 36 Satz 1 BWJVollzGB III, Art. 65 Satz 1 BayStVollzG, § 76 Satz 1 BbgJVollzG, § 65 Satz 1 BremStVollzG, § 61 Satz 1 HmbStVollzG, § 64 Satz 1 StVollzG M-V, § 61 NJVollzG, § 48 Satz 1 NRWStVollzG, § 74 Satz 1 LJVollzG RP, § 64 Satz 1 SLStVollzG, § 65 Satz 1 SächsStVollzG, § 75 Satz 1 ThürJVollzGB, § 75 Satz 1 JVollzG LSA, § 82 Satz 1 LStVollzG SH, § 72 StVollzG Bln.

1413 Vgl. Berlin LT- Drs. 17/2442, S. 247 f., unter Bezugnahme auf § 2a SGB V.

1414 Ursprünglich „Gesetz zum Schutze der erwerbstätigen Mutter" (MuSchG) vom 24.01.1952, veröffentlicht im BGBl. I 1952, S. 69 ff. am 30.01.1952; Neufassung mit dem „Gesetz zur Neuregelung des Mutterschutzrechts" (Gesetz zum Schutz von Müttern bei der Arbeit, in der Ausbildung und im Studium) vom 23.05.2017, veröffentlicht im BGBl. I 2017, S. 1228 ff.

(2) Einschränkungen

Unterschiede bezüglich Art und Umfang der Leistungen zwischen einer institutionellen Gesundheitsfürsorge nach den Landesstrafvollzugsgesetzen und der medizinischen Versorgung nach dem SGB V bestehen vor allem im Hinblick auf ein Recht auf freie Arztwahl und die Möglichkeit, einen Anspruch auf Krankengeld geltend machen zu können. So werden Gefangene in einem Recht auf freie Arztwahl eingeschränkt, da die ärztliche Versorgung in der Haft in erster Linie hauptamtlichen Ärzten übertragen wird, es sei denn, eine Übertragung der Versorgung auf nebenamtliche oder vertraglich verpflichtete Ärzte ist aus besonderen Gründen möglich.[1415] Weiterhin sehen die Landesstrafvollzugsgesetze eine Entgeltersatzleistung wie ein Krankengeld im Falle von Arbeitsunfähigkeit nach § 44 SGB V für erkrankte Gefangene nicht vor, sodass Strafgefangene keinen Anspruch auf Krankengeld nach den Landesstrafvollzugsgesetzen haben; entsprechendes gilt hinsichtlich einer Ausfallentschädigung bei ärztlich festgestellter Arbeitsunfähigkeit.[1416] Weil nach den Vorschriften der Landesstrafvollzugsgesetze ein Anspruch auf Krankengeld also nicht vorgesehen ist und die Gefahr einer Doppelversorgung mit Leistungen demnach in diesem Fall nicht besteht, ist das Krankengeld von den ruhenden Leistungen nach § 16 Abs. 1 Satz 1 Nr. 4 SGB V herauszunehmen.[1417] Auch während der Haft in der GKV versicherte Gefangene können dementsprechend trotz Ruhen von Leistungsansprüchen aus der GKV einen Anspruch auf Krankengeld haben, wenn die Voraussetzungen für einen Anspruch auf Krankengeld nach § 44 SGB V vorliegen. Zu beachten ist dabei das Bestehen eines Kausalzusammenhanges zwischen der Krankheit und der Arbeitsunfähigkeit.[1418]

1415 Art. 179 Abs. 1 BayStVollzG, § 180 Abs. 1 NJVollzG, § 99 Abs. 1 NRWStVollzG, § 111 Abs. 1 JVollzG LSA, § 136 Abs. 1 LStVollzG SH. So noch *Knauss*, in: Graf (Hrsg.), BeckOK Strafvollzugsrecht Bund, zu § 56 StVollzG, Rn. 3. Zur Begründung der Entscheidung gegen eine freie Arztwahl im Strafvollzug, vgl. BT-Drs. 7/3998, S. 25 f. Des Weiteren siehe zur Sicherstellung der vertragsärztlichen und vertragszahnärztlichen Versorgung nach dem SGB V die §§ 72 ff. SGB V; vgl. weiterhin zur freien Arztwahl § 76 SGB V.

1416 *Lesting*, in: Feest/Lesting/Lindemann (Hrsg.), AK-StVollzG, Teil II, § 62 LandesR, Rn. 9. Die Ausfallentschädigung für Strafgefangene nach § 45 StVollzG soll ebenfalls durch besonderes Bundesgesetz in Kraft gesetzt werden (§ 198 Abs. 3 StVollzG). Vgl. zum Anspruch auf Krankengeld im Krankenversicherungsrecht § 44 SGB V.

1417 Vgl. *Waltermann*, in: Knickrehm/Kreikebohm/Waltermann (Hrsg.), Kommentar zum Sozialrecht, SGB V, § 16, Rn. 9; vgl. auch *Noftz*, in: Hauck/Noftz (Hrsg.), SGB V, K § 16, Rn. 46; *Wagner*, in: Krauskopf, Soziale Krankenversicherung Pflegeversicherung Kommentar, SGB V, § 16, Rn. 18.

1418 BSG, Urteil vom 23.11.1971, 3 RK 26/70, BSGE 33, 202 ff., SozR Nr. 48 zu § 182 RVO, juris, Rn. 11; s. a. SG Hamburg, Urteil vom 05.12.2003, 21 KR 479/96, juris, Rn. 15.

(3) Kostenbeteiligung

Die Kostenbeteiligung für Leistungen einer strafvollzugsrechtlichen Gesundheitsfürsorge richtet sich während der Haft nach den entsprechenden Vorschriften der Landesstrafvollzugsgesetze. Nach den Vorschriften fast aller Landesstrafvollzugsgesetze können Gefangene somit an den Kosten der Leistungen zur Gesundheitsfürsorge in einem angemessenen Umfang beteiligt werden, höchstens aber bis zum Umfang der Beteiligung gesetzlich Versicherter.[1419] Lediglich nach dem Landesstrafvollzugsgesetz Berlin kommt eine Auferlegung von Kosten auch für solche Leistungen in Betracht, die den allgemeinen Leistungsanspruch der Gefangenen übersteigen (§ 70 Abs. 2 StVollzG Bln).[1420] Um welche Leistungen es sich dabei handelt, wird in den Landesstrafvollzugsgesetzen unterschiedlich gesehen. So können nach dem Strafvollzugsgesetz Baden-Württemberg Gefangene an den Kosten für medizinische Leistungen beteiligt werden, wozu Untersuchungen zur Früherkennung von Krankheiten und Vorsorgeleistungen gehören (§ 33 Abs. 1 Satz 2, Abs. 3 BWJVollzGB III). Gemäß § 36 Satz 2 und 3 BWJVollzGB III tragen die Gefangenen weiterhin die Kosten der medizinischen Behandlung zur sozialen Eingliederung. Sind sie dazu allerdings nicht in der Lage, kann die Justizvollzugsbehörde die Kosten in begründeten Fällen in angemessenem Umfang übernehmen.[1421] Nach Art. 63 Abs. 2 Satz 1 BayStVollzG können Gefangene an den Kosten der Krankenbehandlung beteiligt werden, wozu analog zum SGB V und unter Ausschluss der häuslichen Krankenpflege (vgl. § 27 Abs. 1 Satz 2 SGB V) die ärztliche und zahnärztliche Behandlung, Versorgung mit Zahnersatz, Versorgung mit Arznei-, Verband-, Heil- und Hilfsmitteln, Krankenhausbehandlung und Leistungen zur medizinischen Rehabilitation gehören (Art. 60 Satz 2 BayStVollzG). Das BayStVollzG verweist außerdem darauf, dass für nicht verschreibungspflichtige

1419 § 33 Abs. 3 BWJVollzGB III, Art. 63 Abs. 2 Satz 1 BayStVollzG, § 74 Abs. 2 Satz 1 BbgJVollzG, § 63 Abs. 2 Satz 1 BremStVollzG, § 60 Abs. 2 HmbStVollzG, § 24 Abs. 3 Satz 1 HStVollzG, § 62 Abs. 2 Satz 1 StVollzG M-V, § 52 Abs. 3 Satz 2 Nr. 2 NJVollzG, § 72 Abs. 2 Satz 1 LJVollzG RP, § 62 Abs. 2 Satz 1 SLStVollzG, § 63 Abs. 2 Satz 1 SächsStVollzG, § 73 Abs. 2 Satz 1 ThürJVollzGB, § 73 Abs. 2 Satz 1 JVollzG LSA, § 79 Abs. 2 Satz 1 LStVollzG SH. Ähnlich in § 45 Abs. 3 NRWStVollzG.

1420 *Lesting*, in: Feest/Lesting/Lindemann (Hrsg.), AK-StVollzG, Teil II, § 62 LandesR, Rn. 56. Aber auch hier kann von einer Kostenbeteiligung abgesehen werden, wenn dadurch die Erreichung des Vollzugszieles gefährdet wird, vgl. hierzu Berlin LT-Drs. 17/2442, S. 248.

1421 S. a. Art. 65 Satz 2 und 3 BayStVollzG, § 76 Satz 2 und 3 BbgJVollzG, § 65 Satz 2 und 3 BremStVollzG, § 61 Satz 2 und 3 HmbStVollzG, § 64 Satz 2 und 3 StVollzG M-V, § 48 Satz 2 und 3 NRWStVollzG, § 74 Satz 2 und 3 LJVollzG RP, § 64 Satz 2 und 3 SLStVollzG, § 65 Satz 2 und 3 SächsStVollzG, § 75 Satz 2 und 3 ThürJVollzGB, § 75 Satz 2 und 3 JVollzG LSA, § 82 Satz 2 LStVollzG SH. Nach § 61 NJVollzG wird lediglich darauf verwiesen, dass die Vollzugsbehörde mit Zustimmung des Gefangenen ärztliche Behandlungen durchführen lassen kann, die die soziale Eingliederung fördern. Angaben zur Kostenbeteiligung werden nicht gemacht.

Arzneimittel in der Regel die vollen Kosten erhoben werden (Art. 63 Abs. 2 Satz 2 BayStVollzG). Außerdem können Gefangene an den Kosten für Hygienemaßnahmen beteiligt werden, wie im Landestrafvollzugsgesetz Mecklenburg-Vorpommern vorgesehen nach § 65 Abs. 1 Satz 4 StVollzG M-V. Die Gewährleistung von Leistungen, die über den allgemeinen Standard der GKV hinausgehen, ist im Strafvollzug möglich, allerdings haben Gefangene darauf keinen Anspruch und können hier zur vollständigen Kostentragung dieser Leistungen herangezogen werden.[1422] Schließlich sind Gefangene an den Kosten der Leistungen zu beteiligen, wenn sie diese aufgrund einer mutwilligen Selbstverletzung erhalten.[1423] Eine solche Kostenbeteiligung unterbleibt, wenn dadurch die Erreichung des Vollzugszieles gefährdet würde.[1424]

bb. Ruhen eines Anspruches auf Leistungen

(1) Bei Versicherungspflicht, freiwilliger Versicherung und Familienversicherung in der GKV

Enden Beschäftigungsverhältnisse gegen Entgelt mit Antritt einer Haftstrafe, enden auch Mitgliedschaften versicherungspflichtiger Beschäftigter in der GKV (§ 190 Abs. 2 SGB V). Ein Anspruch auf Leistungen aus der GKV erlischt sodann (§ 19 Abs. 1 SGB V), besteht aber längstens für einen Monat nach dem Ende der Mitgliedschaft fort, wenn in dieser Zeit keine Erwerbstätigkeit ausgeführt wird (§ 19 Abs. 2 Satz 1 SGB V). Ein Anspruch auf Leistungen ruht, solange gegen Versicherte eine Freiheitsstrafe vollzogen wird und soweit Versicherte als Gefangene einen Anspruch auf Gesundheitsfürsorge nach den Landesstrafvollzugsgesetzen haben (§ 16 Abs. 1 Satz 1 Nr. 4 SGB V). Dementsprechend ruht ein Anspruch auf Leistungen nach § 16 Abs. 1 Satz 1 Nr. 4 SGB V auch längstens für einen Monat nach dem Ende der Mitgliedschaft in der GKV (§ 19 Abs. 2 Satz 1 SGB V), wenn gegen eine früher versicherte Person eine Haftstrafe vollzogen

1422 Vgl. hierzu § 74 Abs. 2 Satz 2 BbgJVollzG, § 63 Abs. 2 Satz 2 BremStVollzG, § 60 Abs. 3 HmbStVollzG, § 62 Abs. 2 Satz 2 StVollzG M-V, § 72 Abs. 2 Satz 2 LJVollzG RP, § 62 Abs. 2 Satz 2 SLStVollzG, § 63 Abs. 2 Satz 2 SächsStVollzG, § 73 Abs. 2 Satz 2 ThürJVollzGB, § 73 Abs. 2 Satz 2 JVollzG LSA („werden" die Kosten auferlegt), § 79 Abs. 2 Satz 2 LStVollzG SH; ähnlich nach § 70 Abs. 2 StVollzG Bln; *Lesting*, in: Feest/Lesting/Lindemann (Hrsg.), AK-StVollzG, Teil II, § 62 LandesR, Rn. 8, 58.

1423 § 74 Abs. 3 Satz 1 BbgJVollzG, § 63 Abs. 3 Satz 1 BremStVollzG, § 62 Abs. 3 Satz 1 StVollzG M-V, § 72 Abs. 3 Satz 1 LJVollzG RP, § 62 Abs. 3 Satz 1 SLStVollzG, § 63 Abs. 3 Satz 1 SächsStVollzG, § 73 Abs. 3 Satz 1 ThürJVollzGB, § 73 Abs. 3 JVollzG LSA, § 79 Abs. 3 Satz 1 LStVollzG SH.

1424 § 74 Abs. 3 Satz 2 BbgJVollzG, § 63 Abs. 3 Satz 2 BremStVollzG, § 62 Abs. 3 Satz 2 StVollzG M-V, § 72 Abs. 3 Satz 2 LJVollzG RP, § 62 Abs. 3 Satz 2 SLStVollzG, § 63 Abs. 3 Satz 2 SächsStVollzG, § 73 Abs. 3 Satz 2 ThürJVollzGB, § 73 Abs. 4 JVollzG LSA, § 79 Abs. 3 Satz 2 LStVollzG SH.

wird und diese einen Anspruch auf Gesundheitsfürsorge nach den Landesstrafvollzugsgesetzen hat.

Endet eine Mitgliedschaft in der GKV hingegen nicht durch Antritt einer Haft, weil z. B. versicherungspflichtige Beschäftigungen gegen Entgelt auch während der Haft ausgeführt werden können oder weil eine freiwillige Mitgliedschaft in der GKV besteht, bleibt der Versichertenstatus Strafgefangenen in der GKV während der Haft erhalten. Solange aber gegen Versicherte eine Freiheitsstrafe vollzogen wird und Gefangene demnach einen Anspruch auf Leistungen nach den Vorschriften der Landesstrafvollzugsgesetze haben, ruht ein Anspruch auf Leistungen aus der GKV gemäß § 16 Abs. 1 Satz 1 Nr. 4 SGB V. Für die Erfüllung von § 16 Abs. 1 Satz 1 Nr. 4 SGB V ist es dabei unerheblich, ob eine Mitgliedschaft in der GKV aufgrund von Versicherungspflicht oder freiwilliger Versicherung besteht, denn Ansprüche auf Leistungen aus der GKV ruhen, soweit Gefangene während dieser Zeit einen Anspruch auf Gesundheitsfürsorge nach den Landesstrafvollzugsgesetzen haben. So soll eine Doppelversorgung Versicherter durch Leistungen der GKV und durch die Gesundheitsfürsorge der Anstalt vermieden werden nach § 16 Abs. 1 Satz 1 Nr. 4 SGB V.[1425]

Das Ruhen selbst tritt kraft Gesetzes ein und lediglich bei den Versicherten, die die tatbestandsmäßigen Voraussetzungen in ihrer Person erfüllen, sodass für Stammversicherte und Familienversicherte (§ 10 SGB V) das Ruhen von Leistungsansprüchen getrennt voneinander zu betrachten ist.[1426] Handelt es sich bei Gefangenen um Stammversicherte in der GKV, ruht ein Anspruch auf Leistungen von familienversicherten Angehörigen daher grundsätzlich nur, wenn diese selbst einen der Ruhenstatbestände von § 16 Abs. 1 Satz 1 SGB V erfüllen.[1427] Familienversicherte sind mit einer eigenständigen Rechtsposition versichert, die neben der des Stammversicherten steht und sie berechtigt, eigene Ansprüche auf Leistungen gegenüber der Krankenkasse geltend zu machen. Folglich werden bestehende Familienversicherungen Angehöriger nicht durch den Vollzug einer Freiheitsstrafe

1425 *Peters*, in: Körner/Leitherer/Mutschler/Rolfs (Hrsg.), Kasseler Kommentar Sozialversicherungsrecht, SGB V, § 16, Rn. 6.

1426 *Noftz*, in: Hauck/Noftz (Hrsg.), SGB V, K § 16, Rn. 17; *Peters*, in: Körner/Leitherer/Mutschler/Rolfs (Hrsg.), Kasseler Kommentar Sozialversicherungsrecht, SGB V, § 16, Rn. 14; *Kingreen*, in: Becker/Kingreen (Hrsg.), SGB V Kommentar, § 16, Rn. 1 f.

1427 Vgl. hierzu *Peters*, in: Körner/Leitherer/Mutschler/Rolfs (Hrsg.), Kasseler Kommentar Sozialversicherungsrecht, SGB V, § 16, Rn. 6; *Harich*, in: Rolfs/Giesen/Kreikebohm/Udsching (Hrsg.), BeckOK Sozialrecht, § 16 SGB V, Rn. 1.
Zum familienversicherten Angehörigen: Prägend für die GKV ist die beitragsfreie Versicherung von Familienangehörigen des Versicherten als ein wesentliches Element des sozialen Lastenausgleichs (Familienlastenausgleich), vgl. *Just*, in: Becker/Kingreen (Hrsg.), SGB V Kommentar, § 10, Rn. 1. Unter Erfüllung der sachlichen Voraussetzungen in § 10 Abs. 1 Nr. 1 bis 5 SGB V sind in der Familienversicherung der Ehegatte, der Lebenspartner und die Kinder von Mitgliedern sowie die Kinder von familienversicherten Kindern (§ 10 Abs. 1 Satz 1 1. Hs. SGB V) versichert.

der Stammversicherten tangiert. Ein Anspruch auf Leistungen gegen die GKV kommt nach § 16 Abs. 1 Satz 1 SGB V nicht zum Ruhen.

Fraglich ist, ob ein Anspruch auf Leistungen aus der GKV zum Ruhen kommt gemäß § 16 Abs. 1 Satz 1 Nr. 4 SGB V, wenn Strafgefangene selbst während der Haftzeit in der gesetzlichen Krankenversicherung familienversichert sind nach § 10 Abs. 1 Satz 1 SGB V. Familienversicherte haben gegenüber der Krankenkasse eigenständige Rechtspositionen, die neben der des Stammversicherten stehen und sie berechtigen, eigene Ansprüche auf Leistungen gegenüber der Krankenkasse geltend zu machen. Diese Berechtigung entfällt auch während einer Haft nicht, sodass der Strafvollzug die Familienversicherung Strafgefangener unberührt lässt. Allerdings wird im Strafvollzug eine eigene Gesundheitsfürsorge für Gefangene vorgesehen. Sinn und Zweck der Ruhensregelung nach § 16 Abs. 1 Satz 1 Nr. 4 SGB V ist, Doppelleistungen der Gesundheitsfürsorge zu vermeiden. Familienversicherte Strafgefangene könnten während der Haft Leistungen der Gesundheitsfürsorge aufgrund einer Familienversicherung geltend machen, hätten aber ebenso einen Anspruch auf Leistungen aus der Gesundheitsfürsorge nach den Landesstrafvollzugsgesetzen. Um diese Doppelversorgung zu unterbinden, muss die Ruhensregelung gemäß § 16 Abs. 1 Satz 1 Nr. 4 SGB V auch auf familienversicherte Personen anwendbar sein, die zwar in der GKV familienversichert und hierdurch berechtigt sind, aufgrund einer eigenständigen Rechtsposition gegenüber der Krankenkasse, die neben der des Stammversicherten steht, eigene Ansprüche auf Leistung geltend zu machen, sich aber im Vollzug der Freiheitsstrafe befinden und Doppelleistungen beziehen könnten. Dementsprechend müssen im Falle von familienversicherten Strafgefangenen Ansprüche auf Leistungen gegen die GKV ebenfalls zum Ruhen kommen nach § 16 Abs. 1 Satz 1 Nr. 4 SGB V.[1428]

(2) Bei Versicherungspflicht nach dem Künstlersozialversicherungsgesetz (KSVG)

Im Gegensatz zu Arbeitnehmern werden selbstständig Tätige nur ausnahmsweise in die Zweige der Sozialversicherung einbezogen, entweder durch freiwilligen Beitritt zur Versicherung oder weil sie als Angehörige bestimmter Gruppierungen von Selbstständigen als besonders schutzbedürftig angesehen werden und darum als Pflichtversicherte in die Sozialversicherung einbezogen sind (z. B. in die gesetzliche Rentenversicherung gemäß § 2 SGB VI).[1429] Da Selbstständige im Wesentlichen aus dem System der Sozialversicherung ausgenommen werden, wird dieser Personenkreis bisher regelmäßig als nicht wirtschaftlich schutzbedürftig typisiert, sondern vielmehr davon ausgegangen, dass sich Selbstständige gegen die von der Sozialversicherung abgedeckten Risiken privat absichern können.[1430]

1428 So auch *Grühn*, in: Feest/Lesting/Lindemann (Hrsg.), AK-StVollzG, Teil V, Rn. 5.
1429 *Finke/Brachmann/Nordhausen*, KSVG Kommentar, Einführung, Rn. 2.
1430 *Müller*, Handbuch zur Künstlersozialversicherung, S. 8.

Mit Einführung eines „Gesetz[es] über die Sozialversicherung der selbstständigen Künstler und Publizisten" (Künstlersozialversicherungsgesetz – KSVG)[1431] vom 27.07.1981 wurde der Kreis der versicherungspflichtigen Personen in der gesetzlichen Kranken- und Rentenversicherung allerdings um den Kreis aller schutzbedürftigen selbstständigen Künstler und Publizisten erweitert. Diese Personen werden ebenso wie Arbeitnehmer lediglich mit der Hälfte der Beitragszahlungen belastet.[1432] Das Künstlersozialversicherungsgesetz einschließlich seiner Vorschriften über die Erhebung der Künstlersozialabgabe (§§ 23 ff. KSVG) gehört zum Recht der Sozialversicherung nach Art. 74 Abs. 1 Nr. 12 GG (beachte § 36a KSVG).[1433]

Gemäß § 1 KSVG werden selbstständige Künstler und Publizisten in der gesetzlichen Rentenversicherung, in der gesetzlichen Krankenversicherung und in der sozialen Pflegeversicherung versichert, wenn sie eine künstlerische oder publizistische Tätigkeit erwerbsmäßig und nicht nur vorübergehend ausüben (§ 1 Nr. 1 KSVG) und im Zusammenhang mit einer künstlerischen oder publizistischen Tätigkeit nicht mehr als einen Arbeitnehmer beschäftigen – es sei denn, die Beschäftigung erfolgt zur Berufsausbildung oder ist geringfügig im Sinne von § 8 SGB IV (§ 1 Nr. 2 KSVG). Künstler im Sinne des KSVG ist, wer Musik, darstellende oder bildende Kunst schafft, ausübt oder lehrt, wohingegen Publizisten nach dem KSVG Schriftsteller, Journalisten oder in ähnlicher Weise publizistisch Tätige sind oder Publizistik lehren (§ 2 KSVG). Eine Einordnung der Künstlereigenschaft erfolgt stets nach einer Gesamtbetrachtung der Tätigkeit; Anhaltspunkte für das Vorliegen einer Eigenschaft als Künstler können aber auch dem Künstlerkatalog der Künstlersozialkasse entnommen werden.[1434] Weiterhin muss es sich um eine selbstständige Tätigkeit des Künstlers oder Publizisten handeln, die erwerbsmäßig ausgeübt wird, da abhängig Beschäftigte nicht im Sinne des KSVG schutzwürdig sind und eine Absicherung dieser Personen durch die allgemeinen Versicherungspflichttatbestände des Sozialversicherungsrechts ausreichend ist.[1435] Eine Tätigkeit wird selbstständig, erwerbsmäßig und nicht nur vorübergehend ausgeübt, wenn die Berufstätigkeit nicht im Rahmen eines abhängigen Beschäftigungsverhältnisses ausgeübt wird, auf Dauer angelegt ist und zumindest auf die Erzielung eines

1431 Gesetz über die Sozialversicherung der selbstständigen Künstler und Publizisten (Künstlersozialversicherungsgesetz – KSVG) vom 27.07.1981, veröffentlicht am 01.08.1981 im BGBl. I 1981, S. 705 ff.

1432 Vgl. *Finke/Brachmann/Nordhausen*, KSVG Kommentar, Einführung, Rn. 3; s. a. Entwurf eines Gesetzes über die Sozialversicherung der selbstständigen Künstler und Publizisten (Künstlersozialversicherungsgesetz – KSVG) vom 27.11.1980, BT-Drs. 9/26, S. 16 ff.; siehe hierzu auch Unterrichtung durch die Bundesregierung „Bericht der Bundesregierung über die wirtschaftliche und soziale Lage der künstlerischen Berufe (Künstlerbericht)" vom 13.01.1975, BT-Drs. 7/3071.

1433 Vgl. BVerfG, Beschluss vom 08.04.1987, 2 BvR 909/82, BVerfGE 75, 108 ff., juris, Orientierungssatz Nr. 1.

1434 *Müller*, Handbuch zur Künstlersozialversicherung, S. 15.

1435 *Müller*, Handbuch zur Künstlersozialversicherung, S. 37.

Arbeitseinkommens ausgerichtet ist.[1436] In Anlehung an die Geringfügigkeitsgrenze des § 8 Abs. 1 Nr. 2 SGB IV ist eine Tätigkeit auf Dauer angelegt, wenn diese länger als zwei Monate andauert.[1437] Liegen die Voraussetzungen von § 1 KSVG vor, werden Personen in der gesetzlichen Rentenversicherung, in der gesetzlichen Krankenversicherung und in der sozialen Pflegeversicherung versichert, falls keine gesetzliche Ausnahmeregelung greift (vgl. hierzu z. B. §§ 3 bis 5 KSVG).

Strafgefangene können Selbstbeschäftigungen im Vollzug nachgehen, wenn es ihnen gestattet wird, sich während des Vollzuges der Freiheitsstrafe selbst zu beschäftigen.[1438] Gegenstand von Selbstbeschäftigungen während der Haft können vor allem freiberufliche Tätigkeiten wie die des Journalisten, Künstlers oder Wissenschaftlers sein.[1439] Dementsprechend können Gefangene, wenn es ihnen gestattet wird, auch als Künstler oder Publizist während des Vollzuges einer Freiheitsstrafe erwerbsmäßig tätig sein, ohne eine weitere Beschäftigung von Arbeitnehmern. Strafgefangene können somit aufgrund einer selbstständigen künstlerischen oder publizistischen Tätigkeit versicherungspflichtig in der gesetzlichen Krankenversicherung nach dem KSVG sein (§ 5 Abs. 1 Nr. 4 SGB V).

Die Versicherungspflicht in der GKV beginnt sodann mit dem Tag, an dem die Meldung des Versicherten nach § 11 Abs. 1 KSVG bei der Künstlersozialkasse eingegangen ist (§ 8 Abs. 1 Satz 1 KSVG), frühestens aber mit dem Tag, an dem die Voraussetzungen für eine Versicherung erfüllt sind gemäß § 8 Abs. 1 Satz 2 KSVG. Da das KSVG eine Gleichstellung der sozial Schutzbedürftigen unter den selbstständigen Künstlern und Publizisten mit abhängig Beschäftigten anstrebt, haben die Versicherten die Hälfte der Beiträge zur GKV selbst zu zahlen (vgl. §§ 15, 16a KSVG); die Beiträge des Arbeitgebers setzen sich aus der Künstlersozialabgabe (§§ 23 bis 26 KSVG) und einem Zuschuss des Bundes (§ 34 KSVG) zusammen nach § 14 KSVG.[1440] Die Bemessungsgrundlage für die Beitragshälfte der Versicherten richtet sich nach dem Einkommen aus der künstlerischen oder publizistischen Tätigkeit.[1441] Gemäß § 16 Abs. 1 Satz 1 KSVG haben Versicherte an die

---

1436 Siehe *Berndt*, Die Versicherungspflicht selbständiger Künstler und Publizisten nach dem Künstlersozialversicherungsgesetz (KSVG), in: DStR 2008, 203 (204).

1437 Ebd.

1438 Vgl. Vgl. § 45 Abs. 2 BWJVollzGB III, Art. 42 Abs. 2 BayStVollzG, § 31 Abs. 1 2. Alt. BbgJVollzG, § 23 Abs. 1 Satz 1 2. Alt. BremStVollzG, § 36 Abs. 1 2. Alt. HmbStVollzG (innerhalb oder außerhalb der Anstalt), § 27 Abs. 4 Satz 1 HStVollzG, § 23 Abs. 1 Satz 1 2. Alt. StVollzG M-V, § 36 Abs. 2 NJVollzG, § 31 Abs. 2 NRWStVollzG, § 30 Abs. 1 Satz 1 2. Alt. LJVollzG RP, § 23 Abs. 1 Satz 1 2. Alt. SLStVollzG, § 23 Abs. 1 Satz 1 2. Alt. SächsStVollzG, § 30 Abs. 1 Satz 1 2. Alt. ThürJVollzGB, § 30 Abs. 1 Satz 1 2. Alt. JVollzG LSA, § 36 Abs. 1 Satz 1 2. Alt. LStVollzG SH (innerhalb oder außerhalb der Anstalt), § 26 Abs. 1 Satz 1 2. Alt. StVollzG Bln. Zur Selbstbeschäftigung, vgl. ferner Kapitel 2, S. 214 f.

1439 Siehe Kapitel 2, S. 214.

1440 *Finke/Brachmann/Nordhausen*, KSVG Kommentar, Einführung, Rn. 21.

1441 *Finke/Brachmann/Nordhausen*, KSVG Kommentar, Einführung, Rn. 22.

Künstlersozialkasse als Beitragsanteil zur gesetzlichen Krankenversicherung die Hälfte des Beitrages, dem allgemeinen Beitragssatz der gesetzlichen Krankenversicherung (§ 241 SGB V) zufolge, zuzüglich eines Zusatzbeitrages nach § 242 Abs. 1 SGB V zu zahlen; die §§ 220 Abs. 1 Satz 1, 223, 234 Abs. 1, 241 und 242 SGB V finden Anwendung.

Fraglich ist aber außerdem, ob Strafgefangene, die vor dem Vollzug der Freiheitsstrafe versicherungspflichtig in der gesetzlichen Krankenversicherung nach dem KSVG waren, auch während der Haft versicherungspflichtig in der GKV nach dem KSVG bleiben. Sind Gefangene auch während der Haft versicherungspflichtig in der GKV nach dem KSVG, müsste die Ruhensregelung nach § 16 Abs. 1 Satz 1 Nr. 4 SGB V ebenfalls für diese Gefangenen greifen und ein Anspruch auf Leistungen aus der GKV während der Haft zum Ruhen kommen. Von der Versicherungspflicht in der GKV sind gemäß § 5 Abs. 1 Nr. 7 KSVG Personen befreit, wenn sie im Vollzug von Untersuchungshaft, Freiheitsstrafen oder freiheitsentziehenden Maßregeln der Besserung und Sicherung oder einstweilig nach § 126a Abs. 1 der Strafprozessordnung untergebracht sind und unmittelbar vor der Unterbringung nicht nach dem KSVG versichert sind. Daraus ergibt sich für Personen, die sich im Vollzug der Freiheitsstrafe befinden und unmittelbar vor ihrer Unterbringung in Haft nach dem KSVG versicherungspflichtig in der GKV krankenversichert waren, dass für die Dauer des Strafvollzuges eine Versicherungspflicht in der GKV nach dem KSVG bestehen bleibt.[1442] Sind somit Strafgefangene unmittelbar vor ihrer Unterbringung versicherungspflichtig in der GKV nach dem KSVG gemäß § 5 Abs. 1 Nr. 4 SGB V, bleiben diese auch während der Haft in der GKV versichert. Folglich müssen auch bei ihnen Ansprüche auf Leistungen nach § 16 Abs. 1 Satz 1 Nr. 4 SGB V zum Ruhen kommen, solange sie sich im Vollzug der Freiheitsstrafe befinden und soweit ein Anspruch auf Leistungen der Gesundheitsfürsorge nach den Vorschriften der Landesstrafvollzugsgesetze besteht.

(3) Kein Ruhen bei freien Beschäftigungsverhältnissen

Den Vorschriften zur Gesundheitsfürsorge im Strafvollzug unterfallen hingegen nicht Strafgefangene, die aufgrund von freien Beschäftigungsverhältnissen krankenversichert sind.[1443] Diese Regelung wurde mit Wirkung vom 01.01.1989 durch Art. 51 Nr. 5 „Gesetz zur Strukturreform im Gesundheitswesen“ (GRG)[1444] vom 20.12.1988 eingeführt als Reaktion des Gesetzgebers auf ein Urteil des BSG, nach

1442 *Finke/Brachmann/Nordhausen*, KSVG Kommentar, § 5, Rn. 31.

1443 Vgl. nach den Landesstrafvollzugsgesetzen in § 35 Abs. 2 BWJVollzGB III, Art. 64 BayStVollzG, § 78 Abs. 2 BbgJVollzG; § 67 Abs. 2 BremStVollzG, § 65 Abs. 2 HmbStVollzG, § 24 Abs. 6 HStVollzG, § 66 Abs. 2 StVollzG M-V, § 60 NJVollzG, § 45 Abs. 2 NRWStVollzG, § 76 Abs. 2 LJVollzG RP, § 66 Abs. 2 SLStVollzG, § 67 Abs. 2 SächsStVollzG, § 77 Abs. 2 ThürJVollzGB, § 77 Abs. 2 JVollzG LSA, § 81 LStVollzG SH, § 74 Abs. 2 StVollzG Bln.

1444 Siehe BGBl. I 1988, S. 2477 ff.

dem Strafgefangene in freien Beschäftigungsverhältnissen Beiträge zur gesetzlichen Krankenversicherung entrichten mussten, aber während der Haft keine Leistungen der GKV beanspruchen konnten.[1445] Mit der Vorschrift zum Ruhen von einem Anspruch auf Leistungen aus der strafvollzuglichen Gesundheitsfürsorge soll es Strafgefangenen, denen vollzugsöffnende Maßnahmen gewährt werden und die somit außerhalb des Strafvollzuges ohne Aufsicht durch die Justizvollzugsbehörde privatrechtlichen Beschäftigungsverhältnissen gegen Entgelt im Freigang nachgehen können, ermöglicht werden, wieder Leistungen der GKV in Anspruch nehmen zu dürfen.[1446] Begründet wird dies damit, dass es sich bei freien Beschäftigungen um solche des Sozialversicherungsrechts nach § 7 Abs. 1 SGB IV handelt und Strafgefangene demzufolge auch Sozialversicherungsbeiträge leisten müssen.[1447] Eine Doppelversorgung mit Leistungen ist darum auszuschließen.[1448] Dementsprechend kommt ein Anspruch auf Leistungen der Gesundheitsfürsorge nach den Landesstrafvollzugsgesetzen zum Ruhen, solange Gefangene aufgrund von freien Beschäftigungsverhältnissen in der GKV versichert sind; während der Haft steht ihnen demnach das volle Leistungsspektrum der gesetzlichen Krankenversicherung für die Dauer des freien Beschäftigungsverhältnisses offen, sodass für sie auch einschränkende Regelungen wie der Verzicht auf freie Arztwahl (§ 76 SGB V) entfallen.[1449] Eine Behandlung durch Anstaltsärzte erfolgt allenfalls noch in medizinischen Notfällen.[1450] Entsprechendes gilt bezüglich eines Anspruches auf Krankengeld gemäß § 44 SGB V.[1451] Ebenfalls bleiben Familienversicherungen von Angehörigen nach § 10 SGB V bestehen.[1452]

1445 *Arloth/Krä*, StVollzG, noch zu § 62a, Rn. 1; *Grühn*, in: Feest/Lesting/Lindemann (Hrsg.), AK-StVollzG, Teil V, Rn. 5; BSG vom 09.12.1986, Az 8 RK 9/85, BSGE 61, 62 ff.

1446 *Arloth/Krä*, StVollzG, noch zu § 62a, Rn. 1.

1447 *Lesting*, in: Feest/Lesting/Lindemann (Hrsg.), AK-StVollzG, Teil II § 66 LandesR, Rn. 9; siehe hierzu auch BT-Drs. 11/2237, 268.

1448 Vgl. BT-Drs. 11/2237, 268; siehe *Lesting*, in: Feest/Lesting/Lindemann (Hrsg.), AK-StVollzG, Teil II, § 66 LandesR, Rn. 9; *Arloth/Krä*, StVollzG, noch zu § 62a, Rn. 1.

1449 *Arloth/Krä*, StVollzG, noch zu § 62a, Rn. 1; *Lesting*, in: Feest/Lesting/Lindemann (Hrsg.), AK-StVollzG, Teil II, § 66 LandesR, Rn. 9; *Keppler/Nestler*, in: Schwind/Böhm/Jehle/Laubenthal (Hrsg.), Strafvollzugsgesetz – Bund und Länder Kommentar, noch zu § 62a, Rn. 3; s. a. BSG, Urteil vom 16.10.1990, 11 Rar 3/90, BSGE 67, 269 ff., SozR 3-4100 § 103 Nr. 2, juris, Rn. 13.

1450 *Lesting*, in: Feest/Lesting/Lindemann (Hrsg.), AK-StVollzG, Teil II § 66 LandesR, Rn. 9.

1451 *Noftz*, in: Hauck/Noftz (Hrsg.), SGB V, K § 16, Rn. 46; *Wagner*, in: Krauskopf, Soziale Krankenversicherung Pflegeversicherung Kommentar, SGB V, § 16, Rn. 18.

1452 *Grühn*, in: Feest/Lesting/Lindemann (Hrsg.), AK-StVollzG, Teil V, Rn. 5.

3. *Zusammenfassung der Ergebnisse*

Der versicherte Personenkreis in der gesetzlichen Krankenversicherung umfasst versicherungspflichtige Personen, freiwillige Versicherte sowie familienversicherte Personen. Gegen Entgelt beschäftigte Personen sind nach § 5 Abs. 1 Nr. 1 SGB V in der gesetzlichen Krankenversicherung versicherungspflichtig. Endet das Beschäftigungsverhältnis gegen Entgelt und somit auch die Versicherungspflicht in der GKV aufgrund einer Haftstrafe, bestehen Ansprüche auf Leistungen aus der GKV längstens für einen Monat nach dem Ende der Mitgliedschaft fort, solange keine Erwerbstätigkeit ausgeübt wird (§ 19 Abs. 2 Satz 1 SGB V). Jedoch ruht ein Anspruch auf Leistungen für diesen Zeitraum gegen den früheren Versicherungspflichtigen wegen Vollzuges der Freiheitsstrafe und weil ein Anspruch auf Leistungen aus der Gesundheitsfürsorge nach den Landesstrafvollzugsgesetzen besteht gemäß § 16 Abs. 1 Satz 1 Nr. 4 SGB V. Nach Ablauf dieser Zeit setzt sich eine Versicherung in der GKV für frühere Versicherungspflichtige als freiwillige Mitgliedschaft fort, wenn keine anderweitige Absicherung für den Krankheitsfall nachgewiesen wird (§ 188 Abs. 4 Satz 1 und 2 SGB V). Während der Zeit des Strafvollzuges haben Strafgefangene regelmäßig einen Anspruch auf Leistungen aus der Gesundheitsfürsorge nach den Landesstrafvollzugsgesetzen. Die Leistungen der Gesundheitsfürsorge nach den Landesstrafvollzugsgesetzen sollen im Sinne des strafvollzuglichen Äquivalenzprinzips an die Leistungen der GKV angeglichen sein. Unterschiede ergeben sich dennoch, vor allem in Bezug auf die fehlende Möglichkeit einer freien Arztwahl sowie auf den Wegfall eines Anspruches auf Krankengeld, weil die strafvollzugrechtliche Gesundheitsfürsorge einen solchen nicht vorsieht.

Außerdem endet mit Beendigung der versicherungspflichtigen Mitgliedschaft des Stammversicherten in der gesetzlichen Krankenversicherung zugleich eine Mitgliedschaft von familienversicherten Angehörigen (§ 10 SGB V) aufgrund einer akzessorischen Verknüpfung von Versicherungen Familienangehöriger mit den Versicherungen von Stammversicherten. Auch für frühere familienversicherte Angehörige setzt sich sodann gemäß § 188 Abs. 4 Satz 1 SGB V die Mitgliedschaft als freiwillige Mitgliedschaft fort, sollte ein Austritt aus der GKV nicht innerhalb von zwei Wochen gegenüber der Krankenkasse erklärt sowie ein anderweitiger Anspruch auf Absicherung im Krankheitsfall nachgewiesen werden (§ 188 Abs. 4 Satz 2 SGB V). Endet die Mitgliedschaft der Stammversicherten wegen der Haftstrafe jedoch nicht, bleibt ebenso eine Mitgliedschaft familienversicherter Angehöriger in der GKV erhalten. Da Familienversicherte mit einer eigenständigen Rechtsposition versichert sind, die neben der der Stammversicherten steht, sind sie berechtigt, einen eigenen Anspruch auf Leistungen gegenüber der Krankenkasse geltend zu machen. Das Ruhen von Leistungen tritt kraft Gesetzes lediglich bei den Versicherten ein, die die tatbestandsmäßigen Voraussetzungen in ihrer Person erfüllen. Das Ruhen eines Anspruches auf Leistungen nach § 16 Abs. 1 Satz 1 Nr. 4 SGB V kommt somit nicht in Betracht, wenn familienversicherte Angehörige die tatbestandsmäßigen Voraussetzungen nicht selbst erfüllen. Ein Anspruch auf

Leistungen ruht folglich gemäß § 16 Abs. 1 Satz 1 Nr. 4 SGB V nicht, wenn Familienversicherte nicht auch selbst inhaftiert sind.

Sind Gefangene jedoch bereits mit Haftantritt in der GKV freiwillig versichert, bleibt der Status der Versicherung von der Haft unberührt, da eine Versicherungsberechtigung nicht an das Beschäftigungsverhältnis gegen Entgelt geknüpft ist. Um aber auch hier eine Doppelversorgung Versicherter mit Leistungen der GKV und der Gesundheitsfürsorge der Justizvollzugsbehörde zu vermeiden, ruhen ebenso bei freiwillig Versicherten Ansprüche auf Leistungen aus der GKV durch den Vollzug der Freiheitsstrafe, soweit Gefangene während der Haft einen Anspruch auf Gesundheitsfürsorge nach den Landesstrafvollzugsgesetzen haben (§ 16 Abs. 1 Satz 1 Nr. 4 SGB V).

Ebenfalls bleibt der Versichertenstatus von familienversicherten Personen gemäß § 10 Abs. 1 Satz 1 SGB V vom Strafvollzug unberührt, wenn es sich bei Strafgefangenen selbst um familienversicherte Angehörige handelt. Weil aber Familienversicherte eine eigenständige Rechtsposition gegenüber der Krankenkasse haben – die sie neben der des Stammversicherten berechtigt, eigene Ansprüche auf Leistung geltend zu machen – und ein Anspruch auf Leistungen bei den Versicherten ruht, die die tatbestandsmäßigen Voraussetzungen in ihrer Person erfüllen, ruht ein Anspruch auf Leistungen aus der GKV bei familienversicherten Strafgefangenen nach § 16 Abs. 1 Satz 1 Nr. 4 SGB V, weil gegen sie eine Freiheitsstrafe vollzogen wird und sie einen Anspruch auf Gesundheitsfürsorge nach den Landesstrafvollzugsgesetzen haben.

Gefangene, die während der Haft als Künstler oder Publizisten einer von der JVA gewährten Selbstbeschäftigung nachgehen und unmittelbar vor ihrer Unterbringung versicherungspflichtige Mitglieder in der gesetzlichen Krankenversicherung nach § 5 Abs. 1 Nr. 4 SGB V waren, bleiben auch während der Haft versicherungspflichtige Mitglieder in der GKV nach dem KSVG. Sind Strafgefangene demnach während des Strafvollzuges versicherungspflichtig in der GKV nach dem KSVG, ruhen auch bei ihnen Ansprüche auf Leistungen nach § 16 Abs. 1 Satz 1 Nr. 4 SGB V, solange sie sich im Vollzug der Freiheitsstrafe befinden und soweit sie einen Anspruch auf Leistungen der Gesundheitsfürsorge nach den Vorschriften der Landesstrafvollzugsgesetze haben.

Sind Gefangene in privatrechtlichen Arbeitsverhältnissen während der Haft außerhalb des Vollzuges im echten Freigang wegen Gewährung von vollzugsöffnenden Maßnahmen beschäftigt, handelt es sich bei diesen Beschäftigungen um sozialversicherungsrechtliche Beschäftigungen gemäß § 7 Abs. 1 SGB IV. Diese Gefangenen sind somit versicherungspflichtig in der gesetzlichen Krankenversicherung nach § 5 Abs. 1 Nr. 1 SGB V einbezogen und leisten Sozialversicherungsbeiträge. Um auch in diesem Fall eine Doppelversorgung mit Leistungen zu vermeiden und weil sich diese Gefangenen in sozialversicherungsrechtlichen Beschäftigungsverhältnissen befinden, kommen hier Ansprüche aus der institutionellen Gesundheitsfürsorge zum Ruhen, sodass diesen Gefangenen das volle Leistungsspektrum der GKV auch während der Haft offensteht. Dementsprechend haben die im Freigang in einem privatrechtlichen Arbeitsverhältnis beschäftigten

Gefangenen wieder ein Recht auf freie Arztwahl, was jedoch nicht eine ärztliche Behandlung durch einen Anstaltsarzt im Strafvollzug ausschließt, z. B. bei einem akuten Notfall.

Rechtsfolgen eines Ruhens von Ansprüchen auf Leistungen betreffen einen zeitlich begrenzten Ausschluss von Ansprüchen auf Leistungen, ohne dass dies regelmäßig unmittelbare Auswirkungen auf die Beitragspflicht von Versicherten hat.[1453] Folglich sind auch beim Ruhen eines Anspruches auf Leistungen nach § 16 SGB V die Vorschriften zu den Beiträgen in der GKV nach den §§ 220 ff. SGB V zu berücksichtigen. Beiträge in der GKV bemessen sich nach den beitragspflichtigen Einnahmen der Mitglieder in der GKV (§ 223 Abs. 2 Satz 1 SGB V). Auch Zusatzbeiträge gemäß § 242 SGB V zählen zu den Beiträgen (§ 220 Abs. 1 Satz 1 2. Hs. SGB V). Der allgemeine Beitragssatz beträgt 14,6 % der beitragspflichtigen Einnahmen der Mitglieder nach 241 SGB V. Beiträge werden bei versicherungspflichtigen Beschäftigten gemäß § 5 Abs. 1 Nr. 1 und 13 SGB V aus dem Arbeitsentgelt nach dem allgemeinen oder ermäßigten Beitragssatz (§ 243 SGB V) vom Arbeitgeber zur Hälfte getragen (§ 249 Abs. 1 Satz 1 1. Hs. SGB V). Nach § 5 Abs. 1 Nr. 13 SGB V versicherungspflichtige Personen, deren beitragspflichtigen Einnahmen sich nach den §§ 227, 240 SGB V richten, tragen ihre Beiträge nach § 250 Abs. 3 SGB V grundsätzlich alleine; Ausnahmen für Beiträge aus Arbeitsentgelt aus einer abhängigen Beschäftigung (§ 249 SGB V) und für Beiträge aus inländischen Renten der gesetzlichen Rentenversicherung nach § 228 Abs. 1 Satz 1 SGB V (249a Satz 1 SGB V) sind davon zu berücksichtigen.[1454] Für freiwillige Mitglieder in der GKV wird die Beitragsbemessung einheitlich durch den Spitzenverband Bund der Krankenkassen geregelt (§ 240 Abs. 1 Satz 1 SGB V).[1455] Dabei tragen freiwillige Mitglieder in der GKV ihren Beitrag eigenständig (§ 250 Abs. 2 SGB V). Bei einigen Ruhenstatbeständen nach § 16 SGB V kann außerdem eine beitragsgünstigere Anwartschaftsversicherung in Betracht kommen (vgl. §§ 240 Abs. 4a, 243 Satz 1 SGB V), die bei Beendigung des Ruhenstatbestandes die Fortführung der Versicherung mit vollen Beiträgen und Leistungsansprüchen gewährleistet.[1456]

1453 *Schuler*, in: Hänlein/Schuler (Hrsg.), LPK Sozialgesetzbuch V, § 16, Rn. 3.

1454 *Peters*, in: Körner/Leitherer/Mutschler/Rolfs (Hrsg.), Kasseler Kommentar Sozialversicherungsrecht, SGB V, § 250, Rn. 7.

1455 Beachte hierzu „Einheitliche Grundsätze zur Beitragsbemessung freiwilliger Mitglieder der gesetzlichen Krankenversicherung und weiterer Mitgliedergruppen sowie zur Zahlung und Fälligkeit der von Mitgliedern selbst zu entrichtenden Beiträge“ (Beitragsverfahrensgrundsätze Selbstzahler) vom 27.10.2008, zuletzt geändert am 15.11.2017.

1456 *Wagner*, in: Krauskopf, Soziale Krankenversicherung Pflegeversicherung Kommentar, SGB V, § 16, Rn. 4.

II. Die soziale Pflegeversicherung

Zur sozialen Absicherung des Risikos der Pflegebedürftigkeit (§ 1 Abs. 1 SGB XI) wurde durch Art. 1 des „Pflegeversicherungsgesetz[es]" (PflegeVG)[1457] vom 26.05.1994 die soziale Pflegeversicherung (SPV) in das Sozialgesetzbuch eingeführt.[1458] Die soziale Pflegeversicherung bildet einen eigenständigen Sozialversicherungszweig neben der gesetzlichen Krankenversicherung, der gesetzlichen Unfallversicherung, der gesetzlichen Rentenversicherung und der gesetzlichen Arbeitslosenversicherung (vgl. § 1 Abs. 1 SGB XI) und ist in die soziale Pflegeversicherung (§ 1 bis § 109 SGB XI) sowie in Vorschriften zur privaten Pflegeversicherung (§§ 110 ff. SGB XI) gegliedert.[1459] Wie in den übrigen Bereichen der Sozialversicherung liegt der sozialen Pflegeversicherung das Versicherungsprinzip zugrunde, nach dem Ansprüche auf Leistungen ein Versicherungsverhältnis (§§ 20 ff. SGB XI) voraussetzen sowie in aller Regel die Zahlung von Beitragsleistungen (§§ 54 ff. SGB XI).[1460] Die Pflegeversicherung ist weiterhin als eine soziale gesetzliche Versicherung (§ 1 Abs. 2 SGB XI) verfasst, da sie Leistungen unabhängig von der Höhe ihrer Beiträge gewährt und die Beitragshöhe sich bis zur Bemessungsgrenze nach der Höhe des individuellen Einkommens ausrichtet (§ 1 Abs. 6 Satz 1 und 2 SGB XI, §§ 54 und 55 XI).[1461] Außerdem werden wie in der gesetzlichen Krankenversicherung (vgl. § 3 Satz 3 SGB V) für versicherte Familienangehörige und eingetragene Lebenspartner Beiträge in der SPV nicht erhoben (§ 1 Abs. 6 Satz 3 SGB XI, § 25, § 56 Abs. 1 SGB XI). Aufgabe der Pflegeversicherung ist, den Pflegebedürftigen Hilfe zu leisten, die wegen der Schwere der Pflegebedürftigkeit

1457 Gesetz zur sozialen Absicherung des Risikos der Pflegebedürftigkeit (Pflege-Versicherungsgesetz-PflegeVG) vom 26.05.1994, veröffentlicht im BGBl. I 1994, S. 1014 ff.

1458 *Krahmer/Plantholz*, in: Krahmer/Plantholz (Hrsg.), LPK Sozialgesetzbuch XI, Einführung, Rn. 5. Zur der sozialen Pflegeversicherung vgl. außerdem *Igl*, Entstehungsgeschichte der sozialen Pflegeversicherung – Eine Einführung, in: VSSR 1994, S. 261 ff.; s a. Schraa, Soziale Pflegeversicherung. Die lange Geschichte, in: BArbBl. 1994, S. 5 ff.; *Salje*, Rechtlicher und finanzieller Rahmen zur Versorgung von Pflegebedürftigen – Eine Zwischenbilanz, in: Die Sozialversicherung 1988, 57 ff.; *Dalhoff*, Warum wird das Pflegeproblem nicht gelöst?, in: Sozialer Fortschritt, 1987, 85 ff.; *Neseker/Bleicher*, Absicherung des Risikos der Pflegebedürftigkeit, in: NDV 1986, 145 ff.; *Maschmann*, Die Absicherung des Pflegefallrisikos im gegenwärtigen und zukünftigen Recht, in: NZS 1993, 153 (154 ff.).

1459 *Udsching*, in: Udsching/Schütze (Hrsg.), SGB XI Kommentar, Einleitung, Rn. 1; *Koch*, in: Körner/Leitherer/Mutschler/Rolfs (Hrsg.), Kasseler Kommentar Sozialversicherungsrecht, SGB XI, § 1, Rn. 5. Zu den Grundstrukturen der Pflegeversicherung beachte auch *Schulin*, Die soziale Pflegeversicherung des SGB XI – Grundstrukturen und Probleme, in: NZS 1994, 433 ff.

1460 *Unterpaul*, in: Krauskopf, Soziale Krankenversicherung Pflegeversicherung Kommentar, SGB XI, § 1, Rn. 3.

1461 Vgl. *Krahmer/Plantholz*, in: Krahmer/Plantholz (Hrsg.), LPK Sozialgesetzbuch XI, Einführung, Rn. 19.

auf solidarische Unterstützung angewiesen sind gemäß § 1 Abs. 4 SGB XI.[1462] Pflegebedürftigen sollen darum Hilfen zur Verfügung gestellt werden, um eine Überforderung der Leistungskraft der Pflegebedürftigen und ihrer Familien zu verhindern.[1463] Die Prinzipien der sozialen Pflegeversicherung finden sich in den §§ 1 bis 13 SGB XI, die als Auslegungsmaßstäbe (siehe z. B. § 2 Abs. 1, 3, 5, § 6 Abs. 1, § 8 Abs. 2, § 11, § 12 SGB XI) bedeutsam sind, teilweise aber auch eigenständige Anspruchsgrundlagen (vgl. § 2 Abs. 2 u. 3, § 7 Abs. 2 Satz 1 SGB XI und § 7a SGB XI) begründen.[1464]

1. Versicherter Personenkreis

Gemäß § 1 Abs. 2 Satz 1 SGB XI sind in den Schutz der sozialen Pflegeversicherung kraft Gesetzes alle einbezogen, die in der gesetzlichen Krankenversicherung versichert sind. Wer gegen Krankheit bei einem privaten Krankenversicherungsunternehmen versichert ist, muss auch eine private Pflegeversicherung wählen (§ 1 Abs. 2 Satz 2 SGB XI). Die Vorschrift von § 1 Abs. 2 SGB XI legt damit in Grundzügen fest, wer zum Kreis der versicherten Personen in der sozialen

---

1462 Kritisch hierzu *Koch*, in: Körner/Leitherer/Mutschler/Rolfs (Hrsg.), Kasseler Kommentar Sozialversicherungsrecht, SGB XI, § 1, Rn. 11, nach dem auf eine derart allgemeine programmatische Regelung hätte verzichtet werden können. So werde die Regelung auch deswegen kritisiert, weil bei der Pflegeversicherung nicht der Individualschutz im Vordergrund stehe, sondern der Schutz der Allgemeinheit vor der Gefahr, bei Fehlen von Individualvorsorge Pflegeleistungen aus Steuermitteln finanzieren zu müssen; vgl. hierzu ferner *Schulin*, Die soziale Pflegeversicherung des SGB XI – Grundstrukturen und Probleme, in: NZS 1994, 433 (435 f.), der ebenfalls von einer verfehlten Formulierung spricht, denn der Vorschrift liege die alte, offenbar unausrottbare Vorstellung zugrunde, Sozialversicherung – und damit auch die soziale Pflegeversicherung – diene primär dem Individualschutz. Es könne jedoch nicht genug betont werden, dass dem seit Schaffung des Grundgesetzes – anders als zu Zeiten Bismarcks – nicht mehr so sei; s. a. *Udsching*, in: Udsching/Schütze (Hrsg.), SGB XI Kommentar, § 1, Rn. 6, mit Hinweis auf die Kritik von Schulin. Nach Udsching erwecke die Vorschrift unzutreffend den Anschein, dass die Pflegeversicherung für den Kreis der Pflegebedürftigen erstmals und originär eine Grundlage für die notwendige Vorsorge mit pflegerischen Leistungen schaffe, was nicht zutreffe, denn hierfür habe unter Geltung von Art. 1 Abs. 1 GG die Sozialhilfe einzutreten. Des Weiteren verkenne die Regelung, dass nicht nur Versicherte leistungsberechtigt seien, die wegen der Schwere der Pflegebedürftigkeit nicht in der Lage seien, deren wirtschaftliche Folgen zu tragen; vielmehr sei auch derjenige leistungsberechtigt, der auf eine solidarische Unterstützung nicht angewiesen sei, weil er eine umfassende Pflege aus eigenen Mitteln finanzieren könne; Solidarität komme allenfalls bei der Finanzierung der SPV Bedeutung zu.

1463 BT-Drs. 12/5262, S. 89.

1464 *Krahmer/Plantholz*, in: Krahmer/Plantholz (Hrsg.), LPK Sozialgesetzbuch XI, Einführung, Rn. 18.

Pflegeversicherung gehört.[1465] Anhand des versicherten Personenkreises wird vom Gesetz der Grundsatz „Pflegeversicherung folgt Krankenversicherung“ normiert, da in die SPV alle einbezogen werden, die auch als versicherungspflichtige Mitglieder (vgl. § 20 Abs. 1 SGB XI) oder freiwillig (§ 20 Abs. 3 SGB XI) in der GKV versichert sind.[1466] Weil daher beide Personengruppen in der SPV versicherungspflichtig werden, wird versicherungsrechtlich in der SPV nicht nach Versicherungspflicht und Versicherungsberechtigung unterschieden.[1467] Über diesen Kreis hinaus können in der sozialen Pflegeversicherung ebenfalls Personen versichert werden, die nicht in der GKV versichert sind (vgl. hierzu die Versicherungspflicht für sonstige Personen in der SPV nach § 21 SGB XI); insofern ist § 1 Abs. 2 SGB XI als unvollständig zu betrachten, wenn es dort heißt, dass alle Personen in den Schutz der SPV kraft Gesetzes einbezogen sind, die in der GKV versichert sind.[1468] Andere Personengruppen wie hauptberuflich selbstständig Erwerbstätige scheiden hingegen nach § 1 Abs. 2 SGB XI i.V.m. § 5 SGB V von der Versicherungspflicht in der SPV aus.[1469] Damit soll vermieden werden, dass nicht versicherungspflichtige Selbstständige durch Aufnahme von niedrig vergüteten, versicherungspflichtigen Nebenbeschäftigungen in den Genuss eines umfassenden Schutzes in der GKV kommen, obwohl diese weder zum schutzbedürftigen Personenkreis gehören noch nach dem Arbeitseinkommen resp. der wirtschaftlichen Leistungsfähigkeit zu den Lasten der Solidargemeinschaft beigetragen haben.[1470]

a. *Anknüpfung der Versicherungspflicht in der SPV an die GKV*

Dass die Versicherungspflicht in der sozialen Pflegeversicherung an das Bestehen einer gesetzlichen oder privaten Krankenversicherung anknüpft, ist mit dem Grundgesetz vereinbar und verfassungsrechtlich nicht zu beanstanden.[1471] So

1465 *Udsching*, in: Udsching/Schütze (Hrsg.), SGB XI Kommentar, § 1, Rn. 4. Ausführlich zum versicherten Personenkreis, s. a. *Krasney*, Versicherter Personenkreis und Pflegeleistungen des SGB XI, in: VSSR 1994, 265 ff.

1466 *Koch*, in: Körner/Leitherer/Mutschler/Rolfs (Hrsg.), Kasseler Kommentar Sozialversicherungsrecht, SGB XI, § 1, Rn. 8; *Baier*, in: Krauskopf, Soziale Krankenversicherung Pflegeversicherung Kommentar, SGB XI, § 20, Rn. 2; *Lecke*, in: Krahmer/Plantholz (Hrsg.), LPK Sozialgesetzbuch XI, § 20, Rn. 5 f.

1467 *Baier*, in: Krauskopf, Soziale Krankenversicherung Pflegeversicherung Kommentar, SGB XI, § 20, Rn. 2.

1468 *Koch*, in: Körner/Leitherer/Mutschler/Rolfs (Hrsg.), Kasseler Kommentar Sozialversicherungsrecht, SGB XI, § 1, Rn. 8.

1469 Vgl. *Unterpaul*, in: Krauskopf, Soziale Krankenversicherung Pflegeversicherung Kommentar, SGB XI, § 1, Rn. 5.

1470 Vgl. BSG vom 27.06.2012, B 12 KR 18/10 R, BeckRS 2012, 72965, Rn. 17, zitiert nach *Unterpaul*, in: Krauskopf, Soziale Krankenversicherung Pflegeversicherung Kommentar, SGB XI, § 1, Rn. 5.

1471 Vgl. *Unterpaul*, in: Krauskopf, Soziale Krankenversicherung Pflegeversicherung Kommentar, SGB XI, § 1, Rn. 6.

hatte das BVerfG[1472] mit Urteil vom 03.04.2001 die Anknüpfung der sozialen Pflegeversicherung an die gesetzliche Krankenversicherung für vereinbar mit dem Grundgesetz erklärt.[1473] Gemäß § 20 Abs. 1 Satz 1 SGB XI gehören zum Kreis der versicherungspflichtig in der SPV Versicherten damit die versicherungspflichtigen Mitglieder in der GKV. Eine allgemeine Versicherungspflicht existiert also nicht in der sozialen Pflegeversicherung, weil die Pflegeversicherung der Krankenversicherung (§ 20 Abs. 1 Satz 1, § 1 Abs. 2 Satz 1 SGB XI) folgt.[1474] Dies gilt gleichermaßen hinsichtlich der familienversicherten Angehörigen, sodass die Vorschrift von § 25 SGB XI zur Familienversicherung in der sozialen Pflegeversicherung weitestgehend § 10 SGB V zur Familienversicherung in der GKV entspricht.[1475] Eine Auflistung der versicherungspflichtigen Personen enthält der Katalog in § 20 Abs. 1 Satz 2 Nr. 1 bis 12 SGB XI, der nach seinem Wortlaut nicht vollständig identisch mit dem Katalog der versicherungspflichtigen Personen in § 5 Abs. 1 SGB V ist.[1476] Alle Rechtsnormen zum versicherungspflichtigen Personenkreis in der GKV entfalten zudem rechtliche Wirkung in der sozialen Pflegeversicherung, und alle die

---

1472 BVerfG, Urteil vom 03.04.2001, 1 BvR 81/98, BVerfGE 103, 225 ff., abgedruckt in: NZS, 2001, 314 ff. Nach dem BVerfG bestehen verfassungsrechtlich keine Bedenken, dass der Gesetzgeber die Versicherungspflicht in der Pflegeversicherung grundsätzlich an das Bestehen eines gesetzlichen oder privaten Krankenversicherungsschutzes knüpft (Ls., BVerfGE 103, 225 (225)).

1473 *Koch*, in: Körner/Leitherer/Mutschler/Rolfs (Hrsg.), Kasseler Kommentar Sozialversicherungsrecht, SGB XI, § 1, Rn. 7.

1474 *Lecke*, in: Krahmer/Plantholz (Hrsg.), LPK Sozialgesetzbuch XI, § 20, Rn. 5.

1475 Siehe hierzu *Wiegand*, in: Udsching/Schütze (Hrsg.), SGB XI Kommentar, § 25, Rn. 2.

1476 *Peters*, in: Körner/Leitherer/Mutschler/Rolfs (Hrsg.), Kasseler Kommentar Sozialversicherungsrecht, SGB XI, § 20, Rn. 12, der hierzu Personen in Berufsbildungswerken und ähnlichen Einrichtungen nach Nr. 5 des Kataloges und Besucher von Fachschulen oder Berufsfachschulen nach Nr. 10 des Kataloges benennt. Die Inkongruenz ergebe sich nach Peters daraus, dass ursprünglich in § 18 des Entwurfes eines Gesetzes zur sozialen Absicherung des Risikos der Pflegebedürftigkeit (BT-Drs. 12/5262, S. 15/16; vgl. auch BT-Drs. 12/5262, Begründung S. 102–104) eine eigenständige Regelung zur Versicherungspflicht in der sozialen Pflegeversicherung vorgesehen worden sei. Bei der späteren Anlehnung des versicherungspflichtigen Personenkreises an den Kreis der in der GKV versicherten Personen wurde eine Harmonisierung nur zum Teil nachgeholt, siehe ausführlich *Peters*, in: Körner/Leitherer/Mutschler/Rolfs (Hrsg.), Kasseler Kommentar Sozialversicherungsrecht, SGB XI, § 20, Rn. 3. Vgl. ebenfalls *Ulmer*, in: Rolfs/Giesen/Kreikebohm/Udsching (Hrsg.), BeckOK Sozialrecht, SGB XI, § 20, Rn. 1, unter Bezugnahme auf das Gesetzgebungsverfahren zum SGB XI, wonach der Gesetzgeber zunächst deutlich mehr Personen in den Kreis der versicherten Personen einbeziehen wollte (BT-Drs. 12/5262, S. 15 f.), sich dann aber an der GKV orientierte (BT-Drs. 12/5920, S. 25–28; BT-Drs. 12/5952, S. 21 f., 36 f.). Zur Entstehungsgeschichte der Norm ausführlich vgl. *Lecke*, in: Krahmer/Plantholz (Hrsg.), LPK Sozialgesetzbuch XI, § 20, Rn. 3 f.

Versicherungspflicht in der GKV regelnden Entscheidungen haben unmittelbare Wirkung für die Versicherungspflicht in der SPV. Ebenfalls führen Befreiungen von der Versicherungspflicht in der GKV nach § 8 SGB V zu einer Versicherungsfreiheit in der sozialen Pflegeversicherung.[1477]

Gemäß § 20 Abs. 3 SGB XI sind auch alle freiwillig versicherten Mitglieder in der gesetzlichen Krankenversicherung versicherungspflichtig in die soziale Pflegeversicherung einbezogen.[1478] Die Personengruppe der freiwillig versicherten Mitglieder in der sozialen Pflegeversicherung richtet sich nach der in § 9 SGB V, wozu insbesondere Personen gehören, deren Familienversicherung (§ 10 SGB V) geendet hat (vgl. hierzu § 188 Abs. 4 SGB V), sowie Personen, deren Arbeitseinkommen die Jahresarbeitsentgeltgrenze überschreitet (§ 6 Abs. 1 Nr. 1 SGB V).[1479] Eine Befreiung von der Versicherungspflicht in der SPV nach § 22 Abs. 1 i.V.m. § 20 Abs. 3 SGB XI ist grundsätzlich möglich.[1480] Allerdings muss hierzu auf Antrag nachgewiesen werden, dass bei einem privaten Versicherungsunternehmer ein Versicherungsvertrag zur Absicherung des Risikos der Pflegebedürftigkeit abgeschlossen wird, aus dem folgt, dass sowohl Versicherte als auch Angehörige oder Lebenspartner, die bei Versicherungspflicht nach § 25 SGB XI familienversichert wären, Leistungen aus der privaten Versicherung beanspruchen können, die nach Art und Umfang den Leistungen des Vierten Kapitels des SGB XI gleichwertig sind (§ 22 Abs. 1 Satz 1 SGB XI). Befreite Personen sind verpflichtet, den Versicherungsvertrag aufrechtzuerhalten, solange sie krankenversichert sind (§ 22 Abs. 1 Satz 2 SGB XI).

Die Versicherungspflicht in der SPV kann nach § 21 SGB XI außerdem bei Personen angeordnet werden, die weder gesetzlich noch privat krankenversichert sind.[1481] Als Ergänzung des Grundsatzes „Pflegeversicherung folgt Krankenversicherung" verfolgt die Vorschrift den Zweck, den Kreis der pflegeversicherten Personen auf möglichst weite Teile der Bevölkerung zu erstrecken.[1482] Erfasst wird von § 21 SGB XI damit ein Personenkreis, der grundsätzlich nicht in der

1477 *Baier*, in: Krauskopf, Soziale Krankenversicherung Pflegeversicherung Kommentar, SGB XI, § 20, Rn. 5.

1478 Siehe auch *Baier*, in: Krauskopf, Soziale Krankenversicherung Pflegeversicherung Kommentar, SGB XI, § 20, Rn. 27.

1479 *Lecke*, in: Krahmer/Plantholz (Hrsg.), LPK Sozialgesetzbuch XI, § 20, Rn. 17.

1480 *Unterpaul*, in: Krauskopf, Soziale Krankenversicherung Pflegeversicherung Kommentar, SGB XI, § 1, Rn. 5.

1481 S. a. *Baumeister*, in: Rolfs/Giesen/Kreikebohm/Udsching (Hrsg.), BeckOK Sozialrecht, SGB XI, § 21, Rn. 1.

1482 *Baumeister*, in: Rolfs/Giesen/Kreikebohm/Udsching (Hrsg.), BeckOK Sozialrecht, SGB XI, § 21, Rn. 1; als „Ergänzung" des Grundsatzes noch in BT-Drs. 12/5952, S. 37 betitelt; hingegen weiche nach Wiegand die Regelung von dem die Versicherungspflicht in der PV sonst beherrschenden Grundsatz „SPV folgt GKV" ab, vgl. *Wiegand*, in: Udsching/Schütze (Hrsg.), SGB XI Kommentar, § 21, Rn. 2.

Krankenversicherung organisiert ist, aber aus besonderen Gründen Leistungen im Krankheitsfall erhält.[1483]

Insgesamt folgt aus der Anknüpfung der sozialen Pflegeversicherung an die gesetzliche Krankenversicherung, dass für Personen, die in der gesetzlichen Krankenversicherung versicherungspflichtig sind, auch eine Versicherungspflicht in der sozialen Pflegeversicherung besteht; Personen, die nicht in der GKV versichert sind, sind folglich auch nicht pflegeversicherungspflichtig.[1484] Sind in der GKV versicherte Mitglieder freiwillig oder privat krankenversichert, müssen diese ebenfalls für den Fall der Pflegebedürftigkeit abgesichert sein (§ 20 Abs. 3, § 23 SGB XI).[1485] Für besondere Personengruppen ist die Versicherungspflicht in der sozialen Pflegeversicherung nach § 21 SGB XI anzuordnen.

b. Weiterversicherung und Beitrittsrecht

Gemäß § 26 Abs. 1 Satz 1 SGB XI können sich Personen auf Antrag in der sozialen Pflegeversicherung weiterversichern, die aus einer Versicherungspflicht nach den §§ 20, 21 SGB XI ausgeschieden sind und in den letzten fünf Jahren vor dem Ausscheiden mindestens 24 Monate oder unmittelbar vor dem Ausscheiden mindestens

---

1483 Nach § 21 SGB XI gehören zu den sonstigen Personen demnach die einer Versicherungspflicht in der SPV unterliegenden Personen, die Anspruch auf Heilbehandlung oder Krankenbehandlung nach dem Bundesversorgungsgesetz (BVG) haben (Nr. 1), die Kriegsschadensrente (Nr. 2), ergänzende Hilfen zum Lebensunterhalt im Rahmen der Kriegsopferfürsorge nach dem BVG (Nr. 3), laufende Leistungen zum Unterhalt und Leistungen der Krankenhilfe nach dem SGB VIII beziehen (Nr. 4), krankenversorgungsberechtigt nach dem Bundesentschädigungsgesetz sind (Nr. 5) oder die in das Dienstverhältnis eines Soldaten auf Zeit berufen werden (Nr. 6). Zur Begründung der Norm wird in der BT-Drs. 12/5952, S. 37, angeführt, dass es keinen sachlichen Grund dafür gebe, Personen, für die in Spezialvorschriften Ansprüche auf Heil- und Krankenbehandlung, Krankenhilfe, Krankenversorgung bzw. unentgeltliche truppenärztliche Versorgung verankert seien, von der sozialen Pflegeversicherung auszugrenzen. Das Ziel, möglichst die gesamte Bevölkerung in den Versicherungsschutz einzubeziehen, rechtfertige es, den Grundsatz „Pflegeversicherung folgt Krankenversicherung“ zu ergänzen. Da nach den jeweiligen Spezialvorschriften kein Anspruch auf Versorgung bei Pflegebedürftigkeit bestehe, sei das Absicherungsbedürfnis mindestens ebenso zu bejahen wie bei krankenversicherten Personen. Anders als bei den Personengruppen, die überhaupt keinen Krankenversicherungsschutz haben, sei deren meldetechnische Erfassung, die Ermittlung ihrer beitragspflichtigen Einnahmen und die Abführung ihrer Beiträge an die zuständigen Pflegekassen unproblematisch möglich. Vgl. auch *Wiegand*, in: Udsching/Schütze (Hrsg.), SGB XI Kommentar, § 21, Rn. 2.

1484 Vgl. auch *Baier*, in: Krauskopf, Soziale Krankenversicherung Pflegeversicherung Kommentar, SGB XI, § 20, Rn. 3.

1485 Vgl. *Lecke*, in: Krahmer/Plantholz (Hrsg.), LPK Sozialgesetzbuch XI, § 20, Rn. 6.

zwölf Monate versichert waren, sofern für sie keine Versicherungspflicht bei einem privaten Krankenversicherungsunternehmen nach § 23 Abs. 1 SGB XI eintritt. Für den Beginn einer Mitgliedschaft Versicherter als Weiterversicherte in der SPV nach § 26 SGB XI ist somit ein Ausscheiden aus der Versicherungspflicht nach § 20 oder § 21 SGB XI erforderlich sowie, dass Versicherte in den letzten fünf Jahren vor dem Ausscheiden mindestens 24 Monate oder unmittelbar vor dem Ausscheiden mindestens zwölf Monate versichert gewesen sind (§ 26 Abs. 1 Satz 1 SGB XI). Gleiches gilt nach § 26 Abs. 1 Satz 2 SGB XI für Personen, deren Familienversicherung nach § 25 SGB XI endet oder nur deswegen nicht besteht, weil die Voraussetzungen von § 25 Abs. 3 SGB XI vorliegen. Hiernach sind Kinder nicht versichert, wenn der mit den Kindern verwandte Ehegatte oder Lebenspartner des Mitgliedes nach § 22 SGB XI von der Versicherungspflicht befreit oder nach § 23 SGB XI in der privaten Pflegeversicherung pflichtversichert ist und sein Gesamteinkommen regelmäßig im Monat ein Zwölftel der Jahresarbeitsentgeltgrenze nach dem SGB V übersteigt und regelmäßig höher als das Gesamteinkommen des Mitgliedes ist. Zwischen einer Weiterversicherung nach § 26 SGB XI und der freiwilligen Versicherung gemäß § 9 SGB V ergeben sich Parallelen, aber auch Unterschiede mit Blick auf eine inhaltliche und verfahrensrechtliche Ausgestaltung der Normen, da z. B. nach § 26 SGB XI eine Weiterversicherung erst auf Antrag erfolgt, nach § 9 SGB V hingegen eine Beitrittserklärung vorliegen muss.[1486] Zudem ist eine Weiterversicherung auf Antrag nach § 26 SGB XI innerhalb von drei Monaten nach Beendigung der Mitgliedschaft und der Beendigung der Familienversicherung oder nach Geburt des Kindes bei der zuständigen Pflegekasse zu stellen (§ 26 Abs. 1 Satz 3 SGB XI). Der Beginn einer Weiterversicherung ergibt sich auch ohne ausdrückliche Regelung in § 26 SGB XI oder § 49 Abs. 3 SGB XI aus dem unmittelbaren Anschluss der Weiterversicherung an die vorherige Versicherung, sodass eine Weiterversicherung im Sinne der SPV unmittelbar nach dem Ende der vorherigen Versicherung beginnt (vgl. § 188 Abs. 2 SGB V).[1487]

Mit Einführung einer Auffangversicherungspflicht in der gesetzlichen Krankenversicherung in § 5 Abs. 1 Nr. 13 SGB V sowie einer Versicherungspflicht in der privaten Krankenversicherung (§ 193 VVG) wird die praktische Bedeutung einer Weiterversicherung nach § 26 Abs. 1 SGB XI in der SPV aber voraussichtlich zurückgehen, weil nach § 26 Abs. 1 SGB XI auch eine Versicherungspflicht gemäß § 23 Abs. 1 SGB XI (Versicherungspflicht für Versicherte der privaten Krankenversicherungsunternehmen) ausgeschlossen wird.[1488]

1486 *Simon*, in: Berchtold/Huster/Rehborn (Hrsg.), Gesundheitsrecht SGB V/SGB XI, § 26 SGB XI, Rn. 2.

1487 Vgl. *Peters*, in: Körner/Leitherer/Mutschler/Rolfs (Hrsg.), Kasseler Kommentar Sozialversicherungsrecht, SGB XI, § 49, Rn. 27.

1488 *Simon*, in: Berchtold/Huster/Rehborn (Hrsg.), Gesundheitsrecht SGB V/SGB XI, § 26 SGB XI, Rn. 2.

Darüber hinaus können Personen unter unterschiedlichen Prämissen gemäß § 26a SGB XI der sozialen oder privaten Pflegeversicherung im Rahmen einer freiwilligen Mitgliedschaft beitreten. Mit Einführung eines Beitrittsrechts zur sozialen Pflegeversicherung gemäß § 26a SGB XI mit Inkrafttreten am 01.01.2002 wurde eine Entscheidung des BVerfG[1489] vom 04.03.2001 umgesetzt, wonach es zwar verfassungsrechtlich nicht zu beanstanden sei, dass der Gesetzgeber die Versicherungspflicht in der sozialen Pflegeversicherung grundsätzlich an das Bestehen eines gesetzlichen oder privaten Krankenversicherungsschutzes geknüpft habe; jedoch verstoße es gegen den allgemeinen Gleichheitssatz, dass der Gesetzgeber gleichermaßen schutzbedürftige Personen ohne Krankenversicherungsschutz vom Zugang zur gesetzlichen Pflegeversicherung ausgeschlossen habe, weil diese als Volksversicherung angelegt worden sei, sodass diesen Personen zumindest ein Beitrittsrecht zur Pflegeversicherung eingeräumt werden müsse.[1490] Die Vorschrift von § 26a SGB XI wurde somit in Umsetzung des Urteiles eingeführt, wodurch verschiedenen nicht krankenversicherten Personengruppen zum Teil befristete Beitrittsrechte eingeräumt werden.[1491] Insgesamt drei Möglichkeiten zum Beitritt in die SPV werden von § 26a SGB XI geregelt: In § 26a Abs. 1 SGB XI wird ein datumsmäßig befristetes Beitrittsrecht für Personen eingeräumt, die bei Inkrafttreten des Pflegeversicherungsgesetzes am 01.01.1995 keinen Zugang zur Pflegeversicherung hatten; in § 26a Abs. 2 SGB XI besteht ein ebenfalls datumsmäßig befristetes Beitrittsrecht für Personen, die ab einem Zeitpunkt nach dem 01.01.1995 nicht pflegeversichert (geworden) sind; schließlich regelt § 26a Abs. 3 SGB XI ein individuell befristetes Beitrittsrecht als Dauerregelung für Personen, die als Zuwanderer oder Auslandsrückkehrer im Inland ohne Pflegeversicherung sind oder bei denen die Beitrittsausschlussgründe von § 26a Abs. 1 Satz 2 SGB XI entfallen.[1492] Der Beitritt zur SPV ist schriftlich gegenüber der gewählten Pflegekasse zu stellen (§ 26a Abs. 1 Satz 3, Abs. 2 Satz 3, Abs. 3 Satz 2 SGB XI). Der Beginn des Beitrittes orientiert sich sodann am jeweiligen Beitrittsrecht.[1493]

1489 BVerfG, Urteil vom 03.04.2001, 1 BvR 81/98, BVerfGE 103, 225 ff., in: NZS, 2001, 314 ff.

1490 BVerfGE 103, 225 (225). § 26a SGB XI: Eingefügt mit Art. 1 Nr. 1 c des Gesetz[es] zur Ergänzung der Leistungen bei häuslicher Pflege von Pflegebedürftigen mit erheblichem allgemeinem Betreuungsbedarf (Pflegeleistungs-Ergänzungsgesetz) vom 14.12.2001.

1491 Vgl. *Lecke*, in: Krahmer/Plantholz (Hrsg.), LPK Sozialgesetzbuch XI, § 26a, Rn. 3.

1492 *Peters*, in: Körner/Leitherer/Mutschler/Rolfs (Hrsg.), Kasseler Kommentar Sozialversicherungsrecht, SGB XI, § 26a, Rn. 4.

1493 Nach § 26a Abs. 1 Satz 3 SGB XI wird der Beitrittsbeginn rückwirkend auf den 01.04.2001 datiert, wobei auch Vorversicherungszeiten nach § 33 Abs. 2 SGB XI als erfüllt gelten (§ 26a Abs. 1 Satz 4 SGB XI). Gemäß des Beitrittes nach § 26a Abs. 2 SGB XI beginnt die Versicherung in der SPV zum 01.01.2002 (§ 26a Abs. 2 Satz 4 SGB XI). Im Hinblick auf einen Beitritt nach § 26a Abs. 3 SGB XI erfolgt der Beitritt zur SPV mit Wirkung vom 1. Monat, der auf die Beitrittserklärung folgt (§ 26a Abs. 3 Satz 2 SGB XI).

2. Versicherungsrechtlicher Status Strafgefangener

a. Versicherungspflicht in der SPV

Für eine Versicherung in der sozialen Pflegeversicherung ist es unerheblich, ob Personen vor Antritt der Vollstreckung einer Freiheitsstrafe versicherungspflichtig oder aufgrund freiwilliger Versicherung in der gesetzlichen Krankenversicherung versichert waren, weil die soziale Pflegeversicherung hinsichtlich des Versichertenstatus der GKV folgt und nicht zwischen einer früheren versicherungspflichtigen oder freiwilligen Versicherung unterscheidet.[1494] Dementsprechend sind vor der Haft in der GKV versicherungspflichtige Personen ebenfalls versicherungspflichtige Mitglieder in der sozialen Pflegeversicherung nach § 20 Abs. 1 Satz 1, § 1 Abs. 2 Satz 1 SGB XI. Gleiches gilt für freiwillig versicherte Mitglieder in der GKV (§ 20 Abs. 3 SGB XI). Ferner gilt dies für diejenigen Gefangenen, die als Künstler oder Publizisten vor der Haft tätig waren und auch während der Haft diesen Beschäftigungen im Rahmen von Selbstbeschäftigungen nachgehen. Denn gemäß § 20 Abs. 1 Satz 1 Nr. 4 SGB XI sind ebenfalls selbstständige Künstler und Publizisten versicherungspflichtig in der SPV nach dem KSVG. Ehegatten, Lebenspartner und Kinder von in der SPV versicherungspflichtigen Gefangenen sind nach den Voraussetzungen von § 25 SGB XI familienversichert. Darüber hinaus besteht auch die Möglichkeit als Person gemäß § 21 SGB XI versicherungspflichtig in der SPV zu sein.

Liegen die Voraussetzungen für eine Mitgliedschaft in der SPV vor, beginnt die Mitgliedschaft (§ 49 Abs. 1 Satz 1 SGB XI). Dabei wird die Mitgliedschaft in der sozialen Pflegeversicherung in Anlehnung an § 186 SGB V kraft Gesetzes begründet und besteht unabhängig von einer Anmeldung und namentlichen Erfassung der Mitglieder sowie einer Erfüllung von Beitragspflichten.[1495] Die Mitgliedschaft in der sozialen Pflegeversicherung endet nach § 49 Abs. 1 Satz 2 SGB XI mit dem Tod des Mitgliedes oder mit Ablauf des Tages, an dem die Voraussetzungen einer Versicherungspflicht in der sozialen Pflegeversicherung nach § 20 oder § 21 SGB XI entfallen, außer wenn das Recht zur Weiterversicherung nach § 26 SGB XI ausgeübt wird. Endet die Versicherungspflicht Strafgefangener in der GKV, endet auch die Mitgliedschaft Gefangener in der sozialen Pflegeversicherung (§ 49 Abs. 1 Satz 2 SGB XI). Damit erlöschen zugleich Ansprüche auf Leistungen aus der sozialen Pflegeversicherung (§ 35 SGB XI), unter Ausnahme einer unentgeltlichen Inanspruchnahme von Pflegekursen nach § 45 SGB XI.[1496] Eine mit § 19 Abs. 2 Satz 1 SGB V vergleichbare Übergangsregelung sieht das Pflegeversicherungsrecht nicht

---

1494 Siehe *Koch*, in: Körner/Leitherer/Mutschler/Rolfs (Hrsg.), Kasseler Kommentar Sozialversicherungsrecht, SGB XI, § 1, Rn. 8; *Baier*, in: Krauskopf, Soziale Krankenversicherung Pflegeversicherung Kommentar, SGB XI, § 20, Rn. 2.

1495 Vgl. BT-Drs. 12/5262, S. 119; *Peters*, in: Körner/Leitherer/Mutschler/Rolfs (Hrsg.), Kasseler Kommentar Sozialversicherungsrecht, SGB XI, § 49, Rn. 4.

1496 *Lungstras*, in: Udsching/Schütze (Hrsg.), SGB XI Kommentar, § 35, Rn. 2.

vor. Allerdings werden Unterbrechungen bis zu einem Monat, entsprechend der Regelungen von § 19 Abs. 2 SGB V, als unschädlich angesehen.[1497] Für Familienversicherte nach § 25 SGB XI besteht ein nachgehender Versicherungsschutz nicht.[1498]

Strafgefangene können weiterhin in der SPV eine freiwillige Versicherung nach § 26 SGB XI beantragen. Gleiches gilt für familienversicherte Angehörige, deren Versicherung in der sozialen Pflegeversicherung ebenfalls mit dem Stammversicherten endet (§ 26 Abs. 1 Satz 2 SGB XI). Entscheiden Gefangene sich für eine freiwillige Versicherung in der SPV, richtet sich der Beitragssatz für diese nach § 55 SGB XI und ist vom nach § 26 SGB XI freiwillig Versicherten allein zu tragen ist (§ 59 Abs. 4 Satz 1 SGB XI).[1499] Ist der Gefangene vor Haftantritt nicht in der SPV versichert, besteht nach Erfüllung eines der Beitrittsrechte in § 26a SGB XI die Möglichkeit des Beitrittes zur SPV, wodurch ebenfalls eine freiwillige Pflegeversicherung begründet wird und Beiträge selbstständig zu tragen sind nach § 26a SGB XI (siehe ebenfalls § 59 Abs. 4 Satz 1 SGB XI).[1500]

Ist eine Person bereits vor Vollstreckung der Freiheitsstrafe freiwillig in der SPV versichert gewesen – wegen einer freiwilligen Versicherung in der SPV nach § 26 SGB XI oder aufgrund freiwilligen Beitrittes zur SPV in den nach § 26a SGB XI benannten Fällen –, endet die Mitgliedschaft gemäß § 49 Abs. 3 SGB XI mit dem Tod des Mitgliedes (§ 49 Abs. 3 Nr. 1 SGB XI) oder mit Erklärung des Austrittes mit Ablauf des übernächsten Kalendermonats, gerechnet von dem Monat, in dem das Mitglied den Austritt erklärt, wenn die Satzung nicht einen früheren Zeitpunkt bestimmt (§ 49 Abs. 3 Nr. 2 SGB XI).[1501] Folglich bleibt eine Person auch während der Haft Mitglied in der sozialen Pflegeversicherung, wenn die Person als freiwilliges Mitglied in der SPV versichert ist und eine Mitgliedschaft in der SPV nicht aus einem der in § 49 Abs. 3 SGB XI benannten Gründe endet. Freiwillig in der SPV versicherte Gefangene haben daher auch mit Haftantritt einen Anspruch auf Leistungen aus der SPV nach §§ 33 ff. SGB XI, § 28 SGB XI.

Leistungen aus der Pflegeversicherung erhalten Versicherte dabei aber nur, wenn sie diese beantragt haben (§ 33 Abs. 1 Satz 1 SGB XI) und die erforderliche Vorversicherungszeit nach § 33 Abs. 2 Satz 1 SGB XI erfüllen, wonach sie in

---

1497 Vgl. „Gemeinsames Rundschreiben SpVB-PK und der Verbände der PK auf Bundesebene" vom 17.04.2013 sowie „Gemeinsames Rundschreiben zu den leistungsrechtlichen Vorschriften des SGB XI" vom 22.12.2016, § 35 Ziff. 1, zitiert nach: *Lungstras*, in: Udsching/Schütze (Hrsg.), SGB XI Kommentar, § 35, Rn. 2; *Reissenberger-Safadi*, in: Krauskopf, Soziale Krankenversicherung Pflegeversicherung Kommentar, SGB XI, § 35, Rn. 4.

1498 *Lungstras*, in: Udsching/Schütze (Hrsg.), SGB XI Kommentar, § 35, Rn. 2.

1499 *Peters*, in: Körner/Leitherer/Mutschler/Rolfs (Hrsg.), Kasseler Kommentar Sozialversicherungsrecht, SGB XI, § 26, Rn. 20.

1500 *Peters*, in: Körner/Leitherer/Mutschler/Rolfs (Hrsg.), Kasseler Kommentar Sozialversicherungsrecht, SGB XI, § 26 a, Rn. 2.

1501 S. a. *Kempchen*, in: Krahmer/Plantholz (Hrsg.), LPK Sozialgesetzbuch XI, § 49, Rn. 11.

den letzten zehn Jahren vor Antragstellung mindestens zwei Jahre als Mitglied in der SPV versichert oder familienversichert gewesen sein müssen.[1502] Folglich ist es gerade wegen der erforderlichen Erfüllung einer Vorversicherungszeit nach § 33 Abs. 2 Satz 1 SGB XI – als Voraussetzung für einen Anspruch auf Leistungen aus der SPV – Strafgefangenen anzuraten, eine Versicherung in der SPV auch während der Haft aufrechtzuerhalten oder mit freiwilliger Versicherung nach § 26 SGB XI oder § 26a SGB XI fortzusetzen, wenn die Voraussetzungen hierzu vorliegen, damit eine nahtlose Erfüllung von Vorversicherungszeiten sichergestellt werden kann.[1503]

b. Kein Ruhen eines Anspruches auf Leistungen aus der SPV während der Haft

Ein Anspruch auf Leistungen der gesetzlichen Krankenversicherung kommt für Versicherte in der GKV mit Vollstreckung einer Freiheitsstrafe zum Ruhen, wenn Versicherte als Gefangene einen Anspruch auf Gesundheitsfürsorge nach den Vorschriften der Landesstrafvollzugsgesetze haben gemäß § 16 Abs. 1 Satz 1 Nr. 4 SGB V. Zu klären ist darum, ob § 16 Abs. 1 Satz 1 Nr. 4 SGB V ebenfalls auf einen Anspruch auf Leistungen aus der sozialen Pflegeversicherung Anwendung findet. Dies wäre der Fall, wenn eine entsprechende Regelung im SGB XI fehlt und das Pflegeversicherungsrecht eine Regelungslücke aufweist. Eine dem § 16 Abs. 1 Satz 1 Nr. 4 SGB V entsprechende Regelung wird in der sozialen Pflegeversicherung nicht vorgesehen. Eine Regelung zum Ruhen von Leistungsansprüchen enthält lediglich § 34 SGB XI. Gemäß § 34 Abs. 1 SGB XI ruht ein Anspruch auf Leistungen, solange sich Versicherte im Ausland aufhalten (§ 34 Abs. 1 Nr. 1 SGB XI) oder soweit Versicherte Entschädigungsleistungen wegen Pflegebedürftigkeit unmittelbar nach dem Bundesversorgungsgesetz (BVG)[1504] oder nach Gesetzen, die eine entsprechende Anwendung des BVG vorsehen, aus der GUV oder aus öffentlichen Kassen erhalten (§ 34 Abs. 1 Nr. 2 SGB XI). Auf das Ruhen von einem Anspruch auf Leistungen im Falle des Vollzuges einer Freiheitsstrafe wird sich in § 34 SGB XI nicht bezogen. Dementsprechend handelt es sich bei § 34 SGB XI um keine mit § 16 Abs. 1 Satz 1 Nr. 4 SGB V vergleichbare Vorschrift. Das SGB XI enthält in diesem Sinne eine Regelungslücke.

Zu fragen ist daher, ob § 16 Abs. 1 Satz 1 Nr. 4 SGB V entsprechend in der sozialen Pflegeversicherung auf den Fall des Strafvollzuges angewandt werden muss. Sinn und Zweck von § 16 Abs. 1 Satz 1 Nr. 4 SGB V ist, während des Strafvollzuges eine Doppelversorgung mit Leistungen der Krankenversicherung und Leistungen der Gesundheitsfürsorge im Strafvollzug zu vermeiden, da das Strafvollzugsrecht

1502 Vgl. hierzu BT-Drs. 18/5926, S. 92, zu Nr. 17.

1503 *Grühn*, in: Feest/Lesting/Lindemann (Hrsg.), AK-StVollzG, Teil V, Rn. 6; hierzu auch *Schirmer*, Soziale Sicherung von Strafgefangenen, S. 179.

1504 Gesetz über die Versorgung der Opfer des Krieges (Bundesversorgungsgesetz – BVG) vom 20.12.1950, veröffentlicht im BGBl. I 1950, S. 791 ff. am 21.12.1950.

eine eigene Gesundheitsfürsorge für Strafgefangene nach den Vorschriften der Landesstrafvollzugsgesetze vorsieht.[1505] Fraglich ist deshalb, ob die Vorschriften zur Gesundheitsfürsorge im Strafvollzug ebenfalls Leistungen der Pflege vorsehen, sodass es zu einer Doppelversorgung mit Leistungen während der Haft kommen kann. Im Hinblick auf Leistungen zur Pflege enthalten die Vorschriften der Landesstrafvollzugsgesetze kaum Anhaltspunkte. So finden sich lediglich Regelungen zur Verlegung von pflegebedürftigen Gefangenen in eine geeignetere JVA.[1506] Die Vorschriften zur Gesundheitsfürsorge nach den Landesstrafvollzugsgesetzen enthalten also keine ausdrücklichen Vorschriften für Pflegeleistungen. Konkrete Ansprüche auf Pflegeleistungen werden demnach nach den Vorschriften der Landesstrafvollzugsgesetze nicht vorgesehen. Daraus folgt, dass eine Doppelversorgung mit Leistungen zur Pflege aus der sozialen Pflegeversicherung und der Gesundheitsfürsorge nach den Landesstrafvollzugsgesetzen nicht vorliegt. Eine entsprechende Anwendung von § 16 Abs. 1 Satz 1 Nr. 4 SGB V in der sozialen Pflegeversicherung würde somit nicht dem Sinn und Zweck von § 16 Abs. 1 Satz 1 Nr. 4 SGB V entsprechen. § 16 Abs. 1 Satz 1 Nr. 4 SGB V muss demzufolge nicht entsprechend in der sozialen Pflegeversicherung auf den Fall des Strafvollzuges angewandt werden. Für in der SPV versicherungspflichtige Mitglieder kommen Ansprüche auf Leistungen aus der sozialen Pflegeversicherung mit Antritt der Haft folglich nicht zum Ruhen.

3. *Zusammenfassung*

Die geltende sozialversicherungsrechtliche Stellung Strafgefangener in der sozialen Pflegeversicherung knüpft eng an das Recht der gesetzlichen Krankenversicherung an.[1507] Versicherungspflichtig in der sozialen Pflegeversicherung sind die versicherungspflichtigen Mitglieder in der gesetzlichen Krankenversicherung (§ 1 Abs. 2 Satz 1, § 20 Abs. 1 Satz 1 SGB XI). Entfallen die Voraussetzungen für eine Versicherungspflicht nach den §§ 20, 21 SGB XI durch Beendigung einer Mitgliedschaft in der GKV endet auch die Mitgliedschaft in der sozialen Pflegeversicherung (§ 49 Abs. 1 Satz 2 SGB XI). Ob eine Person dabei in der GKV versicherungspflichtig oder freiwillig versichert ist, ist für das Bestehen einer versicherungspflichtigen Mitgliedschaft in der sozialen Pflegeversicherung unerheblich. Endet eine Mitgliedschaft in der GKV und demnach auch in der SPV, erlöschen Ansprüche auf Leistungen nach § 35 SGB XI. Ein nachgehender Anspruch auf Leistungen für einen Monat nach Ende der Mitgliedschaft wird in der sozialen Pflegeversicherung

---

1505 Vgl. zur Gesundheitsfürsorge in den Landesstrafvollzugsgesetzen §§ 32 ff. BWJVollzGB III, Art. 58 ff. BayStVollzG, §§ 74 ff. BbgJVollzG, §§ 63 ff. BremStVollzG, § 57 ff. HmbStVollzG, §§ 23 ff. HStVollzG, §§ 62 ff. StVollzG M-V, §§ 56 ff. NJVollzG, §§ 43 ff. NRWStVollzG, §§ 72 ff. LJVollzG RP, §§ 62 ff. SLStVollzG, §§ 63 ff. SächsStVollzG, §§ 73 ff. ThürJVollzGB, §§ 73 ff. JVollzG LSA, §§ 79 ff. LStVollzG SH, §§ 70 ff. StVollzG Bln.

1506 Vgl. § 34 BWJVollzGB III.

1507 *Grühn*, in: Feest/Lesting/Lindemann (Hrsg.), AK-StVollzG, Teil V, Rn. 6.

nicht vorgesehen. Unterbrechungen bis zu einem Monat werden, entsprechend der Regelungen von § 19 Abs. 2 SGB V, jedoch als unschädlich angesehen. Die Möglichkeit einer freiwilligen Versicherung in der sozialen Pflegeversicherung ist für frühere Versicherungspflichtige und Familienversicherte in § 26 Abs. 1 Satz 1 und 2 SGB XI vorgesehen. Eine freiwillige Versicherung in der sozialen Pflegeversicherung ist deshalb grundsätzlich auch für Strafgefangene möglich, entweder durch Weiterversicherung in dieser, wenn die Versicherungspflicht erloschen ist (§ 26 SGB XI), oder durch eine neue Begründung der Versicherung in der SPV durch Beitritt in diese unter Erfüllung der Voraussetzungen in § 26a SGB XI.

Sind Gefangene auch während der Haft versicherungspflichtige Mitglieder in der SPV, haben sie einen Anspruch auf Leistungen aus der sozialen Pflegeversicherung. Da die soziale Pflegeversicherung keinen dem § 16 Abs. 1 Satz 1 Nr. 4 SGB V vergleichbaren Ruhenstatbestand enthält und eine entsprechende Anwendung dem Sinn und Zweck von § 16 Abs. 1 Satz 1 Nr. 4 SGB V widersprechen würde, ruht ein Anspruch auf Leistungen aus der SPV für in der sozialen Pflegeversicherung versicherungspflichtige Mitglieder während der Haft nicht.

C. Grundsätzlich keine Berücksichtigung Gefangener in der gesetzlichen Rentenversicherung (GRV)

Die gesetzliche Rentenversicherung (GRV)[1508] umfasst die Alters-, Invaliditäts- und Hinterbliebenensicherung für Arbeitnehmer und Selbstständige (vgl. § 33 Abs. 1 SGB VI).[1509] Sie gewährt Pflichtversicherten (§ 1 ff. SGB VI), freiwillig Versicherten (§ 7 SGB VI), Nachversicherten (§ 8 SGB VI) und Hinterbliebenen (§§ 46 ff. SGB VI) Leistungen, deren Gewährleistungsumfang sich auf Leistungen zur Teilhabe (§§ 9 ff. SGB VI) und Renten wegen Alters (§ 33 Abs. 2 SGB VI, §§ 35 ff. SGB VI) oder Erwerbsminderung (§ 33 Abs. 3 SGB VI, §§ 43 ff. SGB VI) und Renten wegen Todes (§ 33 Abs. 4 SGB VI, §§ 46 ff. SGB VI) erstreckt.[1510] Je nach vorliegendem Versicherungsfall verfolgt die GRV einen anderen Sicherungszweck.[1511] Die Aufgaben der GRV (allgemeine Rentenversicherung und knappschaftliche Rentenversicherung) werden von Regionalträgern und Bundesträgern wahrgenommen (§ 125

1508 Gesetzliche Rentenversicherung: Eingefügt in das Sozialgesetzbuch als SGB VI durch das „Gesetz zur Reform der gesetzlichen Rentenversicherung" (Rentenreformgesetz – RRG – 1992) vom 18.12.1989, veröffentlicht am 28.12.1989 im BGBl. I 1989, S. 2261 ff.

1509 *Reinhardt*, in: Reinhardt/Silber (Hrsg.), LPK SGB VI Kommentar, Einführung, Rn. 1; *Eichenhofer*, Sozialrecht, Rn. 315. Zur Geschichte und den wesentlichen Reformen der GRV, siehe ausführlich *Kreikebohm* in: Kreikebohm (Hrsg.), SGB VI Kommentar, Einleitung, Rn. 1 ff; vgl. ebenfalls mit einem Überblick zur Rechtsentwicklung, *Reinhardt*, in: Reinhardt/Silber (Hrsg.), LPK SGB VI Kommentar, Einführung, Rn. 2 ff.

1510 *Eichenhofer*, Sozialrecht, Rn. 315.

1511 Ebd.

Abs. 1 Satz 1 SGB VI); für die Erfüllung der Aufgaben sind in der allgemeinen Rentenversicherung die Regionalträger, die Deutsche Rentenversicherung Bund und die Deutsche Rentenversicherung Knappschaft-Bahn-See zuständig (§ 126 Satz 1 SGB VI).[1512] Die Zielsetzung der gesetzlichen Rentenversicherung, eine finanzielle Absicherung gegen die Risiken Alter, Erwerbsminderung und Tod zu gewährleisten, teilt sich die gesetzliche Rentenversicherung mit anderen Einrichtungen.[1513] Diese bestehen entweder – wie die Systeme der Betriebs- und Zusatzrenten sowie die der individuellen privaten Vorsorge – neben der GRV oder sind anstelle der gesetzlichen Rentenversicherung möglich, wie die Systeme der Beamtenversorgung, der Versorgung von Angehörigen der Kammerberufe (selbstständig Tätige, aber auch abhängig Beschäftigte) in berufsständischen Versorgungseinrichtungen auf landesgesetzlicher Grundlage (vgl. § 6 Abs. 1 Satz 1 Nr. 1 SGB VI) oder der Alterssicherung der Landwirte.[1514]

Während der Zeit des Strafvollzuges werden beschäftigte Strafgefangene grundsätzlich nicht in die gesetzliche Rentenversicherung eingebunden. Das erforderliche besondere Bundesgesetz (vgl. § 198 Abs. 3 StVollzG) zur Einbeziehung Gefangener in die Bereiche der Sozialversicherung ist nicht erlassen worden.[1515] Ebenfalls im Hinblick auf die gesetzliche Rentenversicherung ist darum zu untersuchen, in welchen Fällen Strafgefangene auch während der Zeit des Vollzuges einer Freiheitsstrafe zum versicherten Personenkreis in der GRV gehören und in welchen Fällen Gefangene keine Berücksichtigung als Versicherte in der GRV finden.

I. Versicherter Personenkreis in der GRV

Im Recht der gesetzlichen Rentenversicherung wird zwischen einer Versicherung kraft Gesetzes (§§ 1–4 SGB VI), einer freiwilligen Versicherung (§ 7 SGB VI) und einer Aufnahme in den Kreis der Versicherten durch Nachversicherung oder Versorgungsausgleich (§ 8 SGB VI) unterschieden.[1516] Zu dem in der GRV

1512 Vgl. zur Organisationsform in der GRV seit 2005 das „Gesetz zur Organisationsreform in der gesetzlichen Rentenversicherung" (RVOrgG), veröffentlicht im BGBl. I 2004, S. 3242 ff.

1513 Vgl. *Reinhardt*, in: Reinhardt/Silber (Hrsg.), LPK SGB VI Kommentar, Einführung, Rn. 1.

1514 Ebd.; siehe zur Beamtenversorgung: „Gesetz über die Versorgung der Beamten und Richter in Bund und Ländern" (Beamtenversorgungsgesetz – BeamtVG) vom 24.08.1976, veröffentlicht im BGBl. I 1976, S. 2485 ff. Siehe zur Alterssicherung der Landwirte: „Gesetz zur Reform der argrarsozialen Sicherung" vom 29.07.1994, veröffentlicht im BGBl. I 1994, S. 1890 ff.

1515 Vgl. zur Erforderlichkeit eines besonderen Bundesgesetzes Kapitel 1, S. 81 f.

1516 S. a. *Guttenberger*, in: Körner/Leitherer/Mutschler/Rolfs (Hrsg.), Kasseler Kommentar Sozialversicherungsrecht, SGB VI, § 1, Rn. 2.

versicherungspflichtigen Personenkreis gehören unmittelbar Beschäftigte nach § 1 SGB VI, besonders schutzwürdige Gruppen der selbstständig Tätigen gemäß § 2 SGB VI, die ebenfalls einer Versicherungspflicht unterliegen, sowie sonstige Pflichtversicherte nach § 3 SGB VI. Außerdem können vereinzelte Personengruppen auf Antrag unter den Voraussetzungen von § 4 SGB VI kraft Gesetzes in der gesetzlichen Rentenversicherung einbezogen sein. Den größten Personenkreis der in der Rentenversicherung Versicherten bilden die versicherungspflichtig Beschäftigten gemäß § 1 Satz 1 Nr. 1 SGB VI.[1517]

Versicherungspflichtige in der GRV sind unabhängig von ihrer persönlichen Vorsorgefähigkeit und Vorsorgewilligkeit – unter gesetzlicher Begrenzung ihres Grundrechts auf Vorsorgefreiheit aus Art. 2 Abs. 1 GG nach typisierenden Gesichtspunkten – mit Erfüllung der gesetzlichen Voraussetzungen Teil einer staatlich organisierten Risikogemeinschaft, deren Ausgestaltung dem Gesetzgeber überlassen bleibt.[1518] Der Gesetzgeber hat dabei einen weiten Gestaltungsspielraum, der es ihm ermöglicht, den Kreis der Versicherten jeweils flexibel abzugrenzen, um gleichermaßen die Leistungsfähigkeit der Solidargemeinschaft sicherzustellen und um Schutzbedürftige zu erfassen.[1519] Zur Verfassungsmäßigkeit einer gesetzlichen Einbindung in die GRV hat das BVerfG[1520] mehrfach entschieden, dass das Sozialstaatsprinzip einen Auftrag an den Gesetzgeber enthalte, soziale Sicherungssysteme gegen die Wechselfälle des Lebens zu schaffen.[1521] Dabei sei es keine Frage der Gesetzgebungszuständigkeit nach Art. 74 Abs. 1 Nr. 12 GG,

---

1517 *Guttenberger*, in: Körner/Leitherer/Mutschler/Rolfs (Hrsg.), Kasseler Kommentar Sozialversicherungsrecht, SGB VI, § 1, Rn. 2; nach Segebrecht beziffere die Statistik der Deutschen Rentenversicherung am 31.12.2014 die Zahl der aktiv Versicherten auf rund 36,5 Mio.; davon seien rund 29,3 Mio. versicherungspflichtig Beschäftigte, vgl. *Segebrecht*, in: Kreikebohm (Hrsg.), SGB VI Kommentar, § 1, Rn. 2.

1518 Siehe BSG, Urteil vom 24.11.2005, B 12 RA 1/04 R, BSGE 95, 275 ff., SozR 4-2600 § 2 Nr. 7, juris, Rn. 25; *Berchtold*, in: Knickrehm/Kreikebohm/Waltermann (Hrsg.), Kommentar zum Sozialrecht, SGB VI, § 1, Rn. 3.

1519 Vgl. BSG, Urteil vom 24.11.2005, B 12 RA 1/04 R, BSGE 95, 275 ff., SozR 4-2600 § 2 Nr. 7, juris, Rn. 25 mit Verweis auf BVerfG, Beschluss vom 25.02.1960, 1 BvR 239/52, BVerfGE 10, 354 ff., juris; s. a. BVerfG, Beschluss vom 14.10.1970, 1 BvR 307/68, BVerfGE 29, 221 ff., juris, Rn. 29; BVerfG, Beschluss vom 09.02.1977, 1 BvL 11/74, BVerfGE 44, 70 ff., juris, Rn. 75; *Berchtold*, in: Knickrehm/Kreikebohm/Waltermann (Hrsg.), Kommentar zum Sozialrecht, SGB VI, § 1, Rn. 3.

1520 Siehe hierzu BVerfG vom 22.06.1977, 1 BvL 2/74, BVerfGE 45, 376 ff., SozR 2200 § 539 Nr. 35, S. 103; BVerfG vom 09.12.2003, 1 BvR 558/99, BVerfGE 109, 96 ff., SozR 4-5868 § 1 Nr. 2, Rn. 36; BVerfG vom 25.02.1960, 1 BvR 239/52, BVerfGE 10, 354 ff.

1521 BSG, Urteil vom 05.07.2006, B 12 KR 20/04 R, SozR 4-2600 § 157 Nr. 1, juris, Rn. 18, mit Hinweis auf BVerfG vom 22.06.1977, 1 BvL 2/74, BVerfGE 45, 376 ff., SozR 2200 § 539 Nr. 35, S. 103, zur Frage der Einbeziehung des nasciturus in den Schutz der gesetzlichen Unfallversicherung.

in welcher konkreten Weise ein Sozialversicherungssystem ausgestaltet sei.[1522] Der Gesetzgeber habe vielmehr im sozial- und gesellschaftspolitischen Bereich einen weiten Raum zur freien Gestaltung, und wenn sich dort eine Zielsetzung nur unter Eingriff in die allgemeine Handlungsfreiheit erreichen lasse, habe der Gesetzgeber das Spannungsverhältnis zwischen dem Schutz der Freiheit des Einzelnen und den Anforderungen einer sozialstaatlichen Ordnung zu lösen.[1523] Somit liege es auch bei der Bestimmung des Versichertenkreises der Sozialversicherung in der Gestaltungsfreiheit des Gesetzgebers, den Versichertenkreis so abzugrenzen, wie es für die Begründung einer leistungsfähigen Solidargemeinschaft erforderlich sei; hinsichtlich der Bestimmung des Kreises der Versicherungspflichtigen sei es ebenfalls dem Gesetzgeber überlassen, diejenigen Merkmale zu bestimmen, nach denen Sachverhalte als hinreichend gleich anzusehen seien, um sie gleich zu regeln.[1524]

II. Berücksichtigung Strafgefangener in der GRV

Auch wenn Strafgefangene grundsätzlich während der Zeit des Vollzuges einer Freiheitsstrafe nicht kraft Gesetzes in die gesetzliche Rentenversicherung einbezogen werden, ist zu prüfen, in welchen Fällen Strafgefangene dennoch versicherungspflichtig in der GRV zu berücksichtigen sind. Um versicherungspflichtig in der gesetzlichen Rentenversicherung einbezogen zu sein, muss eines der – die Versicherungspflicht in der GRV regelnden – Tatbestandsmerkmale gemäß der §§ 1 ff. SGB VI erfüllt sein. Herauszuarbeiten ist darum zunächst, ob Strafgefangene aufgrund von Beschäftigung während der Haft versicherungspflichtig in der GRV einbezogen sein können nach § 1 SGB VI.

1. Einbindung bei privatrechtlichen Beschäftigungen während der Haft

In § 1 Satz 1 Nr. 1 SGB VI wird die Versicherungspflicht der kraft Gesetzes versicherungspflichtigen Beschäftigten normiert, wobei die in § 1 Satz 1 Nr. 2 bis 4 SGB VI aufgelisteten Personen ebenfalls Beschäftigte im Sinne des Rechts der Rentenversicherung sind, ebenso wie Teilnehmer an dualen Studiengängen zur Berufsausbildung (§ 1 Satz 5 SGB VI).[1525] In der GRV sind also in erster Linie Beschäftigte kraft Gesetzes dem Modell der Zwangsversicherung entsprechend versicherungspflichtig (§ 1 Satz 1 Nr. 1 SGB VI), nach welchem die Versicherungspflicht ohne

1522 BSG, Urteil vom 05.07.2006, B 12 KR 20/04 R, SozR 4-2600 § 157 Nr. 1, juris, Rn. 23 unter Bezugnahme auf BVerfG vom 09.12.2003, 1 BvR 558/99, BVerfGE 109, 96 ff., SozR 4-5868 § 1 Nr. 2, Rn. 36.

1523 BSG, Urteil vom 05.07.2006, B 12 KR 20/04 R, SozR 4-2600 § 157 Nr. 1, juris, Rn. 25; s. a. BVerfG vom 25.02.1960, 1 BvR 239/52, BVerfGE 10, 354 (370 f.).

1524 Vgl. BSG, Urteil vom 05.07.2006, B 12 KR 20/04 R, SozR 4-2600 § 157 Nr. 1, juris, Rn. 26, 30; vgl. auch BVerfG, Beschluss vom 09.02.1977, 1 BvL 11/74 (u.a.), BVerfGE 44, 70 (90 f.).

1525 Vgl. auch *Reinhardt*, in: Reinhardt/Silber (Hrsg.), LPK SGB VI Kommentar, § 1, Rn. 2.

Willenserklärung der betroffenen Personen eintritt und weder durch mündliche noch durch schriftliche Vereinbarung ausgeschlossen werden kann (§§ 31, 32 SGB I).[1526] Im SGB VI werden keine Regelungen zu Beginn und Ende einer Versicherungspflicht vorgesehen, sodass sich Beginn und Ende einer Versicherung kraft Gesetzes allein nach dem Bestehen der die Versicherungspflicht begründenden Tatbestandsmerkmale wie dem Vorliegen einer Beschäftigung gegen Entgelt im Sinne von § 1 Satz 1 Nr. 1 SGB VI orientieren.[1527] Des Weiteren folgt aus der Versicherungspflicht nach § 1 SGB VI eine gesetzliche Verpflichtung zur Beitragszahlung (§§ 157 ff. SGB VI) sowie die Anwartschaft auf Leistungen aus der GRV bei Eintritt des von der GRV abgedeckten Risikofalles (vgl. § 23 SGB I).[1528]

In der GRV gehören zu den kraft Gesetzes Versicherten die gegen Arbeitsentgelt oder zu einer Berufsausbildung beschäftigten Personen (§ 1 Satz 1 Nr. 1 1. Hs. SGB VI). Ebenfalls besteht Versicherungspflicht während des Bezuges von Kurzarbeitergeld nach dem SGB III (§ 1 Satz 1 Nr. 1 2. Hs. SGB VI). Der Begriff der Beschäftigung richtet sich wie in den übrigen Bereichen der Sozialversicherung nach dem sozialversicherungsrechtlichen Beschäftigungsbegriff gemäß § 7 SGB IV.[1529] Demnach ist Beschäftigung die nichtselbstständige Arbeit, insbesondere in einem Arbeitsverhältnis (§ 7 Abs. 1 Satz 1 SGB IV). Vorliegen muss somit eine nicht selbstständige Tätigkeit, bei der der Arbeitnehmer vom Arbeitgeber persönlich abhängig ist.[1530] Außerdem erfordert der sozialversicherungsrechtliche Beschäftigungsbegriff einen freien Austausch von Arbeit und Lohn.[1531] Der Begriff des Entgeltes bestimmt sich nach § 14 SGB IV und umfasst alle laufenden oder einmaligen Einnahmen aus einer Beschäftigung, gleichgültig ob ein Rechtsanspruch auf Einnahmen besteht, unter welcher Bezeichnung und in welcher Form sie geleistet werden und ob sie unmittelbar aus der Beschäftigung oder im Zusammenhang mit ihr erzielt werden (vgl. § 14 Abs. 1 Satz 1 SGB IV). Weiterhin kann das Arbeitsentgelt auch Entgeltteile umfassen, die durch Entgeltumwandlung nach den

---

1526 *Reinhardt*, in: Reinhardt/Silber (Hrsg.), LPK SGB VI Kommentar, § 1, Rn. 4.

1527 Siehe *Guttenberger*, in: Körner/Leitherer/Mutschler/Rolfs (Hrsg.), Kasseler Kommentar Sozialversicherungsrecht, SGB VI, § 1, Rn. 4; *von Koch*, in: Rolfs/Giesen/Kreikebohm/Udsching (Hrsg.), BeckOK Sozialrecht, SGB VI, § 1, Rn. 5.

1528 Siehe *von Koch*, in: Rolfs/Giesen/Kreikebohm/Udsching (Hrsg.), BeckOK Sozialrecht, SGB VI, § 1, Rn. 3; *Reinhardt*, in: Reinhardt/Silber (Hrsg.), LPK SGB VI Kommentar, § 1, Rn. 4.

1529 Zu den Tatbestandsmerkmalen für das Vorliegen einer sozialversicherungsrechtlichen Beschäftigung, vgl. Kapitel 2, S. 157 ff. Siehe hierzu ferner *von Koch*, in: Rolfs/Giesen/Kreikebohm/Udsching (Hrsg.), BeckOK Sozialrecht, SGB VI, § 1, Rn. 6; *Segebrecht*, in: Kreikebohm (Hrsg.), SGB VI Kommentar, § 1, Rn. 11; *Reinhardt*, in: Reinhardt/Silber (Hrsg.), LPK SGB VI Kommentar, § 1, Rn. 5; *Guttenberger*, in: Körner/Leitherer/Mutschler/Rolfs (Hrsg.), Kasseler Kommentar Sozialversicherungsrecht, SGB VI, § 1, Rn. 7.

1530 Vgl. Kapitel 2, S. 158 f.

1531 Siehe Kapitel 2, S. 160 f.

Vorschriften des Betriebsrentengesetzes für betriebliche Altersversorgung in den Durchführungswegen Direktzusage oder Unterstützungskasse verwendet werden (§ 14 Abs. 1 Satz 2 SGB IV). Für den Eintritt einer Versicherungspflicht ist die Höhe des Arbeitsentgeltes grundsätzlich unerheblich, allerdings kann bei einem besonders niedrigen oder unverhältnismäßigen Entgelt zu fragen sein, ob dies gegen die Annahme eines Beschäftigungsverhältnisses sprechen könnte, wie z. B. auch beim Mangel an Freiwilligkeit, oder ob dieser Umstand die Annahme einer geringfügigen Beschäftigung nach § 8 SGB IV begründet, die in einer Befreiung von der Versicherung in der GRV gemäß § 5 Abs. 2 Nr. 1 SGB VI mündet.[1532] Versicherungspflicht kann hingegen auch bestehen, wenn ein Arbeitnehmer kein Entgelt, sondern ausschließlich Sachbezüge wie freie Unterkunft oder freie Kost erhält.[1533] Vorrangig ist folglich bei Anwendung von § 1 Satz 1 Nr. 1 SGB VI zu prüfen, ob nach den Kriterien von § 7 Abs. 1 SGB IV und in Abgrenzung zu einer selbstständigen Tätigkeit, die eine Versicherungspflicht nach § 2 SGB VI begründen kann, ein abhängiges Beschäftigungsverhältnis vorliegt.[1534] Weil das Versicherungsverhältnis an die konkrete Tätigkeit anknüpft, kann die Ausübung mehrerer Beschäftigungsverhältnisse gegen Arbeitsentgelt nach § 1 Satz 1 Nr. 1 SGB VI während desselben Zeitraumes zu einer Mehrfachversicherung führen, die nur durch gesetzliche Regelung ausgeschlossen werden kann.[1535] Tritt wegen ein und desselben Lebenssachverhaltes eine Versicherungspflicht ein (vgl. z. B. § 3 Satz 5 SGB VI), gilt der Grundsatz, dass die Versicherungspflicht nur aufgrund einer Vorschrift eintritt, und zwar derjenigen, die im Einzelfall den günstigeren sozialen Schutz in Form einer höher zu erwartenden Leistung gewährleistet.[1536]

Strafgefangene, die die Voraussetzungen für vollzugsöffnende Maßnahmen erfüllen, können regelmäßigen Beschäftigungen gegen Entgelt bei externen Unternehmen außerhalb des Vollzuges ohne Aufsicht im Freigang auf Grundlage eines privatrechtlichen Arbeitsverhältnisses nachgehen.[1537] Da diese Gefangenen in der Regel auf Grundlage von privatrechtlich abgeschlossenen Arbeitsverträgen tätig werden, werden die für das Vorliegen von sozialversicherungsrechtlichen

---

1532 *Guttenberger*, in: Körner/Leitherer/Mutschler/Rolfs (Hrsg.), Kasseler Kommentar Sozialversicherungsrecht, SGB VI, § 1, Rn. 12; *Segebrecht*, in: Kreikebohm (Hrsg.), SGB VI Kommentar, § 1, Rn. 3.

1533 Vgl. *Segebrecht*, in: Kreikebohm (Hrsg.), SGB VI Kommentar, § 1, Rn. 3.

1534 S. a. *Guttenberger*, in: Körner/Leitherer/Mutschler/Rolfs (Hrsg.), Kasseler Kommentar Sozialversicherungsrecht, SGB VI, § 1, Rn. 7.

1535 Vgl. *Guttenberger*, in: Körner/Leitherer/Mutschler/Rolfs (Hrsg.), Kasseler Kommentar Sozialversicherungsrecht, SGB VI, § 1, Rn. 6; zum „Doppelberufler“: s. a. BSG, Urteil vom 13.09.1979, 12 RK 26/77, BSGE 49, 38 ff., SozR 2200 § 1227 Nr. 29.

1536 Vgl. BT-Drs. 11/4124, S. 148; *Guttenberger*, in: Körner/Leitherer/Mutschler/Rolfs (Hrsg.), Kasseler Kommentar Sozialversicherungsrecht, § 1, Rn. 5.

1537 Siehe hierzu Kapitel 2, S. 211 ff.

Beschäftigungen erforderlichen Tatbestandsmerkmale nach § 7 Abs. 1 SGB IV erfüllt.[1538] Für ihre Beschäftigung erhalten sie ein Arbeitsentgelt, das regelhaft monatlich gezahlt wird und dementsprechend eine laufende Einnahme gemäß § 14 Abs. 1 Satz 1 SGB IV darstellt. Gefangene, die somit im Kontext von vollzugsöffnenden Maßnahmen im Freigang bei einem externen Unternehmer tätig sind, gehen wie Arbeitnehmer in Freiheit Beschäftigungen gegen Entgelt nach und werden folglich in der gesetzlichen Rentenversicherung als versicherungspflichtige Beschäftigte nach § 1 Satz 1 Nr. 1 SGB VI versichert.[1539]

Die Versicherungspflicht tritt demnach mit Vorliegen der Voraussetzungen ohne Willenserklärung der Betroffenen ein und kann nicht durch mündliche oder schriftliche Vereinbarung ausgeschlossen werden (vgl. §§ 31, 32 SGB I).[1540] Weiterhin folgt aus der Versicherungspflicht, dass auch beschäftigte Strafgefangene zur Zahlung von Beiträgen gesetzlich verpflichtet sind. Beitragsbemessungsgrundlage für Versicherungspflichtige im Sinne von § 1 Satz 1 Nr. 1 SGB VI sind beitragspflichtige Einnahmen wie das Arbeitsentgelt aus versicherungspflichtigen Beschäftigungen (§§ 162 Nr. 1, 161 Abs. 1 SGB VI). Dabei werden Beiträge für Versicherungspflichtige nach § 1 Satz 1 Nr. 1 SGB VI vom Versicherten und vom Arbeitgeber je zur Hälfte getragen gemäß § 168 Abs. 1 Nr. 1 SGB VI und sind unmittelbar an die Träger der Rentenversicherung zu entrichten (§ 173 SGB VI). Für die Zahlung der Beiträge von Versicherungspflichtigen aus Arbeitsentgelt finden die Regelungen über den Gesamtsozialversicherungsbeitrag (§§ 28d bis 28n und 28r SGB IV) gemäß § 174 Abs. 1 SGB VI Anwendung.

Außerdem folgt aus der Versicherungspflicht eine Anwartschaft auf Versicherungsleistungen für den Fall des Eintrittes der von der gesetzlichen Rentenversicherung abgedeckten Risiken im Sinne von §23 SGBI.[1541] In der GRV versicherungspflichtige Gefangene können daher Leistungen zur Teilhabe (§§ 9 ff. SGB VI), Renten wegen Alters (§ 33 Abs. 2 SGB VI, §§ 35 ff. SGB VI) oder Erwerbsminderung (§ 33 Abs. 3 SGB VI, §§ 43 ff. SGB VI) und Renten wegen Todes (§ 33 Abs. 4 SGB VI, §§ 46 ff. SGB VI) in Anspruch nehmen, wenn die jeweils erforderlichen Voraussetzungen für einen Anspruch auf diese Leistungen erfüllt sind.

2. Versicherungspflicht in der GRV nach dem KSVG bei Selbstbeschäftigungen

Zu fragen ist des Weiteren, ob Strafgefangene, die vor dem Vollzug der Freiheitsstrafe versicherungspflichtig in der gesetzlichen Rentenversicherung nach dem

1538 Kapitel 2, S. 223 ff.; vgl. hierzu ebenfalls *Zieglmeier*, in: Körner/Leitherer/Mutschler/Rolfs (Hrsg.), Kasseler Kommentar Sozialversicherungsrecht, SGB IV, § 7, Rn. 58a.

1539 S. a. *von Koch*, in: Rolfs/Giesen/Kreikebohm/Udsching (Hrsg.), BeckOK Sozialrecht, SGB VI, § 1, Rn. 6a.

1540 *Reinhardt*, in: Reinhardt/Silber (Hrsg.), LPK SGB VI Kommentar, § 1,Rn. 4.

1541 Ebd.

KSVG (§ 2 Satz 1 Nr. 5 SGB VI) waren, auch während der Haft versicherungspflichtig in der GRV nach dem KSVG bleiben. Gemäß § 1 KSVG werden selbstständige Künstler und Publizisten in der gesetzlichen Rentenversicherung, in der gesetzlichen Krankenversicherung und in der sozialen Pflegeversicherung nach dem KSVG versichert, wenn sie eine künstlerische oder publizistische Tätigkeit erwerbsmäßig und nicht nur vorübergehend ausüben (§ 1 Nr. 1 KSVG) und im Zusammenhang mit der künstlerischen oder publizistischen Tätigkeit nicht mehr als einen Arbeitnehmer beschäftigen, es sei denn, die Beschäftigung erfolgt zur Berufsausbildung oder ist geringfügig im Sinne des § 8 SGB IV (§ 1 Nr. 2 KSVG). § 2 KSVG definiert die Begriffe des Künstlers und des Publizisten. Demnach ist Künstler im Sinne des KSVG, wer Musik, darstellende oder bildende Kunst schafft, ausübt oder lehrt, wohingegen Publizist nach dem KSVG ist, wer als Schriftsteller, Journalist oder in ähnlicher Weise publizistisch tätig ist oder Publizistik lehrt (§ 2 KSVG). Zur Einordnung der Künstlereigenschaft ist eine Gesamtbetrachtung der Tätigkeit erforderlich.[1542] Es muss sich zudem um eine selbstständige Tätigkeit des Künstlers oder Publizisten handeln, die erwerbsmäßig ausgeübt wird, da abhängig Beschäftigte nicht im Sinne des KSVG schutzwürdig sind, weil die Absicherung dieser Personen durch allgemeine Versicherungspflichttatbestände des Sozialversicherungsrechts ausreichend ist.[1543] Selbstständig, erwerbsmäßig und nicht nur vorübergehend wird eine Tätigkeit ausgeübt, wenn die Berufstätigkeit nicht im Rahmen eines abhängigen Beschäftigungsverhältnisses stattfindet, auf Dauer angelegt und zumindest auf die Erzielung eines Arbeitseinkommens ausgerichtet ist.[1544] Auf Dauer angelegt ist eine Tätigkeit in Anlehung an die Geringfügigkeitsgrenze des § 8 Abs. 1 Nr. 2 SGB IV, wenn diese länger als zwei Monate andauert.[1545] Sind die Voraussetzungen von § 1 KSVG erfüllt, besteht Versicherungspflicht in der gesetzlichen Kranken-, Pflege- und Rentenversicherung.

Sind Strafgefangene bereits vor Antritt des Strafvollzuges als Künstler oder Publizisten in der gesetzlichen Rentenversicherung versicherungspflichtig nach dem KSVG gemäß § 2 Satz 1 Nr. 5 SGB VI, bleiben sie mit Haftantritt versicherungspflichtig in der gesetzlichen Rentenversicherung nach dem KSVG, wenn sie auch während der Zeit des Strafvollzuges die Voraussetzungen für eine Versicherung nach dem KSVG (§ 1 KSVG) erfüllen. Demnach müssen Gefangene auch während der Haft einer künstlerischen oder publizistischen Tätigkeit erwerbsmäßig nachgehen und dabei nicht mehr als einen Arbeitnehmer beschäftigen.

Strafgefangenen kann es gestattet werden, sich während des Vollzuges der Freiheitsstrafe selbst zu beschäftigen.[1546] Gegenstand von Selbstbeschäftigungen

---

1542 Vgl. *Müller*, Handbuch zur Künstlersozialversicherung, S. 15.

1543 *Müller*, Handbuch zur Künstlersozialversicherung, S. 37.

1544 Siehe *Berndt*, Die Versicherungspflicht selbständiger Künstler und Publizisten nach dem Künstlersozialversicherungsgesetz (KSVG), in: DStR 2008, 203 (204).

1545 Ebd.

1546 Vgl. § 45 Abs. 2 BWJVollzGB III, Art. 42 Abs. 2 BayStVollzG, § 31 Abs. 1 2. Alt. BbgJVollzG, § 23 Abs. 1 Satz 1 2. Alt. BremStVollzG, § 36 Abs. 1 2. Alt. HmbStVollzG

während der Haft können vor allem freiberufliche Tätigkeiten wie die des Journalisten, Künstlers oder Wissenschaftlers sein.[1547] Demzufolge können Strafgefangene bei Gestattung durch die Justizvollzugsbehörde während des Vollzuges einer Freiheitsstrafe als Künstler oder Publizist einer selbstständigen, auf Dauer angelegten Erwerbstätigkeit nachgehen und folglich versicherungspflichtig in der allgemeinen Rentenversicherung sein nach dem KSVG gemäß § 2 Satz 1 Nr. 5 SGB VI. Die Versicherungspflicht in der GRV beginnt frühestens mit dem Tag, an dem die Voraussetzungen für die Versicherung nach dem KSVG erfüllt sind (§ 8 Abs. 1 Satz 2 KSVG). Weiterhin wird mit dem KSVG eine Gleichstellung von sozial schutzbedürftigen selbstständigen Künstlern und Publizisten mit abhängig Beschäftigten angestrebt, sodass Versicherte nach dem KSVG lediglich die Hälfte der Beiträge selbst zu zahlen haben (vgl. §§ 15, 16a KSVG); Beiträge eines eigentlichen Arbeitgebers setzen sich des Weiteren aus der Künstlersozialabgabe (§§ 23 bis 26 KSVG) und einem Zuschuss des Bundes (§ 34 KSVG) zusammen gemäß § 14 KSVG.[1548] Die Bemessungsgrundlage für die Beitragshälfte des Versicherten bemisst sich aus dem Einkommen von künstlerischen und publizistischen Tätigkeiten; für die monatlichen Beiträge ist jeweils ein Zwölftel des voraussichtlichen Jahreseinkommens maßgebend (§ 165 Abs. 1 Nr. 3 SGB VI).[1549]

3. Ergebnis

Trotz einer grundsätzlichen Nichtberücksichtigung Strafgefangener in der gesetzlichen Rentenversicherung können Gefangene während der Zeit des Vollzuges der Freiheitsstrafe in zwei Ausnahmefällen in der GRV kraft Gesetzes berücksichtigt sein. So sind Strafgefangene in der gesetzlichen Rentenversicherung versicherungspflichtig einbezogen, wenn es sich bei ihnen um Beschäftigte im Sinne von § 1 Satz 1 Nr. 1 SGB VI handelt. Dies ist dann anzunehmen, wenn Gefangene sozialversicherungsrechtlichen Beschäftigungen in freien Beschäftigungsverhältnissen außerhalb der JVA nachgehen können, durch Gewährung von vollzugsöffnenden Maßnahmen. Weiterhin können Gefangene versicherungspflichtig in der gesetzlichen Rentenversicherung sein, wenn es sich bei ihnen um selbstständig tätige Künstler oder Publizisten nach näheren Bestimmungen des KSVG handelt (vgl. § 2 Satz 1 Nr. 5 SGB VI). In beiden Fällen finden Strafgefangene eine Berücksichtigung in der GRV als versicherungspflichtige Personen.

(innerhalb oder außerhalb der Anstalt), § 27 Abs. 4 Satz 1 HStVollzG, § 23 Abs. 1 Satz 1 2. Alt. StVollzG M-V, § 36 Abs. 2 NJVollzG, § 31 Abs. 2 NRWStVollzG, § 30 Abs. 1 Satz 1 2. Alt. LJVollzG RP, § 23 Abs. 1 Satz 1 2. Alt. SLStVollzG, § 23 Abs. 1 Satz 1 2. Alt. SächsStVollzG, § 30 Abs. 1 Satz 1 2. Alt. ThürJVollzGB, § 30 Abs. 1 Satz 1 2. Alt. JVollzG LSA, § 36 Abs. 1 Satz 1 2. Alt. LStVollzG SH (innerhalb oder außerhalb der Anstalt), § 26 Abs. 1 Satz 1 2. Alt. StVollzGBln.

1547 Vgl. Kapitel 2, S. 225.

1548 *Finke/Brachmann/Nordhausen*, KSVG Kommentar, Einführung, Rn. 21.

1549 *Finke/Brachmann/Nordhausen*, KSVG Kommentar, Einführung, Rn. 22.

III. Ausschluss aus der GRV bei gesetzlich zugewiesener Arbeit

Außerdem ist zu untersuchen, ob Strafgefangene auch in den Fällen, in denen sie gesetzlich zugewiesenen Beschäftigungen im Rahmen von öffentlich-rechtlichen Beschäftigungsverhältnissen der besonderen Art nachgehen, als versicherungspflichtige Beschäftigte gemäß § 1 SGB VI in der gesetzlichen Rentenversicherung versichert sind.

1. Grundsätzlich keine Versicherung kraft Gesetzes

Gemäß § 1 Satz 1 Nr. 1 1. Hs. SGB VI gehören zum Kreis der versicherungspflichtigen Personen in der GRV Personen, die gegen Arbeitsentgelt oder zu einer Berufsausbildung beschäftigt sind. Bestandteile einer sozialversicherungsrechtlichen Beschäftigung sind nach § 7 SGB IV die persönliche Abhängigkeit des Arbeitnehmers vom Arbeitgeber und traditionell die „Freiwilligkeit", wonach nur freiwillig eingegangene Beschäftigungs- und Ausbildungsverhältnisse eine Versicherungspflicht begründen können.[1550] Auf Seiten des Beschäftigten ist somit eine selbstbestimmte Entscheidung zur Aufnahme einer Beschäftigung erforderlich.[1551] Fraglich ist, ob Beschäftigungen Strafgefangener, die im Strafvollzug aufgrund von gesetzlicher Zuweisung im Rahmen von öffentlich-rechtlichen Beschäftigungsverhältnissen der besonderen Art verrichtet werden, unter den Begriff der sozialversicherungsrechtlichen Beschäftigung gemäß § 7 Abs. 1 SGB IV fallen. Überwiegend ist nach den Landesstrafvollzugsgesetzen Arbeit im Strafvollzug verpflichtend durch gesetzliche Zuweisung von Beschäftigungen, arbeitstherapeutischen oder sonstigen Beschäftigungen vorgesehen.[1552] Nur in wenigen Bundesländern wird sich in den Landesstrafvollzugsgesetzen von einer verpflichtenden Arbeit abgewendet und geregelt, dass Gefangene, die beschäftigt werden wollen, eine Arbeit beantragen können oder ihnen diese mit ihrer Zustimmung zugewiesen wird.[1553] Werden Gefangene zu einer zugewiesenen, ihren körperlichen Fähigkeiten angemessenen Beschäftigung herangezogen, zu deren Ausführung sie gesetzlich verpflichtet sind, fehlt es an einem freien Entschluss zur Arbeit.[1554] Gleiches gilt für Arbeiten, die

1550 Zu den Tatbestandsmerkmalen für das Vorliegen einer sozialversicherungsrechtlichen Beschäftigung, vgl. die Ausführungen in Kapitel 2, S. 157 ff.

1551 Siehe *von Koch*, in: Rolfs/Giesen/Kreikebohm/Udsching (Hrsg.), BeckOK Sozialrecht, SGB VI, § 1, Rn. 6a.

1552 § 47 Abs. 1 Satz 1 BWJVollzGB III, Art. 43 Satz 1 BayStVollzG, § 22 Satz 2 BremStVollzG, § 38 Abs. 1 Satz 1 HmbStVollzG, § 27 Abs. 2 Satz 1 HStVollzG, § 22 Satz 1 StVollzG M-V, § 38 Abs. 1 NJVollzG, § 29 Abs. 1 Satz 2 NRWStVollzG, § 29 Abs. 1 Satz 1 ThürJVollzGB, § 29 Abs. 2 Satz 1 JVollzGB LSA, § 35 Abs. 1 Satz 1 LStVollzG SH, § 24 Abs. 1 Satz 1 StVollzG Bln.

1553 Vgl. § 30 Abs. 1 BbgJVollzG, § 29 Abs. 1 Satz 1 LJVollzG RP, § 22 Satz 2 SLStVollzG, § 22 Abs. 1 SächsStVollzG.

1554 Siehe die Prüfung hierzu in Kapitel 2, S. 218 ff.

ihnen mit ihrer Zustimmung gesetzlich zugewiesen werden, da Gefangene auch in diesen Fällen keine privatrechtlichen Arbeitsverträge mit externen Unternehmern abschließen, sondern in einem öffentlich-rechtlichen Beschäftigungsverhältnis der besonderen Art stehen.[1555] Es fehlt demnach an einer selbstbestimmten Entscheidung zur Aufnahme einer Beschäftigung. Mangels Freiwilligkeit zur Aufnahme von Arbeit, als Tatbestandsvoraussetzung für das Vorliegen einer sozialversicherungsrechtlichen Beschäftigung, erfüllen die in einem öffentlich-rechtlichen Sonderrechtsverhältnis stehenden und während des Strafvollzuges beschäftigten Gefangenen daher nicht die Voraussetzungen einer sozialversicherungsrechtlichen Beschäftigung gemäß § 7 Abs. 1 SGB IV. Gefangene, die in einem öffentlich-rechtlichen Beschäftigungsverhältnis der besonderen Art stehen, gehören folglich nicht zu den versicherungspflichtigen Personen in der gesetzlichen Rentenversicherung nach § 1 SGB VI.

2. *Berücksichtigung Strafgefangener in der GRV als sonstige Versicherte*

Möglicherweise sind Strafgefangene, auch wenn sie gesetzlich zugewiesene Beschäftigungen im Rahmen von öffentlich-rechtlichen Beschäftigungsverhältnissen der besonderen Art verrichten, aber als sonstige Versicherte versicherungspflichtig in der gesetzlichen Rentenversicherung zu berücksichtigen gemäß § 3 SGB VI.

Mit dem Rentenreformgesetz (RRG)[1556] von 1992 wurde die Versicherungspflicht für sonstige Personengruppen (§ 3 SGB VI) in das SGB VI eingeführt als ein abschließendes Konglomerat von Einzelfallregelungen.[1557] Dabei handelt es sich um einen vorsorgenden Schutz von Beziehern einer Sozialleistung in anderen Bereichen als dem Bereich, in dem die aktuell bezogene Leistung wurzelt.[1558] Somit sollen Personen einer Versicherungspflicht in der GRV unterliegen für die Zeiten, in denen sie in keinem Beschäftigungsverhältnis stehen oder einer selbstständigen Tätigkeit nachgehen, z. B. im Hinblick auf Kindererziehungszeiten (§ 3 Satz 1 Nr. 1 SGB VI).[1559] In § 3 Satz 1 Nr. 3 1. Hs. SGB VI findet sich zudem eine generelle

---

1555 Vgl. hierzu Kapitel 2, S. 222 f.

1556 „Gesetz zur Reform der gesetzlichen Rentenversicherung" (Rentenreformgesetz – RRG – 1992) vom 18.12.1989, veröffentlicht am 28.12.1989 im BGBl. I 1989, S. 2261 ff.

1557 Siehe *von Koch*, in: Rolfs/Giesen/Kreikebohm/Udsching (Hrsg.), BeckOK Sozialrecht, SGB VI, § 3, Rn. 1; *Berchtold*, in: Knickrehm/Kreikebohm/Waltermann (Hrsg.), Kommentar zum Sozialrecht, SGB VI, § 3, Rn. 1; *Gürtner*, in: Körner/Leitherer/Mutschler/Rolfs (Hrsg.), Kasseler Kommentar Sozialversicherungsrecht, SGB VI, § 3, Rn. 16.

1558 *Berchtold*, in: Knickrehm/Kreikebohm/Waltermann (Hrsg.), Kommentar zum Sozialrecht, SGB VI, § 3, Rn. 10.

1559 *von Koch*, in: Rolfs/Giesen/Kreikebohm/Udsching (Hrsg.), BeckOK Sozialrecht, § 3, Rn. 2; BT-Drs. 11/4124, S. 149; s. a. *Gürtner*, in: Körner/Leitherer/Mutschler/Rolfs (Hrsg.), Kasseler Kommentar Sozialversicherungsrecht, SGB VI, § 3, Rn. 2.

Versicherungspflicht für Entgeltersatzleistungen, wodurch Entgeltersatzleistungen zu Beitragszeiten (§ 55 SGB VI) in der Rentenversicherung aufgewertet werden.[1560]

a. Versicherungspflicht in der Zeit für die Anrechnung von Kindererziehungszeiten

Gemäß § 3 Satz 1 Nr. 1 SGB VI können Personen versicherungspflichtig in der gesetzlichen Rentenversicherung in der Zeit sein, für die ihnen Kindererziehungszeiten als rentenrechtliche Zeiten anzurechnen sind (§ 56 SGB VI). Rentenrechtliche Zeiten sind Beitragszeiten, beitragsfreie Zeiten und Berücksichtigungszeiten (§ 54 Abs. 1 SGB VI). Zu den Beitragszeiten zählen Zeiten, für die Versicherte Pflichtbeiträge oder freiwillige Beiträge gezahlt haben (§ 55 Abs. 1 Satz 1 SGB VI).[1561] Auch Zeiten der Kindererziehung gemäß § 56 SGB VI können Pflichtbeitragszeiten nach § 55 Abs. 1 Satz 1 SGB VI sein, wenn Zeiten der Erziehung eines Kindes als Pflichtbeitragszeiten zur sozialen Absicherung der Erziehenden in einer Phase, in der eine Betreuung des Kindes in vorschulischen Einrichtungen im Allgemeinen noch nicht in Betracht kommt, anerkannt werden.[1562]

Zu untersuchen ist, ob auch bei Strafgefangenen während der Zeit des Strafvollzuges Zeiten der Kindererziehung nach § 56 SGB VI als Pflichtbeitragszeiten gemäß § 55 Abs. 1 Satz 1 SGB VI in der gesetzlichen Rentenversicherung anzuerkennen sind, und Strafgefangene somit als sonstige versicherte Personen versicherungspflichtig in der GRV berücksichtigt werden nach § 3 Satz 1 Nr. 1 SGB VI. Dies setzt voraus, dass Strafgefangene ebenso während der Zeit des Strafvollzuges Kindererziehung nachgehen können, die Kindererziehungszeiten nach § 56 SGB VI darstellen, die ihnen als Pflichtbeitragszeiten gemäß § 55 Abs. 1 Satz 1 SGB VI in der gesetzlichen Rentenversicherung anzuerkennen sind.

aa. Kindererziehungszeiten als Pflichtbeitragszeiten

Nach § 56 Abs. 1 Satz 1 SGB VI sind Kindererziehungszeiten Zeiten der Erziehung eines Kindes in dessen ersten drei Lebensjahren. Eine Kindererziehungszeit wird einem Elternteil gemäß § 56 Abs. 1 Satz 2 SGB VI angerechnet, wenn die Erziehungszeit diesem Elternteil zuzuordnen ist (§ 56 Abs. 1 Satz 2 Nr. 1 SGB VI), die Erziehung im Gebiet der Bundesrepublik Deutschland erfolgt oder einer solchen gleichsteht (§ 56 Abs. 1 Satz 2 Nr. 2 SGB VI) und wenn der Elternteil nicht von der Anrechnung ausgeschlossen ist (§ 56 Abs. 1 Satz 2 Nr. 3 SGB VI). Damit legt § 56 Abs. 1 SGB VI die allgemeinen Voraussetzungen von Kindererziehungszeiten

---

1560 Vgl. *von Koch*, in: Rolfs/Giesen/Kreikebohm/Udsching (Hrsg.), BeckOK Sozialrecht, SGB VI, § 3, Rn. 22.

1561 *Gürtner*, in: Körner/Leitherer/Mutschler/Rolfs (Hrsg.), Kasseler Kommentar Sozialversicherungsrecht, SGB VI, § 55, Rn. 2.

1562 Vgl. *Gürtner*, in: Körner/Leitherer/Mutschler/Rolfs (Hrsg.), Kasseler Kommentar Sozialversicherungsrecht, SGB VI, § 56, Rn. 2.

und deren Behandlung als Pflichtbeitragszeiten im Sinne von § 55 Abs. 1 Satz 1 SGB VI fest.[1563] Eine Erziehungszeit ist dabei demjenigen Elternteil zuzuordnen, der sein Kind erzogen hat (§ 56 Abs. 2 Satz 1 SGB VI). Haben die Eltern ihr Kind gemeinsam erzogen, können sie durch übereinstimmende Erklärung bestimmen, welchem Elternteil die Erziehungszeit zuzuordnen ist (§ 56 Abs. 2 Satz 3 SGB VI). Neben der familienrechtlichen Stellung ist somit allein die tatsächliche Erziehung wesentliches Kriterium für das Vorliegen von Kindererziehungszeiten; Zeiten der Kindererziehung können weiterhin auch durch nicht sorgeberechtigte Elternteile ausgeübt werden.[1564] Für den Erziehungsbegriff ist ein subjektiv-formaler Begriff zu beachten, weil die Kindererziehungszeiten nicht einer unterschiedlichen Honorierung von Erziehungsleistungen dienen, sodass mit dem Begriff Erziehung die Gesamtheit des tatsächlichen Verhaltens der Eltern gemeint ist, das nach ihrem Verständnis und ihren Vorstellungen dazu bestimmt und darauf gerichtet ist, die körperliche, geistige, seelische, sittliche und charakterliche Entwicklung eines Kindes zu beeinflussen.[1565] Des Weiteren ist der Erziehungsbegriff in der Rentenversicherung extensiv auszulegen.[1566]

(1) Kindererziehung im Strafvollzug

Nach § 56 Abs. 1 Satz 1 SGB VI müssen Zeiten der Kindererziehung in den ersten drei Lebensjahren eines Kindes erfüllt sein. Fraglich ist daher, ob eine Kindererziehung in den ersten drei Lebensjahren eines Kindes auch bei Inhaftierung eines erziehenden Elternteiles möglich ist. Programmatisch wird in fast allen Landesstrafvollzugsgesetzen darauf verwiesen, dass in Justizvollzugsanstalten Einrichtungen vorgesehen werden sollen, in denen Müttern/Eltern mit ihren Kindern untergebracht werden können; die Möglichkeit zur Schaffung geeigneter Plätze in den Anstalten wird in den Bundesländern eröffnet.[1567] Neben der Bildung eines

---

1563 Siehe *Gürtner*, in: Körner/Leitherer/Mutschler/Rolfs (Hrsg.), Kasseler Kommentar Sozialversicherungsrecht, SGB VI, § 56,Rn. 9.

1564 *Gürtner*, in: Körner/Leitherer/Mutschler/Rolfs (Hrsg.), Kasseler Kommentar Sozialversicherungsrecht, SGB VI, § 56, Rn. 10; BT-Drs. 10/3519, S. 14 zu Nr. 12.

1565 BSG, Urteil vom 28.02.1991, 4 RA 76/90, BSGE 68, 171 ff., SozR 3-2200 § 1227a Nr. 7, SozR 3-1100 Art. 6 Nr. 5, SozR 3-1300 § 12 Nr. 1, juris, Rn. 26; siehe ebenfalls BSG, Urteil vom 28.11.1990, 4 RA 40/90, SozR 3-2200 § 1251a Nr. 8, Rn. 17; *Gürtner*, in: Körner/Leitherer/Mutschler/Rolfs (Hrsg.), Kasseler Kommentar Sozialversicherungsrecht, SGB VI, § 56, Rn. 21.

1566 *Gürtner*, in: Körner/Leitherer/Mutschler/Rolfs (Hrsg.), Kasseler Kommentar Sozialversicherungsrecht, SGB VI, § 56, Rn. 21.

1567 So in Art. 168 BayStVollzG, § 21 HmbStVollzG, § 87 NRWStVollzG und § 74 Abs. 3 HStVollzG; aber auch nach § 10 BWJVollzGB I, § 21 BbgJVollzG, § 14 BremStVollzG, § 73 NJVollzG, § 14 StVollzG M-V, § 14 SächsStVollzG, § 21 LJVollzG RP, § 14 SLStVollzG, § 21 JVollzGB LSA, § 21 ThürJVollzGB, § 15 StVollzG Bln; siehe ferner *Weßels/Böning*, in: Feest/Lesting/Lindemann (Hrsg.), AK-StVollzG, Teil II, § 14 LandesR, Rn. 9 f.

organisatorischen Rahmens für die Unterbringung von Müttern mit ihren Kindern in der Justizvollzugsanstalt sollen mit den Vorschriften die unterschiedlichen Bedürfnisse von Müttern mit Kindern berücksichtigt werden.[1568] Demnach können noch nicht schulpflichtige Kinder einer Gefangenen mit Zustimmung des Inhabers des Aufenthaltsbestimmungsrechts in der JVA untergebracht werden, in der sich die Mutter befindet, wenn dies dem Wohle des Kindes entspricht; allerdings ist vor der Unterbringung das Jugendamt zu hören.[1569] Das Landesstrafvollzugsgesetz Baden-Württemberg weicht hiervon ab und reduziert die Aufnahme von Müttern mit ihren Kindern darauf, dass Kinder in der JVA mit aufgenommen werden können, die das dritte Lebensjahr noch nicht vollendet haben (§ 10 Abs. 1 BWJVollzGB I). Gleiches wird in Brandenburg geregelt, jedoch unter der Prämisse, dass bauliche Gegebenheiten eine Unterbringung zulassen und Sicherheitsgründe dem nicht entgegenstehen (§ 21 Abs. 1 Satz 1 BbgJVollzG).[1570] Lediglich Hamburg entscheidet sich für eine Sonderregelung und lässt eine gemeinsame Unterbringung mit der Mutter zu, wenn das Kind noch nicht fünf Jahre alt ist, und formuliert seine Vorschrift gleichzeitig als „Ultima ratio"-Regelung, in der darauf verwiesen wird, dass es keine Alternativen zur Unterbringung geben darf.[1571] In Schleswig-Holstein wird hingegen ganz auf eine entsprechende Regelung verzichtet, sodass sich für eine Umsetzung von Mutter-Kind-Einrichtungen gegebenenfalls an den anderen Bundesländern orientiert werden muss, die eine entsprechende Unterbringungsmöglichkeit vorsehen.[1572] Ausgehend vom Schutz der Familie gemäß Art. 6 GG und dem Gleichheitsgebot aus Art. 3 Abs. 1 GG muss außerdem in geeigneten Fällen eine Kindererziehung für strafgefangene Väter möglich sein, sodass auch Vätern ein Recht auf Unterbringung mit ihrem Kind zusteht; organisatorisch sollte die Unterbringung allerdings in besonderen Einrichtungen erfolgen und von einer Unterbringung im regulären Männerstrafvollzug abgesehen werden.[1573] Einige wenige

1568 *Arloth/Krä*, StVollzG, noch zu § 142 StVollzG, Rn. 1; *Weßels/Böning*, in: Feest/Lesting/Lindemann (Hrsg.), AK-StVollzG, Teil II, § 14 LandesR, Rn. 9.

1569 Art. 86 Abs. 1 BayStVollzG, § 74 Abs. 1 HStVollzG, § 73 Abs. 1 NJVollzG, § 87 Abs. 1 NRWStVollzG, § 21 Abs. 1 JVollzGB LSA, § 15 Abs. 1 StVollzG Bln. Zur Schulpflicht: Beachte die Vorschriften in den Landesschulgesetzen zum Beginn der Schulpflicht. So beginnt die Schulpflicht z. B. nach § 64 Abs. 1 Satz 1 Niedersächsisches Schulgesetz (NSchG) für Kinder, die das sechste Lebensjahr vollendet haben oder es bis zum folgenden 30.09. vollenden werden.

1570 Siehe gleichlautend § 14 Abs. 1 BremStVollzG, § 14 Abs. 1 StVollzG M-V, § 21 Abs. 1 LJVollzG RP, § 14 Abs. 1 SLStVollzG, § 14 Abs. 1 SächsStVollzG und § 21 ThürJVollzGB.

1571 Vgl. § 21 Abs. 1 HmbStVollzG; siehe *Weßels/Böning*, in: Feest/Lesting/Lindemann (Hrsg.), AK-StVollzG, Teil II, § 14 LandesR, Rn. 1.

1572 Vgl. *Weßels/Böning*, in: Feest/Lesting/Lindemann (Hrsg.), AK-StVollzG, Teil II, § 14 LandesR, Rn. 1; beachte aber § 24 LStVollzG SH sowie § 126 LStVollzG SH.

1573 *Weßels/Böning*, in: Feest/Lesting/Lindemann (Hrsg.), AK-StVollzG, Teil II, § 14 LandesR, Rn. 7; *Schirmer*, Soziale Sicherung von Strafgefangenen, S. 149 f.; vgl.

Landesstrafvollzugsgesetze verweisen ausdrücklich auf die Möglichkeit der Vater-Kind-Einrichtung.[1574] Insgesamt werden demnach in beinahe allen Landesstrafvollzugsgesetzen, unter Ausnahme von Schleswig-Holstein, Optionen vorgesehen, die die Erziehung des Kindes auch während der Haft ermöglichen, wenn die hierzu erforderlichen landesstrafvollzugsrechtlichen Voraussetzungen vorliegen und das Kind zum Zeitpunkt der Inhaftierung die festgesetzten Maximalaltersgrenzen nicht überschreitet. Da eine Erziehung von Kindern in den ersten drei Lebensjahren während der Haft für Gefangene nach fast allen Landesstrafvollzugsgesetzen grundsätzlich möglich ist, können demzufolge Zeiten der Kindererziehung in den ersten drei Lebensjahren eines Kindes im Sinne von § 56 Abs. 1 Satz 1 SGB VI vorliegen.[1575]

Außerdem muss eine Erziehungszeit demjenigen Elternteil zuzuordnen sein, der sein Kind erzogen hat (§ 56 Abs. 1 Satz 2 Nr. 1, Abs. 2 SGB VI). Haben Eltern ihr Kind gemeinsam erzogen, können sie durch übereinstimmende Erklärung bestimmen, welchem Elternteil die Erziehungszeit zuzuordnen ist (§ 56 Abs. 2 Satz 3 SGB VI). Erzieht ein Elternteil ein Kind während der ersten drei Lebensjahre des Kindes während der Zeit des Strafvollzuges in der JVA, ist die Erziehungszeit auch der gefangenen Person als erziehendem Elternteil zuzuordnen nach § 56 Abs. 2 Satz 1 SGB VI. Im Ergebnis können Strafgefangene auch während der Zeit des Strafvollzuges Kindererziehungen nachgehen und demnach die Voraussetzungen für das Vorliegen von Kindererziehungszeiten nach § 56 SGB VI erfüllen. Folglich können Strafgefangenen Kindererziehungszeiten als Pflichtbeitragszeiten gemäß § 55 Abs. 1 Satz 1 SGB VI in der gesetzlichen Rentenversicherung anerkannt werden, die rentenrechtliche Zeiten (§ 54 Abs. 1 Nr. 1 SGB VI) begründen.

(2) Kindererziehung außerhalb des Strafvollzuges

Zu klären ist jedoch, ob Kindererziehungszeiten im Sinne von § 56 SGB VI ebenfalls vorliegen können, wenn sich das Kind räumlich nicht beim erziehenden Elternteil befindet. Gemäß § 56 Abs. 1 Satz 1 SGB VI bestimmt sich der Erziehungsbegriff nach der Gesamtheit des tatsächlichen Verhaltens von Eltern, das nach ihrem Verständnis und ihren Vorstellungen dazu bestimmt und darauf gerichtet ist, die körperliche, geistige, seelische, sittliche und charakterliche Entwicklung eines Kindes zu beeinflussen. Wesentliches Kriterium für das Vorliegen von Kindererziehungszeiten ist daher die tatsächliche Erziehung. Demnach ist zu überprüfen, ob bei einer räumlichen Trennung zwischen Kind und erziehendem Elternteil ebenso eine tatsächliche Erziehung gewährleistet werden kann.

---

außerdem ausführlich hierzu *Kudlacek*, Zur Notwendigkeit eines Vater-Kind-Erwachsenenstrafvollzuges.

1574 Vgl. § 21 BbgJVollzG, § 21 Abs. 1 LJVollzG RP, § 14 Abs. 1 SächsStVollzG und § 21 ThürJVollzGB.

1575 So auch *Schirmer*, Soziale Sicherung von Strafgefangenen, S. 148 f.

Bei Aufnahme des Kindes in den elterlichen Haushalt kann regelmäßig von einer tatsächlichen Erziehung des Kindes als notwendiges Kriterium zur Erfüllung von Kindererziehungszeiten ausgegangen werden; dem ist allerdings nicht so, wenn Eltern nachweislich ihre Aufsichts- und Erziehungsaufgaben nicht wahrnehmen, mit der Folge, dass die Erziehung des Kindes durch andere Personen übernommen werden muss.[1576] Solange allerdings der erziehende Elternteil von der grundsätzlichen Einwirkungsmöglichkeit auf das Kind Gebrauch macht, ist eine räumliche Trennung vom Kind – bei einer auswärtigen Unterbringung des Elternteiles oder eines vorübergehenden Unvermögens zur Ausübung der Erziehung, etwa durch krankheitsbedingte Abwesenheit – dem Fortbestand der Haushaltsaufnahme und der Annahme einer durchgehenden Erziehung unschädlich.[1577] So wird eine Erziehung durch die Mutter bereits in den Fällen anerkannt, in denen das Kind bei den Großeltern lebt und die Mutter über die Großeltern durch konkrete Erziehungsmaßnahmen auf die Erziehung des Kindes einwirkt.[1578] Folglich muss ebenfalls für Strafgefangene gelten, dass, wenn sie ihr Kind im Wege der Gewährleistung von vollzugsöffnenden Maßnahmen außerhalb der Haft nur tagsüber betreuen und erziehen können, auch in dieser Situation grundsätzlich Einwirkungen durch konkrete Erziehungsmaßnahmen auf das Kind möglich sind und dieses tatsächlich erzogen wird. Eine räumliche Trennung zwischen dem erziehenden Elternteil und dem Kind muss dem Vorliegen der Voraussetzungen für Kindererziehungszeiten nach § 56 SGB VI somit nicht schaden.

Auch im Falle einer Kindererziehung außerhalb der JVA können Strafgefangenen demnach Kindererziehungszeiten als Pflichtbeitragszeiten gemäß § 55 Abs. 1 Satz 1 SGB VI in der gesetzlichen Rentenversicherung anerkannt werden, die rentenrechtliche Zeiten (§ 54 Abs. 1 Nr. 1 SGB VI) begründen.

bb. Ergebnis

Eine Kindererziehung ist ebenfalls in der Haft möglich, durch Schaffung der entsprechenden hierzu geeigneten Einrichtungen. Fast alle Landesstrafvollzugsgesetze sehen diese Möglichkeit vor; in einigen Bundesländern existieren bereits Mutter-Kind-Abteilungen.[1579] Sind also nach den Landesstrafvollzugsgesetzen solche

---

1576 *Gürtner*, in: Körner/Leitherer/Mutschler/Rolfs (Hrsg.), Kasseler Kommentar Sozialversicherungsrecht, SGB VI, § 56, Rn. 21.

1577 Ebd.; s. a. *Schirmer*, Soziale Sicherung von Strafgefangenen, S. 151.

1578 Vgl. hierzu BSG, Urteil vom 08.10.1992, 13 RJ 47/91, juris; siehe ebenfalls *Schirmer*, Soziale Sicherung von Strafgefangenen, S. 151.

1579 Beachte hierzu *Weßels/Böning*, in: Feest/Lesting/Lindemann (Hrsg.), AK-StVollzG, Teil II, § 14 LandesR, Rn. 11, und die dort angegebene tabellarische Auflistung zu Mutter-Kind-Einrichtungen (erstellt von: Marianne Heumüller im Oktober 2015 in Vechta). Demnach gab es im Oktober 2015 in Deutschland zehn

Einrichtungen vorhanden und wird einer solchen Unterbringung zum Wohle des Kindes zugestimmt sowie das Jugendamt hierzu gehört, können Strafgefangene ihre Kinder bis zur Erreichung einer Maximalaltersgrenze in der Haft während der Zeit des Vollzuges der Freiheitsstrafe erziehen. Unter den gleichen Bedingungen gilt dies für Männer – worauf einige Bundesländer ausdrücklich Bezug nehmen –, wenn die Aufnahme eines Vaters mit seinem Kind erforderlich ist und dies in einer besonderen Einrichtung und nicht im regulären Männerstrafvollzug durchgeführt werden kann. Zudem ist eine tatsächliche Erziehung außerhalb der Haft möglich, wenn Strafgefangene im Rahmen von vollzugsöffnenden Maßnahmen der Erziehung des Kindes außerhalb der Haft nachgehen. Liegen die Voraussetzungen von § 56 Abs. 1 SGB VI vor und ist dem strafgefangenen Elternteil die Erziehungszeit gemäß § 56 Abs. 2 SGB VI zuzuordnen, sind diese Strafgefangenen für die Zeit, für die ihnen Zeiten der Kindererziehung gemäß § 56 SGB VI anzurechnen sind nach § 3 Satz 1 Nr. 1 SGB VI, versicherungspflichtig in der gesetzlichen Rentenversicherung.

b. Versicherungspflicht beim Empfang von Entgeltersatzleistungen

Gemäß § 3 Satz 1 Nr. 3 1. Hs. SGB VI sind Personen versicherungspflichtig in der gesetzlichen Rentenversicherung für den Zeitraum einbezogen, für den sie von einem Leistungsträger Krankengeld, Verletztengeld, Versorgungskrankengeld, Übergangsgeld, Arbeitslosengeld oder von der sozialen oder einer privaten Pflegeversicherung Pflegeunterstützungsgeld beziehen, wenn sie im letzten Jahr vor Beginn der Leistung zuletzt versicherungspflichtig waren. Eine Versicherungspflicht wird gemäß § 3 Satz 1 Nr. 3 1. Hs. SGB VI somit begründet, wenn der Versicherte eine Vorversicherungszeit im letzten (Zeit-)Jahr vor Beginn der Leistung – also mindestens einen mit Pflichtbeiträgen belegten Monat im Jahr vor Beginn des Zeitraumes, für den ein erfüllbarer Anspruch kraft Gesetzes besteht oder durch Verwaltungsakt zuerkannt worden ist – erfüllt hat.[1580] Erforderlich ist daher, dass eine Versicherungspflicht in der deutschen Rentenversicherung bestanden hat und in der Zeit zwischen dem Ende der Versicherungspflicht und dem Beginn der Leistungsbeziehung keine Befreiung von der Versicherung oder eine freiwillige Versicherung vorgelegen haben.[1581] Erfüllt ein Empfänger von Lohnersatzleistungen diese Voraussetzungen nicht, kann eine Versicherungspflicht auf Antrag erfolgen gemäß § 4 Abs. 3 Satz 1 Nr. 1 1. Alt. SGB VI, um dennoch die Möglichkeit zu eröffnen, Versicherungslücken zu schließen und die Voraussetzungen

---

Mutter-Kind-Abteilungen, die sich in selbstständigen Frauenanstalten befinden, teilweise aber auch als Unterabteilungen in sonstigen Abteilungen eingebunden sind.

1580 *Berchtold*, in: Knickrehm/Kreikebohm/Waltermann (Hrsg.), Kommentar zum Sozialrecht, SGB VI, § 3, Rn. 11.

1581 *Gürtner*, in: Körner/Leitherer/Mutschler/Rolfs (Hrsg.), Kasseler Kommentar Sozialversicherungsrecht, SGB VI, § 3, Rn. 21.

für die Anrechnung einer anschließenden Anrechnungszeit (§ 58 SGB VI) zu schaffen.[1582]

aa. Versicherungspflicht während des Bezuges von Krankengeld

Fraglich ist zunächst, ob auch Strafgefangene gemäß § 3 Satz 1 Nr. 3 1. Hs. 1. Alt. SGB VI versicherungspflichtig in der gesetzlichen Rentenversicherung als sonstige Versicherte sind für den Zeitraum, für den sie von einem Leistungsträger Krankengeld gemäß § 44 SGB V beziehen, wenn sie im letzten Jahr vor Beginn der Leistung zuletzt versicherungspflichtig in der gesetzlichen Rentenversicherung waren.

Zu prüfen ist demnach, ob Strafgefangene während der Haft einen Anspruch auf Krankengeld nach § 44 SGB V haben und dieses auch beziehen können. Sind Gefangene bei Antritt der Haft Versicherte (versicherungspflichtig, freiwillig versichert oder familienversichert) in der gesetzlichen Krankenversicherung, kommt ein Anspruch auf Leistungen aus der GKV mit dem Vollzug der Freiheitsstrafe, soweit ein Anspruch auf Gesundheitsfürsorge nach den Landesstrafvollzugsgesetzen besteht, zum Ruhen gemäß § 16 Abs. 1 Satz 1 Nr. 4 SGB V, damit Doppelversorgungen mit Leistungen während der Haft vermieden werden.[1583] Die Ruhensregelung nach § 16 Abs. 1 SGB V umfasst dabei alle Leistungen des Dritten Kapitels des SGB V und demnach auch das Krankengeld.[1584] Allerdings wird in den Vorschriften der Landesstrafvollzugsgesetze ein Anspruch auf Krankengeld nicht vorgehalten. Unterfallen Gefangene daher einer Gesundheitsfürsorge durch die JVA, weil eine Mitgliedschaft in der GKV mit Antritt der Haft endet, entfällt damit auch die Möglichkeit, bei Beschäftigung während der Haft im Falle von Krankheit und darauf folgender Arbeitsunfähigkeit einen Anspruch auf Krankengeld geltend zu machen, weil nach den Vorschriften der Gesundheitsfürsorge nach den Landesstrafvollzugsgesetzen kein Krankengeld vorgesehen wird. Sind Gefangene hingegen mit Haftantritt in der gesetzlichen Krankenversicherung versichert und ruhen ihre Ansprüche auf Leistungen aus der GKV gemäß § 16 Abs. 1 Satz 1 Nr. 4 SGB V, ist ein Anspruch auf Krankengeld nach § 44 SGB V von den nach § 16 Abs. 1 Satz 1 Nr. 4 SGB V ruhenden Ansprüchen auf Leistungen auszunehmen, weil ein solcher nach den Vorschriften der Landesstrafvollzugsgesetze nicht vorgesehen ist und eine Gefahr der Doppelversorgung mit Leistungen nicht besteht.[1585] Enden

---

1582 BT-Drs. 11/4124, S. 150; s. a. *Gürtner*, in: Körner/Leitherer/Mutschler/Rolfs (Hrsg.), Kasseler Kommentar Sozialversicherungsrecht, SGB VI, § 3, Rn. 21.

1583 *Peters*, in: Körner/Leitherer/Mutschler/Rolfs (Hrsg.), Kasseler Kommentar Sozialversicherungsrecht, SGB V, § 16, Rn. 2.

1584 *Kingreen*, in: Becker/Kingreen (Hrsg.), SGB V Kommentar, § 16, Rn. 1; *Waltermann*, in: Knickrehm/Kreikebohm/Waltermann (Hrsg.), Kommentar zum Sozialrecht, SGB V, § 16, Rn. 1.

1585 *Waltermann*, in: Knickrehm/Kreikebohm/Waltermann (Hrsg.), Kommentar zum Sozialrecht, SGB V, § 16, Rn. 9; *Noftz*, in: Hauck/Noftz (Hrsg.), SGB V, K § 16, Rn. 46; *Wagner*, in: Krauskopf, Soziale Krankenversicherung Pflegeversicherung Kommentar, SGB V, § 16, Rn. 18; s. a. SG Hamburg, Entscheidung vom 05.12.2003,

Mitgliedschaften in der GKV somit nicht mit Antritt der Haft, müssen in der GKV versicherte Gefangene dementsprechend trotz eines Ruhens von Ansprüchen auf Leistungen aus der GKV weiterhin einen Anspruch auf Krankengeld haben nach § 44 SGB V, wenn die Voraussetzungen hierzu erfüllt werden.[1586] Soweit Strafgefangene bei Erfüllung der Voraussetzungen von § 44 SGB V demnach ein Krankengeld beziehen und im letzten Jahr vor Beginn der Leistung in der gesetzlichen Rentenversicherung versicherungspflichtig waren, sind sie für die Zeit des Bezuges von Krankengeld in der GRV gemäß § 3 Satz 1 Nr. 3 1. Hs. 1. Alt. SGB VI versicherungspflichtig.

bb. Keine Versicherungspflicht für die Zeit des Bezuges von Verletztengeld

Gemäß § 3 Satz 1 Nr. 3 1. Hs. 2. Alt. SGB VI sind Personen auch in der Zeit versicherungspflichtig in der gesetzlichen Rentenversicherung, für die sie von einem Leistungsträger Verletztengeld beziehen, wenn sie im letzten Jahr vor Beginn der Leistung zuletzt versicherungspflichtig waren. Fraglich ist, ob Strafgefangene für die Zeit des Bezuges von Verletztengeld als sonstige Versicherungspflichtige in der gesetzlichen Rentenversicherung einbezogen sind gemäß § 3 Satz 1 Nr. 3 1. Hs. 2. Alt. SGB VI. Hierzu müssen die Voraussetzungen von § 3 Satz 1 Nr. 3 1. Hs. 2. Alt. SGB VI erfüllt sein.

(1) Bezug von Verletztengeld

Voraussetzung für eine Versicherungspflicht in der gesetzlichen Rentenversicherung nach § 3 Satz 1 Nr. 3 1. Hs. 2. Alt. SGB VI ist, dass Strafgefangene von einem Leistungsträger Verletztengeld beziehen. Gefangene haben einen umfassenden Versicherungsschutz in der gesetzlichen Unfallversicherung, weil Strafgefangene in aller Regel nach § 2 Abs. 2 Satz 2 SGB VII in der GUV wie Wie-Beschäftigte gemäß § 2 Abs. 2 Satz 1 SGB VII i.V.m. § 2 Abs. 1 Nr. 1 SGB VII kraft Gesetzes versichert sind.[1587] Demzufolge haben Strafgefangene auch einen Anspruch auf Verletztengeld nach § 45 SGB VII, wenn die hierzu erforderlichen Voraussetzungen erfüllt

21 KR 479/96, BeckRS 2004, 40598. Demnach werde ein Krankengeldanspruch von der Ruhensregelung des § 16 Abs. 1 Satz 1 Nr. 4 SGB V nicht erfasst.

1586 Dabei gilt allerdings zu beachten, dass ein Kausalzusammenhang zwischen der Krankheit und der Arbeitsunfähigkeit (eine Tätigkeit zu verrichten) bestehen muss, vgl. BSG, Urteil vom 23.11.1971, 3 RK 26/70, BSGE 33, 202 ff., SozR Nr. 48 zu § 182 RVO, juris, Rn. 11; s. a. SG Hamburg, Urteil vom 05.12.2003, 21 KR 479/96, juris, Rn. 15. Nach SG Hamburg, Urteil vom 05.12.2003, 21 KR 479/96, juris, Rn. 15, sei ein ursächlicher Zusammenhang zu verneinen, wenn ein Gefangener erst nach Haftantritt arbeitsunfähig erkranke; ein kausaler Zusammenhang sei allerdings zu bejahen, wenn Arbeitsunfähigkeit eintrete bevor es zu einer Haft komme.

1587 Vgl. hierzu die Ausführungen oben in Kapitel 3, S. 241 ff.

werden.[1588] Liegen die Voraussetzungen für einen Anspruch auf Verletztengeld gemäß § 45 SGB VII vor, sind Strafgefangene nach dem Wortlaut von § 3 Satz 1 Nr. 3 1. Hs. 2. Alt. SGB VI versicherungspflichtig in der gesetzlichen Rentenversicherung für den Zeitraum des Bezuges von Verletztengeld, wenn sie im letzten Jahr vor Beginn der Leistung zuletzt versicherungspflichtig in der GRV waren. Das BSG[1589] hatte dies mit Urteil vom 15.12.2016 abgelehnt.

(a) Rechtsprechung des BSG vom 15.12.2016

Ende 2016 hatte das BSG[1590] darüber zu entscheiden, ob auch Strafgefangene, die bei der Ausübung von Pflichtarbeit in der JVA einen Arbeitsunfall erleiden und infolgedessen Verletztengeld aus der gesetzlichen Unfallversicherung beziehen, während der Zeit des Verletztengeldbezuges einer Versicherungspflicht in der gesetzlichen Rentenversicherung gemäß § 3 Satz 1 Nr. 3 1. Hs. 2. Alt. SGB VI unterliegen und dementsprechend Beiträge zur gesetzlichen Rentenversicherung zu entrichten haben.[1591] Der für die Rentenversicherung zuständige 5. Senat des BSG hatte sich gegen diese Schlussfolgerung entschieden und den aus seiner Sicht zu weiten Wortlaut des § 3 Satz 1 Nr. 3 1. Hs. 2 Alt. SGB VI im Wege der teleologischen Reduktion auf den ihm zugedachten Anwendungsbereich zurückgeführt.[1592]

Gemäß § 3 Satz 1 Nr. 3 1. Hs. 2. Alt. SGB VI sind Personen in der Zeit, für die sie von einem Leistungsträger Verletztengeld (§ 45 SGB VII) beziehen, als sonstige Versicherte versicherungspflichtig in der GRV. Damit erfasst die Vorschrift nach dem Wortlaut alle Versicherten, deren Versicherungspflicht nicht an eine Beschäftigung oder selbstständige Tätigkeit anknüpft.[1593] Würden nun auch Strafgefangene, die nach § 2 Abs. 2 Satz 1 SGB VII in der gesetzlichen Unfallversicherung pflichtversichert sind, in das System der gesetzlichen Rentenversicherung einbezogen, widerspreche das nach Ansicht des BSG vorrangigen eigenen Leitentscheidungen des Gesetzgebers.[1594] So sei § 3 Satz 1 Nr. 3 1. Hs. 2. Alt. SGB VI in der Weise

1588 Siehe OLG Thüringen, Urteil vom 10.03.2000, 1 Ws 24/00, juris.

1589 BSG, Urteil vom 15.12.2016, B 5 RE 2/16 R, SozR 4-2600 § 3 Nr. 7, juris.

1590 Ebd.; vorgehend Gerichtsbescheid SG Frankfurt vom 20.09.2010, S 8 U 270/08 sowie LSG Hessen, Urteil vom 28.01.2016, L 8 KR 375/13, juris.

1591 Vgl. BSG, Urteil vom 15.12.2016, B 5 RE 2/16 R, SozR 4-2600 § 3 Nr. 7, juris, Rn. 1 ff.; s. a. die Kurzwiedergabe bei *Prehn*, Rentenversicherungspflicht bei Bezug von Verletztengeld eines Strafgefangenen, in: NZS 2017, 432 (432); *Wenner*, Verletztengeld für Strafgefangene ist nicht beitragspflichtig, in: SoSi plus 2017, 1 (1).

1592 *Prehn*, Rentenversicherungspflicht bei Bezug von Verletztengeld eines Strafgefangenen, in: NZS 2017, 432 (432); vgl. auch *Wenner*, Verletztengeld für Strafgefangene ist nicht beitragspflichtig, in: SoSi plus 2017, 1 (1).

1593 BT-Drs. 11/4124, S. 149; *Gürtner*, in: Körner/Leitherer/Mutschler/Rolfs (Hrsg.), Kasseler Kommentar Sozialversicherungsrecht, SGB VI, § 3, Rn. 2; s. a. *von Koch*, in: Rolfs/Giesen/Kreikebohm/Udsching (Hrsg.), BeckOK Sozialrecht, § 3, Rn. 2.

1594 Vgl. BSG, Urteil vom 15.12.2016, B 5 RE 2/16 R, SozR 4-2600 § 3 Nr. 7, juris, Rn. 20.

einschränkend auszulegen, dass entgegen seinem Wortlaut lediglich der Bezug von Verletztengeld erfasst werde, der an die Stelle sonst rentenversicherungsrechtlich relevanter Einnahmen trete (teleologische Reduktion).[1595]

(aa) Teleologische Reduktion

Bei der teleologischen Reduktion handelt es sich um einen anerkannten, verfassungsrechtlich nicht zu beanstandenden Auslegungsgrundsatz, der dadurch gekennzeichnet ist, dass er die auszulegende Vorschrift entgegen ihrem Wortlaut hinsichtlich eines Teiles der von ihr erfassten Fälle für unanwendbar hält, weil der Sinn und Zweck, die Entstehungsgeschichte und der Gesamtzusammenhang der einschlägigen Regelungen gegen eine uneingeschränkte Anwendung spricht; droht bei einer wortlautgetreuen Auslegung ein Grundrechtsverstoß, ist eine zulässige und mit der Verfassung zu vereinbarende Auslegung der Norm entgegen deren Wortlaut geboten.[1596] Den Gerichten steht darum die Befugnis zur Korrektur des Wortlautes einer Vorschrift im Wege der richterlichen Rechtsfortbildung zu, wenn die Vorschrift nach ihrem Wortlaut auch auf Sachverhalte Anwendung findet, die nach dem erkennbaren Willen des Gesetzgebers nicht erfasst werden sollen.[1597] Die zu weit gefasste Regelung muss dementsprechend im Wege der teleologischen Reduktion auf den ihr zugedachten Anwendungsbereich zugeführt werden.[1598] Erst wenn der Regelungsbereich der Vorschrift bestimmt ist, lässt sich somit unter Beachtung des Vorbehaltes des Gesetzes nach § 31 SGB I beurteilen, welche Rechte und Pflichten in den Sozialleistungsbereichen dieses Gesetzbuches durch Verwaltungshandeln begründet, festgestellt, geändert oder aufgehoben werden dürfen.[1599]

Nach Ansicht des BSG bestehe der Sinn und Zweck von § 3 Satz 1 Nr. 3 SGB VI darin, dass Versicherten das Risiko abgenommen werde, während einer Unterbrechung der Erwerbstätigkeit selbst für eine kontinuierliche Alterssicherung

---

1595 BSG, Urteil vom 15.12.2016, B 5 RE 2/16 R, SozR 4-2600 § 3 Nr. 7, juris, Rn. 20. Zur teleologischen Reduktion, s. a. *Brandenburg*, Die teleologische Reduktion.

1596 BSG, Urteil vom 18.08.2011, B 10 EG 7/10 R, BSGE 109, 42, SozR 4-7837 § 2 Nr. 10, juris, Rn. 27; s. a. BVerfG, Beschluss vom 07.04.1997, 1 BvL 11/96, in: NJW 1997, 2230 f. Vgl. zur teleologischen Reduktion als Auslegungsgrundsatz: BVerfG, Beschluss vom 15.10.2004, 2 BvR 1316/04, in: NJW 2005, 352 f.; BVerfG Beschluss vom 07.04.1997, 1 BvL 11/96, in: NJW 1997, 2230 f.; BVerfG, Beschluss vom 30.03.1993, 1 BvR 1045/89, BVerfGE 88, 145 ff., juris, Rn. 71; BVerfGE, Beschluss vom 19.06.1973, 1 BvL 39/69 und 14/72, BVerfGE 35, 263, 279 f; BVerfG, Beschluss vom 14.03.2011, 1 BvL 13/07, juris, Rn. 38; vgl. *Larenz*, Methodenlehre der Rechtswissenschaft, S. 391 ff.

1597 Siehe BSG, Urteil vom 15.12.2016, B 5 RE 2/16 R, SozR 4-2600 § 3 Nr. 7, juris, Rn. 21.

1598 BSG, Urteil vom 15.12.2016, B 5 RE 2/16 R, SozR 4-2600 § 3 Nr. 7, juris, Rn. 21; vgl. auch BSG, Urteil vom 18.08.2011, B 10 EG 7/10 R, BSGE 109, 42, SozR 4-7837 § 2 Nr. 10, juris, Rn. 27; siehe *Larenz*, Methodenlehre der Rechtswissenschaft, S. 391 ff.; BVerfG, Beschluss vom 07.04.1997, 1 BvL 11/96, in: NJW 1997, 2230 f.

1599 BSG, Urteil vom 15.12.2016, B 5 RE 2/16 R, SozR 4-2600 § 3 Nr. 7, juris, Rn. 21.

zu sorgen und mit entsprechenden Beitragszahlungen belastet zu werden sowie Lücken in der Alterssicherung vorzubeugen.[1600] Da die Aufrechterhaltung des Schutzes in der gesetzlichen Rentenversicherung aus einem vor Eintritt des Versicherungsfalles intakten Beschäftigungsverhältnis resultiere, bedürfe es einer Schließung von Sicherungslücken in der GRV indes nicht, wenn zwar Verletztengeld gezahlt werde, dies jedoch nicht wegen einer der in der GRV unterliegenden Beschäftigung.[1601] Das sei bei Strafgefangenen der Fall, die aufgrund von gesetzlicher Zuweisung Beschäftigungen in einem öffentlich-rechtlichen Beschäftigungsverhältnis der besonderen Art nachgehen und demzufolge keiner Versicherungspflicht in der GRV nach § 1 Nr. 1 SGB VI unterliegen, aber dennoch Verletztengeld erhalten.[1602]

Der systematische Vergleich mit dem Strafvollzugsrecht spreche nach Meinung des BSG ebenfalls gegen eine Anwendung des § 3 Satz 1 Nr. 3 1. Hs. 2. Alt. SGB VI auf Strafgefangene, die Verletztengeld beziehen.[1603] Mit Entgeltersatzleistungen sollen Erwerbstätige rentenversicherungsrechtlich so gestellt werden, als sei ihre Erwerbstätigkeit nicht unterbrochen gewesen, sodass sich eine Versicherungspflicht von Lohnersatzleistungen in der gesetzlichen Rentenversicherung als Ergänzung einer Versicherungspflicht nach den §§ 1, 2 und 4 SGB VI verstehe.[1604] Im Übrigen zeige sich eine Abhängigkeit des Verletztengeldanspruches von der Beschäftigung darin, dass Beiträge in der GRV nicht aus der Lohnersatzleistung, sondern aus 80 % des dieser Leistung zugrunde liegenden Arbeitsentgeltes berechnet werden (§ 166 Abs. 1 Nr. 2 SGB VI).[1605] Würden Strafgefangene somit dem § 3 Satz 1 Nr. 3 1. Hs. 2. Alt. SGB VI unterfallen, würde dem vorübergehenden Bezug von Verletztengeld eine versicherungsrechtlich stärkere Stellung beigemessen werden als dem Regeltatbestand des Arbeitsentgeltbezuges nach den Landesstrafvollzugsgesetzen, aus dem sich der Anspruch auf Verletztengeld seinerseits ableite und der dazu bestimmt sei, den Entgeltverlust (teilweise) auszugleichen.[1606]

Der systematische Vergleich mit den Vorschriften des Unfall- und Arbeitslosenversicherungsrechts verweise in eine gleiche Richtung, denn obwohl Strafgefangene nach § 2 Abs. 2 Satz 2 SGB VII zwar kraft Gesetzes in der gesetzlichen Unfallversicherung als Beschäftigte gemäß § 2 Abs. 2 Satz 1 i.V.m. § 2 Abs. 1 Nr. 1

1600 BSG, Urteil vom 15.12.2016, B 5 RE 2/16 R, SozR 4-2600 § 3 Nr. 7, juris, Rn. 22; s. a. BSG, Urteil vom 14.02.2001, B 1 KR 25/99 R, SozR 3-2600 § 170 Nr. 1.

1601 BSG, Urteil vom 15.12.2016, B 5 RE 2/16 R, SozR 4-2600 § 3 Nr. 7, juris, Rn. 22.

1602 Siehe zum sozialversicherungsrechtlichen Beschäftigungsbegriff Kapitel 2, S. 153 ff.; vgl. weiterhin zum Ausschluss aus der GRV bei gesetzlich zugewiesener Arbeit, Kapitel 3, S. 325 ff.; vgl. ebenfalls BSG, Urteil vom 15.12.2016, B 5 RE 2/16 R, SozR 4-2600 § 3 Nr. 7, juris, Rn. 23; BSG, Beschluss vom 05.12.2001, B 7 AL 74/01 B, juris, Rn. 8.

1603 Siehe BSG, Urteil vom 15.12.2016, B 5 RE 2/16 R, SozR 4-2600 § 3 Nr. 7, juris, Rn. 24.

1604 Ebd.

1605 Ebd.

1606 Ebd.

SGB VII versichert und ebenfalls als sonstige Versicherte versicherungspflichtig in das Arbeitsförderungsrecht (§ 26 Abs. 1 Nr. 4 SGB III) einbezogen seien, könne hieraus nicht geschlossen werden, dass für Verletztengeld beziehende Gefangene zugleich auch ein Versicherungsschutz in der gesetzlichen Rentenversicherung bestehe – resp. bestehen müsse.[1607] Vielmehr werde daraus gerade das Gegenteil ersichtlich, nämlich dass der Gesetzgeber vor allem dann, wenn er Strafgefangene in den Schutzbereich eines sozialen Sicherungssystems einbezogen wissen wolle, konkretisierte und spezielle Regelungen erlasse, weil er diesen Personenkreis von den allgemeinen Vorschriften nicht erfasst ansehe.[1608] So seien Strafgefangene im Arbeitsförderungsrecht als sonstige Versicherungspflichtige gemäß § 26 Abs. 1 Nr. 4 SGB III einbezogen, genauso wie die Bezieher von Verletztengeld nach § 26 Abs. 2 Nr. 1 SGB III; in der GRV unterwerfe der Gesetzgeber jedoch lediglich die Bezieher von Verletztengeld einer Versicherungspflicht, als sonstige Versicherte nach § 3 SGB VI.[1609] Eine spezielle Versicherungspflicht für Strafgefangene, als z. B. sonstige Versicherte, habe der Gesetzgeber im Rentenversicherungsrecht nicht eingeführt, womit hinreichend zum Ausdruck gebracht werde, dass diese Personengruppe nicht in den Schutzbereich der GRV eingegliedert werden solle.[1610] Außerdem werde die rentenversicherungsrechtlichen Folgen einer Strafhaft vom Gesetzgeber nicht übersehen, da nach § 205 SGB VI für den Fall entschädigungspflichtiger Strafverfolgungsmaßnahmen die Möglichkeit einer Nachzahlung freiwilliger Beiträge in der GRV vorgesehen sei, sodass angesichts dessen eine Nichtregelung der Versicherungs- und Beitragspflicht von Beschäftigungen Strafgefangener in der GRV nur den Schluss zulasse, dass diese Nichtbeachtung dem gesetzgeberischen Willen entspreche.[1611]

Auch nach der historischen Auslegung lasse sich kein anderes Resultat feststellen.[1612] Obwohl die soziale Sicherung von Gefangenen in der gesetzlichen Unfallversicherung eine lange Tradition habe, sei eine Einbeziehung in der gesetzlichen Kranken-, Renten- und Arbeitslosenversicherung zunächst nicht vorgesehen gewesen, sondern erst mit Einführung eines bundeseinheitlichen StVollzG die Voraussetzungen für eine Berücksichtigung Gefangener in der Sozialversicherung geschaffen.[1613] Den historischen Gesetzesmaterialien hierzu sei in aller Deutlichkeit zu entnehmen, dass der Gesetzgeber Gefangene nach bisherigem Recht vom Schutzbereich der Altersrentenversicherung nicht umfasst angesehen, sondern eine Einbindung in der GRV vom Erlass eines besonderen Bundesgesetzes abhängig gemacht habe (vgl. § 198 Abs. 3 StVollzG).[1614] So sei weiterhin davon

1607 BSG, Urteil vom 15.12.2016, B 5 RE 2/16 R, SozR 4-2600 § 3 Nr. 7, juris, Rn. 25 f.
1608 BSG, Urteil vom 15.12.2016, B 5 RE 2/16 R, SozR 4-2600 § 3 Nr. 7, juris, Rn. 26.
1609 Ebd.
1610 Ebd.
1611 Ebd.
1612 BSG, Urteil vom 15.12.2016, B 5 RE 2/16 R, SozR 4-2600 § 3 Nr. 7, juris, Rn. 27.
1613 Ebd.
1614 Vgl. ebd.

auszugehen, dass der Ausschluss Strafgefangener aus der gesetzlichen Rentenversicherung allenfalls erst zukünftig beseitigt werde.[1615]

(bb) Kein Verstoß gegen Verfassungsrecht

Des Weiteren sei die für geboten erachtete teleologische Reduktion des § 3 Satz 1 Nr. 3 1. Hs. 2. Alt. SGB VI mit Verfassungsrecht vereinbar.[1616] Nach Ansicht des Senates werde hierdurch die Eigentumsgarantie des Art. 14 Abs. 1 GG nicht verletzt.[1617] Auch wenn die Anwartschaft auf eine Rente aus eigener Versicherung in der gesetzlichen Rentenversicherung in den Schutzbereich von Art. 14 Abs. 1 GG falle, sei eine Verletzung der Eigentumsgarantie aus Art. 14 Abs. 1 GG nicht ersichtlich, weil eine derart verfassungsrechtlich verfestigte Anspruchsposition erst entstehen könne, wenn ihr eine solche nach einfachem Recht zuerkannt werde, vorliegend also am normativen Gehalt des § 3 Satz 1 Nr. 3 SGB VI.[1618] Diesen zu ermitteln sei allerdings nicht Aufgabe einer isolierten Wortauslegung im Rahmen eines Zwanges zur wörtlichen Auslegung, denn der Wortsinn einer Vorschrift bilde nur eine vorläufige Grundlage oder eine erste Orientierung der Auslegung von Gesetzen.[1619] Maßgeblich sei hingegen der aus der Vorschrift zum Ausdruck kommende objektive Wille des Gesetzgebers, wie er sich aus dem Wortlaut einer Vorschrift und dem Sinnzusammenhang ergebe, in den sie hineingestellt sei.[1620] Der Entstehungsgeschichte einer Vorschrift komme für deren Auslegung nur insofern Bedeutung zu, als dass sie die Richtigkeit einer nach den angegebenen Grundsätzen ermittelten Auslegung bestätige oder Zweifel behebe, die ansonsten nicht ausgeräumt werden können.[1621] Der objektive Wille des Gesetzgebers sei insofern unzweifelhaft, als dass § 3 Satz 1 Nr. 3 SGB VI keine Anwendung auf Strafgefangene finde, die Verletztengeld beziehen.[1622]

1615 Siehe BSG, Urteil vom 15.12.2016, B 5 RE 2/16 R, SozR 4-2600 § 3 Nr. 7, juris, Rn. 27.

1616 BSG, Urteil vom 15.12.2016, B 5 RE 2/16 R, SozR 4-2600 § 3 Nr. 7, juris, Rn. 28.

1617 BSG, Urteil vom 15.12.2016, B 5 RE 2/16 R, SozR 4-2600 § 3 Nr. 7, juris, Rn. 29.

1618 Ebd.

1619 Vgl. st. Rspr. BSG, Urteil vom 15.12.2016, B 5 RE 2/16 R, SozR 4-2600 § 3 Nr. 7, juris, Rn. 29; BVerfG, Beschluss vom 27.02.2007, 1 BvL 10/00, BVerfGE 117, 272 (292) m.w.N.; BVerfG, Beschluss vom 11.11.2008, 1 BvL 3-7/05, BVerfGE 122, 151 (180 f.) m.w.N.

1620 BSG, Urteil vom 15.12.2016, B 5 RE 2/16 R, SozR 4-2600 § 3 Nr. 7, juris, Rn. 29; s. a. st. Rspr. BVerfG, Urteil vom 21.05.1952, 2 BvH 2/52, BVerfGE 1, 299 (312); BVerfG, Beschluss vom 17.05.1960, BVerfGE 11, 126 (130 f.); BVerfG, Urteil vom 20.03.2002, 2 BvR 794/95, BVerfGE 105, 135 (157).

1621 Vgl. st. Rspr. BVerfG, Urteil vom 21.05.1952, 2 BvH 2/52, BVerfGE 1, 299 (312); BVerfG, Beschluss vom 17.05.1960, BVerfGE 11, 126 (130 f.); BVerfG, Urteil vom 20.03.2002, 2 BvR 794/95, BVerfGE 105, 135 (157).

1622 BSG, Urteil vom 15.12.2016, B 5 RE 2/16 R, SozR 4-2600 § 3 Nr. 7, juris, Rn. 29.

Weiterhin werde durch das vom Senat für zutreffend erachtete Verständnis des § 3 Satz 1 Nr. 2 SGB VI ein dem allgemeinen Gleichheitssatz widersprechendes Ergebnis vermieden.[1623] Art. 3 Abs. 1 GG gebiete dem Gesetzgeber, wesentlich Gleiches gleich und wesentlich Ungleiches ungleich zu behandeln.[1624] Als wesentlich gleiche Vergleichsgruppe könnten vorliegend die Gruppe der Gefangene, die einer gesetzlich zugewiesenen Arbeit in einem öffentlich-rechtlichen Beschäftigungsverhältnis der besonderen Art nachgehen, angesehen werden; ein Vergleich mit Gefangenen, die im Rahmen von vollzugsöffnenden Maßnahmen Beschäftigungen außerhalb der Haft im Freigang nachgehen, seien hingegen keine zu berücksichtigende Vergleichsgruppe nach Art. 3 Abs. 1 GG.[1625] Eine Ungleichbehandlung ergebe sich aus § 3 Satz 1 Nr. 3 SGB VI, denn würden demnach im Rahmen von öffentlich-rechtlichen Beschäftigungen im Strafvollzug nur Zeiten des Bezuges von Verletztengeld dem Schutz in der gesetzlichen Rentenversicherung unterfallen, nicht aber jegliche Zeiten, in denen ein Strafgefangener seiner Arbeitspflicht nachkomme, müsste sich dies nach Art. 3 Abs. 1 GG rechtfertigen lassen.[1626] Art. 3 Abs. 1 GG sei somit verletzt, wenn sich ein vernünftiger, aus der Natur der Sache ergebender oder sonst sachlich einleuchtender Grund für die gesetzliche Differenzierung oder Ungleichbehandlung nicht finden lasse.[1627] Da vorliegend keine hinreichend sachlichen Gründe erkennbar seien, warum dem nicht arbeitenden Gefangenen, der Verletztengeld beziehe, eine sozialversicherungsrechtliche Besserstellung gegenüber arbeitenden Gefangenen zukommen solle, können folglich im Lichte von Art. 3 Abs. 1 GG nicht zu rechtfertigen sein.[1628]

(cc) Bewertung

Das BSG hat in seiner Entscheidung vom 15.12.2016 klargestellt, dass Strafgefangene nur dann Berücksichtigung in einem Sozialversicherungsbereich finden, wenn der Gesetzgeber eine Einbeziehung Gefangener in diesen vorgesehen hat.[1629] Auch wenn Gefangene kraft Gesetzes in der gesetzlichen Unfallversicherung versichert

---

1623 BSG, Urteil vom 15.12.2016, B 5 RE 2/16 R, SozR 4-2600 § 3 Nr. 7, juris, Rn. 30.

1624 BSG, Urteil vom 15.12.2016, B 5 RE 2/16 R, SozR 4-2600 § 3 Nr. 7, juris, Rn. 30; s. a. st. Rspr. BVerfG, Urteil vom 23.10.1951, 2 BvG 1/51, BVerfGE 1, 14 (52); BVerfGE 13, 46 (53); BVerfGE 98, 365 (385); BVerfGE 113, 167 (214).

1625 BSG, Urteil vom 15.12.2016, B 5 RE 2/16 R, SozR 4-2600 § 3 Nr. 7, juris, Rn. 30.

1626 Ebd.

1627 BSG, Urteil vom 15.12.2016, B 5 RE 2/16 R, SozR 4-2600 § 3 Nr. 7, juris, Rn. 30; vgl. auch BVerfGE 1, 14 (52); BVerfGE 113, 167 (214).

1628 BSG, Urteil vom 15.12.2016, B 5 RE 2/16 R, SozR 4-2600 § 3 Nr. 7, juris, Rn. 30.

1629 S. a. *Habel*, Anmerkung zu BSG, Urteil vom 12.9.2017, B 11 AL 18/16 R, Zur Versicherungspflicht von gegen Entgelt in der Haft arbeitender Gefangener in der Arbeitslosenversicherung während arbeitsfreier Samstage, Sonntage und Feiertage, in: NZS 2018, 315 (319) zur Entscheidung des BSG, Urteil vom 12.09.2017, B 11 AL 18/16 R.

sind und demnach einen Anspruch auf Verletztengeld haben, ist eine Versicherungspflicht in der gesetzlichen Rentenversicherung für Gefangene als sonstige Versicherte nach § 3 Satz 1 Nr. 3 1. Hs. 2. Alt. SGB VI zu verneinen. Die Vorschrift des § 3 SGB VI ist nach Ansicht des BSG zu weit und dementsprechend entgegen ihrem Wortlaut im Wege der teleologischen Reduktion durch Auslegung nach Sinn und Zweck, Gesetzessystematik und Historie auf den ursprünglichen Willen des Gesetzgebers zurückzuführen.[1630] Gemäß § 31 SGB I dürfen Rechte und Pflichten in den Sozialleistungsbereichen des Sozialgesetzbuches allerdings nur begründet, festgestellt, geändert oder aufgehoben werden, soweit ein Gesetz es vorschreibt oder zulässt. Rechte und Pflichten, die sich aus § 3 Satz 1 Nr. 3 1. Hs. 2. Alt. SGB VI ergeben, dürfen demnach nur durch Gesetz begründet, festgestellt, geändert oder aufgehoben werden. Fraglich ist, ob der Vorbehalt des Gesetzes im vorliegenden Fall im Wege der teleologischen Reduktion des § 3 Satz 1 Nr. 3 1. Hs. 2. Alt. SGB VI umgangen werden muss. Dies wäre der Fall, wenn die Vorschrift nach ihrem Wortlaut auch auf Sachverhalte Anwendung findet, die nach dem erkennbaren Willen des Gesetzgebers nicht erfasst werden sollen, da der Sinn und Zweck, die Entstehungsgeschichte sowie der Gesamtzusammenhang der Vorschrift gegen eine uneingeschränkte Anwendung sprechen, sodass die zu weit gefasste Regelung im Wege der teleologischen Reduktion auf den ihr zugedachten Anwendungsbereich zugeführt werden muss.[1631]

Ob Strafgefangene in die Sozialversicherung einzubeziehen sind, wurde während des Gesetzgebungsverfahrens zum Bundesstrafvollzugsgesetz ausführlich diskutiert.[1632] Entschieden wurde sich schlussendlich für die Lösung, die Einbeziehung Gefangener in die Sozialversicherung von dem Inkrafttreten eines besonderen Bundesgesetzes abhängig zu machen, wobei davon abgesehen wurde, hierfür eine zeitliche Befristung im Gesetz aufzunehmen. Problematisch hatte sich diese gesetzgeberische Selbstverpflichtung im Hinblick auf eine Einbindung Gefangener in die gesetzliche Krankenversicherung und in die gesetzliche Rentenversicherung erwiesen, da ein besonderes Bundesgesetz für eine Einbindung Gefangener in diese Sozialversicherungsbereiche bis heute nicht in Kraft getreten ist. Hinzu kommt, dass im Hinblick auf Beschäftigungsverhältnisse im Strafvollzug zu unterscheiden ist in Beschäftigungen, denen Gefangene aufgrund von vollzugsöffnenden Maßnahmen auf Grundlage von Arbeitsverträgen mit externen Arbeitgebern außerhalb der Haft im echten Freigang nachgehen können, und in Beschäftigungen, die Gefangenen gesetzlich zugewiesen werden und die sie im Rahmen von öffentlich-rechtlichen Beschäftigungsverhältnissen der besonderen Art ausüben.

1630 BSG, Urteil vom 15.12.2016, B 5 RE 2/16 R, SozR 4-2600 § 3 Nr. 7, juris, Rn. 20.

1631 BSG, Urteil vom 15.12.2016, B 5 RE 2/16 R, SozR 4-2600 § 3 Nr. 7, juris, Rn. 21; vgl. auch BSG, Urteil vom 18.08.2011, B 10 EG 7/10 R, BSGE 109, 42, SozR 4-7837 § 2 Nr. 10, juris, Rn. 27; *Larenz*, Methodenlehre der Rechtswissenschaft, S. 391 ff.; BVerfG, Beschluss vom 07.04.1997, 1 BvL 11/96, in: NJW 1997, 2230 f.

1632 Vgl. Kapitel 1, S. 68 ff.

Nur Beschäftigungen im Freigang stellen dabei eine sozialversicherungsrechtliche Beschäftigung gemäß § 7 Abs. 1 SGB IV dar und führen zu einer Versicherung kraft Gesetzes in allen Sozialversicherungsbereichen.[1633] Beschäftigungen, die Gefangenen gesetzlich zugewiesen werden, profitieren durch eine Einbindung in die gesetzliche Unfallversicherung und in die Arbeitslosenversicherung, weil der Gesetzgeber eine Einbindung Gefangener hier explizit vorgesehen hat. Da im Rahmen von öffentlich-rechtlichen Beschäftigungsverhältnissen der besonderen Art ausgeführte Arbeiten jedoch keine Arbeiten im Sinne des Sozialversicherungsrechts gemäß § 7 Abs. 1 SGB IV sind, weil es ihnen an einem freien Austausch von Lohn und Arbeit mangelt, werden die in ihnen beschäftigten Gefangenen in der gesetzlichen Krankenversicherung, Pflegeversicherung und Rentenversicherung nicht versicherungspflichtig einbezogen. Diese Aspekte sind bei der Auslegung von § 3 Satz 1 Nr. 3 1. Hs. 2. Alt. SGB VI zu berücksichtigen.

Der Bezug von Verletztengeld hat die Aufgabe, Betroffene im Wesentlichen so zu stellen, als würden sie ihre Beschäftigungen fortsetzen und weiterhin Arbeitsentgelt beziehen.[1634] Der Sinn und Zweck von § 3 Satz 1 Nr. 3 SGB VI besteht darin, dass Versicherten das Risiko abgenommen werden soll, während einer Unterbrechung der Erwerbstätigkeit selbst für eine kontinuierliche Alterssicherung zu sorgen und mit entsprechenden Beitragszahlungen belastet zu werden sowie Lücken in der Alterssicherung vorzubeugen; daraus ergibt sich, dass damit die bereits in der gesetzlichen Rentenversicherung versicherten Personen angesprochen werden.[1635] Warum sonst sollte Unterbrechungen in der Alterssicherung vorgebeugt werden, wenn eine Alterssicherung nicht vorhanden ist, weil Gefangene regelmäßig nicht in der GRV versichert sind? In der Rentenversicherung berücksichtigt werden in aller Regel lediglich diejenigen Gefangenen, die freien Beschäftigungsverhältnissen außerhalb der Haft nachgehen.[1636]

In systematischer Hinsicht ist festzustellen, dass der Gesetzgeber Gefangene umfassend in den Sozialversicherungsbereichen der Unfallversicherung und der Arbeitslosenversicherung berücksichtigt hat. Gerade im Arbeitsförderungsrecht wird dies ersichtlich, weil hier eine Vielzahl von Sonderregelungen für den Strafvollzug angeführt werden.[1637] Hinsichtlich der Rentenversicherung fehlen diese

---

1633 Siehe hierzu Kapitel 2, S. 223 ff.

1634 *Wenner*, Verletztengeld für Strafgefangene ist nicht beitragspflichtig, in: SoSi plus 2017, 1 (1); *Gürtner*, in: Körner/Leitherer/Mutschler/Rolfs (Hrsg.), Kasseler Kommentar Sozialversicherungsrecht, SGB VI, § 3, Rn. 2; vgl. hierzu ferner *Berchtold*, in: Knickrehm/Kreikebohm/Waltermann (Hrsg.), Kommentar zum Sozialrecht, SGB VI, § 3, Rn. 10; *von Koch*, in: Rolfs/Giesen/Kreikebohm/Udsching (Hrsg.), BeckOK Sozialrecht, SGB VI, § 3, Rn. 2; s a. BT-Drs. 11/4124, S. 148.

1635 Vgl. BSG, Urteil vom 15.12.2016, B 5 RE 2/16 R, SozR 4-2600 § 3 Nr. 7, juris, Rn. 22; s. a. BSG, Urteil vom 14.02.2001, B 1 KR 25/99 R, SozR 3-2600 § 170 Nr. 1.

1636 *Prehn*, Rentenversicherungspflicht bei Bezug von Verletztengeld eines Strafgefangenen, in: NZS 2017, 432 (432).

1637 Siehe hierzu im Kapitel 3, S. 243 ff.

vom Gesetzgeber konkretisierenden und spezialisierenden Regelungen, unter Ausnahme von § 205 SGB VI, sodass daraus geschlossen werden kann, dass der Gesetzgeber diesen Personenkreis nicht weiterführend vom Schutzbereich der Sozialversicherung erfasst sehen will.[1638] Dieses Argument mündet in der historischen Auslegung. Vor allem mit Blick auf die Geschichte zur Berücksichtigung Strafgefangener in der Sozialversicherung findet sich, dass der Gesetzgeber eine vollständige Einbeziehung Gefangener in die Sozialversicherung nicht zeitgleich für alle Sozialversicherungsbereiche vorgesehen hat, da für eine vollständige Einbindung Gefangener in die Sozialversicherung der Erlass eines besonderen Bundesgesetzes (§ 198 Abs. 3 StVollzG) erforderlich ist.[1639] Der Wille des Gesetzgebers, dass eine Berücksichtigung in der gesetzlichen Rentenversicherung ohne das Inkrafttreten eines solchen Bundesgesetzes nicht erfolgen soll, wird hierdurch deutlich.

In der Literatur wird des Weiteren die Frage aufgeworfen, ob möglicherweise allein durch die Anforderungen an die Vorversicherungszeit in § 3 Satz 1 Nr. 3 SGB VI eine ausreichende Nähe zur Versichertengemeinschaft in der gesetzlichen Rentenversicherung hergestellt werden könne, die als hinreichend zur Begründung einer Versicherungspflicht in der gesetzlichen Rentenversicherung während des Bezuges von Verletztengeld anzusehen sei.[1640] Gegen diese Annahme spricht allerdings, dass auch, wenn eine Vorversicherungszeit in der GRV bestanden hat – wobei ein Monat im letzten Jahr vor Beginn des Leistungsbezuges ausreichend ist –, Grundlage für eine Versicherungspflicht in der gesetzlichen Rentenversicherung das Vorliegen einer Beschäftigung im sozialversicherungsrechtlichen Sinne ist.[1641] Strafgefangene unterliegen regelmäßig keiner Beschäftigung im Sinne des Sozialversicherungsrechts. Selbst wenn sie somit vor ihrer Inhaftierung versicherungspflichtig in der gesetzlichen Rentenversicherung gewesen sind und dadurch auch die erforderliche Vorversicherungszeit erfüllt haben, gehören sie dennoch bei Ausführung einer Beschäftigung während der Haft regelmäßig nicht zum Kreis der versicherten Personen in der GRV, weil es sich bei Gefangenenarbeit in aller Regel um keine Beschäftigungen im sozialversicherungsrechtlichen Sinne handelt. Allein die Erfüllung der erforderlichen Vorversicherungszeit in § 3 Satz 1 Nr. 3 SGB VI ist folglich nicht ausreichend, um für Strafgefangene eine entsprechende Nähe

1638 BSG, Urteil vom 15.12.2016, B 5 RE 2/16 R, SozR 4-2600 § 3 Nr. 7, juris, Rn. 26.

1639 Vgl. Kapitel 1, S. 81 f.

1640 Siehe Jüttner, Anmerkung vom 14.09.2017 zu BSG, Urteil vom 15.12.2016, B 5 RE 2/16 R, in: jurisPR-SozR 18/2017.

1641 Vgl. auch *von Koch*, in: Rolfs/Giesen/Kreikebohm/Udsching (Hrsg.), BeckOK Sozialrecht, SGB VI, § 1, Rn. 6; *Segebrecht*, in: Kreikebohm (Hrsg.), SGB VI Kommentar, § 1, Rn. 11; *Reinhardt*, in: Reinhardt/Silber (Hrsg.), LPK SGB VI Kommentar, § 1, Rn. 5; *Gürtner*, in: Körner/Leitherer/Mutschler/Rolfs (Hrsg.), Kasseler Kommentar Sozialversicherungsrecht, SGB VI, § 3, Rn. 2; vgl. zur Vorversicherungszeit: *Berchtold*, in: Knickrehm/Kreikebohm/Waltermann (Hrsg.), Kommentar zum Sozialrecht, SGB VI, § 3, Rn. 11.

zum Kreis der versicherten Personen in der gesetzlichen Rentenversicherung herzustellen, damit sie für den Bezug von Verletztengeld als sonstige Versicherte versicherungspflichtig in die GRV einzubeziehen sind. Weiterhin würde eine solche Annahme auch zu einer Besserstellung von im Rahmen von öffentlich-rechtlichen Beschäftigungsverhältnissen tätigen Gefangenen führen, die Verletztengeld beziehen – im Vergleich zu Gefangenen, die kein Verletztengeld erhalten und gesetzlich zugewiesener Arbeit nachgehen.

Im Ergebnis soll sich somit der Argumentation des BSG angeschlossen werden. Eine Anwendung der teleologischen Reduktion entgegen dem Vorbehalt des Gesetzes ist im vorliegenden Fall folgerichtig. Der Wortlaut von § 3 Satz 1 Nr. 3 1. Hs. 2. Alt. SGB VI ist zu weit gefasst, weil die Regelung nicht dem Willen des Gesetzgebers entspricht. Zudem soll hierzu auf Wenner verwiesen werden, der zur Rechtsprechung des BSG vom 15.12.2016 zutreffend konstatiert, dass, wenn eine Person während der Ausübung ihrer Beschäftigung rentenversicherungspflichtig gewesen sei, sich auch während des Bezuges von Verletztengeld nichts daran ändern solle; sei eine Person allerdings während ihrer Beschäftigung nicht versicherungspflichtig in der gesetzlichen Rentenversicherung, sei nur schwer erklärbar, warum der Bezug einer Lohnersatzleistung eine solche Pflicht auslösen solle.[1642]

(b) Zwischenergebnis

Auch wenn Gefangene Verletztengeld nach den Vorschriften der gesetzlichen Unfallversicherung beziehen und nach dem Wortlaut von § 3 Satz 1 Nr. 3 1. Hs. 2. Alt. SGB VI für diese Zeit in der GRV versicherungspflichtig sind, ist die Vorschrift des § 3 Satz 1 Nr. 3 1. Hs. 2. Alt. SGB VI im Hinblick auf Strafgefangene im Wege der teleologischen Reduktion auf den ihr vom Gesetzgeber zuerdachten Willen zu reduzieren.

(2) Ergebnis

Strafgefangene, die gesetzlich zugewiesenen Beschäftigungen im Rahmen von öffentlich-rechtlichen Beschäftigungsverhältnissen der besonderen Art nachgehen, sind in der GRV nicht versicherungspflichtig. Eine Versicherungspflicht als sonstige Versicherte in der gesetzlichen Rentenversicherung gemäß § 3 Satz 1 Nr. 3 1. Hs. 2. Alt. SGB VI besteht in diesem Fall damit auch nicht für die Zeit des Bezuges von Verletztengeld.

1642 *Wenner*, Verletztengeld für Strafgefangene ist nicht beitragspflichtig, in: SoSi plus 2017, 1 (1 f.).

cc. Versicherungspflicht in der Zeit für den Bezug von Arbeitslosengeld

Außerdem ist zu fragen, ob Strafgefangene für die Zeit des Bezuges von Arbeitslosengeld nach § 3 Satz 1 Nr. 3 1. Hs. 5. Alt. SGB VI versicherungspflichtig in der gesetzlichen Rentenversicherung sind, wenn sie die erforderliche Vorversicherungszeit erfüllt haben. Gefangene sind je nach dem der Beschäftigung zugrunde liegenden Rechtsverhältnis entweder als sozialversicherungspflichtige Beschäftigte nach § 25 Abs. 1 Satz 1 SGB III in das Arbeitsförderungsrecht einbezogen, wenn sie aufgrund privatrechtlicher Verträge im Rahmen von vollzugsöffnenden Maßnahmen im Freigang ohne Aufsicht der Anstalt einer Beschäftigung nachgehen, oder als sonstige Versicherungspflichtige gemäß § 26 Abs. 1 Nr. 4 1. Hs. SGB III, wenn sie wegen einer Beschäftigung Arbeitsentgelt, Ausbildungsbeihilfe oder eine Ausfallentschädigung erhalten oder Ausbildungsbeihilfe nur wegen des Vorranges von Leistungen zur Förderung der Berufsausbildung nach dem SGB III nicht erhalten. Erhalten somit nach § 25 Abs. 1 Satz 1 SGB III in der Arbeitslosenversicherung versicherungspflichtig beschäftigte Gefangene während des Strafvollzuges Arbeitslosengeld, weil sie die hierzu erforderlichen Voraussetzungen erfüllen nach § 136 Abs. 1 Nr. 1, §§ 137 ff. SGB III, unterliegen sie für den Zeitraum des Bezuges von Arbeitslosengeld auch einer Versicherungspflicht in der GRV nach § 3 Satz 1 Nr. 3 1. Hs. 5. Alt. SGB VI.[1643] Gefangene, die ebenfalls im Vollzug beschäftigt sind und Arbeitsentgelt erhalten im Rahmen von öffentlich-rechtlichen Beschäftigungsverhältnissen der besonderen Art, sind hingegen als sonstige Versicherungspflichtige in der gesetzlichen Arbeitslosenversicherung versichert (§ 26 Abs. 1 Nr. 4 SGB III) und haben während des Vollzuges der Freiheitsstrafe keinen Anspruch auf Arbeitslosengeld (§ 136 Abs. 1 Nr. 1, §§ 137 ff. SGB), da sie mangels der Gewährung von vollzugsöffnenden Maßnahmen den Vermittlungsbemühungen der AgA nicht frei zur Verfügung stehen können (vgl. § 136 Abs. 1 Nr. 1, § 138 Abs. 1 Nr. 3, Abs. 5 Nr. 2 SGB III).[1644] In diesem Fall sind Strafgefangene auch nicht als sonstige Versicherte gemäß § 3 Satz 1 Nr. 3 1. Hs. SGB VI versicherungspflichtig in der gesetzlichen Rentenversicherung.

Etwas anderes könnte jedoch gelten, wenn Gefangene einen Anspruch auf Arbeitslosengeld (§ 136 Abs. 1 Nr. 2, § 144 SGB III) haben im Rahmen einer von der BA bewilligten beruflichen Weiterbildung nach § 144 Abs. 1 SGB III. Mit der Regelung des § 144 SGB III soll den Teilnehmern einer beruflichen Weiterbildungsmaßnahme das entgangene Entgelt aus einer Beschäftigung ersetzt werden, während sie an einer von der AgA geförderten Weiterbildungsmaßnahme teilnehmen, womit das Engagement des Einzelnen unterstützt wird, seine Chancen auf dem Arbeitsmarkt durch Qualifizierung zu verbessern (§ 2 Abs. 4 Satz 2 SGB III).[1645]

1643 Vgl. Kapitel 3, S. 266 ff.

1644 Ebd.

1645 *Bolten*, in: Gagel, SGB II/SGB III Grundsicherung und Arbeitsförderung Kommentar, SGB III, § 144, Rn. 1.

Einen Anspruch auf Arbeitslosengeld bei beruflicher Weiterbildung haben nach § 144 Abs. 1 SGB III diejenigen, die allein wegen einer geförderten beruflichen Weiterbildungsmaßnahme nach § 81 SGB III die Voraussetzungen für Arbeitslosengeld bei Arbeitslosigkeit nicht erfüllen. Es müssen demnach zunächst die Anspruchsvoraussetzungen für Arbeitslosengeld gemäß § 136 Abs. 1 Nr. 1, §§ 137 ff. SGB III erfüllt sein. Können Anspruchsvoraussetzungen jedoch nicht erfüllt werden aufgrund der Weiterbildung, werden diese durch § 144 SGB III fingiert, was insbesondere die Verfügbarkeit einer Person (§ 138 Abs. 1 Nr. 3, Abs. 5 SGB II) und deren Eigenbemühungen (§ 138 Abs. 1 Nr. 2, Abs. 4 SGB III) betrifft.[1646] Hinsichtlich der Verfügbarkeit scheidet ein Anspruch auf Arbeitslosengeld bei beruflicher Weiterbildung allerdings ebenfalls aus, wenn die Verfügbarkeit bereits aus anderen Gründen als der konkreten Weiterbildungsmaßnahme nicht gegeben ist oder die Weiterbildungsmaßnahme als solche nicht geeignet, die Verfügbarkeit aufzuheben.[1647] Strafgefangene, die der Agentur für Arbeit daher grundsätzlich nicht zur Verfügung stehen können, weil ihnen keine vollzugsöffnenden Maßnahmen gewährt werden, erfüllen die Voraussetzungen des § 144 Abs. 1 SGB III folglich nicht, da diese Gefangenen keinen Anspruch auf Arbeitslosengeld gemäß § 136 Abs. 1 Nr. 1, §§ 137 ff. SGB III haben. Dies betrifft diejenigen Gefangenen, die Beschäftigungen aufgrund von gesetzlicher Zuweisung nachgehen und in der Arbeitslosenversicherung als sonstige Versicherte nach § 26 Abs. 1 Nr. 4 1. Hs. SGB III versicherungspflichtig sind. Auch in diesem Fall können also nur Strafgefangene, die als versicherungspflichtig Beschäftigte nach § 25 Abs. 1 Satz 1 SGB III zum Kreis der Versicherten in der Arbeitslosenversicherung gehören und im Rahmen von vollzugsöffnenden Maßnahmen durch den Freigang außerhalb der Haft der AgA zur Verfügung stehen, bei beruflicher Weiterbildung einen Anspruch auf Arbeitslosengeld haben nach § 136 Abs. 1 Nr. 2, § 144 Abs. 1 SGB III.[1648]

Um jedoch eine Versicherungspflicht nach § 3 Satz 1 1. Hs. 5. Alt. SGB VI auszulösen, müssen Gefangene außerdem die Leistung beziehen. Lediglich ein Anspruch dem Grunde nach, ohne dass dieser endgültig erfüllt zu werden braucht, wie z. B. beim Ruhen eines Anspruches, reicht für das Vorliegen einer Versicherungspflicht nach § 3 Satz 1 1. Hs. SGB VI nicht aus.[1649] Zudem muss die Vorversicherungszeit erfüllt sein, wonach Gefangene im letzten (Zeit-)Jahr vor Beginn der

---

1646 *Bolten*, in: Gagel, SGB II/SGB III Grundsicherung und Arbeitsförderung Kommentar, SGB III, § 144, Rn. 17; *Brand*, in: Brand (Hrsg.), Sozialgesetzbuch Arbeitsförderung SGB III Kommentar, § 144, Rn. 3; vgl. auch Böttiger, in: Böttiger/Körtek/Schaumberg (Hrsg.), LPK Sozialgesetzbuch III, § 144, Rn. 3 f., 7.

1647 *Brand*, in: Brand (Hrsg.), Sozialgesetzbuch Arbeitsförderung SGB III Kommentar, § 144, Rn. 3 mit Hinweis auf LSG Hamburg, Urteil vom 08.02.2017, L 2 AL 26/16, BeckRS 2017, 103624, Rn. 15 ff.

1648 Vgl. auch *von Koch*, in: Rolfs/Giesen/Kreikebohm/Udsching (Hrsg.), BeckOK Sozialrecht, SGB VI, § 3, Rn. 26.

1649 *Gürtner*, in: Körner/Leitherer/Mutschler/Rolfs (Hrsg.), Kasseler Kommentar Sozialversicherungsrecht, SGB VI, § 3, Rn. 18.

Leistung (ab Bewilligungszeitpunkt) mindestens einen mit Pflichtbeiträgen belegten Monat nachzuweisen haben.[1650]

dd. Ergebnis

Gemäß § 3 Satz 1 Nr. 3 1. Hs. SGB VI sind Personen versicherungspflichtig in der gesetzlichen Rentenversicherung für den Zeitraum einbezogen, für den sie von einem Leistungsträger Krankengeld, Verletztengeld, Versorgungskrankengeld, Übergangsgeld, Arbeitslosengeld oder von der sozialen oder einer privaten Pflegeversicherung Pflegeunterstützungsgeld beziehen, wenn sie im letzten Jahr vor Beginn der Leistung zuletzt versicherungspflichtig waren. Fraglich war demzufolge, ob Strafgefangene während des Bezuges von Krankengeld, Verletztengeld oder Arbeitslosengeld einer Versicherungspflicht in der GRV unterliegen.

Enden Mitgliedschaften in der GKV mit Haftantritt nicht, sodass ein Anspruch auf Leistungen aus der GKV nach § 16 Abs. 1 Satz 1 Nr. 4 SGB V zum Ruhen kommt durch Vollzug der Freiheitsstrafe und einer bestehenden institutionellen Gesundheitsfürsorge, ist ein Anspruch auf Krankengeld gemäß § 44 SGB V von den ruhenden Leistungen aus der GKV nach § 16 Abs. 1 Satz 1 Nr. 4 SGB V auszuschließen, weil Leistungen der Gesundheitsfürsorge nach den Landesstrafvollzugsgesetzen einen solchen nicht umfassen. Können Strafgefangene demnach bei Erfüllung der Voraussetzungen des § 44 SGB V ein Krankengeld beziehen und waren sie im letzten Jahr vor Beginn der Leistung in der GRV versicherungspflichtig, sind sie auch für die Zeit des Bezuges von Krankengeld in der GRV gemäß § 3 Satz 1 Nr. 3 1. Hs. 1. Alt. SGB VI versicherungspflichtig einbezogen.

Hingegen sind Strafgefangene für die Zeit des Bezuges von Verletztengeld nicht als sonstige Versicherungspflichtige in der GRV zu berücksichtigen gemäß § 3 Satz 1 Nr. 3 1. Hs. 2. Alt. SGB VI, da die Vorschrift des § 3 Satz 1 Nr. 3 1. Hs. 2. Alt. SGB VI im Wege der teleologischen Reduktion auf den ihr vom Gesetzgeber zuerdachten Willen zu reduzieren ist und Strafgefangene, die gesetzlich zugewiesenen Beschäftigungen im Rahmen von öffentlich-rechtlichen Beschäftigungsverhältnissen der besonderen Art nachgehen, nicht zu den versicherungspflichtigen Personen in der GRV gehören.

Erhalten allerdings nach § 25 Abs. 1 Satz 1 SGB III in der Arbeitslosenversicherung versicherungspflichtig beschäftigte Gefangene während des Strafvollzuges Arbeitslosengeld, weil sie die hierzu erforderlichen Voraussetzungen erfüllen nach § 136 Abs. 1 Nr. 1, §§ 137 ff. SGB III oder einen Anspruch auf Arbeitslosengeld bei beruflicher Weiterbildung haben nach § 136 Abs. 1 Nr. 2, § 144 Abs. 1 SGB III, unterliegen sie auch für den Zeitraum des Bezuges von Arbeitslosengeld einer Versicherungspflicht in der GRV nach § 3 Satz 1 Nr. 3 1. Hs. 5. Alt. SGB VI. Strafgefangene, die Beschäftigungen aufgrund von gesetzlicher Zuweisung nachgehen

1650 Vgl. hierzu *Gürtner*, in: Körner/Leitherer/Mutschler/Rolfs (Hrsg.), Kasseler Kommentar Sozialversicherungsrecht, SGB VI, § 3, Rn. 21.

und in der Arbeitslosenversicherung als sonstige Versicherte nach § 26 Abs. 1 Nr. 4 1. Hs. SGB III versicherungspflichtig sind, haben jedoch keinen Anspruch auf Arbeitslosengeld gemäß § 136 Abs. 1 Nr. 1, §§ 137 ff. SGB III, sodass diese Gefangenen keine Berücksichtigung als sonstige Versicherte in der GRV nach § 3 Satz 1 Nr. 3 1. Hs. 5. Alt. SGB VI finden.

IV. Zusammenfassung

Grundsätzlich unterliegen Strafgefangene, die während des Strafvollzuges im Rahmen von öffentlich-rechtlichen Beschäftigungsverhältnissen der besonderen Art Arbeiten wegen gesetzlicher Zuweisung verrichten, keiner Versicherungspflicht in der gesetzlichen Rentenversicherung gemäß § 1 Satz 1 Nr. 1 SGB VI, da hier die Voraussetzungen einer sozialversicherungsrechtlichen Beschäftigung (§ 7 Abs. 1 SGB IV) nicht erfüllt werden, aufgrund eines fehlenden freiwilligen Austausches von Lohn und Arbeit. Lediglich Strafgefangene, die sozialversicherungsrechtlichen Beschäftigungen im echten Freigang außerhalb der Haft nachgehen, sind versicherungspflichtig in der gesetzlichen Rentenversicherung gemäß § 1 Satz 1 Nr. 1 SGB VI sowie Strafgefangene, die Selbstbeschäftigungen als Künstler oder Publizisten während des Strafvollzuges ausüben und in der GRV demnach versicherungspflichtig nach dem KSVG sind als selbstständig Tätige (§ 2 Satz 1 Nr. 5 SGB VI).

Als sonstige Versicherte können Strafgefangene nach § 3 Satz 1 Nr. 1 SGB VI versicherungspflichtig in der GRV sein für die Zeit, für die ihnen Kindererziehungszeiten (§ 56 SGB VI) anzurechnen sind, wenn die Voraussetzungen hierfür vorliegen. Für den Bezug von Entgeltersatzleistungen nach § 3 Satz 1 Nr. 3 1. Hs. SGB VI sind Strafgefangene weiterhin grundsätzlich als sonstige Versicherte versicherungspflichtig in der GRV, wenn sie freien Beschäftigungen bei Gewährung von vollzugsöffnenden Maßnahmen in privatrechtlichen Rechtsverhältnissen nachgehen und die erforderliche Vorversicherungszeit erfüllt haben. Gehen Gefangene hingegen Beschäftigungen aufgrund von gesetzlicher Zuweisung im Rahmen von öffentlich-rechtlichen Beschäftigungen der besonderen Art nach, finden sie als sonstige Versicherte gemäß § 3 Satz 1 Nr. 3 1. Hs. SGB VI keine Berücksichtigung in der gesetzlichen Rentenversicherung.

Kapitel 4: Rechtsfolgen im Sozialversicherungsrecht

Nach Klärung des versicherungsrechtlichen Status Strafgefangener in den Zweigen der Sozialversicherung ist zu untersuchen, welche sozialversicherungsrechtlichen Folgen sich aus einer Nichtberücksichtigung Gefangener in der gesetzlichen Krankenversicherung, der sozialen Pflegeversicherung und der gesetzlichen Rentenversicherung während der Haftzeit sowie für die Zeit nach Haftentlassung feststellen lassen. Auch wenn sich eine fehlende Einbindung in der gesetzlichen Krankenversicherung und der sozialen Pflegeversicherung während der Haftzeit sozialversicherungsrechtlich möglicherweise gering auf Strafgefangene auswirkt, weil sie im Regelfall zumindest hinsichtlich der Gesundheitsfürsorge durch die Institution abgesichert sind, kommen sozialversicherungsrechtliche Folgen vor allem im Hinblick auf eine fehlende oder lückenhafte Absicherung in der gesetzlichen Rentenversicherung sowohl während der Haftzeit als auch vor allem nach der Zeit des Strafvollzuges zum Tragen.[1651]

A. Gesetzliche Krankenversicherung und soziale Pflegeversicherung

Für die Sozialversicherungsbereiche der gesetzlichen Krankenversicherung und der sozialen Pflegeversicherung ist zu untersuchen, welche sozialversicherungsrechtlichen Möglichkeiten Strafgefangene und ihre familienversicherten Angehörigen haben, eine Mitgliedschaft in der GKV während der Haft zu erhalten oder im Anschluss an eine Haft wiederherzustellen, wenn Mitgliedschaften Stammversicherter in der GKV und SPV mit Haftantritt enden. Außerdem können sich gemäß den Vorschriften der Gesundheitsfürsorge nach den Landesstrafvollzugsgesetzen im Vergleich zu den Leistungen nach dem SGB V für Strafgefangene Einschränkungen im Leistungsumfang der Gesundheitsfürsorge ergeben.[1652] Zu prüfen ist, ob diese Einschränkungen im Leistungsumfang gerechtfertigt sind. Des Weiteren ist festzustellen, inwieweit sich Nichtversicherungen in der gesetzlichen Krankenversicherung und der sozialen Pflegeversicherung während der Haft beeinträchtigend auf erforderliche Vorversicherungszeiten in der GKV und SPV auswirken.

1651 *Wunder/Diehm*, Die soziale (Nicht-)Sicherung von Strafgefangenen, in: Soziale Sicherheit 2009, 74 (76); siehe hierzu auch *Schorn*, Sozialversicherung im Strafvollzug, in: NZS 1995, 444 (445).

1652 *Lesting*, in: Feest/Lesting/Lindemann (Hrsg.), AK-StVollzG, Teil II, § 62 LandesR, Rn. 7.

I. Rechtliche Auswirkungen auf den Versichertenstatus

1. Versicherungsschutz während der Haft nach den Landesstrafvollzugsgesetzen

Ob während der Haftzeit ein Versicherungsschutz in der gesetzlichen Krankenversicherung und in der sozialen Pflegeversicherung besteht, ist für Strafgefangene und deren Angehörige nach dem vorherigen Versichertenstatus des Stammversicherten und dem der Beschäftigung zugrunde liegenden Rechtsverhältnis, in welchem Strafgefangene während der Haft tätig sind, zu bestimmen.

Endet das Beschäftigungsverhältnis einer Person bei Antritt des Vollzuges der Freiheitsstrafe, endet auch die Versicherungspflicht in der gesetzlichen Krankenversicherung (§ 190 Abs. 2 SGB V), unter Berücksichtigung einer Übergangsregelung für Leistungsansprüche gegen die GKV von einem Monat nach § 19 Abs. 2 Satz 1 SGB V.[1653] Familienversicherte Angehörige (§ 10 SGB V) haben einen eigenen Anspruch auf Leistungen gegen die Krankenkasse, allerdings ist der Status als Versicherter in Bezug auf die Dauer der Versicherung und Kassenzugehörigkeit akzessorisch zur Mitgliedschaft des Stammversicherten, sodass keine eigenen Mitgliedschaftsrechte mitversicherter Angehöriger begründet werden.[1654] Dementsprechend endet die Versicherung Familienangehöriger ebenfalls kraft Gesetzes mit dem Ende der Versicherungspflicht der Stammversicherten.[1655] Jedoch kann sich für Personen, deren Versicherungspflicht in der gesetzlichen Krankenversicherung nach § 5 SGB V oder deren Familienversicherung gemäß § 10 SGB V enden, die Mitgliedschaft als freiwillige Mitgliedschaft (§ 9 SGB V) mit dem Tag nach dem Ausscheiden aus der Versicherungspflicht oder mit dem Tag nach dem Ende der Familienversicherung fortsetzen, es sei denn, das Mitglied erklärt innerhalb von zwei Wochen nach Hinweis der Krankenkasse über die Austrittsmöglichkeiten seinen Austritt (§ 188 Abs. 4 Satz 1 SGB V). Ein Austritt wird nur wirksam, wenn nachgewiesen wird, dass ein anderweitiger Anspruch auf Absicherung im Krankheitsfall besteht (§ 188 Abs. 4 Satz 2 SGB V). Dabei ist eine freiwillige Mitgliedschaft in der gesetzlichen Krankenversicherung mit einem hohen finanziellen Aufwand verbunden, denn Beiträge in der GKV sind von den Mitgliedern alleine zu tragen (§ 250 Abs. 2 SGB V). Wird nicht fristgerecht nachgewiesen, dass eine Person einem anderweitigen Anspruch auf Absicherung im Krankheitsfall unterliegt, wird eine Fortsetzung der Mitgliedschaft in der GKV angeordnet.[1656] Für die

---

1653 Vgl. auch *Hänlein*, in: Hänlein/Schuler (Hrsg.), LPK Sozialgesetzbuch V, § 190, Rn. 2.
1654 Siehe Kapitel 3, S. 281 f.
1655 *Peters*, in: Körner/Leitherer/Mutschler/Rolfs (Hrsg.), Kasseler Kommentar Sozialversicherungsrecht, SGB V, § 10, Rn. 53.
1656 *Peters*, in: Körner/Leitherer/Mutschler/Rolfs (Hrsg.), Kasseler Kommentar Sozialversicherungsrecht, SGB V, § 188, Rn. 9; *Berchtold*, in: Knickrehm/Kreikebohm/Waltermann (Hrsg.), Kommentar zum Sozialrecht, SGB V, § 9, Rn. 2a.

Haftzeit besteht somit jedenfalls für Gefangene ein Versicherungsschutz im Rahmen der institutionellen Gesundheitsfürsorge nach den Vorschriften der Landesstrafvollzugsgesetze.[1657]

Setzt sich die Versicherung in der gesetzlichen Krankenversicherung auch nach Haftantritt fort, weil Gefangene weiterhin kraft Gesetzes, freiwillig oder familienversichert in der GKV versichert sind, greift der Ruhenstatbestand des § 16 Abs. 1 Satz 1 Nr. 4 SGB V, wonach Ansprüche auf Leistungen gegen die gesetzliche Krankenversicherung zum Ruhen kommen, solange sich Gefangene im Vollzug der Freiheitsstrafe befinden und soweit diese einen Anspruch auf Gesundheitsfürsorge nach den Landesstrafvollzugsgesetzen haben, um eine Doppelversorgung mit Leistungen zu vermeiden.[1658]

Eine andere Beurteilung ergibt sich, wenn Strafgefangene aufgrund von vollzugsöffnenden Maßnahmen im echten Freigang privatrechtlichen Beschäftigungen gegen Entgelt nachgehen.[1659] Da nach § 5 Abs. 1 Nr. 1 SGB V kraft Gesetzes u. a. Arbeiter und Angestellte, die gegen Arbeitsentgelt beschäftigt sind, versicherungspflichtig in der GKV sind, werden demzufolge auch Strafgefangene, die eine sozialversicherungsrechtliche Beschäftigung gemäß § 7 Abs. 1 SGB IV ausüben, als versicherungspflichtige Mitglieder in die GKV einbezogen.[1660] In diesem Falle kommen Ansprüche auf Gesundheitsfürsorge gegen die Justizvollzugsbehörde nach den Regelungen der Landesstrafvollzugsgesetze zum Ruhen.[1661]

1657 Vgl. §§ 32 ff. BWJVollzGB III, Art. 58 ff. BayStVollzG, §§ 74 ff. BbgJVollzG, §§ 63 ff. BremStVollzG, § 57 ff. HmbStVollzG, §§ 23 ff. HStVollzG, §§ 62 ff. StVollzG M-V, §§ 56 ff. NJVollzG, §§ 43 ff. NRWStVollzG, §§ 72 ff. LJVollzG RP, §§ 62 ff. SLStVollzG, §§ 63 ff. SächsStVollzG, §§ 73 ff. ThürJVollzGB, §§ 73 ff. JVollzG LSA, §§ 79 ff. LStVollzG SH, §§ 70 ff. StVollzG Bln.

1658 Siehe zum Ruhen eines Anspruches auf Leistungen aus der GKV in Kapitel 3, S. 272 ff.; *Peters*, in: Körner/Leitherer/Mutschler/Rolfs (Hrsg.), Kasseler Kommentar Sozialversicherungsrecht, SGB V, § 16, Rn. 13 f.; s. a. Urteil des BSG vom 09.01.1986, 8 RK 9/85, BSG SozR 2200 § 216 Nr. 9; BT-Drs. 11/2237, S. 165.

1659 Vgl. zum freien Beschäftigungsverhältnis, Kapitel 2, S. 211 ff.; s. a. in den Landesstrafvollzugsgesetzen § 9 Abs. 2 Nr. 1 BWJVollzGB III, Art. 13 Abs. 1 Nr. 1 BaySt-VollzG, § 46 Abs. 1 Satz 1 Nr. 4 BbgJVollzG, § 38 Abs. 1 Nr. 4 BremStVollzG, § 12 Abs. 1 Satz 1 Nr. 5 HmbStVollzG, § 13 Abs. 3 Nr. 2 HStVollzG, § 38 Abs. 1 Nr. 4 StVollzG M-V, § 13 Abs. 1 Nr. 1 NJVollzG, § 53 Abs. 1 und 2 Nr. 4 NRWStVollzG, § 45 Abs. 1 Satz 1 Nr. 4 LJVollzG RP, § 38 Abs. 1 Nr. 4 SLStVollzG, § 38 Abs. 1 Nr. 4 SächsStVollzG, § 46 Abs. 1 Satz 1 Nr. 4 ThürJVollzGB, § 45 Abs. 1 Nr. 5 und 6 JVollzG LSA, § 55 Abs. 1 Nr. 4 LStVollzG SH, § 42 Abs. 1 Nr. 4 StVollzG Bln.

1660 Siehe hierzu auch Kapitel 2, S. 223 ff.

1661 Vgl. § 35 Abs. 2 BWJVollzGB III, Art. 64 BayStVollzG, § 78 Abs. 2 BbgJVollzG; § 67 Abs. 2 BremStVollzG, § 65 Abs. 2 HmbStVollzG, § 24 Abs. 6 HStVollzG, § 66 Abs. 2 StVollzG M-V, § 60 NJVollzG, § 45 Abs. 2 NRWStVollzG, § 76 Abs. 2 LJVollzG RP, § 66 Abs. 2 SLStVollzG, § 67 Abs. 2 SächsStVollzG, § 77 Abs. 2 ThürJVollzGB, § 77 Abs. 2 JVollzG LSA, § 81 LStVollzG SH, § 74 Abs. 2 StVollzG Bln.

Handelt es sich bei Gefangenen um Künstler oder Publizisten, die diesen Tätigkeiten im Rahmen von Selbstbeschäftigungen während des Strafvollzuges erwerbsmäßig nachgehen, bleiben sie ebenfalls versicherungspflichtig in der gesetzlichen Krankenversicherung und in der sozialen Pflegeversicherung nach dem KSVG, wenn sie unmittelbar vor der Unterbringung nach dem KSVG krankenversichert waren.[1662] Sind Strafgefangene somit während der Haft versicherungspflichtige Mitglieder in der gesetzlichen Krankenversicherung nach dem KSVG gemäß § 5 Abs. 1 Nr. 4 SGB V, kommen bei ihnen Ansprüche auf Leistungen gegen die GKV zum Ruhen nach § 16 Abs. 1 Satz 1 Nr. 4 SGB V, solange Strafgefangene einer Absicherung während der Haftzeit in der institutionellen Gesundheitsfürsorge unterliegen.

Hinsichtlich der sozialen Pflegeversicherung knüpft die sozialversicherungsrechtliche Stellung Strafgefangener eng an die gesetzliche Krankenversicherung an.[1663] Somit sind versicherungspflichtig in der sozialen Pflegeversicherung die versicherungspflichtigen Mitglieder in der gesetzlichen Krankenversicherung (§ 1 Abs. 2 Satz 1, § 20 Abs. 1 Satz 1 SGB XI). Mit Entfallen der Voraussetzungen einer Versicherungspflicht nach den §§ 20, 21 SGB XI durch Beendigung der Mitgliedschaft in der GKV endet auch die Mitgliedschaft in der sozialen Pflegeversicherung (§ 49 Abs. 1 Satz 2 SGB XI). Unerheblich für das Bestehen einer Versicherungspflicht in der sozialen Pflegeversicherung ist dabei, ob eine Person in der gesetzlichen Krankenversicherung versicherungspflichtig oder freiwillig versichert ist.[1664] Mit Antritt der Haft und Vollstreckung der Freiheitsstrafe endet in aller Regel eine bestehende Versicherungspflicht nach dem Grundsatz „Soziale Pflegeversicherung folgt gesetzlicher Krankenversicherung" durch Beendigung einer sozialversicherungsrechtlichen Beschäftigung gegen Entgelt (vgl. § 5 Abs. 1 Nr. 1 SGB V, § 20 Abs. 1 Satz 1 Nr. 1 SGB XI).[1665] Ansprüche auf Leistung aus der sozialen Pflegeversicherung erlöschen nach § 35 SGB XI, und zwar ohne eine entsprechende Übergangsregelung von einem Monat, wie sie die gesetzliche Krankenversicherung vorsieht in § 19 Abs. 2 Satz 1 SGB V.[1666] Jedoch werden Unterbrechungen bis zu einem Monat, entsprechend den Regelungen des § 19 Abs. 2 SGB V, als unschädlich angesehen.[1667] Die Regelung zur Familienversicherung nach § 25 SGB XI entspricht

---

1662 Vgl. hierzu die Ausführungen in Kapitel 3, S. 296 ff.

1663 *Grühn,* in: Feest/Lesting/Lindemann (Hrsg.), AK-StVollzG, Teil V, Rn. 6.

1664 *Koch,* in: Körner/Leitherer/Mutschler/Rolfs (Hrsg.), Kasseler Kommentar Sozialversicherungsrecht, SGB XI, § 1, Rn. 8; *Baier,* in: Krauskopf, Soziale Krankenversicherung Pflegeversicherung Kommentar, SGB XI, § 20, Rn. 2.

1665 Vgl. auch *Lecke,* in: Krahmer/Plantholz (Hrsg.), LPK Sozialgesetzbuch XI, § 20, Rn. 5.

1666 Vgl. hierzu Kapitel 3, S. 312 f.

1667 Gemeinsame Rundschreiben des GKV-Spitzenverbandes und der Verbände der Pflegekassen vom 17.04.2013 zu § 33 Nr. 4.2. sowie zu den leistungsrechtlichen Vorschriften des SGB XI vom 22.12.2016, § 35 Ziff. 1), zitiert nach *Lungstras,* in: Udsching/Schütze (Hrsg.), SGB XI Kommentar, § 35, Rn. 2; *Reissenberger-Safadi,* in: Krauskopf, Soziale Krankenversicherung Pflegeversicherung Kommentar, SGB XI, § 35, Rn. 4.

weitestgehend der Vorschrift des § 10 SGB V zur Familienversicherung in der GKV, sodass, wer in der GKV familienversichert ist, diesen Status grundsätzlich auch in der SPV hat und hier ebenfalls der Grundsatz „Pflegeversicherung folgt Krankenversicherung“ gilt.[1668] Strafgefangene, deren Versicherungspflicht in der sozialen Pflegeversicherung enden, haben ebenfalls während der Haft die Möglichkeit, sich in dieser freiwillig zu versichern – entweder durch Weiterversicherung in der SPV, wenn die Versicherungspflicht erloschen ist (§ 26 SGB XI), oder durch eine neue Begründung der Versicherung in der sozialen Pflegeversicherung durch Beitritt in diese unter Erfüllung der Voraussetzungen in § 26a SGB XI. Einen dem Krankenversicherungsrecht in § 16 Abs. 1 Satz 1 Nr. 4 SGB V vergleichbaren Ruhenstatbestand sieht das Pflegeversicherungsrecht nicht vor.[1669] Sind Strafgefangene somit während der Haftzeit in der sozialen Pflegeversicherung versicherungspflichtig oder in dieser weiterversichert, besteht auch während der Zeit des Strafvollzuges ein Anspruch auf Leistungen aus der sozialen Pflegeversicherung. Gleiches gilt für diejenigen Strafgefangenen, die sozialversicherungsrechtlichen Beschäftigungen (§ 7 Abs. 1 SGB IV) bei Gewährung von vollzugsöffnenden Maßnahmen in freien Beschäftigungsverhältnissen nachgehen und dadurch einer Versicherungspflicht in der sozialen Pflegeversicherung (§ 20 Abs. 1 Satz 2 Nr. 1 1. Hs. SGB XI) unterliegen sowie einen Anspruch auf Leistung aus dieser haben.

2. Auffangversicherungspflicht nach Haftentlassung

Nach Wegfall der Voraussetzungen für die Erfüllung des Ruhenstatbestandes gemäß § 16 Abs. 1 Satz 1 Nr. 4 SGB V bestehen für Strafgefangene, die während der Haft in der gesetzlichen Krankenversicherung versicherungspflichtig, freiwillig versichert oder familienversichert gewesen sind, nach Haftentlassung Ansprüche auf Leistungen aus der GKV fort, sodass zur Leistungsgewährung aus der GKV wieder zurückgekehrt wird.[1670] Sind Strafgefangene während der Haftzeit in der gesetzlichen Krankenversicherung und der sozialen Pflegeversicherung weder versicherungspflichtig, freiwillig versichert noch familienversichert gewesen, sondern unterliegen Strafgefangene nach Beendigung der Mitgliedschaft in der GKV und SPV allein einer Gesundheitsfürsorge nach den Landesstrafvollzugsgesetzen, ist die nahtlose Herstellung eines Versichertenstatus in der GKV und der SPV nach Haftentlassung ebenfalls möglich.

Für Personen, deren Versicherungspflicht oder Familienversicherung in der gesetzlichen Krankenversicherung enden, greift zunächst § 188 Abs. 4 Satz 1 SGB V. Hiernach wird die Versicherung in der GKV mit dem Tag nach Ende der Versicherung als freiwillige Mitgliedschaft fortgesetzt, es sei denn, das Mitglied erklärt

1668 Siehe hierzu *Wiegand*, in: Udsching/Schütze (Hrsg.), SGB XI Kommentar, § 25, Rn. 2.
1669 Vgl. hierzu die Ausführungen in Kapitel 3, S. 314 f.
1670 Zum Umfang des Ruhens, vgl. *Peters*, in: Körner/Leitherer/Mutschler/Rolfs (Hrsg.), Kasseler Kommentar Sozialversicherungsrecht, SGB V, § 16, Rn. 29.

innerhalb von zwei Wochen nach Hinweis der Krankenkasse über die Austrittsmöglichkeiten seinen Austritt. § 188 Abs. 4 SGB V verdrängt damit die freiwillige Versicherung nach § 9 SGB V als lex specialis.[1671] Im Ergebnis ist einer freiwilligen Mitgliedschaft in der gesetzlichen Krankenversicherung Vorrang einzuräumen nach § 188 Abs. 4 SGB V; soweit diese aber nicht greift, gilt zu beachten, dass mit dem GKV-Wettbewerbsstärkungsgesetz[1672] mit Wirkung ab dem 01.04.2007 ein personell lückenhafter Schutz des deutschen Krankenversicherungssystems geschlossen werden sollte durch Anfügung der Vorschrift § 5 Abs. 1 Nr. 13 sowie der Regelung nach § 5 Abs. 8a SGB V als eine Präzisierung zu § 5 Abs. 1 Nr. 13 SGB V.[1673] Besteht zum Zeitpunkt der Haftentlassung demnach keine Versicherung in der gesetzlichen Krankenversicherung und in der sozialen Pflegeversicherung, kann der Versicherungsschutz seit 2007 durch den Auffangtatbestand des § 5 Abs. 1 Nr. 13 SGB V in der GKV sowie gemäß § 20 Abs. 1 Satz 2 Nr. 12 SGB XI in der SPV fortgesetzt werden.

Eine Absicherung im Krankheitsfall ist in Deutschland nicht lückenlos gewesen, weil nicht alle Personen die Voraussetzungen für eine Versicherung kraft Gesetzes, eine freiwillige Versicherung oder eine Familienversicherung erfüllen, sodass mit Einführung von § 5 Abs. 1 Nr. 13 SGB V eine Absicherung im Krankheitsfall für die gesamte Bevölkerung hergestellt werden sollte.[1674] Damit sind auch Personen in der GKV versicherungspflichtig nach § 5 Abs. 1 Nr. 13 SGB V, die keinen anderweitigen Anspruch auf Absicherung im Krankheitsfall haben und entweder zuletzt gesetzlich krankenversichert waren (§ 5 Abs. 1 Nr. 13a) SGB V) oder bisher nicht gesetzlich oder privat krankenversichert waren, es sei denn, dass sie zu den in § 5 Abs. 5 SGB V oder § 6 Abs. 1 oder 2 SGB V genannten Personen gehören oder bei Ausübung ihrer beruflichen Tätigkeit im Inland gehört hätten (§ 5 Abs. 1 Nr. 13b) SGB V). Zum versicherten Personenkreis nach § 5 Abs. 1 Nr. 13 SGB V gehören damit alle Nichtversicherten, die ihren Wohnsitz und gewöhnlichen Aufenthalt im Inland haben (s. a. § 3 Abs. 1 Nr. 2 SGB IV; vgl. zu den Begriffen § 30 Abs. 3 SGB

1671 *Peters*, in: Körner/Leitherer/Mutschler/Rolfs (Hrsg.), Kasseler Kommentar Sozialversicherungsrecht, § 188, Rn. 7; sowie *ders.*, in: Körner/Leitherer/Mutschler/Rolfs (Hrsg.), Kasseler Kommentar Sozialversicherungsrecht, § 9, Rn. 23; *Berchtold*, in: Knickrehm/Kreikebohm/Waltermann (Hrsg.), Kommentar zum Sozialrecht SGB V, § 9, Rn. 2a.

1672 GKV-Wettbewerbsstärkungsgesetz: Gesetz zur Stärkung des Wettbewerbs in der gesetzlichen Krankenversicherung (GKV-Wettbewerbsstärkungsgesetz – GKV-WSG) vom 26.03.2007, veröffentlicht am 30.03.2007 im BGBl. I 2007, S. 378 ff.

1673 BT-Drs. 16/3100, S. 94; *Ulmer*, in: Rolfs/Giesen/Kreikebohm/Udsching (Hrsg.), BeckOK Sozialrecht, SGB V, § 5, Rn. 69; *Peters*, in: Körner/Leitherer/Mutschler/Rolfs (Hrsg.), Kasseler Kommentar Sozialversicherungsrecht, SGB V, § 5, Rn. 160; s. a. *Baier*, in: Krauskopf, Soziale Krankenversicherung Pflegeversicherung Kommentar, SGB V, § 5, Rn. 76.

1674 *Peters*, in: Körner/Leitherer/Mutschler/Rolfs (Hrsg.), Kasseler Kommentar Sozialversicherungsrecht, SGB V, § 5, Rn. 161.

I) und der GKV zuzuordnen sind, entweder weil sie zuletzt in der GKV versichert waren oder aber zu keiner Zeit krankenversichert waren, jedoch dem Grunde nach der GKV zuzuordnen sind.[1675] Die Beitragsbemessung richtet sich bei einer Versicherungspflicht gemäß § 5 Abs. 1 Nr. 13 SGB V nach § 227 SGB V unter Verweis auf eine entsprechende Anwendung des § 240 SGB V zu den Grundlagen der Beitragsbemessung bei freiwilligen Mitgliedern; die Bestimmung des Beitragssatzes erfolgt regelmäßig nach § 243 SGB V, sodass hier ein ermäßigter Beitragssatz anzusetzen ist (§ 243 Satz 1 SGB V).[1676] Für die von § 5 Abs. 1 Nr. 13 SGB V nicht erfassten Personen ohne einen Krankenversicherungsschutz wurde weiterhin zum 01.01.2009 eine Verpflichtung zum Abschluss eines privaten Krankenversicherungsvertrages eingeführt nach § 193 Abs. 3 Versicherungsvertragsgesetz (VVG).[1677]

Um einer Auffangversicherungspflicht nach § 5 Abs. 1 Nr. 13 SGB zu unterfallen, muss es sich bei Strafgefangenen um Personen handeln, die keinen anderweitigen Anspruch auf Absicherung im Krankheitsfall haben und entweder zuletzt gesetzlich krankenversichert waren (§ 5 Abs. 1 Nr. 13a) SGB V) oder bisher weder in der gesetzlichen noch in der privaten Krankenversicherung versichert gewesen sind (§ 5 Abs. 1 Nr. 13b) SGB V).[1678] Zunächst darf kein anderweitiger Anspruch auf Absicherung im Krankheitsfall bestehen. Die Versicherungspflicht nach § 5 Abs. 1 Nr. 13 SGB V ist somit grundsätzlich subsidiär, sodass jede andere Absicherung im Krankheitsfall der Versicherungspflicht vorgeht, wie sich aus der Präzision in § 5 Abs. 8a SGB V zu § 5 Abs. 1 Nr. 13 SGB V ergibt.[1679] Außerdem unterliegen auch Personen einer Versicherungspflicht nach § 5 Abs. 1 Nr. 13 SGB V, die zur freiwilligen Versicherung berechtigt sind, jedoch von dieser Berechtigung keinen Gebrauch gemacht haben.[1680] Ohne Anspruch auf eine anderweitige Absicherung im Krankheitsfall sind auch insbesondere die nicht gesetzlich oder privat versicherten Personen, die keinen Anspruch (mehr) auf Leistungen der Gesundheitsfürsorge nach

1675 *Just*, in: Becker/Kingreen (Hrsg.), SGB V Kommentar, § 5, Rn. 61; ausführlich zur Versicherungspflicht nach § 5 Abs. 1 Nr. 13 SGB V, vgl. *Denzinger/Huppertz/Bothe*, Versicherungspflichtige nach § 5 Abs. 1 Nr. 13 SGB V – Teil 1 –, in: Die Beiträge 2014, 505 ff.

1676 BT-Drs. 16/3100, S. 94; *Ulmer*, in: Rolfs/Giesen/Kreikebohm/Udsching (Hrsg.), BeckOK Sozialrecht, SGB V, § 5, Rn. 69.

1677 *Just*, in: Becker/Kingreen (Hrsg.), SGB V Kommentar, § 5, Rn. 60; *Berchtold*, in: Knickrehm/Kreikebohm/Waltermann (Hrsg.), Kommentar zum Sozialrecht, SGB V, § 5, Rn. 40.

1678 Vgl. auch *Peters*, in: Körner/Leitherer/Mutschler/Rolfs (Hrsg.), Kasseler Kommentar Sozialversicherungsrecht, SGB V, § 5, Rn. 164.

1679 *Baier*, in: Krauskopf, Soziale Krankenversicherung Pflegeversicherung Kommentar, SGB V, § 5, Rn. 78; *Peters*, in: Körner/Leitherer/Mutschler/Rolfs (Hrsg.), Kasseler Kommentar Sozialversicherungsrecht, SGB V, § 5, Rn. 166.

1680 Vgl. LSG Schleswig-Holstein vom 15.11.2010, L 5 KR 201/10 B ER, in: NZS 2011, 197 (198); *Baier*, in: Krauskopf, Soziale Krankenversicherung Pflegeversicherung Kommentar, SGB V, § 5, Rn. 78.

den Vorschriften der Landesstrafvollzugsgesetze oder sonstiger Gesundheitsfürsorge haben.[1681] Entfallen institutionelle Gesundheitsfürsorgeleistungen also mit Haftentlassung und sind frühere Gefangene weder kraft Gesetzes noch freiwillig versichert oder familienversichert, handelt es sich bei ihnen um Personen, die keinen anderweitigen Anspruch auf Absicherung im Krankheitsfall haben. Weiterhin muss neben einer fehlenden Absicherung im Krankheitsfall alternativ eine der in § 5 Abs. 1 Nr. 13 SGB V genannten Voraussetzungen erfüllt sein, wonach eine Person entweder zuletzt gesetzlich krankenversichert (Buchstabe a) oder nicht gesetzlich oder privat krankenversichert gewesen sein muss (Buchstabe b), es sei denn, dass die Person hauptberuflich selbstständig ist (§ 5 Abs. 5 SGB V) oder zu den in § 6 Abs. 1 oder 2 SGB V genannten Personen gehört oder gehört hätte.[1682] Gesetzlich krankenversichert nach § 5 Abs. 1 Nr. 13a) SGB V ist eine Person, die entweder pflichtversichert, familienversichert oder freiwillig versichert gewesen ist. Nicht von Belang ist dabei, wie lange eine gesetzliche Krankenversicherung zurückliegt, wie lange sie besteht und aus welchem Grund sie beendet wird.[1683] Zeitlich „zuletzt" gesetzlich krankenversichert ist weiterhin auch derjenige, der nach früherer Absicherung in der GKV zwischenzeitlich einem Sondersystem zugeordnet wird.[1684] So besteht eine Krankenversicherungspflicht nach § 5 Abs. 1 Nr. 13a) SGB V auch dann, wenn zwischenzeitlich eine anderweitige Absicherung gegen Krankheit durch z. B. die Gesundheitsfürsorge nach den Vorschriften der Landesstrafvollzugsgesetze erfolgt.[1685] Die Versicherungspflicht in der GKV ist ausgeschlossen, wenn Personen zu den in § 5 Abs. 5 SGB V oder den in § 6 Abs. 1 oder 2 SGB V genannten Personen gehören und somit hauptberuflich selbstständig erwerbstätig sind oder eine nach § 6 Abs. 1 SGB V versicherungsfreie Erwerbstätigkeit ausüben oder als Hinterbliebenenrentner nach § 6 Abs. 2 SGB V versicherungsfrei sind (§ 5 Abs. 1 Nr. 13b) SGB V).[1686] Liegt keine der Voraussetzungen von § 5 Abs. 1

1681 BT-Drs. 16/3100, S. 94; *Peters*, in: Körner/Leitherer/Mutschler/Rolfs (Hrsg.), Kasseler Kommentar Sozialversicherungsrecht, SGB V, § 5, Rn. 168; *Baier*, in: Krauskopf, Soziale Krankenversicherung Pflegeversicherung Kommentar, SGB V, § 5, Rn. 78; *Zimmermann*, in: Sodan (Hrsg.), Handbuch des Krankenversicherungsrechts, § 5, Rn. 37.

1682 S. a. *Baier*, in: Krauskopf, Soziale Krankenversicherung Pflegeversicherung Kommentar, SGB V, § 5, Rn. 79.

1683 *Baier*, in: Krauskopf, Soziale Krankenversicherung Pflegeversicherung Kommentar, SGB V, § 5, Rn. 80.

1684 Vgl. BSG vom 12.01.2011, B 12 KR 11/09 R, SozR 4-2500 § 5 Nr. 13, in: NZS 2011, 856 (858); *Berchtold*, in: Knickrehm/Kreikebohm/Waltermann (Hrsg.), Kommentar zum Sozialrecht, SGB V, § 5, Rn. 43.

1685 Vgl. BSG, Urteil vom 21.12.2011, B 12 KR 13/10 R, SozR 4-2500 § 5 Nr. 15, Rn. 17 f., juris.

1686 *Baier*, in: Krauskopf, Soziale Krankenversicherung Pflegeversicherung Kommentar, SGB V, § 5, Rn. 81; vgl. auch BSG vom 12.01.2011, B 12 KR 11/09 R, SozR 4-2500 § 5 Nr. 13, in: NZS 2011, 856 (856 f.).

Nr. 13 SGB V vor, werden Personen ohne Absicherung im Krankheitsfall der privaten Krankenversicherung (PKV) zugewiesen und haben nach Maßgabe des § 193 Abs. 3 VVG eine private Krankheitskostenversicherung abzuschließen, was insbesondere Personen betrifft, die zu irgendeinem Zeitpunkt in der PKV, aber niemals in der GKV für den Krankheitsfall abgesichert waren und dementsprechend keine der Voraussetzungen des § 5 Abs. 1 Nr. 13 Buchstabe a) oder b) erfüllen.[1687]

Unterliegen Strafgefangene zum Zeitpunkt der Haftentlassung weder einer Versicherung in der GKV noch in der PKV und waren diese zuletzt über die institutionelle Gesundheitsfürsorge der Justizvollzugsbehörde nach den Vorschriften der Landesstrafvollzugsgesetze für den Krankheitsfall abgesichert, so sind frühere Gefangene in Freiheit nach § 5 Abs. 1 Nr. 13a) SGB V versicherungspflichtig in die GKV einzubeziehen.[1688] Die Vorschrift des § 5 Abs. 1 Nr. 13 SGB V kommt Strafgefangenen damit nach ihrer Haftentlassung zugute, weil auch sie nach der Haft für den Krankheitsfall abgesichert werden und in den Schutz der gesetzlichen Krankenversicherung einbezogen sind.[1689] Abweichend vom allgemeinen Wahlrecht in § 173 SGB V werden Versicherungspflichtige nach § 5 Abs. 1 Nr. 13 SGB V Mitglied in der Krankenkasse, bei der sie zuletzt versichert waren, andernfalls greift das allgemeine Wahlrecht nach § 173 Abs. 1 SGB V.

Im Hinblick auf die soziale Pflegeversicherung wurde ebenfalls zum 01.04.2007 mit dem GKV-Wettbewerbsstärkungsgesetz die Nr. 12 in § 20 Abs. 1 SGB XI eingeführt, wonach Personen in der sozialen Pflegeversicherung versicherungspflichtig sind, wenn sie bisher keinen Anspruch auf Absicherung im Krankheitsfall hatten gemäß § 5 Abs. 1 Nr. 13 SGB V oder nach § 2 Abs. 1 Nr. 7 des Zweiten Gesetzes über die Krankenversicherung der Landwirte der Krankenversicherungspflicht unterliegen.[1690] Aus § 5 Abs. 1 Nr. 13 SGB V folgt daher ebenfalls eine Versicherungspflicht in der sozialen Pflegeversicherung (§ 20 Abs. 1 Nr. 12 SGB XI).[1691]

1687 *Baier*, in: Krauskopf, Soziale Krankenversicherung Pflegeversicherung Kommentar, SGB V, § 5, Rn. 79.

1688 Beachte hierzu auch BSG, Urteil vom 21.12.2011, B 12 KR 13/10 R, SozR 4-2500 § 5 Nr. 15, juris; siehe vorhergehend LSG Hessen, Urteil vom 14.03.2013, L 8 KR 334/11, juris, sowie SG Kassel, Urteil vom 21.09.2011, S 12 KR 295/10.

1689 Vgl. *Grühn*, in: Feest/Lesting/Lindemann (Hrsg.), AK-StVollzG, Teil V, Rn. 5; vgl. ebenfalls ausführlich zur Krankenversicherungspflicht nach § 5 Abs. 1 Nr. 13 SGB V bei haftentlassenen Personen, *Hammel*, Die Krankenversicherungspflicht nach § 5 Abs. 1 Nr. 13 SGB V bei haftentlassenen Personen, in: SGb 2012, 265 ff.

1690 BT-Drs. 16/3100, S. 61; *Peters*, in: Körner/Leitherer/Mutschler/Rolfs (Hrsg.), Kasseler Kommentar Sozialversicherungsrecht, SGB XI, § 20, Rn. 53; *Lecke*, in: Krahmer/Plantholz (Hrsg.), LPK Sozialgesetzbuch XI, § 20, Rn. 9.

1691 *Baier*, in: Krauskopf, Soziale Krankenversicherung Pflegeversicherung Kommentar, SGB XI, § 20, Rn. 24.

II. Einschränkungen im Leistungsumfang

Sind Strafgefangene mit Eintritt in den Vollzug der Freiheitsstrafe in der gesetzlichen Krankenversicherung versichert (kraft Gesetzes, freiwillig oder aufgrund von Familienversicherung) kommen Ansprüche auf Leistungen gegen die gesetzliche Krankenversicherung zum Ruhen solange sich Gefangene im Vollzug der Freiheitsstrafe befinden und soweit sie während dieser Zeit einen Anspruch auf Gesundheitsfürsorge nach den Landesstrafvollzugsgesetzen haben gemäß § 16 Abs. 1 Satz 1 Nr. 4 SGB V. Endet die Mitgliedschaft Gefangener in der GKV mit Haftantritt, so unterfallen Gefangene während der Zeit des Vollzuges der Freiheitstrafe einer institutionellen Gesundheitsfürsorge nach den Vorschriften der Landesstrafvollzugsgesetze, selbst wenn sie ein Entgelt im Kontext einer gesetzlich zugewiesenen Beschäftigung erhalten oder Ausbildungsbeihilfe bei Berufsausbildung beziehen.[1692] Lediglich Strafgefangene, die im Rahmen von freien Beschäftigungsverhältnissen einer sozialversicherungsrechtlichen Beschäftigung nachgehen, sind versicherungspflichtige Mitglieder in der GKV, sodass Leistungen der institutionellen Gesundheitsfürsorge zum Ruhen kommen.[1693]

Welche Unterschiede sich hinsichtlich des Leistungsumfanges der strafvollzugsrechtlichen Gesundheitsfürsorge im Vergleich zum Leistungsumfang der GKV ergeben, ist herauszuarbeiten. Weiterhin ist zu prüfen, ob die aufgezeigten Einschränkungen im Leistungsumfang der Gesundheitsfürsorge nach den Landesstrafvollzugsgesetzen gerechtfertigt sind.

1. Angleichung der Gesundheitsfürsorge mit Leistungen der GKV

Einen Anspruch auf Schutz ihrer Gesundheit sowie auf Krankenbehandlung haben Strafgefangene gemäß Art. 2 Abs. 2 Satz 1 GG.[1694] Auch die Landesstrafvollzugsgesetze sehen dementsprechend einen Anspruch auf Krankenbehandlung in ihren

---

1692 *Grühn*, in: Feest/Lesting/Lindemann (Hrsg.), AK-StVollzG, Teil V, Rn. 5; vgl. zur Gesundheitsfürsorge nach den Landesstrafvollzugsgesetzen §§ 32 ff. BWJVollzGB III, Art. 58 ff. BayStVollzG, §§ 74 ff. BbgJVollzG, §§ 63 ff. BremStVollzG, § 57 ff. HmbStVollzG, §§ 23 ff. HStVollzG, §§ 62 ff. StVollzG M-V, §§ 56 ff. NJVollzG, §§ 43 ff. NRWStVollzG, §§ 72 ff. LJVollzG RP, §§ 62 ff. SLStVollzG, §§ 63 ff. SächsStVollzG, §§ 73 ff. ThürJVollzGB, §§ 73 ff. JVollzG LSA, §§ 79 ff. LStVollzG SH, §§ 70 ff. StVollzG Bln.

1693 § 35 Abs. 2 BWJVollzGB III, Art. 64 BayStVollzG, § 78 Abs. 2 BbgJVollzG; § 67 Abs. 2 BremStVollzG, § 65 Abs. 2 HmbStVollzG, § 24 Abs. 6 HStVollzG, § 66 Abs. 2 StVollzG M-V, § 60 NJVollzG, § 45 Abs. 2 NRWStVollzG, § 76 Abs. 2 LJVollzG RP, § 66 Abs. 2 SLStVollzG, § 67 Abs. 2 SächsStVollzG, § 77 Abs. 2 ThürJVollzGB, § 77 Abs. 2 JVollzG LSA, § 81 LStVollzG SH, § 74 Abs. 2 StVollzG Bln.

1694 *Lübbe-Wolff*, Die Rechtsprechung des Bundesverfassungsgerichts zum Strafvollzug und Untersuchungshaftvollzug, S. 200; vgl. nur BVerfG, Stattgebender Kammerbeschluss vom 05.05.2014, 2 BvR 1823/13, juris, Rn. 24; BVerfG, Nichtannahmebeschluss vom 27.03.2013, 2 BvR 2757/11, juris.

Gesetzen vor.[1695] Art und Umfang der Gesundheitsfürsorge im Strafvollzug bestimmen sich aus dem gemäß Art. 20 Abs. 1 GG abgeleiteten Äquivalenzprinzip als besondere Ausprägung des Angleichungsgrundsatzes, nach dem Personen mit dem Strafvollzug zwar die Freiheit entzogen wird, zusätzliche Sanktionen allerdings vermieden werden sollen, wie z. B. eine Sanktionierung durch schlechtere medizinische Versorgung während der Haftzeit.[1696] So ist die Gesundheitsfürsorge im Strafvollzug in quantitativer und qualitativer Hinsicht an die Leistungen für gesetzliche Krankenversicherte im öffentlichen Gesundheitswesen anzugleichen.[1697] Strafgefangene haben folglich im Sinne des strafvollzugsrechtlichen Äquivalenzprinzips nach den Vorschriften der Landesstrafvollzugsgesetze einen Anspruch gegen die Vollzugsbehörde auf notwendige, ausreichende und zweckmäßige medizinische Leistungen unter Berücksichtigung des Grundsatzes der Wirtschaftlichkeit (vgl. § 12 SGB V) sowie unter Beachtung der allgemeinen Standards der gesetzlichen Krankenversicherung.[1698] Im Hinblick auf eine entsprechende Anwendung der

1695 § 33 Satz 1 BWJVollzGB III, § 74 Abs. 1 Satz 1 BbgJVollzG; § 63 Abs. 1 Satz 1 BremStVollzG; § 24 Abs. 1 HStVollzG, § 72 Abs. 1 Satz 1 LJVollzG RP, § 62 Abs. 1 Satz 1 SLStVollzG, § 73 Abs. 1 Satz 1 ThürJVollzGB, § 73 Abs. 1 Satz 1 JVollzG LSA, § 70 Abs. 1 Satz 1 StVollzG Bln; ähnlich nach § 62 Abs. 1 Satz 1 StVollzG M-V, § 45 Abs. 1 Satz 1 NRWStVollzG, § 63 Abs. 1 Satz 1 SächsStVollzG. Dabei darf die erforderliche Krankenbehandlung eines Gefangenen nicht an einer unzureichenden Ausstattung mit personellen und finanziellen Mitteln scheitern, siehe hierzu BVerfG, Nichtannahmebeschluss vom 27.03.2013, 2 BvR 2757/11, juris; BVerfG, Nichtannahmebeschluss vom 15.11.2012, 2 BvR 683/11, juris; BVerfG, Stattgebender Kammerbeschluss vom 05.05.2014, 2 BvR 1823/13, juris, Rn. 24. Zur Situation der Gesundheitsfürsorge im Strafvollzug – unter Berücksichtigung statistischer Daten, vgl. *Hillenkamp*, Intramurale Medizin in Deutschland, S. 92 ff., in: Tag/Hillenkamp (Hrsg.), Intramurale Medizin im internationalen Vergleich. Gesundheitsfürsorge zwischen Heilauftrag und Strafvollzug im Schweizerischen und internationalen Diskurs.

1696 Vgl. *Lesting*, in: Feest/Lesting/Lindemann (Hrsg.), AK-StVollzG, Teil II, § 62 LandesR, Rn. 2. Beachte: Abzugrenzen ist das strafvollzugsrechtliche Äquivalenzprinzip von dem sozialversicherungsrechtlichen Äquivalenzprinzip als die „gemeinsame Deckung eines möglichen, in seiner Gesamtheit schätzbaren Bedarfs durch Verteilung auf eine organisierte Vielheit“, vgl. BSG, Urteil vom 20.12.1957, 7 RKg 4/56, BSGE 6, 213 (228) sowie BVerfG, Beschluss vom 08.04.1987, 2 BvR 909/82 (u. a.), BVerfGE 75, 108 (146); „sozial modifiziert und mit Elementen der öffentlichen Fürsorge verbunden“, BVerfG, Beschluss vom 18.07.2005, 2 BvF 2/01, BVerfGE 113, 167 (196); BSG, Urteil vom 29.02.2012, B 12 KR 5/10 R, BSGE 110, 130, Rn. 41.

1697 *Lesting*, in: Feest/Lesting/Lindemann (Hrsg.), AK-StVollzG, Teil II, § 62 LandesR, Rn. 2 f.

1698 § 33 Satz 1 BWJVollzGB III, § 74 Abs. 1 Satz 1 BbgJVollzG; § 63 Abs. 1 Satz 1 BremStVollzG; § 24 Abs. 1 HStVollzG, § 72 Abs. 1 Satz 1 LJVollzG RP, § 62 Abs. 1 Satz 1 SLStVollzG, § 73 Abs. 1 Satz 1 ThürJVollzGB, § 73 Abs. 1 Satz 1 JVollzG LSA, § 70 Abs. 1 Satz 1 StVollzG Bln; ähnlich nach § 62 Abs. 1 Satz 1 StVollzG M-V, § 45 Abs. 1 Satz 1 NRWStVollzG, § 63 Abs. 1 Satz 1 SächsStVollzG. Die Begriffe

Vorschriften des SGB V betrifft dies Art und Umfang der Gesundheitsuntersuchungen, medizinische Vorsorgeleistungen, Krankenbehandlungen und die Versorgung mit Arznei-, Heil- und Hilfsmitteln; jedoch gilt zu berücksichtigen, dass ein identischer Leistungsumfang nicht in jedem Einzelfall zu gewährleisten ist und es somit zu Einschränkungen im Leistungsumfang nach den Vorschriften der Landesstrafvollzugsgesetze zur Gesundheitsfürsorge kommen kann.[1699]

2. Abweichungen in der institutionellen Gesundheitsfürsorge

Die Gesundheitsfürsorge im Strafvollzug weicht von den Leistungen der gesetzlichen Krankenversicherung vor allem im Hinblick auf zwei Aspekte ab: Zum einen müssen Gefangene regelmäßig auf das Recht, einen Arzt frei wählen zu können (§ 76 SGB V), verzichten, zum anderen haben Gefangene keinen Anspruch auf Krankengeld, wenn eine Krankheit sie arbeitsunfähig macht (vgl. § 44 SGB V). Hierbei handelt es sich um Leistungen, die nicht in die Gesundheitsfürsorge nach den Vorschriften der Landesstrafvollzugsgesetze fallen. Da Gefangenen weiterführende Beschränkungen – als die der Beschränkung der körperlichen Bewegungsfreiheit sowie (re-)sozialisierungsfördernde Einschränkungen – lediglich auferlegt werden dürfen, wenn diese zur Aufrechterhaltung der Sicherheit oder zur Abwendung einer schwerwiegenden Störung der Ordnung der Anstalt erforderlich sind, stellt sich die Frage, ob gemessen an diesen Faktoren und an dem gemäß Art. 20 Abs. 1 GG abgeleiteten Äquivalenzprinzip – als besondere Ausprägung des Angleichungsgrundsatzes – Einschränkungen im Leistungsumfang der Gesundheitsfürsorge nach den Strafvollzugsgesetzen gerechtfertigt sind.[1700]

„ausreichend“ und „zweckmäßig“ sind in § 63 Abs. 1 Satz 1 SächsStVollzG nicht enthalten. Erläuterungen hierzu lassen sich weder aus dem Gesetzentwurf (LT-Drs. 5/10 S. 10920 f.) noch aus den Kommentierungen zu § 63 Abs. 1 Satz 1 SächsStVollzG entnehmen; s. a. *Laubenthal*, in: Laubenthal/Nestler/Neubacher/Verrel (Hrsg.), Strafvollzugsgesetze, zu H, Rn. 9; *Lesting*, in: Feest/Lesting/Lindemann (Hrsg.), AK-StVollzG, Teil II, § 62 LandesR, Rn. 4; *Laubenthal*, Strafvollzug, Rn. 635; *Keppler/Nestler*, in: Schwind/Böhm/Jehle/Laubenthal (Hrsg.), Strafvollzugsgesetz – Bund und Länder Kommentar, § 56 StVollzG, Rn. 2; OLG Hamburg, StV 2007, 315.

1699 *Lesting*, in: Feest/Lesting/Lindemann (Hrsg.), AK-StVollzG, Teil II, § 62 LandesR, Rn. 7. Vgl. hierzu auch die Darstellung der Rechtslage de lege lata im Kapitel 3, S. 288 ff.

1700 Vgl. zur Einschränkung der Rechtstellung von Strafgefangenen: § 3 Abs. 2 BWJVollzGB III, Art. 6 Abs. 2 Satz 2 BayStVollzG, § 4 Abs. 3 Satz 2 BbgJVollzG, § 4 Abs. 4 Satz 2 BremStVollzG, § 5 Abs. 3 Satz 2 HmbStVollzG § 6 Abs. 1 Satz 2 HStVollzG, § 4 Abs. 4 Satz 2 StVollzG M-V, § 3 Satz 2 NJVollzG, § 2 Abs. 4 Satz 2 NRWStVollzG, § 4 Abs. 3 Satz 2 LJVollzG RP, § 4 Abs. 4 Satz 2 SLStVollzG, § 4 Abs. 4 Satz 2 SächsStVollzG und § 4 Abs. 3 Satz 2 ThürJVollzGB, § 4 Abs. 3 Satz 1 JVollzGB LSA, § 4 Abs. 4 Satz 2 LStVollzG SH, § 4 Abs. 4 Satz 2 StVollzG Bln; siehe ebenfalls *Kirschke*, Medizinische Versorgung im Strafvollzug, S. 91; siehe ferner *Anstötz*, in: Graf (Hrsg.), BeckOK Strafvollzugsrecht Bund, noch zu § 4 StVollzG, Rn. 9 ff.

a. Kein Recht auf freie Arztwahl

Die wichtigste Abweichung der strafvollzugsrechtlichen Gesundheitsfürsorge vom Krankenversicherungsrecht nach dem SGB V besteht in der Übertragung der ärztlichen Behandlung auf Anstaltsärzte.[1701] Der Grundsatz der freien Arztwahl, der für alle Versicherten der gesetzlichen Krankenversicherung einschließlich der Versicherten der knappschaftlichen Krankenversicherung gilt (vgl. auch § 76 Abs. 5 SGB V), ergibt sich primär aus § 76 Abs. 1 Satz 1 SGB V; entscheidende inhaltliche Beschränkungen eines Rechts auf freie Arztwahl sind jedoch zu beachten.[1702] Gemäß § 76 Abs. 1 Satz 1 SGB V können Versicherte unter den zur vertragsärztlichen Versorgung zugelassenen Ärzten, den medizinischen Versorgungszentren, den ermächtigten Ärzten, den ermächtigten oder nach § 116b SGB V an der ambulanten Versorgung teilnehmenden Einrichtungen, den Zahnkliniken der Krankenkassen, den Eigeneinrichtungen der Krankenkassen nach § 140 Abs. 2 Satz 2 SGB V, den nach § 72a Abs. 3 SGB V vertraglich zur ärztlichen Behandlung verpflichteten Ärzten und Zahnärzten, den zum ambulanten Operieren zugelassenen Krankenhäusern sowie den Einrichtungen nach § 75 Abs. 9 SGB V frei wählen. Andere Ärzte dürfen im Notfall in Anspruch genommen werden (§ 76 Abs. 1 Satz 2 SGB V). Die Inanspruchnahme der Eigeneinrichtungen der Krankenkassen nach § 140 Abs. 1 und 2 Satz 1 SGB V richtet sich nach den hierüber abgeschlossenen Verträgen (§ 76 Abs. 1 Satz 3 SGB V). Inhaltliche Beschränkungen des Grundsatzes der freien Arztwahl in § 76 Abs. 1 SGB V beziehen sich somit auf zugelassene Ärzte resp. Einrichtungen und Beschränkungen im Rahmen von Ermächtigungen sowie sonstigen Beschränkungen.[1703] Eine räumliche Beschränkung des Grundsatzes der freien Arztwahl erfasst zudem § 76 Abs. 2 SGB V, wonach Versicherte verpflichtet werden, den nächst erreichbaren Arzt, die nächst erreichbaren Einrichtungen oder medizinischen Versorgungszentren in Anspruch zu nehmen, da ansonsten die Mehrkosten vom Versicherten zu tragen sind (vgl. hierzu auch § 39 Abs. 2 SGB V).[1704] Aus § 76 Abs. 3 SGB V kann sich eine weitere zeitlich wirkende

---

1701 Vgl. *Lesting*, in: Feest/Lesting/Lindemann (Hrsg.), AK-StVollzG, Teil II, § 62 LandesR, Rn. 26.

1702 *Joussen*, in: Knickrehm/Kreikebohm/Waltermann (Hrsg.), Kommentar zum Sozialrecht, SGB V, § 76, Rn. 2.

1703 *Lang*, in: Becker/Kingreen (Hrsg.), SGB V Kommentar, § 76, Rn. 5; s. a. *Rademacker,* in: Körner/Leitherer/Mutschler/Rolfs (Hrsg.), Kasseler Kommentar Sozialversicherungsrecht, SGB V, § 76, Rn. 3; *Sproll,* in: Krauskopf, Soziale Krankenversicherung Pflegeversicherung Kommentar, SGB V, § 76, Rn. 5.

1704 *Lang*, in: Becker/Kingreen (Hrsg.), SGB V Kommentar, § 76, Rn. 16; *Rademacker,* in: Körner/Leitherer/Mutschler/Rolfs (Hrsg.), Kasseler Kommentar Sozialversicherungsrecht, SGB V, § 76, Rn. 24; vgl. auch BSG, Urteil vom 08.09.2015, B 1 KR 27/14 R, SozR 4-2500 § 76 Nr. 3, in: NZS 2016, 100, wonach die Krankenkasse zusätzliche Fahrkosten zu dem nächst erreichbaren, nicht ablehnungsfähigen Behandler zu übernehmen habe, wenn ein Versicherter aus zwingenden medizinischen oder

Einschränkung ergeben, wonach eine grundsätzliche Bindung des Versicherten an die Behandlung durch einen Arzt im Kalendervierteljahr vorgesehen und ein Wechsel nur in bestimmten Fällen möglich ist, nämlich bei Vorliegen eines wichtigen Grundes, wie z. B. bei schwerwiegenden Vertrauensstörungen (vgl. § 76 Abs. 3 Satz 1 SGB V).[1705] Abgesehen von diesen Einschränkungen steht den in der gesetzlichen Krankenversicherung versicherten Personen ein Recht auf freie Arztwahl in vollem Umfang zu.[1706]

Strafgefangene haben einen grundrechtlichen Anspruch auf Krankenbehandlung aus Art. 2 Abs. 2 Satz 1 GG.[1707] Gleichwohl haben Strafgefangene von Verfassung wegen keinen Anspruch auf freie Arztwahl.[1708] Die ärztliche Versorgung im Strafvollzug ist durch hauptamtliche Ärzte sicherzustellen und kann aus besonderen Gründen auch nebenamtlichen oder vertraglich verpflichteten Ärzten übertragen werden.[1709] Daraus ergeben sich Nachteile im Arzt-Patienten-Verhältnis, denn zum einen wird dieses Verhältnis nicht freiwillig eingegangen und zum anderen ist der behandelnde Arzt Zwangsansprechpartner durch seine Integration in die Vollzugshierarchie, wodurch das therapeutische Verhältnis belastet sein kann durch Schwächung des Vertrauens in den Arzt.[1710] Das fehlende Recht auf freie Arztwahl bedeutet aber nicht, dass auch der verfassungsrechtliche Behandlungsanspruch Strafgefangener an den Grenzen von der Fachkompetenz der zuständigen Anstaltsärzte und der ihnen zur Verfügung stehenden Ausstattungen ein Ende finden muss, da bei einem bestehenden Bedarf ein anderer Arzt hinzuziehen ist oder Strafgefangene sogar außerhalb der JVA zu behandeln sind.[1711] Ein Bedarf besteht demnach immer, wenn der Anstaltsarzt die Grenzen seines Könnens erreicht hat oder die medizinische Ausstattung der JVA erschöpft ist, sodass andere (Fach-)

---

wertungsmäßig vergleichbaren Gründen nicht zum räumlich nächst erreichbaren Leistungserbringer wolle.

1705 *Joussen*, in: Knickrehm/Kreikebohm/Waltermann (Hrsg.), Kommentar zum Sozialrecht, SGB V, § 76, Rn. 3; *Lang*, in: Becker/Kingreen (Hrsg.), SGB V Kommentar, § 76, Rn. 17.

1706 *Kirschke*, Medizinische Versorgung im Strafvollzug, S. 92.

1707 Vgl. nur BVerfG, Stattgebender Kammerbeschluss vom 05.05.2014, 2 BvR 1823/13, juris, Rn. 24; BVerfG, Nichtannahmebeschluss vom 27.03.2013, 2 BvR 2757/11, juris.

1708 Siehe *Lübbe-Wolff*, Die Rechtsprechung des Bundesverfassungsgerichts zum Strafvollzug und Untersuchungshaftvollzug, S. 201 f.; *Lesting*, in: Feest/Lesting/Lindemann (Hrsg.), AK-StVollzG, Teil II, § 62 LandesR, Rn. 26; s. a. BVerfG, Stattgebender Kammerbeschluss vom 05.05.2014, 2 BvR 1823/13, juris, Rn. 24.

1709 Ausdrücklich nur noch in Art. 179 Abs. 1 BayStVollzG, § 180 Abs. 1 NJVollzG, § 99 Abs. 1 NRWStVollzG, § 111 Abs. 1 JVollzG LSA, § 136 Abs. 1 LStVollzG SH geregelt.

1710 *Lesting*, in: Feest/Lesting/Lindemann (Hrsg.), AK-StVollzG, Teil II, § 62 LandesR, Rn. 26; siehe *ders.*, AK-StVollzG, Teil II, § 98 LandesR, Rn. 9; *Kirschke*, Medizinische Versorgung im Strafvollzug, S. 94.

1711 *Lübbe-Wolff*, Die Rechtsprechung des Bundesverfassungsgerichts zum Strafvollzug und Untersuchungshaftvollzug, S. 201.

Ärzte hinzuziehen sind oder Strafgefangene zur Behandlung an für die betreffende gesundheitliche Angelegenheit besser qualifizierte oder besser ausgestattete Ärzte oder an ein geeignetes Krankenhaus zu überweisen sind.[1712]

Ob es im Sinne des strafvollzugsrechtlichen Äquivalenzprinzips – als Ausprägung von Art. 20 Abs. 1 GG – geboten ist, die Gesundheitsfürsorge im Strafvollzug an die Leistungen für gesetzlich Krankenversicherte im öffentlichen Gesundheitswesen im Hinblick auf das Recht auf freie Arztwahl anzugleichen, ist fraglich. Eine Anpassung ist jedenfalls dann nicht erforderlich, wenn eine Einschränkung in der Gesundheitsfürsorge im Strafvollzug der Aufrechterhaltung der Sicherheit oder der Abwendung einer schwerwiegenden Störung der Ordnung in der Anstalt dient. Rein fiskalische Gründe dürfen der Einschränkung dabei nicht zugrunde liegen.[1713] Bereits in den historischen Debatten über die Ausarbeitung eines bundeseinheitlichen Strafvollzugsgesetzes herrschte Uneinigkeit, ob Gefangenen die Möglichkeit zur freien Arztwahl überlassen werden sollte, denn bereits im „Kommissionsentwurf" (KE)[1714] von 1971 wurde über eine grundsätzliche Gestattung für Gefangene, auf eigene Kosten einen Arzt ihrer Wahl in Anspruch nehmen zu dürfen, Bedenken geäußert.[1715] Im „Regierungsentwurf" (RE)[1716] von 1973 wurde davon zunächst Abstand genommen und in § 53 Abs. 2 RE-StVollzG zur ärztlichen Behandlung vorgesehen, dass Gefangenen gestattet werden konnte, auf eigene Kosten einen Arzt ihrer Wahl in Anspruch zu nehmen, als Klarstellung, dass der Vollzugsbehörde nicht die Möglichkeit genommen werden sollte, Gefangenen auch sonst zu gestatten, einen Arzt ihrer Wahl hinzuzuziehen; um Unzuträglichkeiten zu vermeiden, war Gefangenen hierauf allerdings kein Anspruch zu geben.[1717] Die Norm wurde vom historischen Gesetzgeber schlussendlich nicht in das Bundesstrafvollzugsgesetz übernommen, da mehrheitlich die Gefahr eines Missbrauches einer solchen Vorschrift für zu gravierend gehalten wurde, weil die Erfahrung in der Praxis gezeigt habe, dass zahlreiche Gefangene, die einen Vertragsarzt in Anspruch nahmen, in vielen Fällen nicht etwa eine verbesserte Gesundheitsfürsorge wünschten, sondern in den meisten Fällen das erreichen wollten, was sie über einen Anstaltsarzt nicht erreichen konnten, wie z. B. die Bescheinigung der Haftunfähigkeit oder der Arbeitsunfähigkeit, die Verschreibung bestimmter Medikamente, Verkürzung

---

1712 BVerfG, Stattgebender Kammerbeschluss vom 05.05.2014, 2 BvR 1823/13, juris, Rn. 24.

1713 *Kirschke*, Medizinische Versorgung im Strafvollzug, S. 97.

1714 Kommissionsentwurf: Entwurf eines Gesetzes über den Vollzug der Freiheitsstrafe und der freiheitsentziehenden Maßregeln der Besserung und Sicherung – Strafvollzugsgesetz (StVollzG), herausgegeben vom Bundesministerium der Justiz, Februar 1971.

1715 Zitiert nach: *Kirschke*, Medizinische Versorgung im Strafvollzug, S. 94.

1716 Gesetzentwurf der Bundesregierung – Regierungsentwurf (RE) – zum Strafvollzugsgesetz vom 23.07.1973, BT-Drs. 7/918.

1717 BT-Drs. 7/918, S. 72.

des Arbeitspensums oder eine verbesserte Haftkost.[1718] Ein Arzt, der mit den Besonderheiten im Vollzug nicht vertraut sei, werde nach Ansicht des Gesetzgebers somit die dafür notwendigen Bescheinigungen möglicherweise leichter ausstellen als ein Anstaltsarzt; außerdem sei zu beachten, dass ein besonderes Problem in den Anstalten der Arzneimittelmissbrauch und der damit entstehende Handel mit dazu geeigneten Medikamenten sei, und ein Anstaltsarzt mit diesen Praktiken meist besser vertraut sei als ein Vertragsarzt und demgemäß mit der Verschreibung der dafür geeigneten Medikamente vorsichtiger umgehe.[1719] Sein Bemühen, den Arzneimittelmissbrauch einzuschränken oder wenigstens unter Kontrolle zu halten, sei jedoch zum Scheitern verurteilt, wenn Gefangene sich die Medikamente von einem Vertragsarzt beschaffen könnten, und ansonsten sei es ebenso für das Anstaltsklima nicht günstig, wenn Gefangenen die Möglichkeit eröffnet werde, Vertragsärzte gegen Anstaltsärzte auszuspielen, weil es in der Praxis schwierig genug sei, zwischen dem Anstaltsarzt und dem Patienten eine vernünftige Vertrauensbasis herzustellen und zu erhalten.[1720] Demnach müsse der Gesichtspunkt zurücktreten, dass das Leben im Vollzug an das Leben in Freiheit möglichst angeglichen werden soll, zumal es der Anstalt auch ohne die Vorschrift unbenommen bleibe, einen frei gewählten privaten Arzt hinzuzuziehen oder dem Gefangenen zu gestatten, einen Vertragsarzt auf eigene Kosten aufzusuchen; jedoch stehen die Gefangenen, für die diese Vorschrift hauptsächlich in Betracht komme, meist in einem freien Beschäftigungsverhältnis außerhalb der Anstalt und seien als pflichtversicherte Arbeitnehmer ohnehin berechtigt, einen Arzt ihrer Wahl aufzusuchen.[1721] Im Übrigen werde der Anstaltsarzt, insbesondere bei Gefangenen, die sich vor ihrem Strafantritt in ärztlicher Behandlung befinden, mit dem behandelnden Arzt Verbindung aufnehmen, um eine bereits begonnene Therapie sachgerecht fortzusetzen oder um sich mit vorangegangenen ärztlichen Befunden vertraut zu machen, sodass es einer ausdrücklichen Regelung nicht bedürfe.[1722] Im Resultat hat der historische Gesetzgeber also darauf verzichtet, ein Recht auf freie Arztwahl in das Strafvollzugsgesetz aufzunehmen.

Grund für den Verzicht auf ein Recht auf freie Arztwahl war somit vor allem einer möglichen Missbrauchsgefahr vorzubeugen. Hierbei handelt es sich um eine strafvollzugsbedingte Einschränkung in der Gesundheitsfürsorge, die zur Aufrechterhaltung der Sicherheit im Strafvollzug erforderlich ist. Auch wenn durch eine hauptsächliche Gesundheitsversorgung durch Anstaltsärzte das Arzt-Patienten-Verhältnis strapaziert wird, wegen einer mangelhaften Vertrauensbasis zwischen dem Arzt und dem Patienten, könnte dies aber auch gerade ein Argument dafür sein, dass eine zu große Vertrautheit zwischen Arzt und Patient möglicherweise

1718 BT-Drs. 7/3998, S. 25.
1719 BT-Drs. 7/3998, S. 25 f.
1720 BT-Drs. 7/3998, S. 26.
1721 Ebd.
1722 Ebd.

ebenfalls Missbräuche unterstützen könnte. Ob durch ein belastetes Vertrauensverhältnis ein Therapieerfolg reduziert oder ausgeschlossen werden kann, ist außerdem nur schwerlich nachweisbar.[1723] Alternativen, um einer Missbrauchsgefahr entgegenhalten zu können, würden des Weiteren an schwer unüberwindbaren praktischen Problemen scheitern – durch einen erheblichen Mehraufwand für die Vollzugsbehörden, vor allem im Hinblick auf Sicherheitsrisiken, aber auch hinsichtlich der Ausführungskosten.[1724] Hierbei ist das fiskalische Argument nur ein Beiwerk von einem Umsetzungsproblem und freilich nicht das Hauptargument für eine solche Einschränkung.

Im Ergebnis ist es daher nicht geboten, die Gesundheitsfürsorge im Strafvollzug an die Leistungen für gesetzlich Krankenversicherte im öffentlichen Gesundheitswesen auch hinsichtlich eines Rechts auf freie Arztwahl anzugleichen im Sinne des strafvollzugsrechtlichen Äquivalenzprinzips gemäß Art. 20 Abs. 1 GG.

b. Grundsätzlich kein Anspruch auf Krankengeld

Eine weitere wesentliche Unterscheidung im Hinblick auf den Leistungsumfang der Gesundheitsfürsorge nach den Landesstrafvollzugsgesetzen im Vergleich zu Leistungen nach dem Krankenversicherungsrecht ergibt sich bezüglich eines Anspruches auf Krankengeld.

Der Versicherungsschutz in der gesetzlichen Krankenversicherung umfasst nach § 44 Abs. 1 SGB V einen Anspruch auf Krankengeld. Gemäß § 44 Abs. 1 SGB V werden dem Grunde nach die Voraussetzungen für einen Anspruch auf Krankengeld bei Arbeitsunfähigkeit und im Falle einer stationären Behandlung geregelt.[1725] Demnach haben Versicherte Anspruch auf Krankengeld, wenn die Krankheit sie arbeitsunfähig macht oder sie auf Kosten der Krankenkasse stationär in einem Krankenhaus, einer Vorsorge- oder Rehabilitationseinrichtung (§ 23 Abs. 4, §§ 24, 40 Abs. 2 und § 41 SGB V) behandelt werden. Welche Personenkreise keinen Anspruch auf Krankengeld haben, regelt § 44 Abs. 2 SGB V. Grundsätzlich hat folglich jeder Versicherte in der gesetzlichen Krankenversicherung einen Anspruch auf Krankengeld, soweit dieser nicht nach § 44 Abs. 2 SGB V ausgeschlossen wird.[1726]

Bei Erarbeitung eines bundeseinheitlichen Strafvollzugsgesetzes hat der historische Gesetzgeber die Einführung eines Krankengeldes im Rahmen einer Ausfallentschädigung vorgesehen gemäß § 45 Abs. 2 StVollzG; jedoch wurde der Erlass

---

1723 Kritisch hierzu: *Lesting*, in: Feest/Lesting/Lindemann (Hrsg.), AK-StVollzG, Teil II, § 62 LandesR, Rn. 26; siehe *ders.*, AK-StVollzG, Teil II, § 98 LandesR, Rn. 9.

1724 Vgl. *Kirschke*, Medizinische Versorgung im Strafvollzug, S. 98 f.

1725 *Knittel*, in: Krauskopf, Soziale Krankenversicherung Pflegeversicherung Kommentar, SGB V, § 44, Rn. 2.

1726 *Schifferdecker*, in: Körner/Leitherer/Mutschler/Rolfs (Hrsg.), Kasseler Kommentar Sozialversicherungsrecht, SGB V, § 44, Rn. 10; *Knittel*, in: Krauskopf, Soziale Krankenversicherung Pflegeversicherung Kommentar, SGB V, § 44, Rn. 2.

dieser Vorschrift von dem Inkrafttreten eines besonderen Bundesgesetzes nach § 198 Abs. 3 StVollzG abhängig gemacht.[1727] Da diese Vorschrift bis heute nicht in Kraft gesetzt ist, sehen die Regelungen der Landesstrafvollzugsgesetze im Gegensatz zum SGB V keinen Anspruch auf Krankengeld in Fällen krankheitsbedingter Arbeitsunfähigkeit vor.[1728] Dementsprechend entfällt für erkrankte Strafgefangene im Rahmen der institutionellen Gesundheitsfürsorge in der Regel ein Anspruch auf Krankengeld.[1729] Ausnahmen können sich zum einen für Gefangene ergeben, die im echten Freigang sozialversicherungsrechtlichen Beschäftigungen nachgehen und somit nicht unter die Vorschriften der strafvollzugsrechtlichen Gesundheitsfürsorge fallen.[1730] Zum anderen haben auch diejenigen Strafgefangenen einen Anspruch auf Krankengeld, die in der gesetzlichen Krankenversicherung bei Haftantritt versichert sind und deren Anspruch auf Leistungen aus der GKV nach § 16 Abs. 1 Satz 1 Nr. 4 SGB V zum Ruhen kommt, da die Gesundheitsfürsorge nach den Landesstrafvollzugsgesetzen einen Anspruch auf Krankengeld nicht vorsieht und die Gefahr einer Doppelversorgung demnach in diesem Fall nicht besteht.[1731] In der gesetzlichen Krankenversicherung versicherte Gefangene können somit trotz eines Ruhens von Leistungsansprüchen einen Anspruch auf Krankengeld haben, wenn sie die Voraussetzungen des § 44 SGB V erfüllen und wenn ein Kausalzusammenhang zwischen der Krankheit und der Arbeitsunfähigkeit, eine Tätigkeit zu verrichten, besteht.[1732] Hinsichtlich eines Anspruches auf Krankengeld während der Haft sind die Sonderregelungen des § 49 SGB I (Auszahlung bei Unterbringung) und § 50 SGB I (Überleitung des Leistungsanspruches bei Unterbringung, als ergänzende Regelung zu §§ 48, 49 SGB I) zu beachten, wobei es sich um Ausnahmen von der Grundregel des § 47 SGB I handelt und Geldleistungen im Falle der Unterbringung regelmäßig nicht dem Leistungsempfänger selbst auszuzahlen sind.[1733] Werden allerdings nicht in der GKV versicherungspflichtige

---

1727 Vgl. hierzu auch die Begründung in BT-Drs. 7/3998, S. 22.

1728 Vgl. *Kirschke*, Medizinische Versorgung im Strafvollzug, S. 136.

1729 *Lesting*, in: Feest/Lesting/Lindemann (Hrsg.), AK-StVollzG, Teil II, § 62 LandesR, Rn. 9; siehe hierzu auch BSG, Urteil vom 09.12.1986, 8 RK 9/85, in: NStZ 1987, 381 f.

1730 Vgl. nach den Landesstrafvollzugsgesetzen in § 35 Abs. 2 BWJVollzGB III, Art. 64 BayStVollzG, § 78 Abs. 2 BbgJVollzG; § 67 Abs. 2 BremStVollzG, § 65 Abs. 2 HmbStVollzG, § 24 Abs. 6 HStVollzG, § 66 Abs. 2 StVollzG M-V, § 60 NJVollzG, § 45 Abs. 2 NRWStVollzG, § 76 Abs. 2 LJVollzG RP, § 66 Abs. 2 SLStVollzG, § 67 Abs. 2 SächsStVollzG, § 77 Abs. 2 ThürJVollzGB, § 77 Abs. 2 JVollzG LSA, § 81 LStVollzG SH, § 74 Abs. 2 StVollzG Bln.

1731 *Waltermann*, in: Knickrehm/Kreikebohm/Waltermann (Hrsg.), Kommentar zum Sozialrecht, SGB V, § 16, Rn. 9; *Noftz*, in: Hauck/Noftz (Hrsg.), SGB V, K § 16, Rn. 46; *Wagner*, in: Krauskopf, Soziale Krankenversicherung Pflegeversicherung Kommentar, SGB V, § 16, Rn. 18.

1732 BSG, Urteil vom 23.11.1971, 3 RK 26/70, BSGE 33, 202 ff., SozR Nr. 48 zu § 182 RVO, juris, Rn. 11; s. a. SG Hamburg, Urteil vom 05.12.2003, 21 KR 479/96, juris, Rn. 15.

1733 *Siefert*, in: Körner/Leitherer/Mutschler/Rolfs (Hrsg.), Kasseler Kommentar Sozialversicherungsrecht, SGB I, § 49, Rn. 2; sowie *ders.*, in: Körner/Leitherer/

Strafgefangene arbeitsunfähig wegen Krankheit, haben diese Gefangenen im Rahmen der institutionellen Gesundheitsfürsorge keinen Anspruch auf Krankengeld.

Zu fragen ist daher, ob es im Sinne des strafvollzugsrechtlichen Äquivalenzprinzips – als Ausprägung von Art. 20 Abs. 1 GG – geboten ist, die Gesundheitsfürsorge im Strafvollzug in quantitativer und qualitativer Hinsicht an die Leistungen für gesetzlich Krankenversicherte im öffentlichen Gesundheitswesen ebenfalls im Hinblick auf einen Anspruch auf Krankengeld anzugleichen. Nicht erforderlich wäre dies, wenn Gefangene nach den Vorschriften der Landesstrafvollzugsgesetze bei Arbeitsunfähigkeit wegen Krankheit ausreichend versorgt respektive die Mindestanforderungen an eine Gesundheitsfürsorge im Krankheitsfall abgedeckt werden. Für den Fall der Arbeitsunfähigkeit bei Krankheit wurde im Bundesstrafvollzugsgesetz eine Vorschrift vorgesehen, die in diesem Fall eine Ausfallentschädigung (§ 45 Abs. 2 StVollzG) für Strafgefangene gewährt. Um solch eine Regelung in Kraft zu setzen, ist allerdings der Erlass eines besonderen Bundesgesetzes erforderlich gemäß § 198 Abs. 3 StVollzG (noch zu § 45 StVollzG). Mit der Einführung einer Ausfallentschädigung wollte der historische Gesetzgeber den Gefangenen soziale Sicherheit vermitteln, wie sie auch bei Arbeitsverhältnissen in Freiheit durch die gesetzliche Kranken- und Arbeitslosenversicherung erreicht wird.[1734] Dabei hat der Gesetzgeber einen Anspruch auf eine angemessene Entschädigung vorgesehen, die mit 60 % des Ortslohndurchschnittes gewählt wurde, um einen ausreichenden Abstand zu den produktiv oder zur beruflichen Förderung arbeitenden Gefangenen zu wahren; weiterhin sollte auch dem arbeitslosen und kranken Gefangenen ermöglicht werden, wenigstens für einen bestimmten Zeitraum weiterhin zum Lebensunterhalt seiner Angehörigen beizutragen.[1735] Diese Regelung wurde jedoch bis heute nicht in Kraft gesetzt. Neben der Vergütung von Gefangenenarbeit sehen die Landesstrafvollzugsgesetze keine weiteren monetären Vergütungsleistungen für Arbeit im Strafvollzug vor, die als Entgeltersatz zu bewerten wären. Es bleibt somit schlicht bei Regelungen zum Entgelt für Gefangenenarbeit. Dementsprechend werden Strafgefangene im Falle von Arbeitsunfähigkeit wegen Krankheit regelmäßig nicht mit einem Entgeltersatz nach den Landesstrafvollzugsgesetzen versorgt. Das BSG[1736] hatte hierzu bereits im Jahr 1986 konstatiert, dass Gefangene – sowohl im geschlossenen als auch im offenen Vollzug – bei Arbeitsunfähigkeit auf Kosten des Staates in der Justizvollzugsanstalt unterhalten werden und das Krankengeld als Lohnersatz für das infolge der Erkrankung ausgefallene Arbeitsentgelt für ihren Unterhalt nicht benötigt werde.[1737] Dem kann

Mutschler/Rolfs (Hrsg.), Kasseler Kommentar Sozialversicherungsrecht, SGB I, § 50, Rn. 2; *Wagner*, in: Krauskopf, Soziale Krankenversicherung Pflegeversicherung Kommentar, SGB V, § 16, Rn. 18; s. a. *Noftz*, in: Hauck/Noftz, SGB V, K § 16, Rn. 46.

1734 BT-Drs. 7/918, S. 69.

1735 Ebd.

1736 BSG, Urteil vom 09.12.1986, 8 RK 9/85, BSGE 61, 62 ff., SozR 2200 § 216 Nr. 9, juris.

1737 BSG, Urteil vom 09.12.1986, 8 RK 9/85, BSGE 61, 62 ff., SozR 2200 § 216 Nr. 9, juris, Rn. 17.

sicherlich entgegengehalten werden, dass Gefangene durch Entfallen des Entgeltes z. B. nur schwer Unterhaltsleistungen oder Opferentschädigungen nachkommen können, wenn ihnen kein Entgeltersatz im Falle der Arbeitsunfähigkeit gewährt wird.[1738] Zwar werden Strafgefangene auch bei Arbeitsunfähigkeit in der Haft versorgt, jedoch erhalten sie keine Entgeltersatzleistung, sondern lediglich im Falle der Bedürftigkeit ein Taschengeld.[1739] Davon können freilich in der Haft Grundbedürfnisse noch gedeckt werden, weitergehende Bedürfnisse, wie z. B. der Kauf von Genussmitteln, sind allerdings nicht mehr finanzierbar.[1740] Des Weiteren wird das Krankengeld im Strafvollzug aber auch als Lohnersatzleistung bei Arbeitsunfähigkeit über den Entlassungszeitpunkt hinaus benötigt, im Falle des Entfallens eines Anspruches auf Arbeitslosengeld nach dem SGB III, wegen fehlender Verfügbarkeit für den Arbeitsmarkt.[1741] De lege lata werden Strafgefangene bei Eintritt einer Arbeitsunfähigkeit wegen Krankheit somit zwar dem Grunde nach im Strafvollzug versorgt und Grundbedürfnisse werden dementsprechend nach den Landesstrafvollzugsgesetzen gedeckt. Eine darüber hinausgehende soziale Sicherheit im Falle der Arbeitsunfähigkeit wegen Krankheit ist (derzeit) aber nicht vorgesehen.

Fraglich ist demzufolge, ob über die Abdeckung der Grundbedürfnisse im Falle der Arbeitsunfähigkeit hinaus eine Angleichung der Gesundheitsfürsorge im Strafvollzug an die Leistungen für gesetzlich Krankenversicherte im öffentlichen Gesundheitswesen gemäß Art. 20 Abs. 1 GG im Hinblick auf einen Anspruch auf Krankengeld geboten ist. Die Verfassung weist dem Gesetzgeber die Ausgestaltung der Sozialordnung (Art. 20 Abs. 1 GG) und die Entscheidung über die Gewährung von bestimmten Vergünstigungen als sozialstaatliche Aufgabe zu.[1742] Demnach steht es grundsätzlich in der Gestaltungsmacht des Gesetzgebers, Art und Umfang sozialer Sicherungssysteme und den Kreis der hierzu berechtigten Personen nach sachgerechten Kriterien zu bestimmen.[1743] Damit die Regelung zur Ausfallentschädigung in Kraft gesetzt wird, bedarf es den Erlass eines besonderen Bundesgesetzes gemäß § 198 Abs. 3 StVollzG. Erlassen hat der Gesetzgeber das Bundesgesetz bis heute nicht. Hierzu ist er auch nicht verpflichtet, da es in seiner weiten Gestaltungsmacht liegt zu entscheiden, wer nach Ansicht des Gesetzgebers in den Schutz der Sozialversicherung fallen soll; gebunden ist er dabei lediglich an

---

1738 S. a. *Schirmer*, Soziale Sicherung von Strafgefangenen, S. 119.

1739 Vgl. zum Taschengeld: § 53 Abs. 1 BWJVollzGB III, Art. 54 BayStVollzG, § 43 NJVollzG; ausführlicher unter Angabe der Eckvergütung (in aller Regel 14 %) in: § 68 BbgJVollzG, § 58 BremStVollzG, § 46 HmbStVollzG, § 41 HStVollzG, § 57 StVollzG M-V, § 35 NRWStVollzG, § 67 LJVollzG RP, § 57 SLStVollzG, § 57 SächsStVollzG, § 68 ThürJVollzGB, § 65 JVollzGB LSA, § 73 LStVollzG SH, § 65 StVollzG Bln.

1740 Vgl. *Schirmer*, Soziale Sicherung von Strafgefangenen, S. 119.

1741 Vgl. *Schirmer*, Soziale Sicherung von Strafgefangenen, S. 120. Siehe hierzu auch die Ausführungen in Kapitel 3, S. 266 ff.

1742 BVerfGE 98, 169 (204). Zum Sozialstaatsgebot vgl. ferner Kapitel 2, S. 119 ff.

1743 BVerfGE 98, 169 (204).

die vom BVerfG aufgestellten Mindestanforderungen.[1744] Entfallen bei Arbeitsunfähigkeit wegen Krankheit in der Haft Lohnzahlungen, bleiben Strafgefangene nicht schutzlos. Die JVA gewährt Gefangenen im Falle von Bedürftigkeit ein Taschengeld mit dem Grundbedürfnisse in der Haft gedeckt werden können. Im Sinne von Art. 20 Abs. 1 GG wird Gefangenen damit ein Mindestmaß an sozialer Sicherheit im Falle von Arbeitsunfähigkeit im Strafvollzug gewährleistet. Eine weitergehende Verpflichtung zur sozialen Absicherung Strafgefangener ergibt sich dabei weder aus der Verfassung noch kann solch eine Verpflichtung dem Gesetzgeber auferlegt werden, da er sich nicht auf ein bestimmtes soziales Regelungskonzept festlegen muss.[1745] Im Ergebnis folgt daraus somit, dass eine Angleichung der Gesundheitsfürsorge im Strafvollzug an die Leistungen für gesetzlich Krankenversicherte im öffentlichen Gesundheitswesen im Hinblick auf einen Anspruch auf Krankengeld gemäß Art. 20 Abs. 1 GG verfassungsrechtlich nicht geboten ist. Es liegt in der Gestaltungsmacht des Gesetzgebers, ob nicht in der GKV versicherte Gefangene, die ausschließlich Leistungen der Gesundheitsfürsorge nach den Vorschriften der Landesstrafvollzugsgesetze erhalten, regelmäßig auch ein Anspruch auf Krankengeld im Falle der Arbeitsunfähigkeit wegen Krankheit zu gewähren ist.

c. Ergebnis

Leistungen der Gesundheitsfürsorge nach den Vorschriften der Landesstrafvollzugsgesetze weichen vor allem hinsichtlich eines Rechts auf freie Arztwahl (§ 76 SGB V) sowie eines Anspruches auf Krankengeld (§ 44 SGB V) von den Leistungen der gesetzlichen Krankenversicherung ab. Die Gesundheitsfürsorge im Strafvollzug vollständig an die Leistungen für gesetzlich Krankenversicherte im öffentlichen Gesundheitswesen im Hinblick auf ein Recht auf freie Arztwahl und ein Anspruch auf Krankengeld anzugleichen im Sinne des strafvollzugsrechtlichen Äquivalenzprinzips gemäß Art. 20 Abs. 1 GG, ist allerdings nicht geboten.

III. Auswirkungen auf Vorversicherungszeiten

Ein fehlender Sozialversicherungsschutz in der gesetzlichen Krankenversicherung und in der sozialen Pflegeversicherung während der Zeit des Vollzuges der Freiheitsstrafe könnte sich außerdem nachteilig im Hinblick auf erforderliche Vorversicherungszeiten in der GKV und in der SPV auswirken.

1744 Vgl. hierzu Kapitel 2, S. 116 ff.; siehe BVerfGE 98, 169 (204).

1745 BVerfGE 98, 169 (204, 212); vgl. auch *Wunder/Diehm*, Die soziale (Nicht-)Sicherung von Strafgefangenen, in: Soziale Sicherheit 2009, 74 (78).

1. *Fehlende Vorversicherungszeit für eine Versicherung in der Krankenversicherung der Rentner (KVdR)*

Für Strafgefangene, die während des Vollzuges der Freiheitsstrafe nicht in der gesetzlichen Krankenversicherung versichert sind, oder für in der GKV versicherte Gefangene, deren Ansprüche auf Leistungen aus der GKV während der Zeit des Vollzuges ruhen nach § 16 Abs. 1 Satz 1 Nr. 4 SGB V, könnte sich eine haftbedingt fehlende Versicherungszeit beeinträchtigend auf die Erfüllung erforderlicher Vorversicherungszeiten für eine Versicherung in der Krankenversicherung der Rentner (KVdR) gemäß § 5 Abs. 1 Nr. 11 SGB V auswirken.[1746]

Gemäß § 5 Abs. 1 Nr. 11, 11a, 11b und 12 SGB V sowie nach § 5 Abs. 2 Satz 2, 3 SGB V wird die KVdR geregelt, wobei in systematischer Hinsicht der § 5 Abs. 1 Nr. 11 SGB V die Grundvorschrift bildet, nach der für die überwiegende Zahl von Rentnern über einen Zugang zur beitragsgünstigen KVdR entschieden wird.[1747] So bestehen z. B. Vorteile gegenüber einer freiwilligen Versicherung hinsichtlich einer Beschränkung der beitragspflichtigen Einnahmen (beachte zu den beitragspflichtigen Einnahmen versicherungspflichtiger Rentner § 237 SGB V gegenüber der Vorschrift zu beitragspflichtigen Einnahmen freiwillig Versicherter nach § 240 SGB V); anderweitige Vorteile im Hinblick auf die Höhe des Beitragssatzes sind entfallen, sodass für die Bemessung der Beiträge Versicherungspflichtiger aus Renten der gesetzlichen Rentenversicherung (§ 247 SGB V) sowie aus Versorgungsbezügen und Arbeitseinkommen (§ 248 SGB V) der allgemeine Beitragssatz (§ 241 SGB V) Anwendung findet.[1748]

Gemäß § 5 Abs. 1 Nr. 11 SGB V sind Personen versicherungspflichtig, die die Voraussetzungen für den Anspruch auf eine Rente aus der gesetzlichen Rentenversicherung erfüllen und Rente beantragt haben, wenn sie seit der erstmaligen Aufnahme einer Erwerbstätigkeit bis zur Stellung des Rentenantrages mindestens neun Zehntel der zweiten Hälfte des Zeitraumes Mitglied in der GKV oder nach § 10 SGB V familienversichert waren. Dementsprechend müssen innerhalb des Rahmenzeitraumes des gesamten Erwerbslebens mindestens neun Zehntel der zweiten Hälfte tatsächlich mit Zeiten einer Mitgliedschaft in der GKV oder

---

1746 Vgl. *Wunder/Diehm*, Die soziale (Nicht-)Sicherung von Strafgefangenen, in: Soziale Sicherheit 2009, 74 (76); *Schorn*, Sozialversicherung im Strafvollzug, in: NZS 1995, 444 (445).

1747 *Peters*, in: Körner/Leitherer/Mutschler/Rolfs (Hrsg.), Kasseler Kommentar Sozialversicherungsrecht, SGB V, § 5, Rn. 120. Zur Rechtsentwicklung der KVdR, vgl. *Baier*, in: Krauskopf, Soziale Krankenversicherung Pflegeversicherung Kommentar, SGB V, § 5, Rn. 54; ebenfalls ausführlich hierzu *Peters*, in: Körner/Leitherer/Mutschler/Rolfs (Hrsg.), Kasseler Kommentar Sozialversicherungsrecht, SGB V, § 5, Rn. 121.

1748 *Peters*, in: Körner/Leitherer/Mutschler/Rolfs (Hrsg.), Kasseler Kommentar Sozialversicherungsrecht, SGB V, § 5, Rn. 157; s. a. *Berchtold*, in: Knickrehm/Kreikebohm/Waltermann (Hrsg.), Kommentar zum Sozialrecht, SGB V, § 5, Rn. 32.

einer Versicherung nach § 10 SGB V belegt sein, wozu nach geltendem Recht auch Zeiten der freiwilligen Versicherung (§ 9 SGB V) gehören, weil die aktuelle Fassung der Norm durch das GKV-Wettbewerbsstärkungsgesetz (GKV-WSG)[1749] vom 26.03.2007 dem Beschluss des BVerfG[1750] vom 15.03.2000 Rechnung trägt.[1751] Demnach wurde § 5 Abs. 1 Nr. 11 SGB V in der Fassung von Art. 1 Nr. 1 des „Gesundheitsstrukturgesetz[es]" (GSG)[1752] vom 21.12.1992 für mit Art. 3 Abs. 1 GG unvereinbar erklärt, da hiernach die neun Zehntel Belegung grundsätzlich nur mit Pflichtversicherungszeiten erfüllt werden konnte.[1753] Allerdings kann die Vorversicherungszeit mit Zeiten der Nachversicherung in der Rentenversicherung (vgl. § 8 SGB VI) nicht erfüllt werden.[1754] Ruhen Ansprüche auf Leistungen aufgrund eines Freiheitsentzuges gemäß § 16 Abs. 1 Satz 1 Nr. 4 SGB V, sind die Zeiten der Freiheitsentziehung bei der Berechnung der Vorversicherungszeit für die KVdR zu berücksichtigen, weil die Ruhensvorschrift des § 16 Abs. 1 Satz 1 Nr. 4 SGB V eine Mitgliedschaft in der gesetzlichen Krankenversicherung unberührt lässt, auf die bei der Berechnung der Vorversicherungszeit nach § 5 Abs. 1 Nr. 11 SGB V abzustellen ist.[1755] Für versicherte Strafgefangene ist die Haftzeit folglich unschädlich für eine Erfüllung der Vorversicherungszeiten in der KVdR. Hingegen kann für Strafgefangene, die während der Haftzeit keiner Versicherung in der GKV unterliegen, die Zeit des Vollzuges der Freiheitsstrafe als Vorversicherungszeit in der KVdR keine Berücksichtigung finden, aufgrund einer mangelnden Versicherung in der GKV. Entgegengewirkt werden könnte dem lediglich durch freiwilligen Beitritt Strafgefangener zur gesetzlichen Krankenversicherung nach Ende einer Pflichtmitgliedschaft in der GKV (vgl. § 188 Abs. 4 SGB V).[1756] Beiträge zur freiwilligen Versicherung in der GKV müssten allerdings vom versicherten Mitglied allein getragen werden (§ 250 Abs. 2 SGB V). Für Strafgefangene, die während des Vollzuges der Freiheitsstrafe nicht in der gesetzlichen Krankenversicherung

1749 GKV-Wettbewerbsstärkungsgesetz: Gesetz zur Stärkung des Wettbewerbs in der gesetzlichen Krankenversicherung (GKV-Wettbewerbsstärkungsgesetz – GKV-WSG) vom 26.03.2007, veröffentlicht am 30.03.2007 im BGBl. I 2007, S. 378 ff.

1750 BVerfG, Beschluss vom 15.03.2000, 1 BvL 16/96, BVerfGE 102, 68 ff., juris.

1751 *Berchtold*, in: Knickrehm/Kreikebohm/Waltermann (Hrsg.), Kommentar zum Sozialrecht, SGB V, § 5, Rn. 35 f.

1752 Gesetz zur Sicherung und Strukturverbesserung der gesetzlichen Krankenversicherung (Gesundheitsstrukturgesetz) vom 21.12.1992, veröffentlicht am 29.12.1992 im BGBl. I 1992, S. 2266 ff.

1753 *Berchtold*, in: Knickrehm/Kreikebohm/Waltermann (Hrsg.), Kommentar zum Sozialrecht, SGB V, § 5, Rn. 35 f.

1754 *Just*, in: Becker/Kingreen (Hrsg.), SGB V Kommentar, § 5, Rn. 48.

1755 Vgl. SG Koblenz, Urteil vom 22.06.2010, S 16 KR 87/09, sowie nachgehend LSG Rheinland-Pfalz, Urteil vom 17.11.2011, L 5 KR 149/10, juris, Rn. 6; *Just*, in: Becker/Kingreen (Hrsg.), SGB V Kommentar, § 5, Rn. 48.

1756 Siehe hierzu auch *Steiner*, Der Strafgefangene im System der gesetzlichen Sozialversicherung, S. 104 f. sowie *Schirmer*, Soziale Sicherung von Strafgefangenen, S. 131.

versichert sind, wirkt sich eine haftbedingt fehlende Versicherungszeit damit beeinträchtigend auf die Erfüllung erforderlicher Vorversicherungszeiten für eine Versicherung in der Krankenversicherung der Rentner (KVdR) gemäß § 5 Abs. 1 Nr. 11 SGB V aus.

2. *Kein Anspruch auf Leistungen aus der SPV wegen mangelnder Vorversicherungszeit*

Leistungen der sozialen Pflegeversicherung umfassen Dienst-, Sach- und Geldleistungen für den Bedarf an körperbezogenen Pflegemaßnahmen, pflegerischen Betreuungsmaßnahmen und Hilfen bei der Haushaltsführung sowie Kostenerstattung, soweit es das SGB XI vorsieht (vgl. § 28 SGB XI) gemäß § 4 Abs. 1 Satz 1 SGB XI, wobei sich Art und Umfang der Leistungen nach der Schwere der Pflegebedürftigkeit richten und danach, ob häusliche, teilstationäre oder vollstationäre Pflege in Anspruch genommen wird (§ 4 Abs. 1 Satz 2 SGB XI). Leistungen der Pflegeversicherung erhalten Versicherte außerdem nach § 33 Abs. 1 Satz 1 SGB XI auf Antrag. Dabei werden die Leistungen ab Antragstellung gewährt, frühestens jedoch von dem Zeitpunkt an, zu dem die Anspruchsvoraussetzungen vorliegen (§ 33 Abs. 1 Satz 2 SGB XI). Ein Anspruch auf Leistungen besteht dabei nur, wenn Versicherte eine erforderliche Vorversicherungszeit erfüllen und demnach in den letzten zehn Jahren vor Antragstellung mindestens zwei Jahre als Mitglied versichert oder nach § 25 SGB XI familienversichert waren gemäß § 33 Abs. 2 Satz 1 SGB XI. Zeiten der Weiterversicherung nach § 26 Abs. 2 SGB XI werden bei der Ermittlung der nach § 33 Abs. 2 Satz 1 SGB XI erforderlichen Vorversicherungszeit mitberücksichtigt (§ 33 Abs. 2 Satz 2 SGB XI).[1757] Zudem ist eine ununterbrochen zurückgelegte Versicherungszeit in der privaten Pflegeversicherung auf die Vorversicherungszeit nach § 33 Abs. 2 SGB XI anzurechnen (§ 33 Abs. 3 SGB XI). Durch das Pflege-Stärkungs-Gesetz II (PSG II)[1758] aus dem Jahr 2015 sind weiterhin die nicht mehr erforderlichen unterschiedlichen Mindestzeiten zu den jeweiligen Vorversicherungszeiten, die vor dem 01.07.2008 Anwendung fanden, mit Wirkung zum 01.01.2016 gestrichen worden.[1759] Beibehalten wurde damit nur noch die für die Zeit ab dem 01.01.2008 geltende Regelung, die eine Vorversicherungszeit von zwei Jahren innerhalb einer 10-jährigen Rahmenfrist vorsieht.[1760] Zu

---

1757 Vgl. *Leitherer*, in: Körner/Leitherer/Mutschler/Rolfs (Hrsg.), Kasseler Kommentar Sozialversicherungsrecht, SGB XI, § 33, Rn. 23.

1758 Zweites Gesetz zur Stärkung der pflegerischen Versorgung und zur Änderung weiterer Vorschriften (Zweites Pflegestärkungsgesetz – PSG II) vom 21.12.2015, veröffentlicht im BGBl. I 2015, S. 2424 ff. am 28.12.2015.

1759 Vgl. *Lungstras*, in: Udsching/Schütze (Hrsg.), SGB XI Kommentar, § 33, Rn. 8; *Leitherer*, in: Körner/Leitherer/Mutschler/Rolfs (Hrsg.), Kasseler Kommentar Sozialversicherungsrecht, SGB XI, § 33, Rn. 17 ff.; BT-Drs. 18/5926, S. 92.

1760 *Leitherer*, in: Körner/Leitherer/Mutschler/Rolfs (Hrsg.), Kasseler Kommentar Sozialversicherungsrecht, SGB XI, § 33, Rn. 19.

den Vorversicherungszeiten werden weiterhin alle Zeiten angerechnet, in denen Antragsteller bei einer Pflegekasse pflichtversichert oder freiwillig versichert waren, aber auch Zeiten, in denen eine Familienversicherung bestand; kurzfristige Unterbrechungen zwischen zwei Beschäftigungen von bis zu einem Monat sind dabei für die Erfüllung der Vorversicherungszeit unschädlich.[1761] Da die Vorversicherungszeit nicht beim Eintritt des Versicherungsfalles vorliegen muss, lässt § 33 Abs. 2 SGB XI außerdem zu, dass ein Versicherter bei bestehender Pflegebedürftigkeit in die Leistungsberechtigung hineinwachsen kann, durch Hinauszögern einer Antragstellung, bis die erforderliche Vorversicherungszeit erfüllt wird und eine Leistungsberechtigung im Sinne des § 33 Abs. 2 SGB XI vorliegt.[1762]

Sind Strafgefangene während der Haft nicht in der sozialen Pflegeversicherung versichert (§§ 20 ff., § 25, § 26 f. SGB XI), kann dies Folgen im Hinblick auf eine erforderliche Vorversicherungszeit für einen Anspruch auf Leistungen aus der sozialen Pflegeversicherung haben, wenn sie in den letzten zehn Jahren vor Antragstellung nicht mindestens zwei Jahre als Mitglied selbst versichert oder familienversichert in der SPV einbezogen waren.[1763] Die allgemeine Festlegung der Vorversicherungszeit auf zwei Jahre in einer Rahmenfrist von zehn Jahren kann dazu führen, dass eine Vorversicherungszeit durch den Vollzug einer Freiheitsstrafe nicht erreicht wird, sodass eine Sicherheitslücke vorliegt. Diese ist allerdings nicht mehr so groß, dass sie nicht auch geschlossen werden kann. Entscheidend kommt es hier also auf die Länge der Haftstrafe an. Neutralisierend wirkt sich außerdem die Tatsache aus, dass eine Vorversicherungszeit nicht bei Eintritt des Versicherungsfalles erfüllt sein muss, sondern dass Leistungsberechtigte in die Erfüllung von dieser hineinwachsen können. Insgesamt besteht durch eine Nichtversicherung Gefangener in der SPV während der Haft also zwar weiterhin das Risiko, dass sich ein Strafvollzug beeinträchtigend auf eine Vorversicherungszeit in der sozialen Pflegeversicherung für einen Anspruch auf Leistungen aus der SPV auswirken kann, die Erfüllung einer in der sozialen Pflegeversicherung erforderlichen Vorversicherungszeit ist jedoch bei Vollzug einer Freiheitsstrafe nicht mehr aussichtslos.

IV. Zusammenfassung

Für die Haftzeit besteht für nicht in der gesetzlichen Krankenversicherung versicherte Gefangene ein Versicherungsschutz im Rahmen einer institutionellen

---

1761 Vgl. *Höfer*, in: Krahmer/Plantholz (Hrsg.), LPK Sozialgesetzbuch XI, § 33, Rn. 8, mit Verweis auf das gemeinsame Rundschreiben des GKV-Spitzenverbandes und der Verbände der Pflegekassen vom 17.04.2013 zu § 33 Nr. 4.2.

1762 *Lungstras*, in: Udsching/Schütze (Hrsg.), SGB XI Kommentar, § 33, Rn. 8.

1763 So schon *Wunder/Diehm*, Die soziale (Nicht-)Sicherung von Strafgefangenen, in: Soziale Sicherheit 2009, 74 (76); *Steiner*, Der Strafgefangene im System der gesetzlichen Sozialversicherung, S. 105.

Gesundheitsfürsorge nach den Vorschriften der Landesstrafvollzugsgesetze. Enden versicherungspflichtige Mitgliedschaften oder Familienversicherungen von Angehörigen in der GKV mit Haftantritt, setzt sich eine Mitgliedschaft in der GKV als freiwillige Mitgliedschaft fort, wenn dem nicht fristgerecht widersprochen wird (§ 188 Abs. 4 Satz 1 und 2 SGB V). Allerdings müssen bei freiwilligen Versicherungen Beiträge zur GKV alleine vom versicherten Mitglied getragen werden (§ 250 Abs. 2 SGB V). Sind Gefangene weiterhin kraft Gesetzes, freiwillig versichert oder familienversichert in der GKV nach Haftantritt, ruht ein Anspruch auf Leistungen aus der GKV § 16 Abs. 1 Satz 1 Nr. 4 SGB V, solange Gefangene einen Anspruch auf Leistungen aus der Gesundheitsfürsorge nach den Landesstrafvollzugsgesetzen haben. Die sozialversicherungsrechtliche Stellung Strafgefangener in der sozialen Pflegeversicherung knüpft eng an die gesetzliche Krankenversicherung an, sodass die in der gesetzlichen Krankenversicherung versicherungspflichtigen Mitglieder auch in der sozialen Pflegeversicherung versicherungspflichtig sind (§ 1 Abs. 2 Satz 1, § 20 Abs. 1 Satz 1 SGB XI). Entfallen die Voraussetzungen einer Versicherungspflicht in der SPV nach §§ 20, 21 SGB XI, wegen Beendigung der Mitgliedschaft in der GKV, endet genauso die Mitgliedschaft in der sozialen Pflegeversicherung (§ 49 Abs. 1 Satz 2 SGB XI). Besteht zum Zeitpunkt der Haftentlassung keine Versicherung in der gesetzlichen Krankenversicherung und in der sozialen Pflegeversicherung, kann ein Versicherungsschutz seit 2007 durch den Auffangtatbestand des § 5 Abs. 1 Nr. 13 SGB V in der GKV sowie gemäß § 20 Abs. 1 Satz 2 Nr. 12 SGB XI in der SPV fortgesetzt werden.

Nach den Vorschriften der Landesstrafvollzugsgesetze weichen Leistungen der Gesundheitsfürsorge vor allem hinsichtlich eines Rechts auf freie Arztwahl (§ 76 SGB V) sowie eines Anspruches auf Krankengeld (§ 44 SGB V) von den Leistungen der gesetzlichen Krankenversicherung ab. Eine vollständige Angleichung der Gesundheitsfürsorge im Strafvollzug an die Leistungen für gesetzlich Krankenversicherte im öffentlichen Gesundheitswesen ist jedoch auch im Hinblick auf ein Recht auf freie Arztwahl und ein Anspruch auf Krankengeld im Sinne des strafvollzugsrechtlichen Äquivalenzprinzips gemäß Art. 20 Abs. 1 GG nicht geboten.

Schließlich kann sich die Haftzeit ebenfalls auf erforderliche Vorversicherungszeiten in der gesetzlichen Krankenversicherung und in der sozialen Pflegeversicherung auswirken. So verlangt eine Versicherungspflicht in der KVdR nach § 5 Abs. 1 Nr. 11 SGB V, dass Personen die Voraussetzungen für einen Anspruch auf Rente aus der gesetzlichen Rentenversicherung erfüllen und diese eine Rente beantragt haben, wenn sie seit der erstmaligen Aufnahme einer Erwerbstätigkeit bis zur Stellung des Antrages mindestens neun Zehntel der zweiten Hälfte des Zeitraumes Mitglied in der GKV oder familienversichert waren. Sind Strafgefangene während der Zeit des Vollzuges der Freiheitsstrafe somit nicht versichert in der GKV, findet die Zeit des Strafvollzuges auch keine Berücksichtigung in der KVdR als Vorversicherungszeit. Sind Gefangene in der GKV allerdings Mitglied und ruht ein Anspruch auf Leistungen während der Haft nach § 16 Abs. 1 Satz 1 Nr. 4 SGB V, wirkt sich der Strafvollzug nicht auf erforderliche Vorversicherungszeiten für eine Versicherung in der KVdR aus, da das Ruhen eines Anspruches auf Leistungen nach § 16 Abs. 1 Satz 1 Nr. 4 SGB V eine Mitgliedschaft in der gesetzlichen Krankenversicherung unberührt lässt. In der sozialen Pflegeversicherung verlangt weiterhin § 33 Abs. 2 SGB XI eine Vorversicherungszeit für einen Anspruch auf Leistungen aus der SPV, der demnach nur besteht, wenn Versicherte in den letzten zehn Jahren vor der Antragstellung mindestens zwei Jahre als Mitglied in der SPV versichert oder familienversichert waren. Demzufolge kann sich auch hier die Haftzeit beeinträchtigend auf die zu erfüllende Vorversicherungszeit in der SPV auswirken, wenn Gefangene während der Haft nicht in der sozialen Pflegeversicherung versichert sind. Jedoch muss die Vorversicherungszeit nicht beim Eintritt des Versicherungsfalles erfüllt sein, weil § 33 Abs. 2 SGB XI zulässt, dass Versicherte bei bestehender Pflegebedürftigkeit in die Leistungsberechtigung hineinwachsen können, indem eine Antragstellung hinausgezögert wird, bis die erforderliche Vorversicherungszeit erfüllt ist und eine Leistungsberechtigung im Sinne des § 33 Abs. 2 SGB XI besteht.

B. Gesetzliche Rentenversicherung

In der gesetzlichen Rentenversicherung finden Strafgefangene versicherungspflichtig Berücksichtigung, wenn sie während der Zeit des Strafvollzuges sozialversicherungsrechtlichen Beschäftigungen bei Gewährung von vollzugsöffnenden Maßnahmen nachgehen und wenn sie aufgrund von Selbstbeschäftigungen versicherungspflichtig nach dem KSVG in der gesetzlichen Rentenversicherung einbezogen sind.[1764] Gehen Strafgefangene hingegen Beschäftigungen aufgrund von gesetzlicher Zuweisung im Rahmen von öffentlich-rechtlichen Beschäftigungen der besonderen Art nach, sind sie nicht kraft Gesetzes in der GRV versichert.[1765]

Auch im Hinblick auf den Sozialversicherungsbereich der gesetzlichen Rentenversicherung ist zu untersuchen, welche sozialversicherungsrechtlichen Folgen sich aus einer Nichtberücksichtigung Strafgefangener in der GRV während der Haftzeit sowie für die Zeit nach Haftentlassung feststellen lassen. Dabei können sozialversicherungsrechtliche Folgen wegen fehlender oder lückenhafter Absicherung in der GRV sowohl während der Haft als auch nach Haftentlassung zum Tragen kommen.[1766]

1764 Vgl. die Ausführungen in Kapitel 3, S. 319 ff.

1765 Siehe hierzu Kapitel 3, S. 325 f.

1766 Vgl. auch *Wunder/Diehm*, Die soziale (Nicht-)Sicherung von Strafgefangenen, in: Soziale Sicherheit 2009, 74 (76); siehe hierzu auch *Schorn*, Sozialversicherung im Strafvollzug, in: NZS 1995, 444 (445).

I. Rechtsfolgen einer Nichtberücksichtigung Strafgefangener in der GRV

1. *Auswirkungen auf Rentenansprüche und Rentenhöhe*

Für einen Anspruch auf Leistungen der gesetzlichen Rentenversicherung müssen die im Rentenversicherungsrecht geforderten Wartezeiten gemäß § 50 SGB VI erfüllt werden. Nach § 51 SGB VI sind anrechenbare Zeiten auf Wartezeiten rentenrechtliche Zeiten gemäß §§ 54 ff. SGB VI. Fraglich ist somit zunächst, ob auch Zeiten des Strafvollzuges mit rentenrechtlichen Zeiten belegt sein können.[1767] Ist die Haftzeit nicht mit rentenrechtlichen Zeiten zu belegen, kann sich dies beeinträchtigend auf einen künftigen Anspruch auf Rente und deren Höhe auswirken.

Gemäß § 33 Abs. 1 SGB VI werden Renten geleistet wegen Alters (§§ 35 ff. SGB VI), wegen verminderter Erwerbsfähigkeit (§ 43 SGB VI) oder wegen Todes (§§ 46 ff. SGB VI). Anspruch auf Renten haben Versicherte und ihre Hinterbliebenen, wenn eine für die jeweilige Rente erforderliche Mindestversicherungszeit (Wartezeit) erfüllt ist und die jeweiligen besonderen versicherungsrechtlichen und persönlichen Voraussetzungen vorliegen (§ 34 Abs. 1 SGB VI). Die Erfüllung einer allgemeinen Wartezeit von fünf Jahren nach § 50 Abs. 1 Satz 1 SGB VI ist Voraussetzung für einen Anspruch auf eine Regelaltersrente (§ 50 Abs. 1 Satz 1 Nr. 1 SGB VI), für Renten wegen verminderter Erwerbsfähigkeit (§ 50 Abs. 1 Satz 1 Nr. 2 SGB VI) und für Rente wegen Todes (§ 50 Abs. 1 Satz 1 Nr. 3 SGB VI). Modifizierte Wartezeiten für besondere Fallkonstellationen werden in § 50 Abs. 1 Satz 2 SGB VI sowie in § 50 Abs. 2, 3, 4 und 5 SGB VI geregelt. Grundsätzlich werden auf die allgemeine Wartezeit und auf die Wartezeiten von 15 und 20 Jahren Kalendermonate mit Beitragszeiten und Ersatzzeiten angerechnet (§ 51 Abs. 1 und 4 SGB VI). Welche Zeiten dazu gehören, richtet sich nach den §§ 54 ff. SGB VI.

a. *Belegung der Haftzeit mit rentenrechtlichen Zeiten*

Für einen Anspruch auf Rente wird die Erfüllung einer allgemeinen Wartezeit von fünf Jahren vorausgesetzt nach § 50 Abs. 1 Satz 1 SGB VI. Auf die allgemeine Wartezeit anrechenbare Zeiten sind Beitragszeiten und Ersatzzeiten gemäß § 51 Abs. 1 und 4 SGB VI sowie nach Maßgabe von § 52 SGB VI auch Zeiten aus einem durchgeführten Versorgungsausgleich und aus einer geringfügigen versicherungsfreien Beschäftigung; außerdem gehören hierzu nach § 2 des „Gesetz[es] zur Zahlbarmachung von Renten aus Beschäftigungen in einem Ghetto“[1768] ebenso die Ghetto-Beitragszeiten, wonach ebenfalls die Erfüllung einer allgemeinen Wartezeit

1767 S. a. *Schirmer*, Soziale Sicherung von Strafgefangenen, S. 145.

1768 Gesetz zur Zahlbarmachung von Renten aus Beschäftigungen in einem Ghetto vom 20.06.2002, veröffentlicht am 27.06.2002 im BGBl. I 2002, S. 2074 ff.

Voraussetzung für einen Anspruch auf Rente ist.[1769] Die Zeit des Vollzuges der Freiheitsstrafe könnte sich auf einen Anspruch auf Rente beeinträchtigend auswirken, wenn die Haftzeit keine auf die allgemeine Wartezeit anrechenbare Zeit darstellt. Zu untersuchen ist daher, ob die Zeit des Vollzuges der Freiheitsstrafe mit rentenrechtlichen Zeiten belegt werden kann. Nach § 54 Abs. 1 SGB VI werden die rentenrechtlichen Zeiten normiert.[1770] Zu diesen gehören Beitragszeiten als Zeiten mit vollwertigen Beiträgen (§ 54 Abs. 1 Nr. 1a SGB VI) oder Beitragszeiten als beitragsgeminderte Zeiten (§ 54 Abs. 1 Nr. 1b SGB VI) sowie beitragsfreie Zeiten (§ 54 Abs. 1 Nr. 2 SGB VI) und Berücksichtigungszeiten (§ 54 Abs. 1 Nr. 3 SGB VI).

aa. Keine Anrechnung der Zeit des Vollzuges als Beitragszeit

Beitragszeiten sind Zeiten, für die nach Bundesrecht Pflichtbeiträge (Pflichtbeitragszeiten) oder freiwillige Beiträge gezahlt worden sind (§ 55 Abs. 1 Satz 1 SGB VI). Pflichtbeitragszeiten können ebenfalls Zeiten sein, für die Pflichtbeiträge nach besonderen Vorschriften als gezahlt gelten (§ 55 Abs. 1 Satz 2 SGB VI). Damit können Beitragszeiten grundsätzlich Zeiten sein, für die Versicherte Pflichtbeiträge oder freiwillige Beiträge gezahlt haben (§ 55 Abs. 1 Satz 1 SGB VI).[1771] Liegen demzufolge eine Versicherungspflicht kraft Gesetzes oder eine Versicherungspflicht auf Antrag in der GRV und wirksame Pflichtbeitragszahlungen vor, handelt es sich um Pflichtbeitragszeiten.[1772] Gemäß § 199 SGB VI ist weiterhin eine Vermutung der Beitragszahlung möglich, wenn bei Beschäftigungszeiten, die den Trägern der GRV ordnungsgemäß gemeldet worden sind, vermutet wird, dass während dieser Zeiten ein versicherungspflichtiges Beschäftigungsverhältnis mit dem gemeldeten Arbeitsentgelt bestanden hat und der Betrag dafür wirksam gezahlt wurde (§ 199 Satz 1 SGB VI). Berücksichtigt werden neben der freiwilligen Versicherung gemäß § 7 SGB VI auch freiwillige Beiträge aufgrund einer Nachzahlung (§ 209 SGB VI) sowie irrtümlich gezahlte Pflichtbeiträge, die als freiwillige Beiträge Geltung haben (§ 202 SGB VI).[1773] Des Weiteren können Beitragszeiten Zeiten sein, für die zwar keine Beiträge gezahlt werden, die jedoch aufgrund von gesetzlicher Fiktion

---

1769 *Gürtner*, in: Körner/Leitherer/Mutschler/Rolfs (Hrsg.), Kasseler Kommentar Sozialversicherungsrecht, SGB VI, § 50, Rn. 5; *Dankelmann*, in: Kreikebohm (Hrsg.), SGB VI Kommentar, § 35, Rn. 6; s. a. BSGE 99, 35, SozR 4 – 5075 § 1 Nr. 4; BSGE 103, 220, SozR 4 – 5075 § 1 Nr. 8.

1770 *Jassat*, in: Rolfs/Giesen/Kreikebohm/Udsching (Hrsg.), BeckOK Sozialrecht, SGB VI, § 54, Rn. 2.

1771 S. a. *Gürtner*, in: Körner/Leitherer/Mutschler/Rolfs (Hrsg.), Kasseler Kommentar Sozialversicherungsrecht, SGB VI, § 55, Rn. 2.

1772 *Kreikebohm*, in: Knickrehm/Kreikebohm/Waltermann (Hrsg.), Kommentar zum Sozialrecht, SGB VI, § 55, Rn. 3; *Gürtner*, in: Körner/Leitherer/Mutschler/Rolfs (Hrsg.), Kasseler Kommentar Sozialversicherungsrecht, SGB VI, § 55, Rn. 4.

1773 *Kreikebohm*, in: Knickrehm/Kreikebohm/Waltermann (Hrsg.), Kommentar zum Sozialrecht, Kommentar zum Sozialrecht, SGB VI, § 55, Rn. 4.

Pflichtbeiträge sind, die als gezahlt gelten.[1774] Hierzu gehören u. a. Beiträge, die für Zeiten einer zu Unrecht durchgeführten Strafverfolgungsmaßnahme gezahlt werden nach § 205 Abs. 1 Satz 3 SGB VI.[1775]

Strafgefangene unterliegen einer Versicherungspflicht in der gesetzlichen Rentenversicherung, wenn sie im echten Freigang sozialversicherungsrechtlichen Beschäftigungen nachgehen oder versicherungspflichtig in die GRV nach dem KSVG einbezogen sind.[1776] Gehen Gefangene hingegen gesetzlich zugewiesenen Beschäftigungen im Rahmen eines öffentlich-rechtlichen Beschäftigungsverhältnisses der besonderen Art nach, werden sie nicht versicherungspflichtig in der GKV berücksichtigt.[1777] Ohne eine Versicherungspflicht in der GRV haben Gefangene somit keine Pflichtbeiträge zu entrichten. Es steht ihnen zwar offen, sich in der gesetzlichen Rentenversicherung freiwillig zu versichern gemäß § 7 SGB VI, mit der Folge, dass freiwillige Beiträge zur GRV ebenfalls Beitragszeiten sind (§ 55 Abs. 1 Satz 1 SGB VI), allerdings tragen freiwillig Versicherte ihre Beiträge allein (§ 171 SGB VI). Sind Strafgefangene also weder kraft Gesetzes in der gesetzlichen Rentenversicherung einbezogen noch freiwillig in dieser versichert, erzielen Gefangene trotz Beschäftigung im Vollzug der Freiheitsstrafe mit der Beschäftigung keine Beitragszeiten.[1778] Lediglich wenn frühere Strafgefangene den Tatbestand der Nachzahlung bei Strafverfolgungsmaßnahmen nach § 205 SGB VI erfüllen, könnten diese Zeiten im Rahmen einer gesetzlichen Fiktion als Pflichtbeitragszeiten berücksichtigt werden nach § 205 Abs. 1 Satz 3 SGB VI.[1779] Hierzu muss es sich allerdings um Versicherte handeln, für die ein Anspruch auf Entschädigung für Zeiten von Strafverfolgungsmaßnahmen nach dem „Gesetz über die Entschädigung für Strafverfolgungsmaßnahmen“ (StrEG)[1780] rechtskräftig festgestellt wurde,

---

1774 *Gürtner*, in: Körner/Leitherer/Mutschler/Rolfs (Hrsg.), Kasseler Kommentar Sozialversicherungsrecht, SGB VI, § 55, Rn. 2.

1775 *Kreikebohm*, in: Knickrehm/Kreikebohm/Waltermann (Hrsg.), Kommentar zum Sozialrecht, Kommentar zum Sozialrecht, SGB VI, § 55, Rn. 5; vgl. den ausführlichen Katalog bei *Gürtner*, in: Körner/Leitherer/Mutschler/Rolfs (Hrsg.), Kasseler Kommentar Sozialversicherungsrecht, SGB VI, § 55, Rn. 9.

1776 Vgl. hierzu Kapitel 3, S. 319 ff.

1777 Kapitel 3, S. 325 f.

1778 Vgl. auch BSG, Urteil vom 24.10.2013, B 13 R 83/11 R, juris; BSG, Urteil vom 06.05.2010, B 13 R 118/08 R, juris; sowie LSG Rheinland-Pfalz, Urteil vom 13.08.2008, L 4 R 67/08, juris, wonach die während der Zeit des Strafvollzuges ausgeführte Beschäftigung keine versicherungspflichtige Beschäftigung darstelle und somit hierdurch auch keine rentenversicherungsrechtlichen Beitragszeiten (§ 55 Abs. 1 SGB VI) begründet werden. So auch LSG Berlin und Brandenburg, Urteil vom 19.04.2007, L 21 R 1362/05, openJur 2012, 5747, Rn. 31.

1779 *von Koch*, in: Rolfs/Giesen/Kreikebohm/Udsching (Hrsg.), BeckOK Sozialrecht, SGB VI, § 205, Rn. 7.

1780 Gesetz über die Entschädigung für Strafverfolgungsmaßnahmen vom 08.03.1971, veröffentlicht am 11.03.1971 im BGBl. I 1971, S. 157 ff.

sodass Versicherte auf Antrag freiwillig Beiträge für diese Zeiten nachzahlen können. Die erforderlichen Voraussetzungen für das Vorliegen von Nachzahlungen bei Strafverfolgungsmaßnahmen gemäß § 205 SGB VI werden jedoch in den wenigsten Fällen erfüllt sein. Im Ergebnis ist die Beschäftigung in der Haftzeit deshalb regelmäßig keine Beitragszeit im Sinne der §§ 54 Abs. 1 Nr. 1, 55 SGB VI und somit nicht als rentenrechtliche Zeit anzurechnen.[1781]

bb. Berücksichtigungszeit bei Kindererziehung

Als Beitragszeiten gelten auch Berücksichtigungszeiten (§ 54 Abs. 1 Nr. 3 SGB VI). Berücksichtigungszeiten werden in § 57 und § 249a SGB VI definiert und umfassen Zeiten der Kindererziehung eines Kindes bis zu dessen vollendetem 10. Lebensjahr (§ 57 Satz 1 SGB VI). Sie unterscheiden sich von den Kindererziehungszeiten nach § 56 SGB VI insoweit, als nach § 56 Abs. 1 Satz 1 SGB VI Kindererziehungszeiten Zeiten der Erziehung des Kindes in dessen ersten drei Lebensjahren sind und Kindererziehungszeiten rentenbegründend sowie rentenerhöhend wirken.[1782] Damit sollen rentenrechtliche Nachteile für Versicherte ausgeglichen werden, die wegen der Kindererziehung für diesen Zeitraum keine Beiträge zur gesetzlichen Rentenversicherung entrichten können.[1783] Im Hinblick auf ihre Funktion wirken sich Berücksichtigungszeiten im Rahmen von sonstigen rentenrechtlichen Regelungen aus; sie werden nach § 51 Abs. 3 SGB VI auf die Wartezeit von 35 Jahren (§ 50 Abs. 4 SGB VI) angerechnet und gemäß § 51 Abs. 3a Nr. 2 SGB VI auf die Wartezeit von 45 Jahren (§ 50 Abs. 5 SGB VI), ansonsten wirken sie z. B. als Verlängerungstatbestände im Hinblick auf den Zeitraum von fünf Jahren zur Erhaltung der Anwartschaft bei Renten wegen verminderter Erwerbsfähigkeit (§ 43 Abs. 4 Nr. 2, § 45 Abs. 4 SGB VI) oder gelten als Anwartschaftserhaltungszeiten (vgl. § 241 Abs. 2 Satz 1 Nr. 4 SGB VI).[1784] Weiterhin sind Berücksichtigungszeiten dann Zeiten der Kindererziehung, wenn und soweit gleichzeitig die Voraussetzungen für eine Anrechnung von Kindererziehungszeiten nach § 56 SGB VI gegeben sind, sodass wegen dieser Kopplung von Berücksichtigungszeit und Kindererziehungszeit für den gesamten Zeitraum von zehn Jahren zu prüfen ist gemäß § 56 SGB VI, ob diese Zeit Versicherten grundsätzlich als Kindererziehungszeit zugeordnet werden kann.[1785]

Die Haftzeit Strafgefangener könnte als Berücksichtigungszeit Beachtung finden, wenn während der Haft Berücksichtigungszeiten im Sinne von § 57 SGB VI

1781 Vgl. so auch nach BT-Drs. 8/3335, S. 6.

1782 *Gürtner*, in: Körner/Leitherer/Mutschler/Rolfs (Hrsg.), Kasseler Kommentar Sozialversicherungsrecht, SGB VI, § 54, Rn. 6; *Dankelmann*, in: Kreikebohm (Hrsg.), SGB VI Kommentar, § 57, Rn. 3.

1783 *Dankelmann*, in: Kreikebohm (Hrsg.), SGB VI Kommentar, § 57, Rn. 2.

1784 Vgl. BT-Drs. 11/4124, S. 166 f.; *Gürtner*, in: Körner/Leitherer/Mutschler/Rolfs (Hrsg.), Kasseler Kommentar Sozialversicherungsrecht, SGB VI, § 57, Rn. 3.

1785 Dankelmann, in: Kreikebohm (Hrsg.), SGB VI Kommentar, § 57, Rn. 4.

entstanden sind. Hierzu müssen die Voraussetzungen für eine Anrechnung von Kindererziehungszeiten nach § 56 SGB VI vorliegen. Gemäß § 56 Abs. 1 Satz 1 SGB VI sind Kindererziehungszeiten Zeiten der Erziehung des Kindes in dessen ersten drei Lebensjahren, die bei einem Elternteil gemäß § 56 Abs. 1 Satz 2 SGB VI als Kindererziehungszeit angerechnet wird, wenn die Erziehungszeit diesem Elternteil zuzuordnen ist (§ 56 Abs. 1 Satz 2 Nr. 1 SGB VI), die Erziehung im Gebiet der Bundesrepublik Deutschland erfolgt oder einer solchen gleichsteht (§ 56 Abs. 1 Satz 2 Nr. 2 SGB VI) und der Elternteil nicht von der Anrechnung ausgeschlossen ist (§ 56 Abs. 1 Satz 2 Nr. 3 SGB VI). Weiterhin ist eine Erziehungszeit demjenigen Elternteil zuzuordnen, der das Kind erzogen hat (§ 56 Abs. 2 Satz 1 SGB VI). Haben Eltern ihr Kind gemeinsam erzogen, können sie durch übereinstimmende Erklärung bestimmen, welchem Elternteil die Erziehungszeit zuzuordnen ist (§ 56 Abs. 2 Satz 3 SGB VI). Eine Kindererziehung ist in der Haft durch Schaffung von entsprechenden hierzu geeigneten Einrichtungen möglich sowie bei Vorliegen der erforderlichen Voraussetzungen nach den Landesstrafvollzugsgesetzen.[1786] Fast alle Landesstrafvollzugsgesetze sehen eine Möglichkeit der Einrichtung von Eltern-Kind-Einrichtungen vor, in einigen Bundesländern existieren bereits entsprechende Abteilungen.[1787] Sind die Voraussetzungen für eine Unterbringung des erziehenden Elternteiles mit dem Kind nach den Vorschriften der Landesstrafvollzugsgesetze gegeben, können Strafgefangene ihre Kinder bis zur Erreichung einer Maximalaltersgrenze, die in den unterschiedlichen Landesstrafvollzugsgesetzen abweichen kann, in der Haft während der Zeit des Vollzuges der Freiheitsstrafe erziehen.[1788] Zudem ist eine tatsächliche Erziehung eines Kindes außerhalb der Haft möglich, wenn Strafgefangenen vollzugsöffnende Maßnahmen gewährt werden und diese somit der Erziehung des Kindes außerhalb der Haft nachgehen können.[1789] Liegen die Voraussetzungen von § 56 Abs. 1 SGB VI vor und ist Strafgefangenen die Erziehungszeit gemäß § 56 Abs. 1 Satz 2 Nr. 1, Abs. 2 SGB VI zuzuordnen, kann die Zeit der Erziehung eines Kindes – für die nach den Landesstrafvollzugsgesetzen gewährte Zeit – eine Berücksichtigungszeit bis zu dessen vollendetem 10. Lebensjahr darstellen nach § 57 Satz 1 SGB VI.

1786 Siehe hierzu Kapitel 3, S. 328 ff.

1787 So in Art. 168 BayStVollzG, § 21 HmbStVollzG, § 87 NRWStVollzG und § 74 Abs. 3 HStVollzG; aber auch nach § 10 BWJVollzGB I, § 21 BbgJVollzG, § 14 BremStVollzG, § 73 NJVollzG, § 14 StVollzG M-V, § 14 SächsStVollzG, § 21 LJVollzG RP, § 14 SLStVollzG, § 21 JVollzGB LSA, § 21 ThürJVollzGB, § 15 StVollzG Bln; siehe ferner *Weßels/Böning*, in: Feest/Lesting/Lindemann (Hrsg.), AK-StVollzG, Teil II, § 14 LandesR, Rn. 9 f.

1788 Siehe Kapitel 3, S. 331 f.

1789 Vgl. Kapitel 3, S. 330 f.

cc. Keine Berücksichtigung als beitragsfreie Zeit

Rentenrechtliche Zeiten sind beitragsfreie Zeiten nach § 54 Abs. 1 Nr. 2, Abs. 4 SGB VI. Es stellt sich daher die Frage, ob die Zeit des Vollzuges der Freiheitsstrafe ebenfalls als beitragsfreie Zeit Berücksichtigung finden kann. Gemäß § 54 Abs. 4 SGB VI sind beitragsfreie Zeiten Kalendermonate, die mit Anrechnungszeiten (§§ 58, 252, 252a SGB VI einschließlich der pauschalen Anrechnungszeit nach § 253 SGB VI), Zurechnungszeiten (§ 59 SGB VI) oder Ersatzzeiten (§§ 250, 251 SGB VI) belegt sind, wenn für sie nicht auch Beiträge gezahlt worden sind.[1790] Möglicherweise könnte die Zeit des Vollzuges der Freiheitsstrafe als Anrechnungszeit (§ 58 SGB VI) oder Ersatzzeit (§§ 250, 251 SGB VI) belegt werden.

(1) Keine Berücksichtigung der Haftzeit als Anrechnungszeit

Bis zur Rentenreform 1992 wurden Anrechnungszeiten als Ausfallzeiten bezeichnet und sodann um den Begriff der „Anrechnung“ ersetzt, um klarzustellen, dass es sich bei diesen Zeiten um keine handelt, die bei der Rentenberechnung „ausfallen“, sondern „angerechnet“ werden.[1791] Nach § 54 Abs. 3 und 4 SGB VI sind Anrechnungszeiten auch rentenrechtliche Zeiten. Anrechnungszeiten können somit beitragsfreie Zeiten sein (§ 54 Abs. 4 SGB VI), wenn nicht auch Beiträge gezahlt worden sind, andernfalls handelt es sich bei Anrechnungszeiten um beitragsgeminderte Zeiten, wenn sie mit Beiträgen zusammenfallen (§ 54 Abs. 3 Satz 1 SGB VI).[1792] Aufgrund von fehlenden Beitragszahlungen ist eine Berücksichtigung von Anrechnungszeiten eine versicherungsfremde Leistung und Ausdruck besonderer staatlicher Fürsorge und des Sozialstaatsgedankens.[1793]

Welche Zeiten als Anrechnungszeiten Berücksichtigung finden, wird in § 58 Abs. 1 SGB VI geregelt. Nach § 58 Abs. 1 SGB VI werden besondere Anrechnungszeiten abschließend aufgezählt, in denen eine Beitragszahlung durch den Versicherten nicht erfolgt ist, die aber dennoch als rentenrechtliche Zeiten in der gesetzlichen Rentenversicherung Berücksichtigung finden sollen, sodass rentenrechtlich ausgeglichen wird, dass Personen in der anzurechnenden Zeit ohne ihr Verschulden gehindert waren, einer versicherungspflichtigen Beschäftigung oder

---

1790 *Gürtner*, in: Körner/Leitherer/Mutschler/Rolfs (Hrsg.), Kasseler Kommentar Sozialversicherungsrecht, SGB VI, § 54, Rn. 20.

1791 BT-Drs. 11/4124, S. 167; *Jassat*, in: Rolfs/Giesen/Kreikebohm/Udsching (Hrsg.), BeckOK Sozialrecht, SGB VI, § 58, Rn. 3; *Dankelmann*, in: Kreikebohm (Hrsg.), SGB VI Kommentar, SGB VI, § 58, Rn. 2.

1792 *Jassat*, in: Rolfs/Giesen/Kreikebohm/Udsching (Hrsg.), BeckOK Sozialrecht, SGB VI, § 58, Rn. 3; *Gürtner*, in: Körner/Leitherer/Mutschler/Rolfs (Hrsg.), Kasseler Kommentar Sozialversicherungsrecht, SGB VI, § 58, Rn. 2.

1793 *Gürtner*, in: Körner/Leitherer/Mutschler/Rolfs (Hrsg.), Kasseler Kommentar Sozialversicherungsrecht, SGB VI, § 58, Rn. 2; siehe BSG, Urteil vom 06.05.2010, B 13 R 118/08 R, juris, Rn. 25; BVerfG, Beschluss vom 01.07.1981, 1 BvR 874/77 u. a., BVerfGE 58, 81 ff., in: NJW 1982, 155 ff.

Tätigkeit nachzugehen und Pflichtbeiträge zu zahlen.[1794] Hierzu gehören nach § 58 Abs. 1 Satz 1 Nr. 1 SGB VI Zeiten einer krankheitsbedingten Arbeitsunfähigkeit sowie Zeiten der Teilnahme an Leistungen zur Rehabilitation beziehungsweise zur Teilhabe am Arbeitsleben; weiterhin sind Anrechnungszeiten nach dem zum 01.01.2002 eingefügten § 58 Abs. 1 Satz 1 Nr. 1a SGB VI auch Zeiten der Krankheit zwischen dem vollendeten 17. und dem 25. Lebensjahr, sofern die Krankheit mindestens einen Kalendermonat angedauert hat und die Zeit nicht mit anderen rentenrechtlichen Zeiten belegt ist; außerdem ist nach § 58 Abs. 1 Satz 1 Nr. 2 SGB VI die Zeit der Schwangerschaft und Mutterschaft nach dem MuSchG eine Anrechnungszeit; gemäß § 58 Abs. 1 Satz 1 Nr. 3 SGB VI gehört ebenfalls die Zeit einer Arbeitslosigkeit sowie nach § 58 Abs. 1 Satz 1 Nr. 3a SGB VI die Zeit der Ausbildungssuche nach dem 17. Lebensjahr zu den Anrechnungszeiten; zudem gelten Zeiten einer Schul-, Fachschul- oder Hochschulausbildung und die Zeit der Teilnahme an berufsvorbereitenden Bildungsmaßnahmen nach dem 17. Lebensjahr höchstens im Umfang von bis zu acht Jahren (§ 58 Abs. 1 Satz 1 Nr. 4 SGB VI) zu den Anrechnungszeiten; nach § 58 Abs. 1 Satz 1 Nr. 5 SGB VI kann auch die während einer früher bezogenen Rente und die vor Beginn dieser Rente liegende Zurechnungszeit als Anrechnungszeit grundsätzlich berücksichtigt werden; Anrechnungszeiten können schließlich gemäß § 58 Abs. 1 Satz 1 Nr. 6 SGB VI bei Bezug von Arbeitslosengeld II vorliegen für Bezugsräume nach dem 31.12.2010.[1795]

Fraglich ist, ob ebenfalls Zeiten der Haft als Anrechnungszeiten gewertet werden können. Dies wäre der Fall, wenn die Zeit der Haft unter den abschließenden Katalog der Anrechnungstatbestände nach § 58 Abs. 1 SGB VI subsumiert werden kann. Strafgefangene verrichten in aller Regel Beschäftigungen im Rahmen von öffentlich-rechtlichen Beschäftigungsverhältnissen der besonderen Art. Hierbei handelt es sich um keine Beschäftigungen im Sinne des Sozialversicherungsrechts, sodass Gefangene nicht in der GRV kraft Gesetzes versichert sind und demzufolge keine Beiträge an die GRV zu entrichten haben. Anrechnungszeiten umfassen beitragsfreie Zeiten, für die wegen der in § 58 Abs. 1 SGB VI aufgelisteten Umstände keine Beiträge zu entrichten sind. Allerdings fällt die Zeit der Strafhaft nicht unter die in § 58 Abs. 1 SGB VI benannten Umstände. Zu klären ist folglich, ob hier eine abweichende Beurteilung geboten ist und Strafgefangene in den Katalog von § 58 Abs. 1 SGB VI im Wege einer Analogie zu integrieren sind. Das BSG hatte sich zu dieser Frage bereits mehrfach mit einhelliger Meinung geäußert. So hatte das BSG[1796] bereits am 26.05.1988 hierzu entschieden, dass Zeiten einer Strafhaft nicht

---

1794 *Kreikebohm/Jassat*, in: Rolfs/Giesen/Kreikebohm/Udsching (Hrsg.), BeckOK Sozialrecht, SGB VI, § 58, Einführung; *Gürtner*, in: Körner/Leitherer/Mutschler/Rolfs (Hrsg.), Kasseler Kommentar Sozialversicherungsrecht, SGB VI, § 58, Rn. 2.

1795 *Kreikebohm/Jassat*, in: Rolfs/Giesen/Kreikebohm/Udsching (Hrsg.), BeckOK Sozialrecht, SGB VI, § 58, Einführung.

1796 BSG, Urteil vom 26.05.1988, 5/5b RJ 20/87, SozR 2200 § 1246 Nr. 157, NJW 1989, 190-191, juris.

mit Ausfallzeiten (§ 1259 Abs. 1 Nr. 1 bis 4 RVO) gleichgesetzt werden können, weil die spezifische Situation als Strafgefangener keine abweichende Beurteilung erfordere. Mangels eines besonderen Bundesgesetzes nach § 198 Abs. 3 StVollzG könne eine Tätigkeit in der Justizvollzugsanstalt nicht als versicherungspflichtige Beschäftigung angerechnet werden.[1797] Daraus ergebe sich, dass in der Unerheblichkeit von Zeiten einer Strafhaft für die Rentenversicherung keine planwidrige Gesetzeslücke liege, die in sach- und zweckgerechter Weise auszufüllen sei, denn weder nach Wortlaut noch Begriffsinhalt seien Zeiten einer Strafhaft auch Ausfallzeiten.[1798] Im Besonderen seien sie den Ausfallzeiten nach der RVO nicht gleichzusetzen, da hiernach Sachverhalte als anspruchsrelevante Merkmale normiert seien, die gemäß der übergreifenden Zielsetzung des Sozialrechts nach § 1 SGB I als sozialversicherungsrechtlich anerkennenswert eingestuft werden müssen.[1799] Die Verbüßung einer Strafhaft zähle als Folge einer Verletzung der Strafrechtsordnung bis dato nicht dazu; vielmehr mache im Gegenteil gerade die noch nicht in Kraft getretene Sonderregelung der Sozialversicherung für Strafgefangene im Strafvollzugsgesetz (§ 198 Abs. 3 StVollzG) deutlich, dass damit der im geltenden Recht enthaltene Ausschluss Strafgefangener von der Sozialversicherung abhängig Beschäftigter erst beseitigt und eine bisher aus der Sicht der Betroffenen negative, schutzverneinende Gesetzeslage in eine positive, schutzbejahende umgewandelt werden solle.[1800] Dies aber bedeute für die Interpretation des geltenden Rechts, dass eine Nichteinbeziehung der Strafhaftzeiten in die Ausfallzeitregelung keine Gesetzeslücke darstelle, die von der Rechtsprechung ausgefüllt werden könne.[1801]

Mit ähnlicher Argumentation hatte das BSG[1802] am 06.05.2010 hinsichtlich der Berücksichtigung von Ausbildungszeiten während der Haft als Anrechnungszeiten geurteilt. So dienen vom Gesetzgeber gewährte Ausbildungs-Anrechnungszeiten dem Zweck, Versicherten einen rentenrechtlichen Ausgleich dafür zu verschaffen, dass diese durch bestimmte im Gesetz näher definierte Umstände aus ihrem persönlichen Bereich unverschuldet an der Zahlung von Pflichtbeiträgen zur gesetzlichen Rentenversicherung gehindert waren. Demzufolge seien Zeiten, für die aus Rechtsgründen keine wirksamen Pflichtbeiträge entrichtet werden konnten, auch nicht als Anrechnungszeiten zu berücksichtigen.[1803] Für Ausbildungszeiten Versicherter während einer Strafhaft gelte, dass die Zeit der Strafhaft selbst

---

1797 BSG, Urteil vom 26.05.1988, 5/5b RJ 20/87, SozR 2200 § 1246 Nr. 157, NJW 1989, 190-191, juris, Rn. 17.

1798 BSG, Urteil vom 26.05.1988, 5/5b RJ 20/87, SozR 2200 § 1246 Nr. 157, NJW 1989, 190-191, juris, Rn. 18.

1799 Ebd.

1800 Ebd.

1801 Ebd.

1802 BSG, Urteil vom 06.05.2010, B 13 R 118/08 R, juris.

1803 BSG, Urteil vom 06.05.2010, B 13 R 118/08 R, juris, Orientierungssatz Nr. 3; s. a. schon BSG, Urteil vom 15.06.1976, 11 RA 98/75, BSGE 42, 86 f., SozR 2200 § 1259 Nr. 18, juris.

rentenrechtlich keine Beitragszeit sei, sodass folglich ebenso Ausbildungen, die während der Strafhaft in eigener Verantwortung und im eigenen Interesse des Gefangenen anstelle der grundsätzlich bestehenden Arbeitspflicht durchgeführt werden, nicht zu einem Ausfall an Beiträgen zur Rentenversicherung führen, denn würden nur Ausbildungszeiten während einer Strafhaft als Anrechnungszeiten rentensteigernd berücksichtigt, nicht aber Zeiten, in denen der Gefangene seiner Arbeitspflicht nachkäme, wäre dies wohl kaum im Lichte des Gleichbehandlungsgebotes des Art. 3 Abs. 1 GG zu rechtfertigen.[1804]

Der Sinn und Zweck einer Berücksichtigung von Anrechnungszeiten als rentenrechtliche Zeiten besteht darin, einen rentenrechtlichen Ausgleich für Zeiten zu schaffen, in denen Versicherte unverschuldet gehindert waren, Beiträge zu entrichten. Die Zeit des Vollzuges einer Freiheitsstrafe ist per se keine unverschuldete Zeit. Des Weiteren sind Strafgefangene regelmäßig keine versicherungspflichtigen Personen in der GRV, für die ein rentenrechtlicher Ausgleich für die Zeit der Haft geschaffen werden muss.[1805] Hier steht es grundsätzlich in der Gestaltungsmacht des Gesetzgebers, Art und Umfang sozialer Sicherungssysteme und den Kreis der hierzu berechtigten Personen nach sachgerechten Kriterien zu bestimmen.[1806] Das erforderliche besondere Bundesgesetz für eine Einbindung Strafgefangener in die gesetzliche Rentenversicherung wurde noch nicht in Kraft gesetzt. Mit der Rechtsprechung des BSG ist dementsprechend davon auszugehen, dass die Zeit des Vollzuges der Freiheitsstrafe keine Anrechnungszeit nach § 58 Abs. 1 SGB VI darstellt, die als rentenrechtliche Zeit gemäß § 54 Abs. 4 zu berücksichtigen ist.

(2) Keine Gleichsetzung mit Ersatzzeiten

Weiterhin werden in § 250 SGB VI und § 251 SGB VI Ersatzzeiten geregelt. Dabei handelt es sich um die Anerkennung von besonderen rentenrechtlichen Zeiten, in denen eine Beitragszahlung ohne Verschulden des Versicherten unterblieben ist.[1807] Diese Zeiten sollen jedoch aus sozialen Gründen in der Rentenversicherung berücksichtigt werden.[1808] Ersatzzeiten werden auf Wartezeiten angerechnet (§ 51 Abs. 4 SGB VI) und werden zu beitragsgeminderten Zeiten nach § 54 Abs. 3 SGB VI, wenn sie mit Beitragszeiten zusammentreffen; ebenfalls werden für sie bei der Berechnung der Rente Entgeltpunkte zugeordnet.[1809] Nach ihrem Sinn soll mit Ersatzzeiten ein sozialer Ausgleich für persönliche Nachteile geschaffen werden,

---

1804 BSG, Urteil vom 06.05.2010, B 13 R 118/08 R, juris, Orientierungssatz Nr. 4, Rn. 26.

1805 Vgl. hierzu die Ausführungen in Kapitel 3, S. 325 f.

1806 BVerfGE 98, 169 (204).

1807 *Kreikebohm/Jassat*, in: Rolfs/Giesen/Kreikebohm/Udsching (Hrsg.), BeckOK Sozialrecht, SGB VI, § 250, Rn. 2.

1808 Ebd.

1809 *Kreikebohm/Jassat*, in: Rolfs/Giesen/Kreikebohm/Udsching (Hrsg.), BeckOK Sozialrecht, SGB VI, § 250, Rn. 3; *Kreikebohm*, SGB VI, § 250, Rn. 5.

die im Zusammenhang mit dem Ersten und Zweiten Weltkrieg, der NS-Diktatur und der kommunistischen Herrschaft im Osten entstanden sind.[1810]

Voraussetzung für eine Berücksichtigung von Ersatzzeiten ist nach § 250 Abs. 1 SGB VI, dass der Anspruchsberechtigte Versicherter ist, also eine Person, die irgendwann mindestens einen wirksamen Beitrag zur gesetzlichen Rentenversicherung gezahlt und das 14. Lebensjahr vollendet hat.[1811] Des Weiteren können Ersatzzeiten grundsätzlich Zeiten sein, die vor dem 01.01.1992 entstanden sind (§ 250 Abs. 1 SGB VI). Gemäß § 250 Abs. 1 Nr. 5 SGB VI sind Ersatzzeiten Zeiten, in denen Versicherte in Gewahrsam genommen worden oder im Anschluss daran wegen Krankheit arbeitsunfähig oder unverschuldet arbeitslos gewesen sind, wenn sie zum Personenkreis gemäß § 1 „Häftlingshilfegesetz"[1812] gehören oder nur deshalb nicht gehören, weil sie vor dem 03.10.1990 ihren gewöhnlichen Aufenthalt im Beitrittsgebiet genommen haben oder nach § 250 Abs. 1 Nr. 5a SGB VI im Beitrittsgebiet in der Zeit vom 08.05.1945 bis zum 30.06.1990 einen Freiheitsentzug erlitten haben, soweit eine auf Rehabilitierung oder Kassation erkennende Entscheidung ergangen ist oder sie im Anschluss an solche Zeiten wegen Krankheit arbeitsunfähig oder unverschuldet arbeitslos gewesen sind. Personen, die nach dem Zweiten Weltkrieg in den sowjetisch besetzten Gebieten aus politischen Gründen in Gewahrsam genommen worden sind, gehören zum Personenkreis nach § 1 HHG.[1813]

Für Strafgefangene kann die Zeit der Haft nur als Ersatzzeit Berücksichtigung finden, wenn hierzu die erforderlichen Voraussetzungen in § 250 Abs. 1 Nr. 5 oder § 250 Abs. 1 Nr. 5a SGB VI erfüllt sind. Gemäß § 250 Abs. 1 Nr. 5 SGB VI sind Ersatzzeiten Zeiten, in denen Versicherte in Gewahrsam genommen worden sind und zum Personenkreis nach § 1 HHG gehören. Demnach muss es sich bei ihnen um Personen handeln, die nach dem Zweiten Weltkrieg in den sowjetisch besetzten Gebieten aus politischen Gründen in Gewahrsam genommen worden sind. Liegt diese Voraussetzung nicht vor, fallen sie nicht in den Personenkreis von § 1 HHG und eine Ersatzzeit nach § 250 Abs. 1 Nr. 5 SGB VI kommt nicht in Betracht. Weiterhin müssten Strafgefangene gemäß § 250 Abs. 1 Nr. 5a SGB VI im Beitrittsgebiet

---

1810 *Kreikebohm/Jassat*, in: Rolfs/Giesen/Kreikebohm/Udsching (Hrsg.), BeckOK Sozialrecht, SGB VI, § 250, Rn. 3.

1811 *Kreikebohm/Jassat*, in: Rolfs/Giesen/Kreikebohm/Udsching (Hrsg.), BeckOK Sozialrecht, SGB VI, § 250, Rn. 4; *Gürtner*, in: Körner/Leitherer/Mutschler/Rolfs (Hrsg.), Kasseler Kommentar Sozialversicherungsrecht, SGB VI, § 250, Rn. 10.

1812 Häftlingshilfegesetz: Gesetz über Hilfsmaßnahmen für Personen, die aus politischen Gründen außerhalb der Bundesrepublik Deutschland in Gewahrsam genommen wurden (Häftlingshilfegesetz – HHG) vom 06.08.1955.

1813 *Kreikebohm/Jassat*, in: Rolfs/Giesen/Kreikebohm/Udsching (Hrsg.), BeckOK Sozialrecht, SGB VI, § 250, Rn. 10; siehe ausführlich zur Prüfung der Voraussetzungen von § 250 Abs. 1 Nr. 5 und 5a SGB VI, *Gürtner*, in: Körner/Leitherer/Mutschler/Rolfs (Hrsg.), Kasseler Kommentar Sozialversicherungsrecht, SGB VI, § 250, Rn. 93 ff.

in der Zeit vom 08.05.1945 bis zum 30.06.1990 einen Freiheitsentzug erlitten haben, damit eine Ersatzzeit nach § 250 Abs. 1 Nr. 5a SGB VI begründet werden kann.

Gefangene, gegen die wegen rechtskräftigen Urteils eine Freiheitsstrafe vollzogen wird, unterfallen nicht den Tatbeständen von § 250 Abs. 1 Nr. 5 und Nr. 5a SGB VI. Sinn von Ersatzzeiten ist, einen Ausgleich für persönliche Nachteile zu schaffen, die im Zusammenhang mit dem Ersten und Zweiten Weltkrieg, der NS-Diktatur und der kommunistischen Herrschaft im Osten entstanden sind.[1814] Damit kann auch eine planwidrige Regelungslücke, die eine analoge Anwendung auf Ersatzzeiten für Strafgefangene im Vollzug einer Freiheitsstrafe in der heutigen Zeit rechtfertigen könnte, regelmäßig nicht angenommen werden.[1815] Außerdem findet ebenfalls die Vorschrift zur Ersatzzeit bei versicherungspflichtigen Handwerkern gemäß § 251 SGB VI in aller Regel keine Anwendung auf Strafgefangene. Im Ergebnis stellt die Zeit der Haft folglich keine Ersatzzeit im Sinne von § 250 Abs. 1 Nr. 5 oder Nr. 5a SGB VI dar, die als rentenrechtliche Zeit (§ 54 Abs. 4 SGB VI) zu berücksichtigen ist.

b. Ergebnis

Zu prüfen war, ob die Zeit des Vollzuges der Freiheitsstrafe mit rentenrechtlichen Zeiten belegt werden kann nach § 54 SGB VI. Da Beschäftigungen während der Zeit des Strafvollzuges regelmäßig keine sozialversicherungspflichtigen Beschäftigungen sind, kann eine Haftzeit nicht als rentenversicherungsrechtliche Beitragszeit (§ 54 Abs. 1 Nr. 1, 55 SGB VI) angerechnet werden. Zudem kommt die Berücksichtigung der Haftzeit als beitragsfreie Zeit (§ 54 Abs. 1 Nr. 2 und Abs. 4 SGB VI) im Sinne einer Anrechnungszeit (§ 58 SGB VI) oder Ersatzzeit (§ 250 SGB VI) nicht in Betracht, da hierfür die Erfüllung besonderer Tatbestände erforderlich ist. Planwidrige Regelungslücken innerhalb des Tatbestandskataloges von Anrechnungszeiten nach § 58 Abs. 1 SGB VI sind nicht ersichtlich. Gleiches gilt bei der Vorschrift zu den Ersatzzeiten gemäß § 250 Abs. 1 Nr. 5 und Nr. 5a SGB VI, sodass auch hier eine analoge Anwendung für die Zeit des Vollzuges der Freiheitsstrafe auszuschließen ist. Lediglich im Falle von Kindererziehungszeiten (§ 56 SGB VI), die grundsätzlich auch während der Zeit des Strafvollzuges möglich sind, können Zeiten des Strafvollzuges als Berücksichtigungszeit (§ 54 Abs. 1 Nr. 3, § 57 SGB VI) Anerkennung finden, wenn hierzu die erforderlichen Voraussetzungen vorliegen.

Unmittelbare Auswirkung hat eine Nichtberücksichtigung der Zeit des Strafvollzuges als rentenrechtliche Zeit auf einen künftigen Anspruch auf Rente, denn durch eine fehlende Anerkennung der Haftzeit als rentenrechtliche Zeit können

---

1814 *Kreikebohm/Jassat*, in: Rolfs/Giesen/Kreikebohm/Udsching (Hrsg.), BeckOK Sozialrecht, SGB VI, § 250, Rn. 3.

1815 Vgl. auch LSG Berlin und Brandenburg, Urteil vom 19.04.2007, L 21 R 1362/05, openJur 2012, 5747, Rn. 31, wonach die Zeit der Inhaftierung nicht als rentenrechtliche Zeit, wie z. B. als Ersatzzeit, bei der Festsetzung des Wertes der Altersrente Berücksichtigung finde, weil hierfür nicht die Voraussetzungen vorliegen.

möglicherweise Wartezeiten als Voraussetzung für einen Anspruch auf Rente nicht erfüllt werden. Ebenfalls wirkt sich eine mangelnde Belegung der Haftzeit mit rentenrechtlichen Zeiten auf die Höhe künftiger Rentenansprüche aus. Da sich die Berechnung der Rentenhöhe am Einkommen der Versicherten und den angesammelten rentenrechtlichen Zeiten während des Versicherungsverlaufes orientiert, können haftbedingt entstandene Lücken, trotz Beschäftigung im Vollzug, regelmäßig nicht geschlossen werden. Hierdurch kann ein beträchtlicher Teil der Lebensarbeitszeit für die Alters-, Erwerbsminderungs- und Hinterbliebenenrente entfallen, sodass dem Versicherten die bei der späteren Berechnung der Rentenhöhe benötigten Jahre fehlen.[1816]

2. Einfluss auf Rente wegen Erwerbsminderung

Deutlich zeigen sich die Auswirkungen einer fehlenden Anerkennung von Haftzeiten als rentenrechtliche Zeiten im Falle eines Anspruches auf Rente wegen Erwerbsminderung. Insbesondere hier stellt sich die rechtliche Situation Strafgefangener schwierig dar, denn durch die Zeit des Vollzuges der Freiheitsstrafe können bereits erlangte Anwartschaftsrechte nachträglich durch die Haftzeit eine Entwertung erfahren.[1817]

Gemäß § 43 SGB VI wird ein Anspruch auf Zahlung einer Rente im Sinne eines Lohnersatzes normiert, wenn eine versicherte Person aufgrund von gesundheitlichen Einschränkungen nicht mehr in der Lage ist, ihren Lebensunterhalt durch Erwerbstätigkeit zu bestreiten.[1818] Demnach kommt nach § 43 Abs. 1 Satz 1 Nr. 1, Satz 2 SGB VI eine Rente wegen teilweiser Erwerbsminderung bei einem Restleistungsvermögen auf dem allgemeinen Arbeitsmarkt von drei bis sechs Stunden in Betracht, eine Rente wegen voller Erwerbsminderung bei einem Restleistungsvermögen auf dem allgemeinen Arbeitsmarkt hingegen von unter drei Stunden (§ 43 Abs. 2 Satz 1 Nr. 1 Satz 2 SGB VI).[1819] Erwerbsgemindert ist dabei nicht, wer unter den üblichen Bedingungen des allgemeinen Arbeitsmarktes mindestens sechs Stunden täglich erwerbstätig sein kann, wobei die jeweilige Arbeitsmarktlage nicht zu berücksichtigen ist (§ 43 Abs. 3 SGB VI). Ein Anspruch auf Rente wegen Erwerbsminderung wird allerdings nicht allein vom Gesundheitszustand des Versicherten abhängig gemacht. Vielmehr kommt es nach der konkreten Betrachtungsweise

---

1816 *Schorn*, Sozialversicherung im Strafvollzug, in: NZS 1995, 444 (445); *Schirmer*, Soziale Sicherung von Strafgefangenen, S. 157; *Wunder/Diehm*, Die soziale (Nicht-) Sicherung von Strafgefangenen, in: Soziale Sicherheit 2009, 74(76).

1817 *Wunder/Diehm*, Die soziale (Nicht-)Sicherung von Strafgefangenen, in: Soziale Sicherheit 2009, 74 (76); so auch schon *Schorn*, Sozialversicherung im Strafvollzug, in: NZS 1995, 444(445).

1818 *Kreikebohm/Jassat*, in: Rolfs/Giesen/Kreikebohm/Udsching (Hrsg.), BeckOK Sozialrecht, SGB VI, § 43, Rn. 2; s. a. *von Koch*, in: Kreikebohm (Hrsg.), SGB VI Kommentar, § 43, Rn. 4.

1819 *von Koch*, in: Kreikebohm (Hrsg.), SGB VI Kommentar, § 43, Rn. 4.

darauf an, ob Versicherte bei der gegenwärtigen Lage des (Teilzeit-)Arbeitsmarktes die verbliebene Erwerbsfähigkeit zur Erzielung eines Erwerbseinkommens einsetzen können, sodass auch Versicherte, die zwar noch mindestens drei Stunden, aber nicht mehr sechs Stunden täglich arbeiten sowie das verbleibende Restleistungsvermögen nicht in Erwerbseinkommen umsetzen können, gleichfalls eine volle Erwerbsminderungsrente im Umkehrschluss aus § 43 Abs. 3 SGB VI erhalten.[1820] Weiterhin sind voll erwerbsgemindert Versicherte, die aufgrund einer Behinderung in anerkannten Werkstätten für Behinderte beschäftigt sind (§ 43 Abs. 2 Satz 3 Nr. 1 SGB VI), oder behinderte Menschen, die bereits vor Erfüllung der allgemeinen Wartezeit ununterbrochen voll erwerbsgemindert waren, in der Zeit einer nicht erfolgreichen Eingliederung auf dem allgemeinen Arbeitsmarkt (§ 43 Abs. 2 Satz 3 Nr. 2, Abs. 6 SGB VI).[1821]

Ob eine Rente wegen Erwerbsminderung zu leisten ist, wird noch durch weitere Aspekte bestimmt: So müssen Versicherte, unter Beachtung der Ausnahmeregelung in § 43 Abs. 5 SGB VI, in den letzten fünf Jahren vor Eintritt der Erwerbsminderung drei Jahre Pflichtbeiträge für eine versicherte Beschäftigung oder Tätigkeit gezahlt haben (§ 43 Abs. 1 Satz 1 Nr. 2 SGB VI), als besondere versicherungsrechtliche Voraussetzung („Drei-Fünftel-Belegung“), sowie vor Eintritt der Erwerbsminderung die allgemeine Wartezeit in der GRV erfüllt (§ 43 Abs. 1 Satz 1 Nr. 3 SGB VI). Dabei handelt es sich um Pflichtbeiträge, wenn Zeiten vorliegen, für die nach Bundesrecht zur GRV Pflichtbeiträge fristgemäß und wirksam gemäß §§ 197 ff. SGB VI gezahlt worden sind (§§ 1 ff., 55 SGB VI).[1822] Pflichtbeiträge werden gezahlt von Beschäftigten (§ 1 SGB VI), selbständig Tätigen (§ 2 SGB VI) oder von sonstigen Versicherten (§ 3 SGB VI).[1823] Zu berücksichtigen sind u. a. außerdem Pflichtbeiträge aufgrund einer Antragspflichtversicherung (§ 4 SGB VI), einer Nachversicherung (§ 8 Abs. 1 Satz 2, § 185 Abs. 2 Satz 1 SGB VI) sowie Zeiten, die den Pflichtbeitragszeiten für eine versicherte Beschäftigung oder Tätigkeit gleichgestellt sind (z. B. nach dem FRG oder über- und zwischenstaatlichem Recht).[1824]

1820 *von Koch*, in: Kreikebohm (Hrsg.), SGB VI Kommentar, § 43, Rn. 4; s. a. die Rspr. zur „Arbeitsmarktrente“ bei praktischer Verschlossenheit des Arbeitsmarktes: grundlegend BSG, Beschluss vom 11.12.1969, GS 2/68, BSGE 30, 192 (195 ff.); BSG, Beschluss vom 10.12.1976, GS 2/75, GS 3/75, GS 4/75, GS 3/76, BSGE 43, 75 (79 ff.). Beachte außerdem auch die Rspr. zur Erforderlichkeit einer konkreten Bezeichnung von Verweisungstätigkeiten, wenn eine Summierung ungewöhnlicher Leistungseinschränkungen oder eine schwere spezifische Leistungsbehinderung vorliegt: grundlegend BSG, Beschluss vom 19.12.1996, GS 2/95, BSGE 80, 24 (31 ff.); vgl. hierzu ebenfalls BSG, Urteil vom 09.05.2012, B 5 R 68/11 R, SozR 4-2600 § 43 Nr. 18, juris, Rn. 17 ff.

1821 *von Koch*, in: Kreikebohm (Hrsg.), SGB VI Kommentar, § 43, Rn. 4.

1822 *von Koch*, in: Kreikebohm (Hrsg.), SGB VI Kommentar, § 43, Rn. 13; *Reinhardt*, in: Reinhardt/Silber (Hrsg.), LPK SGB VI Kommentar, § 43, Rn. 16.

1823 *von Koch*, in: Kreikebohm (Hrsg.), SGB VI Kommentar, § 43, Rn. 13.

1824 Ebd.

Hingegen werden keine Pflichtbeitragszeiten durch freiwillige Beiträge begründet; nur ausnahmsweise gelten sie als solche (vgl. z. B. § 205 Abs. 1 Satz 3 SGB VI oder § 11 WGSVG).[1825] Eine Rente wird sodann längstens bis zum Erreichen der Regelaltersgrenze geleistet, danach schließt sich die Leistung einer Regelaltersrente an, wenn nicht etwas anderes bestimmt ist (§ 115 Abs. 3 Satz 1 SGB VI).[1826]

Insgesamt haben Versicherte somit einen Anspruch auf Rente wegen Erwerbsminderung, wenn sie die Regelaltersgrenze nicht erreicht haben, teilweise oder voll erwerbsgemindert sind, in den letzten fünf Jahren vor Eintritt der Erwerbsminderung drei Jahre Pflichtbeiträge für eine versicherte Beschäftigung oder Tätigkeit gezahlt („Drei-Fünftel-Belegung") und vor Eintritt der Erwerbsminderung die allgemeine Wartezeit erfüllt haben nach § 43 Abs. 1 Satz 1 und 2 und Abs. 2 Satz 1 und 2 SGB VI. Insbesondere wegen der besonderen versicherungsrechtlichen Anforderung der Erwerbsminderungsrente, drei Jahre innerhalb der letzten fünf Jahre mit Pflichtbeiträgen aus einer versicherungspflichtigen Beschäftigung belegt zu haben (§ 43 Abs. 1 Satz 1 Nr. 2 und Abs. 2 Satz 1 Nr. 2 SGB VI), wird es Gefangenen während und nach der Haft erschwert, entweder bestehende Anwartschaften auf Rente zu erhalten oder einen Anspruch auf Rente zu realisieren, denn für Strafgefangene kann sich die Haftzeit auf einen Anspruch auf Rente wegen Erwerbsminderung insofern auswirken, als dass sie ihre noch bei Haftantritt erfüllten versicherungsrechtlichen Voraussetzungen für eine Rente wegen Erwerbsminderung aufgrund des Vollzuges der Freiheitsstrafe verlieren. Dauert die Zeit des Strafvollzuges somit länger als zwei Jahre, und sind Gefangene in dieser Zeit weder in der GRV versichert noch gehen sie einer sozialversicherungsrechtlichen Beschäftigung als echte Freigänger außerhalb des Vollzuges nach, sodass sie einer Versicherungspflicht in der gesetzlichen Rentenversicherung unterliegen, führt die Haftzeit zur Entwertung bereits erworbener Anwartschaftsrechte für einen Anspruch auf Rente wegen Erwerbsminderung.[1827]

Gemäß § 43 Abs. 4 SGB VI ist es allerdings möglich, einen „Aufschub" für bestimmte Zeiten zu gewähren, in denen ein Versicherter aus Gründen, die er selbst nicht zu vertreten hat, keine Pflichtbeiträge zahlen konnte, wodurch sich der erforderliche Fünf-Jahres-Zeitraum für eine Rente wegen Erwerbsminderung durchaus verlängern und länger als fünf Jahre andauern kann. Zeitlich davorliegende Pflichtbeiträge können bei den notwendigen 36 Monaten Pflichtbeiträgen

1825 Vgl. *von Koch*, in: Kreikebohm (Hrsg.), SGB VI Kommentar, § 43, Rn. 13 und 15; s. a. *Kreikebohm/Jassat*, in: Knickrehm/Kreikebohm/Waltermann (Hrsg.), Kommentar zum Sozialrecht, SGB VI, § 43, Rn. 11 („für die „Drei-Fünftel-Belegung" sind nur Pflichtbeiträge für eine versicherte Beschäftigung oder Tätigkeit zu berücksichtigen").

1826 *Kreikebohm/Jassat*, in: Knickrehm/Kreikebohm/Waltermann (Hrsg.), Kommentar zum Sozialrecht, SGB VI, § 43, Rn. 12.

1827 *Wunder/Diehm*, Die soziale (Nicht-)Sicherung von Strafgefangenen, in: Soziale Sicherheit 2009, 74 (77).

mitgezählt werden.[1828] Somit kann sich der Zeitraum um Zeiten der Anrechnung und des Bezuges einer Rente – wegen verminderter Erwerbsfähigkeit (§ 43 Abs. 4 Nr. 1 SGB VI), wegen Berücksichtigungszeiten (§ 43 Abs. 4 Nr. 2 SGB VI) und wegen Zeiten, die nur deshalb keine Anrechnungszeiten sind, weil durch sie eine versicherte Beschäftigung oder selbstständige Tätigkeit nicht unterbrochen ist – verlängern, wenn in den letzten sechs Kalendermonaten vor Beginn dieser Zeiten wenigstens ein Pflichtbeitrag für eine versicherte Beschäftigung oder Tätigkeit oder eine Zeit nach Nr. 1 oder 2 liegt (§ 43 Abs. 4 Nr. 3 SGB VI) oder wenn es sich um Zeiten handelt zur schulischen Ausbildung nach dem 17. Lebensjahr (§ 43 Abs. 4 Nr. 4 SGB VI).[1829] Neben den in § 43 Abs. 4 SGB VI angeführten Tatbeständen können auch nach der Übergangsvorschrift des § 241 Abs. 1 SGB VI Ersatzzeiten und Zeiten des Bezuges einer Knappschaftsausgleichsleistung vor dem 01.01.1992 zur Verlängerung des Fünf-Jahres-Zeitraumes führen.[1830]

a. Keine analoge Anwendung von Verlängerungstatbeständen auf Haftstrafen

Zeiten der Strafhaft werden von den abschließenden Aufschubtatbeständen in § 43 Abs. 4 SGB VI nicht umfasst. Fraglich ist demnach, ob § 43 Abs. 4 SGB VI möglicherweise eine planwidrige Regelungslücke enthält und darum analog auf den Fall des Strafvollzuges angewandt werden muss. Das LSG[1831] Niedersachsen-Bremen hat dies im Jahr 2011 bejaht, sodass auch Haftzeiten einen Aufschubzeittatbestand im Sinne des § 43 Abs. 4 SGB VI darstellen würden, wenn die Beteiligung Gefangener am Erwerbsleben vor und nach der Inhaftierung entsprechend den weiteren Tatbeständen des § 43 Abs. 4 SGB VI einen hinreichenden inneren Zusammenhang zum aktiven Erwerbsleben belegen. Dem kann begegnet werden, dass der Gesetzgeber die Zeit einer Strafhaft bewusst nicht in den Aufschubtatbeständen des § 43 Abs. 4 Nr. 1 bis 4 SGB VI berücksichtigt hat; auch sonst finden sich kaum Regelungen zum Strafvollzug in der GRV. Hierbei handelt es sich um eine beabsichtigte

1828 *Kreikebohm/Jassat*, in: Rolfs/Giesen/Kreikebohm/Udsching (Hrsg.), BeckOK Sozialrecht, SGB VI, § 43, Rn. 44; *Gürtner*, in: Körner/Leitherer/Mutschler/Rolfs (Hrsg.), Kasseler Kommentar Sozialversicherungsrecht, SGB VI, § 43, Rn. 63; s. a. *Wunder/Diehm*, Die soziale (Nicht-)Sicherung von Strafgefangenen, in: Soziale Sicherheit 2009, 74(76).

1829 *Kreikebohm/Jassat*, in: Rolfs/Giesen/Kreikebohm/Udsching (Hrsg.), BeckOK Sozialrecht, SGB VI, § 43, Rn. 45.

1830 *Gürtner*, in: Körner/Leitherer/Mutschler/Rolfs (Hrsg.), Kasseler Kommentar Sozialversicherungsrecht, SGB VI, § 43, Rn. 63. Beachte auch die weitere Ausnahme gemäß § 241 Abs. 2 SGB VI, nach der die versicherungsrechtliche Stellung, die ein Versicherter bei Einführung der besonderen versicherungsrechtlichen Voraussetzungen zum 01.01.1984 durch das Haushaltsbegleitgesetz 1984 vom 22.12.1983 (BGBl. I, S. 1516) erworben hat, gesichert wird.

1831 LSG Niedersachsen-Bremen, Urteil vom 18.05.2011, L 2 R 524/10, juris, Rn. 90.

Entscheidung des Gesetzgebers, da für eine Berücksichtigung Strafgefangener in der GRV der Erlass eines besonderen Bundesgesetzes erforderlich ist.[1832] Das BSG[1833] hat hierzu bereits im Jahr 1988 ausgeführt, dass in der Unerheblichkeit von Zeiten einer Strafhaft für die Rentenversicherung keine planwidrige Gesetzeslücke liege, die in sach- und zweckgerechter Weise auszufüllen sei. Auch ca. drei Jahrzehnte später geht das BSG[1834] noch davon aus, dass es im § 43 Abs. 4 SGB VI an einer dem erkennbaren Willen des Gesetzgebers zuwiderlaufenden Gesetzeslücke als Voraussetzung eines jeden Analogieschlusses fehle. Dies sei bereits daraus ersichtlich, dass der Gesetzgeber des Rentenreformgesetzes 1992 (RRG 1992) in § 43 Abs. 4 SGB VI die bislang in § 1246 Abs. 2a Satz 2 RVO bzw. § 23 Abs. 2a Satz 2 AVG enthaltenen Regelungen zu den Aufschubtatbeständen im Wesentlichen unverändert übernommen habe.[1835] Wenn der Gesetzgeber bereits an dieser Stelle Haftzeiten nicht berücksichtigt habe, obwohl ihm die Entscheidung des BSG vom 26.05.1988[1836] bekannt gewesen sein müsse, so müsse davon ausgegangen werden, dass eine (Nicht-)Berücksichtigung dem gesetzgeberischen Willen entspreche; dies sei auch durch die noch immer nicht in Kraft gesetzte Sonderregelung zur Sozialversicherung für Strafgefangene (§ 198 Abs. 3 StVollzG) erkennbar, wonach der Ausschluss Strafgefangener von der gesetzlichen Rentenversicherung erst zukünftig beseitigt werden solle.[1837] Außerdem werde durch die ausdrückliche – aber auf das Recht der Arbeitsförderung beschränkte – Anerkennung der Versicherungspflicht von Gefangenenarbeit in § 26 Abs. 1 Nr. 4 SGB III deutlich, dass der Gesetzgeber die sozialversicherungsrechtlichen Folgen einer Strafhaft durchaus im Blick habe.[1838] Zudem spreche die Regelung der § 241 Abs. 1 SGB VI i.V.m. § 250 Abs. 1 Nr. 5, Nr. 5a SGB VI gegen eine planwidrige Regelungslücke, da der Gesetzgeber durch diese Regelungen zum Ausdruck gebracht habe, dass lediglich unrechtmäßige Inhaftierungen aus politischen Gründen und rechtsstaatswidrige Freiheitsentziehung als Aufschubtatbestände erfasst werden und somit der Gesetzgeber in der rechtmäßigen Inhaftierung gerade keinen Aufschubtatbestand begründe.[1839]

In Ansehung der Rechtsprechung des BSG ist eine planwidrige Regelungslücke in § 43 Abs. 4 SGB VI folglich nicht ersichtlich, weil der Gesetzgeber für sich geklärt hat, unter welchen Voraussetzungen ein Verlängerungstatbestand begründet sein

---

1832 Vgl. hierzu Kapitel 1, S. 81 f.

1833 Siehe BSG, Urteil vom 26.05.1988, 5/5b RJ 20/87, SozR 2200 § 1246 Nr. 157, juris, Rn. 17 f.

1834 BSG, Urteil vom 24.10.2013, B 13 R 83/11 R, juris, Rn. 36; vgl. auch BSG, Urteil vom 06.10.2011, B 9 VG 3/10 R, BSGE 109, 147 (151), Rn. 39.

1835 BSG, Urteil vom 24.10.2013, B 13 R 83/11 R, juris, Rn. 36; vgl. auch BT-Drs. 11/4124, S. 163 – zu § 43 SGB VI.

1836 BSG, Urteil vom 26.05.1988, 5/5b RJ 20/87, SozR 2200 § 1246 Nr. 157, juris.

1837 BSG, Urteil vom 24.10.2013, B 13 R 83/11 R, juris, Rn. 36.

1838 Ebd.

1839 *Wunder*, Anmerkung zum Urteil des 13. Senats des BSG vom 24.10.2013, 13 R 83/11 R, in: SGb 2015, 161 (167), BSG, Urteil vom 24.10.2013, B 13 R 83/11 R, juris, Rn. 37.

soll.[1840] Die Haftzeit hat der Gesetzgeber, obgleich er Kenntnis von hierzu einschlägiger Rechtsprechung hatte, bewusst von dieser Aufschubregelung ausgenommen. Eine analoge Anwendung von § 43 Abs. 4 SGB VI auf den Fall des Strafvollzuges ist im Ergebnis also abzulehnen.[1841]

b. Verfassungsmäßigkeit einer Entwertung von Anwartschaftsrechten durch die Haft

Fraglich ist aber, ob eine Entwertung von Anwartschaftsrechten Gefangener, aufgrund der erforderlichen Drei-Fünftel-Belegung nach § 43 Abs. 1 Satz 1 Nr. 2, § 43 Abs. 2 Satz 1 Nr. 2 SGB VI für einen Anspruch auf Rente wegen Erwerbsminderung (§ 43 Abs. 1, Abs. 2 SGB VI), mit Verfassungsrecht in Einklang steht.

aa. Keine Verletzung der Eigentumsgarantie

In Betracht könnte hierdurch zunächst eine Verletzung der Eigentumsgarantie gemäß Art. 14 Abs. 1 GG kommen. Dies wäre der Fall, wenn in den Schutzbereich von Art. 14 Abs. 1 GG eingegriffen wird und der Eingriff nicht verfassungsrechtlich gerechtfertigt ist.

Der Schutzbereich von Art. 14 Abs. 1 GG müsste eröffnet sein. Gemäß Art. 14 Abs. 1 Satz 1 GG wird das Eigentum und das Erbrecht gewährleistet. Unter dem Schutz von Art. 14 Abs. 1 GG steht jedes vermögenswerte Recht, das dem Berechtigten ebenso ausschließlich wie Eigentum an einer Sache zur privaten Nutzung und zur eigenen Verfügung zugeordnet ist.[1842] Zu klären ist, ob auch Rentenanwartschaftsrechte in den Schutzbereich der Eigentumsgarantie fallen. Generell können Versichertenrenten und Rentenanwartschaften aus den gesetzlichen Rentenversicherungen dem Schutz von Art. 14 GG unterliegen.[1843] Allerdings gilt zu beachten, dass Anwartschaften nur insoweit in den Schutzbereich von Art. 14 GG fallen, als ihnen das BVerfG einen Eigentumsschutz zubilligt, was dann anzunehmen ist, wenn diese auf eigenen Leistungen des Berechtigten beruhen; nicht erforderlich ist, dass diese Eigenleistungen zur Finanzierung der Rechtsposition ausreichen,

---

1840 Vgl. auch schon BSG, Urteil vom 26.05.1988 – 5/5b RJ 20/87 –, SozR 2200 § 1246 Nr. 157, juris, Rn. 18.

1841 Siehe ebenfalls *Gürtner*, in: Körner/Leitherer/Mutschler/Rolfs (Hrsg.), Kasseler Kommentar Sozialversicherungsrecht, SGB VI, § 43, Rn. 65; *Schirmer*, Soziale Sicherung von Strafgefangenen, S. 159.

1842 Vgl. *Antoni*, in: Hömig/Wolff (Hrsg.), Grundgesetz für die Bundesrepublik Deutschland, Art. 14, Rn. 4; *Schmidt*, in: Müller-Glöge/Preis/Schmidt (Hrsg.), Erfurter Kommentar zum Arbeitsrecht, Art. 14 GG, Rn. 4; *Jarass*, in: Jarass/Pieroth (Hrsg.), Grundgesetz für die Bundesrepublik Deutschland Kommentar, Art. 14 GG, Rn. 5; s. a. BVerfG, Beschluss vom 09.01.1991, 1 BvR 929/89, BVerfGE 83, 201 (201).

1843 Siehe BVerfGE 53, 257 (292).

sodass der Eigentumsschutz umso stärker ist, je höher der eigene Anteil ist.[1844] Ausschließlich steuerfinanzierte Fürsorgeleistungen des Staates genießen hingegen keinen Eigentumsschutz, gleiches gilt für Rechtspositionen, über die deren Inhaber nicht verfügen kann.[1845] Hingegen gehören sozialversicherungsrechtliche Ansprüche, die im Geltungsbereich des Grundgesetzes erworben worden sind, im Allgemeinen zu den von Art. 14 GG geschützten Rechtspositionen, selbst dann, wenn staatliche Zuschüsse den Beitragsanteil übersteigen.[1846] Nach gefestigter Rechtsprechung ist somit bei Versichertenrenten und Anwartschaften anerkannt, dass diese als subjektiv-öffentliche Rechte dem Eigentumsschutz von Art. 14 GG unterliegen.[1847] Vom Schutzbereich der Eigentumsgarantie werden daher ebenso Anwartschaften auf eine Rente wegen Erwerbsminderung umfasst, soweit diese

1844 Vgl. hierzu v.a. BVerfG, Urteil vom 28.02.1980, 1 BvL 17/77, BVerfGE 53, 257 ff., juris, wonach Versichertenrenten und Rentenanwartschaften aus den gesetzlichen Rentenversicherungen dem Schutz von Art. 14 GG unterliegen. Rentenansprüche und Rentenanwartschaften der erörterten Art tragen als vermögenswerte Güter die wesentlichen Merkmale verfassungsrechtlich geschützten Eigentums (vgl. BVerfGE 50, 290 (339) m.w.N.). Dieses sei in seinem rechtlichen Gehalt gekennzeichnet durch Privatnützigkeit, das heißt die Zuordnung zu einem Rechtsträger – in dessen Hand es als Grundlage privater Initiative und im eigenverantwortlichen privaten Interesse „von Nutzen“ sein soll –, und durch die von der Nutzung nicht immer deutlich abgrenzbare grundsätzliche Verfügungsbefugnis über den Eigentumsgegenstand. Der Gebrauch des Eigentums solle zugleich dem Wohl der Allgemeinheit dienen. Rentenansprüche und Rentenanwartschaften seien somit einem privaten Rechtsträger zugeordnet und zu seinem Nutzen bestimmt, siehe BVerfG, Urteil vom 28.02.1980, 1 BvL 17/77, BVerfGE 53, 257, juris, Rn. 148; *Schmidt*, in: Müller-Glöge/Preis/Schmidt (Hrsg.), Erfurter Kommentar zum Arbeitsrecht, Art. 14 GG, Rn. 7; *Antoni*, in: Hömig/Wolff (Hrsg.), Grundgesetz für die Bundesrepublik Deutschland, Art. 14, Rn. 5.

1845 Siehe *Antoni*, in: Hömig/Wolff (Hrsg.), Grundgesetz für die Bundesrepublik Deutschland, Art. 14, Rn. 5; vgl. hierzu BVerfG, Beschluss vom 08.11.2011, 1 BvR 2007/11, in: NZS 2012, 176; s. a. BVerfG, Beschluss vom 07.12.2010, 1 BvR 2628/07, in: NJW 2011, 1058 ff.; s. a. *Papier*, in: Maunz/Dürig, Grundgesetz Kommentar, Art. 14, Rn. 150; *Schmidt*, in: Müller-Glöge/Preis/Schmidt (Hrsg.), Erfurter Kommentar zum Arbeitsrecht, Art. 14 GG, Rn. 7.

1846 Vgl. BVerfGE 69, 272 (301); *Jarass*, in: Jarass/Pieroth (Hrsg.), Grundgesetz für die Bundesrepublik Deutschland Kommentar, Art. 14 GG, Rn. 11; *Papier*, in: Maunz/Dürig, Grundgesetz Kommentar, Art. 14, Rn. 129; *Schmidt*, in: Müller-Glöge/Preis/Schmidt (Hrsg.), Erfurter Kommentar zum Arbeitsrecht, Art. 14 GG, Rn. 7.

1847 Vgl. *Antoni*, in: Hömig/Wolff (Hrsg.), Grundgesetz für die Bundesrepublik Deutschland, Art. 14, Rn. 5; *Papier*, in: Maunz/Dürig, Grundgesetz Kommentar, Art. 14, Rn. 137; siehe st. Rspr. BVerfGE 53, 257 (289 ff.); BVerfGE 58, 81 (109); BVerfGE 69, 272 (298); BVerfGE 70, 101 (110); BVerfGE 75, 78 (96 f.); BVerfGE 87, 348 (355); BVerfGE 95, 143 (160); BVerfGE 100, 1 (32); BSGE 9, 127 (128); BSGE 28, 9 (13); BSGE 33, 177 (178 f.); BSGE 43, 128 (130); BSGE 60, 158 (162).

auf einer nicht unerheblichen eigenen Leistung der Versicherten beruhen.[1848] Der Schutzbereich von Art. 14 Abs. 1 GG ist demzufolge eröffnet.

Weiterhin müsste in den Schutzbereich der Eigentumsgarantie, hier in den Schutz von Anwartschaften auf eine Rente wegen Erwerbsminderung, eingegriffen worden sein. Eingriffe in die Eigentumsgarantie von Art. 14 Abs. 1 GG sind möglich durch Inhalts- und Schrankenbestimmungen gemäß Art. 14 Abs. 1 Satz 2 GG oder durch Enteignung von Eigentum nach Art. 14 Abs. 3 GG. Außerdem gilt die Möglichkeit der Sozialisierung gemäß Art. 15 GG zu beachten.[1849] In Betracht könnte hier ein Eingriff in den Schutz von Anwartschaften auf eine Rente wegen Erwerbsminderung durch eine Inhalts- und Schrankenbestimmung gemäß Art. 14 Abs. 1 Satz 2 GG kommen. Inhalt und Schranken sind gemäß Art. 14 Abs. 1 Satz 2 GG vom Gesetzgeber durch Gesetz zu bestimmen; erfasst werden vom Begriff der Inhalts- und Schrankenbestimmungen alle rechtlichen Regelungen, mit denen der Gesetzgeber Eigentum und Erbrecht im Rahmen seiner Ausgestaltungsbefugnis abstrakt-generell definiert.[1850] Aus der Bestimmung von Inhalt und Schranken des (Renten-)Eigentums ergibt sich sodann die konkrete Reichweite der Eigentumsgarantie für rentenrechtliche Anwartschaften.[1851] Gemäß der Drei-Fünftel-Belegung nach § 43 Abs. 1 Satz 1 Nr. 2, § 43 Abs. 2 Satz 1 Nr. 2 SGB VI haben Versicherte einen Anspruch auf Rente wegen Erwerbsminderung (§ 43 Abs. 1, Abs. 2 SGB VI), wenn sie in den letzten fünf Jahren vor Eintritt der Erwerbsminderung drei Jahre Pflichtbeiträge für eine versicherte Beschäftigung gezahlt haben. Hierbei handelt es sich um eine einfachgesetzliche Regelung, mit der der Gesetzgeber das Eigentum (Anwartschaften auf Rente) im Rahmen seiner Gestaltungsmacht abstrakt und generell definiert und auf die Voraussetzung beschränkt, dass für einen Anspruch auf Rente wegen Erwerbsminderung in den letzten fünf Jahren vor Eintritt der Erwerbsminderung drei Jahre Pflichtbeiträge für eine versicherte Beschäftigung gezahlt werden müssen (Drei-Fünftel-Belegung). In den Schutzbereich von Art. 14 Abs. 1 GG wird folglich mit der Regelung der Drei-Fünftel-Belegung nach § 43 Abs. 1 Satz 1 Nr. 2, § 43 Abs. 2 Satz 1 Nr. 2 SGB VI eingegriffen.

Fraglich ist, ob dieser Eingriff verfassungsrechtlich gerechtfertigt ist. Art. 14 GG ist das einzige Grundrecht, das seinen Schrankenvorbehalt in einer sozialstaatlichen Formulierung ausdrückt, indem es die Gemeinwohlbindung betont gemäß

1848 Siehe *Papier*, in: Maunz/Dürig, Grundgesetz Kommentar, Art. 14, Rn. 151; vgl. st. Rspr. BVerfG, Beschluss vom 08.04.1987, 1 BvR 564/84, BVerfGE 75, 78 ff.; BVerfGE 116, 96 (121); BVerfGE 128, 138 (147) m.w.N.; BVerfGE 131, 66 (79 f.); BSG, Urteil vom 24.10.2013, B 13 R 83/11 R, juris, Rn. 26.

1849 *Epping*, Grundrechte, Rn. 460.

1850 *Epping*, Grundrechte, Rn. 462; siehe *Antoni*, in: Hömig/Wolff (Hrsg.), Grundgesetz für die Bundesrepublik Deutschland, Art. 14, Rn. 7.

1851 Vgl. BVerfGE 116, 96 (124 f.); BVerfGE 128, 138 (148); BSG, Urteil vom 24.10.2013, B 13 R 83/11 R, juris, Rn. 26.

Art. 14 Abs. 2 Satz 2 GG.[1852] Somit müssen Inhaltsbestimmungen, die den Umfang einer Rentenanwartschaft reduzieren oder zu deren Verfall führen, einem Gemeinwohlzweck dienen und verhältnismäßig sein; sie müssen also zur Erreichung eines angestrebten Zieles geeignet und erforderlich sein und dürfen die davon Betroffenen nicht übermäßig (unzumutbar) belasten.[1853]

Die Vorschrift der Drei-Fünftel-Belegung geht auf das „Haushaltsbegleitgesetz"[1854] von 1984 zurück und wurde folglich formell rechtmäßig erlassen.[1855] Zu prüfen ist, ob das Erfordernis einer Drei-Fünftel-Belegung verhältnismäßig ist. Ziel der Einführung einer Regelung der Drei-Fünftel-Belegung war, die Finanzentwicklung in der Rentenversicherung in den Jahren ab 1984 zu stabilisieren, den Lohnersatzcharakter der Berufs- und Erwerbsunfähigkeitsrenten (Renten wegen Erwerbsminderung) zu stärken sowie den Gedanken der Solidarität der in der gesetzlichen Rentenversicherung Pflichtversicherten hervorzuheben; die Ziele der Regelung einer Drei-Fünftel-Belegung liegen somit vor allem im öffentlichen Interesse.[1856] Mit dem nach § 241 Abs. 2 SGB VI fortgeschriebenen Übergangsrecht im Rahmen des Haushaltsbegleitgesetzes 1984 wurde durch den Gesetzgeber in bestehende Anwartschaften von Versicherten eingegriffen, indem die Anwartschaftserhaltung von Beitragszahlungen abhängig gemacht wurden, denn die von der Übergangsregelung betroffenen Versicherten hatten vor der Gesetzesänderung schon Rechtspositionen erworben, die sie ohne weitere Voraussetzungen zum Bezug einer Berufs- oder Erwerbsunfähigkeitsrente (Rente wegen Erwerbsminderung) berechtigt hätten; diese Nutzungsmöglichkeit wurde durch die Neuregelung verschlossen und die Eigentumsgarantien von Versicherten dadurch verkürzt.[1857] Hintergrund dafür war, dass die Funktions- und Leistungsfähigkeit des Systems der gesetzlichen Rentenversicherung im Interesse aller erhalten und den verbesserten oder veränderten Bedingungen angepasst werden sollte.[1858] Mit der Einführung der Voraussetzung einer Drei-Fünftel-Belegung für einen Anspruch auf Rente wegen Erwerbsminderung werden demnach legitime Ziele vom Gesetzgeber

---

1852 *Schmidt*, in: Müller-Glöge/Preis/Schmidt (Hrsg.), Erfurter Kommentar zum Arbeitsrecht, Art. 14 GG, Rn. 3; vgl. auch *Papier*, in: Maunz/Dürig, Grundgesetz Kommentar, Art. 14, Rn. 306.

1853 BSG, Urteil vom 24.10.2013, B 13 R 83/11 R, juris, Rn. 26.; BVerfGE 128, 138 (149) m.w.N.

1854 Haushaltsbegleitgesetz: Gesetz über Maßnahmen zur Entlastung der öffentlichen Haushalte und zur Stabilisierung der Finanzentwicklung in der Rentenversicherung sowie über die Verlängerung der Investitionshilfeabgabe (Haushaltsbegleitgesetz 1984) vom 22.12.1983, veröffentlicht im BGBl. I 1983, S. 1532 ff.

1855 BSG, Urteil vom 24.10.2013, B 13 R 83/11 R, juris, Rn. 23.

1856 Vgl. BR-Drs. 302/83, S. 2 und S. 59 ff.; BVerfG, Beschluss vom 08.04.1987, 1 BvR 564/84 u.a., BVerfGE 75, 78, juris, Rn. 63.

1857 Vgl. *Schirmer*, Die soziale Sicherung von Strafgefangenen, S. 162; siehe hierzu auch *Papier*, in: Maunz/Dürig, Grundgesetz Kommentar, Art. 14, Rn. 151.

1858 BVerfG, Beschluss vom 08.04.1987, 1 BvR 564/84 u.a., BVerfGE 75, 78, juris, Rn. 63.

verfolgt, die im öffentlichen Interesse liegen und ebenfalls geeignet zur Erreichung des Zieles – die Finanzentwicklung in der Rentenversicherung zu stabilisieren, den Lohnersatzcharakter der Berufs- und Erwerbsunfähigkeitsrenten (Renten wegen Erwerbsminderung) zu stärken sowie den Gedanken der Solidarität der in der gesetzlichen Rentenversicherung Pflichtversicherten hervorzuheben – sind. Schließlich ist das Mittel erforderlich für die Erreichung des Zieles, da mildere Maßnahmen nicht ersichtlich sind.

Versicherten bleibt als Folge aus der Vorschrift der Drei-Fünftel-Belegung – wenn sie in den letzten fünf Jahren vor Eintritt einer Erwerbsminderung drei Jahre Pflichtbeiträge für eine versicherte Beschäftigung oder Tätigkeit angesammelt haben – der Versicherungsschutz nach Ende einer Beschäftigung regelmäßig zwei Jahre erhalten, wenn keine Verlängerungstatbestände nach § 43 Abs. 4 SGB VI erfüllt werden.[1859] Fraglich ist daher weiterhin, ob die Regelung der Drei-Fünftel-Belegung für Strafgefangene auch eine zumutbare Belastung darstellt, wenn Anwartschaftszeiten aufgrund einer Haftzeit ersatzlos und ohne Abwendungsmöglichkeit verloren gehen.[1860] Das BSG[1861] hatte sich im Jahr 2013 mit dieser Frage auseinandergesetzt und hierzu festgestellt, dass eine Verfassungswidrigkeit des Erfordernisses der Drei-Fünftel-Belegung sich nicht für Versicherte ergebe, bei denen diese Regelung im Zusammenhang mit der Verbüßung einer Strafhaft dazu führe, dass die Anwartschaft auf Rente wegen Erwerbsminderung verloren gehe, weil es an einer Beeinträchtigung des Eigentums im Sinne der abwehrrechtlichen Dimension des Grundrechts fehle. Hiernach solle seinen Trägern ein Freiheitsraum im vermögensrechtlichen Bereich gesichert und dadurch den Menschen eine eigenverantwortliche Gestaltung ihres Lebens ermöglicht werden.[1862] Durch den Vollzug einer Freiheitsstrafe werde nicht von hoher Hand in eine (gegebenenfalls) bestehende Anwartschaft auf Rente wegen Erwerbsminderung aus der GRV eingegriffen und diese entwertet; vielmehr verwirkliche sich – je nach den individuellen Umständen des betroffenen Gefangenen – im Einzelfall lediglich eine dieser Rechtsposition nach ihrer gesetzlichen Ausgestaltung von vornherein immanente Verfallsmöglichkeit; verfalle dementsprechend die Rentenanwartschaft im Zusammenhang mit einer Strafhaft, so sei dies Folge einer vorangegangenen eigenverantwortlichen – wenn auch strafrechtlich sanktionierten – Lebensgestaltung des Strafgefangenen, die nur der strafgefangenen Person zuzurechnen sei und nicht dem Staat.[1863] Einerseits gelte somit nichts anderes als für sonstige Rechtspositionen auch, die aufgrund einer Inhaftierung verloren gehen können, wie z. B. ein Arbeitsverhältnis aufgrund von Kündigung durch den Arbeitgeber; andererseits

---

1859 *Gürtner*, in: Körner/Leitherer/Mutschler/Rolfs (Hrsg.), Kasseler Kommentar Sozialversicherungsrecht, SGB VI, § 43, Rn. 10.

1860 BSG, Urteil vom 24.10.2013, B 13 R 83/11 R, juris, Rn. 7.

1861 BSG, Urteil vom 24.10.2013, B 13 R 83/11 R, juris, Rn. 27.

1862 Ebd.; s. a. BVerfGE 131, 66 (80).

1863 BSG, Urteil vom 24.10.2013, B 13 R 83/11 R, juris, Rn. 27.

gelte für Gefangene nichts anderes als für sonstige Umstände, wodurch weitere Entrichtungen von Pflichtbeiträgen für versicherte Beschäftigungen unterbleiben, bspw. durch einen Wechsel in die Selbstständigkeit.[1864] Folglich bewirke das Auslaufen einer Anwartschaft auf Rente wegen Erwerbsminderung aufgrund einer Strafhaft keine Verletzung des von Art. 14 Abs. 1 GG geschützten Eigentumsgrundrechts.[1865] Ebenfalls als verfassungsgemäß hatte auch das BVerfG[1866] die Drei-Fünftel-Belegung bereits im Jahr 1987 bestätigt.[1867] Zwar handele es sich bei dieser Regelung um einen schwerwiegenden Eingriff in Rechtspositionen Versicherter, dennoch sei die Regelung, soweit sie in bestehende Anwartschaften eingreife, als Inhalts- und Schrankenbestimmung gemäß Art. 14 Abs. 1 Satz 2 GG gerechtfertigt, weil sie zur Erreichung der gesetzgeberischen Ziele geeignet, erforderlich und noch zumutbar sei.[1868] Die Modifizierung eines Anspruches auf Rente wegen Erwerbsminderung in der GRV durch das Erfordernis einer Drei-Fünftel-Belegung enthalte eine dem Gemeinwohl dienende und verhältnismäßige Inhaltsbestimmung, denn bereits erlangte Anwartschaften können nur bei weiteren Pflichtbeitragszeiten für eine versicherte Beschäftigung oder Tätigkeit in hinreichender Belegungsdichte erhalten bleiben.[1869]

Bei der Regelung der Drei-Fünftel-Belegung handelt es sich um keine Sondervorschrift für Strafgefangene, sondern sie betrifft alle Versicherten in der gesetzlichen Rentenversicherung. Gründe zur Einführung einer solchen Regelung liegen in einem öffentlichen Interesse, damit die Finanzierbarkeit von Renten stabil bleibt. Wie bereits dargelegt, ist die Drei-Fünftel-Regelung geeignet zur Erreichung dieses Zieles. Da auch kein milderes Mittel zur Erreichung des Zieles denkbar wäre, ist sie außerdem erforderlich. Des Weiteren ist die Regelung für Strafgefangene auch zumutbar. Es ist nicht ersichtlich, warum die Regelung im Falle von Strafgefangenen eine andere Bedeutung erzielen soll, vorliegend sogar eine Besserstellung, als es bei Arbeitnehmern in Freiheit der Fall wäre, die das gleiche Schicksal, wenn auch aus anderen Gründen, wie z. B. beim Wechsel in die Selbstständigkeit, ereilen kann. Ein Eingriff in die Eigentumsgarantie in Bezug auf Rentenanwartschaften gemäß Art. 14 Abs. 1 GG durch die Regelung der Drei-Fünftel-Belegung nach § 43 Abs. 1 Satz 1 Nr. 2, Abs. 2 Satz 1 Nr. 2 SGB VI ist im Falle der Strafhaft somit verfassungsrechtlich gerechtfertigt. Folglich liegt eine Verletzung des von Art. 14 Abs. 1 GG geschützten Eigentumsrechts, wegen Entwertung einer Rentenanwartschaft

---

1864 BSG, Urteil vom 24.10.2013, B 13 R 83/11 R, juris, Rn. 28.

1865 BSG, Urteil vom 24.10.2013, B 13 R 83/11 R, juris, Rn. 25.

1866 BVerfG, Beschluss vom 08.04.1987, 1 BvR 564/84 u.a., BVerfGE 75, 78, juris; s. a. BSG, Urteil vom 24.10.2013, B 13 R 83/11 R, juris.

1867 Vgl. *Kreikebohm/Jassat*, in: Rolfs/Giesen/Kreikebohm/Udsching (Hrsg.), BeckOK Sozialrecht, SGB VI, § 43, Rn. 46.

1868 BVerfG, Beschluss vom 08.04.1987, 1 BvR 564/84 u. a., BVerfGE 75, 78, juris, Rn. 64, 67.

1869 BSG, Urteil vom 24.10.2013, B 13 R 83/11 R, juris, Rn. 26; BVerfGE 75, 78 (98 ff.).

bei Erwerbsminderung, durch die Regelung der Drei-Fünftel-Belegung im Falle von Haftstrafen nicht vor.[1870]

bb. Vereinbarkeit mit dem (Re-)Sozialisierungsgebot

Fraglich ist, ob eine Entwertung von Anwartschaftsrechten Gefangener für einen Anspruch auf Rente wegen Erwerbsminderung (§ 43 Abs. 1, Abs. 2 SGB VI) ebenfalls vereinbar mit dem verfassungsrechtlichen (Re-)Sozialisierungsgebot gemäß Art. 2 Abs. 1 i.V.m. Art. 1 Abs. 1 GG i.V.m. Art. 20 Abs. 1 GG ist. Dies wäre nicht der Fall, wenn sich aus dem (Re-)Sozialisierungsgebot eine Verpflichtung für den Staat ableiten lasse, schädlichen Auswirkungen des Freiheitsentzuges auf Gefangene im Rahmen des Möglichen zu begegnen und die Haftzeit somit als für eine Aufrechterhaltung von Rentenanwartschaften – für einen Anspruch auf Rente wegen Erwerbsminderung – unschädlichen Sachverhalt zu betrachten.[1871]

Ziel des Vollzuges ist es, Strafgefangene zu befähigen, künftig ein Leben in sozialer Verantwortung ohne Straftaten zu führen.[1872] Dadurch ist auszuschließen, dass an den Freiheitsentzug zusätzliche schwerwiegende Rechtsnachteile geknüpft werden, denn Gefangene sollen die Gelegenheit zur eigenverantwortlichen Sicherstellung ihres Lebensunterhaltes erhalten, die ihnen durch weitere Rechtsnachteile genommen werden.[1873] Nach Ansicht des BSG[1874] erwachse aus dem (Re-)Sozialisierungsgebot gemäß Art. 2 Abs. 1 i.V.m Art. 1 Abs. 1 GG i. V. m. Art. 20 Abs. 1 GG kein Anspruch auf Behandlung einer Haftzeit als – für die Aufrechterhaltung einer Anwartschaft auf Rente wegen Erwerbsminderung – unschädlicher Sachverhalt.[1875] Das verfassungsrechtliche (Re-)Sozialisierungsgebot betreffe in erster Linie die Ausgestaltung des Strafvollzuges durch den Gesetzgeber und die Vollzugsanstalten, wonach Gefangenen die Fähigkeit und der Wille zur eigenverantwortlichen Lebensführung vermittelt werden solle, damit sie sich in Zukunft unter den Bedingungen einer freien Gesellschaft ohne Rechtsbruch behaupten und ihre

---

1870 So auch BSG, Urteil vom 24.10.2013, B 13 R 83/11 R, juris, Rn. 1, 25.

1871 Vgl. BVerfG, Urteil vom 05.02.2004, 2 BvR 2029/01, BVerfGE 109, 133 (150 f.); siehe LSG Niedersachsen-Bremen, Urteil vom 18.05.2011, L 2 R 524/10, juris, Rn. 93.

1872 Vgl. § 1 BWJVollzGB III, Art. 2 Satz 2 BayStVollzG (Behandlungsauftrag), § 2 Satz 1 BbgJVollzG, § 2 Satz 1 BremStVollzG, § 2 Satz 1 HmbStVollzG, § 2 Satz 1 HStVollzG a.F. (Eingliederungsauftrag), § 2 Satz 1 StVollzG M-V, § 5 Satz 1 NJVollzG, § 1 NRWStVollzG, § 2 Satz 1 LJVollzG RP, § 2 Satz 1 SLStVollzG, § 2 Satz 1 SächsStVollzG, § 2 Satz 1 ThürJVollzGB, § 2 Abs. 1 Satz 1 JVollzGB LSA, § 2 LStVollzG SH, § 2 Satz 1 StVollzG Bln.

1873 Vgl. auch LSG Niedersachsen-Bremen, Urteil vom 18.05.2011, L 2 R 524/10, juris, Rn. 93.

1874 BSG, Urteil vom 24.10.2013, B 13 R 83/11 R, juris.

1875 Siehe BVerfGE 98, 169 (200); BSG, Urteil vom 24.10.2013, B 13 R 83/11 R, juris, Rn. 32.

Chancen wahrnehmen sowie ihre Risiken bestehen können.[1876] Die Vollzugsanstalten seien deshalb verpflichtet, schädlichen Auswirkungen des Freiheitsentzuges auf die Persönlichkeit Gefangener im Rahmen des Möglichen zu begegnen und durch eine Vorbereitung der Inhaftierten auf die Entlassung dafür Sorge zu tragen, dass diese wenigstens ansatzweise Orientierung für ein normales Leben finden können.[1877] Soweit das (Re-)Sozialisierungsgebot sich allerdings an den Gesetzgeber richte und auch die Ausgestaltung der Rahmenbedingungen einer Wiedereingliederung Gefangener in die Gesellschaft betreffe, lege es den Gesetzgeber nicht auf ein bestimmtes Regelungskonzept fest.[1878] Vielmehr sei ihm ein weiter Gestaltungsspielraum eröffnet, der ihn nicht dazu verpflichten könne, von Strafgefangenen jegliche negative Auswirkungen der Haft – hier auf ihre rentenrechtlichen Anwartschaften – abzuwenden; diesen Gestaltungsspielraum haben die Gerichte zu respektieren; sie dürfen eine verfassungsgemäße Regelung des Gesetzgebers nicht unter Berufung auf bessere (Re-)Sozialisierungsmöglichkeiten abändern oder ausweiten, sondern seien darauf beschränkt, diesen Gesichtspunkt im Rahmen einer methodengerechten Auslegung von unbestimmten Rechtsbegriffen oder von Generalklauseln zur Geltung zu bringen.[1879] Es müsse unter dem Blickwinkel des Sozialstaatsgebotes also auch hingenommen werden, dass der Gesetzgeber sich nach Abwägung aller einschlägigen Gesichtspunkte im Einzelfall gegen eine soziale Maßnahme entscheide, einen bereits begonnenen Ansatz nicht weiterverfolge oder von in Aussicht genommenen zukünftigen Verbesserungen endgültig Abstand nehme, weil dies in seiner gesetzgeberischen Gestaltungsmacht liege.[1880]

Auch wenn der Gesetzgeber eine Berücksichtigung von Strafgefangenen in der gesetzlichen Rentenversicherung einst von dem Erlass eines besonderen Bundesgesetzes abhängig gemacht hat (§ 198 Abs. 3 StVollzG), ist er gemäß Art. 20 Abs. 1 GG nicht zum Erlass eines solchen Gesetzes verpflichtet. Der Gesetzgeber hat zum einen zu bestimmen, wie ein Konzept der (Re-)Sozialisierung ausgestaltet sein soll, und zum anderen, was dessen konkreter Inhalt zu sein hat. Gebunden ist er dabei jedoch an die vom BVerfG festgelegten Mindestanforderungen an ein Konzept der (Re-)Sozialisierung.[1881] Das BVerfG[1882] hat bereits im Jahr 1998 hinsichtlich der Fragen nach dem Umfang der Arbeitspflicht im Vollzug, der Bemessung des Arbeitsentgeltes für zugewiesene Arbeit sowie der sozialversicherungsrechtlichen

---

1876 BSG, Urteil vom 24.10.2013, B 13 R 83/11 R, juris, Rn. 32; vgl. auch BVerfGE 98, 169 (200); s. a. BVerfGE 116, 69 (85).

1877 BSG, Urteil vom 24.10.2013, B 13 R 83/11 R, juris, Rn. 32; vgl. auch BVerfGE 109, 133 (150); BVerfGE 117, 71, (91); BVerfG, Beschluss der 2. Kammer vom 19.04.2006, 2 BvR 818/05, BVerfGK 8, 36 (41).

1878 BVerfGE 98, 169 (201).

1879 BVerfGE 98, 169 (201, 204); BSG, Urteil vom 24.10.2013, B 13 R 83/11 R, juris, Rn. 32.

1880 BVerfGE 98, 169 (204).

1881 Vgl. hierzu Kapitel 2, S. 116 ff.

1882 BVerfG, Urteil vom 01.07.1998, 2 BvR 441, 493/90, 618/92, 212/93 und 2 BvL 17/94, BVerfGE 98, 169 (200).

Stellung Strafgefangener im Strafvollzug als Mindestanforderung an ein Konzept der (Re-)Sozialisierung festgelegt, dass zur (Re-)Sozialisierung Gefangener auch die ausschließlich finanzielle Anerkennung von Pflichtarbeit dienen könne, wenn hierdurch Gefangenen bewusst gemacht werde, dass Erwerbsarbeit zur Herstellung einer Lebensgrundlage sinnvoll sei; neben oder anstelle einer ausschließlich finanziellen Anerkennung von Arbeit könne aber auch z. B. der Aufbau einer sozialversicherungsrechtlichen Anwartschaft in Betracht kommen.[1883] In Ansehung dieser Rechtsprechung hat sich der Gesetzgeber de lege lata überwiegend entschieden, ein Konzept der (Re-)Sozialisierung durch Pflichtarbeit im Strafvollzug in monetärer Weise (9 % der Bezugsgröße nach § 18 SGB IV) sowie in nicht monetärer Weise (Freistellungstage) anzuerkennen. Dass dieses Konzept verfassungsgemäß ist, hat das BVerfG bestätigt.[1884] Des Weiteren wird Strafgefangenen in Ansehung von Art. 20 Abs. 1 GG soziale Sicherheit gewährleistet, indem Strafgefangene in der gesetzlichen Unfallversicherung und in der gesetzlichen Arbeitslosenversicherung eine Berücksichtigung finden sowie durch eine institutionelle Gesundheitsfürsorge während der Haft, die den Verhältnissen außerhalb der Haft zu entsprechen hat gemäß dem strafvollzugsrechtlichen Äquivalenzprinzip. Damit werden Mindestanforderung an ein verfassungsrechtliches Konzept der (Re-)Sozialisierung erfüllt. Eine darüber hinausgehende Verpflichtung zur Einbeziehung Strafgefangener in die Bereiche der Sozialversicherung – vorliegend in die gesetzliche Rentenversicherung – ergibt sich nicht aus dem verfassungsrechtlichen Anspruch auf (Re-)Sozialisierung aus Art. 2 Abs. 1 GG i.V.m. Art. 1 Abs. 1 GG i.V.m. dem Sozialstaatsprinzip gemäß Art. 20 Abs. 1 GG, sondern obliegt dem Gesetzgeber im Rahmen seines Gestaltungsspielraumes.

Im Hinblick auf ein Konzept der (Re-)Sozialisierung hat sich der Gesetzgeber somit für eine Kombination aus monetärer und nicht monetärer Anerkennung für geleistete Arbeit im Vollzug sowie einer teilweisen Berücksichtigung Strafgefangener in der Sozial- und Arbeitslosenversicherung entschieden; dieses Konzept wurde auch vom BVerfG als noch verfassungsgemäß bestätigt.[1885] Mindestanforderungen an eine soziale Sicherung von Strafgefangenen hat der Gesetzgeber mit dem derzeitigen (Re-)Sozialisierungskonzept damit erfüllt. Eine weiterführende Verpflichtung zur Ausweitung eines solchen Konzeptes lässt sich aus dem (Re-)Sozialisierungskonzept nicht ableiten. Aus dem verfassungsrechtlichen Gebot der (Re-)Sozialisierung nach Art. 2 Abs. 1 i.V.m. Art. 1 Abs. 1 GG i.V.m. Art. 20 Abs. 1 GG folgt daher auch keine Verpflichtung des Gesetzgebers, die Haftzeit als für die Aufrechterhaltung von Rentenanwartschaften – für einen Anspruch auf Rente

---

1883 BVerfGE 98, 169 (202).

1884 Nichtannahmebeschluss vom 24.03.2002, 2 BvR 2175/01, juris, Rn. 39 ff.; s. a. BVerfG, Nichtannahmebeschluss vom 16.12.2015, 2 BvR 1017/14, juris, Rn. 18.

1885 Vgl. Nichtannahmebeschluss vom 24.03.2002, 2 BvR 2175/01, juris, Rn. 39 ff.; s. a. BVerfG, Nichtannahmebeschluss vom 16.12.2015, 2 BvR 1017/14, juris, Rn. 18; s. a. die Argumentation im Kapitel 2, S. 116 ff.

wegen Erwerbsminderung – unschädlichen Sachverhalt zu betrachten. Eine Entwertung von Anwartschaftsrechten Gefangener für einen Anspruch auf Rente wegen Erwerbsminderung (§ 43 Abs. 1, Abs. 2 SGB VI) ist daher ebenfalls vereinbar mit dem verfassungsrechtlichen (Re-)Sozialisierungsgebot gemäß Art. 2 Abs. 1 i.V.m. Art. 1 Abs. 1 GG i.V.m. dem Sozialstaatsgebot.

cc. Vereinbarkeit mit dem allgemeinen Gleichheitssatz

Zudem ist zu untersuchen, ob mit einer Entwertung von Anwartschaftsrechten Gefangener für einen Anspruch auf Rente wegen Erwerbsminderung (§ 43 Abs. 1, Abs. 2 SGB VI) durch die Vorschrift der Drei-Fünftel-Belegung (§ 43 Abs. 1 Satz 1 Nr. 2, Abs. 2 Satz 1 Nr. 2 SGB VI) der allgemeine Gleichheitssatz gemäß Art. 3 Abs. 1 GG verletzt wird. Gemäß Art. 3 Abs. 1 GG sind alle Menschen gleich vor dem Gesetz. Nach dem Grundgedanken von Art. 3 Abs. 1 GG dürfen somit gleiche Sachverhalte nicht unterschiedlich und unterschiedliche Sachverhalte nicht gleich behandelt werden.[1886] Infolgedessen muss eine Gleich- oder Ungleichbehandlung vorliegen, woraus sich gleiche und ungleiche Elemente der betroffenen Sachverhaltskonstellationen ergeben und die (Un-)Gleichbehandlung im Hinblick auf diese gleichen und ungleichen Elemente zu rechtfertigen ist.[1887] Ob eine Gleich- oder Ungleichbehandlung vorliegt, beurteilt sich an einem Vergleich der Rechtsfolgen.[1888]

Denkbar wäre hier zunächst die unterschiedlichen Beschäftigungsverhältnisse (Freigänger und Gefangene, die in öffentlich-rechtlichen Beschäftigungsverhältnissen Tätigkeiten nachgehen) in der Haft für einen Vergleich heranzuziehen. Das BVerfG[1889] hat jedoch bereits in seiner Leitentscheidung im Jahr 1998 darauf verwiesen, dass es sich bei diesen unterschiedlichen Gruppen um keine tauglichen Vergleichsgruppen i.S.d. Art. 3 Abs. 1 GG handele, da auch im Kontext von Art. 3 Abs. 1 GG der Gestaltungsspielraum des Gesetzgebers beim Vergleich von Sachverhalten zu beachten sei. Hilfsweise sollen darum die in der Haft beschäftigten Gefangenen mit beschäftigten Arbeitnehmern in Freiheit verglichen werden. Beide Gruppen gehen Beschäftigungen nach. Allerdings findet die Gruppe der Beschäftigten in der Haft überwiegend keine Berücksichtigung in der gesetzlichen Rentenversicherung, da Beschäftigungen in aller Regel aufgrund von gesetzlicher Zuweisung im

---

1886 *Wolff*, in: Hömig/Wolff (Hrsg.), Grundgesetz für die Bundesrepublik Deutschland, Art. 3, Rn. 6; *Kischel*, in: Epping/Hillgruber (Hrsg.), BeckOK Grundgesetz, Art. 3, Rn. 14; vgl. hierzu ferner *Kirchhof*, in: Maunz/Dürig, Grundgesetz Kommentar, Art. 3, Rn. 5; s. a. st. Rspr. BVerfG, Urteil vom 23.10.1951, 2 BvG 1/51, BVerfGE 1, 14 (52); BVerfGE 13, 46 (53); BVerfGE 98, 365 (385); BVerfGE 113, 167 (214); BSG, Urteil vom 15.12.2016, B 5 RE 2/16 R, SozR 4-2600 § 3 Nr. 7, juris, Rn. 30.

1887 *Kischel*, in: Epping/Hillgruber (Hrsg.), BeckOK Grundgesetz, Art. 3, Rn. 14; *Kirchhof*, in: Maunz/Dürig, Grundgesetz Kommentar, Art. 3, Rn. 8.

1888 Vgl. *Kischel*, in: Epping/Hillgruber (Hrsg.), BeckOK Grundgesetz, Art. 3, Rn. 15.

1889 BVerfGE 98, 169 (204).

Rahmen von öffentlich-rechtlichen Beschäftigungsverhältnissen ausgeübt werden und es sich um keine Beschäftigungen im Sinne des Sozialversicherungsrechts handelt.[1890] Als Folge einer fehlenden Berücksichtigung von beschäftigten Gefangenen in der gesetzlichen Rentenversicherung können während der Haft keine Anwartschaftszeiten für einen Anspruch auf Rente angesammelt werden. Im Falle eines Anspruches auf Rente wegen Erwerbsminderung werden Anwartschaften sogar entwertet, wenn Haftstrafen länger als zwei Jahre andauern, weil für einen Anspruch auf Rente wegen Erwerbsminderung das zusätzliche Erfordernis einer Drei-Fünftel-Belegung erfüllt sein muss. Demzufolge werden in der Haft beschäftigte Gefangene im Vergleich zu Arbeitnehmern in Freiheit ungleich behandelt.

Fraglich ist, ob eine solche Ungleichbehandlung gerechtfertigt ist. Hierzu lassen sich zwei Grundgedanken, die Willkürprüfung und die Verhältnismäßigkeitsprüfung, unterscheiden.[1891] Gemäß der Willkürprüfung ist eine Ungleichbehandlung nicht gerechtfertigt und der Gleichheitssatz verletzt, wenn sich ein vernünftiger, aus der Natur der Sache ergebender oder sonst wie sachlich einleuchtender Grund für die gesetzliche Differenzierung nicht auffinden lässt, kurzum, wenn die Bestimmung als willkürlich bezeichnet werden muss.[1892] Bei der Verhältnismäßigkeitsprüfung ist der allgemeine Gleichheitssatz verletzt, wenn eine Gruppe von Normadressaten im Vergleich zu anderen Normadressaten anders behandelt wird, obwohl zwischen beiden Gruppen keine Unterschiede von solcher Art und solchem Gewicht bestehen, dass sie die ungleiche Behandlung rechtfertigen könnten.[1893] Hier ist auf den Zweck der Gleich- oder Ungleichbehandlung abzustellen, sodass einer (Un-)Gleichbehandlung nur solche Kriterien zugrunde gelegt werden dürfen, die durch das Differenzierungsziel begründet werden können; das Differenzierungskriterium muss im Hinblick auf das Differenzierungsziel geeignet, notwendig und angemessen sein.[1894] Das BVerfG schien anfänglich Rechtfertigungsprüfungen allein nach Maßgabe der Willkürprüfung durchzuführen; erst mit Einführung der neuen Formel im Jahr 1980 wurde die Prüfung auch als Bindung an Verhältnismäßigkeitserfordernisse begriffen.[1895] Hinter beiden Gedanken steht

---

1890 Vgl. hierzu die Prüfung in Kapitel 2, S. 218 ff.

1891 Vgl. *Kischel*, in: Epping/Hillgruber (Hrsg.), BeckOK Grundgesetz, Art. 3, Rn. 24; s. a. *Wolff*, in: Hömig/Wolff (Hrsg.), Grundgesetz für die Bundesrepublik Deutschland Handkommentar, Art. 3, Rn. 6.

1892 Siehe *Kirchhof*, in: Maunz/Dürig, Grundgesetz Kommentar, Art. 3, Rn. 265; *Kischel*, in: Epping/Hillgruber (Hrsg.), BeckOK Grundgesetz, Art. 3, Rn. 24; BVerfG, Urteil vom 23.10.1951, 2 BVG 1/51, BVerfGE 1, 14 (52), in: NJW 1951, 877 (878 f.).

1893 *Schmidt*, in: Müller-Glöge/Preis/Schmidt (Hrsg.), Erfurter Kommentar zum Arbeitsrecht, GG, Art. 3, Rn. 31; BVerfGE 55, 72 (88).

1894 *Kischel*, in: Epping/Hillgruber (Hrsg.), BeckOK Grundgesetz, Art. 3, Rn. 24; vgl. hierzu ferner *Wolff*, in: Hömig/Wolff (Hrsg.), Grundgesetz für die Bundesrepublik Deutschland Handkommentar, Art. 3, Rn. 6.

1895 *Kischel*, in: Epping/Hillgruber (Hrsg.), BeckOK Grundgesetz, Art. 3, Rn. 24; s. a. *Kirchhof*, in: Maunz/Dürig, Grundgesetz Kommentar, Art. 3, Rn. 266; vgl. ebenfalls

jedoch die Frage, in welchem Ausmaß der Gesetzgeber (Staat) im Hinblick auf den Gleichheitssatz einer Überprüfung seiner Entscheidungen ausgesetzt sein soll, wobei die Willkürprüfung dem Staat einen möglichst weiten Spielraum lässt und äußerste Grenzen nur setzt, indem irgendeine sachliche Rechtfertigung gefordert wird.[1896] Hingegen variiert die Verhältnismäßigkeitsprüfung das erforderliche Maß der Rechtfertigung im Hinblick auf die materielle Schwere der Ungleichbehandlung.[1897] Heutzutage sind beide Gedanken nicht mehr als Gegensätze, sondern als Teile eines einheitlichen Rechtfertigungsmaßstabes zu begreifen, sodass die Kontrolldichte je nach Schwere der Ungleichbehandlung von einer bloßen Willkürkontrolle bis hin zur strengen Prüfung steigt.[1898] Eine Ungleichbehandlung ergibt sich vorliegend aus der unterschiedlichen Behandlung eines Arbeitsverhältnisses als sozialversicherungsrechtliche Beschäftigung. Arbeitnehmer in Freiheit gehen sozialversicherungsrechtlichen Beschäftigungen nach und erfüllen damit regelmäßig auch die Voraussetzungen, die an eine Rente wegen Erwerbsminderung gestellt werden. Die Beschäftigung von Strafgefangenen, wenn sie im Rahmen von öffentlich-rechtlichen Beschäftigungsverhältnissen gesetzlich zugewiesenen Arbeiten nachgehen, ist keine Beschäftigung im Sinne des Sozialversicherungsrechts mit der Folge, dass Strafgefangene derzeit nicht in der gesetzlichen Rentenversicherung berücksichtigt werden.[1899] Bleiben Gefangene sodann länger als zwei Jahre in Haft, können ihre Anwartschaften auf eine Rente wegen Erwerbsminderung verloren gehen. Damit ist hier auf die Beschäftigung abzustellen. Es handelt sich daher vorliegend um eine sachliche Ungleichbehandlung, sodass die Schwere der Ungleichbehandlung als eher gering einzuordnen ist. Eine Rechtfertigungsprüfung ist demzufolge nach Maßgabe der Willkürprüfung durchzuführen.

Im Rahmen einer Willkürprüfung ist vorliegend festzustellen, ob es einen vernünftigen, sich aus der Natur der Sache ergebenden oder sonst wie sachlich einleuchtenden Grund für eine unterschiedliche Behandlung von Beschäftigten gibt. Existiert ein solcher Grund nicht, wäre die Ungleichbehandlung willkürlich und nicht gerechtfertigt. Eine Differenzierung für Beschäftigungen in der Haft und Beschäftigungen in Freiheit ergibt sich in zweierlei Hinsicht. Zum einen werden während der Haft beschäftigte Strafgefangene unterschiedlich im Vergleich zu Arbeitnehmern in Freiheit behandelt, weil Gefangene während der Haft vorwiegend gesetzlich zugewiesenen Beschäftigungen im Rahmen von öffentlich-rechtlichen Beschäftigungsverhältnissen der besonderen Art nachgehen. Diese

---

BVerfGE 55, 72 (88), in: NJW 1981, 271 (271 f.). Siehe zur Bindung an die Erfordernisse der Verhältnismäßigkeit BVerfGE 88, 87 (96 f.).

1896 *Kischel*, in: Epping/Hillgruber (Hrsg.), BeckOK Grundgesetz, Art. 3, Rn. 25.

1897 Ebd.

1898 Siehe *Kischel*, in: Epping/Hillgruber (Hrsg.), BeckOK Grundgesetz, Art. 3, Rn. 26; vgl. außerdem *Wolff*, in: Hömig/Wolff (Hrsg.), Grundgesetz für die Bundesrepublik Deutschland Handkommentar, Art. 3, Rn. 6, s. a. BVerfGE 88, 87 (96).

1899 Vgl. hierzu auch Kapitel 3, S. 325 f.

Strafgefangenen werden demnach nicht als versicherungspflichtige Beschäftigte in der GRV berücksichtigt, da hierzu der Erlass eines besonderen Bundesgesetzes nach § 198 Abs. 3 StVollzG erforderlich ist. Zum anderen resultiert die verhängte Freiheitsstrafe aus einem rechtskräftigen Urteil für eine begangene Straftat. Die Notwendigkeit der Verhängung einer Haftstrafe und deren Länge liegen dabei regelmäßig allein in der Verantwortung des Straftäters. Werden Beschäftigungen während der Haft somit nicht als sozialversicherungsrechtliche Beschäftigungen behandelt und kommt es daher zu einer Entwertung von Anwartschaftszeiten für einen Anspruch auf Rente wegen Erwerbsminderung, aufgrund einer fehlenden Berücksichtigung von Strafgefangenen in der Sozialversicherung, liegt auch dies allein im Verantwortungsbereich eines jeden Straftäters. Für eine Ungleichbehandlung der benannten Vergleichsgruppen liegt folglich ein sachlich nachvollziehbarer Grund vor. Eine Ungleichbehandlung von beschäftigten Strafgefangenen und Arbeitnehmern in Freiheit ist demzufolge nicht willkürlich, sondern gerechtfertigt. Auch das BSG[1900] führt hierzu aus, dass die Verantwortung für den Verlust der Anwartschaft auf Rente wegen Erwerbsminderung bei dem Versicherten selbst bleibe, da gerade im Falle der Straftat diese Situation durch den Versicherten eigenständig verursacht werde und ein Verlust von Anwartschaften folglich nicht als willkürlich gedeutet werden könne und eine Verletzung von Art. 3 Abs. 1 GG nicht in Betracht zu ziehen sei.[1901] Dementsprechend ist der allgemeine Gleichheitssatz gemäß Art. 3 Abs. 1 GG nicht verletzt. Eine Entwertung von Anwartschaftsrechten Gefangener für einen Anspruch auf Rente wegen Erwerbsminderung (§ 43 Abs. 1, Abs. 2 SGB VI) durch die Vorschrift der Drei-Fünftel-Belegung ist mit dem allgemeinen Gleichheitssatz gemäß Art. 3 Abs. 1 GG vereinbar.

dd. Kein Verstoß gegen das Verbot der Doppelbestrafung

Schließlich ist noch zu fragen, ob mit der Regelung der Drei-Fünftel-Belegung nach § 43 Abs. 1 Satz 1 Nr. 2, Abs. 2 Satz 1 Nr. 2 SGB VI gegen das Verbot der Doppelbestrafung aus Art. 103 Abs. 3 GG („ne bis in idem“)[1902] verstoßen wird. Gemäß Art. 103 Abs. 3 GG darf niemand wegen derselben Tat auf Grund der allgemeinen Strafgesetze mehrmals bestraft werden. Der Staat hat somit weitere Bestrafungen wegen einer bereits bestraften Tat auf Grund der allgemeinen Strafgesetze zu unterlassen.[1903] Demzufolge würde vorliegend das Verbot der Doppelbestrafung verletzt, wenn es sich bei der Regelung der Drei-Fünftel-Belegung um ein Strafgesetz handelt. Strafgesetze meint Gesetze, die ein Verhalten mit Strafe belegen.[1904] Die Vorschrift der Drei-Fünftel-Belegung regelt, dass Versicherte, unter Beachtung

---

1900 BSG, Urteil vom 24.10.2013, B 13 R 83/11 R, juris.

1901 BSG, Urteil vom 24.10.2013, B 13 R 83/11 R, juris, Rn. 30.

1902 Zum Begriff vgl. *Remmert,* in: Maunz/Dürig, Grundgesetz Kommentar, Art. 103, Rn. 5.

1903 *Remmert,* in: Maunz/Dürig, Grundgesetz Kommentar, Art. 103, Rn. 1.

1904 Siehe *Remmert,* in: Maunz/Dürig, Grundgesetz Kommentar, Art. 103, Rn. 55.

der Ausnahmeregelung in § 43 Abs. 5 SGB VI, in den letzten fünf Jahren vor Eintritt der Erwerbsminderung drei Jahre Pflichtbeiträge für eine versicherte Beschäftigung oder Tätigkeit gezahlt haben müssen (§ 43 Abs. 1 Satz 1 Nr. 2 SGB VI), als besondere versicherungsrechtliche Voraussetzung („Drei-Fünftel-Belegung") für einen Anspruch auf Rente wegen Erwerbsminderung. Wird diese Voraussetzung nicht erfüllt, entfällt ein Anspruch auf eine EM-Rente (Rente wegen Erwerbsminderung). Damit wird jedoch nicht ein Verhalten der Versicherten in der GRV durch diese Vorschrift mit einer Strafe belegt. Vielmehr handelt es sich hierbei um eine rentenrechtliche Folge, die sich aus einem Verhalten der Versicherten – der Nichtzahlung von Pflichtbeiträgen – ergibt. Das BSG[1905] führt hierzu außerdem aus, dass das in Art. 103 Abs. 3 GG zugrunde gelegte Verbot der Doppelbestrafung auf Kriminalstrafen nach den allgemeinen Strafgesetzen im Sinne des Kern- und Nebenstrafrechts beschränkt sei; rentenrechtliche Folgen würden ebenso wenig hierzu zählen wie ein Verlust von Versorgungsbezügen.[1906]

Folglich handelt es sich bei der Drei-Fünftel-Belegung um kein Strafgesetz im Sinne von Art. 103 Abs. 3 GG. Mit der Regelung der Drei-Fünftel-Belegung nach § 43 Abs. 1 Satz 1 Nr. 2, Abs. 2 Satz 1 Nr. 2 SGB VI wird somit auch nicht gegen das Verbot der Doppelbestrafung aus Art. 103 Abs. 3 GG verstoßen.

ee. Ergebnis

Eine Entwertung von Anwartschaftsrechten Gefangener für einen Anspruch auf Rente wegen Erwerbsminderung (§ 43 Abs. 1, Abs. 2 SGB VI) aufgrund der erforderlichen Drei-Fünftel-Belegung nach § 43 Abs. 1 Satz 1 Nr. 2, Abs. 2 Satz 1 Nr. 2 SGB VI steht mit Verfassungsrecht in Einklang. Art. 14 Abs. 1 GG wird hierdurch nicht verletzt. Ferner ist eine Entwertung von Anwartschaftsrechten Gefangener für einen Anspruch auf Rente wegen Erwerbsminderung mit dem verfassungsrechtlichen (Re-)Sozialisierungsgebot gemäß Art. 2 Abs. 1 i.V.m. Art. 1 Abs. 1 GG i.V.m. Art. 20 Abs. 1 GG vereinbar. Weitere Grundrechtsverletzungen, wie eine Verletzung des allgemeinen Gleichheitssatzes gemäß Art. 3 Abs. 1 GG sowie ein Verstoß gegen das Verbot einer Doppelbestrafung nach Art. 103 Abs. 3 GG, liegen ebenfalls nicht vor.

3. Konsequenzen hinsichtlich Renten wegen Todes

Ein weiterer Versicherungsfall stellt der Tod des Versicherten dar, unter Zurücklassen eines Ehegatten oder unter 18 Jahre alten oder in Ausbildung befindlichen Kindern unter 27 Jahren oder wegen Behinderung erwerbsunfähiger Kinder (§§ 46 ff. SGB VI).[1907] Für diese Personengruppen könnte ein Anspruch auf Rente wegen

1905 Vgl. BSG, Urteil vom 24.10.2013, B 13 R 83/11 R, juris, Rn. 31; vgl. auch BVerfGE 27, 180 (185); BVerfGE 22, 387 (420).

1906 Ebd.

1907 *Eichenhofer*, Sozialrecht, Rn. 323.

Todes bestehen, wenn die jeweils erforderlichen Voraussetzungen hierfür erfüllt sind. Den Hinterbliebenenrenten liegt seit jeher das Prinzip eines Unterhaltsersatzes zugrunde, in pauschalisierter Weise.[1908] Zu den Renten wegen Todes gehören die Witwenrente in § 46 SGB VI, Erziehungsrente nach § 47 SGB VI, Waisenrente (§ 48 SGB VI) sowie Rente wegen Todes bei Verschollenheit (§ 49 SGB VI). Allen Renten ist dabei gleich, dass sie die Erfüllung der allgemeinen Wartezeit von fünf Jahren voraussetzen nach § 50 Abs. 1 Satz 1 Nr. 3, § 51 Abs. 1, 4 SGB VI.[1909] Dabei bedarf es in keiner Form einer Vorversicherungszeit, sodass der Ehegatte weder im Todeszeitpunkt noch in einem bestimmten Zeitraum davor aktiv als Pflichtmitglied oder freiwilliges Mitglied der gesetzlichen Rentenversicherung angehört haben muss.[1910] Führt eine Nichtberücksichtigung Strafgefangener in der gesetzlichen Rentenversicherung somit zum Verlust von rentenrechtlichen Zeiten (§ 54 SGB VI), da die Haftzeit grundsätzlich keine Anerkennung als rentenrechtliche Zeit findet, könnte sich dies ebenfalls auf einen Anspruch auf Rente wegen Todes resp. auf die Höhe der Rente auswirken, mit der Folge, dass Angehörige im Falle des Todes des Strafgefangenen gegebenenfalls auch auf Unterstützungsleistungen durch den zuständigen Sozialhilfeträger angewiesen wären.[1911] Eine Nichtberücksichtigung Strafgefangener in der GRV wirkt sich folglich genauso beeinträchtigend auf Ansprüche und Höhe von Renten wegen Todes und somit auf ihre Angehörigen aus.

4. *Zusammenfassung der Ergebnisse*

Die Zeit des Vollzuges der Freiheitsstrafe kann sich auf künftige Alters-, Invaliditäts- und Hinterbliebenenversorgungen beeinträchtigend auswirken. Insbesondere erweist sich die grundsätzliche Nichtanerkennung der Beschäftigung Strafgefangener als eine Beschäftigung im Sinne des Sozialversicherungsrechts (§ 7 Abs. 1 SGB IV) problematisch. Durch eine Nichtberücksichtigung von in der Haft beschäftigten Gefangenen in der gesetzlichen Rentenversicherung, wenn diese Beschäftigungen im Rahmen von öffentlich-rechtlichen Beschäftigungsverhältnissen nachgehen, können Strafgefangene keinen Versichertenstatus in der GRV kraft Gesetzes erlangen. Bei der Haftzeit handelt es sich außerdem um keine rentenrechtliche Zeit. Lediglich im Hinblick auf Kindererziehungszeiten könnte sich je nach Erfüllung der Voraussetzungen eine Berücksichtigung in der GRV – jedenfalls für den Zeitraum der Kindererziehung – ergeben. Insgesamt kann eine

---

1908 *Köbl*, in: Schulin (Hrsg.), Handbuch des Sozialversicherungsrechts, Band 3, Rentenversicherungsrecht, § 28, Rn. 3.

1909 *Gürtner*, in: Körner/Leitherer/Mutschler/Rolfs (Hrsg.), Kasseler Kommentar Sozialversicherungsrecht, SGB VI, § 50, Rn. 5; *Dankelmann*, in: Kreikebohm (Hrsg.), SGB VI Kommentar, § 46, Rn. 9.

1910 *Köbl*, in: Schulin (Hrsg.), Handbuch des Sozialversicherungsrechts, Band 3, Rentenversicherungsrecht, § 28, Rn. 8.

1911 Vgl. *Schirmer*, Soziale Sicherung von Strafgefangenen, S. 177.

fehlende Berücksichtigung der Haftzeit als rentenrechtliche Zeit zu einer Nichterfüllung von erforderlichen Wartezeiten für einen Anspruch auf Renten führen, da alle Renten eine Wartezeit voraussetzen (vgl. § 50 SGB VI). Besonders prekär stellt sich die Situation Strafgefangener im Hinblick auf einen Anspruch auf Rente wegen Erwerbsminderung gemäß § 43 Abs. 1, Abs. 2 SGB VI dar, wonach eine Drei-Fünftel-Belegung (§ 43 Abs. 1 Satz 1 Nr. 2, Abs. 2 Satz 1 Nr. 2 SGB VI) mit Anwartschaftszeiten verlangt wird. Dauern Haftstrafen länger als zwei Jahre, kommt es folglich zu einer Entwertung von bereits entstandenen Anwartschaften für einen Anspruch auf Rente wegen Erwerbsminderung. Weiterhin kann sich eine Nichtberücksichtigung Gefangener in der GRV auf künftige Renten wegen Todes beeinträchtigend auswirken. Im Ergebnis kann die Zeit des Strafvollzuges somit zu Lücken in Versicherungsbiografien führen und dadurch künftige Rentenansprüche gefährden sowie Rentenhöhen beeinträchtigen.

II. Möglichkeiten der (Weiter-)Versicherung in der GRV während der Haft

Da sich eine Nichtberücksichtigung Strafgefangener im Kreis der kraft Gesetzes Versicherten in der GRV für diese Personen beeinträchtigend auf künftige Rentenansprüche auswirken kann, ist außerdem zu untersuchen, welche sozialversicherungsrechtlichen Möglichkeiten Strafgefangene während des Strafvollzuges haben, um Lücken im Versicherungslauf entgegenzuwirken und beeinträchtigende Auswirkungen auf künftige Rentenansprüche zu verhindern. In Betracht kommt zunächst eine freiwillige Versicherung in der GRV. Allerdings gilt hier zu beachten, dass im Rahmen der Drei-Fünftel-Belegung, als besondere versicherungsrechtliche Voraussetzung für einen Anspruch auf eine EM-Rente, Pflichtbeitragszahlungen verlangt werden und demnach eine freiwillige Versicherung in der GRV auf diesen Fall keine Auswirkungen hat.[1912] Weiterhin ist fraglich, ob auch eine Nachversicherung in der gesetzlichen Rentenversicherung denkbar wäre, um Lücken im Versicherungslauf zu schließen.

1. Freiwillige Versicherung

Auch die gesetzliche Rentenversicherung kennt neben der Versicherung kraft Gesetzes (§§ 1 bis 3 SGB VI) und der Pflichtversicherung auf Antrag (§ 4 SGB VI) die Versicherungsberechtigung in Form der freiwilligen Versicherung gemäß § 7 SGB VI.[1913] Die Bedeutung einer freiwilligen Versicherung liegt in der Vervollständigung von Versicherungsbiografien, außerdem dient sie der Vermeidung von

---

1912 Siehe hierzu oben Kapitel 4, S. 388 f.

1913 *Segebrecht*, in: Kreikebohm (Hrsg.), SGB VI Kommentar, § 7, Rn. 2; *Guttenberger* in: Körner/Leitherer/Mutschler/Rolfs (Hrsg.), Kasseler Kommentar Sozialversicherungsrecht, SGB VI, § 7, Rn. 2.

Sicherheitslücken.[1914] Gemäß § 7 Abs. 1 Satz 1 SGB VI können demnach Personen, die nicht versicherungspflichtig sind, für Zeiten von der Vollendung des 16. Lebensjahres an freiwillig in der gesetzlichen Rentenversicherung versichert werden. Dies gilt auch für Deutsche, die ihren gewöhnlichen Aufenthalt im Ausland haben (§ 7 Abs. 1 Satz 2 SGB VI). Eine freiwillige Versicherung ist nicht zulässig nach bindender Bewilligung einer Vollrente wegen Alters oder für Zeiten des Bezuges einer solchen Rente, wenn der Monat abgelaufen ist, in dem die Regelaltersgrenze erreicht wird (§ 7 Abs. 2 SGB VI). § 7 SGB VI regelt somit die Berechtigung für Versicherte, die keiner Pflichtversicherung in der gesetzlichen Rentenversicherung unterliegen, Beiträge zur GRV freiwillig zu zahlen.[1915] Die freiwillige Versicherung steht dementsprechend jeder Person offen, die ihre Absicherung in der Rentenversicherung begründen oder ausbauen möchte, unter Ausnahme der in § 7 Abs. 2 SGB VI bezeichneten Fälle.[1916] Eine Beschäftigung oder selbstständige Tätigkeit wird nicht vorausgesetzt, vielmehr sind zur freiwilligen Versicherung grundsätzlich alle Personen ohne Ansehen der Staatsangehörigkeit berechtigt, die ihren Wohnsitz oder gewöhnlichen Aufenthalt (§ 30 SGB I) im Geltungsbereich des SGB haben (§ 3 Nr. 2 SGB IV) sowie alle Personen, die hinsichtlich der Berechtigung zu einer freiwilligen Versicherung nach zwischen- oder überstaatlichem Recht gleichgestellt sind (§ 6 SGB IV).[1917] Folglich steht die freiwillige Versicherung allen Personen zu, die nicht bereits einer Versicherungspflicht in der gesetzlichen Rentenversicherung unterliegen; also ist die freiwillige Versicherung als subsidiär zur Pflichtversicherung zu betrachten.[1918] Auf welche Weise die Berechtigung zur freiwilligen Versicherung festgestellt wird, ist in § 7 SGB VI nicht geregelt, sodass es daher keines Antrages und keiner ausdrücklichen Zulassung des Versicherten zur freiwilligen Versicherung durch den Rentenversicherungsträger bedarf.[1919] Allerdings ist die Absicht der Beitragszahlung dem zuständigen Rentenversicherungsträger nach § 5 „Rentenversicherung-Beitragszahlungsverordnung“

1914 *von Koch*, in: Rolfs/Giesen/Kreikebohm/Udsching (Hrsg.), BeckOK Sozialrecht, SGB VI, § 7, Rn. 2.

1915 *von Koch*, in: Rolfs/Giesen/Kreikebohm/Udsching (Hrsg.), BeckOK Sozialrecht, SGB VI, § 7, Einführung.

1916 *Guttenberger*, in: Körner/Leitherer/Mutschler/Rolfs (Hrsg.), Kasseler Kommentar Sozialversicherungsrecht, SGB VI, § 7, Rn. 2; siehe zum Kreis der Berechtigten auch *Berchtold*, in: Knickrehm/Kreikebohm/Waltermann (Hrsg.), Kommentar zum Sozialrecht, SGB VI, § 7, Rn. 2.

1917 *Guttenberger*, in: Körner/Leitherer/Mutschler/Rolfs (Hrsg.), Kasseler Kommentar Sozialversicherungsrecht, SGB VI, § 7, Rn. 3; *Berchtold*, in: Knickrehm/Kreikebohm/Waltermann (Hrsg.), Kommentar zum Sozialrecht, SGB VI, § 7, Rn. 2.

1918 *Guttenberger*, in: Körner/Leitherer/Mutschler/Rolfs (Hrsg.), Kasseler Kommentar Sozialversicherungsrecht, SGB VI, § 7, Rn. 4; *von Koch*, in: Rolfs/Giesen/Kreikebohm/Udsching (Hrsg.), BeckOK Sozialrecht, SGB VI, § 7, Rn. 8.

1919 Siehe *von Koch*, in: Rolfs/Giesen/Kreikebohm/Udsching (Hrsg.), BeckOK Sozialrecht, SGB VI, § 7, Rn. 6.

(RV-BZV)[1920] anzumelden, der für die Anmeldung einer freiwilligen Versicherung entsprechende Vordrucke bereithält und – ohne eine rechtliche Verpflichtung (§ 18 SGB X) – prüft, ob eine Berechtigung zur freiwilligen Versicherung besteht, sodass demzufolge ein feststellender Bescheid erteilt wird.[1921]

Beitragsbemessungsgrundlage für freiwillig Versicherte ist jeder Betrag zwischen der Mindestbemessungsgrundlage (§ 167 SGB VI) und der Beitragsbemessungsgrundlage (§ 157 SGB VI) nach § 161 Abs. 2 SGB VI, unter Ausnahme der in § 279b SGB VI geregelten Fälle.[1922] Gemäß § 171 SGB VI tragen freiwillig Versicherte ihre Beiträge selbst. Die Beiträge zahlen sie unmittelbar an den nach § 126 SGB VI für sie zuständigen Rentenversicherungsträger (§ 173 SGB VI).[1923] Jedoch sind freiwillige Beiträge nur wirksam, wenn sie bis zum 31.03. des Jahres, das dem Jahr folgt, für das sie gelten sollen, gezahlt werden gemäß § 197 Abs. 2 SGB VI. Eine Nachzahlung freiwilliger Beiträge ist, außer in den Fällen der §§ 197, 198 SGB VI, nach den Sondervorschriften der §§ 204–209 SGB VI und §§ 284–285 SGB VI möglich.[1924] Die zur freiwilligen Versicherung zu zahlenden Beiträge stehen in ihrer Wirkung im Wesentlichen den Pflichtbeiträgen gleich; zudem ist ein freiwilliger Beitrag eine rentenrechtliche Zeit im Sinne der §§ 54 ff. SGB VI und trägt zur Erfüllung der allgemeinen Wartezeit in § 50 SGB VI bei.[1925] Schließlich werden aus freiwilligen Beiträgen bei der Rentenberechnung auf gleichem Wege Entgeltpunkte ermittelt wie aus Pflichtbeiträgen.[1926]

Strafgefangene Personen, die keiner Versicherungspflicht in der gesetzlichen Rentenversicherung unterliegen, sind somit berechtigt, während der Haft der gesetzlichen Rentenversicherung freiwillig beizutreten nach § 7 Abs. 1 Satz 1 SGB VI. Allerdings müssen sie die Beiträge zur freiwilligen Versicherung selbst

---

1920 Rentenversicherung-Beitragszahlungsverordnung (RV-BZV): Verordnung über die Zahlung von Beiträgen zur gesetzlichen Rentenversicherung (RV-Beitragszahlungsverordnung – RV-BZV) vom 30.10.1991.

1921 *von Koch*, in: Rolfs/Giesen/Kreikebohm/Udsching (Hrsg.), BeckOK Sozialrecht, SGB VI, § 7, Rn. 6; s. a. *Segebrecht*, in: Kreikebohm (Hrsg.), SGB VI Kommentar, § 7, Rn. 26; zur Begründung einer freiwilligen Versicherung, vgl. ebenfalls *Guttenberger*, in: Körner/Leitherer/Mutschler/Rolfs (Hrsg.), Kasseler Kommentar Sozialversicherungsrecht, SGB VI, § 7, Rn. 9.

1922 Vgl. auch *Guttenberger*, in: Körner/Leitherer/Mutschler/Rolfs (Hrsg.), Kasseler Kommentar Sozialversicherungsrecht, SGB VI, § 7, Rn. 10; siehe ferner *Segebrecht*, in: Kreikebohm (Hrsg.), SGB VI Kommentar, § 7, Rn. 32.

1923 *Guttenberger*, in: Körner/Leitherer/Mutschler/Rolfs (Hrsg.), Kasseler Kommentar Sozialversicherungsrecht, SGB VI, § 7, Rn. 10.

1924 *Segebrecht*, in: Kreikebohm (Hrsg.), SGB VI Kommentar, § 7, Rn. 34.

1925 *von Koch*, in: Rolfs/Giesen/Kreikebohm/Udsching (Hrsg.), BeckOK Sozialrecht, SGB VI, § 7, Rn. 3; *Guttenberger*, in: Körner/Leitherer/Mutschler/Rolfs (Hrsg.), Kasseler Kommentar Sozialversicherungsrecht, SGB VI, § 7, Rn. 11.

1926 *von Koch*, in: Rolfs/Giesen/Kreikebohm/Udsching (Hrsg.), BeckOK Sozialrecht, SGB VI, § 7, Rn. 4.

tragen (§ 171 SGB VI). Üben Strafgefangene in der Haft eine gesetzlich zugewiesene Beschäftigung aus, erhalten sie ein Arbeitsentgelt, dessen Bemessung neun von Hundert der Bezugsgröße nach § 18 SGB IV zugrunde zu legen ist (Eckvergütung).[1927] Bei einer Beschäftigung eines Gefangenen im Jahr 2019, bspw. im Bundesland Niedersachsen, ergibt sich gemäß § 40 Abs. 1 Satz 2 NJVollzG in der Vergütungsstufe III (§ 1 StVollzVergO) als Hundert vom Hundert eine Eckvergütung in Höhe von 3 364,20 € (West) und 3 099,60 € (Ost). Daraus lässt sich ein monatliches Entgelt für Strafgefangene in Höhe von 280,35 € (West) und 258,30 € (Ost) ableiten. Bei einem derzeitigen Beitragssatz von 18,6 % für freiwillige Beitragszahlungen in der gesetzlichen Rentenversicherung ergeben sich aus dem Beitragssatz als Mindestbeitrag monatlich somit 83,70 € sowie als Höchstbeitrag monatlich 1 246,20 €.[1928] Ausgehend von der Zahlung eines Mindestbeitragssatzes als freiwilligem Beitrag zur Absicherung in der GRV würde ein Strafgefangener demnach monatlich rund 30 % seines Gehaltes (West) und rund 32 % (Ost) lediglich für freiwillige Beitragszahlungen in der gesetzlichen Rentenversicherung aufwenden müssen.[1929] Ist der Gefangene zu Schadensersatzzahlungen, Unterhaltskosten, Zahlung von Gerichtskosten und Anwaltskosten sowie gegenüber sonstigen Gläubigern verpflichtet, ist unter diesen Umständen eine freiwillige Versicherung in der gesetzlichen Rentenversicherung kaum möglich.[1930]

Strafgefangene wären darum zusätzlich auf Unterstützungsleistungen durch den zuständigen Sozialhilfeträger (vgl. § 98 Abs. 4 SGB XII) angewiesen; eine Übernahme von Beiträgen zur gesetzlichen Rentenversicherung könnte gemäß § 33 Abs. 1 Satz 2 Nr. 1 SGB XII in Betracht zu ziehen sein.[1931] Zweck von § 33 Abs. 1 SGB XII ist, dass die Träger der Sozialhilfe Beiträge für die Alterssicherung von Leistungsberechtigten übernehmen, um besondere Härten zu vermeiden, wenn Sozialhilfeleistungen nachfragende Personen begonnene Alterssicherungen nicht mehr weiterführen können.[1932] Anspruchsberechtigt sind ausschließlich Personen, die gegenwärtig einen Anspruch auf Hilfe zum Lebensunterhalt im Sinne von § 19 Abs. 1 i. V. m. § 27 Abs. 1 SGB XII haben; ein Anspruch muss zum Zeitpunkt der

---

1927 Siehe § 49 Abs. 2 Satz 2 BWJVollzGB III, Art. 46 Abs. 2 Satz 2 BayStVollzG, § 66 Abs. 2 Satz 1 BbgJVollzG, § 55 Abs. 2 Satz 1 BremStVollzG, § 40 Abs. 2 Nr. 1 HmbStVollzG, § 38 Abs. 2 HStVollzG, § 55 Abs. 2 Satz 1 StVollzG M-V, § 40 Abs. 1 Satz 2 NJVollzG, § 32 Abs. 1 Satz 1 NRWStVollzG, § 65 Abs. 2 Satz 1 LJVollzG RP, § 55 Abs. 2 Satz 1 SLStVollzG, § 55 Abs. 2 Satz 1 SächsStVollzG, § 66 Abs. 3 ThürJVollzGB, § 64 Abs. 3 Satz 1 JVollzG LSA, § 37 Abs. 2 Satz 1 LStVollzG SH, § 61 Abs. 2 Satz 1 StVollzG Bln.

1928 Vgl. https://www.deutsche-rentenversicherung.de/Allgemein/de/Navigation/2_Rente_Reha/01_Rente/01_allgemeines/02_freiwillige_versicherung/00_freiwillige_versicherung_node.html, zuletzt abgerufen am 13.07.2019.

1929 Vgl. hierzu auch *Schirmer*, Soziale Sicherung von Strafgefangenen, S. 147.

1930 Siehe ferner *Schirmer*, Soziale Sicherung von Strafgefangenen, S. 146 f.

1931 *Schirmer*, Soziale Sicherung von Strafgefangenen, S. 147 f.

1932 *Falterbaum* in: Hauck/Noftz (Hrsg.), SGB XII Sozialhilfe, § 33, Rn. 1.

Beitragsübernahme bestehen.[1933] Gemäß § 21 SGB XII erhalten jedoch Personen, die nach dem SGB II als Erwerbsfähige oder als Angehörige dem Grunde nach leistungsberechtigt sind, keine Leistungen für den Lebensunterhalt. Selbst wenn Strafgefangene grundsätzlich zum anspruchsberechtigten Personenkreis gemäß § 7 Abs. 1 Satz 1 SGB II gehören sollten, werden sie allerdings nach § 7 Abs. 4 Satz 2 SGB II bei einer richterlich angeordneten Freiheitsstrafe dem Grunde nach von Leistungen der Grundsicherung für Arbeitsuchende ausgeschlossen, sodass Gefangene Hilfe zum Lebensunterhalt nach § 21 SGB XII erhalten können.[1934] In Betracht könnte daher auch ein zusätzlicher Bedarf für die Vorsorge kommen nach § 33 SGB XII. Gemäß § 33 Abs. 1 Satz 1 SGB XII können, damit die Voraussetzungen eines Anspruches auf eine angemessene Alterssicherung erfüllt werden, die erforderlichen Aufwendungen als Bedarf berücksichtigt werden, soweit sie nicht nach § 82 Abs. 2 Nr. 2 und 3 SGB XII vom Einkommen abgesetzt werden. Aufwendungen nach § 33 Abs. 1 Satz 1 SGB XII sind insbesondere die Beiträge zur gesetzlichen Rentenversicherung (§ 33 Abs. 1 Satz 2 SGB XII). Ob Kosten für eine Alterssicherung angemessen sind, kann dahingehend ausgelegt werden, dass durch eine Altersvorsorge weiterführende Inanspruchnahmen von Sozialhilfeleistungen vermieden werden sollen.[1935] Das bedeutet allerdings nicht, dass das Sozialhilfeniveau die Obergrenze für eine angemessene Alterssicherung darstellt; vielmehr hängt eine Beurteilung, ob eine angemessene Alterssicherung gegeben ist, von den Umständen des Einzelfalles ab.[1936] Hierzu zählen z. B. die Dauer der bereits erbrachten Leistungen für die Alterssicherung durch den Hilfebedürftigen, Erwerbsbiografien und der bisherige Lebensstandard.[1937] Weiterhin eine Rolle spielen die Fragen, ob die Alterssicherung auch Dritten (etwa dem Ehegatten oder dem Partner einer eheähnlichen Gemeinschaft) dienen soll und welche finanziellen Auswirkungen eine etwaige Einstellung der Beiträge oder der Leistungen auf die Alterssicherung hat, sowie die Frage nach der Dauer des voraussichtlichen Sozialhilfebezuges.[1938] Die Angemessenheit der Beiträge bestimmt sich hinsichtlich der Höhe nach den Mindestbeiträgen zur freiwilligen Versicherung in der gesetzlichen

1933 *Falterbaum* in: Hauck/Noftz (Hrsg.), SGB XII Sozialhilfe, § 33, Rn. 7.

1934 Siehe BSG, Urteil vom 14.12.2017, B 8 SO 16/16 R, SozR 4-3500 § 27b Nr. 1 juris, Rn. 14.

1935 *Gebhardt*, in: Rolfs/Giesen/Kreikebohm/Udsching (Hrsg.), BeckOK Sozialrecht, SGB XII, § 33, Rn. 2; s. a. BVerwG, Urteil vom 22.03.1990, 5 C 40/86, BVerwGE 85, 102 ff., in: NVwZ 1991, 72 sowie *Krauß*, in: Knickrehm/Kreikebohm/Waltermann (Hrsg.), Kommentar zum Sozialrecht, SGB XII, § 33, Rn. 5.

1936 Vgl. *Krauß*, in: Knickrehm/Kreikebohm/Waltermann (Hrsg.), Kommentar zum Sozialrecht, SGB XII, § 33, Rn. 5 f.

1937 *Krauß*, in: Knickrehm/Kreikebohm/Waltermann (Hrsg.), Kommentar zum Sozialrecht, SGB XII, § 33, Rn. 6.

1938 Ebd.

Rentenversicherung (§ 167 SGB VI).[1939] Dementsprechend wäre für Strafgefangene bei Vorliegen einer Anspruchsberechtigung nach § 19 Abs. 1 i. V. m. § 27 Abs. 1 SGB XII im Einzelfall zu prüfen, ob eine Übernahme von Beiträgen für die Alterssicherung vom zuständigen Sozialhilfeträger übernommen werden kann.[1940] Im Ergebnis wäre diese Möglichkeit jedenfalls nicht für alle Strafgefangenen ausgeschlossen.

2. *Nachversicherung*

Zudem könnte eine Absicherung in der gesetzlichen Rentenversicherung durch die Möglichkeit der Nachversicherung nach § 8 Abs. 1 SGB VI gewährleistet werden. So sind gemäß § 8 Abs. 1 Satz 1 Nr. 1 SGB VI auch Personen in der gesetzlichen Rentenversicherung versichert, die nachversichert sind. Dabei stehen nachversicherte Personen den Personen gleich, die versicherungspflichtig sind (§ 8 Abs. 1 Satz 2 SGB VI). Nachversichert werden können nach § 8 Abs. 2 Satz 1 SGB VI Personen, die als Beamte oder Richter auf Lebenszeit, auf Zeit oder auf Probe, Berufssoldaten und Soldaten auf Zeit sowie Beamte auf Widerruf im Vorbereitungsdienst (§ 8 Abs. 2 Satz 1 Nr. 1 SGB VI) sind. Aber auch sonstige Beschäftigte von Körperschaften, Anstalten oder Stiftungen des öffentlichen Rechts, deren Verbänden einschließlich der Spitzenverbände oder ihrer Arbeitsgemeinschaften (§ 8 Abs. 2 Satz 1 Nr. 2 SGB VI) sowie satzungsmäßige Mitglieder geistlicher Genossenschaften, Diakonissen oder Angehörige ähnlicher Gemeinschaften (§ 8 Abs. 2 Satz 1 Nr. 3 SGB VI) oder Lehrer und Erzieher an nicht öffentlichen Schulen oder Anstalten (§ 8 Abs. 2 Satz 1 Nr. 4 SGB VI) können nachversichert werden, wenn sie versicherungsfrei waren oder von der Versicherung befreit worden sind. Die Nachversicherung erstreckt sich auf den Zeitraum, in dem die Versicherungsfreiheit oder die Befreiung von der Versicherungspflicht vorgelegen hat (Nachversicherungszeitraum) gemäß § 8 Abs. 2 Satz 2 SGB VI. Zweck des Rechtsinstitutes „Nachversicherung" ist es, Personen, die nach § 5 Abs. 1 SGB VI versicherungsfrei oder nach § 6 Abs. 1 SGB VI von der Versicherungspflicht befreit waren, nachträglich (wieder) in die GRV einzubeziehen, wenn sie ohne Anspruch oder Anwartschaft auf Versorgung aus der Beschäftigung ausgeschieden sind oder ihren Versorgungsanspruch verloren haben, sodass die Zeiten der Versicherungsfreiheit resp. der Befreiung von der Versicherungspflicht nachträglich so behandelt werden, als seien während dieser Zeiten Pflichtbeiträge gezahlt worden (§ 185 Abs. 2

1939 *Gebhardt*, in: Rolfs/Giesen/Kreikebohm/Udsching (Hrsg.), BeckOK Sozialrecht, SGB XII, § 33, Rn. 3.

1940 Vgl. zum Umfang des notwendigen Lebensunterhaltes in einer Einrichtung zum Vollzug richterlich angeordneter Freiheitsentziehung auch BSG, Urteil vom 14.12.2017, B 8 SO 16/16 R, SozR 4-3500 § 27b Nr. 1 juris.

SGB VI).[1941] Die Nachversicherung begründet somit ein echtes Versicherungsverhältnis in der gesetzlichen Rentenversicherung, was unabhängig davon gilt, ob die Nachversicherung real (mit Beitragszahlung) oder fiktiv (ohne Beitragszahlung) durchgeführt worden ist.[1942] Berechtigt zur Nachversicherung ist der in § 8 Abs. 2 Satz 1 SGB VI angeführte Personenkreis. Dementsprechend kommt eine Nachversicherung lediglich für die nach § 8 Abs. 2 Satz 1 SGB VI benannten Personen in Betracht, die versicherungsfrei waren oder von der Versicherung befreit worden sind.[1943] Eine Nachversicherung nach § 8 Abs. 1 Satz 1 Nr. 1 SGB VI kann demnach für strafgefangene Personen nur in Betracht kommen, wenn diese zum Kreis der berechtigten Personen für eine Nachversicherung nach § 8 Abs. 2 SGB VI gehören und aus den dort benannten Gründen von der Versicherung in der GRV versicherungsfrei oder von der Versicherungspflicht befreit waren. Die Haftzeit als solche spielt hier keine Rolle. Eine Nachversicherung ist daher nicht ausgeschlossen, wenn die Voraussetzungen hierfür vorliegen. Geht es aber allein um eine nachträgliche Absicherung ehemaliger nicht in der GRV versicherter Strafgefangener, kann eine Nachversicherung nach § 8 Abs. 1 Satz 1 Nr. 1 SGB VI nicht analog herangezogen werden, da keine Regelungslücke ersichtlich ist. Eine Nachversicherung nach § 8 Abs. 1 Satz 1 Nr. 1 SGB VI für frühere Strafgefangene kann folglich nur in Betracht kommen, wenn auch eine Versicherungspflicht in der GRV aus den in § 8 Abs. 2 SGB VI angeführten Gründen nicht vorlag.

3. Zusammenfassung

Strafgefangene können während der Zeit des Vollzuges der Freiheitsstrafe lediglich im Rahmen einer freiwilligen Versicherung nach § 7 Abs. 1 SGB VI der gesetzlichen Rentenversicherung beitreten. Da freiwillig Versicherte ihre eigenen Beiträge selbst zu tragen haben gemäß § 171 SGB VI, wird eine Absicherung in der gesetzlichen Rentenversicherung für Strafgefangene allein kaum tragbar sein, weil der derzeitige Mindestbeitragssatz zur freiwilligen Versicherung in der gesetzlichen Rentenversicherung bereits rund ein Drittel des Einkommens Strafgefangener ausmacht. Eine Nachversicherung nach § 8 Abs. 1 Satz 1 Nr. 1 SGB VI für die Zeit des Vollzuges der Freiheitsstrafe scheidet ebenfalls regelmäßig aus. Für frühere Strafgefangene könnte eine Nachversicherung lediglich in Betracht kommen, wenn sie zum Kreis der Berechtigten für eine Nachversicherung nach § 8 Abs. 2 Satz 1 SGB VI gehören.

1941 *Kreikebohm* in: Kreikebohm (Hrsg.), SGB VI Kommentar, § 8, Rn. 9; *Gürtner*, in: Körner/Leitherer/Mutschler/Rolfs (Hrsg.), Kasseler Kommentar Sozialversicherungsrecht, SGB VI, § 8, Rn. 8.

1942 *Kreikebohm*, in: Kreikebohm (Hrsg.), SGB VI Kommentar, § 8, Rn. 6, 31.

1943 *von Koch*, in: Rolfs/Giesen/Kreikebohm/Udsching (Hrsg.), BeckOK Sozialrecht, SGB VI, § 8, Rn. 9; *Kreikebohm*, in: Kreikebohm (Hrsg.), SGB VI Kommentar, § 8, Rn. 13; *Gürtner*, in: Körner/Leitherer/Mutschler/Rolfs (Hrsg.), Kasseler Kommentar Sozialversicherungsrecht, SGB VI, § 8, Rn. 9 ff.

Kapitel 5: Rechts- und sozialpolitische Erwägungen für eine Berücksichtigung Strafgefangener in der Sozialversicherung

Ziel des Vollzuges ist die (Re-)Sozialisierung Strafgefangener.[1944] Strafgefangene sind somit im Vollzug der Freiheitsstrafe zu befähigen, künftig ein Leben in sozialer Verantwortung ohne Straftaten zu führen.[1945] Der Gesetzgeber entscheidet selbst, welche Maßnahmen er für die (Re-)Sozialisierung Gefangener für erforderlich hält; gebunden ist er dabei lediglich an die vom BVerfG aufgestellten Mindestanforderungen hinsichtlich eines das Ziel der (Re-)Sozialisierung verwirklichenden Strafvollzuges.[1946] Als Mindestanforderung an ein Konzept der (Re-)Sozialisierung fordert das BVerfG, dass Pflichtarbeit im Strafvollzug, die ausschließlich oder hauptsächlich in finanzieller Art Anerkennung finde, in angemessener Weise zu vergüten sei, damit Gefangenen durch die Höhe des Entgeltes bewusst gemacht werden könne, dass Erwerbsarbeit zur Herstellung einer Lebensgrundlage sinnvoll sei.[1947] Neben oder anstelle einer ausschließlichen finanziellen Anerkennung von Arbeit könne außerdem auch der Aufbau einer sozialversicherungsrechtlichen Anwartschaft in Betracht kommen.[1948] Der Gesetzgeber hat sich im Hinblick auf ein Konzept der (Re-)Sozialisierung de lege lata überwiegend für eine Kombination aus monetärer und nicht monetärer Anerkennung für geleistete Arbeit im Vollzug entschieden; dieses Konzept wurde auch vom BVerfG als noch verfassungsgemäß bestätigt.[1949] Darüber hinaus werden Strafgefangene bereits seit längerer Zeit als kraft Gesetzes Versicherte in die gesetzliche Unfallversicherung und in die gesetzliche Arbeitslosenversicherung eingebunden. Für eine Berücksichtigung

---

1944 Siehe Kapitel 2, S. 104.

1945 Vgl. § 1 BWJVollzGB III, Art. 2 Satz 2 BayStVollzG (Behandlungsauftrag), § 2 Satz 1 BbgJVollzG, § 2 Satz 1 BremStVollzG, § 2 Satz 1 HmbStVollzG, § 2 Satz 1 HStVollzG a.F. (Eingliederungsauftrag), § 2 Satz 1 StVollzG M-V, § 5 Satz 1 NJVollzG, § 1 NRWStVollzG, § 2 Satz 1 LJVollzG RP, § 2 Satz 1 SLStVollzG, § 2 Satz 1 SächsStVollzG, § 2 Satz 1 ThürJVollzGB, § 2 Abs. 1 Satz 1 JVollzGB LSA, § 2 LStVollzG SH, § 2 Satz 1 StVollzG Bln.

1946 Vgl. Kapitel 2, S. 115.

1947 BVerfGE 98, 169 (202).

1948 Ebd.

1949 Nichtannahmebeschluss vom 24.03.2002, 2 BvR 2175/01, juris, Rn. 39 ff.; s. a. BVerfG, Nichtannahmebeschluss vom 16.12.2015, 2 BvR 1017/14, juris, Rn. 18.

kraft Gesetzes in den Bereichen der gesetzlichen Kranken-, Pflege- und Rentenversicherung ist jedoch der Erlass eines besonderen Bundesgesetzes erforderlich (§ 198 Abs. 3 StVollzG), das aber bislang (noch) nicht vom Gesetzgeber erlassen wurde, aufgrund von finanziellen Belastungen der Länderhaushalte.[1950] Ob er das Inkrafttreten eines besonderen Bundesgesetzes zur Berücksichtigung Strafgefangener in der gesetzlichen Kranken-, Pflege- und Rentenversicherung vorantreiben wird, liegt in der weiten Gestaltungsmacht des Gesetzgebers, da es ihm obliegt, wie er ein Konzept der (Re-)Sozialisierung ausgestaltet – unter Beachtung der vom BVerfG aufgestellten Mindestanforderungen – und wer nach Ansicht des Gesetzgebers in den Schutz der Sozialversicherung fallen soll.[1951]

Indem Strafgefangene in der gesetzlichen Unfallversicherung und in der gesetzlichen Arbeitslosenversicherung eine Berücksichtigung finden sowie durch eine institutionelle Gesundheitsfürsorge während der Haft, die den Verhältnissen außerhalb der Haft zu entsprechen hat gemäß dem aus Art. 20 Abs. 1 GG abgeleiteten strafvollzugsrechtlichen Äquivalenzprinzip, wird Strafgefangenen jedenfalls in Ansehung von Art. 20 Abs. 1 GG bereits ein Mindestmaß an sozialer Sicherheit gewährleistet.[1952] Eine darüber hinausgehende Verpflichtung zur Ausweitung eines solchen Konzeptes – auf eine Berücksichtigung von Gefangenen in der gesetzlichen Krankenversicherung, in der sozialen Pflegeversicherung und in der gesetzlichen Rentenversicherung – lässt sich auch aus dem verfassungsrechtlichen (Re-) Sozialisierungskonzept nicht ableiten. Warum aber eine Einbindung Strafgefangener kraft Gesetzes in alle Bereiche der Sozialversicherung eine sinnvolle Ergänzung eines (Re-)Sozialisierungskonzeptes darstellen könnte, lässt sich jedoch aus rechts- und sozialpolitischer Perspektive begründen.[1953]

So folgt aus einer fehlenden Einbindung Strafgefangener in die gesetzliche Rentenversicherung, dass während der Beschäftigung in der Haft keine Rentenanwartschaftszeiten angesammelt werden können. Vielmehr werden Anwartschaftszeiten sogar entwertet, wenn Gefangene länger als zwei Jahre inhaftiert sind und somit einen Anspruch auf Rente wegen Erwerbsminderung (§ 43 Abs. 1, Abs. 2 SGB

1950 Vgl. Kapitel 1, S. 81 f.

1951 Siehe Kapitel 2, S. 121.

1952 Vgl. zu den Mindestanforderungen an ein (Re-)Sozialisierungskonzept Kapitel 2, S. 116 ff.

1953 Siehe hierzu auch *Hauck*, Zur Einbeziehung der Gefangenen in die soziale Sicherung, in: Bundesarbeitsblatt 1970, 10 (10); ebenso *Wunder/Diehm*, Die soziale (Nicht-)Sicherung von Strafgefangenen, in: Soziale Sicherheit 2009, 74 (78); s. a. *Schirmer*, Soziale Sicherung von Strafgefangenen, S. 233; siehe ebenfalls Beschluss der Justizministerinnen und Justizminister TOP II.26 zur Einbeziehung der Strafgefangenen und Sicherungsverwahrten in die gesetzliche Rentenversicherung vom 06./07.06.2018, http://www.jm.nrw.de/JM/jumiko/beschluesse/2018/Fruehjahrskonferenz_2018/II-26-BE---Einbeziehung-der-Strafgefangenen-und-Sicherungsverwahrten-in-die-gesetzliche-Rentenversicherung.pdf, zuletzt abgerufen am 29.07.2018.

VI) verlieren, da sie das Erfordernis einer Drei-Fünftel-Belegung (vgl. § 43 Abs. 1 Satz 1 Nr. 2, Abs. 2 Satz 1 Nr. 2 SGB VI) nicht mehr erfüllen können.[1954] Sind während der Haft also keine Zeiten mit rentenerheblichen Zeiten zu belegen, kann dies, je nach Länge der Freiheitsstrafe, Rentenanwartschaften und deren Höhe beeinträchtigen. Dementsprechend wirkt sich eine mangelnde Berücksichtigung Strafgefangener in der gesetzlichen Rentenversicherung nicht nur während der Haft für Strafgefangene und ihre Angehörigen aus, sondern insbesondere auch in der Zeit nach Haftentlassung. Fehlende Mitgliedschaften in der gesetzlichen Krankenversicherung tangieren Strafgefangene während der Haft zwar eher gering, da sie während des Vollzuges in aller Regel in eine Gesundheitsfürsorge nach den Vorschriften der Landesstrafvollzugsgesetze eingebunden sind. Dennoch macht sich eine Nichtberücksichtigung Strafgefangener in der gesetzlichen Krankenversicherung während der Haft ebenfalls bemerkbar, da Strafgefangene, die keiner Versicherungspflicht in der GKV unterliegen, im Falle einer krankheitsbedingten Arbeitsunfähigkeit keinen Anspruch auf Krankengeld als Entgeltersatzleistung haben, weil die Vorschriften der Landesstrafvollzugsgesetze zur Gesundheitsfürsorge einen solchen nicht vorsehen.[1955] Dies kann sich ebenso nach der Haft beeinträchtigend fortführen, wenn Strafgefangene während der Haft arbeitsunfähig und ohne krankenversicherungsrechtlichen Schutz aus der Haft entlassen werden. Konnten Strafgefangene demnach noch vor der Arbeitsunfähigkeit von ihrem aus der Beschäftigung bezogenen Entgelt gegen sie bestehende Forderungen tilgen oder Opfer entschädigen, wird ihnen dies im Falle der Arbeitsunfähigkeit kaum mehr möglich sein, weil sie nunmehr kein Entgelt für diesen Zeitraum erhalten. Zudem kann eine Nichtberücksichtigung in der gesetzlichen Krankenversicherung und in der sozialen Pflegeversicherung zu Beeinträchtigungen von erforderlichen Vorversicherungszeiten führen, wenn es um die Möglichkeit einer Mitgliedschaft in der KVdR oder um einen Anspruch auf Leistungen aus der sozialen Pflegeversicherung geht.[1956]

Ziel des Vollzuges ist es, Strafgefangene im Vollzug der Freiheitsstrafe zu befähigen, künftig ein Leben in sozialer Verantwortung ohne Straftaten zu führen. Geht es nun darum, diesem Ziel näherzukommen, erscheint das derzeitige (Re-)Sozialisierungskonzept nicht ausreichend, um auch für die Zeit nach Haftentlassung („künftig“) vorzusorgen, sodass Strafgefangene ein Leben in sozialer Verantwortung ohne Straftaten und ohne soziale Not führen wollen und können. Nachhaltig könnte hierzu eine Einbindung Strafgefangener in die gesetzliche Krankenversicherung, in die soziale Pflegeversicherung und vor allem in die gesetzliche Rentenversicherung während der Zeit des Strafvollzuges beitragen. Mit einer Berücksichtigung in der gesetzlichen Krankenversicherung wären Strafgefangene im Falle von krankheitsbedingter Arbeitsunfähigkeit

1954 Siehe hierzu die Ausführungen in Kapitel 4, S. 387 f.
1955 Vgl. hierzu auch Kapitel 3, S. 292 f.
1956 Siehe Kapitel 4, S. 369 ff.

durch Gewährung eines Krankengeldes abgesichert und erhielten weiterhin die Gelegenheit, Unterhaltsforderungen nachzukommen, Schulden zu tilgen und Opfer zu entschädigen. Mit einer Einbindung Strafgefangener in die gesetzliche Krankenversicherung könnte somit eine bestehende Lücke in der Gesundheitsfürsorge der Landesstrafvollzugsgesetze geschlossen und gewährleistet werden, dass Gefangene auch im Fall der Arbeitsunfähigkeit entsprechend versorgt würden. Würden Gefangene außerdem Berücksichtigung in der gesetzlichen Rentenversicherung finden, könnten sie bereits während der Haft Vorsorge für sich und ihre Angehörigen für das Alter treffen sowie Lücken im Versicherungslauf und drohender Altersarmut entgegenwirken. All dies würde dem Ziel des Vollzuges entsprechen, da eine Wiedereingliederung Strafgefangener in die Gesellschaft hierdurch gefördert werden könnte.

Eine Beitragstragung müsste jedoch insofern von den Bundesländern gewährleistet werden, als dass sie die Kosten für die Sozialversicherungsbeiträge übernehmen, da Beiträge zur gesetzlichen Kranken-, Pflege- und Rentenversicherung in der geltenden Ausgestaltung der Vergütungsgrundsätze in der Haft nicht allein vom Entgelt der Gefangenen bestritten werden können.[1957] Dies ergibt sich weiterhin auch daraus, dass der Strafvollzug Ländersache ist und die Länder demnach ebenfalls für die Tragung der Beiträge zur Sozialversicherung im Falle des Strafvollzuges verantwortlich wären.[1958] Anderenfalls müsste zumindest die monetäre Vergütungskomponente angemessen angehoben werden, um den Gefangenen Beitragszahlungen zur Sozialversicherung (vor allem zur kostenintensiven gesetzlichen Rentenversicherung) zu ermöglichen. Außerdem ist die Möglichkeit einer freiwilligen Versicherung oder Mitgliedschaft in den Sozialversicherungsbereichen der gesetzlichen Kranken-, Pflege- und Rentenversicherung für Strafgefangene abzulehnen, da diese für Gefangene kaum erschwinglich ist; denn werden Strafgefangene in öffentlich-rechtlichen Beschäftigungsverhältnissen tätig, werden diese mit einem nur geringen Entgelt vergütet, sodass ein Abführen von freiwilligen Sozialversicherungsbeiträgen hiervon in aller Regel unrealistisch erscheint.[1959] Auch dies kann nicht im Sinne der Zielvorstellungen eines Strafvollzuges sein, wenn Strafgefangene aufgrund von untertariflichen Lohnzahlungen kaum erlernen können, wie sie soziale Verantwortung für sich oder Angehörige, an die eventuell noch Unterhaltsleistungen zu begleichen sind – von der Entschädigung von Opfern abgesehen –, übernehmen können.

Sicherlich ist all dies kein Garant für eine gelingende (Re-)Sozialisierung Gefangener; dennoch stellt die vollständige Berücksichtigung Gefangener in der gesetzlichen Sozialversicherung einschließlich der Arbeitslosenversicherung eine zusätzliche Anerkennung für geleistete Arbeit im Vollzug dar, die für Strafgefangene und ihre Angehörigen während der Haft, aber vor allem auch nach

---

1957 Zur aktuellen Diskussion, vgl. Kapitel 1, S. 92 ff.
1958 Siehe Kapitel 1, S. 86 ff.
1959 Vgl. hierzu die Ausführungen in Kapitel 4, S. 407 ff.

Haftentlassung, langfristig – nachhaltig – Vorteile mit sich bringt, im Hinblick auf eine soziale Absicherung sowie als Gelegenheit für ein Erlernen von sozialer Verantwortung, die es zu übernehmen gilt.[1960] Strafgefangene in alle Bereiche der Sozialversicherung einzubinden, ist somit eine sinnvolle Ergänzung eines (Re-) Sozialisierungskonzeptes und darum zu empfehlen.[1961]

1960 So auch Schirmer, in: *Schirmer*, Soziale Sicherung von Strafgefangenen, S. 235.
1961 Vgl. ferner BVerfGE 98, 169 (204).

Kapitel 6: Schlussbetrachtung

Strafgefangene sind vom Schutz der Sozialversicherung nicht schlechthin nach dem geltenden Sozialrecht ausgeschlossen.[1962] In Leitaussagen werden die wichtigsten Erkenntnisse einer Untersuchung zum sozialversicherungsrechtlichen Status Strafgefangener de lege lata abschließend zusammengetragen:

1. Grundvoraussetzung einer Berücksichtigung in allen Sozialversicherungsbereichen ist das Vorliegen einer sozialversicherungsrechtlichen Beschäftigung nach § 7 Abs. 1 SGB IV. Im Strafvollzugsrecht sind unterschiedliche Beschäftigungsformen möglich. Eine Unterteilung der Beschäftigungsformen im Strafvollzug ist in öffentlich-rechtliche Beschäftigungen der besonderen Art (sui generis) und in privatrechtliche Beschäftigungsverhältnisse vorzunehmen, da dies eine einheitliche und übersichtliche Feststellung der Zugangsmöglichkeiten in die jeweiligen Sozialversicherungsbereiche ermöglicht. Bei den öffentlich-rechtlichen Beschäftigungen gehen die Gefangenen Beschäftigungen aufgrund von gesetzlicher Zuweisung durch die JVA nach. Bei einer Gewährung von vollzugsöffnenden Maßnahmen hingegen sind Strafgefangenen privatrechtliche Beschäftigungen im Freigang außerhalb der JVA ohne Aufsicht durch die Behörde möglich.

2. Gehen Strafgefangene während der Haftzeit als echte Freigänger privatrechtlichen Arbeitsverhältnissen außerhalb des Strafvollzuges nach, unterfallen solche Beschäftigungen dem sozialversicherungsrechtlichen Beschäftigungsbegriff nach § 7 Abs. 1 SGB IV. Diese Gefangenen erhalten in der Regel eine tarifliche Entlohnung und werden, gleich den Arbeitnehmern in Freiheit, kraft Gesetzes in allen Bereichen der Sozialversicherung versichert. Wird Gefangenen während des Vollzuges Arbeit gesetzlich zugewiesen, unabhängig davon, ob sie eine Arbeit freiwillig beantragen oder ob sie zur Ausführung einer Arbeit gesetzlich verpflichtet sind, befinden sich Gefangene während der Beschäftigung in einem öffentlich-rechtlichen Beschäftigungsverhältnis der besonderen Art. Da bei diesen Beschäftigungen kein freier Austausch von Arbeit und Lohn erfolgt, wird das Vorliegen einer sozialversicherungsrechtlichen Beschäftigung in langer Tradition abgelehnt. Die Folge daraus ist, dass die in diesem öffentlich-rechtlichen Beschäftigungsverhältnis tätigen Gefangenen keiner Versicherungspflicht in den Bereichen der gesetzlichen Krankenversicherung, der sozialen Pflegeversicherung und der gesetzlichen Rentenversicherung unterliegen, obwohl nach

1962 Siehe *Hauck*, Zur Einbeziehung der Gefangenen in die soziale Sicherung, in: Bundesarbeitsblatt 1970, 10 (10); vgl. ebenfalls *Schmitz-Rheinfeld*, Rentenversicherung für Strafgefangene. Sozialrechtliche Humanitätsprobleme, in: Die Rentenversicherung 1971, 55 (57).

dem sozialversicherungsrechtlichen Grundprinzip der Erwerb von Sozialversicherungsansprüchen an die Ausübung einer Erwerbsarbeit anknüpft.[1963]
Als eine Sonderform von Beschäftigung besteht in der Haft außerdem die Möglichkeit der Selbstbeschäftigung, innerhalb derer vor allem freiberufliche Tätigkeiten ausgeübt werden, wozu auch Tätigkeiten als Künstler und Publizisten gehören können. Sind Gefangene somit bereits vor ihrer Inhaftierung aufgrund einer selbstständigen künstlerischen oder publizistischen Tätigkeit versicherungspflichtig in der gesetzlichen Renten-, Kranken- und Pflegeversicherung nach dem KSVG, kann eine Versicherungspflicht auch während der Haft fortbestehen, wenn sie diesen Tätigkeiten im Rahmen von Selbstbeschäftigung im Strafvollzug nachgehen und Beitragsleistungen nicht abbrechen.

3. In der gesetzlichen Unfallversicherung finden Strafgefangene bereits seit 1900 Berücksichtigung. Hier sind sie kraft Gesetzes als Beschäftigte nach § 2 Abs. 1 Nr. 1 SGB VII versichert, wenn die Beschäftigung im Strafvollzug den Voraussetzungen des sozialversicherungsrechtlichen Beschäftigungsbegriffes gemäß § 7 Abs. 1 SGB IV genügt. Bei Gefangenen, die privatrechtlichen Arbeitsverhältnissen nachgehen, ist dies zutreffend. Der Versicherungsschutz in der gesetzlichen Unfallversicherung wird allerdings auch auf Personen erweitert, die aufgrund einer gesetzlich angeordneten Freiheitsstrafe wie nach § 2 Abs. 1 Nr. 1 SGB VII Beschäftigte tätig werden (§ 2 Abs. 2 Satz 1 und 2 SGB VII). Demnach sind in der gesetzlichen Unfallversicherung ebenfalls diejenigen Gefangenen versichert nach § 2 Abs. 2 Satz 1 i.V.m. § 2 Abs. 1 Nr. 1 SGB VII, die gesetzlich zugewiesenen Arbeiten in einem öffentlich-rechtlichen Beschäftigungsverhältnis nachgehen. Ein unterschiedlicher Umfang hinsichtlich des Versicherungsschutzes ergibt sich daraus nicht. Jedoch sind auch bei der Leistungserbringung in der gesetzlichen Unfallversicherung Besonderheiten des Strafvollzuges zu berücksichtigen (vgl. u. a. § 35 Abs. 4 SGB VII).
In der gesetzlichen Arbeitslosenversicherung gehören Strafgefangene ebenfalls zu den versicherungspflichtigen Beschäftigten nach § 25 Abs. 1 Satz 1 SGB III, wenn sie aufgrund der Gewährung von vollzugsöffnenden Maßnahmen im Freigang ohne Aufsicht durch die Justizvollzugsbehörde privatrechtlichen Beschäftigungsverhältnissen außerhalb der Haft nachgehen können. Gefangene, die Beschäftigungen in öffentlich-rechtlichen Sonderrechtsverhältnissen ausüben, werden als sonstige Versicherungspflichtige in die Arbeitslosenversicherung integriert, wenn sie ein Arbeitsentgelt oder Ausbildungsbeihilfe nach den Vorschriften der Landesstrafvollzugsgesetze erhalten oder Ausbildungsbeihilfe nur wegen des Vorranges von Leistungen zur Förderung der Berufsausbildung nach dem SGB III nicht erhalten (§ 26 Abs. 1 Nr. 4 1. Hs. SGB III). Zu berücksichtigen

1963 Siehe *Wunder/Diehm*, Die soziale (Nicht-)Sicherung von Strafgefangenen, in: Soziale Sicherheit 2009, 74 (76).

ist, dass das Versicherungsverhältnis bei sonstiger Versicherung in der Arbeitslosenversicherung auch während arbeitsfreier Samstage, Sonntage und gesetzlicher Feiertage als fortbestehend gilt, wenn diese Tage innerhalb eines zusammenhängenden Arbeits- und Ausbildungsabschnittes liegen gemäß § 26 Abs. 1 Nr. 4 2. Hs. SGB III.[1964] Im Hinblick auf die zu gewährenden Leistungen ist zu differenzieren: Während der Haft können Strafgefangene einen Anspruch auf Arbeitslosengeld bei Arbeitslosigkeit oder bei beruflicher Weiterbildung haben (§ 136 Abs. 1 SGB III), wenn sie nach § 25 Abs. 1 Satz 1 SGB III versicherungspflichtig sind und die Voraussetzungen für einen solchen Anspruch vorliegen. Problembehaftet ist für einen Anspruch auf Arbeitslosengeld bei Arbeitslosigkeit für Gefangene vor allem die Erfüllung des erforderlichen Tatbestandsmerkmales der Verfügbarkeit (§ 138 Abs. 1 Nr. 3, Abs. 5 SGB III). Erfüllt werden kann dies von denjenigen Gefangenen, denen es aufgrund von vollzugsöffnenden Maßnahmen möglich ist, sich im Freigang ohne Beaufsichtigung durch die JVA zu bewegen und dadurch den Vermittlungsbemühungen der AgA zur Verfügung zu stehen. Im Hinblick auf einen Anspruch auf Arbeitslosengeld bei beruflicher Weiterbildung scheidet ein Anspruch aus, wenn die Verfügbarkeit bereits aus anderen Gründen als der konkreten Weiterbildungsmaßnahme nicht gegeben ist oder die Weiterbildungsmaßnahme als solche nicht geeignet ist, die Verfügbarkeit aufzuheben. Bei beruflicher Weiterbildung können ebenfalls Strafgefangene mit einem Freigängerstatus einen Anspruch auf Arbeitslosengeld haben. Diejenigen Strafgefangenen, denen keine vollzugsöffnenden Maßnahmen gewährt werden, können den Vermittlungsbemühungen der AgA nicht im geforderten Maße zur Verfügung stehen.

4. Der Versichertenstatus Strafgefangener in den Sozialversicherungsbereichen der gesetzlichen Krankenversicherung und der sozialen Pflegeversicherung ist komplex. Entscheidend für eine Bestimmung des Versichertenstatus ist, ob bestehende sozialversicherungsrechtliche Beschäftigungsverhältnisse mit Haftantritt enden oder ob diese während der Haft fortgesetzt werden können. Daraus ableitend können sich folgende Konstellationen ergeben:
   Endet das Beschäftigungsverhältnis mit Antritt der Haft und damit auch die versicherungspflichtige Mitgliedschaft in der gesetzlichen Krankenversicherung, unterfallen Gefangene in aller Regel den Vorschriften der Gesundheitsfürsorge nach den Landesstrafvollzugsgesetzen. Ein Anspruch auf Leistungen aus der GKV erlischt mit Ende der Mitgliedschaft (§ 19 Abs. 1 SGB V). Die Zeit des Vollzuges der Freiheitsstrafe findet dementsprechend ebenfalls keine Berücksichtigung als Vorversicherungszeit in der KVdR. Gemäß § 19 Abs. 2 Satz 1 SGB V ist ein nachgehender Versicherungsschutz für einen Monat vorgesehen, solange keine Erwerbstätigkeit ausgeübt wird. Nach Ende der versicherungspflichtigen Mitgliedschaft setzt sich die Versicherung mit dem Tag

1964 Vgl. hierzu BSG, Urteil vom 12.09.2017, B 11 AL 18/16 R, juris.

nach Ausscheiden aus der Versicherungspflicht nach § 188 Abs. 4 Satz 1 SGB V als freiwillige Mitgliedschaft fort, wenn nicht innerhalb von zwei Wochen nach Hinweis der Krankenkasse über die Austrittsmöglichkeiten der Austritt aus der GKV erklärt wird. Ein Austritt ist allerdings nur wirksam, wenn ein anderer Anspruch auf Absicherung im Krankheitsfall nachgewiesen wird von dem Mitglied (§ 188 Abs. 4 Satz 2 SGB V) – vorliegend z. B. durch Absicherung im Rahmen einer institutionelle Gesundheitsfürsorge.

Endet eine versicherungspflichtige Mitgliedschaft in der GKV mit Antritt der Haft nicht, ruht ein Anspruch auf Leistungen aus der gesetzlichen Krankenversicherung nach § 16 Abs. 1 Satz 1 Nr. 4 SGB V mit Vollzug der Freiheitsstrafe und einem Anspruch auf Leistungen aus der Gesundheitsfürsorge nach den Landesstrafvollzugsgesetzen, damit Doppelleistungen der Gesundheitsfürsorge vermieden werden. Eine Ausnahme hiervon ergibt sich nach den Vorschriften der Landesstrafvollzugsgesetze für diejenigen Gefangenen, die wegen der Gewährung von vollzugsöffnenden Maßnahmen außerhalb des Strafvollzuges sozialversicherungsrechtlichen Beschäftigungen nachgehen und somit, wie Arbeitnehmer in Freiheit, einen Anspruch auf Leistungen der Gesundheitsfürsorge aus der gesetzlichen Krankenversicherung haben. Für Gefangene in privatrechtlichen Beschäftigungsverhältnissen ruht aufgrund ihrer Beschäftigung folglich ein Anspruch auf Leistungen aus der Gesundheitsfürsorge nach den Landesstrafvollzugsgesetzen. Ein Anspruch auf Leistungen aus der GKV ruht in diesem Fall nicht.

Sind Strafgefangene vor Antritt der Haft in der GKV freiwillig versichert, ändert auch der Vollzug der Freiheitsstrafe nichts an diesem Versichertenstatus. Jedoch ruht auch bei freiwillig versicherten Gefangenen ein Anspruch auf Leistungen aus der GKV während der Zeit des Vollzuges der Freiheitsstrafe gemäß § 16 Abs. 1 Satz 1 Nr. 4 SGB V, da auch hier eine Doppelversorgung mit Leistungen während der Haft vermieden werden soll.

Für angehörige Familienversicherte Strafgefangener kann sich die Haft negativ auswirken, denn handelt es sich bei dem Stammversicherten um einen Gefangenen, bei dem mit Antritt der Haft eine Mitgliedschaft in der GKV zum Ende kommt, enden damit auch Mitgliedschaften familienversicherter Angehöriger. Für frühere Familienversicherte setzt sich eine Mitgliedschaft in der GKV ebenfalls nach § 188 Abs. 4 Satz 1 SGB V als freiwillige Versicherung fort, wenn dem nicht fristgerecht vom Mitglied widersprochen und nachgewiesen wird, dass keine anderweitige Absicherung im Krankheitsfall besteht. Beitragskosten in der GKV müssen bei einer freiwilligen Versicherung dabei vom Versicherten allein getragen werden (§ 250 Abs. 2 SGB V). Handelt es sich hingegen bei Strafgefangenen selbst um Familienversicherte in der GKV, lässt der Vollzug der Freiheitsstrafe den Versichertenstatus unberührt. Allerdings haben Familienversicherte eigenständige Rechtspositionen gegenüber der Krankenkasse, womit sie neben der Rechtsposition des Stammversicherten berechtigt sind, eigene Ansprüche auf Leistung geltend zu machen. Somit ruht ein Anspruch auf Leistungen nach § 16 Abs. 1 SGB V bei den Versicherten, die die tatbestandsmäßigen Voraussetzungen in ihrer Person erfüllen. Weil Strafgefangene einen Anspruch auf Gesundheitsfürsorge nach den Landesstrafvollzugsgesetzen haben, sie aber auch eigenständig einen Anspruch auf Leistungen gegenüber der GKV geltend machen können, muss ebenso bei familienversicherten Strafgefangenen eine Doppelversorgung mit Leistungen vermieden werden, sodass ebenfalls bei familienversicherten Strafgefangenen ein Anspruch auf Leistungen aus der GKV ruht gemäß § 16 Abs. 1 Satz 1 Nr. 4 SGB V.

Gehen Strafgefangene während der Haft Tätigkeiten als Künstler oder Publizisten erwerbsmäßig im Rahmen von gewährten Selbstbeschäftigungen nach und sind diese Personen unmittelbar vor ihrer Unterbringung versicherungspflichtige Mitglieder in der gesetzlichen Krankenversicherung nach § 5 Abs. 1 Nr. 4 SGB V gewesen, bleiben Strafgefangene auch während der Zeit des Vollzuges der Freiheitsstrafe versicherungspflichtige Mitglieder in der GKV nach dem KSVG. Sind Gefangene demzufolge versicherungspflichtig in der GKV nach dem KSVG, ruht ferner bei ihnen ein Anspruch auf Leistungen nach § 16 Abs. 1 Satz 1 Nr. 4 SGB V, solange sie sich im Vollzug der Freiheitsstrafe befinden und soweit sie einen Anspruch auf Leistungen der Gesundheitsfürsorge nach den Vorschriften der Landesstrafvollzugsgesetze haben.

Nach Haftentlassung werden diejenigen Strafgefangenen, die keinen anderweitigen Anspruch auf Absicherung im Krankheitsfall haben und zuletzt gesetzlich krankenversichert waren oder bisher nicht gesetzlich krankenversichert oder privat krankenversichert waren, in der Krankenversicherung gemäß § 5 Abs. 1 Nr. 13 SGB V pflichtversichert. Auch ohne eine namentliche Berücksichtigung dieser Personengruppe in den Vorschriften zum versicherten Personenkreis der gesetzlichen Krankenversicherung werden Strafgefangene daher nach Haftentlassung nicht aus der gesetzlichen Krankenversicherung ausgegrenzt.

Hinsichtlich des Umfanges von Gesundheitsfürsorgeleistungen ergeben sich während der Haft für Gefangene Einschränkungen, wenn diese allein einer institutionellen Gesundheitsfürsorge nach den Vorschriften der Landesstrafvollzugsgesetze unterliegen oder wenn für versicherte Gefangene der Anspruch auf Leistungen aus der gesetzlichen Krankenversicherung während der Haft nach § 16 Abs. 1 Satz 1 Nr. 4 SGB V zum Ruhen kommt. Eingeschränkt werden insbesondere ein Recht auf freie Arztwahl sowie ein Anspruch auf Krankengeld im Falle der Arbeitsunfähigkeit. Die Gesundheitsfürsorge im Strafvollzug vollständig an die Leistungen für gesetzlich Krankenversicherte im öffentlichen Gesundheitswesen anzugleichen, ist verfassungsrechtlich allerdings nicht geboten.

Die Vorschriften zum Versichertenstatus in der sozialen Pflegeversicherung folgen denen der gesetzlichen Krankenversicherung. In der sozialen Pflegeversicherung kann sich die Haftzeit zudem auf erforderliche Vorversicherungszeiten für einen Anspruch auf Leistungen aus der SPV beeinträchtigend auswirken (vgl. § 33 Abs. 2 Satz 1 SGB XI).

5. In der gesetzlichen Rentenversicherung unterliegen Strafgefangene während der Haft grundsätzlich keiner Versicherungspflicht nach § 1 Satz 1 Nr. 1 SGB VI. Gehen Strafgefangene jedoch sozialversicherungsrechtlichen Beschäftigungen in freien Beschäftigungsverhältnissen (echter Freigang) bei Gewährung von vollzugsöffnenden Maßnahmen nach oder üben sie ihnen gestattete Selbstbeschäftigungen als Künstler oder Publizisten während der Haft aus, werden Gefangene versicherungspflichtig in der gesetzlichen Rentenversicherung berücksichtigt gemäß § 1 Satz 1 Nr. 1 SGB VI bzw. nach § 2 Satz 1 Nr. 5 SGB VI (gemäß dem KSVG). Des Weiteren sind in freien Beschäftigungsverhältnissen beschäftigte Strafgefangene, wenn sie von einem Leistungsträger Entgeltersatzleistungen beziehen, nach § 3 Satz 1 Nr. 3 1. Hs. SGB VI in der gesetzlichen Rentenversicherung als sonstige Versicherte pflichtversichert, wenn sie im letzten Jahr vor Beginn der Leistung zuletzt versicherungspflichtig waren (§ 3 Satz 1 Nr. 3 1. Hs. SGB VI). Zudem kann eine Versicherungspflicht in der gesetzlichen Rentenversicherung als sonstige Versicherte nach § 3 Satz 1 Nr. 1 SGB VI für solche Zeiten in Betracht kommen, für die Strafgefangenen Zeiten der Kindererziehung (§ 56 SGB VI) anzurechnen sind (§ 3 Satz 1 Nr. 3 1. Hs. SGB VI), wenn die erforderlichen Voraussetzungen erfüllt werden.
   Finden beschäftigte Strafgefangene während der Haftzeit keine Berücksichtigung in der gesetzlichen Rentenversicherung, weil sie gesetzlich zugewiesener Arbeit nachgehen, hat dies zur Folge, dass rentenrechtliche Zeiten in der gesetzlichen Rentenversicherung während der Haft nicht angesammelt werden können und fehlende oder lückenhaft erfüllte Anwartschaftszeiten negative Auswirkungen auf die Anspruchsentstehungen und Anspruchshöhe von Alters-, Invaliditäts- und Hinterbliebenenrenten haben.[1965] Dauert die Haftstrafe länger als zwei Jahre, wirkt sich die Haft außerdem insbesondere auf einen künftigen Anspruch auf Rente wegen Erwerbsminderung anwartschaftsgefährdend aus, weil aufgrund der besonderen versicherungsrechtlichen Voraussetzung der Drei-Fünftel-Belegung für einen Anspruch auf Rente wegen Erwerbsminderung Anwartschaften nach diesem Zeitraum entfallen.

6. Verfassungsrechtlich ist eine Berücksichtigung aller Strafgefangener kraft Gesetzes in der Sozialversicherung einschließlich der Arbeitslosenversicherung nicht geboten. De lege lata hat sich der Gesetzgeber im Hinblick auf das Konzept der (Re-)Sozialisierung für eine Kombination aus monetärer und nicht monetärer Anerkennung für geleistete Arbeit im Vollzug entschieden. Vom BVerfG wurde dieses Konzept als noch verfassungsgemäß bestätigt.[1966] Indem Strafgefangene in der gesetzlichen Unfallversicherung und in der gesetzlichen

---

1965 Siehe *Wunder/Diehm*, Die soziale (Nicht-)Sicherung von Strafgefangenen, in: Soziale Sicherheit 2009, 74 (76); *Schorn*, Sozialversicherung im Strafvollzug, in: NZS 1995, 444 (445); vgl. auch *Laubenthal*, Strafvollzug, Rn. 480; BT-Drs. 8/3335, S. 6.

1966 Nichtannahmebeschluss vom 24.03.2002, 2 BvR 2175/01, juris, Rn. 39 ff.; s. a. BVerfG, Nichtannahmebeschluss vom 16.12.2015, 2 BvR 1017/14, juris, Rn. 18.

Arbeitslosenversicherung eine Berücksichtigung finden sowie durch eine institutionelle Gesundheitsfürsorge während der Haft, die den Verhältnissen außerhalb der Haft zu entsprechen hat gemäß dem aus Art. 20 Abs. 1 GG abgeleiteten Äquivalenzprinzip, wird Strafgefangenen außerdem in Ansehung des Art. 20 Abs. 1 GG soziale Sicherheit gewährleistet.[1967] Somit werden vom Gesetzgeber Mindestanforderungen an ein (Re-)Sozialisierungskonzept erfüllt. Eine darüber hinausgehende Verpflichtung zur Berücksichtigung Strafgefangener in der Sozialversicherung lässt sich weder aus dem verfassungsrechtlichen (Re-)Sozialisierungsgebot aus Art. 2 Abs. 1 i. V. m. Art. 1 Abs. 1 GG i. V. m. Art. 20 Abs. 1 GG noch aus dem allgemeinen Gleichbehandlungsgrundsatz gemäß Art. 3 Abs. 1 GG ableiten. Ferner folgt daraus aber auch, dass es mit dem verfassungsrechtlichen (Re-)Sozialisierungsgebot aus Art. 2 Abs. 1 i.V.m. Art. 1 Abs. 1 GG i.V.m. Art. 20 Abs. 1 GG nicht mehr vereinbar wäre, würde dieses gewählte (Re-)Sozialisierungskonzept vom Gesetzgeber unterschritten, z. B. durch eine Schlechterstellung hinsichtlich der Gefangenenvergütung oder durch den Verzicht auf eine Anerkennungskomponente. Demzufolge werden die Regelungen in den Bundesländern, die nur noch eine finanzielle Anerkennung von Arbeit – unter Beibehaltung einer Vergütung von 9 % der Bezugsgröße – vorsehen, aber auf eine nicht monetäre Anerkennungskomponente verzichten, dem verfassungsrechtlichen (Re-)Sozialisierungsgebot nicht mehr gerecht und stehen somit nicht mit Verfassungsrecht in Einklang. Hier sind die Landesgesetzgeber aufgerufen, die entsprechenden Regelungen zu überprüfen.

7. Die Beschäftigungen Strafgefangener zusätzlich mit einer vollständigen Absicherung in der Sozialversicherung anzuerkennen, kann sich für Strafgefangene und ihre Angehörigen vorteilhaft und nachhaltig bereits während der Haft sowie für die Zeit nach der Haftentlassung, vor allem im Hinblick auf Alters-, Invaliditäts- und Hinterbliebenenversorgungen, auswirken. Obwohl es in verfassungsrechtlicher Hinsicht nicht geboten ist, dass Strafgefangene ebenfalls in die gesetzliche Kranken-, Pflege- und Rentenversicherung kraft Gesetzes eingebunden werden, stellt die vollständige Berücksichtigung Strafgefangener in der Sozialversicherung dennoch aus rechts- und sozialpolitischer Perspektive eine sinnvolle Ergänzung eines (Re-)Sozialisierungkonzeptes dar.[1968] Strafgefangene in alle Bereiche der Sozialversicherung versicherungspflichtig einzubinden, ist daher zu empfehlen.

1967 Vgl. zu den Mindestanforderungen, Kapitel 2, S. 116 ff.

1968 Vgl. BVerfGE 98, 169 (204); siehe hierzu ebenfalls den Beschluss der Justizministerinnen und Justizminister TOP II.26 zur Einbeziehung der Strafgefangenen und Sicherungsverwahrten in die gesetzliche Rentenversicherung vom 06./07.06.2018, http://www.jm.nrw.de/JM/jumiko/beschluesse/2018/Fruehjahrskonferenz_2018/II-26-BE---Einbeziehung-der-Strafgefangenen-und-Sicherungsverwahrten-in-die-gesetzliche-Rentenversicherung.pdf, zuletzt abgerufen am 29.07.2018.

Literaturverzeichnis

Alfredsson, Gudmundur/ Eide, Asbjørn (editor), The Universal Declaration of Human Rights: A Common Standard of Achievement, Alphen aan den Rijn 1999. (zitiert: Verfasser, in: Herausgeber, Titel, Seite)

Arloth, Frank/ Krä, Horst, StVollzG Strafvollzugsgesetze Bund und Länder Kommentar, 4. Auflage, München 2017. (zitiert: Verfasser, StVollzG, Paragraph, Randnummer)

Arloth, Frank, Anmerkung zu einer Entscheidung des BVerfG, Beschluss vom 16.12.2015, 2 BvR 1017/14, Zur angemessenen Entlohnung der Arbeit von Strafgefangenen, in: NStZ 2016, 238 f.

v. Arnauld, Andreas, Völkerrecht, 3. Auflage, Heidelberg 2016. (zitiert: Verfasser, Titel, Randnummer)

Arndt, Gloria, Strafvollzugsgesetz Mecklenburg-Vorpommern. Landesamt für ambulante Straffälligenhilfe, Diagnoseverfahren, Arbeitspflicht, Vergütung und Lockerung, in: FS 2016, 32.

Bader, Johann/ Ronellenfitsch, Michael (Hrsg.), BeckOK VwVfG, 43. Edition (Stand: 01.04.2019). (zitiert: Verfasser, in: Herausgeber, Titel, Paragraph, Randnummer)

Bamann, Kai, Kunst und Kunsttherapie im Strafvollzug, in: ZfStrVo 2006, 150 ff.

Banafsche, Minou, Die internationalen Menschenrechte und das deutsche Recht – ein Überblick, S. 57 ff., in: Banafsche, Minou/ Platzer, Hans-Wolfgang, Soziale Menschenrechte und Arbeit. Multidisziplinäre Perspektiven, 1. Auflage, Baden-Baden 2015.

Becker, Harald/ Franke, Edgar/ Molkentin, Thomas (Hrsg.), Sozialgesetzbuch SGB VII Gesetzliche Unfallversicherung Lehr- und Praxiskommentar, 5. Auflage, München 2018. (zitiert: Verfasser, in: Herausgeber, LPK Sozialgesetzbuch VII, Paragraph, Randnummer)

Becker, Ulrich/ Kingreen, Thorsten (Hrsg.), SGB V Gesetzliche Krankenversicherung Kommentar, 6. Auflage, München 2018. (zitiert: Verfasser, in: Herausgeber, SGB V Kommentar, Paragraph, Randnummer)

Berchtold, Josef/ Huster, Stefan/ Rehborn, Martin (Hrsg.), Gesundheitsrecht SGB V/ SGB XI, 2. Auflage, Baden-Baden 2018. (zitiert: Verfasser, in: Herausgeber, Titel, Paragraph, Randnummer)

Berger, Peter/ Luckmann, Thomas, Die gesellschaftliche Konstruktion der Wirklichkeit, Frankfurt a.M. 1969.

Berndt, Joachim, Die Versicherungspflicht selbständiger Künstler und Publizisten nach dem Künstlersozialversicherungsgesetz (KSVG), in: DStR 2008, 203 ff.

Bieback, Karl-Jürgen, Inhalt und Funktion des Sozialstaatsprinzips, in: JURA 1987, 229 ff.

Bieback, Karl-Jürgen, Begriff und verfassungsrechtliche Legitimation von „Sozialversicherung", VSSR 2003, 1 ff.

Bock, Michael, Prävention und Empirie – Über das Verhältnis von Strafzwecken und Erfahrungswissen, in: JuS 1994, 89 ff.

Böhm, Alexander, Strafvollzug, 3. Auflage, Neuwied (u.a.) 2002.
(zitiert: Verfasser, Titel, Randnummer)

Böhm, Gustav/ Eichelsbacher, Franz, Arbeitsnachweisgesetz und Verordnung über Erwerbslosenfürsorge mit Einleitung, kurzen Erläuterungen, den Ausführungsbestimmungen des Reiches und der Länder, Mustersatzungen und Sachregister, München 1924.

Böning, Marta/ Walter, Torsten, Gesetzlicher Mindestlohn in Deutschland: Jahresbilanz der Rechtsprechung, in: SozSich 2016, 16 ff.

Boll, Friederike/ Röhner, Cara, Resozialisierung durch Ausbeutung? Arbeit und Gewerkschaftsbildung in deutschen Gefängnissen, in: KJ 2017, 195 ff.

Böttiger, Walter/ Körtek, Yasemin/Schaumberg, Torsten (Hrsg.), Sozialgesetzbuch III: SGB III Arbeitsförderung Lehr- und Praxiskommentar, 3. Auflage, Baden-Baden 2019.
(zitiert: Verfasser, in: Herausgeber, LPK Sozialgesetzbuch III, Paragraph, Randnummer)

Brand, Jürgen (Hrsg.), Sozialgesetzbuch Arbeitsförderung SGB III Kommentar, 8. Auflage, München 2018.
(zitiert: Verfasser, in: Herausgeber, Titel, Paragraph, Randnummer)

Brandenburg, Hans-Friedrich, Die teleologische Reduktion. Grundlagen und Erscheinungsformen der auslegungsunterschreitenden Gesetzeseinschränkungen im Privat, Göttingen 1983.

Buergenthal, Thomas/ Thürer, Daniel, Menschenrechte. Ideale, Instrumente, Institutionen, Zürich/ St. Gallen 2010.

Bundesarbeitsgemeinschaft für Straffällige e.V. (BAG-S), Stellungnahme zur Anfrage des Bundesverfassungsgerichts vom 14.08.1992 zur Verfassungsbeschwerde 2 BvR 441/90, Tarifgerechte Entlohnung für Inhaftierte, in: ZfStrVo 1993, 174 ff.

Bunge, Viktoria, Landesstrafvollzugsgesetz des Landes Schleswig-Holstein. Wege zu einem modernen Strafvollzug, in FS 2016, 348 ff.

Calliess, Christian/ Ruffert, Matthias (Hrsg.), EUV/ AEUV mit Europäischer Grundrechtecharta Kommentar, 5. Auflage, München 2016.
(zitiert: Verfasser, in: Herausgeber, Titel, Artikel, Randnummer)

Calliess, Rolf-Peter, Strafvollzugsrecht, 3. Auflage, München 1992.

Calliess, Rolf-Peter, Die Neuregelung des Arbeitsentgelts im Strafvollzug – Zum fünften Gesetz zur Änderung des Strafvollzugsgesetzes, in: NJW 2001, 1692 ff.

Cassone, Stefan, Das neue HStVollzG, in: FS 2011, 33 ff.

Christensen, Ralf/ Pötters, Stephan, Methodische Fehler in juristischen Prüfungen, in: JA, 2010, 566 ff.

Christochowitz, Sabine, Die Konvention Nr. 157 der Internationalen Arbeitsorganisation vom 21. Juni 1982 über die Errichtung eines internationalen Systems zur Wahrung der Rechte in der sozialen Sicherheit, Bonn 2001.

Cornel, Heinz, Zum Begriff der Resozialisierung, 31 ff., in: Cornel, Heinz/ Kawamura-Reindl, Gabriele/ Sonnen, Bernd-Rüdeger (Hrsg.), Resozialisierung. Handbuch, 4. Auflage, Baden-Baden 2018.
(zitiert: Verfasser, in Herausgeber, Titel, Seite, Randnummer)

Däubler, Wolfgang (Hrsg.), Arbeitskampfrecht Handbuch für die Rechtspraxis, 4. Auflage, Baden-Baden 2018.
(zitiert: Verfasser, in: Herausgeber, Arbeitskampfrecht, Paragraph, Randnummer)

Dahmen, Carolin, Die Verpflichtung zur Arbeit im Strafvollzug, Frankfurt am Main (u.a.) 2011.

Dalhoff, Michael, Warum wird das Pflegeproblem nicht gelöst?, in: Sozialer Fortschritt 1987, 85 ff.

Dausmann, Gerd/ Platz, Albert, Abschied vom Begriff der Personenversicherung oder: Die Tätigkeit als Grundlage der Rechte und Pflichten in der gesetzlichen Unfallversicherung, in: BG 1986, 748 ff.

Deimling, Gerhard, Theorie und Praxis des Jugendstrafvollzugs in pädagogischer Sicht, Neuwied (u.a.) 1969.

Denzinger, Andrea/ Huppertz, Guido/ Bothe, Peter, Versicherungspflichtige nach § 5 Abs. 1 Nr. 13 SGB V – Teil 1 –, in: Die Beiträge 2014, 505 ff.

Depenbrock, Johannes, Zur rechtlichen Bedeutung der neuen Dienst- und Vollzugsordnungen im Strafvollzug, in: NJW 1963, 89 ff.

Dersch, Hermann, Wechselwirkungen zwischen Arbeitsrecht und Sozialversicherung in der neueren Entwicklung (Betrachtung des Personenkreises), in: RdA 1950, 321 ff.

Dreier, Horst, Grundgesetz Kommentar, Band II: Artikel 20–82, 3. Auflage, Tübingen 2015.
(zitiert: Verfasser, in: Herausgeber, Titel, Artikel, Randnummer)

Drenkhahn, Kirstin, Was bringt der Musterentwurf zum Landesstrafvollzugsgesetz, in: FS 2011, 266.

Dressel, Birthe, Das Hamburger Strafvollzugsgesetz. Chance oder Risiko?, Berlin 2008.

Dütz, Wilhelm/ Thüsing, Gregor, Arbeitsrecht, 22. Auflage, München 2017.
(zitiert: Verfasser, Titel, Paragraph, Randnummer)

du Mênil, Béatrice, Die Resozialisierungsidee im Strafvollzug. Bestandsaufnahme und Reformanregungen hinsichtlich der Ausgestaltung der Vollzugsgrundsätze des § 3 StVollzG, München 1994.

Eichenhofer, Eberhard, Soziale Menschenrechte im Völker-, europäischen und deutschen Recht, Tübingen 2012.

Eichenhofer, Eberhard, Sozialrecht, 10. Auflage, Tübingen 2017.

Eichenhofer, Eberhard/ Wenner, Ulrich (Hrsg.), SGB IV Gemeinsame Vorschriften für die Sozialversicherung Kommentar, 2. Auflage, Köln 2017.
(zitiert: Verfasser, in: Herausgeber, SGB IV Kommentar, Paragraph, Randnummer)

Eichenhofer, Eberhard/ von Koppenfels-Spies/ Wenner, Ulrich (Hrsg.), SGB V Gesetzliche Krankenversicherung Kommentar, 3. Auflage, Köln 2018.
(zitiert: Verfasser, in: Herausgeber, SGB V Kommentar, Paragraph, Randnummer)

Eicher, Wolfgang/ Schlegel, Rainer (Hrsg.), SGB III nF – Arbeitsförderung Kommentar mit Nebenrecht, Köln 2019 (Stand: April 2019).
(zitiert: Verfasser, in: Herausgeber, SGB III n.F. Kommentar mit Nebenrecht, Paragraph, Randnummer)

Eisenhardt, Thilo, Strafvollzug, Stuttgart 1978.

Epping, Volker, Grundrechte, 7. Auflage, Berlin 2017.

Epping, Volker/ Hillgruber, Christian (Hrsg.), BeckOK Grundgesetz, 41. Edition, München 2019 (Stand:15.05.2019).
(zitiert: Verfasser, in: Herausgeber, Titel, Artikel, Randnummer)

Erlenkämper, Arnold/ Fichte, Wolfgang (Hrsg.), Sozialrecht, 6. Auflage, Köln 2008.
(zitiert: Verfasser, in: Herausgeber, Titel, Kapitel, Randnummer)

Essig, Karen, Die Entwicklung des Strafvollzuges in den neuen Bundesländern. Bestandsaufnahme und Analyse unter besonderer Berücksichtigung der Situation des Strafvollzugsbediensteten aus der ehemaligen DDR, Mönchengladbach 2000.

Fabricius, Dirk, Selbst-Gerechtigkeit. Zum Verhältnis von Juristenpersönlichkeit, Urteilsrichtigkeit und „effektiver Strafrechtspflege", 2. Auflage, Baden-Baden 2014.

Feest, Johannes, Bilanz der Strafvollzugsgesetzgebung. 40 Jahre Strafvollzugsgesetz – Errungenschaften und Liegengebliebenes, in: FS 2016, 12 ff.

Feest, Johannes/ Lesting, Wolfgang/ Lindemann, Michael (Hrsg.), Strafvollzugsgesetze Kommentar (AK-StVollzG), 7. Auflage, Köln 2017.
(zitiert nach Verfasser, in: Herausgeber, AK-StVollzG, Teil, Paragraph, Randnummer)

Felix, Dagmar, Die Wertneutralität des Sozialrechts – Zum Bestehen eines Beschäftigungsverhältnisses bei sittenwidrigem oder verbotenem Tun, in: NZS 2002, 225 ff.

Finke, Hugo/ Brachmann, Wolfgang/ Nordhausen, Willy, Künstlersozialversicherungsgesetz KSVG Kommentar, 5. Auflage, München 2019.
(zitiert: Verfasser, KSVG Kommentar, Paragraph, Randnummer)

Fischer, Karl, Kommentar zu dem Gesetz vom 16. Juli 1927 über Arbeitsvermittlung und Arbeitslosenversicherung, Stuttgart 1928.

Foucault, Michel, Überwachen und Strafen. Die Geburt des Gefängnisses, 9. Auflage, Frankfurt am Main 1991.

Franzen, Martin/ Gallner, Inken/ Oetker, Hartmut (Hrsg.), Kommentar zum europäischen Arbeitsrecht, 2. Auflage, München 2018.
(zitiert nach Verfasser, in: Herausgeber, Titel, Teil, Randnummer)

Freudenthal, Berthold, Die staatsrechtliche Stellung des Gefangenen, Jena 1910.

Fuchs, Maximilian/ Preis, Ulrich, Sozialversicherungsrecht, 2. Auflage, Köln 2009.

Fuchs, Thomas, StGB Strafgesetzbuch für das Deutsche Reich vom 15. Mai 1871. Historisch-synoptische Edition 1871–2009, Mannheim 2010.

Gagel, Alexander, SGB II/SGB III Grundsicherung und Arbeitsförderung Kommentar, Band 2 und Band 3, München 2019 (Stand: 01.03.2019).
(zitiert: Verfasser, in: Gagel, Titel, Sozialgesetzbuch, Paragraph, Randnummer)

Gareis, Sven Bernhard/ Varwick, Johannes, Die Vereinten Nationen. Aufgaben, Instrumente und Reformen, 5. Auflage, Opladen (u.a.) 2014.

Geiger, Rudolf/ Khan, Daniel-Erasmus/ Kotzur, Markus (Hrsg.), EUV/AEUV Vertrag über die Europäische Union und Vertrag über die Arbeitsweise der Europäischen Union Kommentar, 6. Auflage, München 2017.
(zitiert: Verfasser, in: Herausgeber, EUV/AEUV Kommentar, Artikel, Randnummer)

Geiger, Rudolf, Staatsrecht III – Bezüge des Grundgesetzes zum Völker- und Europarecht, 7. Auflage, München 2018.
(zitiert: Verfasser, Titel, Paragraph, Seite)

Grabenwarter, Christoph/Pabel, Katharina, Europäische Menschenrechtskonvention, 6. Auflage, München 2016.
(zitiert: Verfasser, Titel, Paragraph, Randnummer)

Graf, Jürgen-Peter (Hrsg.), BeckOK Strafvollzugsrecht Bund, 15. Edition (Stand: 01.02.2019).
(zitiert: Verfasser, in: Herausgeber, Titel, Paragraph, Randnummer)

Greiner, Stefan, Das Beschäftigungsverhältnis im Sozial- und Arbeitsrecht, S. 9 ff., in: SDSRV, Band 62, Selbstständigkeit und Abhängigkeit der Dogmatik des Sozialrechts, 12. Sozialrechtslehrertagung des Deutschen Sozialrechtsverbandes e.V., 23./24. Februar 2012 in Hannover.

Griebeling, Gert, Die Merkmale des Arbeitsverhältnisses, in: NZA 1998, 1137 ff.

Gsell, Beate/ Krüger, Wolfgang/ Lorenz, Stephan/ Reymann, Christoph (Hrsg.), beck-online Großkommentar BGB, München 2019 (Stand: 01.03.2019).
(zitiert: Verfasser, in: Herausgeber, Titel, Paragraph, Randnummer)

Habel, Arne, Anmerkung zu BSG, Urteil vom 12.9.2017, B 11 AL 18/16 R, Zur Versicherungspflicht von gegen Entgelt in der Haft arbeitender Gefangener in der Arbeitslosenversicherung während arbeitsfreier Samstage, Sonntage und Feiertage, in: NZS 2018, 315 ff.

Hänlein, Andreas/ Schuler, Rolf (Hrsg.), Sozialgesetzbuch V Gesetzliche Krankenversicherung Lehr- und Praxiskommentar, 5. Auflage, Baden-Baden 2016. (zitiert: Verfasser, in: Herausgeber, LPK Sozialgesetzbuch V, Paragraph, Randnummer)

Hammel, Manfred, Die Krankenversicherungspflicht nach § 5 Abs. 1 Nr. 13 SGB V bei haftentlassenen Personen, in: SGb 2012, 265 ff.

Hanow, Hugo, Kommentar zur Reichsversicherungsordnung, Erster Band, Gemeinsame Vorschriften, Berlin 1911.

Hanow, Hugo/ Hoffmann, Franz, Kommentar zur Reichsversicherungsordnung, Zweiter Band, Krankenversicherung, Berlin 1922.

Hanow, Hugo/Lehmann, Richard, Kommentar zur Reichsversicherungsordnung, Vierter Band, Die Invaliden- und Hinterbliebenenversicherung, Berlin 1912.

Hanow, Hugo/Moesle, St./Rabeling, W., Kommentar zur Reichsversicherungsordnung, Dritter Band, Unfallversicherung, Berlin 1913.
(Namen nicht vollständig abgebildet)

Hardes, Manfred, Die Unfallversicherung der Gefangenen, in: ZfStrVo 1984, 6 ff.

Hardes, Manfred, Die Arbeitslosenversicherung für Gefangene unter Berücksichtigung der in der Vergangenheit erfolgten Änderungen des Arbeitsförderungsgesetzes (AFG) in, ZfStrVo 1986, S. 286 f.

Hase, Friedhelm, Versicherungsprinzip und sozialer Ausgleich, 1. Auflage, Tübingen 2000.

Hauck, Karl, Zur Einbeziehung der Gefangenen in die soziale Sicherung, in: Bundesarbeitsblatt 1970, 10 ff.

Hauck, Karl/ Noftz, Wolfgang (Hrsg.), SGB III Arbeitsförderung Kommentar, 1. Band, Berlin 2015 (Stand: Mai 2015).
(zitiert: Verfasser, in: Herausgeber, Sozialgesetzbuch, Paragraph, Randnummer)

Hauck, Karl/ Noftz, Wolfgang (Hrsg.), SGB IV Gemeinsame Vorschriften für die Sozialversicherung Kommentar, 1. Band, Berlin 2018 (Stand: Mai 2018). (zitiert: Verfasser, in: Herausgeber, SGB IV, Paragraph, Randnummer)

Hauck, Karl/ Noftz, Wolfgang (Hrsg.), SGB V Gesetzliche Krankenversicherung Kommentar, 2. Band, Berlin 2017 (Stand: April 2017).
(zitiert: Verfasser, in: Herausgeber, SGB V, Paragraph, Randnummer)

Hauck, Karl/ Noftz, Wolfgang (Hrsg.), SGB XII Sozialhilfe, 1. Band, Berlin 2019 (Stand: Mai 2019).
(zitiert: Verfasser, in: Herausgeber, SGB XII, Paragraph, Randnummer)

Hauf, Claus-Jürgen, Die Reichweite des Gefangenschaftsverhältnisses unter besonderer Berücksichtigung des Vollzugsverhältnisses. Ein Beitrag zu den Grundlagen des Vollzugsrechts, in: ZfStrVo 94, 138 ff.

Heising, Michael, Die Entlohnung der Gefangenenarbeit, Basel 1968.

Herdegen, Matthias, Völkerrecht, 18. Auflage, München 2019.

Hiete, Gerd, Probleme des Strafvollzugs und der Strafvollzugsgesetzgebung, in: ZStrW 68, 1956, 213 ff.

Hillebrand, Johannes, Organisation und Ausgestaltung der Gefangenenarbeit in Deutschland, 2. Auflage, Mönchengladbach 2009.

Hillenkamp, Thomas, Intramurale Medizin in Deutschland, S. 75 ff., in: Tag, Brigitte/ Hillenkamp, Thomas (Hrsg.), Intramurale Medizin im internationalen Vergleich. Gesundheitsfürsorge zwischen Heilauftrag und Strafvollzug im Schweizerischen und internationalen Diskurs, Berlin Heidelberg 2008.

Höchtl, Fritz, Die Invaliden- und Hinterbliebenen-Weiterversicherung Strafgefangener, Erlangen 1919.

Hömig, Dieter/ Wolff, Heinrich Amadeus (Hrsg.), Grundgesetz für die Bundesrepublik Deutschland Handkommentar, 12. Auflage, Baden-Baden 2018.
(zitiert: Verfasser, in: Herausgeber, Titel, Artikel, Randnummer)

Hörtz, Martin/ Tacou, Theofanis, Kopf oder Zahl? – Von der Einzel(un) gerechtigkeit der aktuellen oberinstanzlichen Rechtsprechung zum sozialversicherungsrechtlichen Status Quo einer (Erwerbs-)Tätigkeit am Beispiel der Notarzttätigkeit, in: NZS 2015, 175 ff.

Hohmeier, Jürgen, Aufsicht und Resozialisierung. Empirische Untersuchung der Einstellungen von Aufsichtsbeamten und Insassen im Strafvollzug, S. 1 ff., in: Würtenberger, Thomas/ Müller-Dietz, Heinz (Hrsg.), Beiträge zur Strafvollzugswissenschaft, Heft 12, Stuttgart 1973.

Hohnerlein, Eva Maria, Der internationale Schutz sozialer Grundrechte in Europa. Die Bedeutung der Sozialcharta und die interpretative Erweiterung der Menschenrechtskonvention, in: ZESAR 2003, 17 ff.

Holtstraeter, Reinhard, Anmerkung zu BSG, Urteil von 17.05.2011, B 2 U 18/10 R, in: SGb 2012, 301.

Hromadka, Wolfgang, Arbeitnehmerbegriff und Arbeitsrecht, in: NZA 1997, 569 ff.

Igl, Gerhard, Entstehungsgeschichte der sozialen Pflegeversicherung – Eine Einführung, in: VSSR 1994, S. 261 ff.

Jarass, Hans D., Charta der Grundrechte der Europäischen Union, 3. Auflage, München 2016.

Jarass, Hans D./Pieroth, Bodo (Hrsg.), Grundgesetz für die Bundesrepublik Deutschland Kommentar, 15. Auflage, München 2018.
(zitiert: Verfasser, in: Herausgeber, Titel, Artikel, Randnummer)

Jehle, Jörg-Martin, Resozialisierung und Rückfälligkeit nach Strafvollzug, S. 70 ff., in: Koop, Gerd/ Kappenberg, Barbara (Hrsg.), Weichen gestellt für den Justizvollzug?, Wiesbaden 2016.

Jünemann, Klaus, Gesetzgebungskompetenz für den Strafvollzug im föderalen System der Bundesrepublik Deutschland, Bern 2012.

Jüttner, Andreas, Verletztengeld: Rentenversicherungspflicht von Strafgefangenen bei zugewiesener Arbeit durch Haftanstalt, Anmerkung vom 14.09.2017 zu BSG, Urteil vom 15.12.2016, B 5 RE 2/16 R, in: jurisPR-SozR 18/2017, Anm. 3.

Jung, Eberhard, Die Bedeutung des „Alles-aus-einer-Hand"-Prinzips im System der berufsgenossenschaftlichen Selbstverwaltung, in: BG 2005, 334 ff.

Kaiser, Günther/ Schöch, Heinz, Strafvollzug, 5. Auflage, Heidelberg 2002. (zitiert: Bearbeiter, in: Kaiser/ Schöch, Titel, Paragraph, Randnummer)

Karpenstein, Ulrich/ Mayer, Franz C. (Hrsg.), EMRK Konvention zum Schutz der Menschenrechte und Grundfreiheiten Kommentar, 2. Auflage, München 2015. (zitiert: Verfasser, in: Herausgeber, Titel, Artikel, Randnummer)

Keck, Thomas, Die Rolle der Sozialversicherung in Deutschland, S. 5 ff., in: Mülheims, Laurenz/ Hummel, Karin/ Peters-Lange, Susanne/ Toepler, Edwin/ Schuhmann, Iris (Hrsg.), Handbuch Sozialversicherungswissenschaft, Wiesbaden 2015.

Kinzig, Jörg, Das Justizvollzugsgesetzbuch Baden-Württemberg: Aufbau und Neuerungen – Ein Vergleich mit dem Strafvollzugsgesetz, in: FS 2011, 317 ff.

Kirschke, Bettina, Medizinische Versorgung im Strafvollzug. Eine Untersuchung und Bewertung unter besonderer Beachtung des freien Beschäftigungsverhältnisses und versicherungsrechtlicher Probleme, Hamburg 2003.

Knickrehm, Sabine/ Kreikebohm, Ralf/ Waltermann, Raimund (Hrsg.), Kommentar zum Sozialrecht, 6. Auflage, München 2019.
(zitiert: Verfasser, in: Herausgeber, Titel, SGB, Paragraph, Randnummer)

Koch, Arnd/ Kubiciel, Michael/ Löhnig, Martin/ Pawlik, Michael, Feuerbachs Bayerisches Strafgesetzbuch. Die Geburt liberalen, modernen und rationalen Strafrechts, Tübingen 2014.

Köhne, Michael, Fünf Landesstrafvollzugsgesetze – ein „Wettbewerb der besten Praxis"?, in: JR 2012, 14 ff.

Köhne, Michael, Anmerkung zum Beschluss des OLG Hamburg vom 15.07.2015, 3 Ws 59/15 Vollz, Zur Anwendbarkeit des Mindestlohngesetzes im Strafvollzug, in: StV 2016, 584 ff.

Köhne, Michael, Noch zwei neue Landesstrafvollzugsgesetz, in: JR 2016, 676 ff.

Körner, Anne/ Leitherer, Stephan/ Mutschler, Bernd/ Rolfs, Christian (Hrsg.), Kasseler Kommentar Sozialversicherungsrecht, München 2019 (Stand: 01.03.2019). (zitiert: Verfasser, in: Herausgeber, Titel, SGB, Paragraph, Randnummer)

Krahmer, Utz/ Plantholz, Markus (Hrsg.), Sozialgesetzbuch XI Soziale Pflegeversicherung Lehr- und Praxiskommentar, 5. Auflage, Baden-Baden 2018. (zitiert: Verfasser, in: Herausgeber, LPK Sozialgesetzbuch XI, Paragraph, Randnummer)

Krahmer, Utz/ Trenk-Hinterberger, Peter (Hrsg.), Lehr- und Praxiskommentar Sozialgesetzbuch I, 3. Auflage, Baden-Baden 2014.
(zitiert: Verfasser, in: Herausgeber, LPK Sozialgesetzbuch I, Paragraph, Randnummer)

Krajewski, Markus, Völkerrecht, 1. Auflage, Baden-Baden 2017.
(zitiert: Verfasser, Titel, Paragraph, Randnummer)

Krasney, Otto, Die „Wie-Beschäftigten" nach § 2 Abs. 2 Satz 2 SGB VII, in: NZS 1999, 577 ff.

Krasney, Otto, Versicherter Personenkreis und Pflegeleistungen des SGB XI, in: VSSR 1994, 265 ff.

Krause, Thomas, Geschichte des Strafvollzugs. Von den Kerkern des Altertums bis zur Gegenwart, Darmstadt 1999.

Krauskopf, Dieter (Begründer), Soziale Krankenversicherung Pflegeversicherung Kommentar, München 2019 (Stand: Februar 2019).
(zitiert: Verfasser, in: Krauskopf, Titel, Sozialgesetzbuch, Paragraph, Randnummer)

Krebs, Otto, Gefangenenarbeit, S. 185 ff., in: Frede, Lothar/ Bondy, Curt (Hrsg.), Reform des Strafvollzuges: kritische Beiträge zu dem Amtlichen Entwurf eines Strafvollzugsgesetzes, Berlin und Leipzig 1927.

Kreikebohm, Ralf (Hrsg.), SGB VI Sozialgesetzbuch Gesetzliche Rentenversicherung Kommentar, 5. Auflage, München 2017.
(zitiert: Verfasser, in: Herausgeber, SGB VI Kommentar, Paragraph, Randnummer)

Kreikebohm, Ralf (Hrsg.), Sozialgesetzbuch Gemeinsame Vorschriften für die Sozialversicherung – SGB IV– Kommentar, 3. Auflage, München 2018.
(zitiert: Verfasser, in: Herausgeber, SGB IV Kommentar, Paragraph, Randnummer)

Kreil, Joseph, Anleitung des Reichsversicherungsamts über den Kreis der nach der Reichsversicherungsordnung gegen Invalidität und gegen Krankheit versicherten Personen, Band 3, Berlin 1935.

Krennerich, Michael, Soziale Menschenrechte. Zwischen Recht und Politik, Schwalbach am Taunus 2013.

Krohn/ Zschimmer/ Knoll/ Sauerborn, Handkommentar zur Reichsversicherungsordnung, Berlin 1943.
(Namen nicht vollständig abgebildet)

Kudlacek, Jana, Zur Notwendigkeit eines Vater-Kind-Erwachsenenstrafvollzuges. Eine kritische Betrachtung der §§ 80 Abs. 1, 142 StVollzG und der bestehenden Vollzugspraxis in Deutschland, Frankfurt am Main 2014.

Kulke, Ursula/ López Morales, Gérman, Social Security – International Standards and the Right to Social Security, S. 91 ff., in: Riedel, Eibe, Social Security as a Human Right, Berlin Heidelberg 2007.

Kunze, Torsten, Hessische Vollzugsgesetze – Bewährtes und Neues, in: FS 2016, 30 f.

Landau, Herbert/Kunze, Torsten/Poseck, Roman, Die Neuregelung des Arbeitsentgelts im Strafvollzug, in: NJW 2001, 2611 ff.

Larenz, Karl, Methodenlehre der Rechtswissenschaft, 6. Auflage, Berlin 1991.

Laubenthal, Klaus, Strafvollzug, 7. Auflage, Berlin/Heidelberg 2015.
(zitiert: Verfasser, Titel, Randnummer)

Laubenthal, Klaus/ Nestler, Nina/ Neubacher, Frank/ Verrel, Torsten (Hrsg.), Strafvollzugsgesetze, 12. Auflage, München 2015.
(zitiert: Bearbeiter, in: Herausgeber, Titel, zu Buchstabe, Randnummer)

Lesting, Wolfgang, Die rechtlichen Grundlagen der medizinischen Versorgung im deutschen Strafvollzug, in: MedR 2018, 69 ff.

Leyendecker, Natalie Andrea, (Re-)Sozialisierung und Verfassungsrecht, Berlin 2002.

Lilge, Werner, SGB I Sozialgesetzbuch Allgemeiner Teil Kommentar, 4. Auflage, Berlin 2016.
(zitiert: Verfasser, SGB I Kommentar, Paragraph, Randnummer)

Lohmann, Hans Christian, Arbeit und Arbeitsentlohnung des Strafgefangenen, Frankfurt am Main 2002.

Lohmann, Hans Christian, Anmerkung zu BVerfG, Urteil vom 24.03.2002, 2 BvR 2175/01, in: NStZ 2003, 111 f.

Loschelder, Wolfgang, Vom besonderen Gewaltverhältnis zur öffentlich-rechtlichen Sonderbindung: Zur Institutionalisierung der engeren Staat/Bürger-Beziehungen, Köln 1982.

Lübbe-Wolff, Gertrude, Die Rechtsprechung des Bundesverfassungsgerichts zum Strafvollzug und Untersuchungshaftvollzug, 1. Auflage, Baden-Baden 2016.

Maldener, Josef, Die Beitragspflicht der Gefangenen zur Arbeitslosenversicherung, in: ZfStrVo 1996, 14 ff.

Manes/ Mentzel/ Schulz, Die Reichsversicherungsordnung. Handausgabe mit gemeinverständlichen Erläuterungen, 1. Band, Bestimmungen der Reichsversicherungsordnung nebst Einleitung und Einführungsgesetz, Leipzig 1912.
(Namen nicht vollständig abgebildet)

Marburger, Horst, Sozialversicherung und Freiheitsentzug, in: SozArb 1973, 66 ff.

Maschmann, Frank, Die Absicherung des Pflegefallrisikos im gegenwärtigen und zukünftigen Recht, in: NZS 1993, 153 ff.

Maunz, Theodor/ Dürig, Günter (Begründer), Grundgesetz Kommentar, Band 1: Texte -Art. 5; Band 2: Art. 6–15; Band 3: Art. 16–22; Band IV: Art. 23–53a; Band V: Art. 54–85; Band VI: Art. 86–106b, 86. Lieferung, München 2019 (Stand: Januar 2019).
(zitiert: Verfasser, in: Maunz/Dürig, Titel, Artikel, Randnummer)

Mertin, Herbert, Strafgefangenenentlohnung – Erhöhung um 15 %? Contra-Argument, in: DRiZ 2000, 389.

Meyer, Jürgen (Hrsg.), Charta der Grundrechte der Europäischen Union, 4. Auflage, Baden-Baden 2014.
(zitiert: Verfasser, in: Herausgeber, Titel, Artikel, Randnummer)

Meyer, Jürgen, Strafgefangenenentlohnung – Erhöhung um 15 %? Pro-Argument, in: DRiZ 2000, 388.

Meyer-Ladewig, Jens/ Nettesheim, Martin/ von Raumer, Stefan (Hrsg.), EMRK Europäische Menschenrechtskonvention Handkommentar, 4. Auflage, Baden-Baden 2017.
(zitiert: Verfasser, in: Herausgeber, Titel, Artikel, Randnummer)

Miller, Wolfgang, Der auf (Re-)Sozialisierung ausgerichtete Strafvollzug im Lichte der Verfassung, 1. Auflage, Baden-Baden 2016.

Moini, Bijan, Staatliche Warnungen vor entlassenen Straftätern. Verfassungsrechtliche Zulässigkeit einer umstrittenen Präventionsmaßnahme, Berlin 2013.

Mrozynski, Peter, Resozialisierung und Soziales Betreuungsverhältnis. Eine Untersuchung zur Bedeutung des Sozialrechts in der Resozialisierung, Heidelberg 1984.

Mrozynski, Peter, Zur Pflichtversicherung Gefangener im Straf- und Maßregelvollzug, in: SGb 1990, 315 ff.

Mrozynski, Peter, SGB I Kommentar, 5. Auflage, München 2014.
(zitiert: Verfasser, Titel, Paragraph, Randnummer)

Muckel, Stefan/Ogorek, Markus, Sozialrecht, 4. Auflage, München 2011.
(zitiert: Verfasser, Titel, Paragraph, Randnummer)

Müller, Henning, Handbuch zur Künstlersozialversicherung, 3. Auflage, Norderstedt 2017.

Müller-Dietz, Heinz, Strafvollzugsgesetzgebung und Strafvollzugsreform, Köln (u.a.) 1970.

Müller-Dietz, Heinz, Strafzwecke und Vollzugsziel, Tübingen 1973.

Müller-Dietz, Heinz, Das Strafvollzugsgesetz, in: NJW 1976, 913 ff.

Müller-Dietz, Heinz, Arbeit und Arbeitsentgelt für Strafgefangene – BVerfG, NJW 1998, 3337, in: JuS 1999, 952 ff.

Müller-Dietz, Heinz, Recht und Nationalsozialismus. Gesammelte Beiträge, 1. Auflage, Baden-Baden 2000.

Müller-Glöge, Rudi/ Preis, Ulrich/ Schmidt, Ingrid (Hrsg.), Erfurter Kommentar zum Arbeitsrecht, 19. Auflage, München 2019.
(zitiert: Verfasser, in: Herausgeber, Titel, Gesetz, Paragraph, Randnummer)

Mutschler, Bernd/ Schmidt-De Caluwe, Reimund/ Coseriu, Pablo (Hrsg.), Sozialgesetzbuch III Arbeitsförderungsrecht Großkommentar, 6. Auflage, Baden-Baden 2017.
(zitiert: Verfasser, in: Herausgeber, Sozialgesetzbuch III Großkommentar, Paragraph, Randnummer)

Neseker, Herbert/ Bleicher, Ralf, Absicherung des Risikos der Pflegebedürftigkeit. Zum aktuellen Stand der Diskussion beim europäischen Schlußlicht, in: NDV 1986, 145 ff.

Neu, Axel D., Arbeitsentgelt im Strafvollzug: Neuregelung auf dem kleinsten Nenner, in: BewHi 2002, 83 ff.

Niedermeyer, Sabine, Die „Wie-Beschäftigten" nach § 2 Abs. 2 Satz 1 SGB VII – Ein Beitrag zur Frage der Notwendigkeit einer neuen Systematisierung der bisherigen Judikatur, in: NZS 2010, 312 ff.

Nußberger, Angelika, Sozialstandards im Völkerrecht. Eine Studie zu Entwicklung und Bedeutung der Normsetzung der Vereinten Nationen, der Internationalen Arbeitsorgansisation und des Europarats zu Fragen des Sozialschutzes, Berlin 2005.

Öndul, Daniela Evrim, Anmerkung vom 12.04.2018 zu BSG, Urteil vom 12.09.2017, B 11 AL 18/16 R, in: juris-PR-SozR 7/2018.

Olshausen, Alfred, Reichsversicherungsordnung. Krankenversicherung, Erster Band, Berlin 1914.

Palandt, Otto (Begründer), Bürgerliches Gesetzbuch, 78. Auflage, München 2019. (zitiert: Verfasser, in: Palandt, Titel, Paragraph, Randnummer)

Panzer, Andrea, Sozialversicherungsrechtliche Auswirkungen der Beendigung von Arbeitsverhältnissen, in: NJW 2010, 11 ff.

Paster, Inga, Darstellung der Reformbestrebungen und der Umsetzung ins Landesrecht. Der Musterentwurf für ein Landesstrafvollzugsgesetz, in: FS 2016, 17 ff.

Pécic, Denis, Alternativentwurf eines Vollzugsgesetzes -AVollzG- vom 1. September 1973. (Neufassung vom 8.8.1974), Hamburg 1975.

Peters, Horst, Handbuch der Krankenversicherung, Teil 2, Ausführliche Erläuterungen zum Zweiten Buch der Reichsversicherungsordnung, Stuttgart und Köln 1954. (zitiert: Verfasser, Handbuch der Krankenversicherung, Paragraph, Seite)

Peters, Horst, Die Geschichte der sozialen Versicherung, 2. Auflage, Bonn-Bad Godesberg 1973.

Posser, Herbert/ Wolff, Heinrich Amadeus (Hrsg.), VwGO Kommentar, 2. Auflage, München 2014.
(zitiert: Verfasser, in: Herausgeber, Titel, Paragraph, Randnummer)

Prehn, Annette, Rentenversicherungspflicht bei Bezug von Verletztengeld eines Strafgefangenen, in: NZS 2017, 432.

Quanter, Rudolf, Deutsches Zuchthaus- und Gefängniswesen. Von den Ältesten Zeiten bis in die Gegenwart, Aalen 1970.

Radtke, Henning, Die Zukunft der Arbeitsentlohnung von Strafgefangenen, in: ZfStrVo 2001, 4 ff.

Raschke, Ulrich, Effizienzpotenziale im „Alles-aus-einer-Hand"-Prinzip der deutschen gesetzlichen Unfallversicherung, in: BG 2003, 12 ff.

Raschke, Ulrich, Effizienzpotenziale im „Alles-aus-einer-Hand"-Prinzip der deutschen gesetzlichen Unfallversicherung – Teil 2, in: BG 2004, 72 ff.

Reichardt, Hans, Recht auf Arbeit für Strafgefangene. Ein Beitrag zum subjektiven öffentlichen Recht, Frankfurt am Main (u.a.) 1999.

Reinecke, Gerhard, Arbeitsverhältnis oder öffentlich-rechtliches Rechtsverhältnis – Rechtsprechungsbericht –, in: ZTR 2016, 427 ff.

Reinhardt, Helmut/ Silber, Wolfgang (Hrsg.), Sozialgesetzbuch VI Gesetzliche Rentenversicherung Lehr- und Praxiskommentar, 4. Auflage, Baden-Baden 2018.
(zitiert: Verfasser, in: Herausgeber, LPK SGB VI Kommentar, Paragraph, Randnummer)

Riedel, Eibe, Allgemeine Bemerkungen zu Bestimmungen des Internationalen Paktes über Wirtschaftliche, Soziale und Kulturelle Rechte der Vereinten Nationen, S. 160 ff., in: Deutsches Institut für Menschenrechte (Hrsg.), Die „General Comments" zu den VN-Menschenrechtsverträgen – Deutsche Übersetzung und Kurzeinführung, 1. Auflage, Baden-Baden 2005.

Riedel, Eibe, The Human Right to Social Security: Some Challenges, in: ders. Social Security as a Human Right. Drafting a General Comment on Article 9 ICESCR – Some Challenges, Heidelberg 2007, S. 17 ff.

Rolfs, Christian, Das Versicherungsprinzip im Sozialversicherungsrecht, München 2000.

Rolfs, Christian/ Giesen, Richard/ Kreikebohm, Ralf/ Udsching, Peter (Hrsg.), BeckOK Sozialrecht, München 2018 (Stand: 01.06.2018).
(zitiert: Verfasser, in: Herausgeber, BeckOK Sozialrecht, Sozialgesetzbuch, Paragraph, Randnummer)

Ronellenfitsch, Michael, Das besondere Gewaltverhältnis als verwaltungsrechtliches Institut, S. 34–36, in: Merten, Detlef (Hrsg.), Das besondere Gewaltverhältnis, Berlin 1985.

Rosenthal, Michael, Arbeitslohn im Strafvollzug, in: Neue Kriminalpolitik 1998, S. ff.

Ruland, Franz/ Becker, Ulrich/ Axer, Peter (Hrsg.), Sozialrechtshandbuch SRH, 6. Auflage, Baden-Baden 2018.

Runde, Peter, Resozialisierung als wissenschaftliches und sozialpolitisches Problem, S. 113 ff. in: Kaufmann, Arthur (Hrsg.), Die Strafvollzugsreform. Eine kritische Bestandsaufnahme, Karlsruhe 1971.

Sachs, Michael, Arbeitsentgelt für Strafgefangene, zu BVerfG, Urteil vom 01.07.1998, 2 BvR 441/90 (u.a.), in: JuS 1999, 700 ff.

Sachs, Michael (Hrsg.), Grundgesetz Kommentar, 8. Auflage, München 2018.
(zitiert: Verfasser, in: Herausgeber, Titel, Artikel, Randnummer)

Salje, Peter, Rechtlicher und finanzieller Rahmen zur Versorgung von Pflegebedürftigen – Eine Zwischenbilanz, in: Die Sozialversicherung, 1988, 57 ff.

Schäfer, Jörg-Uwe, Nicht-monetäre Entlohnung von Gefangenenarbeit. Die Neuregelung des § 43 Strafvollzugsgesetz, Frankfurt am Main 2005.

Schäferskùpper, Michael, Die Arbeitslosenversicherung der Gefangenen – Grundlagen und aktueller Streit –, in: NZS 2013, 446 ff.

Schäferskùpper, Michael, Wenn das BVerfG zweimal klingelt, Anmerkung zum Beschluss des BVerfG vom 16.12.2015, 2 BvR 1017/14, in: StV 2016, 582 f.

Schäferskùpper, Michael, Ein Machtwort des Bundessozialgerichts. Das brandaktuelle Urteil und die Konsequenzen für die Praxis – Urteil v. 12.09.2017 – B 11 AL 18/16, in: FS 2017, 321 ff.

Schäferskùpper, Michael/ Birkholz, Nicole, Gefangene in der Sozialversicherung, in: Justiznewsletter der Führungsakademie im Bildungsinstitut des niedersächsischen Justizvollzuges, Jahrgang 13, Ausgabe 25, Oktober 2016, S. 15 ff.

Schäferskùpper, Michael/ Bließen, Sarah, Aktuelles aus der Arbeitslosenversicherung der Gefangenen, in: NZS 2017, 327 ff.

Schattke, Herbert, Die Geschichte der Progression im Strafvollzug und der damit zusammenhängenden Vollzugsziele in Deutschland, Bern 1979.

Schaub, Günter, Arbeitsrechts-Handbuch, 17. Auflage, München 2017.
(zitiert: Verfasser, in: Schaub, Titel, Paragraph, Randnummer)

Schilling, Theodor, Internationaler Menschenrechtsschutz. Das Recht der EMEK und des IPbpR, 3. Auflage, Tübingen 2016.
(zitiert: Verfasser, Titel, Randnummer)

Schirmer, Katrin, Soziale Sicherung von Strafgefangenen, Berlin 2008.

Schlegel, Rainer, Wen soll das Sozialrecht schützen? – Zur Zukunft des Arbeitnehmer- und Beschäftigtenbegriffs im Sozialrecht, in: NZS 2000, 421 ff.

Schlegel, Rainer/ Voelzke, Thomas (Hrsg.) juris PraxisKommentar SGB IV, 2. Auflage, Saarbrücken 2011.
(zitiert: Verfasser, in: Herausgeber, jurisPK-SGB IV, Paragraph, Randnummer)

Schmidt, Karin, Zur Frage der Zwangsarbeit im Strafvollzug der DDR: Die „Pflicht zur Arbeit" im Arbeiter- und Bauernstaat, Hildesheim (u.a.) 2011.

Schmitt, Jochen, SGB VII Gesetzliche Unfallversicherung Kommentar, 4. Auflage, München 2009.
(zitiert: Verfasser, SGB VII Kommentar, Paragraph, Randnummer)

Schmitz-Rheinfeld, Christian, Rentenversicherung für Strafgefangene. Sozialrechtliche Humanitätsprobleme, in: Die Rentenversicherung 1971, 55 ff.

Schnapp, Friedrich E., Methodenprobleme des § 7 Abs. 1 SGB IV – Unmöglichkeit der Rechtssicherheit?, in: NZS 2014, 41 ff.

Schnapp, Friedrich E., „Beschäftigung" als Schlüsselbegriff in der Sozialversicherung, in: WzS 2016, 277 ff.

Schneider-Danwitz, Norbert, Das Beschäftigungsverhältnis in der sozialgerichtlichen Rechtsprechung, S. 541 ff., in: Wannagat, Georg, Entwicklung des Sozialrechts, Aufgabe der Rechtsprechung. Festgabe aus Anlaß des 100jährigen Bestehens der sozialgerichtlichen Rechtsprechung, Köln (u.a.) 1984.

Schorn, Ulrich, Sozialversicherung im Strafvollzug, in: NZS 1995, 444 ff.

Schraa, Joachim, Soziale Pflegeversicherung. Die lange Geschichte, in: BArbBl. 1994, S. 5 ff.

Schraeder, Mar/ Strich, Franz, Die deutsche Unfallversicherung. Ein Kommentar zum 1., 3., 5. und 6. Buche der RVO für die praktische Tätigkeit und den Handgebrauch, Berlin 1942.

Schubert, Werner, Entwürfe zu einem Strafvollzugsgesetz (1927–1932) und zu einem Einführungsgesetz zum Allgemeinen Deutschen Strafgesetzbuch und zum Strafvollzugsgesetz (1929–1930), Band 5, Berlin 1999.

Schüler-Springorum, Horst, Strafvollzug im Übergang. Studien zum Stand der Vollzugsrechtslehre, Göttingen 1969.

Schulin, Bertram, Die soziale Pflegeversicherung des SGB XI – Grundstrukturen und Probleme, in: NZS 1994, 433 ff.

Schulin, Bertram (Hrsg.), Handbuch des Sozialversicherungsrechts, Band 3, Rentenversicherungsrecht, München 1999.
(zitiert: Verfasser, in: Herausgeber, Titel, Band, Rentenversicherungsrecht, Paragraph, Randnummer)

Schulz-Merkel, Philipp, Anmerkung vom 06.07.2016 zu OLG Karlsruhe 2. Strafsenat, Beschluss vom 04.03.2016, 2 Ws 570/15, in: jurisPR-StrafR 14/2016 Anm. 4 zur Vergütungseinstufung bei Strafgefangenen.

Schwarze, Jürgen/ Becker, Ulrich/ Hatje, Armin/ Schoo, Johann (Hrsg.), EU-Kommentar, 3. Auflage, Baden-Baden 2012.
(zitiert: Verfasser, in: Herausgeber, Titel, Artikel, Randnummer)

Schwind, Hans-Dieter/Böhm, Alexander/Jehle, Jörg-Martin/ Laubenthal, Klaus(Hrsg.), Strafvollzugsgesetz – Bund und Länder Kommentar, 6. Auflage, Berlin 2013.
(zitiert: Verfasser, in: Herausgeber, Titel, Paragraph, Randnummer)

Seiter, Hugo, Sozialversicherungsrechtliches Beschäftigungsverhältnis und Arbeitsverhältnis, in: VSSR 1976, 179 ff.

Singe, Martin, Keine Rente für Gefangene – zu einem 40 Jahre alten sozialpolitischen Skandal, Grundrechtereport 2017, 155 ff.

Singe, Martin, Arbeitende Gefangene in die Rentenversicherung einbeziehen!, in: Soziale Sicherheit 2018, 88.

Sodan, Helge (Hrsg.), Handbuch des Krankenversicherungsrechts, 3. Auflage, München 2018.
(zitiert: Verfasser, in: Herausgeber, Titel, Paragraph, Randnummer)

Solbach, Günter/ Hofmann, Hans Joachim, Einführung in das Strafvollzugsrecht, Studienreihe Wahlfach, Band 4, Berlin/Bonn/München 1982.
(zitiert: Verfasser, Einführung in das Strafvollzugsrecht, Seite)

Stäcker, Therese, Die Franz von Liszt-Schule und ihre Auswirkungen auf die deutsche Strafrechtsentwicklung, Baden-Baden 2012.

Starck, Christian (Hrsg.), Föderalismusreform 2006, München 2007.

von Staudinger, Julius, Kommentar zum Bürgerlichen Gesetzbuch, Buch 2, Recht der Schuldverhältnisse, §§ 611–613 (Dienstvertragsrecht 1), Berlin 2016.
(zitiert: Verfasser, in: Staudinger, Titel, Paragraph, Randnummer)

Stein, Torsten/ von Buttlar, Christian/ Kotzur, Markus, Völkerrecht, 14. Auflage, München 2017.

Steiner, Michael, Der Strafgefangene im System der gesetzlichen Sozialversicherung, Frankfurt am Main 2006.

Steinmeyer, Heinz-Dietrich, Die deutsche Sozialversicherung im Überblick, S. 15 ff., in: Mülheims, Laurenz/ Hummel, Karin/ Peters-Lange, Susanne/ Toepler, Edwin/ Schuhmann, Iris (Hrsg.), Handbuch Sozialversicherungswissenschaft, Wiesbaden 2015.

Stelkens, Paul/ Bonk, Heinz Joachim/ Sachs, Michael (Begründer und Hrsg.), Verwaltungsverfahrensgesetz Kommentar, 9. Auflage, München 2018.
(zitiert: Verfasser, in: Herausgeber, Titel, Paragraph, Randnummer)

Stenglein, Melchior, Sammlung der deutschen Strafgesetzbücher, Erstes Bändchen, I. Bayern. II. Oldenburg. III. Sachsen-Altenburg. IV. Württemberg. V. Braunschweig., München 1858.

Stern, Klaus/ Sachs, Michael (Hrsg.), Europäische Grundrechte-Charta. Kommentar, München 2016.
(zitiert: Verfasser, in: Herausgeber, Titel, Artikel, Randnummer)

Streinz, Rudolf (Hrsg.), EUV/AEUV Vertrag über die Europäische Union, Vertrag über die Arbeitsweise der Europäischen Union, Charta der Grundrechte der Europäischen Union, 3. Auflage, München 2018.
(zitiert: Verfasser, in: Herausgeber, EUV/ AEUV, Artikel, Randnummer)

Strohmayr, Simone, Menschenwürde und Strafvollzug, Hagen 1998.

Udsching, Peter/ Schütze, Bernd (Hrsg.), SGB XI Soziale Pflegeversicherung Kommentar, 5. Auflage, München 2018.
(zitiert: Verfasser, in: Herausgeber, SGB XI Kommentar, Paragraph, Randnummer)

Ullenbruch, Thomas, Neuregelung des Arbeitsentgelts für Strafgefangene – Sand in die Augen des BVerfG?, in: ZRP 2000, 177 ff.

Ullmann, Mareike, Länderstrafvollzugsgesetze im Vergleich. Eine Analyse auf der Grundlage der Rechtsprechung des Bundesverfassungsgerichts, Hamburg 2012.

Vedder, Christoph/ Heintschel von Heinegg, Wolff (Hrsg.), Europäisches Unionsrecht, 2. Auflage, Baden-Baden 2018.
(zitiert: Verfasser, in: Herausgeber, Titel, Artikel, Randnummer)

Veith, Jürgen, Sicherungsmaßnahmen und Resozialisierung im Erwachsenenvollzug, Bonn 1993.

Vitzthum, Wolfgang Graf/ Proelß, Alexander (Hrsg.), Völkerrecht, 7. Auflage, Berlin 2016.
(zitiert: Verfasser, in: Herausgeber, Titel, Seite, Randnummer)

Voosen, Ulrich, Gesetzliche Unfallversicherung. Pflichtversicherung für Unternehmer kraft Satzung – Keine Probleme, kein Reformbedarf?, in: SGb 2006, 518 ff.

Wagnitz, Heinrich Balthasar, Historische Nachrichten und Bemerkungen über die merkwürdigsten Zuchthäuser in Deutschland, Halle 1791.

Walter, Michael, Strafvollzug, 2. Auflage, Stuttgart (u.a.) 1999.

Waltermann, Raimund, Sozialrecht, 13. Auflage, Heidelberg 2018.
(zitiert: Verfasser, Titel, Paragraph, Randnummer)

Waltermann, Raimund, Welche arbeits- und sozialrechtlichen Regelungen empfehlen sich im Hinblick auf die Zunahme Kleiner Selbstständigkeit?, in: RdA 2010, 162 ff.

Wank, Rolf, Der Arbeitnehmer-Begriff im neuen § 611a BGB, in: AuR 2017, 140 ff.

Wannagat, Georg, Lehrbuch des Sozialversicherungsrechts, I. Band, Tübingen 1965.

Wenner, Ulrich, Verletztengeld für Strafgefangene ist nicht beitragspflichtig, in: SoSi plus 2017, 1 f.

Wenninger, Ludwig, Geschichte der Lehre vom besonderen Gewaltverhältnis, Köln (u.a.) 1982.

Wilde, Frank, Armut und Strafe. Zur strafverschärfenden Wirkung von Armut im deutschen Strafrecht, Wiesbaden 2016.

Wingenfeld, Angelika, Die Verrechtlichung des Strafvollzugs in ihren Auswirkungen auf die judikative Entscheidungspraxis, Herzogenrath 1999.

Winkler, Ute, Schafft Arbeit in Haft amputierte Anwartschaft?, in: info also 2013, 92 f.

Winkler, Jürgen (Hrsg.), Sozialgesetzbuch IV Gemeinsame Vorschriften für die Sozialversicherung Lehr- und Praxiskommentar, 2. Auflage, Baden-Baden 2016.
(zitiert: Verfasser, in: Herausgeber, Sozialgesetzbuch IV Lehr- und Praxiskommentar, Paragraph, Randnummer)

Wrage, Nikolaus, Die ökonomische Situation der Strafgefangenen oder: Die Achillesferse des Resozialisierungsvollzugs, in: ZRP 1997, 435 ff.

Wunder, Annett, Anmerkung zum Urteil des 13. Senats des BSG vom 24.10.2013, 13 R 83/11 R, in: SGb 2015, 161 ff.

Wunder, Annett/ Diehm, Alexander, Die soziale (Nicht-)Sicherung von Strafgefangenen, in: Soziale Sicherheit 2009, 74 ff.

Würtenberger, Thomas, Reform des Strafvollzugs im sozialen Rechtsstaat, in: JZ 1967, 233 ff.

Wyttenbach, Judith, Soziale Sicherheit, S. 280 ff., in: Pollmann, Arnd/ Lohmann, Georg Menschenrechte. Ein interdisziplinäres Handbuch, Stuttgart/ Weimar 2012.

Zacher, Hans F., Abhandlungen zum Sozialrecht, Heidelberg 1993.

Zacher, Hans. F., Das soziale Staatsziel, S. 1045 ff., in: Isensee, Josef/ Kirchhof, Paul (Hrsg.), Handbuch des Staatsrechts der Bundesrepublik Deutschland, Band I, Heidelberg 1987.

www.ingramcontent.com/pod-product-compliance
Ingram Content Group UK Ltd.
Pitfield, Milton Keynes, MK11 3LW, UK
UKHW021130041026
8980IPUK00034B/1444

9 783631 802076